Thomas Morsch (Hg.)

GENRE UND SERIE

Thomas Morsch

GENRE UND SERIE

Wilhelm Fink

Diese Publikation ist am Sonderforschungsbereich 626 „Ästhetische Erfahrung im Zeichen der Entgrenzung der Künste" an der Freien Universität Berlin entstanden und wurde auf seine Veranlassung mit Mitteln der Deutschen Forschungsgemeinschaft gedruckt.

Bei den Abbildungen in diesem Band handelt es sich um Screenshots der Autor/inn/en.

Bibliografische Information der Deutschen Nationalbibliothek

Die Deutsche Nationalbibliothek verzeichnet diese Publikation in der Deutschen Nationalbibliografie; detaillierte bibliografische Daten sind im Internet über http://dnb.d-nb.de abrufbar.

Alle Rechte, auch die des auszugsweisen Nachdrucks, der fotomechanischen Wiedergabe und der Übersetzung, vorbehalten. Dies betrifft auch die Vervielfältigung und Übertragung einzelner Textabschnitte, Zeichnungen oder Bilder durch alle Verfahren wie Speicherung und Übertragung auf Papier, Transparente, Filme, Bänder, Platten und andere Medien, soweit es nicht §§ 53 und 54 UrhG ausdrücklich gestatten.

© 2015 Wilhelm Fink, Paderborn
(Wilhelm Fink GmbH & Co. Verlags-KG, Jühenplatz 1, D-33098 Paderborn)

Internet: www.fink.de

Einbandgestaltung: Evelyn Ziegler, München
Printed in Germany
Herstellung: Ferdinand Schöningh GmbH & Co. KG, Paderborn

ISBN 978-3-7705-5361-7

INHALTSVERZEICHNIS

THOMAS MORSCH
Genre und Serie. Zur Einleitung 9

GENRES: ABGRENZUNGEN, POETIKEN, PRAKTIKEN

KATRIN BORNEMANN
Genre? Oder nicht Genre …
Definition, Klassifizierung und Qualifizierung von Genres –
ein Leitfaden am Beispiel des *Amour fou* Films 23

DANIEL ILLGER
Wirklichkeitskrater.
À L'INTÉRIEUR und die poetologischen Brüche des zeitgenössischen
französischen Horrorfilms 51

EILEEN ROSITZKA, HERMANN KAPPELHOFF,
CHRISTIAN PISCHEL, CILLI POGODDA
The Green Berets:
Der Vietnamkrieg als Herausforderung der klassischen Genrepoetik 75

DAVID GAERTNER
Roadshow Aesthetics:
Die *Moviegoing Experience* der Roadshow-Präsentation 111

WIEDERHOLUNG UND SERIALITÄT

GERTRUD KOCH
Man liebt sich, man liebt sich nicht, man liebt sich –
Stanley Cavells Lob der Wiederverheiratung 145

SARAH SCHASCHEK
Wiederholung als Lustprinzip.
Serialität in der Pornographie 155

MICHAELA WÜNSCH
Serialität aus medienphilosophischer Perspektive 173

ZUR TELEVISUELLEN EVOLUTION DER GENRES

MATTHIAS GROTKOPP
„There's still crime in the city".
THE WIRE als Netzwerkanalyse in Raum und Zeit 195

NIKOLAUS PERNECZKY
„How to fucking live".
Die HBO-Serie DEADWOOD als Sittenwestern 219

CHRIS TEDJASUKMANA
Camp Realismus.
Affekt, Wiederholung und die Politik des Melodrams
in Todd Haynes' MILDRED PIERCE 237

REIHEN, ZYKLEN, FILMSERIEN

SULGI LIE
Anorganische Natur.
Pflanzliche Mimikry in den *Body Snatcher*-Filmen 257

TOBIAS HAUPTS
„It's been a long road" –
STAR TREK: ENTERPRISE zwischen der Last des Prequels, der Refiguration
des eigenen Mythos und dem Fluch, *Star Trek* zu sein 275

MICHAEL LÜCK
Exorzismus der inneren Stimme.
Mediengeschichtliches zur Edgar Wallace-Kinoreihe der 60er Jahre 293

THOMAS MORSCH
Popularität und Ambivalenz:
Die „Gross out"-Ästhetik als Politik des Vergnügens in der *Animal Comedy* . . 317

BEYOND HOLLYWOOD: GENRES JENSEITS DES AMERIKANISCHEN MAINSTREAMKINOS

BERNHARD GROSS
Demokratisierung durch Unterhaltung?
Zum Verhältnis von Trümmerfilm und Genrekino 1945-1950 347

SABINE NESSEL
Regime des Expeditionsfilms.
Wiederholung, Variation und Hybridisierung 381

WINFRIED PAULEIT, CHRISTINE RÜFFERT
Experimentalfilm als Genre 395

Verzeichnis der Autorinnen und Autoren 413

THOMAS MORSCH

GENRE UND SERIE

Zur Einleitung

Seit Beginn der Filmgeschichte stellen Genres, Zyklen und Serien Ordnungsschemata dar, die produktionslogisch, in der filmpublizistischen und öffentlichen Diskussion, wie auch in der theoretischen, kritischen und näherhin wissenschaftlichen Beschäftigung einzelne Filme in einen Zusammenhang stellen und als Kristallisationspunkte einer evolutionären Entwicklung interpretieren, die von Wiederholungen und Variationen, von narrativen und konzeptuellen Anschlüssen, von Zitaten, Musterbildung, Konventionalisierung und Konventionsbruch vorangetrieben wird. Gerade das narrative Mainstreamkino scheint ohne die Kategorie ‚Genre' undenkbar zu sein, und dies spätestens seit den ‚Serials' der zehner Jahre, in denen eine Reihe von Genres, die das Hollywoodkino später prägen sollten, bereits präfiguriert wurden, während ihr hemmungsloser Sensationalismus zugleich eine Tradition des Nickelodeon-Zeitalters und einer ‚proletarischen' Belustigungen zu einer Zeit fortführte, in denen das Kino bereits nach kultureller Anerkennung strebte und sich als Unterhaltungsmedium der Mittelklasse zu etablieren trachtete.[1] Filmhistorisch sind Genre und Serie auf diese Weise bereits frühzeitig miteinander verknüpft.

Während im Kino das Konzept des Serials, das auf einer im *Cliffhanger* emblematisierten Logik nahtloser Fortsetzung beruht, zugunsten der weniger restriktiven Logiken des Remakes[2], der Reihen und des Genres mit seinem freien Spiel von Wiederholung und Variation zurückgedrängt wurde, ist Serialität im Fernsehen zu einem tragenden ästhetischen Formprinzip – oder auch „Leitkonzept"[3] – geworden; Stanley Cavell sieht darin sogar den ontologischen Kern des Fernsehmedi-

---

1 Vgl. Ben Singer: „Die Serials", in: Geoffrey Nowell-Smith (Hg.): *Geschichte des internationalen Films*. Stuttgart/Weimar: J. B. Metzler 1998, S. 98-104, hier S. 98f.
2 Vgl. hierzu z. B. Kathleen Loock, Constantine Verevis (Hg.): *Film Remakes, Adaptations and Fan Productions: Remake/Remodel*. Basingstoke/New York: Palgrave Macmillan 2012; Constantine Verevis: *Dead Ringers: The Remake in Theory and Practice*. Edinburgh: Edinburgh University Press 2006; Jennifer Forrest, Leonard R. Koos (Hg.): *Dead Ringers: The Remake in Theory and Practice*. Albany: SUNY Press 2002; Katrin Oltmann: *Remake – Premake: Hollywoods romantische Komödien und ihre Gender-Diskurse 1930-1960*. Bielefeld: Transcript 2008; und zu einem vergleichsweise rezenten Phänomen transkultureller Remakes: Valerie Wee: *Japanese Horror Films and Their American Remakes. Translating Fear, Adapting Culture*. New York: Routledge 2014.
3 Oliver Fahle, Lorenz Engell: „Philosophie des Fernsehens – Zur Einführung", in: Dies. (Hg.): *Philosophie des Fernsehens*. München: Fink 2006, S. 7-19, hier S. 11.

ums.[4] Aber noch ein Zweites legt es nahe, die beiden Medien heute unter den Aspekten des Generischen und des Seriellen aufeinander zu beziehen: Die aktuelle Entwicklung zentraler Genres wie dem Western, dem Melodram, dem Science Fiction oder dem Krimi lässt sich ohne diesen Medienspagat, ohne die filmischen Ausprägungen der jeweiligen Genres mit den televisuellen Neuauflagen, Revisionen und experimentellen Fortführungen zu konfrontieren, die derzeit im Bereich der Fernsehserie zu beobachten sind, nicht mehr überzeugend schildern. Die Geschichte des Westerns lässt sich nicht mehr sinnvoll ohne DEADWOOD, die des Krimis nicht mehr ohne THE WIRE, THE SHIELD oder THE SOPRANOS, die des Politfilms nicht mehr ohne THE WEST WING und HOUSE OF CARDS und die des Musikfilms nicht ohne TREME und NASHVILLE erzählen. Längst ist das Fernsehen, innerhalb und außerhalb des Rahmens des ‚Quality TV'[5] bzw. der ‚Qualitäts'- oder ‚Autorenserien'[6], von der reinen ‚Sozialtechnologie', als die Gilles Deleuze es noch inkriminierte,[7] zu einem genuin ästhetischen und innovativen Medium geworden, das die anderweitig geprägten Formeln, Muster und Versatzstücke der Populärkultur nicht allein recycelt und in die Mühle endloser Wiederholungsschleifen und Selbstplagiate schickt, sondern maßgeblich an der Formulierung und Weiterentwicklung von Genres beteiligt ist.

Während Genrebezeichnungen unterschiedlicher Art den Film bereits seit seiner Entstehung begleiten, als „Verständigungsbegriffe"[8] zwischen Filmproduktion, Abspielstätten, Publikum und publizistischer Öffentlichkeit, hat sich die filmwissenschaftliche Genretheorie in breiterer Form erst in der zweiten Hälfte der sechziger Jahre, parallel und in Abgrenzung zu autorentheoretischen Ansätzen, etabliert.[9] Während letztere, soweit sie sich mit dem populären amerikanischen Kino auseinandersetzten, ihr Augenmerk vor allem auf die Transzendierung der vermeintlichen Normen und Regeln der verschiedenen Genres durch die individuelle Handschrift eines künstlerisch ambitionierten Regisseurs gerichtet haben, zielte die Genreanalyse gerade auf das Musterhafte, Regelkonforme, Wiederkehrende und Schematische von Genrefilmen, sowie auf die rituelle Dimension ihrer Rezeption. Diese analytische Perspektive, die unter dem Eindruck des französischen Strukturalismus stand,

---

4 Vgl. Stanley Cavell: „Die Tatsache des Fernsehens", in: Ralf Adelmann u. a. (Hg.): *Grundlagentexte der Fernsehwissenschaft*. Konstanz: UVK 2001, S. 125-164.
5 Vgl. Janet McCabe, Kim Akass (Hg.): *Quality TV. Contemporary American Television and Beyond*. London, New York: I.B. Tauris 2007.
6 Vgl. Christoph Dreher (Hg.): *Autorenserien. Die Neuerfindung des Fernsehens*. Stuttgart: merz & solitude 2010.
7 Vgl. Gilles Deleuze: „Brief an Serge Daney: Optimismus, Pessimismus und Reisen", in: *Unterhandlungen 1972-1990*. Frankfurt/M.: Suhrkamp 1993, S. 101-118.
8 Knut Hickethier: „Genretheorie und Genreanalyse", in: Jürgen Felix (Hg.): *Moderne Film Theorie*. München: Bender 2002, S. 62-96, hier S. 63.
9 Zu dieser Gegenüberstellung vgl. a. Christine Gledhill: „Rethinking Genre", in: Christine Gledhill, Linda Williams (Hg.): *Reinventing Film Studies*. London/New York 2000, S. 221-243, hier S. 224.

taucht unter die erzählerischen Varianten an der Oberfläche der Filme hinweg, um die mythologische Grundstruktur als Sediment gesellschaftlicher Ideologien und Konflikte zu fokussieren, deren (latente) Verarbeitung und Theatralisierung die Filme eines Genres miteinander verbindet. <u>Während sich die Autorentheorie auf Filme auf der Grundlage einer ästhetischen Wertschätzung bezog, war für die Genretheorie eher ihre emblematische Stellung als Niederschlag kultureller und sozialer Gegebenheiten ausschlaggebend.</u>[10] So wie die Autorentheorie wesentlichen Anteil an der Nobilitierung des Mainstreamkinos hatte, allerdings zunächst um den Preis des Imports eines romantischen Künstlerverständnisses in den Kontext einer technisierten und arbeitsteilig organisierten Produktionsform, hat die Genretheorie einen entscheidenden Beitrag zur Überwindung hochkultureller Dünkel und Beobachtungsschemata geleistet und sich zum Anwalt des populären Kinos als genuiner Ausdruck einer Kultur gemacht. Der Genrefilm gewinnt auf diese Weise einen gesellschaftsdiagnostischen Wert, der sich gerade nicht seiner ästhetischen Exzellenz verdankt.

Gegenwärtig ist auffällig, dass in der Diskussion neuerer Fernsehserien die hochkulturell geprägten Beobachtungsschemata wieder aktuell geworden sind, und damit im Kontext eines Mediums, das sich bisher als weitgehend resistent gegenüber ästhetischen Zumutungen erwiesen hat.[11] Diese Entwicklung zeigt sich gerade im Wiederaufleben autorentheoretischer Überlegungen, die sich diesmal aber nicht auf die Person des Regisseurs, sondern auf den sog. Writer-Producer[12] oder Showrunner einer Serie richten, der als *Auteur* in den Fokus tritt.[13] Obwohl der Begriff des ‚Quality Television' schon in anderen Zusammenhängen Verwendung gefunden hat – etwa in Bezug auf Prestige-Produktionen der englischen BBC oder mit Blick auf die thematischen Innovationen im US-Fernsehen der siebziger

---

10 Wenn auch schon André Bazin in Bezug auf den Western eine solche Perspektive verfolgt hat, ist doch Will Wrights Studie zum Western, *Sixguns and Society. A Structural Study of the Western*. Berkeley: University of California Press 1976, als erste monografische Arbeit zu nennen, die diesen genreanalytischen Ansatz verfolgt und sich dabei methodisch auf die Mythenanalyse von Claude Lévi-Strauss bezieht. Vgl. hierzu auch Jörg Schweinitz: „‚Genre' und lebendiges Genrebewußtsein. Geschichte eines Begriffs und Probleme seiner Konzeptualisierung in der Filmwissenschaft", in: *montage/av* Bd. 3, Nr. 2 (1994), S. 99-118, hier S. 108f. Zu populären Genres als Form von Mythen, und damit als Artikulation und Verarbeitung gesellschaftlicher Widersprüche vgl. a. Vivian Sobchack: „Genre Film: Myth, Ritual, and Sociodrama", in: Sari Thomas (Hg.): *Film/Culture. Explorations of Cinema in its Social Context*. Metuchen/London: Scarecrow Press 1981, S. 147-165.
11 Zu Ausnahmen vgl. Lynn Spiegel: *TV by Design: Modern Art and the Rise of Network Television*. Chicago/London: Chicago University Press 2009.
12 Vgl. hierzu Roberta Pearson: The Writer/Producer in American Television. In: Michael Hammond, Lucy Mazdon (Hg.): *The Contemporary Television Series*. Edinburgh: Edinburgh University Press 2005, S. 11-26.
13 Vgl. Christoph Drehers bereits angeführten Band zu „Autorenserien" (2010), sowie Brett Martin: *Difficult Men: Behind the Scenes of a Creative Revolution: From The Sopranos and The Wire to Mad Men and Breaking Bad*. New York/London: Penguin 2013.

Jahre[14] – gehört es zu den bemerkenswerten Aspekten der Konjunktur der amerikanischen Fernsehserie in der vergangenen Dekade, dass sich in ihrem Zuge ‚Quality TV' selbst als eine Art Genre etabliert hat, das nicht durch seine Struktur oder Semantik, seine Figurenkonstellation oder Themen, sondern vor allem durch seinen ästhetischen Exzellenzanspruch definiert ist, der sich an Kriterien wie dem der ‚Komplexität' bemisst.[15] Orientiert sich die Wahrnehmung von Fernsehproduktionen derart an aus dem Kriterienkatalog der Hochkultur bezogene Distinktionsmerkmale, drohen wesentliche Aspekte populärer Serialität wie auch des Fernsehens als einem populären Medium aus dem Blick zu geraten. Die vorherrschende Tendenz, die Spitzenproduktionen der Fernsehserie entlang von Vorstellungen zu sondieren, die an der künstlerischen Moderne geschult sind, ermöglicht es nicht nur, dass die Serie im Feuilleton zum ‚Roman des 21. Jahrhunderts' avanciert, sie verhindert zugleich, dass viele televisuelle Formen des Ausdrucks, der Adressierung und des Vergnügens noch in den Blick genommen werden. Der bekannte Werbeslogan von HBO, „It's Not TV… It's HBO", mit dem sich der Sender zu seinem eigenen Medium in Distanz setzt, nimmt den herrschenden Diskurs des Qualitätsfernsehens insofern bereits vorweg, als er das Interessante des Fernsehens dort verortet, wo das Massenmedium seine eigene Antithese hervorbringt und sich der Sphäre der Kunst assimilieren lässt.

---

14 Vgl. Jane Feuer, Paul Kerr, Tise Vahimagi (Hg.): *MTM. Quality Television*. London: BFI 1994.

15 Vgl. dazu die weithin rezipierten Ausführungen von Jason Mittell, der den Komplexitätsbegriff jedoch nicht allein auf die Qualitätsserien à la SOPRANOS, THE WIRE und BREAKING BAD bezieht, sondern auch Sitcoms wie SEINFELD und ARRESTED DEVELOPMENT oder Kult-Serien wie BUFFY THE VAMPIRE SLAYER und LOST in den Blick nimmt: „Narrative Complexity in Contemporary American Television", In: *The Velvet Light Trap*, No. 58 (2006), S. 29-40; dt. Übersetzung: „Narrative Komplexität im amerikanischen Gegenwartsfernsehen", in: Frank Kelleter (Hg.): *Populäre Serialität. Narration – Evolution – Distinktion. Zum seriellen Erzählen seit dem 19. Jahrhundert*. Bielefeld: transcript 2012, S. 97-122. Interessanter allerdings als die Ausführungen zur Komplexität der Narration sind bei Mittell die zu einer „operationalen Ästhetik" (ebd., S. 108-115), die den Blick der Fernsehzuschauer gleichermaßen auf die Erzählung wie auf den Akt des Erzählens selbst lenkt, ohne dass es zu einer Depotenzierung des identifikatorischen Engagements käme; vielmehr erweist sich die Bewegung zwischen Erzählung und Erzählakt als eine sich stetig verstärkende Immersionskurve. Neben ‚Komplexität' sind weitere in der Diskussion immer wieder angeführte Qualitätskriterien (und damit Merkmale des Quasi-Genres der Qualitätsserie): eine gewachsene Bedeutung und Visibilität des Autors, größere kreative Freiheit, innovative oder ‚riskante' Themen, ein stärkerer emotionaler und sozialer Realismus, höhere Anforderungen an die Kognition und das Gedächtnis der Zuschauer, ein durch keine Rücksichten gegängelter Sprachgebrauch, eine ‚filmische' Bildgestaltung, ein distinkter visueller Stil, intertextuelle und selbstreflexive Bezüge, multiperspektivische und mehrschichtige Erzählformen, sowie komplizierte und zu charakterlichen Entwicklungen fähige Figuren. Zur Kritik des Kriteriums narrativer Komplexität vgl. a. Verf., „It's not HBO, it's TV. Zum exzellenten Fernsehen jenseits des Qualitätskanons", in: *Cargo. Film/Medien/Kultur*, Nr. 8 (2010), S. 45-46.

In dieser Situation kann die Konfrontation der Serienforschung mit der Genretheorie als Korrektiv dienen. Läuft die Seriendiskussion auf Grund ihrer derzeitigen Prämissen Gefahr, das Populäre des Fernsehens perspektivisch zu verdrängen und sophistizierte ästhetische Formen gegenüber dem vermeintlich Trivialen wissenschaftlich zu privilegieren, so erlaubt die Genretheorie eine Refokussierung des populären Fernsehens *als* Populäres.

Die einzelnen Beiträge des Bandes widmen sich nicht allein der Analyse einzelner Genres, Zyklen, Reihen und Serien, sondern ebenso den konstitutiven Prozessen der Wiederholung und Variation, der Strukturemergenz und Hybridisierung, der Serialisierung und Ritualisierung, sowie des Erwartungsaufbaus und Konventionsbruchs. Neben historische Beiträge zur Evolution von Genres und Serien und Analysen einzelner Filme im Hinblick auf ihre Generizität treten Beiträge, in denen das Generische selbst ins Zentrum rückt. Darüber hinaus brechen eine Reihe von Beiträgen den durch Hollywood institutionalisierten Genrekanon auf und thematisieren filmische Gattungen abseits des US-amerikanischen Mainstreamkinos, gleichsam in der Peripherie des Generischen, um dadurch das Konzept ‚Genre' selbst noch einmal auf den Prüfstand zu stellen.

Im ersten Teil des Bandes wird die Idee des Genres als Kategorie, als narrative Poetik und als Präsentationsform bzw. Aufführungspraxis entfaltet. KATRIN BORNEMANN legt einen äußerst systematisch ausgerichteten Ansatz zur Genreanalyse vor und erprobt ihn an einem Beispiel, das insofern eine Herausforderung darstellt, als durch die Geschichte der Genretheorie nicht bereits eine Entscheidung darüber vorliegt, ob es sich tatsächlich um ein Genre, oder doch eher um ein Motiv handelt: die *Amour fou*. Bornemanns genreanalytischer Ansatz, der kommunikationswissenschaftliche und texthermeneutische Elemente zusammenführt, beansprucht, hierzu ein valides wissenschaftliches Urteil abgeben zu können. Indem sie sich kritisch auf die filmtheoretische Diskussion von Genres bezieht, legt die Autorin im gleichen Zug auch wesentliche argumentative Strukturen der Genretheorie analytisch offen, auf deren ‚Scheitern', so lässt sich der Beitrag von Bornemann argumentativ auf die gegenwärtigen Debatten beziehen, man auch mit einer neuerlichen Schärfung und systematisierenden Aufrüstung der analytischen Mittel reagieren kann. Zwar ist die Definitionsfrage in der Genreforschung mittlerweile in den Hintergrund getreten – „the obsessions of taxonomic analysis with boundary maintenance appear all but discredited"[16], merkt Christine Gledhill zu Recht an – doch macht der Beitrag von Bornemann darauf aufmerksam, dass damit die Frage, wann sinnvollerweise von einem Genre (und nicht lediglich von einem Motiv, einem Zyklus, einer wiederkehrenden Thematik etc.) die Rede ist, keinesfalls als erledigt betrachtet werden kann. Als Abgrenzungsproblematik kehren so Elemente der obsoleten Definitionsproblematik mit dem Anspruch auf Lösung in die wissenschaftliche Diskussion zurück.

---

16 Christine Gledhill: „Rethinking Genre", in: Christine Gledhill, Linda Williams (Hg.): Reinventing Film Studies.

DANIEL ILLGER greift auf die Kategorie des „incoherent text" zurück, der in der Genrediskussion der siebziger und achtziger Jahre eine prominente Rolle in dem Versuch gespielt hat, die inneren Widersprüche eines Genrefilms nicht allein als konzeptuelles Defizit, sondern als produktiven Ausdruck latenter sozialer und politischer Konflikte zu begreifen. Dieses Konzept bezieht Illger auf Beispiele des modernen französischen Horrorfilms, in denen Inkohärenz in einer Weise als ästhetisches Prinzip zur Geltung kommt, die sich nicht mehr auf höherer Ebene zu einem homogenen künstlerischen Entwurf synthetisieren lässt. An ausgewählten Filmen, die ebenso viel mit der Tradition des Horrorgenres zu tun haben wie mit der Welle des „New Extremism"[17] französischer Provenienz, versucht er zu zeigen, dass auch angesichts dieser jungen Beispiele des Genrekinos die Idee eines kalkuliert inkohärenten Textes es erlaubt, „die innere Zerfallenheit eines Werkes nicht einfach als Beweis von dessen Ungenügen zu deuten, sondern als noch im Scheitern adäquaten künstlerischen Ausdruck eines tiefer liegenden ästhetischen, moralischen oder politischen Problems", wie Illger schreibt.

Auf umfangreiche Forschungen zum Genre des Kriegsfilms kann der gemeinsame Beitrag von EILEEN ROSITZKA, HERMANN KAPPELHOFF, CHRISTIAN PISCHEL und CILLI POGODDA zurückgreifen. Die Autor/inn/en rücken einen spezifischen Film, THE GREEN BERETS aus dem Jahr 1968, als einen genrehistorischen Kristallisationspunkt in das Zentrum ihrer Überlegungen. Es geht ihnen „um die Bestimmung der historischen Transformationen, welche die tradierten Genremuster durchlaufen, und wie diese im Zusammenhang stehen mit der sich verändernden gesellschaftlichen Erfahrungs- und Empfindungswelt ihrer Zuschauer." Als wesentlicher Indikator für Verschiebungen innerhalb der Sinn- und Ausdrucksformen des Genres gelten ihnen die Veränderungen seiner Affektpoetik, weil die Erzählmuster, Konfliktkonstellationen und Erwartungen der Publikums ganz wesentlich auf die Schaffung und das Erleben einer kalkulierten affektiven Erfahrung ausgerichtet sind. An paradigmatischen ‚Pathosformen', die als analytische Kategorie eine Brücke zwischen filmischem Ausdruck und Erfahrung schlagen, arbeiten die Autor/inn/en die Bezüge des Films zur Genregeschichte des Kriegsfilms wie zu der geschichtlichen Situation seines Publikums heraus, das als „historisch spezifische, kulturell und politisch definierte Gemeinschaft" affektiv adressiert wird.

DAVID GAERTNER stellt das Genrekonzept ebenso in Frage wie er es zugleich erweitert, wenn er eine Gruppe von Filmen in den Blick nimmt, die nicht durch ihre Handlung, ihre Struktur oder ihre Semantik miteinander verbunden sind, sondern durch eine gemeinsame Aufführungspraxis und eine damit zusammenhängende Affektorchestrierung. Die *Roadshow*-Präsentation vorwiegend episch angelegter Filme, die bis in die frühen siebziger Jahre Popularität genießt, zielt, so Gaertner, auf einen spezifischen Modus ästhetischer Erfahrung, der sich in anderen Vorführungskontexten nicht rekonstruieren lässt. Der Text erschließt mit diesem

---

17 Vgl. Tanya Horeck/Tina Kendall (Hg.): *The New Extremism in Cinema. From France to Europe.* Edinburgh: Edinburgh University Press 2011.

Thema zugleich einen wichtigen Baustein einer Archäologie immersiver audiovisueller Verfahren, die mit 3D-Kino und 360-Grad-Leinwänden gegenwärtig erneut an Aktualität gewonnen haben.

Die Beiträge des zweiten Abschnitts fokussieren Wiederholung und Serialität als *Prinzipien* und *Verfahren*, die den Phänomenen von Genre und Serie zugrunde liegen, zugleich aber in Filmen als generisches Prinzip zur Geltung gebracht und narrativ ausgestellt werden. So geht GERTRUD KOCH den amourösen Reiterationsformen des Genres nach, das Stanley Cavell pointiert als ‚Komödie der Wiederverheiratung' bezeichnet hat, und buchstabiert das generische Wiederholungsprinzip aus, das die Filme des Genres auszeichnet. Koch diskutiert Cavells These, wonach die Liebe grundsätzlich prekär und vergänglich ist, sich erst in der Wiederholung stabilisiert und auch erst dadurch als Fundament der Ehe taugt. Dieses Modell der Liebe als Wiederholung wird von Koch schließlich auf den Film als Gattung und auf seine serielle Rezeption bezogen: „Die Filme, oder besser der Film als Gattung setzt sich also", so Koch, „in die analoge Beziehung zu uns wie wir zur Liebe; den Film, den wir lieben, werden wir wiederholt ansehen, obwohl er jedesmal in seiner Flüchtigkeit uns entgleitet, eine Alterität behauptet, der wir uns nur immer wieder in der wertschätzenden Anerkennung eines weiteren Vollzuges stellen können. Im Film wird unser Weltverhältnis als ein Ende in der Zeit und als ein ständiger Wiederbeginn ausagiert."

Die amourösen Wiederbegegnungen von Cavells Komödie der Wiederverheiratung ins Feld expliziter Sexualität überführend, thematisiert SARAH SCHASCHEK ein Genre, in dem die variierende Wiederholung von Stellungen und Geschlechtsakten zum Strukturprinzip erhoben wird: dem Pornofilm. Linda Williams in ihrem Buch *Hardcore* eingeschlagenen Weg folgt Schaschek darin, dass sie den pornografischen Film als ästhetisches Objekt ernst nimmt und seine formalen Operationen analytisch in den Blick nimmt. Mit THROAT. A CAUTIONARY TALE von 2009 untersucht die Autorin einen Film, der zugleich pornografisch und metapornografisch angelegt ist und es gerade dadurch erlaubt, „die typischen Merkmale des Genres herauszuarbeiten und gleichzeitig auf die Veränderbarkeit dieser Merkmale einzugehen." Im Zentrum ihrer Analyse stehen das Verhältnis von genrebedingter Erwartung und Erregung sowie die serielle Verführungsstruktur des Genres, in dem nicht Lust Wiederholung hervorbringt, sondern Wiederholung die Lust erst erzeugt.

In einem großen medienphilosophischen Bogen, der sie – mit vielen weiteren Zwischenstationen – von Umberto Eco über Jacques Derrida zu Jean Luc Nancy führt, entwickelt MICHAELA WÜNSCH einen theoretisch geschärften Serialitätsbegriff, den sie schließlich auf BREAKING BAD als eine der paradigmatischen ‚Qualitätsserien' der vergangenen Jahre bezieht, dort aber zugleich in eine Detailanalyse münden lässt, die statt auf Narrativität, Autorschaft und Qualitätsanspruch auf den visuellen, intermedialen und intertextuellen Diskurs, auf die Artikulation des Alltäglichen und auf den ‚Blick der Dinge' abstellt, mit dem diese dem Zuschauer hier begegnen. Als produktives Potenzial ihrer medienphilosophischen Reflexion des Seriellen erweist sich Wünschs Verknüpfung sprachphilosophischer, bildwissenschaftlicher, wahrnehmungstheoretischer und medientechnologischer Überlegungen zu einem Ansatz, der eine höchst interessante Neubeschreibung aktueller Serienphänomene erlaubt.

Wünschs Thematisierung von BREAKING BAD verweist bereits auf dasjenige, was im dritten Abschnitt des Bandes ins Zentrum rückt: die Weiterentwicklung, Reanimierung und Variation filmisch hinreichend etablierter Genres im Rahmen von Fernsehserien, die seit den späten neunziger Jahren verstärkt als Schauplatz narrativer Experimente und ästhetischer Innovationen hervorgetreten sind. Mit dem Krimi, dem Western, dem Melodram und dem Science Fiction erkunden die vier Beiträge das televisuelle Schicksal von Genres, die in der filmischen Genretheorie von eminenter Bedeutung sind.

MATTHIAS GROTKOPP gewinnt in seiner Betrachtung von THE WIRE als ‚Netzwerkanalyse' der viel diskutierten Serie neue und überraschende Facetten ab. Grotkopp analysiert die Serie des ehemaligen Journalisten David Simon ausgehend von einer grundlegenden Affinität zwischen Verbrechen und Serialität. Das Serielle ist als Strukturprinzip sowohl in der Ausübung von Verbrechen wie in den Praktiken des Ermittelns wirksam. Im ‚Polizeilichen', wie es Friedrich Schiller in einem Fragment gebliebenen Dramenentwurf skizziert hat, erkennt Grotkopp ein poetologisches Prinzip, das latente Beziehungen zwischen Disparatem sichtbar macht und selbst Zusammenhänge stiftet. Dabei gerät ihm auch die spezifische Form der Serialität in den Blick, die THE WIRE auf der Ebene der Episoden, der Staffeln und der Gesamterzählung auszeichnet, und in der sich zugleich ein zentrales Thema der Serie spiegelt: das Verhältnis des Individuums zu den Institutionen und den sozialen Strukturen.

Indem er die HBO-Serie DEADWOOD in den Kontext der Westerngeschichte stellt, exemplarisch durch John Fords STAGECOACH und Sam Peckinpahs PAT GARRETT AND BILLY THE KID aufgerufen, zeigt NIKOLAUS PERNECZKY wie die Serie mit ihren eigenen, genuin serienästhetischen Mitteln diese Geschichte fortführt, erweitert und verändert. Sinnfällig werden diese genrehistorischen Verschiebungen in den symbolisch aufgeladenen Topografien, die Perneczky herausarbeitet. Er legt dar, dass es die spezifische narrative Form serieller Modulation ist, die es DEADWOOD ermöglicht, neue Akzente zu setzen. In DEADWOOD, so die These zur historischen Dimension der Serie, steht nicht der geschichtliche Prozess, sondern der Prozess der ‚Vergeschichtlichung' auf dem Spiel; die Serie stellt den Versuch einer Erzählung dar, die hinter die Geschichte zurückreicht, die sich gleichsam im schlammigen Vorhof der Geschichte einrichtet.

In seinem Text zu Todd Haynes' Miniserie MILDRED PIERCE führt CHRIS TEDJASUKMANA den Begriff der ‚generischen Wiederholung' ein, um das für Genrezusammenhänge typische Verhältnis von Identität und Differenz, von Konvention und Innovation, zu fassen. Die Frage der Wiederholung knüpft Tedjasukmana eng an die Frage des Affekts und der Genrepoetik. Die Wiederholung, so der Autor, „ist keineswegs ausschließlich eine Frage der Genrepoetik, welche melodramatische

Affekte produziert und moduliert, vielmehr erweisen sich Affekte selbst als eine ereignishafte Form der Wiederholung, die der Poetik des Melodrams vorgelagert ist." Im Anschluss an Gilles Deleuze und Brian Massumi von einer Autonomie des melodramatischen Affekts ausgehend, spürt er zugleich der politischen Dimension des Affektiven nach.

Der vierte Abschnitt des Bandes entfernt sich von einem eng gefassten Genrebegriff und thematisiert filmische Reihen, Zyklen, Remakes und Serien als Formen, in denen sich das Prinzip von Wiederholung und Variation möglicherweise in anderer Weise realisiert, als es in klassischen Genres der Fall ist. SULGI LIE untersucht die Rolle der monströsen anorganischen Natur in den drei BODY SNATCHER-Verfilmungen und stößt dabei auf einen dreifachen mimetischen Prozess: die Reproduktion der Natur durch den Film in Form einer technisch ‚entstellten' Mimikry, der innerdiegetische Prozess mimetischer Anverwandlung, der in Kannibalismus übergeht, und schließlich die nachahmende Aneignung, die die drei Verfilmungen des Stoffes miteinander verbindet. So leitet Lie aus dem Schreckenrepertoire des Horrorfilms ein Modell ab, über das sich das Verhältnis der Filme einer Reihe, einer Serie oder eines Zyklus untereinander denken lässt.

TOBIAS HAUPTS widmet sich der Film, Fernsehen und weitere Medien umspannenden STAR TREK Reihe. Als deren ästhetisches Kernproblem beschreibt Haupts die Orchestrierung der diegetischen Chronologie und die Aufrechterhaltung der Einheit eines fiktionalen ‚Universums' über die Grenzen der verschiedenen Serien des transmedialen ‚Franchise' hinweg. Im Zuge der Ausweitung des Franchise auf verschiedene, lang laufende Serien etablieren sich quasi-generische Strukturen, die es den einzelnen Serien des Universums erlauben, sich in unterschiedlicher Distanz zum mythologischen Kern, zur Ideologie und zur Unterhaltungsformel von STAR TREK zu positionieren, und dabei diegetisch eine zeitlich vorwärts wie rückwärts gewandte Fortsetzung der verbindenden Geschichte zu leisten.

MICHAEL LÜCK greift in seinem Beitrag eine in der Bundesrepublik Deutschland äußerst populäre und kommerziell erfolgreiche Filmreihe auf, die Edgar Wallace-Filme der 1960er Jahre. Der Fokus, den Lück wählt, ist ein mediengeschichtlicher. Aus der Analyse des besonderen Verhältnisses von akustischer und visueller Ebene und durch den Rückgriff auf die Geschichte des Radios und der technischen Stimmübertragung gewinnt Lück die Kontur der spezifischen Poetik, die die Filme der Reihe miteinander verbindet.

Genrekino ist zumeist auch populäres Kino. In seinem Beitrag zu einem Subgenre der Komödie, der *Animal Comedy*, die sich mit ihrem zotigen und anarchistischen Humor vor allem an ein jugendliches Publikum richtet, beschäftigt sich THOMAS MORSCH mit der Frage der Popularität und den methodischen Konsequenzen, die aus der Theorie des Populären für die Genreanalyse erwachsen. Ihn beschäftigt das Verhältnis zeitlich auseinanderliegender Zyklen des Genres zueinander, die Signifikanz des einzelnen Films für das Genre in seiner Gesamtheit und das Verhältnis des Genres zu benachbarten Genres, mit denen es durch eine gemeinsame Affektstruktur verbunden ist.

Die Genretheorie bezieht sich in ihren Beispielen überwiegend auf das narrative amerikanische Mainstreamkino als Untersuchungsfeld. Schon die ersten beiden Beiträge dieses Bandes versuchen, dieser perspektivischen Verengung entgegen zu treten, indem sie am Hollywoodkino geschulte Genretheorien mit Beispielen aus dem europäischen Kino konfrontieren. Im fünften und letzten Abschnitt nun wird dies durch drei weitere Beiträge aufgegriffen, die der Relevanz des Genrekonzepts in Bereichen der Filmproduktion nachgehen, die weitaus seltener als das Hollywoodkino zum Gegenstand genreanalytischer Betrachtungen werden. Intendiert ist damit allerdings weniger eine bloße Ausweitung des Gegenstandsbereichs als der Versuch, der Genretheorie insgesamt durch einen solchen Seitenblick neue Impulse zu geben.

Programmatisch ist in dieser Hinsicht der Aufsatz von BERNHARD GROSS. Groß thematisiert das deutsche Nachkriegskino als Schnittpunkt zwischen Gerne- und Autorenkino und betrachtet den Trümmerfilm von 1945 bis 1950 als ein Genre, in dem auf subtile Weise politische Fragen dramatisiert werden. Der Autor vertritt die These, dass es ausgerechnet die Genrefilme sind, die mittels stereotyper Elemente und Ikonographien versuchen, dem Subjekt in einer zerstörten Welt neue Orientierung zu schaffen. Im Rückgriff auf Stanley Cavell legt Groß als spezifisches Potenzial des Genrefilms dar, gerade durch Normierung und Stereotypisierung Erfahrungen des Individuellen zu ermöglichen. Es ist offensichtlich, dass ein solcher Ansatz Bedeutung über das Feld des deutschen Nachkriegskinos hinaus für das gesamte Feld des Genrefilms besitzt. Ins Zentrum seines Beitrags rückt Groß die detaillierte Analyse des Kriminalfilms RAZZIA, einer Defa-Produktion von Werner Klingler aus dem Jahr 1947. Herausgearbeitet wird, wie der Film das Verhältnis von Einzelnem und Gruppe inszeniert und wie er die Möglichkeit demokratischer Teilhabe in einer aus den Fugen geratenen Welt auslotet.

Der Beitrag SABINE NESSEL bewegt sich nicht nur von Hollywood, sondern auch vom fiktionalen Kino weg und zeigt die Produktivität eines genretheoretischen und genreanalytischen Ansatzes für Gattungen auf, die nicht dem narrativen Mainstream angehören. Nessel beschreibt die generischen Prozesse der Wiederholung, Variation und Hybridsierung als die formgebenden Muster des Expeditionsfilms, der gleichwohl unscharfe Ränder zum Kolonial-, Reportage-, Essay- und Reisefilm aufweist, mit denen er den realweltlichen Bezugspunkt der Bewegung durch den geographischen Raum teilt. Zugleich zeigt der Beitrag auf, dass auch die intermedialen Beziehungen zur literarischen Abenteuergeschichte für den Expeditionsfilm konstitutiv sind, insofern beide Genres eine gemeinsame Orientierung an der ‚Sensation' und am Spektakulären teilen. So zeichnet Nessel nach, wie sich innerhalb eines Genres recht unterschiedliche Regime der Darstellung, des Wissens und der Erfahrung bilden können, die aber „durch eine an der journalistisch-literarischen Reportage orientierten Erzählform zusammengehalten" werden.

WINFRIED PAULEIT und CHRISTINE RÜFFERT beschließen den Band mit einem Blick auf den Experimental- und Avantgardefilm unter genretheoretischen Gesichtspunkten. Dabei beschreiben sie nicht nur die generische Binnendifferenzierung des Experimentalfilms. In einer doppelten Perspektivierung des Gegenstandes geht es vielmehr zum einen um die Frage, in welcher Hinsicht sich der Experimentalfilm als Genre beschreiben lässt, zum anderen versetzen sie den Genrebegriff selbst in eine experimentelle Anordnung, indem sie den filmwissenschaftlichen Genrebegriff mit dem Begriff der Genremalerei konfrontieren. Zudem machen sie auf den Gewinn aufmerksam, den die Genretheorie aus der Beschäftigung mit nicht-narrativen Formen für die Reflexion ihres Kernbegriffs ziehen kann.

Die Mehrzahl der Beiträge geht auf eine Ringvorlesung zurück, die im Wintersemester 2011/12 am Seminar für Filmwissenschaft der Freien Universität Berlin stattgefunden hat. Mein Dank gilt allen Beitragenden für ihr Interesse am Thema und für ihre Aufsätze, dem Wilhelm Fink Verlag und insbesondere Henning Siekmann und Daniel Bonanati für das Interesse an dem Band, und allen Beteiligten für die Geduld angesichts des langen Wegs zur Publikation. Christian Rüdiger danke ich für die zuverlässige Mitarbeit an der Korrektur und Einrichtung des Bandes, sowie dem Sonderforschungsbereich 626 *Ästhetische Erfahrung im Zeichen der Entgrenzung der Künste* und der Deutschen Forschungsgemeinschaft für die finanzielle Unterstützung der Drucklegung.

GENRES: ABGRENZUNGEN, POETIKEN, PRAKTIKEN

Katrin Bornemann

GENRE? ODER NICHT GENRE ...

Definition, Klassifizierung und Qualifizierung von Genres –
ein Leitfaden am Beispiel des *Amour fou* Films

Was heißt es, von einem Genre zu sprechen?[1] Der Wunsch nach Kategorisierung, also Texte einem Genre zuzuordnen, ist der Versuch, die Komplexität des Angebots zu reduzieren. Es ist das Bestreben, eine grobe Einteilung nach wiederkehrenden Merkmalen vorzunehmen, um besser über Gruppen von Texten kommunizieren zu können. ‚Genre' ist zunächst ein „kulturelles Ordnungsprinzip und ein kommunikativer Verständigungsbegriff"[2]. Genretheorie gibt einen wichtigen Referenzrahmen vor, der Konsumenten befähigt, einzelne Texte zu identifizieren, sie von anderen abzugrenzen und zu interpretieren. ‚Genre' stellt ein kritisches theoretisches Werkzeug dar, um das Verhältnis zwischen einzelnen Filmen und Gruppen von Filmen zu systematisieren.[3] Mit diesem Text[4] soll ein Leitfaden für die Klassifizierung von Genres und der Einordnung einzelner Filme in ein etabliertes Genresystem vorgestellt werden. Am Beispiel des *Amour fou* Genres soll in systematischer Absicht dargelegt werden, welche Überlegungen und welche einzelnen Analyse-Schritte unternommen werden müssen, um ein Genre zu definieren.

Eine tragfähige Genreanalyse muss mit Steve Neale die *genre norms,* die Regeln, nach denen ein Genre funktioniert, wie auch korrespondierende *genre texts,* also diejenigen Filme, die einem Genre zugeordnet werden können, benennen.[5] Genretheoretiker helfen also das Wissen über eine bestimmte Gruppe von Texten systematisch zu organisieren und Hinweise „auf die Inhalts-, Stil- und Affekt-Qualitäten von Gruppen von Filmen zu formulieren."[6] Von einem Filmgenre kann

---

1 Ich danke meiner Tochter Mila, dass sie stets so schön schlief und mir die Zeit ließ, diesen Artikel zu verfassen. Karin Bornemann danke ich wie immer für wichtige wissenschaftliche Unterstützung.
2 Siegfried J. Schmidt: „Symbolische Ordnungen: Das Beispiel der Mediengattungen", in: Ders.: *Kognitive Autonomie und soziale Orientierung*. Frankfurt a.M.: Suhrkamp 1994, S. 164-201.
3 Steve Blandford/Keith Grant/Jim Hillier (Hg.): *The Film Studies Dictionary*. London: Arnold 2001, S. 112-113.
4 Dieser Artikel beruht zum Teil auf meiner Dissertation *Carneval der Affekte. Eine Genretheorie des Amour fou Films*. Marburg: Schüren 2009.
5 Steve Neale: „Questions of Genre", in: *Screen* Vol. 31, No.1 (1990), S. 45-66, hier S. 58.
6 Vgl. Hans J. Wulff: „Emotionen, Affekte, Stimmungen: Affektivität als Element der Filmrezeption. Oder: Im Kino gewesen, geweint (gelacht, gegruselt...) – wie es sich gehört!", in:

man sprechen, wenn auf diesen Ebenen invariante Strukturmerkmale einer Filmgruppe nachgewiesen werden können.[7]

Die Notwendigkeit, neue Kategorien zu finden, die erst die Voraussetzung für einen intersubjektiven Austausch über eine bestimmte Filmgruppe schaffen, wächst stetig. Ein erstes Indiz dafür, dass ein neues (bisher noch nicht definiertes) Genre besteht, ist dann gegeben, wenn sich einzelne Filme nicht (mehr) problemlos einem bestehenden Genre zuordnen lassen.[8] Dann beginnt die Arbeit der Genretheorie.

Grundzüge einer holistischen Genretheorie

Durch die Integration der kognitiven, affektiven und somatischen Rezeptionsforschung in die Analyse von Filmfamilien öffnen sich neue Wege für die Genretheorie im Allgemeinen. Die moderne Genretheorie vertritt einen holistischen Ansatz: Der Film wird nicht mehr nur als „ästhetischer Text für sich"[9] wahrgenommen, den es zu beschreiben gilt, sondern daneben auch als bedeutungstragendes Zeichen- und Repräsentationssystem, als Medium, als Institution, kulturelles Subsystem und Ausdrucksträger,[10] als „[...] eine besonders elaborierte und verdichtete Form des Interdiskurses"[11] und als „Objektivation des mentalen Programms ‚Kultur'"[12]. Eine Filmanalyse, die all dies anerkennt, kann daher Aufschluss geben über die Werte, das Weltbild, das kulturelle und politische Wissen, über unausgesprochene Grundannahmen und Vorstellungen von Wirklichkeit, die sich in der immer wiederkehrenden Darstellung eines Topos im Genrefilm widerspiegeln.[13]

Somit geht die Genreanalyse über die rein ästhetische Analyse des Textes hinaus und kann Aussagen über die sozialen Zusammenhänge zwischen Film und Gesell-

---

Susanne Marschall/Fabienne Liptay (Hg.): *Mit allen Sinnen. Gefühl und Empfindung im Kino [Festschrift für Thomas Koebner zum 65.]*. Marburg: Schüren 2006, S. 17-31, hier S. 30.

7 Eggo Müller: „Genre", in: Rainer Rother (Hg.): *Sachlexikon Film*. Hamburg: Rowohlt 1997, S. 141-142.

8 Natürlich ist die holistische Genretheorie auch gefragt, um bereits bestehende und definierte Genres umfassend kritisch zu untersuchen. Durch das innovative Zusammenspiel der verschiedenen Analyseschritte lassen sich auch neue, spannende Charakteristika von tradierten Genres aufdecken, von denen man meinte schon alles zu wissen. Gerade die Rezeptionsanalyse – gepaart mit der Phänomenologie und der kritischen Ideologie-Analyse – verspricht zum Beispiel Erkenntnisse über ein jüngeres Subgenre des Horrorfilms, dem *Torture-Porn*.

9 Ansgar Nünning/Roy Sommer: *Kulturwissenschaftliche Literaturwissenschaft*. Tübingen: Narr 2002, S. 21.

10 Ansgar Nünning (Hg.): *Metzler Lexikon. Literatur- und Kulturtheorie*. Stuttgart/Weimar: Metzler 2004, S. 186.

11 Nünning/Sommer, *Kulturwissenschaftliche Literaturwissenschaft*, S. 21.

12 Ebd.

13 Ira Konigsberg: *The Complete Film Dictionary*. London: New American Library 1987, S. 144f.

schaft treffen. Gerade populäre Genres sind besonders aussagekräftig, weil in ihnen „[…] die kulturspezifischen stereotypen Realitätswahrnehmungen, Wunsch- und Angstszenarien besonders deutlich zu erkennen sind."[14] Eine potente Genretheorie muss daher auch versuchen, die Ideologien und Moralvorstellungen aufzudecken, die Genrefilmen zu Grunde liegen. Durch seine seismographische Funktion kann ein Genre dann Aufschluss über die mentalen Dispositionen einer Kultur geben. Wenn man davon ausgeht, dass der Film also eine *soziale,* eine *materiale* und eine „mentale Dimension"[15] offenbart, wird schnell offensichtlich, dass eine rein erzähltheoretische Analyse reduktionistisch ist.

Will man ein Genre bestimmen, so geht es stets darum, Ähnlichkeiten zwischen verschiedenen Filmen zu erkennen. Die Zauberformel aller Genretheorie lautet: Signifikanz entsteht durch Rekurrenz. Da es also ein strukturelles Wesensmerkmal der Genretheorie ist, ‚Familienähnlichkeiten' zwischen Filmen nachzuweisen, kann die Genretheorie als ‚Supertheorie' verstanden werden, die unterschiedliche Zweige der Filmtheorie integriert, stets mit dem Ziel, aus der jeweiligen theoretischen Perspektive eventuelle Gemeinsamkeiten des Materials zu erkennen. Wird die Genretheorie mithin als übergreifende ‚Supertheorie' begriffen, können die einzelnen theoretischen, integrierten Zweige jeweils andere Aspekte des Untersuchungsgegenstandes aufdecken. Alle theoretischen Ansätze müssen jedoch, um kohärent zu bleiben, stets unter dem Vorzeichen der Aufdeckung etwaiger Ähnlichkeiten der Filme des Korpus angewendet werden. Es geht darum, das genretypische „Set of codes and conventions"[16] aufzudecken.

Eine komplexe Genretheorie muss folgende Aspekte beinhalten: (1) eine Analyse der Geschichte des Topos, (2) eine systematische Beschreibung permanenter narrativer Muster, (3) die Erstellung einer Phänomenologie mit rekurrenten thematischen Elementen, (4) die Darlegung einer Ikonographie visueller Stereotypen, (5) die Erprobung des Anpassungswertes und der Stabilität des Genrekerns, (6) die Aufdeckung einer idealtypischen kognitiven, affektiven und somatischen Rezeptionsweise und schließlich (7) die Erforschung der gesellschaftlichen Bedeutung, Funktion und Bewertung des Genres.[17] Die Reihenfolge der Untersuchungsschritte spielt eine wesentliche Rolle, da jeder Analyseschritt auf die vorangegangenen aufbaut.

---

14 Herbert Grabes: „Literaturwissenschaft – Kulturwissenschaft – Anglistik", in: Nünning/Sommer, *Kulturwissenschaftliche Literaturwissenschaft,* S. 79-94, hier S. 87.
15 Vgl. Roland Posner: „Kultur als Zeichensystem. Zur semiotischen Explikation kulturwissenschaftlicher Grundbegriffe", in: Aleida Assmann/Dietrich Harth (Hg.): *Kultur als Lebenswelt und Monument.* Frankfurt am Main: Fischer 1991, S. 36-74.
16 Susan Hayward (Hg.): *Key Concepts in Cinema Studies.* London/New York: Routledge 2006, S. 188.
17 Knut Hickethier: „Genretheorie und Genreanalyse", in: Jürgen Felix (Hg.): *Moderne Filmtheorie.* Mainz: Bender 2003, S. 62-103, S. a. Jacky Bratton/Christine Gledhill (Hg.): *Melodrama: Stage, Picture, Screen.* London: BFI 1994, S. 58ff; Sarah Berry: „Genre", in: Toby Miller/Robert Stam (Hg.): *A Companion to Film Theory. Blackwell Companions in Cultural Studies.* Malden: Blackwell 1999, S. 25-44.

Untersuchung der Motivgeschichte

Handelt es sich bei dem zu erforschenden Genre um ein *content based* Genre, so ist als erster Schritt die Erforschung der Motivgeschichte angeraten. Untersucht man, wo und wie das Motiv (z. B. Rache, Brudermord oder wahnsinnige Liebe) zum ersten Mal auftritt und wie es sich über die Zeit manifestiert, so erhält man Anhaltspunkte über konstitutive Plotelemente des Motivs, die immer wieder auftreten. Die Motivgeschichte, die zumeist über die Grenzen des filmischen Mediums hinaus- und in die Literatur-, Kunst, Musik- oder Fotografiegeschichte hineinführt, liefert wichtige Erkenntnisse über die Evolution eines Topos.[18] Die Erforschung der Motivgeschichte, in Kombination mit der Frage nach einer etwaigen mythologischen Verankerung eines Genres, gibt Auskunft über die kulturelle Tradiertheit eines Themenkreises. Eine umfassende Genreanalyse kann daher nach Ira Konigsberg aufzeigen, dass beständige Genres „[...] universal dilemmas and moral conflicts"[19] beschreiben, die in mittelbarem Bezug zu „deep psychological needs"[20] stehen. Somit steht die Motivgeschichts-Forschung ganz am Anfang, sie gibt bereits erste Indizien für eine später folgende Untersuchung der gesellschaftlichen Bedeutung eines Genres. Zudem lassen sich hier bereits erste Standardsituationen erkennen, die für die narrative Analyse fruchtbar sind.

Die Genreanalyse sollte für eine anschauliche motivgeschichtliche Untersuchung möglichst Texte aus verschiedenen Epochen und Kulturen heranziehen. Handelt es sich etwa um eine sukzessive Entwicklung stereotyper Formen? Oder hat sich das Motiv je nach Kultur und Epoche verändert? Was könnte dies bedeuten? Durch die Analyse der Stoff-, beziehungsweise der Überlieferungsgeschichte können typische Themen und/oder ein erstes Erzählmuster des Genres extrahiert werden. Die Motivgeschichte eines Genres ist als Vorarbeit zu der sich anschließenden Phänomenologie der Textgruppe zu verstehen.

Phänomenologie

Die Phänomenologie ist das klassische Herzstück der Genreanalyse. Sie umfasst die Aufdeckung dramaturgischer Standardsituationen, die narrative Struktur, die spezifische Ikonographie, Stereotypen und die speziellen filmsprachlichen Konventionen der Darstellung. Es geht zunächst darum, die „patterns of visual and auditive imagery"[21] aufzudecken.

---

18 Elisabeth Frenzel: *Stoff- und Motivgeschichte*. Berlin: Schmidt 1996.
19 Konigsberg, *The Complete Film Dictionary*, S. 144.
20 Ebd., S.145.
21 Colin McArthur: *Iconography and Iconology*. London: Seeker and Warburg/BFI 1973.

Narrative Strukturen und Standardsituationen

Ein Kriterium, nach dem ein Genre definiert werden kann, ist nach David Bordwell die Ähnlichkeit von „narrational principles and procedures"[22]. Hier wird also gefragt, was die wesentlichen Plotelemente der Filmgruppe sind, woraus sie typischerweise bestehen und wie sie verknüpft werden. Thomas Schatz nennt dies die Aufdeckung der „story-formula"[23]. So gehören einzelne Filme erst dann einem Genre an, wenn sie sich durch ein ähnliches strukturelles Story-Schema auszeichnen und ähnlichen erzählerischen und dramatischen Konventionen folgen. Die GenretheoretikerIn muss also im Filmkorpus nach einer wiederkehrenden Kette von Standardsituationen fahnden. Hier sind die Überlegungen von Boggs[24] hilfreich. Die Suche umfasst Ähnlichkeiten bei (1) den Charakteren in den Filmen, (2) dem Setting der Filme, (3) den intradiegetischen gesellschaftlichen Konventionen, (4) dem Motor der Handlung, (5) der Art des Konflikts in den Texten, (6) der Konfliktlösung und (7) den Werten, die durch die Lösung des Konflikts bestätigt werden. Boggs erklärt weiter, dass die Art der Beziehung der Protagonisten zueinander eine Basiskategorie sei, um ein Genre zu definieren.[25]

Werden also Standardsituationen erkannt, so kann alsdann weiter differenziert werden, welche Plotelemente *konstitutiv* für das Genre sind und welche *fakultativ* auftreten. Fakultativ sind meist solche, die signifikant sind, weil sie gehäuft auftreten, die aber den Kern der Story nicht grundsätzlich verändern. Fehlt hingegen ein konstitutives Element, würde eine andere Story erzählt.

Weiter wird untersucht, wie die Plotelemente in ihrer typischen diegetisch-chronologischen Verknüpfung dargestellt werden. Die semiotische Analyse schließt sich an und decodiert die musterhaften semantischen Räume und binären Oppositionen der Texte.[26] Gefragt wird nach der typischen Figurenkonstellation und nach wiederkehrenden Ordnungen, nach denen die semantischen Räume organisiert sind. Die zentralen Fragen sind: Gibt es musterhaftes Handeln, welches den Anfangszustand des Textgeschehens in den Endzustand verwandelt? Weisen die Filme des Korpus analoge strukturelle Konstanten auf, ist dies als ein weiteres Indiz für ihre Genrehaftigkeit zu werten?

Die so erzielten Ergebnisse bilden die unerlässliche Grundlage für die spätere Untersuchung der Ideologien, die in die Texte eingewoben sind. Die Beschreibung der grammatikalischen Aneinanderreihung von Ereignissen dient der systemati-

---

22 David Bordwell: „Classical Hollywood Cinema: Narrational Principles and Procedures", in: Philip Rosen (Hg.): *Narrative, Apparatus, Ideology. A Film Theory Reader.* New York: Columbia Uni. Press 1986, S. 17-33.
23 Thomas Schatz: „Genre", in: Gary Crowdus (Hg.): *A Political Companion to American Film.* New York: Lakeview Press 1994, S. 177-185, hier S. 177.
24 Joseph M. Boggs: *The Art of Watching Films: A Guide to Film Analysis.* Palo Alto/California: Benjamin-Cummings 1985, S. 327.
25 Vgl. ebd., S. 327.
26 Vgl. Hayward, *Key Concepts in Cinema Studies*, S. 285f.

schen Rekonstruktion der erzähltheoretischen Ordnung,[27] die einer speziellen Filmfamilie zu Grunde liegt.

Ikonographie

Auch ein ähnlicher *visual style* kann ein weiteres Indiz für die Genrehaftigkeit einer Filmgruppe sein. Bei dieser Formanalyse geht es um die Identifikation unterschiedlicher ikonographischer Konventionen.[28] Leitfrage ist: Was sind typische visuelle und auditive Invarianten? Eine besondere Rolle spielen hier der visuelle Stil, die Auswahl der Schauspieler und die typische Stimmung, die die Filme vermitteln. Ed Buscombe würde an dieser Stelle fragen, inwiefern die *innere* Form (Plot, Motive, etc.) durch die *äußere* Form (*Mise en scène*, Kameraführung, Licht, Wahl der Schauspieler, etc.) im Film repräsentiert werde.[29]

Zunächst muss die Wahl der Schauspieler, die „stereotypische Figurencharakterisierung"[30] unter die Lupe genommen werden. Zu dem *signifier* des Schauspielers gehören nicht nur seine dem Typ entsprechende Physiognomie, sondern auch sein Image.[31] So gibt es Genrefilme, die sich einzig durch die Wahl des immer gleichen Schauspielers charakterisieren lassen – z. B. die Tanzfilme Fred Astaires.

Ikonographisch bedeutsam können weiter eine sehr spezielle Montage-Technik und eine typische *Mise en scène* sein – sie sind ästhetische Gestaltungsmittel, die eine besondere suggestive Filmsprache definieren können. Auch die Farbsymbolik und die Lichtgestaltung können wiederkehrende Merkmale einer Filmsprache sein. Grant bezeichnet die Gestaltung von Licht und Farben als signifikante Teile einer genrehaften Ikonographie.[32] Auch die Filmmusik ist Gegenstand der Genreanalyse und kann Wiedererkennungswert innerhalb einer Filmgruppe besitzen.[33] Sie vermag es, Stimmungen zu erzeugen und Gefühle zu wecken, Handlungsabläufe und -sprünge zu verbinden. Das *Setting* – „the physical space and time"[34] eines Films – beschreibt sowohl den zeitlichen, das heißt historischen Rahmen der Handlung, als auch den topographischen. Auch die Analyse des Settings kann daher ein geeignetes Instrument darstellen, um einen Film einem Genre zuzuordnen,

---

27 Michael Titzmann: „Struktur, Strukturalismus", in: Klaus Kanzog/Achim Masser (Hg.): *Reallexikon der deutschen Literaturgeschichte. Bd. 4*. Berlin: de Gruyter 1984, S. 256-278.
28 Vgl. die Genredefinition des *Film noir* in: Hayward, *Key Concepts in Cinema Studies*, S. 148-153.
29 Vgl. Ed Buscombe: „The Idea of Genre in American Cinema", in: Barry Keith Grant (Hg.): *Film Genre Reader III*. Austin: University of Texas Press 2007, S. 12-26.
30 Hickethier, „Genretheorie und Genreanalyse", S. 78.
31 Richard Dyer: *Stars*. London: BFI 1979, S. 38ff.
32 Barry Keith Grant: *Film Genre. From Iconography to Ideology*. London: Wallflower Press 2007, S. 12.
33 Vgl. Claudia Bullerjahn: *Grundlagen der Wirkung von Filmmusik*. Augsburg: Wißner 2001.
34 Grant, *Film Genre*, S. 14.

wie dies etwa beim Western der Fall ist. Nach Boggs ist das Setting sogar eine ikonographische Basiskategorie in einem Katalog von Genre-Elementen.[35]

Ist eine Gruppe von Filmen phänomenologisch identifiziert – ist der Genrekern also erkannt – so kann nun untersucht werden, wie sich dieser Genrekern unter sich ändernden Kontexten verhält.

Anpassungswert

Vorraussetzung für eine Analyse des Anpassungswerts ist, dass der Text als „culture in action"[36] verstanden wird: als ein dynamisches, soziokulturelles, ästhetisches Untersuchungsobjekt, welches in ein synchron und diachron verlaufendes Interdependenzengeflecht eingebettet ist. Die Frage lautet also, wie sich der Stoff, den die GenretheoretikerIn als Ergebnis der motivgeschichtlichen Untersuchung und der Extraktion der Standardsituationen erhalten hat, im Medium Film darstellt.

Die Fragen dieses Analyseschritts lauten: (1) Wie passt sich der Film als kulturelles, ästhetisches und ökonomisches Gut an seine kontextuellen Gegebenheiten an? Und (2) wie sehen die möglichen Einschränkungen und Adaptionen aus, die dem Sujet durch die Übertragung in das Medium Film und die damit korrespondierende Abhängigkeit zum Markt widerfährt? Wir suchen also Aufschluss darüber, wie stabil der Genrekern ist. Eine Rolle spielt hierbei die Zielgruppe, die den Genrefilm konsumiert – ist sie homogen? Wie wird der Stoff dargestellt, damit die Zielgruppe ihn konsumiert und nachfragt? Gibt es – wie zur Zeit des *Production Code* – eine Zensur, die verhindert, dass gewisse Standardsituationen gezeigt werden? Müssen eventuell bestimmte Topoi gekürzt werden, da die Filme ansonsten nur schwerlich zu vermarkten sind? Ist das Genremarketing identisch? Wird beispielsweise immer mit ähnlichen Slogans und Bildern für die Filmgruppe geworben? Gibt es eine Häufung der Filme aus einem bestimmten Herkunftsland? Sind die Filme mit einem ähnlich hohen Budget ausgestattet, dass beispielsweise eine eigene Filmsprache begünstigt (zum Beispiel durch aufwändige Special Effects) oder verhindert? Passen sich die Filme des Korpus in ähnlicher Weise an Umweltbedingungen an, und ist dies ein erneutes Zeichen für die Genrehaftigkeit der Filme?

Wenn die Phänomenologie die erste Säule der Genretheorie ist, so ist die Analyse der Rezeption der Filmgruppe die zweite. Zu oft wurde die Rezeption von der Genretheorie ausgenommen – beides gehört jedoch zusammen.

---

35 Boggs, *The Art of Watching Films*, S. 327.
36 Vgl. Nünning, *Metzler Lexikon*, S. 496.

Wirkung und Rezeption

„Erst im Akt der Rezeption wird ein Film als ein kulturelles Objekt mit einer besonderen Bedeutung konstituiert."[37] Genres können auch hinsichtlich ihrer rezeptiven Wirkung auf den Zuschauer kategorisiert werden. Für Barry Keith Grant ist sogar die ähnliche Rezeption der Filme *das* konstitutive Genre-Merkmal: „Genres are dependent upon audiences for both their existence and their meaning."[38] Nach Grant erzählen Genrefilme gleiche Geschichten mit leichten Variationen, mit ähnlichen Charakteren an ähnlichen Settings und ähnlichen Plotelementen.[39] Diese Geschichten werden in ähnlicher ästhetischer Darstellungsweise inszeniert und entfalten daher bei dem Zuschauer eine ähnliche Wirkung. Deshalb sprechen wir hier von der *Vorzugsreaktion* auf eine Textfamilie, die es sichtbar zu machen gilt. Beispielsweise werden die Genres Horrorfilm und Comedy stark durch die intendierte Reaktion des Rezipienten definiert.[40] Für Carroll[41] und Grodal[42] sind die Ähnlichkeiten in der *emotionalen und affektiven Konstellation* sogar ausschlaggebend, um Filme einem Genre zuordnen zu können. Auch David Bordwell argumentiert, dass die Art und Weise, wie der Rezipient adressiert wird und die intendierte Reaktion des Zuschauers auf den Text signifikant ist, um ein Genre abschließend zu bestimmen.[43] Die Rezeptionsanalyse eines Genres muss damit drei wesentliche Aspekte beinhalten: (1) Die Erforschung der gesellschaftlichen Rezeption eines Genres durch die Analyse von *Presscuttings*: die Auswertung von Zeitungs- und Zeitschriftenartikeln dokumentiert Reaktionen auf ausgewählte Filme. (2) Eine Analyse der individuellen affektiven, somatischen und rationalen Reaktionen des Rezipienten auf den Text: Auf dieser subjektbezogenen Mikro-Ebene wird also das „preferred reading"[44], welches im Text angelegt ist, untersucht. (3) Die Analyse auf der Makro-Ebene untersucht die Funktion des Genres im gesellschaftlichen Diskurs: hier werden die bisherigen Ergebnisse in den makrosozialen Kontext eingeordnet, um einen gesellschaftlichen Bezug herzustellen.

Es geht darum, die wahrscheinlichste, idealtypische Rezeption der Textsorte aufzudecken. Dabei wird sowohl auf die Ergebnisse der phänomenologischen Betrachtung rekurriert als auch auf typische Reaktionen auf die Texte, die sich in der

---

37 Rainer Winter: *Filmsoziologie. Eine Einführung in das Verhältnis von Film, Kultur und Gesellschaft*. München: Quintessenz 1992, S. 51.
38 Grant, *Film Genre*, S. 20.
39 Vgl. ebd., S. 1.
40 Vgl. Linda Williams: *Hard Core: Power, Pleasure, and the „Frenzy of the Visible"*. Berkley: University of California Press 1999.
41 Noël Carroll: „Film, Emotion and Genre", in: Carl Plantinga/Greg M. Smith (Hg.): *Passionate Views. Film, Cognition and Emotion*. Baltimore/London: Johns Hopkins University Press 1999, S. 21-47.
42 Torben Grodal: *Moving Pictures. A New Theory of Film, Genres, Feelings and Cognition*. Oxford: Clarendon Press 2000, S. 25-56.
43 David Bordwell: „The Art Cinema as a Mode of Film Practice", in: *Film Criticism* Vol 4, No. 1 (1979) S. 56-64.
44 Vgl. Susan Hayward zur „spectator identification" in *Key Concepts in Cinema Studies*, S. 310.

Metakommunikation widerspiegeln. Es wird untersucht, ob eine genretypische kognitive, affektive und charakteristische somatische Adressierung des Zuschauers durch eingewobene „cues"[45] und ‚Trigger'-Elemente im Text nachweisbar ist. Dadurch wird erforscht, ob die untersuchte Gruppe von Filmen einen typischen Rezeptionsrahmen vorgibt.

Die Leitfragen des zweiten, rezeptiven Teils der Genreanalyse sind: Welche Wirkung hat die Filmfamilie auf Rezipient und Gesellschaft und was sind die soziale Funktion und der Zweck der zu untersuchenden Filmfamilie?

Rezeption in der Presse – Analyse von Presscuttings

Presserezensionen sind die verschriftlichten „practices of critics and reviewers"[46]. Hier werden die Reaktionen von Dritten auf Filme wiedergegeben. Die Analyse dient auch dazu, die eigene Reaktion auf die Texte zu überprüfen. Gibt es zum Beispiel wiederkehrende Attribute (wie ‚skandalös', ‚sentimental', ‚heimatverbunden'), mit denen das Genre bedacht wird? Werden womöglich stets die gleichen Vokabeln herangezogen, um dem Leser einen ersten Eindruck von einem Film zu vermitteln? Wird das Seherlebnis unterschiedlicher Filme des Korpus ähnlich geschildert? Ist sogar die Bewertung der Filme gleich? Ähnelt sich die dokumentierte Rezeption der Filme durch Dritte, so ist dies abermals ein Beweis für die Genrehaftigkeit einer Filmgruppe. Außerdem kann durch die Analyse verschiedener kritischer Artikel unterschiedlicher Jahrzehnte, die sich jedoch auf ein und denselben Film beziehen, untersucht werden, ob sich die Kernreaktion auf die ausgewählten Filme verändert hat oder vergleichbar bleibt.

Kognitive Aspekte der Rezeption

Die Analyse der narrativen Struktur spielt in der kognitiven Filmtheorie eine vorrangige Rolle. Erkenntnisleitend sind die Fragen, wann welche Information im Verlauf des Films vermittelt wird, welchen Gehalt sie hat und wie sie in Verbindung mit anderen Informationen bewertet wird. Gibt es hier zum Beispiel Auffälligkeiten gegenüber der tradierten chronologischen Erzählweise von Mainstream-Filmen? Außerdem: Sind die Informationsbausteine konsistent? Passen die Informationen zueinander? Werden die Erwartungen des Zuschauers an den Handlungsablauf bestätigt oder enttäuscht? Passen die Informationen zu dem narrativen Erfahrungsschatz des Rezipienten? Ist eine ‚Überforderung' des Zuschauers durch ein Zuviel oder einen Mangel an Informationen intendiert? Wenn die Filmfamilie eine spezi-

---

45 Vgl. Vinzenz Hediger: „Des einen Fetisch ist des anderen Cue", in: Jan Sellmer/Hans Jürgen Wulff (Hg.): *Film und Psychologie – Nach der kognitiven Phase? (= Schriften der Gesellschaft für Medienwissenschaft, Bd. 10)*. Marburg: Schüren 2002, S. 41-58, hier S. 46.
46 Vgl. Hayward, *Key Concepts in Cinema Studies*, S. 185.

fische Reizstruktur mit typischem Stimulusmaterial aufweist, welche wiederum ein spezifisches Reaktionsmuster aktiviert, so ist dies abermals ein Zeichen für die Genrehaftigkeit der Filmgruppe.

Affektive Aspekte der Rezeption

Der Film enthält auch eine „affect structure"[47], die intentionierte Emotionen auf Rezipientenseite auslöst. Die genretypische Struktur des Films, die Wahl der Schauspieler, die Kameratechnik und Perspektive etc. geben dem Rezipienten einen relativ fixen Rahmen vor, innerhalb dessen er eine angelegte Emotionsbahn entlangfährt. Der Film kontrolliert also bis zu einem gewissen Grade die rezeptive Subjektposition des Zuschauers. Gefragt werden muss: Welche typischen Emotionen ruft der Text hervor? Und mit welchen Mitteln werden sie hervorgerufen? Forschungsleitfrage dieses Analyseschritts ist also: „Wie ist das Stimulus-Angebot des Films, welches darauf angelegt ist und dazu tendiert, bei den Zuschauern einen bestimmten Emotionsverlauf auszulösen?"[48] Es geht darum, ähnliche, genretypische Strategien der Emotionslenkung aufzuspüren. Besonderes Augenmerk muss hierbei auf den/die Protagonisten gelegt werden. Werden dem Zuschauer Möglichkeiten der Einfühlung angeboten? Und ist die Einfühlung korreliert mit Werten, die im Film transportiert werden? Auch interessant ist die Frage, wie sich die Mehrheit im Text zur Hauptfigur verhält. Wichtig ist: Wird das Verhalten der Protagonisten als nachvollziehbar dargestellt? Würde ich mich so auch verhalten? Korrelieren die Wertewelt des Rezipienten und die Werte beziehungsweise das Tun der Protagonisten des Films miteinander? Auch das Ende des Films ist für das emotionale Erleben des Films wichtig: Mit welchen Gefühlen entlässt uns der Film? Sind wir befriedigt worden oder enttäuscht? Ist das Ende offen? Wird die Rezipienten-Meinung bestätigt?

---

47 Ed Tan: *Emotion and the Structure of Narrative Film. Film as an Emotion Machine.* Mahwah: Erlbaum 1996, S. 195.
48 Vgl. Jens Eder: „Noch einmal mit Gefühl", in: Jan Sellmer/Hans J. Wulff (Hg.): *Film und Psychologie – nach der kognitiven Phase? (= Schriften der Gesellschaft für Medienwissenschaft, Bd. 10).* Marburg: Schüren 2002, S. 93-108.

Somatische Aspekte der Rezeption

Bei einer somatischen Analyse[49] geht es um den körperlich-sinnlichen Zugang zum Film. Die Leiblichkeit des Films wird als „[…] an expression of experience by experience"[50] begriffen und damit als intersubjektive Erfahrung kommuniziert. Hier soll erforscht werden, welche genretypischen Strukturen und *Cues* welche wahrscheinlichste Wirkung auf den Rezipientenkörper ausüben. *Cues* werden hier verstanden als bestimmte Stimuli oder Auslösereize, die analoge Reaktionen provozieren. Ein *Cue* kann z. B. das nahe Heranzoomen von Stoffen sein, der Rezipient fühlt so die kratzige Oberfläche von zum Beispiel Leinen. Ein *Cue* kann jedoch auch das Zeigen von Erbrochenem sein, Ekel wird ausgelöst. Häufen sich eine bestimmte Art von *Cues* in einem Film, so ist dies bedeutungstragend. Ebenso ist es genre-relevant, wenn mehrere Filme des Korpus die immer gleiche Reihenfolge von ähnlichen *Cues* aufzeigen. Mit der Erforschung der *Cues*, die in einem Filmtext eingewoben sind, will die Genreanalyse die Struktur „einer nahezu unfreiwilligen Nachahmung des Gefühls oder der Körperempfindung des Leinwandkörpers"[51] aufdecken. Alsdann wird untersucht, welche Plotelemente die *Cues* umranden, welche Ereignisse vollziehen sich in zeitlicher oder räumlicher Nähe der *Cues*? Wie beeinflussen die *Cues* ihre ‚Umgebung'? Tauchen beispielsweise stets erotische *Trigger-Cues* im Umfeld einer Person auf, so hat dies Relevanz für die Einfühlungsangebote, die dem Rezipienten bei dieser Figur gemacht werden. Weiter muss gefragt werden, ob die *Cues* zu dem narrativen Erfahrungsschatz des Rezipienten ‚passen' oder ob sie gar absichtlich verfremdet werden. Dies kann beispielsweise der Fall sein, wenn erotische *Cues* korreliert werden mit Figuren, die jedoch nicht erotisch sind (gemäß der narrativen Erfahrung), zum Beispiel der bettlägerigen Großmutter. Welche Bedeutung hat die Reihenfolge der gesendeten *Cues*? Die Struktur, nach der die *Cues* angelegt sind, kann eine eigene somatische Story erzählen – ist diese kongruent mit der kognitiven Struktur des Films? Und mit der affektiven? Ist dies der Fall, so verstärken die *Cues* in der Regel die affektive und die kognitive Struktur. Laufen die Strukturen indes gegeneinander, so entsteht ein Verfremdungseffekt. Der Rezipient soll dem Film ‚entfremdet' werden.

Die idealtypische Rezeption eines Textes birgt wichtige Erkenntnisse für die Aufdeckung der sozialen Bedeutung und möglichen Funktionen der Filme und muss daher stets vor einer ideologiekritischen[52] Analyse kommen.

---

49 Vgl. Vivian Sobchack: *Carnal Thoughts: Embodiment and Moving Image Culture*. Berkeley/Los Angeles/London: University of California Press 2004.
50 Vivian Sobchack: „Phenomenology and the Film Experience", in: Linda Williams (Hg.): *Viewing Positions. Ways of Seeing Film.* New Brunswick: Rutgers University Press 1995, S. 36-58, hier S. 36.
51 Linda Williams: „Filmkörper: Gender, Genre und Exzess", in: *Montage/AV*, Nr. 18/2/2009, S. 9-30, hier S. 14.
52 Vgl. Terry Eagleton: *Ideology. An Introduction.* London: Verso 1995, S. 12ff.

Gesellschaftliche Bedeutung des Films

Die ideologische Ausrichtung der Genres gilt seit dem Musical[53] oder dem Western[54] als weiteres wichtiges Gruppierungsmerkmal von Filmen. Nach Robin Wood[55] und Tessa Perkins[56] ähneln sich die in einer Filmfamilie angelegten Ideologien und Vorstellungen von Welt. Genres tendieren nämlich dazu, besondere Auffassungen von Gut und Böse zu transportieren. Die gesellschaftliche Bedeutung eines Textes ist stets verwoben mit der Frage nach der Funktion, die ein Text innerhalb einer Gesellschaft erfüllt. Bestätigt der Film affirmativ die dominante Ordnung und verhindert (auf die eine oder andere Art) abweichende Meinungen, wird er als konservativ qualifiziert. Stellt ein Text hingegen das herrschende Wertesystem in Frage, bescheinigt man ihm subversives Potenzial.

Bei diesem Untersuchungsschritt sind also folgende Fragen zielführend: Wie werden Außenseiter dargestellt? Wie der Tabubruch? Und: Was ist überhaupt ein Tabu im Film? Woraus besteht der Konflikt, der die Handlung vorantreibt? Sehr wichtig ist hier abermals das Ende des Films: Wer siegt? Wer wird bestraft? Welche Weltsicht ist dominant und welche wird demontiert? Welche gesellschaftliche Bedeutung haben immer wiederkehrende Symbole, Ikonographien, Gegenstände, Figurenkonstellationen und Triebfedern des filmischen Handelns? Um die ideologische Ausrichtung eines Textes zu erkennen, ist es allerdings nicht ausreichend zu analysieren, *was* der Text darstellt, noch relevanter ist, *wie* er das *Was* in Szene setzt.

Genrefilme eignen sich aufgrund ihrer fixen Plots besonders dazu, verborgene soziale Konflikte zu thematisieren. Es besteht ein „[...] kulturelle[r] Bedarf nach bestimmte[n], in den Genres erzählten Geschichten."[57] Man muss also fragen, ob es hinter den aufgezeigten narrativen, dramatischen und stilistischen Mustern eines Genres eine gesellschaftliche Bedingung gibt, bzw. ob in dieser speziellen Genrekonstruktion ein sozialer Sinn liegen könnte,[58] eine Art gesellschaftlicher Notwen-

---

53 Vgl. Steven Cohan: *Incongruous Entertainment. Camp, Cultural Value, and the MGM Musical*. Durham: Duke University Press 2005.
54 Vgl. Fred Pfeil: „From Pillar to Postmodern: Race, Class, and Gender in the Male Rampage Film", in: Jon Lewis (Hg.): *The New American Cinema*. Durham: Duke University Press 1998, S. 146-186.
55 Robin Wood: „Ideology, Genre, Auteur", in: Leo Baudry/Marshall Cohen (Hg.): *Film Theory and Criticism*. 6th Ed. Oxford: Oxford University Press 2004, S. 717-726.
56 Tessa Perkins: *Who (and what) is it for?* In: Christine Gledhill/Linda Williams (Hg.): *Reinventing Film Studies*. London: Arnold 2000, S. 76-96, hier S. 84.
57 Hickethier, „Genretheorie und Genreanalyse", S.72.
58 Vgl. Sobchacks Arbeiten zum *Film Noir*, die nach der kulturellen Bedeutung des Genres fragen: Vivian Sobchack: „Lounge Time: Postwar Crisis and the Chronotype of Film Noir", in: Nick Browne (Hg.): *Refiguring American Film Genres: History and Theory*. Berkeley: University of California Press 1998, S. 129-170.

digkeit.⁵⁹ Werden durch ein Genre gar Ängste einer Gesellschaft offenbar? Es wird gefragt, ob es einen Grund gibt, dass die gleichen Geschichten immer wieder in abgewandelter Form erzählt werden. Wenn die Filmgruppe also kumulativ und konsonant typische symbolische Gesellschaftsbilder und Werte vermittelt, so ist dies ein weiteres Indiz für das Vorliegen eines engen generischen Zusammenhangs.

Ist auch der letzte Teilschritt der Analyse vollzogen, können die Ergebnisse nun summiert und in die abschließende Genre-Definition und -Qualifizierung überführt werden.

Genre-Qualifizierung

Die Ergebnisse der Genreanalyse spannen ein Genre-Feld auf: das Diskursuniversum einer Filmklasse. Jetzt werden die systemischen Zusammenhänge und Beziehungen der Filme untereinander und des Genres zu anderen Genres offenbar. Der einzelne Film kann nun qualifiziert und innerhalb dieses Genresystems verortet werden. Um das Genresystem aufzuspannen, werden zwei Parameter verwendet: *Form* und *Inhalt*. Unter *Form* – auf der x-Achse – versteht man den Grad der Entsprechung der ikonographischen Form des Genres auf der syntagmatischen Textebene (*visual style*, Montage, Farbe, Licht, etc.). Der *Inhalt* wird auf der korrespondierenden y-Achse abgetragen: Das sind die für ein *content based* Genre wichtigen inhaltlichen Standardsituationen und Plotelemente. Die Genreanalyse kann nun die *genre-purity* einzelner Texte bestimmen. Je mehr Ähnlichkeiten ein Film bei allen Analyseschritten auf sich vereinen kann, desto mehr ist er ein Prototyp eines Genres, desto reiner ist seine Genrehaftigkeit: Es geht darum, „[…] to identify the extent to which an exemplar is prototypical of a particular genre."⁶⁰ Jedes Genre besteht aus einem prototypischen „nucleus of films"⁶¹, einem Kanon. Die Filme des Korpus können also nach ihrem Reinheitsgrad in Klassen unterschieden werden. Je weniger Genre-Merkmale sie auf sich vereinen und je mehr sie auch Elemente anderer Genres aufweisen, desto ‚unreiner' werden sie.

---

59 Vgl. Hickethier, „Genretheorie und Genreanalyse", S. 68.
60 John M. Swales: *Genre Analysis. English in Academic and Research Settings.* Cambridge: Cambridge University Press 1990, S. 52.
61 Rick Altman: *Film/Genre.* London: British Film Institute 1999, S. 17.

Abgrenzung gegenüber anderen Genres

Das Forschungsobjekt ist nun von verschiedenen Seiten beleuchtet worden. Die Summe aller Ähnlichkeitsmerkmale macht also das Genre aus: erst jetzt – nach seiner Bestimmung – kann es zu anderen Genres in Beziehung gesetzt werden. Gefragt werden muss: Welche anderen Genres befinden sich in unmittelbarer Nachbarschaft? Welches Genre steht dem Untersuchungsgegenstand diametral gegenüber? In der Regel wird das zu benennende Genre einem ‚Supergenre' (z. B. Melodrama und Komödie) untergeordnet. Auch Überschneidungen mit anderen Genres sind möglich, denn die „Genres existieren ja nicht als sorgfältig abgrenzbare filmkulturelle Felder nebeneinander [...]. Kaum ein Thema, kaum ein narratives Stereotyp oder Wirkungsmittel bleibt exklusiver Besitz eines Genres."[62]

Wann entsteht indes ein neues Genre? Zunächst einmal ist es sehr viel wahrscheinlicher, dass Subgenre neu entstehen. Ein neues ‚Supergenre' wie das Melodrama wird es kaum geben. Allerdings können folgende Gegebenheiten die Entstehung oder die Variation eines Genres begünstigen: wenn sich die Wünsche der Konsumenten und damit die Nachfrage nach Filmen durch ein gesellschaftliches Ereignis ändert (denkbar sind zum Beispiel arabische Revolutionsfilme). Oder aber technische Neuerungen (zum Beispiel die Entwicklung neuer Special Effects) geben einer Klasse von Filmen einen ganz neuen *visual style*. Oder die politischen Umstände ändern sich in einem Produktionsland, so dass nun dort neue Arten von Filmen entstehen können (wenn zum Beispiel die Zensur wegfällt oder aber mehr Mittel zur Filmförderung zur Verfügung stehen). Dies sind Gründe, die die Entstehung neuer Genre begünstigen können.

Allerdings ist es auch möglich, dass ein Subgenre bereits lange Zeit existiert, aber bis dato nicht als solches erkannt wurde, vielleicht weil die verschiedenen Schritte der holistischen Genretheorie nicht konsequent angewandt wurden. Dies ist bei dem *Amour fou* Film der Fall.

Die Genretheorie des *Amour fou* Films

Ich will nun die holistische Genre-Theorie am *Amour fou* Film exemplifizieren. Durch die dargelegten analytischen Schritte soll der Nachweis erbracht werden,

---

62 Jörg Schweinitz: „Genre' und lebendiges Genrebewusstsein. Geschichte eines Begriffs und Probleme seiner Konzeptualisierung in der Filmwissenschaft", in: *Montage*/AV, Nr. 3/2/1994, S. 99-118, hier S. 109.

dass es sich bei der *Amour fou* nicht allein um ein Motiv handelt, sondern dass der *Amour fou* Filmkorpus[63] tatsächlich ein eigenständiges Genre bildet.[64]

Motivgeschichte der *Amour fou*

Der *Amour fou* Film ist zuallererst ein „content based genre"[65]. *Wie auch bei anderen Stoffen der Kulturgeschichte speist sich der Amour fou Stoff aus Vorlagen von* antiken Mythen, Volkssagen, biblischen Geschichten und literarischen Werken. Beispiele für das Erscheinen der *Amour fou* in der Kulturgeschichte sind etwa: der Mythos von *Kinyras und Myrrah*,[66] *Tristan und Isolde* und *Leyli o Majnun*[67] aus der *Sufi-Kultur*.[68] Auch Cicero geißelt bereits die *furor amoris* in den *Gesprächen im Tusculum*[69] und ebenso warnt Ovid in seinen *Metamorphosen*[70] vor der wahnsinnigen

---

63 Dazu gehören zum Beispiel: ULTIMO TANGO A PARIGI (DER LETZTE TANGO IN PARIS, Bernado Bertolucci, FR 1972), INTIMACY (Patrice Chéreau, FR 2002) , CET OBSCUR OBJET DU DÉSIR (DIESES OBSKURE OBJEKT DER BEGIERDE, Luis Buñuel, FR/ESP 1977), LOLITA (Stanley Kubrick, USA 1962), NATURAL BORN KILLERS (Oliver Stone, USA 1994), THE MOTHER (DIE MUTTER, Roger Michell, UK 2003), DAMAGE (Louis Malle, FR/UK 1992), LES AMANTS DU PONT-NEUF (DIE LIEBENDEN VON PONT NEUF, Leos Carax, FR 1991), L'ÉCOLE DE LA CHAIR (Benoît Jacquot, FR 1998), AI NO KORÎDA (IM REICH DER SINNE, Nagisa Ōshima, J/FR 1976), JEUX D'ENFANTS (LIEBE MICH, WENN DU DICH TRAUST, Yann Samuell, FR/BEL 2003), SEOM (SEOM – DIE INSEL, Kim Ki-duk, SKOR 2000), TOT ZIENS (AUF WIEDERSEHEN, Heddy Honigmann, NL 1995), THE DREAMERS (DIE TRÄUMER, Bernardo Bertolucci, IT/FR/UK 2003), MATADOR (Pedro Almodóvar, ESP 1986), EL (ER, Luis Buñuel, MEX 1953), CARMEN (Carlos Saura, ESP 1983), LA PIANISTE (DIE KLAVIERSPIELERIN Michael Haneke, D/Ö/FR 2001), BORDER LINE (Danièle Dubroux, FR 1992), L'HISTOIRE D'ADÈLE H. (DIE GESCHICHTE DER ADÈLE H., François Truffaut, FR 1975), À LA FOLIE... PAS DU TOUT (WAHNSINNIG VERLIEBT, Laetitia Colombani, FRA 2002), DER BLAUE ENGEL (Josef von Sternberg, D 1930), HIROSHIMA MON AMOUR (Alain Resnais, FR/J 1959), L'AGE D'OR (Luis Buñuel, FR 1930), PRIMO AMORE (KÖRPER DER LIEBE, Matteo Garrone, IT 2004), L'ENNUI (LIEBE, SEX UND LEIDENSCHAFT, Cédric Kahn, FRA 1998), DER MOND UND ANDERE LIEBHABER (Bernd Böhlich, D 2008).
64 Vgl. zum Folgenden ausführlicher und mit detaillierten Belegen Bornemann, *Carneval der Affekte*.
65 Vgl. Robert Stam: *Film Theory: An Introduction*. Oxford: Blackwell 2000, S. 14.
66 Überliefert in Fabel 58 des Hyginus Mythographus. Vgl. Peter Marshall (Hg.): *Hygini Fabulae*. Stuttgart: Lipsiae: Teubner 1993.
67 Hakim Nizāmī Ganjawi: *Leyli o Majnun*, hg. Waḥid Dastgerdi, Teheran 1934.
68 Annemarie Schimmel: *Sufismus: Eine Einführung in die islamische Mystik*. München: Beck 2005, S. 94.
69 Ernst-Alfred Kirfel (Hg.): *Cicero, Marcus, Tullius: Tusculanae Disputationes. Gespräche in Tusculum*. Stuttgart: Reclam 1997.
70 Johann Heinrich Voß (Hg.): *Ovid. Metamorphosen*. Köln: Anaconda 2005, S. 151.

Liebe. Neuere Beispiele finden sich in Goethes Ottilie und Eduard aus den *Wahlverwandschaften*, André Bretons Schilderung der wahnsinnigen Liebe oder Georges Batailles *Erotik*-Darstellung. Es zeigt sich: Der *Amour fou* Stoff ist eine Basisgeschichte, die sich in verschiedenen Gestalten durch die Kulturen zieht.

Die Analyse der Texte ergibt alsdann, dass es einen stabilen narrativen Kern des *Amour fou* Stoffes gibt: Die *Amour fou* Geschichten erzählen von musterhaften Ausnahmeschicksalen. Kennzeichen ist die Liebe zwischen zwei Individuen. Die Liebe entsteht zwischen den Protagonisten, muss jedoch zerstört werden, damit die *Amour fou* zu dem wird, was sie ist. Hier kommt der Wahnsinn als zweiter konsistenter Aspekt des Terminus *Amour fou* ins Spiel. Wahnsinn wird je nach Epoche anders dargestellt. Die Protagonisten stehen jedoch stets in absoluter Opposition zu dem jeweils herrschenden Wertesystem. Die sexuellen Paraphilien werden in der Moderne zu einem Ausdrucksmittel, aber nicht zum Sinn der *Amour fou*. Der Kern der *Amour fou* besteht vielmehr darin, gegen Konventionen und Geschmack zu verstoßen – die deviante Sexualität ist Mittel zu diesem Zweck. Die *Amour fou* überschreitet stets Grenzen. Sie wird durch die Epochen hinweg als gesellschaftsschädigend dargestellt. Ihrer Gefährlichkeit wird dadurch Ausdruck verliehen, dass sie häufig ihren Tribut in Form von unschuldigen Menschenleben fordert (z. B. *Die Wahlverwandtschaften*: das Kind von Eduard und Charlotte, *Lailā und Majnūn*: der Tod des Vaters, etc.). Daher muss die *Amour fou*, um der Gemeinschaft willen und um die Ordnung aufrechtzuerhalten, bestraft werden.

Die Motivgeschichte zeigt, dass das *Amour fou* Genre Ausdruck einer archetypischen Denktradition ist. In dem *Amour fou* Stoff manifestieren sich kulturelle Grenzen überschreitende Gefühle und Weltbilder.

Narrative Struktur

Die Analyse der narrativen Struktur zeigt die idealtypische Story der *Amour fou* Filme auf. Zusammenfassend konstituiert sich der narrative Genrekern[71] des *Amour fou* Films aus folgenden immer wieder kehrenden zehn Plotelementen: (1) Individualität – die Helden unterscheiden sich stets prägnant von der Gesellschaft, (2) Sexualität – die Helden haben Sex oder malen sich diesen aus und wünschen sich ihn, (3) Liebe – ist der Motor, die Protagonisten *müssen* zusammen kommen, (4) Wahnsinn – zeigt sich unterschiedlich: als Psychose, als Verwirrung, als Tick, stets jedoch als etwas ‚Unnormales', (5) Transgression – diese Grenzübertretungen sind vielfach: Liebe ungeachtet der sozialen Herkunft, des Alters, der Hautfarbe, des Geschlechts, etc., (6) Gewalt – gegen sich, gegen Dritte, gegen den/die Geliebte/n, (7) Sanktionierung – stets werden die Protagonisten bestraft, sie werden in die Verbannung geschickt, enden in der Psychiatrie oder im Gefängnis, werden einsam oder sterben. Der (8) Tod spielt auch stets eine Rolle – einer der Partner oder je-

---

71 Hickethier, „Genretheorie und Genreanalyse", S. 78ff.

mand, der versucht die Liebenden an ihrem Tun zu hindern, stirbt; denkbar ist auch, dass ein Unschuldiger Opfer der *Amour fou* wird. Weiter ist die sich chronologisch vollziehende (9) negative Verwandlung der Helden zu beobachten – sie werden hässlich, schmutzig, asozial oder krank. Schließlich offenbart der *Amour fou* Film stets Elemente der (10) Tragik: es musste so kommen – es gab keine Alternative. Kommen diese 10 Elemente in einem Film zusammen, handelt es sich mit großer Wahrscheinlichkeit um einen *Amour fou* Film. Diese Plotelemente spannen das *emotionale Feld*[72] des *Amour fou* Films auf. Dies ist die idealtypische Grundform des *Amour fou* Films, von der es freilich unzählige Variationen gibt.

Neben diesen konstitutiven inhaltlichen Standardsituationen gibt es folgende fakultative Elemente: (1) Lange Phasen der Stille – der Film zeigt die Protagonisten – es wird jedoch nicht gesprochen und keine Musik wird eingesetzt (TOT ZIENS, SEOM – DIE INSEL), (2) die Ausstellung des Körpers – die Körper der Protagonisten werden sehr lange und in Großaufnahme gefilmt oder wie auf einer Bühne ausgestellt (DER BLAUE ENGEL oder HIROSHIMA MON AMOUR) und (3) die Darstellung von A-sozialität (AI NO KORÎDA, THE DREAMERS). Durch die Analyse der fakultativen Motive wurden Ausprägungsarten und Variationen der Plotelemente herausgearbeitet. Für den *Amour fou* Film ist der zentrale Konflikt der zwischen Gesellschaft und ‚Amourfouristen', zwischen echter, sozialer Gemeinschaft und zwei in Totalität aufeinander bezogene Individuen.

Der *Amour fou* Film bringt mit hohem Wiedererkennungswert typische Figuren mit typischen Attributen, eigener Physiognomie und ähnliche Figurenkonstellationen hervor. Auf der männlichen Seite ist dies (1) der Typ des Biedermanns (z. B. Jeremy Irons in LOLITA, Adrian Lyne, USA 1997), der überwältigt ist von seiner aufkeimenden Leidenschaft, (2) der Typ Adonis, der selbst Objekt der Begierde ist (Benoît Magimel als Walter Klemmer in LA PIANISTE) und (3) der Typ ‚Sugardaddy' (z. B. Fernando Rey als Mathieu in CET OBSCUR OBJET DU DÉSIR). Hierzu gibt es korrespondierende Frauentypen: (1) der Typ ‚Graue Maus' (z. B. Danielle Dubroux als Hélène in BORDER LINE), die dem Adonis verfällt, (2) die Kindfrau (Jane March in L'AMANT, DER LIEBHABER, Jean-Jacques Annaud, FR/UK/VN 1992), zu der sich sowohl der ‚Sugardaddy' als auch der Biedermann hingezogen fühlen und (3) die Femme Fatale (z. B. Béatrice Dalle in BETTY BLUE, Jean-Jacques Beineix, FR 1986), der der Biedermann nicht widerstehen kann. Die ‚Amourfouristen' entsprechen also standardisierten Typen: „In genre movies characters are more often recognisable types rather than psychologically complex characters."[73]

Damit hat der erste Genre-Prüfstein des *ähnlichen Inhalts* ergeben, dass der *Amour fou* Film durch eine typische soziale und topographische Lokalisierung, durch spezielle Milieus und besondere Figuren- und Konfliktkonstellationen gekennzeichnet ist.[74]

---

72 Eder, „Noch einmal mit Gefühl", S. 95.
73 Grant, *Film Genre*, S. 1.
74 Vgl. Eggo, *Genre*, S. 141f.

Ikonographie

Das Setting des *Amour fou* Films ist kein ähnlich dominantes Erkennungsmerkmal, wie dies etwa beim Western der Fall ist. Dennoch gibt es typischerweise einen Rückzugsort der Liebenden, meist ein einfaches Apartment. Dies ist *der* musterhafte Ort der Handlung. Meist konzentriert sich die Handlung auf nur einen Raum. Dieses Merkmal ist ein Grund für die kammerspielartige, manchmal klaustrophobische Atmosphäre der Filme. Ein weiteres Merkmal ist das urbane Setting: Bis auf wenige Ausnahmen (WUTHERING HEIGHTS, Andrea Arnold, UK 2011, LOLITA, NATURAL BORN KILLERS) spielt der *Amour fou* Film in Städten, sehr häufig in Metropolen. Die Handlung ist in der Regel auf die Gegenwart beschränkt. Filme wie ARTEMISIA (Agnès Merlet, D 1997) oder ADÈLE H., die in anderen Epochen spielen, bilden eine Ausnahme.

Filmsprachliche Mittel wie Montage und *Mise en scène* werden in besonderer ästhetischer Weise (metonymisch, symbolisch und assoziativ) für die Handlung funktionalisiert. Sie erzeugen Stimmungen oder stellen einzelne inhaltliche Plotelemente (wie zum Beispiel den Wahnsinn) auf einer visuellen Ebene dar. Der besondere ästhetische Gebrauch dieser filmsprachlichen Mittel zeugt von der Verwandtschaft dieser Filmklasse zum gehobenen Arthouse Film und grenzt ihn gleichsam von Mainstream- und Blockbusterproduktionen ab.

Der *Amour fou* Film verfügt über eine typische Beleuchtung und Farbgebung, die seinen *visual style* prägen. Die ‚Amourfouristen' verschwinden häufig im Dämmerlicht; hierdurch wird eine sowohl düstere als auch erotische Stimmung geschaffen. Die dominierende Farbgebung sind bräunlich-orangene Töne. Diese zeichnen den Ort der ‚Amourfouristen' und werden in Kontrast zu dem kalten Blau der Außenwelt gesetzt. Die Farbwahl genauso wie die Beleuchtung geben dem Film ein einzigartiges Image und verweisen abermals auf die Verwandtschaft zum Arthouse Kino.

Zudem lässt sich eine typische Stimmung in den *Amour fou* Filmen nachweisen. Diese ist tendenziell als schwer, bedrückend und düster zu beschreiben. Die Katastrophe kündigt sich durch die vermittelte Stimmung bereits sehr früh an. Die *Atmosphäre* wird durch den typischen Einsatz von klagender Musik unterstrichen. Jazz ist hierbei die bevorzugte Stilrichtung. Damit entspricht auch der Einsatz der Musik vielen (europäischen) Filmen des Arthouse. Ein typischerweise eingesetztes Lied ist „La vie en rose" – in verschiedenen Variationen.[75]

Der *Amour fou* Film lässt sich nicht so stark über einen Schauspieler definieren, wie etwa die ‚Arnold-Schwarzenegger-Filme'. Performance Power kann also nur ein eingeschränktes Definitionsmerkmal sein. Dennoch können Schauspieler identifiziert werden, die die Form des *Amour fou* Films prägen. Hierzu gehören besonders: Juliette Binoche (LES AMANTS DU PONT NEUF, DAMAGE) Isabelle Huppert (DIE KLAVIERSPIELERIN, MA MÈRE (Christophe Honoré, FR 2004) und Jeremy

---

75 Der Text des Liedes spielt auch auf eine *Amour fou* an, die im Tod endet.

Irons (DAMAGE, LOLITA etc.) Es ist markant, dass es sich hier um Charakterdarsteller handelt, die tendenziell in Produktionen mit gehobenem künstlerischen Anspruch zu sehen sind. Die *Amour fou* Schauspieler entsprechen durch ihr Image und ihre Physiognomie stereotypen *Amour fou* Figuren und verleihen dem *Amour fou* Film ein musterhaftes Aussehen.

Wenn bestimmte Ikonographien und visuelle Muster immer wieder aufgegriffen und dabei leicht variiert werden (vgl. etwa das ikonographische Bild der verschlungenen Körper, mit dem für fast jeden *Amour fou* Film geworben wird – siehe INTIMACY, AI NO KORÎDA, MATADOR, etc.), ist das ein weiteres Zeichen dafür, dass sich ein eigenes Genre etabliert hat.[76] Der *Amour fou* Film verfügt also über genretypische „patterns of visual and auditive imagery"[77].

Genremarketing

Es liegt auf der Hand, dass ähnlich Filme ähnlich vermarktet werden. Der *Amour fou* Film hat seine charakteristische ökonomische Nische gefunden, die durch eine genau identifizierbare Zielgruppe geprägt ist. *Amour fou* Filme werden für erwachsene und gemischt-geschlechtliche Bildungsbürger produziert. Signifikanter Bestandteil des Marketing ist die mit Superlativen angereicherte Betonung der Skandalhaftigkeit der Filme. Durch die Verletzung der Regeln, Normen und Konventionen des realistischen Erzählkinos (und damit der Rezipienten-Erwartungen der Zuschauer), sind die *Amour fou* Filme für einen großen Teil der Zuschauer nicht ‚anschlussfähig'. Ihre Bedeutung ist nicht eingängig, die Darstellungsweise zu explizit und offensiv.

Das *Amour fou* Kino kann als eine Art ‚Gegenkino' verstanden werden. Es scheut nicht davor zurück, deviante Positionen zu besetzen, die Ekel, Sex, Gewalt, Wahnsinn und Tod, also häufig tabuisierte Themen, zeigen. Die *Amour fou* Filme können es sich ‚leisten', zu verstören und zu provozieren. Der *Amour fou* Film folgt nicht dem Mainstream-Geschmack und fügt sich nicht der *Catch-all*-Logik, der zufolge ein Film möglichst alle potenziellen Zuschauergruppen ansprechen soll. So werden diese Stoffe häufig von renommierten Auteur-Regisseuren wie Kubrick, Almodóvar, Saura, Bertolucci, Haneke oder Malle realisiert. Dies ist wiederum ein Indiz für das Arthouse Kino. Das Kunstkino-Prädikat ist eine kalkulierte, genretypische Strategie des *Amour fou* Films. Um den Unterschied zu einem klassischen romantischen Film hervorzuheben, wird stets auf die dunkle, gefährliche, obsessive Seite der *Amour fou* hingewiesen.

---

76 Vgl. Jörg Schweinitz: „Von Filmgenres, Hybridformen und goldenen Nägeln", in: Jan Sellmer/Hans J. Wulff (Hg.): *Film und Psychologie – nach der kognitiven Phase?* (= *Schriften der Gesellschaft für Medienwissenschaft, Bd. 10*). Marburg: Schüren 2002, S. 79-92, hier S. 83ff, siehe auch: Vinzenz Hediger/Patrick Vonderau: „Landkarten des Vergnügens. Genre und Filmvermarktung", in: Vinzenz Hediger/Patrick Vonderau (Hg.): *Demnächst in Ihrem Kino: Grundlagen der Filmwerbung und Filmvermarktung*, Marburg: Schüren 2005, S. 240-248.
77 McArthur, *Iconography and Iconology*, S. 22 ff.

Rezeption in der Presse: Analyse von Presscuttings

Der komplizierte Zugang zu den Filmen ist ein wiederkehrendes Merkmal, das bei der Sichtung der Metatexte auftritt. Wiederholt wird erwähnt, dass die Filme den Zuschauer verstören. Das Schock- und Störpotenzial ist typisches Instrument der Filme. Die Zuschauer beschreiben das Filmerlebnis als tendenziell anstrengend und fordernd. Vereinzelt können sogar intensive somatische Affizierungen wie Ekel und Scham belegt werden. Es fällt auf, dass viele Kritiker vor den gesellschaftsschädigenden Wirkungen der Filme warnen: Diese könnten die Zuschauer abstumpfen und sogar nachhaltig das Denken und die Moralvorstellungen deformieren. Erwähnenswert ist die oftmals durchscheinende Angst, die Filme könnten dunkle Triebe und Instinkte im Rezipienten direkt ansprechen.

Immer wieder wird ULTIMO TANGO A PARIGI als Referenz für andere *Amour fou* Filme herangezogen. Er ist der prototypische *Amour fou* Film. Wenn auch andere *Amour fou* Filme immer wieder als Referenzen unter einander dienen, so entsteht in der filmpublizistischen Kommunikation ein Genreraster, in das der individuelle Film eingeordnet werden kann.

Typische Vorzugsrezeption des *Amour fou* Films

Der *Amour fou* Film weist eine typische Vorzugsrezeption auf: Die einzelnen Filme des Genres werden alle ähnlich rezipiert. Der *Amour fou* Film verfolgt multiple Strategien des unzuverlässigen Erzählens. Die *Verunsicherung* des Rezipienten ist ein Standardmerkmal des *Amour fou* Films. Dies erinnert stark an das (neo-)formalistische Konzept der „Ostranenie"[78]: Gewöhnliches wird ungewöhnlich gemacht und Bekanntes wird in einen befremdlichen Kontext gesetzt. Intuitiv gewonnene Vorstellungen und Wahrnehmungsgewohnheiten werden in Frage gestellt.

Eine weitere genretypische Besonderheit ist die *binäre Rezeptionsstruktur*: Zunächst wird dem Rezipienten der Protagonist als ‚sympathisch' vorgestellt Die Identifikation mit ihm nimmt zunächst im Laufe des Films zu. Dann jedoch kippt die Einfühlung. Durch die Integration von widersprüchlichen affektiven und somatischen *Cues* distanziert sich der Rezipient vom Protagonisten. Der Moment im Filmverlauf, bei dem erstmalig ‚Ekel-Cues', ‚Wahnsinns-Cues' oder ‚Gewalt-Cues' mit dem bis dato als positiv bewerteten Protagonisten verwoben werden, nenne ich *Breaking Point*.[79] Von da an bleibt der Identifikations-Level gleich oder sinkt in der Regel. Es ist typisch, dass ekelerregende, schockartige, unangenehme Reize mit *denjenigen* Figuren verbunden werden, die als Identifikationsfiguren angeboten

---

78 Vgl. Kristin Thompson: *Eisenstein's Ivan the Terrible. A Neoformalist Analysis*. Princeton: Princeton University Press 1981, sowie: Dies.: *Breaking the Glass Armor. Neoformalist Film Analysis*. Princeton: Princeton University Press 1988.
79 Vgl. Bornemann, *Carneval der Affekte*.

werden. Es ist eher selten, dass sich im Mainstream Film körperliche Wahrnehmung, Affekte und Kognition in dieser Weise widersprechen.[80]

Diese Entfremdung ist auch ein deutliches Unterscheidungsmerkmal zum Melodrama: Die etablierte Identifikationsstrategie des Melodramas bietet in der Regel einen Charakter an, in den sich der Rezipient vorbehaltlos einfühlen kann. *Sympathieunsicherheit* ist daher ein signifikantes Merkmal des *Amour fou* Films. Im Gegensatz zur starken Heldenbindung im Melodrama, Thriller, Actionfilm, etc., kann im *Amour fou* Film lediglich ein lockeres Band zwischen Rezipient und Figur entstehen.

Der *Amour fou* Film schafft auch auf einer zweiten Ebene Verwirrung: er enttäuscht systematisch die *Genre-Erwartung* des Rezipienten. Etwaige Erwartungen an einen Liebesfilm werden enttäuscht durch Sexszenen, Gewalt, Ekstase, Wahnsinn und Ekel. Die Evozierung von genrebedingter Verunsicherung, die auf dem Legen von falschen Genre-Fährten beruht, ist typisches Kennzeichen der *Amour fou* Filme. „Was für eine Art Film sehe ich mir eigentlich gerade an?", ist eine typische Reaktion. Der *Amour fou* Film integriert also ‚fremde' Genrebausteine und schließt diese dann wieder aus, fügt andere ein, um diese wiederum auszuschließen. Der Film nutzt den filmischen Wissenspool des Rezipienten aus, um ihn auf falsche Fährten zu locken. *Falsche Fährten* werden hier als Strategien verstanden, die immer wieder Erwartungen und Annahmen hervorrufen, die später enttäuscht werden. Eine fälschlich evozierte Erwartung an ein klassisches Melodrama macht jedoch den normierten Hintergrund sichtbar, vor dem der *Amour fou* Film als Abweichung erscheint. Durch die sexuelle Devianz wird überdies der Kontrast zum stereotypen Erotikfilm deutlich. Tradierte und automatische Konsumschemata werden entlarvt, eben weil sie verhindert werden.

Die intensiven, affektiven Wirkungen werden auf Basis von nahezu obszön-offensiven Darstellungen der Emotionen und Affekte der Protagonisten hervorgerufen. Es ist eine Besonderheit, dass der Film eine breite Palette unterschiedlicher, sogar diametraler Affekte bedient. Man spricht in diesem Zusammenhang auch von der *Reizakkumulation* durch Genreelemente:[81] Durch die beginnende romantische Liebesbeziehung werden wir angerührt, die erotischen Szenen evozieren sexuelle Erregung, die Gewalt entfesselt Angstlust, die Darstellung von Ekel Abscheu und die Inszenierung der Not und der Bestrafung des Protagonisten evozieren schließlich unser Mitleid. Es ist Zeichen dieser Filmklasse, dass hier widerstreitende Affekte verdichtet[82] und ganz unterschiedliche Gefühlswelten stimuliert werden.

Auch wird der Filmkonsument somatisch besonders stimuliert: Der *Amour fou* Film hat eine starke Tendenz, *haptische Bilder* zu produzieren. Häufig wird die

---

80 Vivian Sobchack: „What my fingers knew: The Cinesthetic Subject, or Vision in the Flesh", in: *Carnal Knowledge. Embodiment and Moving Image Culture*. Berkeley/Los Angeles/London: University of California Press 2004, S. 53-84.
81 Hickethier, „Genretheorie und Genreanalyse", S. 89.
82 Ebd., S. 88ff.

physische Stofflichkeit von Objekten und deren Aggregatzustand thematisiert: *Closeups* zeigen zum Beispiel die Stofflichkeit von Wäsche (z. B. L'AMANT), verschimmeltes Essen (z. B. THE DREAMERS) und besonders Haut (z. B. HIROSHIMA MON AMOUR). Diese Stofflichkeit wird körperlich wahrgenommen.[83]

Vorherrschendes Kennzeichen dieser Filmklasse ist, *Dissonanzen* im gesamten Rezeptionsvorgang zu evozieren. Ein „Flow-Erlebnis"[84] *soll gezielt verhindert werden. Es ist bedeutsam, dass sich auf allen untersuchten Ebenen Taktiken aufdecken lassen, die solche Dissonanzen schaffen: (1) zwischen Rezipient und Film (-erwartung), (2) zwischen Figur und Rezipient, (3) zwischen intradiegetischer Gesellschaft und Figur, (4) zwischen Wertvorstellungen des Rezipienten und figurenbezogenen Emotionen, (5) zwischen figurenbezogenen Emotionen und somatischen Reizen und (6) zwischen „artefact emotions",* die sich auf die Bewertung des fiktiven Textes richten, und den „fiction emotions", die die durch den Text ausgelösten Emotionen meinen.[85] *On screen* und *off screen* Subjekt geraten also miteinander in Konflikt. Diese Störungsmomente führen zu einer Distanzierung vom Protagonisten und zu einer Senkung des empathischen Niveaus und des *Ego-Involvements*. Dies führt häufig zu einer distanzierten Wahrnehmung des Films als ästhetisches Produkt. *Verstörung* ist – wie die Analyse der *Presscuttings* bestätigt – ein wesentliches Rezeptionsmerkmal des *Amour fou* Films.

Ideologische Bedeutung des Films

Je nach moralischer Bewertung des *Amour fou* Films stellen entweder die ‚Amourfouristen' oder die Gesellschaft das störende Hindernis dar. Dieses ambivalente ideologische Wesen, das sich je nach Perspektive des Rezipienten zu verändern scheint, ist Merkmal der Filmfamilie. Die Frage, ob der *Amour fou* Film letzten Endes eher subversiv oder eher affirmativ ist, ist nur am einzelnen Werk konkret zu beantworten. Aufschluss gibt die Frage, welcher Teil dominant dargestellt wird: die *Guilty Pleasures* oder die moralisierenden, melodramatischen *Feel-Good*-Elemente: Der *Amour fou* Film macht die „Erfahrung des A-sozialen im Sozialen"[86] möglich. Eine entscheidende Frage ist jedoch, wie positiv oder negativ das abweichende Asoziale und das normkonforme Soziale dargestellt werden. Welche Szenen werden intensiver inszeniert und bekommen mehr Zeit eingeräumt: Diejenigen, die die ‚Amourfouristen' im glücklichen, leidenschaftlichen, freien Exzess zeigen oder

---

83 Vgl. Maurice Merleau-Ponty: *Phänomenologie der Wahrnehmung*. Berlin: de Gruyter 1966, S. 229-230.
84 Vgl. Mihaly Czikszentmihalyi: *Das Flow-Erlebnis. Jenseits von Angst und Langeweile: im Tun aufgehen*. Stuttgart: Klett-Cotta 1999.
85 Vgl. zu dieser Unterscheidung Tan, *Emotion and the Structure of Narrative Film*, S. 82 ff.
86 Oliver Jahraus: *Amour fou. Die Erzählung der Amour fou in Literatur, Oper, Film*. Tübingen/Basel: Francke 2004, S. 14.

jene, die ihren Wahnsinn, ihre Not, ihren Egoismus und Ekel zeigen? Für beide ideologischen Interpretationen gibt es gute Gründe.

Der Amour fou Film ist subversiv

Indem er Ausgestoßene zu seinen Protagonisten macht, verleiht der *Amour fou* Film den exkludierten Existenzen zunächst einen Raum der Entfaltung. Das Marginalisierte rückt ins Zentrum. Die ‚Gefährlichkeit' des *Amour fou* Films besteht darin, dass er ein *Außerhalb* des Diskurses markiert.[87] Der *Amour fou* Film zeigt damit zuallererst, dass etwas „Anderes"[88] überhaupt existiert, dass ein anderes Leben – abweichend von der Norm – möglich ist. Das ‚Andere' wird benennbar.

Der *Amour fou* Film entlarvt außerdem die Künstlichkeit kultureller Verhaltensnormen. Er zeigt, dass die allseits akzeptierte Weltsicht nicht ‚naturgegeben' und unantastbar ist, sondern dass sie im Gegenteil, eben weil sie von Menschen gemacht wurde, veränderbar ist. Der *Amour fou* Film kann so die herrschende Realitätswahrnehmung erschüttern, denn er macht eingeübte Wahrnehmungsweisen bewusst und zwar in der Weise, dass ihr Konstruktcharakter offenbar wird. Die *Amour fou* wird in diesen Momenten als das erstrebenswertere Gegenkonzept zur bürgerlichen Liebe dargestellt. Hierin liegt ein weiterer, wesentlicher Unterschied zum Melodrama begründet. Wenn in LOLITA (1962) die heuchlerische Spießigkeit der Mutter karikiert wird, die ihre Tochter lieblos und ohne zu zögern auf ein Internat verbannt, ist dies eines der zahlreichen Beispiele dafür, dass der *Amour fou* Film Defizite der bürgerlichen Moral, der Vernunft und der Ordnungsstrukturen der patriarchalen Familie aufzeigt. Die *Amour fou* nimmt in solchen Momenten eine Dekonstruktion des bürgerlichen Lebens und Liebens vor.

Die *Amour fou* hat die Macht, sozialen Status, ethnische Grenzen, Religion und Geschlechterrollen zu relativieren. Die Stärke der *Amour fou* besteht in der Ignoranz dieser Werte, die für die ‚Amourfouristen' keine regulierende Funktion mehr haben. Wer wie die ‚Amourfouristen' den Tod verlacht, ihn herbeisehnt oder sogar von ihm stimuliert wird, der muss keinen Gott und keine strafenden Instanzen mehr fürchten. Das macht die *Amour fou* zum Horror der Bürgerlichkeit. Ihre irrationale Unberechenbarkeit ist gleichzeitig auch als Manifest gegen eine berechnende und pragmatische Ökonomisierung von Liebe zu lesen. Die *Amour fou* kalkuliert nicht, sie ist keine ‚Beziehung', die dazu dient, eine Familie zu gründen oder der Einsamkeit zu entfliehen. Sie funktioniert nicht ‚um zu' – sie ‚ist'! Diese Unbedingtheit kann als individuelles Programm des von gesellschaftlichen Konventionen unabhängigen freien Willens des Subjekts gelesen werden.

---

87 Vgl. Jahraus, *Amour fou*, S. 16.
88 Vgl. Michel Foucault: *Der Wille zum Wissen. Sexualität und Wahrheit 1*. Frankfurt a. M.: Suhrkamp 1983.

Der *Amour fou* Film ist konservativ

Die Analyse der narrativen Struktur hat gezeigt: In der Diegese scheitert die *Amour fou* stets. Ein anderes Liebeskonzept wird als nicht lebbar disqualifiziert. Das *Amour fou* Genre ist ein moralisches System, das tendenziell bereits bestehende Vorstellungen verstärkt, als dass es neue etabliert. Der *Amour fou* Film vermittelt damit simple Aussagen, wie ‚das Gute siegt', ‚die Gerechtigkeit setzt sich durch' oder ‚Tabubruch wird bestraft'.[89] Durch die Bestrafung des Helden wird die soziale Stabilität wieder hergestellt und das Moralschema bestätigt. Die *Amour fou* wird also als Zustand dargestellt, der in dieser Welt keine reale Chance hat. Auf dieser Grundlage bilden sich systemstabilisierende Glaubens- und Überzeugungssysteme.

Der Rezipient hat die Möglichkeit, durch den *Amour fou* Film extreme Situationen zu durchleben, ohne jedoch wirklich seinen sozialen Raum verlassen zu müssen. Der *Amour fou* Film ist damit die bürgerliche Krücke zum extremen, medial vermittelten Gefühl.

Das ‚Andere' im *Amour fou* Film symbolisiert Ängste der dominanten Gesellschaft. Die ‚Anderen' bedrohen die Kontinuität und das Überleben der Gemeinschaft. Diese Ängste werden auf den grotesken ‚Anderen' projiziert, der durch Krankheit, Hässlichkeit und Wahnsinn gezeichnet ist.

Die ‚Amourfouristen' stellen einen Angriff auf Leben und Gemeinschaft dar.[90] Die ‚Amourfouristen' sind *negative Stereotypen* und damit Ausdruck eines ideologischen Konzepts.[91] Sie sind behaftet mit bedrohlichen und abnormalen Charakteristika (man denke nur an den Einsatz von ‚Ekel-Cues'). Dies löst im Rezipienten eine instinktive Abwehrhaltung aus[92] – Identifikation wird systematisch verhindert. Die Struktur der *Cues* ist also so angelegt, dass der Rezipient sich mit seiner Vernunft gegen die somatische Erregbarkeit seines Körpers durch den Film stellt. Hierdurch wird die Erregbarkeit des Körpers mittels des sich distanzierenden Geistes ab dem *Breaking Point* verhindert. Dies entspricht in bemerkenswerter Weise der thematischen Struktur des Plots: die karnalen ‚Amourfouristen' werden von der vernünftigen Gesellschaft diszipliniert. Hier bestätigt die somatische Rezeptionsanalyse die ideologische Charakterisierung der Filme: Durch das Filmerleben bestätigt der *Amour fou* Film eine konservative, vermeintliche Dominanz des Geis-

---

89 Vgl. Thomas Christen: „Happy Endings", in: Matthias Brütsch/Vinzenz Hediger/Ursula von Keitz/Alexandra Schneider/Margrit Tröhler (Hg.): *Kinogefühle. Emotionalität und Film*. Marburg: Schüren 2005, S. 190-196.
90 Thomas Schatz hat erkannt, dass Genres häufig eine Form der Bedrohung der gesellschaftlichen Ordnung zum Thema haben. Thomas Schatz: *Hollywood Genres: Formulas, Filmmaking and the Studio System*. New York: Temple University Press 1981, S. 26.
91 Vgl. Tessa Perkins: „Rethinking Stereotypes", in: Michèle Barrett/Philip Corrigan/Anette Kuhn/Janet Wolff (Ed.): *Ideology and Cultural production*. New York: St. Martin's 1979, S. 135-159.
92 Vgl. Noël Carroll: *The Philosophy of Horror or Paradoxes of the Heart*. New York: Routledge 1990, S. 23ff.

tes über den Körper. Somit wird die ‚Botschaft' des Films – „Zügle die Triebe durch die Vernunft" – durch die somatische Struktur unterstrichen.

Der *Amour fou* Film vermittelt, dass diejenigen, die ihre instinktiven Impulse nicht kontrollieren können, die Gesellschaft schädigen und deshalb bestraft werden müssen. Der *Amour fou* Film ist ein kulturelles, ästhetisches Mittel, um den Fortbestand sozialer Normen von der Gesellschaft zu garantieren, denn: „[…] the social order requires controlling the beast within."[93] Es wird eine Dichotomie zwischen Körper und Geist hergestellt: die ‚Amourfouristen' stehen für den Leib, die Gesellschaft für den Geist. Eine bemerkenswerte Angst vor Exzess, Ekstase und allem Triebgesteuerten wird deutlich. Ekstase wird in den behandelten Filmen als schädlich dargestellt. Die Kehrseite ist die Glorifizierung der Vernunft: deviante Sexualität, Verkommenheit, Krankheit etc. sind nur dazu da, das irrationale Leibliche abzuwerten. Mit dezidiert somatischen Strategien wird der Körper angesprochen, um eine Philosophie zu etablieren, die gegen den Körper gerichtet ist. Der *Amour fou* Film zeigt, dass manche Welten zwar *möglich* aber nicht erstrebenswert sind. Der *Amour fou* Film ist eine warnende Fabel, deren Moral lautet: „Das darf man nicht!"

Genredefinition

Nur wenn alle drei Kriterien – Erfüllung aller konstitutiven Plotelemente, Entsprechung der ikonographischen Form und besondere Intensität der Darstellung der Plotelemente – erfüllt sind, kann man von einem archetypischen *Amour fou* Film sprechen. Zu dem Kern der prototypischen *Amour fou* Filme gehören vor allem: L'Age d'Or, Ultimo Tango a Parigi, Ai no korīda, Damage und Ma Mère. Sie zeichnet der gleiche genetische Fingerabdruck aus: alle werden von einer merkwürdig dunklen, bedrohlich-verstörenden *Stimmung* beherrscht. Jeder dieser Filme ist durch eine ähnliche, thematische *Amour fou* Struktur gekennzeichnet. Die Filme werden in der rezeptiven Kritik mit dem Terminus *Amour fou* beschrieben und ähnlich interpretiert.[94] Sie bieten die gleichen Rezeptionsstrategien an. Ihnen wird am häufigsten subversives Potenzial attestiert und alle Filme dieser Klasse sind als skandalös bezeichnet worden.

Die ungewöhnlich starke Affizierung der Körper ist ein wesentliches Merkmal der Filmfamilie. Die exzessive Ausstellung des Körpers im *Amour fou* Film erinnert an die von Linda Williams herausgearbeiteten *Body Genres*, dem Horrorfilm, dem Melodrama und dem pornographischen Film.[95] Durch die Präsentation des exzessiven Figurenkörpers erreicht der *Amour fou* Film den Rezipientenkörper, der mit Schauer, Erregung oder sentimentaler Ergriffenheit und Tränen auf den filmischen

---

93 Grant, *Film Genre*, S. 71.
94 Nur wenn diese Aspekte zutreffen, kann man nach Altman von einem Genre sprechen. Altman, *Film/Genre*, S. 17.
95 Linda Williams, „Filmkörper: Gender, Genre und Exzess".

Text reagiert. Es konnte gezeigt werden, dass der *Amour fou* Film ein *Body Genre* par excellence ist, finden sich doch alle drei unterschiedlichen Reaktionen, die üblicherweise verschiedenen Genres vorbehalten sind, hier in ein und demselben Text.

In Bezug auf den *Amour fou* Film kommen speziell vier weitere etablierte Genres und ein ‚Supergenre' in Frage, denen die untersuchten Filme zugeordnet werden könnten: (1) Dem Liebesfilm, (2) dem *Film Noir*, (3) dem Erotikfilm, (4) dem Psychothriller und als ‚Über-Kategorie', dem Melodrama.

Verschiedene inhaltliche Aspekte des archetypischen *Amour fou* Films sprechen gegen eine unproblematische Einordnung als typisches Melodrama: Gewalt, deviante Sexualität und verstörender Wahnsinn sind konstitutive Inhaltsmomente des *Amour fou* Films. Im Melodrama sind sie hingegen lediglich marginal vorhanden und werden nicht mit den Helden, sondern allenfalls mit Dritten assoziiert. Das Melodrama fokussiert die Emotionalität und Sentimentalität der Protagonisten.[96] Der *Amour fou* Text thematisiert ebenfalls die Gefühlswelten seiner Protagonisten, doch weisen diese stets – im Gegensatz zum Melodrama – den direkten Bezug zur Begierde und zum Trieb auf. Der *Amour fou* Film stellt das ‚perverse' Paar in das Zentrum der Handlung. Während also im Melodrama (und im Liebesfilm) das ‚Andere' absent ist, wird das Deviante im *Amour fou* Film auf der paradigmatischen Ebene ausgewählt und dargestellt.

Auch ist der *Amour fou* Film nicht als ein Vertreter des Liebesfilms zu bezeichnen, denn der Liebesfilm tendiert dazu, die Handlung mit einem *Happy End* zu beschließen. Dies ist für den *Amour fou* Film ausgeschlossen. Während im Zentrum des Liebesfilms die romantische Liebe steht, steht im Mittelpunkt des *Amour fou* Films deren perverse Negation. Wenn der Liebesfilm das Gesunde verkörpert, repräsentiert der *Amour fou* Film das Kranke.

Und auch eine etwaige Einordnung als Erotikfilm lässt der *Amour fou* Film nicht zu: Sexualität im *Amour fou* Film ist ein Katalysator und dient als Mittel zur Provokation der Rezipienten. Im Gegensatz zum ästhetischen erotischen Film[97] wird im *Amour fou* Film also gerade dann ‚draufgehalten', wenn es nicht mehr ‚schön' ist. Und während sich der Konflikt im erotischen Film häufig zwischen zwei Subjekten abspielt, entwickelt sich der zentrale Konflikt im *Amour fou* Film zwischen den ‚Amourfouristen' und der Gesellschaft. Ein weiteres Unterscheidungsmerkmal besteht darin, dass der erotische Film bemüht ist, die Einfühlung zu erleichtern, um den Rezipienten-Körper sexuell zu erregen. Im *Amour fou* Film konnte jedoch das Gegenteil nachgewiesen werden: Letztlich sind im erotischen Film die Figuren Projektionsfläche für die sexuelle Sehnsucht des Rezipienten – diese Identifikation mit dem begehrenden oder begehrten Subjekt wird im *Amour*

---

96 Thomas Elsaesser: „Tales of Sound and Fury: Observations on the Family Melodrama", in: Christine Gledhill (Hg.): *Home Is Where The Heart Is: Studies in Melodrama and the Woman's Film*. London: BFI Publ. 1987. S. 43-69.
97 Oliver Jahraus/Stefan Neuhaus (Hg.): *Der erotische Film. Zur medialen Codierung von Ästhetik, Sexualität und Gewalt*. Würzburg: Königshausen & Neumann 2003, S. 10ff.

fou Film durch die A-sozialität, die Hässlichkeit und die Krankheit der ‚Amourfouristen' blockiert.

Durch seine vielen Besonderheiten verdient es der *Amour fou* Film als ein autonomes Subgenre des Melodramas wahrgenommen zu werden. Der *Amour fou* Film bildet ein Subgenre, da er eine eigene Motivgeschichte, rekurrente inhaltliche Merkmale, eine typischen Ikonographie und eine typische musterhafte narrative Struktur hat. Ferner ist ihm eine typische Metakommunikation und Vorzugsrezeption sowie eine charakteristische ideologische Ambivalenz gemein. Es konnte gezeigt werden, dass der *Amour fou* Film über ein „fixes System von Invarianten"[98] verfügt und daher als Genre verstanden werden muss.

---

98 Christian Metz: *Sprache und Film*. Frankfurt a. M.: Athenäum 1971, S. 139ff.

Daniel Illger

WIRKLICHKEITSKRATER

À L'INTÉRIEUR und die poetologischen Brüche des
zeitgenössischen französischen Horrorfilms

Ein Kino der Gewalt

Bekanntlich wird man liebgewonnene Vorurteile nur schwer wieder los. So überrascht es auch nicht, dass viele Filmhistoriker die französische Kinematografie bis heute vorwiegend mit der sogenannten ‚Nouvelle Vague' und den Namen Truffauts, Godards, Chabrols, Rivettes und Rohmers verbinden. Was darüber leicht in Vergessenheit gerät, ist, dass Frankreich auch über eine reichhaltige Tradition an Genrefilmen verfügt. Vor allem in den ersten beiden Nachkriegsjahrzehnten entfaltete diese Tradition ein enormes ästhetisches Innovationspotential: Zu den Regisseuren, denen es gelang, überkommene Genreformeln einer Neudefinition zu unterziehen, zählen beispielsweise Jacques Tati, dessen Komödien von anarchisch-skurriler Poesie erfüllt sind und denen zugleich eine schwer beschreibbare Opazität anhaftet, und Jean-Pierre Melville, der die Stereotypen des US-amerikanischen Gangsterfilms in ein Schattenreich eisiger Melancholie überführte.[1]

Angesichts der kommerziellen und künstlerischen Erfolge, die das französische Genrekino verbuchen konnte – und die sich auch jenseits der zumindest kinematografisch goldenen Sechziger fortsetzten –, überrascht es umso mehr, dass ein bestimmtes Genre auf der Landkarte dieses Kinos zu fehlen scheint: der Horrorfilm. Zwar gibt es mit Henri-Georges Clouzots LES DIABOLIQUES (F, DIE TEUFLISCHEN) von 1955 und George Franjus LES YEUX SANS VISAGE (F/I, AUGEN OHNE GESICHT) von 1960 zwei Klassiker des kinematografischen Gothic zu verzeichnen. Und auch das ebenso sperrige wie betörende Werk Jean Rollins, der unter anderem – man denke etwa an REQUIEM POUR UN VAMPIRE (F 1971, aka VIERGES ET VAMPIRES), FASCINATION (F 1979) oder LA MORTE VIVANTE (F 1982, LADY DRACULA) – einige der sonderbarsten Vampirfilme der Kinogeschichte gedreht hat, sollte Erwähnung finden.[2] Im Großen und Ganzen aber scheint es, dass Horror nicht, um ein

---

1 Vgl. Ginette Vincendeau: „Der französische Film: Eine populäre Kunst", in: Geoffrey Nowell-Smith (Hg.): *Geschichte des internationalen Films*. Stuttgart/Weimar: J.B. Metzler 1998, S. 310-318; und Peter Graham: „Neue Entwicklungen im französischen Kino", in: Geoffrey Nowell-Smith (Hg.): *Geschichte des internationalen Films*. Stuttgart/Weimar: J.B. Metzler 1998, S. 530-540.
2 Die Poetik der Filme Rollins – angesiedelt im Spannungsfeld von Art House-Kino und Eurotrash, politischer Subversion und Softporno, der Gestaltung von traumartig-schwebenden

weiteres Klischee aufzurufen, zum Esprit feinsinniger französischer Filmkunst passen würde.

Oder genauer gesagt: Lange Zeit schien es so. Dieser Eindruck hat sich indessen nachdrücklich gewandelt, seit Alexandre Ajas HAUTE TENSION (F, HIGH TENSION) im Jahr 2003 in die Kinos kam. Wobei ‚feinsinnig' gewiss nicht das erste Adjektiv ist, das man verwenden würde, um einen Film zu beschreiben, in dem ein sadistischer Killer sich selbst mit Hilfe eines abgetrennten Kopfes felliert. Und tatsächlich steht HAUTE TENSION ebenso wie Xavier Gens' FRONTIÈRE(S) (F/CH 2007), Pascal Laugiers MARTYRS (F/CDN 2008) und andere französische Horrorfilme, die gewissermaßen im Gefolge von Ajas Werk erschienen, in dem Ruf, vor allem eines zu sein: blutrünstig. Dieser Ruf ist, um es gleich zu sagen, wohlverdient. Soweit ich sehe, ist die Drastik der Gewaltdarstellungen, mit denen etwa FRONTIÈRE(S) aufwartet, im kommerziellen Kino beispiellos, wenn man von asiatischen Extremen wie T. F. Mous HEI TAI YANG 733 (HK/CN 1988, MEN BEHIND THE SUN) und ein paar italienischen Kannibalenfilmen absieht. Die exzessive Brutalität von HAUTE TENSION und Konsorten dürfte, wen wundert es, ein wesentlicher Grund sein, weshalb Frankreich mittlerweile in einschlägigen Internetforen und Fanzines als gelobtes Land des Horrors gefeiert wird, und hat zugleich, auch dies nicht verwunderlich, Anlass für manche Kontroverse gegeben. Was darf man zeigen? Wo ist die Grenze? Ist es noch Unterhaltung, wenn, wie in Alexandre Bustillos und Julien Maurys À L'INTÉRIEUR (F 2007, INSIDE), eine hochschwangere Frau mit Scheren traktiert und ihr schlussendlich das Baby aus dem Leib geschnitten wird?

Meines Erachtens spricht das Faktum extremer Gewaltinszenierung als solches weder für noch gegen Filme wie HAUTE TENSION, À L'INTÉRIEUR oder MARTYRS. Wollte man zu einer moralischen Beurteilung dieser Filme gelangen, so müsste man nicht nach dem Dargestellten fragen, sondern nach dem Modus der Darstellung. Folter und sexueller Missbrauch bedeuten etwas anderes in Pier Paolo Pasolinis SÀLO O LE 120 GIORNATE DI SODOMA (I/F 1975, DIE 120 TAGE VON SODOM) als in Vergewaltigungspornos oder einem Pseudo-Snuff wie der AUGUST-UNDERGROUND-Trilogie (USA 2001-2007). Ein Film kann seine Zuschauer auf verschiedenste Weise in Beziehung zu der von ihm entfalteten Welt setzen. Er kann versuchen, die Empfindungen und die Wahrnehmung seines Publikums so zu modulieren, dass es sich in einen Zustand der Affirmation, der Komplizenschaft oder der unbeteiligten Betrachtung gegenüber dem repräsentierten Geschehen ver-

---

Atmosphären und einem ausgestellten Dilettantismus – scheint mir bislang noch wenig verstanden zu sein. Im Zuge des gestiegenen Interesses am (west-)europäischen B-Genre- und Exploitation-Kino der sechziger und siebziger Jahre sind allerdings einige Publikationen entstanden, die sich Jean Rollin widmen. Vgl. etwa: David Kalat: „Exoticism and Eroticism in French Horror Cinema. A brief Introduction to the World of Jean Rollin", in: *kinoeye* Vol.2, No. 7 (2002), http://www.kinoeye.org/02/07/kalat07.php (letzter Zugriff 12.03.2012; in derselben Ausgabe der Online-Zeitschrift finden sich noch weitere Artikel zu Rollin); und Cathal Tohill/Pete Tombs: „Back to the Beach: The Films of Jean Rollin", in: Dies.: *Immoral Tales: Sex and Horror Cinema in Europe 1956-1984*. New York: St. Martin's Press 1995, S. 135-192.

setzt sieht. Er kann aber auch darauf abzielen, sein Publikum solcherart zu verletzen, dass es sich über das eigene Genießen, die eigene Lust an der Verletzung entsetzt, um „die Grundlage des moralischen Bewusstseins in Frage zu stellen".[3] Das sind zwei sehr verschiedene Konzeptionen, und der Begriff ‚Torture Porn', der sich für die drastische Spielart des Horrorkinos eingebürgert hat, ist schon deshalb nicht hilfreich, weil er die Frage, welche Zuschauerposition Filme wie HAUTE TENSION, À L'INTÉRIEUR oder MARTYRS entwerfen, immer schon für beantwortet hält.[4]

Auf der anderen Seite steht fest, dass die Akkumulation von Grausamkeiten per se wenig ästhetischen Mehrwert abwirft. Es müsste also geklärt werden, ob sich die Poetik der neuen französischen Horrorfilme in lustvollem Tabubruch und einer entfesselten Überbietungslogik erschöpft, oder ob noch eine komplexere, verborgenere und darum möglicherweise auch nachhaltigere Idee von Grauen und Terror herauspräpariert werden kann. Ich glaube, dass dem so ist und will nun versuchen zu erläutern, worin diese Idee besteht.

---

3 Hermann Kappelhoff: *Realismus: Das Kino und die Politik des Ästhetischen*. Berlin: Vorwerk 8 2008, S. 161. Die folgenden Überlegungen basieren in methodischer Hinsicht auf dem Ansatz Kappelhoffs, für den Film eine Modulation von Erfahrungsprozessen darstellt, deren ästhetisches Potential sich über die Frage nach den von einzelnen Filmen konstruierten Zuschauerpositionen erschließen lässt. Andernorts habe ich versucht, diesen Ansatz systematisierend darzustellen. Vgl. Daniel Illger: *Heim-Suchungen. Stadt und Geschichtlichkeit im italienischen Nachkriegskino*. Berlin: Vorwerk 8 2009, S. 31-43.

4 Abgesehen davon kann man Marcus Stiglegger beistimmen, wenn er schreibt, dass es sich bei der Kategorisierung ‚Torture Porn' um den „nie wirklich definierte[n] Kampfbegriff einer konservativen Presse" handelt, „die damit vor allem ihr Zensurbedürfnis beschwören wollte." Zudem suggeriere dieser Begriff, „dass es sich bei den stigmatisierten Medien oder Werken eben nicht um schützenswerte Kunstwerke handle." Marcus Stiglegger: *Terrorkino: Angst/Lust und Körperhorror*. Berlin: Bertz + Fischer 2010, S. 17. Auch Kim Newman kommt in der neusten Auflage seines enzyklopädischen Werkes *Nightmare Movies* auf die Frage zu sprechen, ob der Begriff ‚Torture Porn' dazu angetan ist, eine ernsthafte Auseinandersetzung mit dem extremen Horrorkino zu befördern. Sein Fazit: „The implication that ‚torture porn' shares an intent with ‚porn porn' is misleading. THE PASSION OF THE CHRIST or WOLF CREEK or MARTYRS dwell on every abuse the human body (often the naked human body) can take, but the intent is to make an audience flinch, not arouse them. [...] If there is joy in violence in the ‚torture porn' cycle, it comes in moments of revenge: reading the Hostel films as porn, the squirm-inducing tied-to-a-chair sequences are foreplay for money scenes we are allowed to relish [...]. Few multiplex viewers share the misogynist kink which pulls in scattered, pathetic punters for FANTOM KILLER, so perhaps audiences coming of age in the twenty-first century put themselves through Eli Roth or Rob Zombie films the way some sad teenagers cut themselves – just to prove they can still feel something." Kim Newman: *Nightmare Movies: Horror on Screen since the 1960s*. London u.a.: Bloomsbury 2011, S. 488f.

Auflösungen und Verstörungen

Was zunächst auffällt, wenn man die französischen Horrorfilme[5] betrachtet, die seit der Jahrtausendwende entstanden sind – und neben den bereits genannten sollten zumindest noch Eric Valettes MALÉFIQUE (F 2002, MALEFIQUE – PSALM 666), Fabrice Du Welz' CALVAIRE (B/F/L 2004, CALVAIRE – TORTUR DES WAHNSINNS), Pascal Laugiers SAINT ANGE (F 2004, HOUSE OF VOICES), David Moreaus und Xavier Paluds ILS (F/RO 2006, THEM) Kim Chapirons SHEITAN (F 2006), Yannick Dahans und Benjamin Rochers LA HORDE (F 2009, DIE HORDE), Hélène Cattets und Bruno Forzanis AMER (F/B 2009) und Franck Richards LA MEUTE (F/B 2010, DIE MEUTE) Erwähnung finden –, ist, dass all diese Arbeiten in der Entfaltung ihrer Poetik signifikante Brüche aufweisen.

Im Fall von LA HORDE und LA MEUTE ist dies besonders sinnfällig: LA HORDE beginnt als hartgesottener Polizeithriller mit Rachethematik, um dann eine jähe Wendung hin zum Zombiegenre zu vollziehen. Das erinnert durchaus an FROM DUSK TILL DAWN (Robert Rodriguez, USA 1996), wobei der Film von Dahan und Rocher auf das zynisch-vergnügte Augenzwinkern verzichtet, das Robert Rodriguez zu seinem Markenzeichen erhoben hat. Ganz allgemein weist LA HORDE eine eher simple Machart auf, folgen Regie und Drehbuch doch weitgehend den Standards des Belagerungsszenarios, die seit George A. Romeros NIGHT OF THE LIVING DEAD (DIE NACHT DER LEBENDEN TOTEN, USA 1968) unzählige Male aufgegriffen und variiert worden sind.

Im Vergleich dazu scheint mir LA MEUTE interessanter, und sei es auch nur, weil Richards Film eine schier atemberaubende Konfusion aufweist. Zu Beginn nimmt das Szenario Anleihen bei Ikonografie und Stereotypen des *Rape-Revenge*-Films à la Wes Cravens LAST HOUSE ON THE LEFT (USA 1972, DAS LETZTE HAUS LINKS) sowie des *Hillbilly-Horrors* im Stil von Tobe Hoopers THE TEXAS CHAINSAW MASSACRE (USA 1974, BLUTGERICHT IN TEXAS); nachdem sich die Protagonistin Charlotte (Émilie Dequenne) dann, von allerlei ominösen Quälereien und Zurichtungen bedroht, in einem Kerkerverlies wiederfindet, hat es den Anschein, als würde sich LA MEUTE in Richtung von Eli Roths HOSTEL (USA 2005) und anderen Folterfilmen bewegen, nur um schließlich – wieder einmal – bei den Zombies zu enden. Da LA MEUTE zudem jegliche wirkungsästhetische Konsistenz zugunsten eines Changierens zwischen Horror, Groteske und Satire aufgibt, gewinnt der Zuschauer beim Betrachten des Films den eigentümlichen Eindruck, der mutwilligen Selbstdemontage eines kinematografischen Entwurfs beizuwohnen.

---

5 Um ganz exakt zu sein, müsste man vom frankophonen Horrorfilm sprechen, da viele der einschlägigen Arbeiten als Co-Produktionen zwischen Frankreich und Belgien (beziehungsweise Frankreich und anderen Ländern) entstanden sind. Im Folgenden verzichte ich darauf, diese Unterscheidung zu treffen, da das in Rede stehende Phänomen zumeist unter dem Schlagwort ‚Französischer Horrorfilm' diskutiert und zudem des Öfteren vor dem Hintergrund der französischen Kinotradition verhandelt wird.

In Hinblick auf LA HORDE und LA MEUTE – und *mutatis mutandis* gilt dies auch für MALÉFIQUE und SAINT ANGE – mag es nun naheliegen, den Bruch innerhalb der filmischen Poetik schlichtweg auf der Ebene eines Genrewechsels zu verorten. Gegen diese Einschätzung ist wenig einzuwenden. Vorausgesetzt, man begreift den Sprung über Genregrenzen nicht als ästhetisches Nullsummenspiel, das sich im Austausch eines Sets von Konventionen gegen ein anderes erschöpft. Weit eher geht es darum, dass sich mit bestimmten Genres bestimmte Erfahrungsmodi verbinden, oder, genauer noch, dass sich verschiedene Genres dazu eignen, vermittelt über ihre jeweiligen Gesetzmäßigkeiten ein Spektrum an Erfahrungsmodi als Konstruktion von Zuschauerpositionen zu realisieren. Von zentraler Bedeutung ist dabei die Frage, welche Form von Weltbezug ein Film ermöglicht oder erzwingt und welche Empfindungsqualitäten er hervorruft.[6]

Die Übergänge zwischen diversen Genres, die etwa LA HORDE und LA MEUTE ins Werk setzen, weisen so gesehen als Fluchtpunkt die Verunsicherung des Zuschauers auf. Zumindest im Fall von LA MEUTE ist die affektpoetische Auffaltung der kinematografischen Welt von so vielen Unterbrechungen, Verschiebungen und Verdrehungen gekennzeichnet, dass man als Zuschauer schließlich nicht mehr weiß, was man fühlen und denken soll oder was für eine Art Film man gerade sieht. Bezogen auf LA MEUTE gibt es sicherlich gute Gründe, die Effizienz dieses Verfahrens in Zweifel zu ziehen. Dessen ungeachtet kann als Wesensmerkmal der zeitgenössischen französischen Spielart des Horrorkinos gelten, dass die Filme in der Aufgabe ihrer inneren Einheit eine profunde Verstörung des Publikums produzieren.

HAUTE TENSION ist auch in dieser Hinsicht paradigmatisch. Die Schlussvolte von Ajas Film einfach als *plot twist* zu bezeichnen, mit dem sich der Slasher retrospektiv als Psychothriller entpuppt, scheint mir nämlich unangemessen. Indem Marie (Cécile De France) mit dem von Philippe Nahon gespielten Killer identifiziert

---

6 Die hier skizzierten Überlegungen ergeben für sich genommen natürlich keinen kohärenten genretheoretischen Ansatz. Darüber hinaus steht außer Frage, dass Begriffe wie ‚Erfahrungsmodus', ‚Zuschauerposition' und ‚Weltbezug' sehr konkreter filmanalytischer Perspektivierungen bedürfen, um nicht in die Gefilde einer jargonhaften Beliebigkeit oder einer ebenso wohlklingenden wie inhaltsleeren Metaphorik abzudriften. Um anzudeuten, in welche Richtung eine Ausarbeitung der obigen Gedanken gehen könnte, möchte ich auf einschlägige Arbeiten Robert Warshows, Stanley Cavells, Christine Gledhills und Hermann Kappelhoffs verweisen. Vgl. Robert Warshow: „The Gangster as Tragic Hero", in: ders.: *The Immediate Experience. Movies, Comics, Theatre & Other Aspects of Popular Culture*. Cambridge/London: Harvard University Press 2001 [1948], S. 97-103; Stanley Cavell: *The World Viewed: Reflections on the Ontology of Film*. Cambridge/London: Harvard University Press 1979, vor allem S. 25-37; Christine Gledhill: „Rethinking Genre", in: Christine Gledhill/Linda Williams (Hg.): *Reinventing Film Studies*. London: Hodder Arnold 2000, S. 221-243; Hermann Kappelhoff: *Matrix der Gefühle. Das Kino, das Melodrama und das Theater der Empfindsamkeit*. Berlin: Vorwerk 8 2004.

wird, den sie vermeintlich als heroisches *Final Girl* zur Strecke zu bringen suchte,[7] vollzieht der Film vielmehr einen Bruch mit dem Erfahrungsmodus, der in den fünfundsiebzig Minuten zuvor seine poetische Logik bestimmt hat. Denn auch wenn pathologische Eifersucht auf sämtliche Alex' (Maïwenn Le Besco) nahestehenden Menschen und die Besessenheit, die geliebte Freundin ganz allein zu besitzen, ein plausibles Motiv für Maries Taten abgeben mögen, verunmöglicht die Inszenierung von HAUTE TENSION konsequent die Annahme ihrer Identität mit dem Killer, ist dieser doch durchweg Teil einer als objektiv markierten filmischen Welt, in welcher er und Marie ihre jeweiligen Handlungen parallel zu- und unabhängig voneinander ausführen. Materiell zugleich an mehreren Orten zu sein, ist aber auch für Menschen, die unter Persönlichkeitsspaltung leiden, unmöglich. Darüber hinaus reagiert Alex in den Szenen, die ihrer ersten Konfrontation mit dem Killer folgen, im Großen und Ganzen positiv (oder doch neutral) auf Marie, was offensichtlich keinen Sinn machen würde, wäre diese beispielsweise mit dem blutigen Rasiermesser in der Hand am Bett ihrer Freundin gestanden. Erst ganz am Schluss schlägt Alex' Verhalten in aggressiv-panische Abwehr um, zu einem Zeitpunkt, als auch der Zuschauer bereits über die – vermeintlich – wahren Verhältnisse unterrichtet ist.

Wenn der Killer tatsächlich ein Teil von Marie sein soll, gibt es also nur zwei Möglichkeiten: Entweder sind die Spuren ihrer Persönlichkeitsspaltung für den Zuschauer nicht auf der Ebene des Handlungsraumes nachvollziehbar, sondern die Geisteskrankheit Maries hat den ganzen Bildraum ergriffen und transformiert, so dass die Unterscheidung zwischen Wahn und Wirklichkeit nicht mehr intelligibel ist und die Kategorie ‚Realität' eine vollständige Auflösung erfährt. Oder aber der Killer ist gleichsam eine Emanation von Maries Hass und ihrer Verbitterung, eine Verkörperung unbewusster Todeswünsche. In beiden Fällen wird jegliche psychologische Erklärung des Geschehens obsolet, und in beiden Fällen sprengt HAUTE TENSION – zumindest als ästhetischer Erfahrungsmodus – die Grenzen einer vernunftmäßig verfügten Weltkonzeption.

Was das betrifft, funktionieren SHEITAN, FRONTIÈRE(S) und auch MARTYRS ganz ähnlich. Zwar verzichten diese Filme auf jene ostentative Aufgabe der narrativen Logik, die HAUTE TENSION geradezu zelebriert. Nichtsdestoweniger erschüttern

---

7 Carol J. Clovers einflussreicher Definition zufolge ist das „Final Girl" eine Standardfigur des Slasher-Films: eine junge, androgyne Frau, die sich als letzte Überlebende des Blutbads schlussendlich gegen den Killer wendet und ihn zur Strecke bringt, indem sie sich seine phallischen Attribute aneignet. Clover stellt zwei analytische Perspektiven auf das „Final Girl" neben- und gegeneinander, um den schwer auflösbaren Ambiguitäten des Slashers gerecht zu werden: Einerseits ist das *Final Girl* eine Stellvertreterin für das adoleszente männliche Publikum, dem es in der ‚sicheren' Identifikation mit einer androgynen Frau erlaubt wird, das eigene inzestuöse Begehren zu konfrontieren; andererseits inkorporiert das *Final Girl* aber auch eine heroische Weiblichkeit, die sich gerade dadurch auszeichnet, dass in ihr traditionell als feminin und maskulin gekennzeichnete Attribute verschmelzen. Vgl. Carol J. Clover: „Her Body, Himself: Gender in the Slasher Film", in: Mark Jancovich (Hg.): *Horror. The Film Reader*. Abingdon/New York: Routledge 2002, S. 77-89.

auch sie an einem bestimmten Punkt ihrer Laufzeit die anfänglich vorgenommene Verortung des Geschehens innerhalb einer zwar keineswegs idyllischen, aber doch mehr oder weniger alltäglichen sozialen Realität – einer Realität, wohlgemerkt, die gemäß physikalischer Gesetzmäßigkeiten funktioniert, denen die Filmfiguren ebenso wie das Publikum unterworfen sind. In SHEITAN ereignet sich diese Erschütterung, als im Showdown die übermenschlichen Kräfte und die Unverwundbarkeit des Patriarchen Joseph (Vincent Cassel) deutlich werden, so dass dessen Rede von einem Teufelspakt nicht mehr wie derangiert-protziges Gebrabbel im Alkoholrausch erscheint. In FRONTIÈRE(S) realisiert sich der Einbruch des Unerklärlichen in den Bildern der Brut, die – missratenes Ergebnis der Zuchtexperimente, mit denen die Nazifamilie ihr Überleben sichern will – die alte Miene heimsucht. Vor allem bei ihrem ersten Auftritt sind die Kinder der sanftmütigen Eva (Maud Forget) als kriechende, ghoulhafte Ungeheuer inszeniert, ohne dass ihre monströse Erscheinung eine hinreichende handlungslogische Begründung erfahren würde. Vollends rätselhaft ist dann die Tote in dem schlachthausartigen Raum, wo die Familie die Leichen ihrer Opfer aufbewahrt; diese erwacht für einen Moment zum Leben und reißt die längst gebrochenen Augen auf, nur um danach spurlos aus dem Film zu verschwinden. Schließlich verdankt sich das Grauen, das MARTYRS in den ersten vierzig Minuten seiner Laufzeit hervorruft, zu einem guten Teil dem Umstand, dass die kadaverartige Frau, die Lucie (Mylène Jampanoï) verfolgt und peinigt, zugleich als Wahnvorstellung und als materielle Wirklichkeit gekennzeichnet ist, wobei mit den wechselnden Szenen mal der eine, mal der andere Aspekt in den Vordergrund tritt. Dabei untergräbt Laugiers Film, ähnlich wie HAUTE TENSION, die psychologische Erklärung, die er zugleich zu favorisieren scheint. Zum einen überträgt er Lucies Schrecken mit seiner ganzen Wucht auf den Zuschauer und hebelt somit jeglichen rationalistischen Distanzierungsversuch aus. Und darüber hinaus verleiht MARTYRS der Frau mit ihrer kalkweißen, von Narben überzogenen Haut, ihrer skeletthaften Magerkeit, ihren dämonischen Augen und ihrer animalischen Wildheit eine derart intensive physische Präsenz, dass alle Bemühungen, die Erscheinung narrativ zu pathologisieren, schon an der Gewalt der Bilder zu zerschellen drohen.

Das Inkohärenz-Prinzip

Der entscheidende Punkt ist in diesem Zusammenhang, dass sich ein spezifisches poetisches Konzept durchaus in der (partiellen) Destruktion seiner eigenen Grundlagen und Voraussetzungen erfüllen kann. Ein theoretisches Modell, mit dem sich eine – so gesehen – wider- oder gar unsinnige Ästhetik beschreiben lässt, hat Robin Wood zur Verfügung gestellt, als er gewisse Hollywood-Produktionen der siebziger Jahre als „incoherent texts" klassifizierte.[8]

---

8 Vgl. Robin Wood: *Hollywood from Vietnam to Reagan... and Beyond.* New York: Columbia University Press 2003, S. 41-62. Ich würde Filme nicht als Texte definieren, sondern, wie gesagt, als ästhetische Erfahrungsmodalitäten. Mir scheint aber, dass Woods Argumentation

Wood geht davon aus, dass es ein allgemein-menschliches Bedürfnis ist, Erfahrung zu verstehen und zu ordnen, um sie somit beherrschen zu können; er geht weiterhin davon aus, dass es zu den wesentlichen Funktionen der Kunst gehört, dieses Bedürfnis zu befriedigen. Entsprechend seiner politischen Grundüberzeugung als Anhänger des Freudomarxismus nimmt er darüber hinaus an, dass die übergeordneten Prinzipien, welche die künstlerische Domestizierung von Erfahrung anleiten, von dem in der jeweiligen Epoche vorherrschenden ideologischen System gestiftet werden. Das ist zumindest der simpelste Fall. Aber natürlich kommt es häufig vor, dass Künstler – aus welchen Gründen auch immer – die Wirklichkeit als heilloses Durcheinander erleben oder bewusst gegen das rebellieren, was ihre Zeit für gut, wahr oder schön hält. Die Werke, die aus derartigen Rebellionen entstehen, mögen „fractured and fragmentary" und in diesem Sinn inkohärent sein.[9] Sie sind jedoch *nicht*, was Wood unter „incoherent texts" zu fassen sucht. Denn in solchen Fällen wird die Fragmentierung selbst zu einem Strukturprinzip, und sowie es dem Rezipienten gelungen ist, dieses Strukturprinzip zu durchschauen, hat er sofort eine vollkommen kohärente – das heißt, entsprechend klarer und nachvollziehbarer Gestaltungsideen geordnete – Arbeit vor sich.

Was Wood nun interessiert, sind künstlerische Produktionen, die sich einer Analyse aufgrund von einheitlichen, in sich schlüssigen Formprinzipen widersetzen, weil es in ihnen gewissermaßen gegenläufige und unvereinbare Kraftströmungen gibt. Romane, Gemälde, Filme also, die am Versuch einer Sinnstiftung, eines Ordnens der Erfahrung scheitern, weil die Wirklichkeit, die sie konfrontieren, sich nicht nur *subjektiv*, sondern auch *objektiv* derart widersprüchlich und zerrissen darstellt, dass ihr nicht mehr beizukommen ist. Zumindest dann nicht, wie Wood hinzufügen würde, wenn man auf dem Boden der herrschenden Ideologie verharrt und folglich nicht vermag, über das System hinauszudenken, das jene Widersprüche und Zerrissenheiten produziert. Wäre man freilich in der Lage, so der Gedanke, sich von den gedanklichen Fesseln zu befreien, welche zur Aufrechterhaltung einer gegebenen Ordnung dienen, eröffneten sich ganz neue Möglichkeiten, nicht nur die Kunstproduktion betreffend.

Drei Filme nun, die sich selbst *nolens volens* einer ästhetischen Vierteilung im beschriebenen Sinn unterziehen, sind für Wood – der sie übrigens sämtlich dem Horrorgenre zuschlägt[10] – TAXI DRIVER (USA 1976) von Martin Scorsese, LOOKING FOR MISTER GOODBAR (USA 1977, AUF DER SUCHE NACH MISTER GOODBAR) von Richard Brooks und CRUISING (USA 1980) von William Friedkin. Im Fall von TAXI DRIVER äußert sich das beispielsweise darin, dass der Film keine konsistente, „and adequately rigorous",[11] Haltung zu seiner Hauptfigur Travis

---

offen für ein solches Verständnis von Film ist, da die Frage nach den Möglichkeiten von Welterfahrung, derer die Zuschauer im Rezeptionsprozess teilhaftig werden, für ihn einen großen Stellenwert einnimmt.

9 Ebd., S. 41.
10 Vgl. ebd., S. 45.
11 Ebd., S. 47.

Bickle (Robert De Niro) zu entwickeln vermag. Dieser ist im selben Moment der Westernheld, der ‚aufräumt', und der Psychopath, der sinnlose Gewalttaten begeht; er wird weder gerechtfertigt noch verworfen; anscheinend gibt es keine Alternative zu ihm, aber er selbst ist ganz offensichtlich auch nicht die Lösung.[12]

Vielleicht ist es hilfreich, an dieser Stelle einen kurzen Vergleich mit zwei verwandten Denkfiguren durchzuführen, um das Spezifische an Woods Konzeption, so wie ich sie verstehe, fassbarer zu machen. Zum einen wäre Robert B. Rays These zu nennen, dass sich seit den späten fünfziger Jahren eine Tendenz in das Hollywood-Kino eingeschlichen hat, die von ihm selbst produzierte Mythologie (Konstruktionen von Männlichkeit und Weiblichkeit, von Gut und Böse, von der Nation, ihrer Berufung und ihrer Geschichte) ironisch und parodistisch zu untergraben.[13] Diese Tendenz nahm ihren Ausgang im Fernsehen, genauer gesagt in Roy Huggins' Westernserie MAVERICK (USA 1957-1962) und fand ihren Höhepunkt in einer „sudden wave of self-consciousness" zwischen 1966 und 1980; eine Zeit, in der zahlreiche Filme produziert wurden, deren Wirkung davon abhing, dass ihr Publikum sie als „overt paraodies, ‚corrected' genre pictures, or exaggerated camp versions of Hollywood's traditional mythology" zu erkennen vermochte[14] – wobei Ray die so umrissenen travestitischen Qualitäten durchaus nicht einsinnig denkt, was sich daran ersehen lässt, dass er etwa auch Richard Lesters elegischen Heldenabgesang ROBIN AND MARIAN (USA 1976, ROBIN UND MARIAN) in den genannten Kontext einrückt. Stellt man nun Rays Beschreibung von auto-dekonstruktiven Filmpoetiken neben Woods Kategorie der „incoherent texts", so springt die größere Radikalität des letztgenannten Konzepts ins Auge. Zwar hält Ray die in seinem Sinn einschlägigen Filme der sechziger und siebziger Jahre für vielschichtige Texte, die eine komplexe Publikumsadressierung vornehmen, doch geht er zugleich davon aus, dass diese Texte, das nötige analytische und interpretatorische Geschick vorausgesetzt, immer noch eindeutig lesbar gemacht werden können.

---

12 Woher weiß man nun, dass die Intention von Scorsese und seinem Drehbuchautor Paul Schrader nicht präzise darin bestand, Travis Bickle auf diese widersprüchliche, verworrene und verwirrte Art zu zeigen? Hier offenbart sich ein Problem von Woods Theorie. Er selbst gibt zu, dass die Trennlinie zwischen Werken, die absichtlich auf Kohärenz verzichten, und solchen, denen die Kohärenz unfreiwillig abhanden kommt, nicht immer eindeutig zu ziehen ist (vgl. ebd., S. 41). Was TAXI DRIVER angeht, so muss sich Wood – wie auch sonst öfters – mit Spekulationen über die Gesinnung der beteiligten Künstler behelfen: Scorsese stehe in einer liberal-humanistischen Tradition, Schraders Haltung könnte hingegen als tendenziell faschistisch charakterisiert werden (vgl. ebd., S. 45). Beide Weltanschauungen sind schlechterdings nicht vereinbar, und das Ergebnis ist die Inkohärenz von TAXI DRIVER. Allerdings muss man sich nicht in die Untiefen von intentionalistischen Deutungen begeben – bei einem Medium, das auf kollektiven Arbeitsprozessen basiert, bekanntlich schwer schiffbare Gewässer –, um mit dem Konzept der „incoherent texts" arbeiten zu können, da sich dieses, wie ich im Folgenden zu zeigen versuche, als poetologische Kategorie rekonstruieren lässt.

13 Vgl. Robert B. Ray: *A Certain Tendency of the Hollywood Cinema, 1930-1980*. Princeton: Princeton University Press 1985, S. 246-269.

14 Ebd., 256f.

Dies wird deutlich, wenn man seine Ausführungen zu TAXI DRIVER betrachtet. Ähnlich wie Wood ist Ray der Meinung, dass die Deutung von Scorseses Film davon abhängt, welchen Blickwinkel man auf dessen Protagonisten Travis Bickle einnimmt. Doch glaubt er, die Ambivalenzen der Inszenierung dahingehend auflösen zu können, dass Robert De Niros Figur in ihrer mimetischen Angleichung an den verhassten ‚Abschaum' und der Willkür ihres Blutrausches letztlich den Wahnsinn rechter Selbstjustiz-Phantasien offenlege; mithin demontiere TAXI DRIVER die von Richard Slotkin als grundlegendster aller amerikanischen Mythen bestimmte Idee einer „regeneration through violence"[15].

Zum anderen soll Thomas Elsaesser nicht unerwähnt bleiben, der ein wesentliches Charakteristikum des postklassischen Hollywood-Kinos der siebziger, achtziger und neunziger Jahre in „einer neuen ‚Poetik' der Doppelbödigkeit, der widersprüchlichen Botschaften (*mixed messages*) und der mehrstimmigen Zeichen"[16] erkennt und die daraus resultierenden „kontrastierenden Zuschauerpositionen"[17] unter anderem in explizitem Rückbezug auf Robert B. Ray herausarbeitet. Allerdings geht auch Elsaesser nicht so weit, eine Unlesbarkeit des filmischen Textes zu postulieren; vielmehr fordert er einen theoretischen Zugriff, der sich auf der Höhe seines Gegenstandes bewegt und dessen ästhetische Überdeterminiertheit nicht in das Korsett eines einzigen analytischen Paradigmas zwängt. Was das *in concreto* heißen könnte, führt Elsaesser beispielhaft an Jonathan Demmes THE SILENCE OF THE LAMBS (USA 1991, DAS SCHWEIGEN DER LÄMMER) vor, den er nacheinander aus einer feministischen, foucaultschen und deleuzianischen Perspektive betrachtet und diese verschiedenen Ansätze wechselseitig aufeinander bezieht.[18]

Vor dem Hintergrund des Exkurses zu Robert B. Ray und Thomas Elsaesser wird deutlich, worauf Woods Konzept der „incoherent texts" im Kern zielt: Es geht hier nicht um ironische Zuschaueradressierungen oder Doppelkodierungen als interpretatorische Komplikation, sondern um Filme, deren künstlerische Logik sich in der Verunmöglichung einer homogenen Sinnproduktion erfüllt. Das betrifft zunächst ihre ästhetische Konfiguration, die einem nicht schlichtbaren inneren Widerstreit unterliegt, und es betrifft in zweiter Linie die Frage nach ihren ‚Aussagen' oder ‚Botschaften', da diese in den vielfachen Selbstverwerfungen des kinematografischen Entwurfs verloren gehen, welche sich eben nicht mehr einfach auf parodistische oder selbstreflexive Verfahrensweisen zurückführen lassen. So gesehen implizieren die „incoherent texts" ein radikales Scheitern der Kategorie ‚Wahrheit' und des ihr kommoden Anspruchs auf Antworten, Lösungen und Erklärungen. In dieser Perspektive wäre das Inkohärenz-Prinzip als Gestaltungsform für solche Werke kennzeichnend, die sich auf der Grenze des Denk- und Fühlbaren bewegen, die sich gewissermaßen selbst zu entgleiten drohen und die eigene Insuf-

---

15 Vgl. ebd., S. 356-360.
16 Thomas Elsaesser: *Hollywood heute. Geschichte, Gender und Nation im postklassischen Kino.* Berlin: Bertz + Fischer 2009, S. 8.
17 Ebd., S. 161.
18 Vgl. ebd., S. 139-162.

fizienz – als das Unvermögen, noch ein Explikat zum Explikandum zu finden – zur Grundlegung ihrer Erfahrungsform machen; und zwar unabhängig davon, was für wahrnehmungs- und wirkungsästhetische Kalkulationen diese sonst prägen mögen.

Die Schichtung der Realitätsebenen

Was hat das alles mit den französischen Horrorfilmen zu tun? Zunächst einmal erlaubt uns Woods Kategorie, die innere Zerfallenheit eines Werkes nicht einfach als Beweis von dessen Ungenügen zu deuten, sondern als noch im Scheitern adäquaten künstlerischen Ausdruck eines tiefer liegenden ästhetischen, moralischen oder politischen Problems. Die Inkohärenz von Filmen wie HAUTE TENSION oder SHEITAN kann so gesehen sehr wohl darauf hindeuten, dass ein fundamentaler Konflikt nicht einfach in die eine oder andere Richtung aufgelöst und dadurch entschärft wurde, sondern dass es zu der ästhetischen Logik der entsprechenden Filme gehört, derartige Konflikt präzise in ihrer Unauflösbarkeit in die eigenen Gestaltungsprinzipien zu inkorporieren. Darüber hinaus lässt sich auf der Grundlage von Woods Model genauer fassen, was es mit den poetolgischen Brüchen auf sich hat, die meines Erachtens ein wesentliches Kennzeichen des zeitgenössischen französischen Horrorfilms sind.

Im Anschluss an die Theorie der „incoherent texts" will ich nun zunächst versuchen, die gegenläufigen und unvereinbaren Kraftströmungen zu bestimmen, die im Inneren dieser Filme am Werk sind. Hierzu zwei Anmerkungen:

1.) Die Brüche innerhalb der poetischen Logik von Filmen wie HAUTE TENSION, SHEITAN oder LA MEUTE vollziehen sich, wie bereits deutlich geworden sein mag, entlang der Scheidelinie von Realismus und Fantastik. Oder, vielleicht treffender formuliert, an der Frage, ob es für die repräsentierten Geschehnisse in letzter Instanz eine natürliche Erklärung gibt, oder ob sie nur dann Sinn ergeben, wenn man übernatürliche Einflüsse und Kräfte voraussetzt. So gesehen wurzelt die Verstörung des Zuschauers in dem prekären ontologischen Status der Welt, zu welcher ihn die jeweiligen Filme in Beziehung setzen. Und die poetologischen Brüche zielen auf jene Momente, in denen das Publikum gewahr wird, dass es möglicherweise einem Irrtum erlegen ist oder gar getäuscht wurde: Vielleicht ist die Wirklichkeit gar nicht die Wirklichkeit, wenigstens nicht unsere, sondern eine infernalische Paralleldimension, in der, von allen Fesseln und Schranken befreit, allein das Grauen herrscht. Das höchst unbehagliche Gefühl, mit dem einen die besten französischen Horrorfilme zurücklassen – das man nämlich mit knapper Not dem Wahnsinn entronnen ist –, dürfte auf diese fundamentale Erschütterung des Weltgefüges zurückzuführen sein.

2.) Eine „fundamentale Erschütterung des Weltgefüges" – das klingt nach Tzvetan Todorov, der die fantastische Literatur bekanntlich darüber definiert, dass sie „die Existenz einer irreduktiblen Opposition zwischen Realem und Irrealem" in

Frage stelle.[19] Ich will deshalb betonen, dass es mir nicht um eine Paraphrase oder Neuinterpretation der todorovschen Theorie geht. Wenn man für den Augenblick beiseite lässt, dass jeder Versuch, Todorovs Überlegungen auf den französischen Horrorfilm anzuwenden, zunächst die medialen Differenzen zwischen Literatur und Kino reflektieren müsste, und eine orthodoxe Lesart Todorovs nach Jahrzehnten der Kritik und Re-Lektüren ohnedies obsolet geworden ist,[20] gibt es nämlich einen wesentlichen Unterschied zu verzeichnen. Todorov zielt auf die *epistemologische* Unsicherheit des Lesers: Die Erschütterung der Wirklichkeit dürfe weder abgemildert werden durch die Bestätigung der Möglichkeit einer Rationalisierung noch durch den Vollzug einer Transformation, die die dargestellte Welt zu etwas macht, das – bezogen auf die grundlegenden Gesetzmäßigkeiten, denen sie unterworfen ist – kategorial von unserer Alltagsrealität unterschieden werden muss.[21]

Im Gegensatz dazu inszeniert der französische Horrorfilm eine, wie gesagt, *ontologische* Verstörung. Es geht, mit anderen Worten, nicht um den kognitiven Zweifel des Zuschauers, der sich in einem Schwanken zwischen rationalen und übernatürlichen Erklärungsmustern ausdrückt. Vielmehr heben HAUTE TENSION, SHEITAN oder LA MEUTE auf die verstandesmäßig inkommensurable *Schichtung* verschiedener Wirklichkeitsebenen ab, die von dem Augenblick an, wo der poetologische Bruch in der Entfaltung der kinematografischen Welt deren eindeutige Verortung als Teil einer Alltagsrealität verunmöglich hat, *simultan* Faktoren der Modulation des Wahrnehmungsprozesses der Zuschauer bilden – oder retrospektiv den Erfahrungsmodus des Films umdefinieren. Kennzeichnend ist dabei, dass die rationale und die übernatürliche Dimension häufig an verschiedene Ebenen der Filmwahrnehmung gekoppelt sind: Auf der Ebene des Handlungsraums – also des repräsentierten Geschehens – halten die Filme an einer Logik fest, die mit dem, was man gemeinhin gesunden Menschenverstand nennt, einigermaßen kompatibel ist. Auf der Ebene des Bildraums – also der genuin kinematografischen Gestaltung eines in der Zeit sich entfaltenden Erfahrungsprozesses – werden die Grenzen dessen gesprengt, was die Vernunft im Einklang mit ihren eigenen Gesetzen zu erklären und zu verarbeiten vermag.

Man kann also festhalten, dass Filme wie HAUTE TENSION, SHEITAN oder LA MEUTE zwischen zwei verschiedenen Weltmodellen zerrissen sind: das eine

---

19 Tzvetan Todorov: *Einführung in die fantastische Literatur*. München: Carl Hanser Verlag 1972, S. 149.

20 Als einschlägige Publikationen im deutschsprachigen Raum, die in jüngerer Zeit versucht haben, mit und gegen Todorov über dessen Ansatz hinauszugelangen, wären etwa zu nennen: Renate Lachmann: *Erzählte Phantastik. Zu Phantasiegeschichte und Semantik phantastischer Texte*. Frankfurt/M.: Suhrkamp 2002; Clemens Ruthner, Ursula Reber, Markus May (Hg.): *Nach Todorov. Beiträge zu einer Definition des Phantastischen in der Literatur*. Tübingen: Francke 2006; Uwe Durst: *Theorie der phantastischen Literatur*. Berlin: Lit Verlag (2. Aufl) 2010. Es wäre durchaus vielversprechend, die in diesen Bänden vorgestellten Theoreme auf ihre Produktivität für filmwissenschaftliche Fragestellungen zu überprüfen; ein solches Unterfangen ist im gegebenen Rahmen allerdings nicht zu leisten.

21 Todorov, *Einführung*, z. B. S. 33 u. S. 40.

funktioniert im Einklang mit den bekannten Naturgesetzen, das andere überschreitet und annhiliert diese. Dabei ist es nicht so, dass die Filme zwischen beiden Weltmodellen schwanken; eher tendieren sie, vom Moment des poetologischen Bruches an, dazu, diese Modelle übereinander zu schichten, wobei mal die reale, mal die übernatürliche Welt auf der Oberseite des kinematografischen Erfahrungsmodus erscheint. Deshalb ist es auch zutreffender, davon zu sprechen, dass HAUTE TENSION, LA MEUTE oder MARTYRS durch poetologische *und* ontologische Brüche gekennzeichnet sind, wobei die Auflösung der ästhetischen Ordnung häufig mit jener einer vermeintlich festgefügten Realitätskonzeption einhergeht.[22] Im Ergebnis produziert das französische Horrorkino – zumindest in seinen wirkungsvollsten Exponaten – eine profunde Verstörung beim Zuschauer, die gewissermaßen Ausdruck der Verstörtheit ist, mit welcher dieses Kino selbst ringt. Und ebendies macht etwa SHEITAN oder FRONTIÈRE(S) zu „incoherent texts".

Ich will nun an einer analytischen Skizze verdeutlichen, wie die somit umrissenen Verfahren die Ästhetik eines Films konkret prägen können. Als beispielhaften Untersuchungsgegenstand habe ich À L'INTÉRIEUR ausgewählt, der nicht nur, zusammen mit MARTYRS, das bislang radikalste Produkt des französischen Horrorfilms darstellt, sondern ganz allgemein zum Grausamsten und Depraviertesten zählen dürfte, was das Genrekino je hervorgebracht hat. Der Film von Bustillo und Maury bietet sich im gegebenen Zusammenhang vor allem deshalb zur Analyse an, weil hier der poetologische Bruch nicht nur mit einem ontologischen Bruch einhergeht, sondern darüber hinaus mit der Kulmination des Schreckens zusammenfällt. Zudem verfügt À L'INTÉRIEUR über eine klare Struktur und funktioniert sehr präzise, was es erleichtert, die entscheidenden ästhetischen Wirkungsmechanismen herauszupräparieren.

Ein Emblem der Hölle: À L'INTÉRIEUR

I.

À L'INTÉRIEUR ist ein Film, der auf den ersten Blick denkbar geradlinig, geradezu simpel, daherkommt. Eine junge, schwangere Frau und ihr Mann geraten in einen Autounfall. Er stirbt, sie überlebt, trägt aber an Leib und Seele Verletzungen davon. Einige Monate später ist für Sarah Scarangelo (Alysson Paradis), so der Name der Frau, die Zeit der Niederkunft gekommen. Die biblische Formulierung ist nicht zufällig gewählt, denn die Geburt des Kindes wird für die Weihnachtstage erwartet. Heiligabend verbringt Sarah allein zu Hause; sie trauert Matthieu (Jean-Baptiste Tabourin), dem toten Geliebten, nach und bereitet sich darauf vor, am

---

22 Es ist vielleicht kein Zufall, dass diejenigen französischen Horrorfilme, bei denen der poetologische Bruch keine ontologische Dimension annimmt – etwa Abel Ferrys VERTIGE (F 2009, HIGH LANE – SCHAU NICHT NACH UNTEN!) –, nicht nur zu den uninteressanteren, sondern auch zu den weniger erfolgreichen zählen.

nächsten Morgen ins Krankenhaus zu gehen. Doch dazu kommt es nicht. Eine fremde, schwarz gewandete Frau (Béatrice Dalle) klingelt an Sarahs Tür und bittet, das Telefon benutzen zu dürfen. Etwas an der Fremden stimmt Sarah misstrauisch, und sie weigert sich, die Frau einzulassen. Diese offenbart darauf hin, dass sie Sarah kennt und um den Tod von deren Mann weiß. Sarah ruft die Polizei, doch als die Beamten eintreffen, ist die Frau verschwunden. Später gelingt es der Fremden, ins Haus einzudringen. Sie versucht, der schlafenden Sarah mit einer Schere den Bauch aufzuschneiden; doch Sarah wird wach, wehrt sich und flieht vor der Frau ins Badezimmer, wo sie sich einschließt.

Zu diesem Zeitpunkt sind etwas mehr als dreißig Minuten vergangen; die darauf folgende Dreiviertelstunde verbringt À L'INTÉRIEUR damit, in nahezu unablässiger Folge Szenen von Verstümmelung und Mord aneinanderzureihen. Alle, die in das Haus kommen, finden den Tod: Sarahs Chef und ihre Mutter ebenso wie drei Polizisten und deren unglücklicher Gefangener, ein Junge aus den Banlieus, der angeblich Autos angezündet hat. Irgendwann beginnt Sarah, sich gegen die Fremde zu wehren. Es gelingt ihr, die Frau mit Hilfe einer Spraydose in Brand zu setzen, als diese sich eine Zigarette ansteckt. Für einen kurzen Moment sieht es so aus, als würde Sarah, inmitten von einem Leichenfeld, den Sieg davontragen. Doch am Ende – ihrer Verletzungen und aller Wahrscheinlichkeit zum Trotz – bekommt die Fremde, was sie will: Sarahs Baby.

II.

Ich habe die Handlung von À L'INTÉRIEUR in einiger Ausführlichkeit nacherzählt, um deutlich zu machen, dass sich auch dieser Film, was die Plotlogik betrifft, diesseits des Übernatürlichen verortet. Es wird sogar eine mehr oder weniger plausible Erklärung für das Verhalten der mörderischen Fremden geliefert: Sie saß bei dem Autounfall, der Sarahs Mann das Leben kostete, in dem anderen Wagen und verlor als Folge des Zusammenpralls ihr eigenes ungeborenes Kind. Man kann von dieser Erklärung halten, was man will – sie zeugt jedenfalls vom Willen der Regisseure, À L'INTÉRIEUR mit einem Firnis der Rationalität zu versehen.

Freilich handelt es sich hierbei um einen dünnen Firnis, der den Film nur höchst unzuverlässig vor dem Unerklärlichen und Dämonischen schützt, das auf ihn eindringt. Das wahre Grauen von À L'INTÉRIEUR scheint mir nämlich nicht in den extremen Gewaltdarstellungen zu bestehen, und auch nicht in dem Umstand, dass hier eine Hochschwangere physischen und psychischen Torturen ausgesetzt wird. Vielmehr hat es etwas mit diesem beinah dumpfen Beharren auf Rationalität zu tun, welches der Film zugleich konterkariert und nachgerade zerschmettert, indem er den Bildraum sukzessive in ein Emblem der Hölle verwandelt.

Möglicherweise hatten Bustillo und Maury ebendiese Transformation im Sinn; jedenfalls fällt auf, dass, zugegebenermaßen ein eher plumper Fingerzeig, Sarah in dem Haus mit der Nummer 666 wohnt. Viel bedeutsamer ist aber, dass vermeintliche Drehbuchschwächen des Filmes, die übrigens in zahlreichen Kritiken und

Internetkommentaren hervorgehoben wurden, so gesehen ein essentieller Bestandteil von dessen Poetik sind. Ihr Sinn besteht präzise darin, dass sie keinen Sinn ergeben, dass sie die Verortung innerhalb einer – wiewohl in nackten Terror abgleitenden – Alltagsrealität immer weiter unterwandern und in Frage stellen, bis es zu dem endgültigen Bruch kommt. Dies betrifft beispielsweise das Verhalten sämtlicher Figuren des Films, das zwischen ‚eher unglaubhaft' und ‚rundweg abstrus' schwankt.

Zuvörderst ist hier Sarah selbst zu erwähnen, die ihre Wohnung auch nach der ersten Begegnung mit der unheimlichen Fremden weitgehend im Dunkeln belässt, später reihenweise Gelegenheiten zur Flucht verstreichen lässt, keinen Versuch unternimmt, etwa die Polizisten vor der Mörderin zu warnen, sich zwischenzeitlich einfach mal aufs Bett legt, wo sie in eine Art *Stupor* verfällt – im Wissen, dass die Frau noch im Haus weilt – und beim Showdown unter allen mittlerweile in ihrem Wohnzimmer verstreuten Waffen, sogar eine Art Raketenwerfer ist im Angebot, zunächst einmal die Stricknadel wählt. Auch die Inszenierung der Fremden muss hier genannt werden: Dass eine Frau von zierlicher Gestalt, die nicht über besondere Fähigkeiten zu verfügen scheint, es fertigbringt, drei bewaffnete und offenbar nicht eben zimperliche Polizeibeamte zu töten, macht À L'INTÉRIEUR zu keinem Zeitpunkt plausibel.[23] Tatsächlich stellen sich die Polizisten dermaßen tollpatschig, unbeholfen und inkompetent an, dass man fast geneigt wäre, suizidale Neigungen auf ihrer Seite zu vermuten. Aber natürlich ist dieser Erklärungsversuch, wenn man ihn denn als solchen bezeichnen will, kaum dazu angetan, ein tieferes Verständnis des Films von Bustillo und Maury zu befördern. Auch scheint es mir unergiebig, das befremdliche Gebaren der Figuren *allein* mit dem Verweis auf Genrekonventionen zu erklären, weil damit noch nichts über die besondere Wirkung von À L'INTÉRIEUR gesagt ist, die sich eben auch einer seltenen konzeptionellen Radikalität verdankt.

Ich denke, dass diese Radikalität einen sinnfälligen Ausdruck in der Zwangsläufigkeit findet, mit der jede einzelne Handlung, die jemand in À L'INTÉRIEUR tätigt, letztlich nur dazu führt, die Eskalation der Gewalt anzutreiben. Anders gesagt: Die Polizisten sterben, weil sie sterben *müssen*. Sie müssen sterben, damit die Spirale von Schmerz und Tod sich weiterdrehen kann. Und die Spirale dreht sich und dreht sich, ohne dass irgendjemand vermöchte, sie anzuhalten oder auch nur zu verlangsamen, weil ein ebenso unerbittliches wie unbegreifliches Verhängnis die Regeln bestimmt, nach denen À L'INTÉRIEUR funktioniert. Es ist diese Schicksalhaftigkeit, die verlangt, dass alle Figuren sich gerade so unvernünftig benehmen, wie es nötig ist, um Bluttat auf Bluttat folgen zu lassen und die Welt des Films unaufhaltsam und unumkehrbar in brüllendem Wahnsinn zu versenken.

---

23 Tatsächlich lässt der Film von Anfang an Zweifel entstehen, ob es sich bei der Killerin um eine gewöhnliche Frau beziehungsweise überhaupt einen Menschen aus Fleisch und Blut handelt. Diese Zweifel werden, entsprechend der Logik der Inkohärenz, abwechselnd zerstreut und geschürt. Ich werde später auf die Frage zurückkommen, wer oder was die Mörderin sein könnte.

Stände die mangelnde Plausibilität der Figurenzeichnung für sich allein, es wäre tatsächlich naheliegend, von einem schlechten oder klischeehaften Drehbuch zu sprechen. Indessen ist dem nicht so. Subtile, peu à peu sich vollziehende Verschiebungen in der *Mise en scène* sorgen zugleich dafür, dass sich der Handlungsort des Films immer weiter derealisiert – bis hin zu jener infernalischen Phantasmagorie und bluttriefenden Halluzination, die das Ende von À L'INTÉRIEUR bildet.

III.

Wie geht das zu? Als Sarah zu Beginn des Films von ihrem Chef heimgefahren wird, wirkt ihr Haus wie eines von vielen in einer gewöhnlichen Wohnstraße. Diesen Eindruck bekommt der Zuschauer niemals wieder. Alle folgenden Außenaufnahmen zeigen es isoliert, als stände es mitten im Nirgendwo. Darüber hinaus kommt niemals auch nur das geringste Lebenszeichen aus der Nachbarschaft – obwohl Heiligabend ist, scheint die ganze Straße im Dunkeln zu liegen; es sind weder Stimmen zu vernehmen noch Tellergeklapper, alles ist wie ausgestorben. Doch selbst diese seltsamen, unheimlichen Außenaufnahmen von Sarahs Haus werden dem Zuschauer nach einer Weile vorenthalten. Namentlich von dem Moment an, als die letzten Spieler – der dritte Polizist und der Ghettojunge – den Ort des Geschehens betreten. Nunmehr verharrt die Kamera bei den Figuren im Inneren des Gebäudes; nicht einmal ein Blick aus dem Fenster wird uns gewährt, um an die Existenz einer Außenwelt zu erinnern. Und tatsächlich scheint es diese nicht mehr zu geben; sie wird nicht mehr benötigt und verschwindet folglich aus der Welt von À L'INTÉRIEUR. Es ist, als wären Sarah, ihre Mutter, ihr Chef, die Fremde, die Polizisten, ihr Gefangener – als wären sie alle, die Lebenden und die Toten, in einer geteilten Hölle eingesperrt.

Die Art, wie sich der Film von Bustillo und Maury jeglicher Erinnerung an eine Realität entledigt, die nicht in Blutbad und Irrsinn aufgeht, kann hierbei einstehen für das Kalkül einer maliziösen ästhetischen Ökonomie: sowie Sarah ihr Haus betritt, taucht keine einzige Figur mehr auf – etwa als zum Dekors gehöriger Statist oder vorweihnachtlicher Passant –, die nicht unmittelbar für die Entfaltung der Handlung benötigt wird. Mehr noch: Alles, was von diesem Moment an geschieht, steht in direktem Bezug zu Sarah und ihrem verzweifelten Überlebenskampf.[24] Es gibt keine Schnörkel, keine Abweichungen oder Verzierungen, keine Entspannung oder sonstige Streuung emotionaler Qualitäten. À L'INTÉRIEUR besteht ganz aus Terror – und gleicht darin übrigens MARTYRS, der zumindest in der ersten Stunde seiner Laufzeit einer ähnlich erbarmungslosen Strenge unterliegt.

Diese wachsende Klaustrophobie wäre freilich nicht hinreichend, um die erwähnte Derealisierung ins Werk zu setzen. Von entscheidender Bedeutung ist hier

---

24 Der einzige Ausblick auf die Welt besteht in den Fernsehnachrichten, die Bilder von den Riots in den Banlieus zeigen, und von denen Sarah bezeichnenderweise nichts mitbekommt, weil sie eingeschlafen ist.

die Inszenierung des Interieurs: Sarahs Wohnung. Die Wände und Einrichtung des Hauses sind in gedeckten Farben gehalten; es entsteht der Eindruck einer einheitlichen, kontrastarmen Tönung, wobei, von dem steril-weißen Badezimmer abgesehen, Abstufungen von Grün, Gelb und Braun dominieren. Von Anfang an beschleicht den Zuschauer das Gefühl, dass mit dieser Wohnung etwas nicht stimmt – eine Irritation, die vorwiegend der Beleuchtung zugeschrieben werden muss. Abgesehen davon, dass die Quellen der Beleuchtung teilweise schwer auszumachen sind, scheint es, als wären alle Lichter und Lampen irgendwie *falsch*; als bestände ihre Funktion nicht darin, die Räumlichkeiten zu erhellen, sondern in der Erzeugung von Schatten und Düsternis. Über weite Strecken des Films herrscht ein diesiges, verwischtes Zwielicht in Sarahs Wohnung, das den Anschein erweckt, der Nebel, welcher mit Einbruch der Nacht draußen aufgezogen ist, hätte seinen Weg auch ins Innere gefunden. Nachdem die Mörderin dann, zu Beginn des langen Finales von À L'INTÉRIEUR, die Sicherungen herausgedreht hat, wird das Erdgeschoss des Hauses von einem durch die Rollläden einfallenden, gelb-rötlichen, gespenstischen Schimmer erhellt, wohingegen sich der erste Stock und das Treppenhaus in ein kaum weniger unwirkliches, eisiges grau-blaues Licht getaucht finden. Zu diesem Zeitpunkt trägt zu dem allgemeinen, albtraumhaften Effekt natürlich längst schon bei, dass es kaum noch (eine weitere Inszenierungstechnik, die À L'INTÉRIEUR und MARTYRS teilen) einen Quadratmeter der Wände oder des Bodens der Räume zu geben scheint, der nicht über und über mit Blut bespritzt ist.

IV.

All das stellt das Prélude zu der Szene dar, die innerhalb des Filmes von Bustillo und Maury den schärfsten poetologischen Bruch markiert. Hierbei handelt es sich zugleich um die Szene, die jener doppelten Kodierung auf den Ebenen von Handlungs- und Bildraum, welche ein Geschehen zugleich innerhalb unserer Wirklichkeit und einer dämonischen Nicht-Realität verortet, vielleicht die verstörendste Ausprägung im gesamten französischen Horrorkino verleiht. Diese Szene folgt auf den einzigen Moment von À L'INTÉRIEUR, wo es den Anschein hat, dass sich die Dinge für Sarah zum Guten oder wenigstens Besseren wenden könnten. Es ist ihr gelungen, den Kopf der Mörderin in Flammen zu stecken, die daraufhin kreischend die Flucht ergriffen hat. Mit einer Art selbstgebasteltem Bajonett macht sich Sarah – deren Körper mittlerweile eine einzige Wunde zu sein scheint, während ihre Inszenierung zugleich das Genrewissen um Clovers tapferes *Final Girl* aktiviert – auf die Suche nach der Fremden. Diese hat sich in einer Ecke zusammengekauert; und es ist, als würden die Brandwunden die Frau weniger verheeren, sondern vielmehr ein zweites, spukhaft-verzerrtes Gesicht zum Vorschein bringen, das immer schon unter ihren menschlichen Zügen verborgen lag. Sarah entdeckt ihre Widersacherin und macht Anstalten, sie zu erstechen. Da spricht die Fremde: Sarah könne sie ein zweites Mal töten, sie habe es schon einmal getan. Sarah zögert, und in einer Rückblende wird offenbart, dass es sich bei der Frau um die Fahrerin des zweiten Unfallwagens handelte, und dass ihr ungeborenes Kind den Zusammenstoß nicht überlebte. Schon im nächsten Augenblick wird die Gültigkeit dieser Enthüllung aber bereits in Zweifel gezogen: „Man hat mir gesagt, es gäbe keine Überlebenden", murmelt Sarah und beginnt die Fremde zu fotografieren.

Dann plötzlich geht das Licht wieder an und Sarah sieht, dass der dritte Polizist, den die Frau zuvor mit einem Kopfschuss getötet hat, am Sicherungskasten steht, schwankend, während die Leiche des ebenfalls ermordeten Ghetto-Jungen noch an seinem Gürtel angekettet ist. Sarah geht auf den Mann zu, spricht ihn an. Als er sich zu ihr umdreht, blickt sie in Augen, die nur noch schwarze Löcher sind; aus dem Mund des Mannes läuft Blut. Es ist, als wollte der Film mit dieser Volte das törichte Ansinnen seiner Protagonistin verhöhnen, noch an so etwas wie Logik, Kausalität und Menschlichkeit festzuhalten. Nach der vermeintlich rationalen Erklärung für den erbarmungslosen Blutrausch der Fremden, die an sich schon zweifelhaft ist, schlägt das Pendel jetzt in die andere Richtung aus. Und hier, an einem Punkt, wo der letzte Rest von Glauben an eine irgend vertraute, verlässliche Alltagswirklichkeit unmöglich geworden ist, gibt À L'INTÉRIEUR der Spirale von Gewalt und Irrsinn eine letzte Drehung.

Die nun folgende Sequenz, die bis zum Abspann des Filmes reicht, ist in ihrer aberwitzigen Grausamkeit derart unerträglich, dass die natürlichste Reaktion vielleicht ist, sie lächerlich zu finden: Fauchend stürzt sich der untote Polizist auf Sarah; mit seinem Schlagstock prügelt er auf den Bauch der Frau ein, bis ein Schwall Blut aus ihrem Unterleib spritzt. Zwischenzeitlich hat sich die Mörderin das selbstgebastelte Bajonett genommen, das sie nun – in keiner Weise beeinträchtigt durch ihre Wunden – in den Leib des Polizisten bohrt. Während die beiden bizarren Nachtgestalten wild brüllend miteinander kämpfen, schleppt sich Sarah weg. Doch sie schafft es gerade noch, auf die Treppe zu kriechen. Hier findet sie die siegreiche Fremde. Fast zärtlich streicht sie Sarah durch die Haare und versucht, ihr Opfer zu beruhigen, ehe sie dann mit der Schere, die sie auch für ihre ersten Morde benutzte, einen Eingriff durchführt, der irgendwo zwischen Kaiserschnitt und Vivisektion verortet werden muss.

In der letzten Szene von À L'INTÉRIEUR trägt die Frau, nun mit schweren, schleppenden Schritten, das in ein blutiges Tuch gehüllte Kind durch das wiederum in Dunkelheit liegende Haus. Sie geht zu einem Schaukelstuhl, der inmitten der Schwärze von einem restlos unerklärlichen mattroten Oberlicht beschienen wird, setzt sich, küsst das Baby und beginnt es zu wiegen. Nach einem Schnitt fährt die Kamera langsam an Sarah empor, die halb ausgeweidet auf der Treppe liegt. Und dann beginnt das Baby, das unbeweglich in den Armen der Mörderin liegt, zu schreien, während seine Mutter, begleitet von klagenden Streichern, aus blicklosem Auge einen Blutstropfen weint. So endet À L'INTÉRIEUR mit einem Tableau, das wie eine böse Travestie auf weihnachtliche Krippenbilder wirkt: eine tote Frau liebkost ein totes Kind, umgeben von den Leichen derer, die sie für dieses Kind opferte – und allesamt sind sie eingehüllt in eine Schwärze und eine Stille, an welche die Zeit nicht mehr zu rühren scheint.

Die enteignete Welt

Vielleicht ist es angemessen, zum Abschluss darauf einzugehen, was die französischen Horrorfilme mit ihrer Neigung zu poetologischen und ontologischen Brüchen eigentlich bedeuten mögen. Laut Robin Wood wissen „incoherent texts" typischerweise nicht, was sie sagen wollen;[25] vor den Augen des Publikums brechen sie gleichsam auf und bezeugen zuvorderst den eigenen Nihilismus[26] – dies aber offenbar auf eine politisch erhellende Weise. Gilt das auch für die französischen Horrorfilme?

Ich glaube nicht, dass sich diese Frage eindeutig beantworten lässt. Filme wie SHEITAN, FRONTIÈRE(S) und À L'INTÉRIEUR suggerieren mit ihren Allusionen auf soziale Verwerfungen, auf Armut und auf die Perspektivlosigkeit von Einwandererkindern beispielsweise ein kapitalismuskritisches Anliegen. Was dieses Anliegen aber genau sein soll, bleibt rätselhaft. In FRONTIÈRE(S) beispielsweise läuft die potentielle Brisanz des Szenarios – platt gesagt: Ghettokids gegen Nazis – ebenso ins Leere wie die Thematisierung des muslimischen Glaubens oder der arabischen Herkunft einiger Figuren. Die Tatsache, dass die Patchworkfamilie des alten Patriarchen von Geissler (Jean-Pierre Jorris) einer besonders kruden Rassen- und Zuchtideologie frönt, scheint dabei selbst nur eine akzidentielle Zutat des Blutbreis zu sein. Mit den Insignien, den Paraphernalien und dem Gebaren, das man eben von wahnsinnigen Nazis erwartet, wird vor allem der Geisterbahnfaktor erhöht. Wären die von Geisslers ‚ganz gewöhnliche' mordlustige Hinterwäldler, es täte dem Film letztlich wenig Abbruch. Auch in SHEITAN und À L'INTÉRIEUR dürften die Bilder eines bedrohten Gemeinwesens in erster Linie dazu dienen, den allgemeinen Eindruck einer aus den Fugen geratenden Welt zu verstärken.

Ganz anders im Fall von ILS. Indem sich der Film von Moreau und Palud nämlich Versatzstücken aus der Tradition des Gothic-Horrors und des Haunted-House-Genres bedient – ein altes, einsames Anwesen, das nachts unheimliches Eigenleben gewinnt und über zahlreiche rätselhafte Gänge, Räume und Winkel verfügt; Sturm und Regen und der tiefe, dunkle Wald als Beigaben des Natur-Erhabenen –, gewinnt die eigentlich erbarmungslos-alltägliche Geschichte von verwahrlosten Jugendlichen, die zu Gewalttätern werden, eine genuin politische Dimension, die sich ein sozialrealistisches Erzählen so nicht erschließen könnte. Es ist, als wäre den Bukarester Straßenkindern jegliche Subjektposition, das Recht auf ein eigenes Sprechen und eine eigene Stimme derart gründlich verweigert, als wären sie – wie sich in Anlehnung an Jacques Rancière sagen ließe – so vollständig aus der gegebenen „Aufteilung des Sinnlichen" ausgeschlossen,[27] dass sie nurmehr als

---

25 Wood, *Hollywood*, S. 42.
26 Ebd., S. 44f.
27 Vgl. Jacques Rancière: *Die Aufteilung des Sinnlichen / Die Politik der Kunst und ihre Paradoxien*. Berlin: b_books 2008. In Hinblick auf Rancières Politikbegriff kommt der Frage, wer auf welche Weise an der gegebenen Aufteilung des Sinnlichen partizipiert beziehungsweise wie sich diese Aufteilung ändern lässt, eine entscheidende Bedeutung zu: „Die Aufteilung des

terroristische Rachegeister inszeniert werden können. Wobei sie jedoch zugleich bleiben, was sie in Wahrheit sind: verroht-vernachlässigte Jungen und Mädchen, deren Deprivation in irrationale Tötungen umschlägt.

In À L'INTÉRIEUR allerdings zeitigt eine vergleichbare Inszenierungstechnik ganze andere Effekte. Die Fremde erscheint anfangs als eine Spukerscheinung, die aus dem Nirgendwo auftaucht und wieder im Nirgendwo verschwindet, die mühelos – der Zuschauer erfährt niemals wie – in verschlossene Häuser eindringt und lautlos durch die Räume gleitet. Später ist sie dann einfach eine brutale Psychopathin, die verwundet werden kann und sich leicht durchschaubarer Ausreden bedient, um die Polizisten loszuwerden, die an der Tür klingeln. Zum Schluss wird sie zum dämonischen Schattenwesen, das durch die Obsession, ein Baby zu haben, über die Grenzen von Schmerz und Tod hinausgetrieben wird. Es sind nicht zuletzt diese Brüche in der Inszenierung der Killerin, denen À L'INTÉRIEUR seine verstörende Wirkung verdankt. Aber worin besteht ihre semantische Valenz? Ob die Fremde eine gewöhnliche Frau ist, die über ihrem Schmerz den Verstand verloren hat; ob sie der Geist jener Frau sein soll, der aus dem Jenseits zurückkehrt, um Vergeltung zu üben; ob sie – vielleicht wie der Killer aus HAUTE TENSION – eine Art Materialisierung psychischer Energien, hier: Schuldgefühle und Selbsthass, darstellt; ob sie all das zugleich ist oder nichts davon – es macht im Grunde keinen Unterschied. Es macht deshalb keinen Unterschied, weil die Antwort auf diese Frage nicht nur jenseits des Wissens liegt, das À L'INTÉRIEUR von sich selbst hat, sondern weil sich der Film von Bustillo und Maury, als „incoherent text", in dieser Hinsicht rundweg einem hermeneutischen Zugriff entzieht. Man kann nicht wissen, was es mit der Mörderin auf sich hat, und deshalb kann sie auch nichts Definites bedeuten. Vielleicht ‚bedeutet' sie allein die Entfesselung spezifischer Empfindungsqualitäten: zuvörderst Angst und Ekel.

Und MARTYRS? Was an Laugiers Film erstaunt, ist, dass er, aller Drastik und seines Rufes zum Trotz, *nicht* auf sadistische Zuschauerreflexe setzt. Ganz im Gegenteil: Buchstäblich vom ersten Augenblick an durchdringt MARTYRS eine schwer fassliche Trauer und eine Atmosphäre von resignativem Mitleid. Beide affektiven Komponenten werden paradoxerweise vor allem in den morbidesten und grausamsten Momenten des Films evident. Denn anders als HAUTE TENSION, FRONTIÈRE(S) oder À L'INTÉRIEUR weidet sich der Film nicht an den Bluttaten, die er inszeniert. Vielmehr lässt Laugier im Moment der radikalsten Transgression zugleich eine bemerkenswerte Diskretion walten, eine distanziert-kühle Präzision, die Benjamin Moldenhauer als den Stoizismus der Inszenierungstechnik bezeich-

---

Sinnlichen macht sichtbar, wer, je nachdem, was er tut, und je nach Zeit und Raum, in denen er etwas tut, am Gemeinsamen teilhaben kann. Eine bestimmte Betätigung legt somit fest, wer fähig oder unfähig zum Gemeinsamen ist. Sie definiert die Sichtbarkeit oder Unsichtbarkeit in einem gemeinsamen Raum und bestimmt, wer Zugang zu einer gemeinsamen Sprache hat und wer nicht, etc. Der Politik liegt mithin eine Ästhetik zugrunde". Ebd., S. 26.

net hat[28] und die den Bildraum mit einer Art Pietät in Bezug auf die Qualen der Opfer erfüllt – und Opfer, nicht Märtyrer, sind letztlich all die Verwundeten, Verkrüppelten, Verstörten, Verlassenen, Verzweifelten, die durch den Film paradieren; denn keine einzige der Frauen hat sich aus freien Stücken für das Leid entschieden.

Dessen ungeachtet hat Marcus Stiglegger vermutlich Recht, wenn er MARTYRS als eine Art ästhetische Einübung in Batailles „innere Erfahrung" betrachtet.[29] In diesem Sinne sind die extremen Qualen, Entbehrungen und Demütigungen, die Anna (Morjana Alaoui) erdulden muss, die Voraussetzung für ihre schlussendliche Transfiguration: die Überwindung des Selbst und seiner Bedürfnisse, der Übertritt in eine neue Seinsform, die mit dem Sterben in Eins fällt. Man mag von dieser Thetik halten, was man will – jedenfalls erscheint sie harmlos und vernünftelnd, im Vergleich zu der skelettierten, von Wunden und Narben überzogenen Frau, die da ist und doch auch nicht da ist, lebt und doch auch tot ist, die während ihrer Heimsuchungen zugleich außerhalb und innerhalb von Lucie verortet werden muss. Noch die Jenseitsvisionen, derer das Publikum durch Annas Augen teilhaftig wird, bleiben in ihrer Bildgewalt letztlich der konventionellen Metaphysik verhaftet: die anfängliche Dunkelheit, die an einen grenzenlosen, sturmumtosten Nachthimmel gemahnt; die Einkehr in einen trichterartigen Schlund, an dessen Ende ein Licht wartet, das von Sekunde zu Sekunde gleißender und umfassender wird; die Stimmen, welche die flüchtige Seele zu rufen scheinen ... Und selbst der Schlusssequenz von MARTYRS haftet trotz oder wegen ihres finsteren Nihilismus eine konzeptionelle Unentschiedenheit an, welche in die Biederkeit einer routinierten Schockproduktion umzuschlagen droht. Glauben wir Mademoiselle (Catherine Bégin), so hat Anna offenbart, dass der Tod nicht das Ende ist. Warum aber erschießt sich Mademoiselle dann? Weil sie es nicht erwarten kann, des jenseitigen Reiches teilhaftig zu werden? Ihr resigniert-hoffnungsloses Gebaren spricht gegen diese Deutung. Wären aber ewige Qualen das Los aller Sterbenden, gäbe es strenggenommen wenig Grund, den Eintritt in das neue Dasein zu beschleunigen. Und wenn Anna enthüllt hätte, dass doch die große Leere jenseits des Todes wartet, warum sollte sich Mademoiselle dann erschießen und mithin ihre eigene Auslöschung herbeiführen?

Es geht mir nicht darum, das Ende von MARTYRS als „Transgressionskitsch" zu kritisieren.[30] Vielmehr will ich verdeutlichen, dass die metaphysische Aufladung des Films ebenso ins Leere läuft wie die politische Allegorie, die etwa FRONTIÈRE(S) zu gestalten scheint. Vielleicht besteht das Entsetzliche an Laugiers Film gerade darin, dass, aller pompösen Transfigurations-Rhetorik zum Trotz, am Ende nur die Absurdität des Grauens und die Vergeblichkeit des Leidens bleibt. Und vielleicht ist der Sinn des zeitgenössischen französischen Horrorfilms insgesamt vor allem hierin zu sehen: dass er sich überkommenen Deutungsmustern, interpretati-

---

28 Benjamin Moldenhauer: „Rezension zu Marcus Stiglegger: *Terrorkino: Angst/Lust und Körperhorror*", in: *Zeitschrift für Fantastikforschung*, Nr. 1 (2011), S. 129.
29 Vgl. Stiglegger, *Terrorkino*, S. 83-94.
30 Moldenhauer, „Rezension", S. 129.

ven Theoremen und domestizierenden Sinnstiftungen zu verweigern sucht.[31] So gesehen kann man die hier diskutierten Produktionen zu jenen Filmen zählen, die sich, wie Thomas Morsch schreibt, „in den letzten Jahren bemüht haben, eine radikalisierte Ästhetik des Fleisches zu formulieren".[32] Diese Ästhetik zielt auf „die Evokation des Körperlichen in Form des Fleisches – als ungezähmte, eigensinnige, subversive und dem Subjekt als *Fremdkörper* gegenüberstehende Instanz."[33] In ihren drastischsten Momente – etwa wenn in Takashi Miikes ÔDISHON (J 1999, AUDITION) ein grauenvoll verstümmelter Mann das Erbrochene seiner Peinigerin isst – kann sie mit „einem Übergang der *mimetischen* Darstellung zu einer *emetischen* Darstellung" einhergehen, „die mit einer besonderen Gefahr des Zusammenbruchs ästhetischer Distanz und unwillkürlicher Mimikry an den Vorgängen auf der Leinwand behaftet ist."[34]

Auch in À L'INTÉRIEUR, MARTYRS oder FRONTIÈRE(S) wird man solche Momente der Gestaltung einer somatischen Extremerfahrung finden, in denen sich das Paradoxon einer Ästhetik kristallisiert, die vermittels hochkomplexer kinematografischer Verfahren eine Suspension ihrer eigenen Grundlegung herbeizuführen bestrebt ist. In Hinblick auf den französischen Horrorfilm sind es die poetologischen Brüche und die Ästhetik der Inkohärenz, welche es etwa À L'INTÉRIEUR erlauben, einen Schrecken zu inszenieren, der in keinen Erklärungen und Rationalisierungen aufgeht[35] – gerade weil sie sich nicht in der Evokation althergebrachter Monster

---

31 Insbesondere fällt es mir schwer zu sehen, inwiefern die psychoanalytischen Standards der Horrorfilmforschung – die Wiederkehr des Verdrängten und dergleichen – etwas zum Verständnis der hier diskutierten Produktionen beitragen. Filme wie FRONTIÈRE(S) oder MARTYRS neigen dazu, potentielle Subtexte ganz an die Oberfläche zu kehren oder aber in den Tiefen einer unauflösbaren Ambivalenz zu versenken. Und wenn Barbara Creed schreibt: „The horror film's obsession with blood, particularly the bleeding body of woman, where her body is transformed into the ‚gaping wound', suggests that castration anxiety is a central concern of the horror film – particularly the slasher sub-genre. Woman's body is slashed and mutilated, not only to signify her own castrated state, but also the possibility of castration for the male. In the guise of a ‚madman' he enacts on her body the one act he most fears for himself, transforming her entire body into a bleeding wound" – so finde ich es verblüffend, wie sehr diese Worte auf einer deskriptiven Ebene die Ästhetik von À L'INTÉRIEUR treffen, während sie zugleich völlig die Logik verfehlen, in welcher der Film Terror erzeugt. Barbara Creed: „Horror and the Monstrous-Feminine: An imaginary Abjection", in: Mark Jancovich (Hg.): *Horror. The Film Reader*. Abingdon/New York: Routledge 2002, S. 67-76.
32 Thomas Morsch: „Zur Ästhetik des Schocks. Der Körperdiskurs des Films, AUDITION und die ästhetische Moderne", in: Sabine Nessel et al. (Hg.): *Wort und Fleisch. Kino zwischen Text und Körper*. Berlin: Bertz + Fischer 2008, S. 10-26, hier: S. 24.
33 Ebd., S. 15.
34 Ebd., S. 22.
35 Auch im Fall von AUDITION und den anderen Filmen, die Thomas Morsch anführt, entfalten die Gewaltinszenierungen ihre Wirkung nur deshalb, weil sie Teil sehr viel komplexerer ästhetischer Verfahren sind, die auf spezifische kinematografische Gestaltungen des Raumes und der Zeit zielen. Zu den von Morsch genannten Arbeiten zählen übrigens auch Claire Denis' TROUBLE EVERY DAY (F/D/J 2001) und Gaspar Noés IRRÉVERSIBLE (F 2002, IRREVERSIBEL), die beide auf diesen Seiten unerwähnt geblieben sind, weil ich mich auf Filme be-

und Albtraumgestalten gefallen, sondern noch soviel Alltagswirklichkeit und soziale Realität bewahren, dass die Verstörung über den ontologischen Zustand der Welt sich zügellos Bahn brechen kann. Es sind Szenen wie jene, in der ein toter Polizist als rachsüchtiger Wiedergänger über eine schwangere Frau herfällt – obwohl wir uns weder in einem Zombie- noch in einem Gespensterfilm zu befinden scheinen –, in denen das Grauen seine Kulmination erfährt.

Derartige Szenen sind, um einen Ausdruck zu entlehnen, den Mario Vargas Llosa in Hinblick auf Faulkners Roman *Sanctuary* (1931) gebraucht hat, die „aktiven Krater" von HAUTE TENSION, À L'INTÉRIEUR oder MARTYRS.[36] Es handelt sich um Szenen, in denen die Poetik der Filme in all ihrer Widersprüchlichkeit und Gebrochenheit die äußerste Verdichtung erfährt und aus denen sich die Auffaltung der jeweiligen kinematografischen Albtraumwelt in ihrer heillosen (Un-)Logik herleiten lässt. Zugleich muss der Zuschauer am Rand dieser Krater entlang balancieren: der Blick in den Abgrund allein ist dabei hinreichend, um Wirklichkeiten, Gedanken und Gefühle zerschellen zu lassen.

Es mag sein, dass der zeitgenössische französische Horrorfilm auf nichts anderes abzielt als das, was das Genre in bestimmten Spielarten immer schon angestrebt hat: dem Menschen nämlich seine Enteignung vor Augen zu führen. Die Welt gehört nicht ihm, nicht einmal die eigenen Hoffnungen und Träume gehören ihm, von seinem Leben ganz zu schweigen. Was HAUTE TENSION, À L'INTÉRIEUR oder MARTYRS tun, ist so gesehen, einer überkommenen Affektpoetik neue Radikalität zu verleihen, präzise indem sie sich kinematografischer Kohärenz und interpretatorischer Finesse widersetzen. Wem die Welt gehört, wissen auch diese Filme nicht. Sie lassen nur befürchten, dass es keine wohlwollenden Mächte sind.

---

schränkten wollte, die sich eindeutig als Genreproduktionen verorten und auch so rezipiert werden.

36 Vargas Llosa verwendet diesen Ausdruck in einem Essay über die Kunst des Romanschreibens, namentlich in einem Kapitel, das sich einer Technik widmet, die er „die unterschlagenen Informationen" nennt. Es handelt sich hierbei um Informationen, die der Autor beziehungsweise der Erzähler dem Leser vorenthält, und die Pointe besteht darin, dass besagte Informationen keineswegs überflüssig oder randständig sind; vielmehr kommt ihnen entscheidende Bedeutung für ein umfassendes Verständnis des jeweiligen Textes zu – in gewisser Weise stellen sie sogar den Kern der entsprechenden Poetik dar. Nun scheint mir, dass auch die französischen Horrorfilme ihrem Publikum eine höchst bedeutsame Information verweigern: die nämlich, wie es um den ontologischen Status der Welt, die sie entwerfen, bestellt ist. Und in jedem Fall zeitigen sie mit dieser Unterschlagung eine ähnliche Wirkung wie William Faulkner sie bei *Sanctuary* erzielt. Denn: „Die Greueltaten des Romans [...] verstören uns nicht nur, weil sie ein Verstoß gegen die menschlichen Gesetze sind, sondern sie erscheinen uns geradezu als Sieg höllischer Mächte, eine Niederlage des Guten durch den Geist der Verderbnis, der sich der Erde bemächtigt hat". Mario Vargas Llosa: *Wie man Romane schreibt*. Frankfurt/M.: Suhrkamp, 101.

Eileen Rositzka, Hermann Kappelhoff,
Christian Pischel, Cilli Pogodda

THE GREEN BERETS:
Der Vietnamkrieg als Herausforderung der klassischen Genrepoetik

Einleitung

Bei THE GREEN BERETS (John Wayne, Ray Kellogg, USA 1968) handelt es sich auf den ersten Blick um ein filmhistorisches Kuriosum. Zu einer Zeit, als die Verheerungen des Vietnamkriegs für die amerikanische Öffentlichkeit immer deutlicher zu Tage treten, initiiert John Wayne persönlich eine Filmproduktion, deren ideologische Orientierung kaum einer Analyse bedarf. Aus dem historischen Abstand zeigt sich seine propagandistische Parteinahme als ein krudes Ensemble aus Gung-Ho-Patriotismus, Westernversatzstücken und paternalistischer Kernigkeit, und das umso deutlicher, als unser Bild von Vietnam eigentlich von Filmen geprägt ist wie APOCALYPSE NOW (Francis Ford Coppola, USA 1979), THE DEER HUNTER (Michael Cimino, USA 1978), PLATOON (Oliver Stone, USA 1986) oder FULL METAL JACKET (Stanley Kubrick, USA/GB 1987). Einer Reihe von Filmen also, die erst Ende der 1970er ansetzte und sich sehr viel autonomer der Genremuster des Kriegsfilms bediente, um die moralische Selbstpositionierung nach der Niederlage in Vietnam zu befragen. Im Vergleich dazu scheint THE GREEN BERETS wie ein Atavismus.

Verwunderlich ist auch sein Zustandekommen. 1965 eskalierte der Konflikt in Südostasien zu einem offenen Krieg. Den Umfragen zufolge standen zwar 60% der amerikanischen Bevölkerung hinter der Außenpolitik ihrer Regierung, doch das Branchenmagazin *Variety* konstatierte schon in der Ausgabe vom 18. September 1965, Vietnam sei „too hot for Hollywood"[1]. Zwar waren seit den 1940er Jahren mehr als ein Dutzend Filme gedreht worden, welche die Region als vom Kommunismus bedroht darstellen, jedoch waren die Studios zu verunsichert, um diesen Krieg frontal zu thematisieren. Denn gerade in einer Zeit, da ein enormer ökonomischer Druck auf ihnen lastete, weil Mammutproduktionen und technische Innovationen wie *CinemaScope* kaum vermochten, die Zuschauer vom Fernsehen zurück in die Kinos zu holen, in einer Zeit auch, in der die traditionellen Poetiken und Inhalte im Zuge neuer kinematographischer Wellen in Frage gestellt waren, schien das Risiko zu hoch. Trotzdem unternimmt John Wayne diesen waghalsigen Versuch – und scheint damit zu scheitern. Die zeitgenössischen Kritiken lassen

---

1 Tony Shaw: *Hollywood's Cold War*. Amherst: University of Massachusetts Press 2007, S. 208.

kein gutes Haar an dem Film, und die filmwissenschaftliche Forschung straft ihn bis heute mit Missachtung. Als antiquiert wirkender Nachzügler einer vergangenen Genreepoche wird er aus jeder Untersuchung aussortiert, als „comic book-like and [...] laughable propaganda piece for the war in the mode of World War II combat films"[2] abgetan. Doch was heißt das genau für einen Vietnamkriegsfilm, wenn er im Modus klassischer Kriegsfilme operiert? Und wie kommt man zu dem Befund, dass dieser Modus in diesem Fall nicht mehr ‚passt'? Sollten in einer Phase grundlegender Umformungen nicht gerade die konstitutiven Elemente eines Genres respektive eines Genresystems besonders deutlich hervortreten? Dies jedenfalls ist die grundlegende Ausgangshypothese der folgenden Überlegungen.

Ein Blick auf die Filmproduktionen der späten 1960er Jahre bestätigt den Eindruck, dass sich THE GREEN BERETS mit dem Thema Vietnamkrieg auf schwierigem Terrain bewegt; auf der einen Seite kommt eine Welle hochbudgetierter Kriegsepen in die Kinos, die sich rückwirkend mit dem Zweiten Weltkrieg befassen; Filme wie THE LONGEST DAY (Ken Annakin, USA 1962), THE BATTLE OF THE BULGE (Ken Annakin, USA 1965), PATTON (Franklin J. Schaffner, USA 1970) und TORA! TORA! TORA! (Richard Fleischer, Kinji Fukasaku, USA/Japan 1970), die mit beträchtlichem Materialaufwand und internationalen Stars kriegswichtige Großereignisse in Szene setzen. Hier muss der Hinweis genügen, dass es in erster Linie stark historisierende, zuweilen monumentalisierende Poetiken sind, mit denen sich diese Filme auf eine mehr und mehr internationalisierte Erinnerungspolitik beziehen. Auf der anderen Seite etabliert sich allmählich so etwas wie der ‚kleine, schmutzige Bruder' des Kriegsfilms: spätestens seit THE GUNS OF NAVARONE (J. Lee Thompson, USA 1961) sind es begrenzte Kommandoaktionen, ausgeführt von kleinen Spezialistenteams, die in den Mittelpunkt rücken. Mit dem Kassenerfolg THE DIRTY DOZEN (Robert Aldrich, USA 1967) ist dieses Segment vollständig ausformuliert: Statt Zivilisten zu einem durchschlagenden militärischen Kollektivkörper zu fügen, wie noch im klassischen Genre, sind es nun die *Misfits*, die Verbrecher, später die Söldner, die sich gerade über ihre Individualität und Expertise zu einer schlagkräftigen Mannschaft fügen. Dieser eher sportive Aspekt, der meist kombiniert wird mit expliziter Härte und Gewalt, lässt die traditionelle „melodramatische Figuration"[3] des klassischen Kriegsfilms zurücktreten. Es ist nicht mehr der Parcours des Rekruten, der von der Zurichtung des Drills über das euphorische Aufgehen im *corps* und der Kampfeslust bis hin zu Heimweh und Trauer reicht und in der indirekten Subjektivierung des Films zur Erfahrung

---

[2] Douglas Kellner: *Cinema Wars. Hollywood Film and Politics in the Bush-Cheney Era*. Malden: Wiley-Blackwell 2010, S. 219.

[3] Hermann Kappelhoff: „Shell shocked face: Einige Überlegungen zur rituellen Funktion des US-amerikanischen Kriegsfilms", in: Nicola Suthor, Erika Fischer-Lichte (Hg.): *Verklärte Körper. Ästhetiken der Transfiguration*. München: Fink 2006, S.69-89, hier S. 75f: „Die dramaturgische Linie führt vom alltäglichen Körper des Jugendlichen über die Höhe eines illusionären emphatischen Selbstbilds zum Sturz in die Tiefe von Angst und Verlassenheit. So gesehen könnte man von einer melodramatischen Dramaturgie des Kriegsfilms sprechen."

gebracht wird. Vielmehr wird ganz unsentimental das Handwerk des Tötens betont, das eines Spezialisten bedarf, der in der politischen Konstellation des (buchstäblich) Kalten Krieges seine Mission vornehmlich verdeckt erfüllt. In diesem Grenzgebiet von tradiertem Kriegsfilm-Genre, Spionagethriller und Söldnerfilm, deren Poetiken sehr unterschiedliche affektive Register bedienen, positioniert sich THE GREEN BERETS; in seiner Dramaturgie und seinen Motiven als klassischer Kriegsfilm konzipiert, zeigt er gleichzeitig deplaziert wirkende Versatzstücke der anderen genannten Genres. Wenn man Genres als wandelbare Selbstverständigungssysteme einer Gesellschaft versteht[4] und ihre Filme als „primary data for [...] the inner agenda of a culture"[5], welche Erkenntnisse lassen sich dann aus dieser Collage gewinnen?

Wir gehen davon aus, dass THE GREEN BERETS als genrehistorischer Kristallisationspunkt begriffen werden kann. Es wird deutlich, dass dieser Film gerade in seinem prekären Verhältnis zum Kriegsfilmgenre als filmhistorisches Scharnier zwischen klassischem Genre und dem Vietnamkriegsfilm zu fassen ist und tatsächlich als Stichwortgeber fungierte, gerade für Filme wie APOCALYPSE NOW oder THE DEER HUNTER, die erst eine Dekade später Vietnam wieder aufgegriffen haben. Dabei geht es uns nicht darum, THE GREEN BERETS anhand seiner ideologischen Positionierung als propagandistisches Gegenstück zu den späteren, oft als ‚Anti-Kriegsfilme' bezeichneten Produktionen zu definieren. Vielmehr geht es uns um die Bestimmung der historischen Transformationen, welche die tradierten Genremuster durchlaufen, und wie diese im Zusammenhang stehen mit der sich verändernden gesellschaftlichen Erfahrungs- und Empfindungswelt ihrer Zuschauer. Wir gehen davon aus, dass dies nicht aus ideologiekritischer Perspektive oder mit Blick auf repräsentierte Inhalte zu erörtern ist. Unsere Annahme ist, dass sowohl propagandistische als auch als kriegskritisch lesbare Kriegsfilme auf tradierte, affektiv wirksame Inszenierungsmuster zurückgreifen, die den Zuschauer auf je spezifische Weise in seinem sinnlichen und emotionalen Erleben zum Ereignis des Krieges ins Verhältnis setzen und die als eine Affektpoetik des Kriegsfilm-Genres bestimmbar sind. Was wir zeigen wollen, ist, dass hier, bei THE GREEN BERETS, der spezifische Einsatz der Genreformeln Aufschluss darüber gibt, auf welche Art und Weise der affektive Selbstbezug einer Gesellschaft medial organisiert wird.

Aus diesem Grund werden wir uns THE GREEN BERETS über die Frage nach dem Genre und seiner Affektpoetik nähern. Dazu werden wir zunächst ein affektpoetisches Konzept des Kriegsfilm-Genres erläutern sowie eine Analysemethode, die in Verbindung mit diesem Konzept entwickelt wurde. Mithilfe dieser Methode werden wir schließlich in einer Analyse verdeutlichen, welche Bedeutung THE GREEN BERETS für das Genre des Kriegsfilms gewonnen hat.

---

4 Rick Altman: *Film/Genre*. London: BFI Publ. 1999.
5 Stanley Cavell: *Pursuits of Happiness. The Hollywood Comedy of Remarriage*. Cambridge: Harvard University Press 2003 [1981], S. 17.

Die Affektpoetik des Kriegsfilm-Genres

Wie mit keinem zweiten Genre verbindet sich mit dem Hollywood-Kriegsfilm die Vorstellung, das Kino könne die Gefühle der Zuschauer im Dienste übergeordneter Werte und Ideologien mobilisieren. Tatsächlich sind nur wenige kulturelle Phänomene so eng mit der Vorstellung von medialen Kräften verknüpft, welche die Gefühls- und Empfindungswelt konkreter Individuen umgestalten und übergeordneten gesellschaftspolitischen Intentionen unterwerfen. Kriegs- und Propagandafilme können, so die verbreitete Annahme, Individuen dazu bewegen, ihre politischen Überzeugungen zu ändern, ihre materiellen Interessen zu vernachlässigen, ja sogar elementare Impulse der Selbsterhaltung aufzugeben und altruistische Gefühlseinstellungen gegenüber gesellschaftspolitischen Ansprüchen zu entwickeln.

Genau dies scheint auch für THE GREEN BERETS zu gelten. Jedenfalls ist – darin sind sich Kritik und filmhistorische Forschung einig – die propagandistische Intention der Macher evident. Wie aber vermitteln sich über das mediale Erleben affektive Einstellungen, die individuelle Bewertungs- und Wahrnehmungsmuster bestimmen und verändern können? Wir gehen davon aus, dass sich diese Frage für das Kriegsfilmgenre nur mit Blick auf die konkreten ästhetischen Erfahrungsmodalitäten, das sind vor allem die inszenatorischen Verfahren der Affektmodulation in den einzelnen Filmen, beantworten lässt. Auf der Grundlage dieser Hypothese haben wir ein affektpoetisches Modell des Kriegsfilm-Genres entwickelt.[6] Es folgt zunächst dem in der Forschung weithin vertretenen Ansatz, dass die einzelnen Filme des Genres sich jeweils als eine Anordnung wiederkehrender stereotyper Handlungs- und Figurenkonstellationen fassen lassen, ähnlich wie es Jeanine Basinger als „Anatomie" des amerikanischen *combat films* beschrieben hat.[7] Im Anschluss an diese Forschung und auf der Grundlage der Analyse zahlreicher Filme des Genres konnten acht verschiedene Typen von Standardszenen herausgearbeitet werden, die sich jeweils über eine bestimmte dieser Konstellationen definieren. Anders als etwa bei Basinger sind diese Standardszenen jedoch maßgeblich durch eine jeweils spezifische affektive Wertigkeit charakterisiert, die häufig, aber nicht immer, in der Handlungskonstellation thematisiert wird.

---

[6] Vgl. Hermann Kappelhoff: „Der Krieg im Spiegel des Genrekinos. John Fords THEY WHERE EXPENDABLE", in: Hermann Kappelhoff/David Gaertner/Cilli Pogodda (Hg.): *Mobilisierung der Sinne. Der Hollywood-Kriegsfilm zwischen Genrekino und Historie*. Berlin: Vorwerk 8 2013. Dieses Genrekonzept wurde im Rahmen der Forschungsprojekte „Inszenierungen des Bildes vom Krieg als Medialität des Gemeinschaftserlebens" (DFG) und „Affektmobilisierung und mediale Kriegsinszenierung" (Exzellenzcluster „Languages of Emotion") an der Freien Universität Berlin ausgearbeitet sowie zu einer standardisierten Analysemethode weiterentwickelt und als solche erprobt.

[7] Jeanine Basinger: *The World War II Combat Film. Anatomy of a Genre*. Middletown: Wesleyan University Press 2003.

Mit Blick auf diese affektive Dimension der filmischen Inszenierung verwenden wir den Begriff der ‚Pathosszenen'. Damit sind weniger die repräsentierten Emotionen einzelner Figuren gemeint – auch wenn diese nicht selten wichtige Indikatoren sind, um die Affektbereiche einer bestimmten Szene zu definieren – als vielmehr inszenierte Stimmungen und Ausdrucksqualitäten, die in der audiovisuellen Komposition der Bewegungsbilder die affektive Reaktion des Zuschauers direkt zu adressieren suchen. Dabei handelt es sich nicht allein und oft nicht einmal in erster Linie um ikonografische Figurationen, wie das bei Aby Warburgs „Pathosformeln" der Fall ist;[8] ikonografische Motive, narrative Konstellationen und Stereotypen bilden vielmehr eine semantische Rahmung, innerhalb derer die Komposition des filmischen Bildes für den Zuschauer als affektive Expressivität, als audiovisuelles Affektbild im Sinne von Deleuze greifbar wird. Diese Affektbilder gründen sich auf die Ausdruckqualitäten aller Ebenen der filmischen Inszenierung (Geräusche und Ton, Kamerabewegung, Kadrierung, Montage, Licht- und Farbkomposition sowie grafische Muster, gestische Ausdrucks- und Bewegungselemente, Sprechen und Sprache usw.) und deren dynamische Verbindung zu audiovisuellen Bewegungsfigurationen.

Im Anschluss an Deleuze begreifen wir den Affekt als eine Qualität des audiovisuellen Bildes selbst und versuchen, diese Dimension als zeitliche Struktur der audiovisuellen Kompositionen zu fassen.[9] Mit Blick auf diese Kompositionen sprechen wir von Ausdrucksfigurationen. Wir gehen davon aus, dass sich die Ausdrucksfigurationen in der Anordnung von auditiven und visuellen Elementen der filmischen Inszenierung als zeitlich strukturierter Wechsel von Empfindungsqualitäten – und das heißt: als leibhafte Empfindungsprozesse und Emotionen der Zuschauer – realisieren. Damit schließen wir an das Rezeptionsmodell der neophänomenologischen Filmtheorie an.[10] Diesem Modell liegt die These zugrunde, dass Zuschauer in ihrem ästhetischen Wahrnehmungserleben die Darstellungsformen des Films als eine in Standorten, Bewegungen und Aktionen konkretisierte Perspektivierung erfahren, die sie im eigenen körperlichen Selbsterleben als ichhaft-leibliches In-der-Welt-Sein realisieren. In unserer Perspektive gliedern die audiovisuellen Kompositionsmuster die zeitliche Struktur filmischer Perzeption, die sich – vielfältig rückgekoppelt mit dem Verstehen

---

8 Aby Warburg: „Dürer und die italienische Antike", in: ders.: *Werke in einem Band*. Auf der Grundlage der Manuskripte und Handexemplare herausgegeben und kommentiert von Martin Treml, Sigrid Weigel und Perdita Ladwig, Berlin: Suhrkamp 2010, S. 176-184, sowie Warburg: „Einleitung zum Mnemosyne-Atlas" (1929), in: ders: *Der Bilderatlas Mnemosyne. Gesammelte Schriften. Bd. II 1.2*. Berlin: Akademie Verlag 2008, S. 3-6.
9 Gilles Deleuze: *Das Bewegungs-Bild. Kino 1*. Frankfurt a.M.: Suhrkamp 1997; ders.: *Das Zeit-Bild. Kino 2*. Frankfurt a.M.: Suhrkamp 1997.
10 Vivian Sobchack: *The Address of the Eye: A Phenomenology of Film Experience*. Princeton: Princeton University Press 1992; dies.: *Carnal Thoughts: Embodiment and Moving Image Culture*. Berkeley: University of California Press 2004.

der Repräsentationen und Handlungen – als affektgetriebener Prozess in Empfindungswechsel, Stimmungs- und Gefühlsveränderungen verzweigt.[11]

Die Pathosszenen

Die Pathosszenen bezeichnen also zum einen je spezifische Handlungs- und Figurenkonstellationen, zum anderen relativ klar abgrenzbare Affektdomänen. Diese Affektdomänen beziehen sich weniger auf das subjektive Erleben einzelner Figuren als vielmehr auf Qualitäten und Unterscheidungen unterschiedlicher Typen audiovisueller Affektinszenierungen.[12] Die Zuschauer realisieren diese Affektbilder erst als Empfindungsprozess, den sie – den Affekt des Bildes gleichsam am eigenen Leib austragend – zwar als eigenes Gefühl (*feeling*)[13] erleben, welches sie, ihr Gefühlserleben objektivierend, aber den dargestellten Figuren als Stimmung oder Gefühl zuschreiben. Im klassischen Hollywood-Kriegsfilm, so unsere grundlegende Hypothese, realisieren die Zuschauer die audiovisuellen Affektbilder vermittelt über das eigene körperliche Empfinden als Stimmungen, Gefühle und Emotionen eines leibhaften, wenn auch fiktiven Ichs, das sich einer Gemeinschaft zugehörig erlebt, die sich im Ausnahmezustand des Krieges erfährt.

Bei dem Versuch die Standardszenen des Kriegsfilmgenres in diesem Sinne spezifischen Affektdomänen zuzuordnen und so als Pathosszenen zu klassifizieren, zeigte sich, dass die verschiedenen Domänen regelmäßig ein zweipoliges Spektrum umfassen. Um ein Beispiel zu nennen: Die Darstellung der Kriegstechnologie, grundlegender Aspekt jeder Kampfesszene, bewegt sich zwischen der Inszenierung eines euphorischen Allmachtsgefühls auf der einen, der übermächtigen Angst und Ohnmachtserfahrung angesichts einer jedes menschliche Maß übersteigenden Zerstörungskraft auf der anderen Seite. Zwischen diesen Polen fächert sich ein Spekt-

---

11 Hermann Kappelhoff, Jan-Hendrik Bakels: „Das Zuschauergefühl. Möglichkeiten empirisch orientierter Filmanalyse", in: *Zeitschrift für Medienwissenschaft*, Nr. 5, 2011. Wir unterscheiden zwischen einer psychologischen Begrifflichkeit einerseits, die sich entlang des Spektrums von *emotional appraisal, feeling* und *mood* (Damasio) auf individuelle Emotionen bezieht, und einem übergreifenden Begriff des Affekts andererseits. Angelehnt an Deleuze fassen wir den Affekt nicht als eine individualpsychologische Kategorie auf; vielmehr ist damit die temporale Struktur in den Blick genommen, in der sich die expressive Qualität eines Dings, einer Aktion oder eines Ereignisses als subjektivierender Effekt in der Wahrnehmung dieser Qualität realisiert. Gilles Deleuze: *Spinoza: Praktische Philosophie*. Berlin: Merve-Verlag 1988; ders.: *Das Bewegungsbild*; Antonio Damasio: *Looking for Spinoza: Joy, Sorrow, and the Feeling Brain*. Orlando: Harcourt 2003. Vgl. Joseph Vogl: „Schöne Gelbe Farbe: Godard mit Deleuze", in: Friedrich Balke (Hg.): *Gilles Deleuze – Fluchtlinien der Philosophie*. München: Fink 1996, S. 252-265.
12 Vgl. Deleuze, *Spinoza* und *Das Bewegungsbild*.
13 Raymond Bellour: „Das Entfalten der Emotionen", in: Matthias Brütsch, Vinzenz Hediger, Ursula von Keitz, Alexandra Schneider, Margit Tröhler (Hg.): *Kinogefühle: Emotionalität und Film*. Marburg: Schüren 2005, S. 51-101.

rum immer neuer Affektbilder auf, die in je eigenen inszenatorischen Ausprägungen einen spezifischen Erfahrungsbereich ausfalten, der für das Kriegsfilmgenre konstitutiv ist: die Waffengewalt. Nach umfangreichen Vorstudien haben wir acht solcher Erfahrungsbereiche unterschieden, die zum einen durch entsprechende Standardszenen, zum anderen durch solche bipolar definierten Affektdomänen bestimmbar sind.

1. Übergang zwischen zwei Gesellschaftsformen

Am Anfang fast aller klassischen Kriegsfilme steht die Initiation des Individuums in den Verbund des Militärs. Diese Initiation gestaltet sich stets als ein Übergang zwischen zwei verschiedenen Gesellschaftsformen: auf der einen Seite die Zivilgesellschaft, auf der anderen die streng patriarchalisch organisierte Gemeinschaft des Militärs im Ausnahmezustand des Krieges. Entsprechend sind die wiederkehrenden Motive der Zerfall in eine weibliche Zivilgesellschaft und eine militärische Männergemeinschaft, die Erfahrung von Trennung und Abschied einerseits, von rituellen Initiationspraktiken in eine archaische Männerwelt andererseits. Im Verlauf der Filme bleibt diese Kategorie meist im Hintergrund präsent: Sei es, dass die strenge väterliche Ordnung betont wird, oder die Männergemeinschaft in sich familienähnliche Rollenmuster und Handlungskonstellationen ausbildet; sei es, dass im immerwährenden Rekrutennachschub ein eigenes, ungeschlechtliches Vermehrungsprinzip des Militärs ausgestellt wird, dem die Inszenierung einer unendlichen Vervielfältigung von Vater-Sohn-Beziehungen in den patriarchalischen Hierarchien entspricht. Die Pole des dominanten Affektbereiches dieser Standardszenen sind auf der einen Seite Trennungs- und Abschiedsschmerz – auf die Frau, die Familie, das Zuhause bezogen –, auf der anderen Seite das Zugehörigkeitsgefühl zu einer neu sich formierenden Männergemeinschaft (Kameradschaftsgefühle).

2. Formierung eines Gruppenkörpers (*corps*)

Eine zweite Phase des Initiationsvorgangs bildet die Integration des Individuums in seiner konkreten Körperlichkeit in die ebenso konkrete militärische Körperschaft, das *corps*. Dieses wird buchstäblich als überindividueller Organismus des Kollektivs in Szene gesetzt, als ein Zusammenschluss aus physischen Körpern zu einem Gruppenkörper. Die wiederkehrenden Motive sind die Inszenierungen der alltäglichen Körperlichkeit einzelner Soldaten einerseits und deren mehr oder weniger erzwungene und gewaltsame Eingliederung in einen fast mechanisch organisierten Kollektivkörper andererseits; es sind die Drill-Szenen, in denen die einzelnen Körper buchstäblich zugerichtet und gleichgeschaltet werden: die Herausbildung funktionaler Gruppenformationen, die Einübung automatisierter Aktionseinheiten, das Erlebnis der Durchschlagskraft kollektiver Aktionen. Die Affektdomäne dieser Szenen ist einerseits durch ein übersteigertes Selbstwertgefühl bezeichnet, das sich auf die Teilhabe an den physischen Kräften des Kollektivkörpers bezieht, zum anderen durch die Angst oder die Panik des Ich-Verlusts, die sich auf den Verlust der Kontrolle über den eigenen individuellen körperlichen Aktionsradius und auf das Regiment einer außenliegenden, unbeeinflussbaren Lenkungsinstanz bezieht.

3. Kampf und Natur

Die Inszenierung des Kampfgeschehens stellt sich oft als Begegnung mit einer feindlichen und fremden Natur dar, in der gleichsam die numinose Gewalt eines unsichtbaren Feindes ein Gesicht bekommt: sei es, dass dieser sich konkret im undurchdringlichen Dschungel oder in den Bunkern und Höhlen uneinsehbarer Berghöhen verbirgt; sei es, dass die Natur selbst beim Marsch durch schwieriges Gelände in Hitze und Kälte zum beharrlich zermürbenden Widersacher wird, an dem sich das *corps* erschöpft; sei es, dass die Natur im tosenden Chaos aufstiebenden Erdreichs, explodierender Wälder und zerstörter Landschaften zum Ausdruck der Zerstörungskraft des Krieges überhaupt wird. Tatsächlich erscheint die Naturdarstellung in solchen Szenen mit ihrer audiovisuellen Expressivität wie das Gesicht dieser bedrohlichen Kraft. So ist der dominante Affektbereich der Horror ungewisser Gestaltwahrnehmung und die aggressive Feindseligkeit gegenüber der Bedrohung durch das schlechthin Fremde.

Auch diesen Standardszenen ist eine grundlegende Ambivalenz eingeschrieben. Denn die mimetische Angleichung an die Natur ist nicht nur eine Technik des Feindes, die seine bedrohliche Präsenz zu vervielfältigen vermag; sie bietet auch für das *corps* selbst schützende Verborgenheit. Dem Horror einer feindseligen Natur gegenüber steht die Beruhigung in der mimetischen Angleichung an die Natur, ja die Empathie mit deren gleichmütiger Unendlichkeit, die noch jede Kriegszerstörung in sich einschließt und überdauert – eine Art transzendentale Heimat.

4. Kampf und Technologie

Die Inszenierung eines gesteigerten Selbstwertgefühls, die den zweiten Typus der Standardszenen kennzeichnet, wird oftmals weitergeführt in eine euphorische Verschmelzung der individuellen Körper mit den Waffen, so als formiere sich menschliches und technologisches Material zu einer durchschlagenden Kampfmaschine. Und wenn die Natur primär als das Schreckensgesicht kriegerischer Zerstörungskraft inszeniert wird, dann ist die Kriegstechnologie primär das Feld der euphorischen Kampfeslust. In der Verbindung von Kriegs- und Kinotechnik wird das Geschehen des Kampfes für die Zuschauer zu einem Wahrnehmungserleben, in dem sich die Erfahrung einer vervielfältigten körperlichen Kraft, eines entgrenzten Aktionsradius, der alle Beschränkungen individueller Körper hinter sich lässt, als lustvolle Action-Phantasie realisiert. Auch hier ergibt sich der Gegenpol aus der umgekehrten Frontperspektive: die radikale Ohnmacht des Einzelnen angesichts der übermächtigen Kriegstechnologie, die gegen einen selbst gerichtet ist. Der Affektbereich bewegt sich entsprechend zwischen Allmachts- und Ohnmachtsgefühl.

5. Heimat, Frau, Zuhause

Diese Szenen handeln vom temporären Austritt aus der militärischen Welt und der Welt des Krieges. Meist geht dieser einher mit der Imagination der Heimat und der daheimgebliebenen Frau. Gelegentlich tritt tatsächlich eine weibliche Darstellerin auf; es kommt zu einem kurzen romantischen Intermezzo. Öfter sind es lediglich Dinge und Verhaltensweisen, die eine Reminiszenz an Familie und Heim entstehen lassen: Lagerstätten, durch persönliche Gegenstände heimelig gemacht; Fotos oder Radiosendungen erinnern an die vergangene Welt zu Hause. Es wird gekocht, geplaudert, gegessen. Zwischen zwei Kampfszenen entsteht, angesiedelt im Schutz einer friedlichen Natur, die Erinnerungsszene an die alltäglichste Welt zivilen Lebens als utopisches Bild, das den Krieg auf seine Zwecke und Grenzen befragt. Der Affektbereich dieser Szenen bewegt sich zwischen einem trostvollen, beruhigenden Heimweh und einer zweifelnden oder verzweifelten Sehnsucht nach einem Ort jenseits des Krieges und einer Beziehungswelt jenseits des Militärs.

6. Leiden/Opfer

In diesen Standardszenen stehen die Erfahrung des körperlichen Schmerzes des Soldaten, die Verletzbarkeit und das Sterben im Zentrum. Das Motiv des Leidens tritt in drei Varianten auf: das *victim*, das *sacrifice* und die *Leidensszene*. Bei dem Bild des Opfers als *victim* handelt es sich um die Bewusstwerdung von Verletzbar- und Sterblichkeit, die sich inszenatorisch meist in einem unvermittelten Moment des Todes realisiert. Das Opfer als *sacrifice* verbindet das Sterben des Soldaten inszenatorisch mit einem höheren Sinn, gebunden an die Ideale der Armee und der Nation. Der Opfertod realisiert sich als Heldentod – meistens in der Verbindung von Tod und Begräbnis mit einer Erneuerung der Gemeinschaft. Im Zentrum der *Leidensszene* steht die subjektive Erfahrung des leidenden Individuums, das sich als verwundbarer und sterblicher Körper erfährt. Die Pole dieses Affektbereichs sind die Agonie und das Schmerzerleben einerseits, die Trauer und das Gedenken andererseits, seien diese erhebend oder zerknirscht, ergeben oder zornerfüllt.

7. Unrecht und Demütigung/moralische Selbstbehauptung

Die Rückkehr des Soldaten in das Zivilleben setzt voraus, dass eine integre Ich-Position gegenüber den Ansprüchen von militärischer Gemeinschaft und ziviler Gesellschaft zurück gewonnen werden kann. Dieser Prozess wird – wenn er nicht von Opfergedenken und Trauer überdeckt ist – in den Reaktionen des Einzelnen auf Unrecht und Demütigung thematisiert. Zumeist beziehen sich diese Reaktionen auf das Innenleben der militärischen Gemeinschaft, auf die Offiziere, die führende Generalität oder auf die politische Führung selbst. Die Inszenierung dieser Konflikte artikuliert das moralische Urteil über den Krieg, die patriarchale Ordnung des Militärs oder die politische Gemeinschaft der Nation als stark emotional strukturiertes subjektives Erleben. Diese individuelle Selbstbehauptung mag sich durch den trotzigen oder anklagenden Austritt aus der militärischen Gesellschaftsform vollziehen oder durch die bis zur Selbstvernichtung gesteigerte Zerstörungswut des Berserkers. Der Affektbereich dieser Szenen ist einerseits durch den Zorn als moralische Empörung bestimmt; andererseits durch das Schuldgefühl, die Erfahrung, mitverantwortlich zu sein für die Verheerungen und das Leid des Krieges, die wiederum der militärischen oder der politischen Gemeinschaft angelastet werden, der man sich selbst zugehörig weiß.

8. Gemeinschaftsgefühl als eine medial geteilte Erinnerung an geteiltes Leid

In den meisten Kriegsfilmen der klassischen Phase war es üblich, Dokumentaraufnahmen oder historisches Bildmaterial, produziert durch die Aufnahmeteams von Armee und Regierungsstellen, in die fiktionalen Darstellungen einzubauen. In der Parallelität zu gleichzeitig veröffentlichten audiovisuellen Dokumenten in Informations-, Propaganda- und Wochenschauberichten diente dieses *found footage* weniger dem Nachweis historischer Faktizität des *fiction films*; vielmehr wurde das audiovisuelle Dokument selbst zum Gegenstand der Fiktionalisierung. Wie auch immer diese Insertion in der ökonomischen Logik der Filmproduktion begründet sein mag – in jedem Fall moduliert die Fiktionalisierung audiovisueller Bilder, die man als Zeugnisse des realen Kampfgeschehens wiedererkennt, die Haltung zu dem dargestellten Geschehen.

In der Inszenierung des fiktionalen Films wird das audiovisuelle Dokument eines per se vergangenen Ereignisses mit den Affektbildern und den Phantasmen des Genres verwoben und für die Zuschauer zum erinnerten ‚Wir' einer gemeinschaftlich erlebten Geschichte geformt. Die Integration der historischen Bilder verbindet die affektive Inszenierung solcherart mit einem ‚Wir' der historischen Nation. Die Geschichtlichkeit, der Dokument- oder Zeugencharakter des *found footage* wird in den inszenatorischen Überformungen des Genres zu einem Medium emotionaler Teilhabe der Einzelnen an den historischen Ereignissen, deren handelnde Akteure überwältigende geschichtliche Mächte wie Nationen und Völker sind. Gerade in den Filmen der unmittelbaren Nachkriegszeit verknüpft das Genre in den Nachrichtenbildern der Kriegsjahre die Gefühle der Zuschauer mit den Zeugnissen einer geteilten Vergangenheit größter Gefährdung und Leiden. Auf diese Weise werden mediale Erinnerungsbilder geformt, die den fiktionalen Grund realer Gemeinschaftsgefühle bilden.

Die hier beschriebenen Pathosszenen können in fast allen Hollywood-Kriegsfilmen wiederkehrend identifiziert werden, unabhängig von der je spezifischen Handlungslogik.[14] Sie realisieren sich zum einen als Handlungsstereotypen, zum anderen auf der Ebene der audiovisuellen Komposition und der *mise en scène* als Affektbilder, die das szenische Narrativ auf affektive Grundmuster beziehen.

Darin freilich weisen die Pathosszenen über die Grenzen des Genres hinaus auf das Unterhaltungskino Hollywoods in Gänze. Dieses stellt sich als ein Genresystem dar, in das der Kriegsfilm auf vielfältige Weise eingebettet ist. Denn die Pathosszenen sind keine genuine Erscheinung des einzelnen Genres, sondern Variationen und Versetzungen pathetischer Formen, die sich auf Affektdomänen beziehen, welche durchaus auf verschiedene Genres zurückweisen. Offensichtlich sind die poetischen Kompositionsmuster der Pathosszenen des dritten Typs, *Kampf und Natur*, die den Affektbereich Angst/Feindseligkeit fokussieren, genuin im Horrorfilm beheimatet, während die Szenen der Kategorie 4, *Kampf und Technik*, in der Spanne von Allmachts- und Ohnmachtgefühlen eine Affektdomäne beschreiben, die konstitutiv für den Actionfilm ist. Die Pathosszenen der Kategorie 6, *Leiden und Opfer*, bedienen sich regelmäßig inszenatorischer Muster, die aus dem Melodrama bekannt sind, und die der Kategorien 1, *Übergang zwischen zwei Gesellschaftsformen*, und 8, *Gemeinschaftsgefühl als medial geteilte Erinnerung*, referieren auf einen mytho-poetischen Komplex, der genuin dem Western zugeschrieben werden muss.

In dieser Perspektive scheint das Genresystem Hollywoods ein Spektrum von generischen Pathosformen,[15] Narrativen und Phantasmen zu umfassen, welche spezifische Ausformungen, Kombinationen und Modulationen in konkreten einzelnen Genres erfahren. Diese konkreten Ausformungen sind funktional auf die Möglichkeit eines Genresystems bezogen, in einem gegebenen sozio-kulturellen Kontext einen gleichermaßen ästhetischen wie moralischen Gemeinsinn zu festigen und zu überprüfen. Die pathetischen Formen und affektmobilisierenden Strategien des Kriegsfilms lassen sich deshalb nicht hinreichend als *Manipulation* (Basinger)[16] der moralisch-politischen Einstellung des einzelnen Zuschauers begreifen. Vielmehr geht es im Kriegsfilm um die Erzeugung und Modulation eines von vielen Einzelnen geteilten Gefühls der Zugehörigkeit zu einer Gemeinschaft, das sich auf mediale Praktiken seiner Erzeugung gründet. Dieses Gemeinschaftsgefühl (*Sense of Community* oder *Sense of Commonality*) ist nicht einfach auf der Ebene der dargestellten Sachverhalte zu verorten; es bezeichnet keinen Inhalt einer kommunikativen Interaktion. Vielmehr strukturiert es die emotionalen Bewertun-

---

14 Im Rahmen der o.g. Forschungsprojekte (siehe Fußnote 6) wurde ein exemplarisches Korpus von Kriegsfilmen systematisch nach dem hier vorgestellten Konzept in szenische Einheiten unterteilt und diesen Einheiten jeweils identifizierbare Pathoskategorien zugeordnet. Die Ergebnisse und entsprechende diagrammatischen Auswertungen sind für weiterführende Studien einsehbar unter www.empirische-medienaesthetik.fu-berlin.de/emaex-system/affektdatenmatrix.

15 Wenn wir im Folgenden von Pathosformen sprechen, meinen wir damit in Abgrenzung zu Aby Warburgs „Pathosformeln" (vgl. Fußnote 8) gerade nicht narrative und ikonographische Motive, sondern inszenatorische Ausdrucksmuster, welche die sinnliche Zuschauerwahrnehmung adressieren und je bestimmte Affektdomänen ausbilden.

16 Basinger, *The World War II Combat Film*.

gen und Haltungen gegenüber den kommunizierten moralisch-politischen Sachverhalten.

Sense of Community/Commonality

Das Kriegsfilmgenre wird in dieser Perspektive als eine mediale Praxis verstanden, welche, ähnlich religiös fundierten Ritualen, das Gefühl, einer Gemeinschaft zugehörig zu sein, produziert und formt. Es zielt in seinen affektpoetischen Ausformungen auf die Herstellung eben dieser Zugehörigkeit zu einer vorderhand abstrakten kollektiven Identität, auf die Mobilisierung eines von vielen Einzelnen geteilten Gefühls der Zugehörigkeit zu einer politischen Gemeinschaft.

Und genau hier liegt die grundlegende Ambivalenz des Genres: Denn der ‚Krieg' im Kriegsfilm ist stets mehr als nur ein narratives Sujet, mit dem historische Erfahrungen und kollektive Erinnerungen zu einem medialen Bildbestand verdichtet werden. Zugleich sind mit diesem Sujet in hohem Maße phantasmatische Elemente mythischen Denkens verbunden: die heroischen Taten oder das Opfer des Einzelnen für die Gemeinschaft, die Sinnstiftung des individuellen Todes in deren Leben.[17] Der Krieg ist wie das Militär, die Vereinigung der Krieger, ein konstitutives Phantasma mythischer Gemeinschaft. Die klassischen Hollywoodkriegsfilme suchen ihr Publikum als eine politische Gemeinschaft zu adressieren, nicht ohne diesen mythischen Kern aller Gemeinschaftsbildung zu aktivieren.

Mit dieser Ambivalenz sind aktuelle theoretische Debatten um den Begriff der Gemeinschaft und des Gemeinsinns angesprochen, auf die wir hier lediglich verweisen möchten, ohne sie ausführlich zu behandeln. Das ist zum einen die Diskussion um die Theorien des Politischen, die den Begriff der Gemeinschaft kritisch wieder aufnimmt und mit Kategorien der Ästhetik und Kunsttheorie verbindet. Ein Beispiel sind die Theorien Jean-Luc Nancys, der die Idee der Gemeinschaft zwar in der nationalsozialistischen Volksgemeinschaft und dem Kommunismus untergegangen sieht, in ihr jedoch gleichwohl ein akutes Problem demokratischer Gesellschaften erkennt und sie vor diesem Hintergrund diskutiert. Ein anderer Protagonist dieser Diskussion ist Jacques Rancière mit seiner Vorstellung von einer gemeinschaftlich geteilten Sinnlichkeit.[18] Aus der Tradition des amerikanischen Pragmatismus kommend, versucht Richard Rorty, das Gemeinschaftsgefühl, den *Sense of Community*, als dynamisches Element einer im Geschichtsprozess offenen

---

17 Den allgegenwärtigen Horizont dieser Phantasmen bildet der unauflösbare Grundkonflikt, mit dem sich die kriegführende amerikanische Gesellschaft auseinandersetzen muss: Das Verhältnis von Individuum und militärischem Kollektiv, also der Konflikt zwischen der Freiheit des Einzelnen als höchstem Gut westlicher Zivilisationen und ihrer Auslöschung zugunsten eines höheren Zieles der Gemeinschaft.

18 Jacques Rancière: *Die Aufteilung des Sinnlichen. Die Politik der Kunst und ihre Paradoxien*. Hrsg. von Maria Muhle, Berlin: b_books 2006.

Gesellschaft zu fassen, die sich als Gemeinschaft immer neu konfigurieren muss.[19] Gemeinschaft ist für Rorty der unabschließbare Prozess eines nicht begründungsfähigen Gefühlsurteils über das, was an Werten gemeinschaftlich geteilt werden kann. Sie ist die affektgegründete Zustimmung zu einem Set gemeinsamer Werte, Einschätzungen und Haltungen. Das Gemeinschaftsgefühl, der *Sense of Community*, ist der Appell, der diese Zustimmung erheischt.

Die skizzierten Positionen verbindet, dass sie Gemeinschaft gegen die Vorstellung einer unmittelbar gegebenen Zugehörigkeit scharf abgrenzen und stattdessen als kontingente Dimension des Politischen verstehen. Der *Sense of Community* kann sich in pluralistisch-demokratischen Gesellschaften gerade nicht auf genealogisch herleitbare Gemeinschaftsbildungen stützen. Er muss vielmehr als ein Gefühl für eine gemeinschaftlich geteilte Welt in konkreten medialen Praktiken hergestellt werden. So gesehen sind die politischen Diskurse per se nicht zu trennen von entsprechenden medialen und künstlerischen Praktiken. Denn erst diese Praktiken schaffen die Grundlage einer affektiven Gemeinschaftsbindung, die sich nicht auf Genealogien oder konkrete soziale Bindungen gründet, sondern politische Zugehörigkeit begründet.

Das Gemeinschaftsgefühl ist hier nicht zu verstehen als eine gegebene Sache; es bezeichnet vielmehr ein affektives Gewebe aus Bindungen und wertenden Einstellungen, welches die Individuen in ein kulturelles Gefüge einbindet und damit in ihren moralischen und ästhetischen Urteilen prädisponiert. Wie aber werden so abstrakte Prinzipien wie die Zugehörigkeit zu einer Nation mit der individuellen, verkörperten Affektivität des Zuschauers verbunden? Diese Frage ist aus unserer Sicht mit Blick auf die konkreten ästhetischen Verfahren der einzelnen Filme zu beantworten.

In einem früheren, deutlich anderen philosophischen Kontext hat Hannah Arendt eine Theorie des Politischen entwickelt, die den Begriff des Gemeinsinns mit dem ästhetischen Erfahrungsmodus verbindet. Besonders deutlich wird dies in ihrer Lektüre von Kants Kritik der Urteilskraft. Für Arendt ist Kants Begriff des *Sensus Communis* politische Philosophie im Schafspelz des (ästhetischen) Geschmacksurteils. Für sie ist im ästhetischen Geschmacksurteil ein spontanes „Gefühl der Zugehörigkeit zur Welt" zu greifen, ein „Sondersinn", wie Arendt schreibt, „der uns in die Gemeinschaft einfügt."[20] Wenn ich etwas als schön erlebe, dann setze ich mein

---

19 Richard Rorty: *Achieving Our Country. Leftist Thought in Twentieth-Century America*. Cambridge: Harvard University Press 1998.
20 Hannah Arendt: *Das Urteilen: Texte zu Kants politischer Philosophie*. München: Pieper 1985, S. 94. Vgl. dies.: *Lectures on Kant's Political Philosophy*. Chicago: University of Chicago Press 1992; dies.: *On Revolution*. New York: Viking Press 1963. Indem wir Arendts Begrifflichkeit des Gemeinsinns als zentrale Idee aufnehmen, versuchen wir, die darin und in ihren Arbeiten zur amerikanischen und französischen Revolution angelegten historischen Fluchtlinien mit einzubeziehen und zugleich mit gegenwärtigen Ansätzen zu verbinden, die das Gemeinschaftserleben neu denken. Zu diesen Ansätzen zählen neben Richard Rortys Begriff der „commonality" und seinem Verständnis von ‚Solidarität' auch Stanley Cavells „claim to community" als ein Modus, sich unter den Vorzeichen des post-kartesischen Skeptizismus auf das

Gefühl in Beziehung zu anderen, die in der gleichen Art und Weise die Welt der Erscheinungen erleben. Und wenn ich eine Handlung als schlecht beurteile, dann gründet sich dieses Urteil auf das entschiedene Gefühl, mein Empfinden mit all jenen zu teilen, die wie ich der menschlichen Gemeinschaft angehören.

Eben das – die Verschränkung der subjektiven Realität konkreten Selbstempfindens mit einem Sinn für das allgemeine Empfinden – bezeichnet die Nahtstelle, an der sich das Hollywoodkino mit den politisch-historischen Ereignissen des Krieges verbindet. Jedenfalls lässt sich entlang der genannten theoretischen Zugänge das Kriegsfilmgenre Hollywoods als mediale Praxis beschreiben, die darauf abzielt, einen *Sense of Community*, ein Gemeinschaftsgefühl zu erzeugen. In den Modi ästhetischer Erfahrung, die dieses Kino ausformte, werden die Zuschauer in ihrem leibhaften Selbstempfinden (*feeling*) an ein gemeinschaftliches Empfinden und ein Gefühl für die Gemeinschaft angeschlossen.[21]

In dieser theoretischen Perspektive ist das Hollywoodgenrekino mehr als nur eine Organisationsform narrativ vermittelter gesellschaftspolitischer Ideen, moralischer Wertvorstellungen und politischer Überzeugungen. Es stellt vielmehr ein System generischer Pathosformen, Narrative und Phantasmen dar, das in den je konkreten Affektpoetiken der Genres die Gefühlsreaktionen der Zuschauer adressiert und in einer gemeinschaftlich geteilten Empfindungswelt verortet.

Die Geschichtlichkeit des Genres

Die Rekombinationen und Modulationen der pathetischen Formen und Narrative – sei es innerhalb eines einzelnen Genres, sei es quer zu einem bestehenden Ensemble von unterschiedlichen Genres – bezeichnen die dynamische Dimension

---

Gemeinsame von Sprechen und Handeln zu berufen. Stanley Cavell: *The World Viewed. Reflections on the Ontology of Film.* Cambridge: Harvard University Press 1979; ders.: *The Claim of Reason. Wittgenstein, Skepticism, Morality, and Tragedy.* Oxford: Clarendon Press 1979. Vgl. Andrew Norris (Hg.): *The Claim to Community. Essays on Stanley Cavell and Political Philosophy.* Stanford: Stanford University Press 2006.

21 Die Produktivität der Gedanken Arendts für die Untersuchung von Genrekino und Kriegsfilm wurde in einer Studie entwickelt, die unterschiedliche Inszenierungskonzepte in Frank Capras WHY WE FIGHT-Serie (USA 1943 – 1945) und Leni Riefenstahls Kurzfilm TAG DER FREIHEIT – UNSERE WEHRMACHT (D 1935) aufweisen konnte. Der Unterschied von demokratischer und faschistischer Affektpoetik konnte dabei auf grundlegende Unterschiede im Verständnis von Propaganda als einer Mobilisierung des Gemeinsinns zurückgeführt werden. Hermann Kappelhoff: „Kriegerische Mobilisierung: Die mediale Organisation des Gemeinsinns. Frank Capras Prelude to War und Leni Riefenstahls Tag der Freiheit", in: *Navigationen. Zeitschrift für Medien- und Kulturwissenschaften*, Jg. 9, Nr. 1 (2009), S. 151-165. Vgl. ders.: „‚Sense of Community': Die filmische Komposition eines moralischen Gefühls", in: S. R. Fauth, K. G. Krejberg, J. Süselbeck (Hg.): *Repräsentationen des Krieges: Emotionalisierungsstrategien in der Literatur und in den audiovisuellen Medien vom 18. bis zum 21. Jahrhundert.* Göttingen: Wallsteinverlag, S. 43-58.

des Genrekinos, seine Entwicklungsmöglichkeiten, seine Geschichtlichkeit. Auf dieser Ebene sind die historischen Relationen zu verorten und zu untersuchen, will man das Kino als Teil einer soziokulturellen Konstellation konturieren. Eben deshalb sind es die inszenatorischen Strategien und kompositorischen audiovisuellen Muster der Filme, die im Mittelpunkt unserer Analysen stehen.

Durch die Analyse der dramaturgischen Anordnung und der Komposition der Pathosszenen lassen sich die jeweiligen Spezifika einer konkreten Affektpoetik einzelner Filme bestimmen und zu den anderen Filmen des Genres in ein Verhältnis setzen. Genau darin liegt die historische Dimension, die wir untersuchen möchten. Es geht uns also keineswegs darum, ein Set von Elementen zu bestimmen, mit welchem sich das Kriegsfilmgenre auf eine Liste charakteristischer Merkmale bringen ließe. Vielmehr kann die Analyse der historischen Variationen, Transformationen und affektiven Umdeutungen der Pathosformen des Genres als Matrix dienen, um die grundlegenden historischen Wandlungen des Gemeinschaftsgefühls selbst greifbar werden zu lassen.

Eben deshalb ist die Untersuchung dieser medialen Praxis nicht auf das fiktive Genre zu begrenzen. Seit seinen Anfängen während des Zweiten Weltkriegs steht das Genre in einer engen Wechselwirkung mit der Kriegsberichterstattung in den audiovisuellen Medien. Evident ist dies mit Blick auf das dokumentarische *Found Footage*-Material, das in die fiktionalen Filme eingebunden wird, und auf den Einsatz pathetischer Inszenierungsmuster in den *Newsreels* und *Combat Reports*. Es ist kein Geheimnis, dass die dokumentarischen Formate, mit denen sich die Menschen an der ‚homefront' über ihren Krieg informierten, von den gleichen namhaften Regisseuren stammten wie die fiktiven Filme, die sie anschließend im selben Kino sahen. In die fiktiven Filme sind Erinnerungsbilder eingelassen, die von vorneherein medial konstituiert und strukturiert sind; während die medialen Dokumente immer schon als Erinnerungsbilder inszeniert worden sind, in welche sich die affektpoetische Rhetorik des Genrekinos eingeschrieben hat.[22]

Wir gehen deshalb davon aus, dass die historischen Variationen und Transformationen der Pathosformen und Narrative des Genres nur dann sinnfällig greifbar werden, wenn man sie zur umgebenden medialen Zirkulation des Bildes vom Krieg, deren medientechnischen Gegebenheiten und ästhetischen Wandlungen, ins Verhältnis setzt. Das zeigt sich nicht zuletzt an den Filmen über den Vietnamkrieg: Die radikale Transformation des Genres weist aus unserer Sicht auf ein verändertes Bild vom Krieg zurück, welches wesentlich durch das dominante Medium dieser Zeit, das Fernsehen, bestimmt war. Die Affektpoetik der Vietnamkriegsfilme ist nicht so sehr als Bruch mit dem klassischen Genrekino, denn als eine Transformation zu begreifen, mit der das Kino Anschluss hält an die mediale Zirkulation eines radikal sich ändernden Bildes vom Krieg. Diese Veränderung aber ist selbst

---

22 Vgl. David Gaertner: „Mit allen Mitteln. Hollywoods Propagandafilme am Beispiel von Frank Capras WHY WE FIGHT-Reihe", in: Kappelhoff, Gaertner, Pogodda, *Mobilisierung der Sinne*.

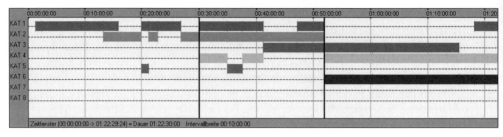

Abb. 1

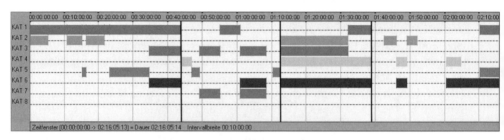

Abb. 2

Nr.	Narratives Stereotyp	Affektorientierung
KAT 1:	Übergang zwischen zwei Gesellschaftsformen	Trennungsschmerz / Gemeinschaftsgefühl
KAT 2:	Formierung eines Gruppenkörpers	Ich-Verlust (Angst) / Übersteigertes Selbstwertgefühl
KAT 3:	Kampf / Natur	Horror (Angst) / Feindseligkeit
KAT 4:	Kampf / Technologie	(All-)Macht(s)gefühl / Ohnmachtsgefühl
KAT 5:	Heimat, Frau, Zuhause	Trostgefühl (Heimweh) / Verlustschmerz
KAT 6:	Leiden / Opfer	Agonie / Trauer
KAT 7:	Unrecht und Demütigung / moralische Selbstbehauptung	Zorn / Schuldgefühl
KAT 8:	Gemeinschaftsgefühl als eine medial geteilte Erinnerung an geteiltes Leid	Gemeinschaftsgefühl

Abb. 3

noch Teil eines sich wandelnden *Sense of Community*, dessen krisenhafter Zustand zu jener Zeit allerorten konstatiert wurde.

Genau diese Wechselbeziehungen werden für eine Analyse von THE GREEN BERETS von zentraler Bedeutung sein, wenn man ihn – so wie wir es vorschlagen – als genrehistorischen Kristallisations- und Transformationspunkt begreift.

Analyse: THE GREEN BERETS

Wenn es stimmt, dass THE GREEN BERETS sich die Poetik klassischer Kriegsfilme zueigen machen möchte, müsste sich dies zunächst in seiner affektpoetischen Makrostruktur abzeichnen. Und tatsächlich lässt sich aus dem analytischen Vergleich mit dem Film GUNG HO! (Ray Enright, USA) aus dem Jahre 1943 schließen, THE

Abb. 4

GREEN BERETS wolle durch Rückgriff auf klassische Affektdramaturgien das Pathos der Mobilisierungsfilme aus dem Zweiten Weltkrieg, dem ‚Good War' der Amerikaner, heraufbeschwören und dem unpopulären Vietnamkrieg überstülpen. In der diagrammatischen Visualisierung der jeweiligen Anordnung der Pathosszenen im Filmverlauf (Abb. 1-3; jeder der waagerechten Balken des Diagramms repräsentiert eine der acht Pathoskategorien in ihrer zeitlichen Verteilung über den Verlauf des Films) wird sichtbar, dass der Film bis etwa zur 140. Minute tatsächlich einem Dreiaktschema folgt, das in seiner affektdramaturgischen Struktur mit der von GUNG HO! vergleichbar ist.

Dieses Muster lässt sich als Grundtypus früher Mobilisierungsfilme beschreiben und zeichnet sich durch die unverhohlene Adressierung der Kampfeslust aus. Markant ist hierbei jedoch, dass in THE GREEN BERETS danach ein vierter Akt folgt, in welchem die klassische Dramaturgie völlig zu zerfallen scheint. Längere Abschnitte, denen keine der Pathoskategorien zugeordnet werden kann, zeigen auf, dass der Film hier offenbar das Genre wechselt und nun in einem anderen affektpoetischen Register operiert. Bei genauerem Blick lässt sich erkennen, dass sich der Film hier zu einem Verschnitt aus Spionagethriller und DIRTY-DOZEN-Teamwork-Abenteuer wandelt: Plötzlich sitzt John Wayne nicht mehr in einem Militär-Jeep oder Hubschrauber, sondern flüchtet in einem hellblauen Citroën, nachdem er mit einem Spezialkommando eine halb bekleidete Spionin aus der Villa der Verschwörer befreit hat (Abb. 4).

Um zu erörtern, was es mit dieser Melange aus klassischen und genrefremden Darstellungsmodi auf sich hat, werden wir zunächst untersuchen, inwiefern sich die Pathosszenen des klassischen Kriegsfilms identifizieren und in ihrer inszenatorischen Umsetzung qualifizieren lassen, und wo spezifische Variationen und Brüche zu finden sind. Hierbei ist zum einen die kompositionelle Gestaltung auf Ebene der einzelnen Szenen von Interesse, in Hinblick darauf, welche konkreten affektiven Modalitäten sie jeweils ausformen. Zum anderen ist das Zusammenwirken der Szenen in ihrer dramaturgischen Anordnung zu betrachten und damit die Art und Weise, wie die Zuschauerwahrnehmung über den Filmverlauf hinweg parcoursartig strukturiert wird. Von entscheidender Bedeutung für die Affektdramaturgie der Kriegsfilme ist, welche Idee bzw. welches Verhältnis des Individuums zur zivilen und zur militärischen Gesellschaft sie jeweils implizieren. Wie in vielen klassischen Kriegsfilmen auch, ist die Elaborierung dieses Verhältnisses in THE GREEN BERETS Gegenstand der Anfangssequenz des Films, weshalb wir uns zunächst der Analyse der ersten Szene zuwenden.

Die klassischen Pathosszenen in THE GREEN BERETS

Eine Reihe Soldaten marschiert in einer Diagonale durch das Bild und positioniert sich gegenüber einer Zuschauertribüne, die mit Zivilisten besetzt ist. Die Soldaten sind in Untersicht zu sehen, ihre zuvor ausgeführte Bewegung Richtung Kamera und deren leichtes Zurückweichen komprimiert den Bildraum zu einer diagonal geteilten Fläche. Eine Raumtiefe ist kaum mehr auszumachen, zumal der Bildhorizont von einem Tarnnetz verhangen wird. Der Fokus liegt somit auf den Soldaten als einem linearen Militärkörper, der sich nahtlos in die Geometrie des Bildraums einfügt. Ihr akkurates, symmetrisches Auftreten ebenso wie die nun folgende Vorstellungsrunde, in der sich jeder Soldat in mehreren Sprachen vorstellt, zeugen davon: Die Green Berets sind keine noch zu formenden Rekruten, sondern Prototypen eines bereits ausgebildeten *White-Anglo-Saxon-Protestant*-Soldaten – eines exzeptionellen Kriegers, der sich durch seine erlernten Fähigkeiten auszeichnet.

Ihnen gegenüber wird im Gegenschuss die Menge der Zuschauer von der Kamera eingefasst: ein Meer aus Gesichtern, welche die gesprochenen Worte der Green Berets starr zu reflektieren scheinen. In vorderster Reihe sitzen drei Journalisten, erkennbar an den Schreibmaschinen vor ihnen auf dem Tisch. In ihrer Mimik ist Skepsis und Misstrauen auszumachen (Abb. 5-8).

In diesen wenigen Einstellungen wird ein Bildraum etabliert, der in seiner Struktur einzig und allein von der Gegenüberstellung eines akkuraten militärischen Gruppenkörpers auf der einen und der zivilen Zuschauermenge auf der anderen Seite geprägt ist. Vom ersten Moment an findet eine Aufspaltung in eine plane Konstellation aus ‚Bühne' (Soldaten) und Publikum statt. Die jeweilige Flächigkeit und Geschlossenheit beider Bereiche, die räumliche Entgegensetzung und die Mimik der Zuschauer machen diese Situation als eine sinnliche Figuration von Konfrontation erfahrbar.

Bevor der Zuschauer erfährt, was es mit dieser Konstellation auf sich hat, wird zu einer anderen Szenerie geschnitten, die ungleich eindeutiger zu identifizieren ist: einem militärischen Briefing. Wir sehen einen Konferenztisch, davor einen zentral positionierten Militär, der an einer Karte die Situation in Vietnam erklärt, links und rechts flankiert von zwei Flaggenständern. Anwesend sind ausschließlich militärische Befehlshaber, nebeneinander am Tisch sitzend und symmetrisch an der diagonal verlaufenden Tischkante ausgerichtet; ihre lineare Anordnung bildet das Pendant zur gleichermaßen diagonalen Soldatenreihe aus der ersten Szene (Abb. 9). Das Briefing der Befehlshaber allerdings findet unter konsequentem Ausschluss der medialen Öffentlichkeit statt. Wie zur Untermauerung dessen ist im Hintergrund ein Fernsehgerät platziert, das demonstrativ ausgeschaltet, blind und stumm bleibt. Hier sind die Elitesoldaten unter sich; hier gilt die verkörperte Kriegserfahrung, die medial nicht mitteilbar ist.

Über die korrelierende Bildkomposition werden beide beschriebenen Szenerien als Spiegelfiguration erfahrbar. Wenn sich Colonel Kirby, gespielt von John Wayne, nun auf den Weg macht und wir mit ihm gemeinsam an den Schauplatz der Pressevorführung zurückkehren, wird klar: wir haben es gewissermaßen mit zwei Briefing-Situationen zu tun, die einander gegenüber gestellt werden. An die Stelle der unerfahrenen Soldaten, die im klassischen Kriegsfilm in ähnlichen Szenen meist dichtgedrängt der Rede ihres Vorgesetzten lauschen und auf den Kampfeinsatz vorbereitet werden, ist hier das zivile Publikum in einer Pressevorführung gerückt. Die Soldaten bedürfen keiner Anweisung mehr, agieren selbst als Instruktoren. Die Sgts. Muldoon und McGee flankieren das auf der Bühne aufgebaute Waffentableau wie die beiden Flaggen die Karte Vietnams in der Briefing-Szene zuvor (Abb. 10-11). Die Karte als geografische Verortung des Missionsziels wird hier durch die Waffen kommunistischen Ursprungs ersetzt, als Veranschaulichung der Aggression des Feindes; sie verorten den Kern des Konflikts nicht mehr topografisch, sondern ideologisch.

Indes variieren die Gegenschüsse auf das Publikum in der Größe: Mal sehen wir die Menge frontal von vorne, als ein verschwimmendes Meer von Gesichtern, dann wieder verengt sich der Ausschnitt auf die drei Pressevertreter im Vordergrund – mit dem Journalisten George Beckworth in ihrer Mitte, der schließlich einzeln in einem *Close-up* gezeigt wird, während er spricht. Als kondensiere in dieser Montage das Bild des zivilen Publikums in der Nahaufnahme seines Gesichts, fungiert Beckworth von nun an als dessen Repräsentant. (Abb. 12-13). Die Wortmeldungen aus dem Publikum, fast ausschließlich von Frauen vorgetragen, die skeptische Fragen zur Legitimität des Kriegseinsatzes stellen, bündeln sich gleichsam in seiner Figur und werden von nun an von ihm durch den Film getragen.

Diese Konstellation der ersten Szene wird in zweifacher Hinsicht den Filmverlauf prägen. Zum einen wird hier auf Ebene der Handlung eine Argumentationslinie in Gang gesetzt, die es ermöglicht, die folgenden Ereignisse immer wieder ganz offenkundig als Argumente für den Kriegseinsatz einzuordnen. Zum anderen ist von entscheidender Bedeutung, wie der Film hier die Repräsentanten des Zivilen einführt: nicht als Individuen mit eigenen Geschichten, etwa als Angehörige der Soldaten, sondern als eine Vielzahl von Gesichtern, in ihrer Anordnung betont als organisierte Menschenmenge, als Publikum in Szene gesetzt, still gestellt in der Tätigkeit des Zuschauens und nur von einzelnen Sprechern und offiziellen Organen vertreten. Von vornherein wird das Zivile inszeniert als eine medial geprägte Öffentlichkeit, die dem Militärkörper konfrontativ entgegengesetzt ist.

Wir haben es hier im Grunde mit zwei korrelierenden Pathosformen zu tun, die für das klassische Muster am Filmbeginn typisch sind: Der *Übergang zwischen zwei Gesellschaftsformen* (Pathoskategorie 1) und die *Formierung eines Gruppenkörpers* (Pathoskategorie 2). Jedoch zeigt sich in der inszenatorischen Konfiguration dieser

Abb. 5

Abb. 6

Abb. 7

THE GREEN BERETS

Abb. 8

Abb. 9

Abb. 10

Abb. 11

Abb. 12

Abb. 13

Pathosszenen eine Verschiebung in ihrer affektiven Ausrichtung. Im klassischen Kriegsfilm gestaltet sich der Übergang des Subjekts von der zivilen in die militärische Welt als ein konfliktreicher Prozess, in welchem es seine ideelle wie körperliche Individualität aufgeben muss. Der Abschied von der Heimat und der Familie ist mit Trennungsschmerz verbunden und zugleich mit einem Gefühl für den moralischen Rückhalt. Dem ist die tragische Ambivalenz eingeschrieben zwischen dem Wissen um gemeinschaftliche Werte und dem Schicksal, diese aufgeben zu müssen, um sie zu verteidigen. Die Initiation in das *corps* und die Eingliederung des individuellen Körpers in die übergeordnete Körperschaft des Militärs gestaltet sich in der Folge als Prozess, der von schmerzhaftem Selbstverlust geprägt ist, bevor er schließlich in euphorische Vereinigung und Kameradschaftsgefühle umschlägt.

Eben diese Separierung der Gesellschaftsformen, das weiblich konnotierte Zivile und das männliche Militär als dynamischer Gruppenkörper, stellt THE GREEN BERETS an den Beginn seiner Inszenierung. Doch hier sind beide bereits als zwei kontradiktorische Größen gesetzt. Der militärische Körper ist betont geschlossen und funktionstüchtig in Szene gesetzt und hat kaum etwas mit dem Zivilen gemein. Deutlich wird dies vor allem, wenn Kirby auf seinem Weg zur Pressevorführung einen Zwischenstopp an einem militärischen Übungsplatz macht: Gewissermaßen im Vorbeifahren ruft er den Truppen auf dem Platz Parolen zu, auf welche die Soldaten energisch im Chor antworten, während sie in symmetrischer Formation und absoluter Synchronität exerzieren. Es ist also nicht das Entstehungsmoment des militärischen Körpers aus den Ressourcen der zivilen Gesellschaft heraus, dem die Inszenierung dieser ersten Szene gewidmet ist. Vielmehr wird dieser Körper als eine vollendete Einheit ins Bild gesetzt, dessen durchschlagende Kraft bereits entfaltet ist und dessen Organisationsmechanismen tadellos arbeiten. Eine Maschine im laufenden Betrieb, die sich verselbstständigt hat: Sie ist gegenüber der zivilen Gesellschaft autark, steht ihr buchstäblich gegenüber. Diese Konfrontation ist die dominante Erfahrungsqualität, welche die Begegnung von Zivilem und Militärischem für den Zuschauer prägt.

Dies ist auf mehreren Ebenen richtungweisend, vor allem für die Affektdramaturgie des Films. Mit den beschriebenen Pathosformen des Trennungsschmerzes, des moralischen Rückhalts und des Konflikts um die Selbstaufgabe des einzelnen Soldaten fehlen zentrale affektive Bezugspunkte, die für das klassische Muster, die Abfolge der Pathosszenen in ihrer gegenseitigen Bezugnahme, prägend waren. So entwickeln etwa Leidensszenen ihre spezifische affektive Wirkung nur in Resonanz auf zuvor entfaltete Konstellationen von Kameradschaft oder Heimaterinnerung. Das Leiden des Soldaten angesichts seines Ausgeliefertseins gegenüber einer übermächtigen Natur oder der Bewusstwerdung seiner Sterblichkeit gewinnt erst seinen melodramatischen Pathos, wenn es auf ein zuvor entwickeltes Gefühl für ein Wertegefüge bezogen wird, das dem Zuschauer affektive Zustimmung ermöglicht. Erst über ihre gegenseitige Bezugnahme strukturieren die Pathosszenen die Zuschauerempfindung in je spezifischer Weise.

Dieser affektive Resonanzraum hat sich bei THE GREEN BERETS grundlegend verändert. Statt eines Bundes potentiell verletzlicher Individuen haben wir in den Green

Bereits eine Truppe beinharter Spezialisten und Lebensretter, deren eigener Tod nüchterne Pflichterfüllung ist. Die Leidensszene des Soldaten, deren melodramatischer Modus das zentrale Pathos des Kriegsfilm-Genres ausmacht,[23] gibt es in diesem Film schlichtweg nicht, da die Konzeption seiner Kriegerfigur weder Leid noch individuelle Schwäche zulässt. Beim Tod eines Green Beret werden die klassischen Inszenierungsmuster der Leidensszene lediglich schablonenartig aufgerufen: ein wenig traurige Musik, die kreisförmig um den Toten angeordneten Kameraden, deren finstere Mienen – dann ein pragmatisches „that's it" von Doc, der ganz unsentimental die Decke über den Toten wirft. Das Gedenken an verstorbene Kameraden, der Erinnerungsmodus und die Trauer um die Opfer, die das verheerende Ereignis des Krieges fordert, ist hier auf die ins Komische gewendete Sorge Sgt. Provos reduziert, welches Gebäude sein Name schmücken wird, wenn er einmal gefallen ist.

Ähnliches zeichnet sich auch in der Inszenierung der Pathosszenen *Kampf und Natur* (Pathoskategorie 3) ab: Sie sind durchaus vertreten, etwa in Gestalt der ständigen Bedrohung durch den unsichtbaren Feind, vermittelt durch ein dunkel und unheimlich gestaltetes, drückendes Außen des Dschungels; Streifzüge durch unübersichtliches Unterholz, begleitet von unheildrohender Musik; die Steigerung des Horrors dieser Szenen durch selbstauslösende mechanische Fallen, die der Vietcong ausgelegt hat und mit denen der Dschungel selbst zum tödlichen Feind zu werden scheint; und auf der anderen Seite die Momente, in denen die Figuren selbst Schutz finden im Dschungel, indem sie sich ihm durch Tarnung angleichen. Sieht sich das Individuum in klassischer Inszenierung noch der Natur ausgeliefert, führt demnach nicht nur einen Kampf in ihr, sondern auch gegen sie, dienen diese szenischen Komplexe in THE GREEN BERETS eher dazu, die Fertigkeiten der Truppe zu demonstrieren.

Vor allem aber steht die Inszenierung der ermächtigenden Kriegstechnologie im Zentrum (Pathoskategorie 4, *Kampf und Technologie*). Die Erfahrungsmodalität der euphorischen Entfesselung und Dynamisierung der Zuschauerwahrnehmung durch die Verschmelzung mit der Technik im Kampfgeschehen macht sich der Film in besonderem Maße zunutze, vor allem indem er immer wieder die Hubschrauber in Szene setzt. Das Vehikel, das erst mit diesem Film Einzug in das Genre hält und schon wenig später zu seinem wichtigsten ikonografischen Motiv werden wird, wird genutzt, um mittels spektakulärer Flugaufnahmen und betonter Beweglichkeit die Stärke und Handlungsmacht des US-Militärs und nicht zuletzt eine Übersichtlichkeit des Kriegsgebietes zu suggerieren (Abb. 14-15). Immer wieder ist die Hubschrauberstaffel als agiler und durchschlagender technifizierter Kollektivkörper inszeniert, woran der Zuschauer durch Kameraperspektiven aus dem Cockpit teilhat. Ein Bild, das später in Coppolas APOCALYPSE NOW aufgenommen und überzeichnet wird. Von den beiden affektiven Polen, die diese Pathosszene klassischer Weise ausprägt, einerseits Allmachts-, andererseits Ohnmachtsgefühl, ist auch in diesem Fall der negative Pol, der das Leiden des individuellen Soldaten

---

23 Vgl. Fußnote 3.

Abb. 14

Abb. 15

Abb. 16

ins Zentrum stellt, ausgeblendet. Stattdessen wird die Kriegstechnologie als ermächtigende Erweiterung des militärischen Kollektivkörpers inszeniert, die sich auf die Zuschauerwahrnehmung ausweitet und die Souveränität und räumliche Dominanz der Green Berets unterstreicht.

Hier zeichnet sich die spezifische Verschiebung in der affektiven Ausrichtung der Pathosszenen ab: Ihre inszenatorische Umsetzung sowie die gesamte Affektdramaturgie des Films ist darauf ausgerichtet, die Subjektive einer militärischen Körperschaft zu elaborieren, die hochgradig effektiv und durchschlagend funktional ist. Viel wichtiger als das Leid des Einzelnen ist die Handlungsmacht des Kollektivs. Diese Handlungsmacht des (technischen) *corps* wird immer wieder in Szene gesetzt und gleichzeitig einer völlig ohnmächtigen vietnamesischen Zivilbevölkerung gegenübergestellt. Am deutlichsten artikuliert sich dies in Szenen wie jener, in der ein Flüchtlingszug links und rechts von schwebenden Helikoptern flankiert wird. So wird aus der Handlungsmacht der Green Berets explizit eine Schutzmacht. Dies bezieht sich aber weniger auf die Darstellung des Figurenensembles als beschützende Truppe, sondern vielmehr auf das Wahrnehmungserleben des Zuschauers: die gesamte Affektdramaturgie ist darauf ausgerichtet, ein Gefühl dafür zu vermitteln wie es ist, die Macht zu haben, um zu beschützen. Ins Zentrum gerückt wird die Erfahrung, Teil einer handlungsfähigen, dominanten und schützenden Macht zu sein, die effektiv und ohne Fehl und Tadel agiert.

THE GREEN BERETS löscht also einen Grundkonflikt aus, der konstitutiv für das Genre des Kriegsfilms während und nach dem Zweiten Weltkrieg war: Im Leiden des hoffnungslos verlorenen Soldaten artikulierte sich eine geteilte Trauer um das Wissen, dass Krieg, oder vielmehr schon die bloße Existenz des Soldaten, der Katastrophenfall einer demokratischen Gemeinschaft ist, für die das Glück und die Freiheit des Einzelnen das wertvollste Gut darstellt. Die klassischen Kriegsfilme, die diesen Konflikt ins Zentrum stellten, mobilisierten die Teilhabe des Zuschauers an dieser Trauer als spezifischen *Sense of Community*.[24] THE GREEN BERETS versucht nun, diese Teilhabe ganz anders zu organisieren und richtet sie aus auf eine Idee von Gemeinschaft, die durch die väterliche Dominanz und Obhut des Militärs definiert ist.

Nicht zufällig wird das bildinszenatorische Prinzip der Eröffnungssequenz in einer späteren zentralen Szene wieder aufgegriffen. Sie zeigt ein vietnamesisches Dorf nach einem von Vietcong verübten Massaker: Ein Flusslauf auf der linken Seite, dessen gerade Uferlinie das Bild diagonal zerteilt; in der rechten Bildhälfte die sich entlang des Ufers heranpirschenden Green Berets. In zwei Gruppen durchkämmen sie den Ort, der mit Leichen übersät ist. Die Szenerie ist chaotisch, unübersichtlich, vielschichtig in der Tiefenstaffelung. Die Kamera folgt nacheinander den beiden Gruppen, einmal in einem langsamen Schwenk nach rechts, dann in einem nach links. Beide Schwenks enden bei einem Pfahl, an den die Leiche eines Dorfbewohners gefesselt ist, überschrieben mit „DI di green beret" („Verschwinde,

---

24 Zum Beispiel THEY WERE EXPENDABLE (John Ford, USA 1945) oder BATAAN (Tay Garnett, USA 1943).

Green Beret"). Anders als in der ersten Szene haben wir es hier mit einer räumlichen Erschließung zu tun, in der sich die Metapher der Bühne nicht über eine konfrontative, statische Trennung aufdrängt. Vielmehr wird der Dorfplatz als Kampfarena inszeniert, deren Spuren zirkulär und konzentrisch auf einen Punkt zulaufen. Die gespiegelte Kamerabewegung zentriert das Chaos der Verwüstung auf das für den Film Wesentliche: Nun wird sichtbar, dass alle verbleibenden Überlebenden, Frauen und Kinder, die im Hintergrund bewegungslos vor einer auf Pfählen gebauten Hütte sitzen, das Zentrum dieser dynamischen Verdichtung bilden. Sie sind auf der Veranda und der Treppe der Hütte angeordnet wie auf einer Art Tribüne, die jener aus der ersten Szene gleicht, dieser aber spiegelbildlich entgegen gesetzt ist. Kirby und seine Leute rahmen die Menge von links und rechts ein; während der gesamten Szene rühren sich die Frauen und Kinder keinen Zentimeter, starren wie versteinert geradeaus (Abb. 16).

Damit wird der Szenerie der Pressevorführung vom Anfang des Films über inszenatorische Reminiszenzen das Bild einer handlungsunfähigen und schutzbedürftigen vietnamesischen Zivilbevölkerung entgegengestellt – wie ein belehrender Fingerzeig. Das spannungsgeladene Bild der Konfrontation vom Anfang wird ersetzt durch das der bewegungslosen vietnamesischen Zivilisten, schützend gerahmt durch die Anordnung der Soldaten. Dies richtet sich ganz und gar an die sinnliche Empfindung des Zuschauers: Nachdem in der ersten Szene das Bild dieser Spannung und Konfrontation als inszenatorische Figuration entfaltet wurde, wird diese nun aufgelöst durch die zirkuläre Erschließung des Bildraumes, eine Bewegung der Zentrierung, an deren Ende die Tribüne der Frauen und Kinder in den Mittelpunkt gerückt ist, harmonisch und schützend gerahmt von den Green Berets.

Ausgesparte Bildformen

Damit ist nicht gemeint, dass der Film seine ideologische Ausrichtung inszenatorisch bebildert. Von Bedeutung ist hier vielmehr, wie er die Poetik des Kriegsfilm-Genres zu einer Bühne macht, um an ein aus seiner Sicht aus den Fugen geratendes Gefühl für die Gemeinschaft zu appellieren und das Empfinden, handlungsmächtig zu sein, gewissermaßen nach innen ausrichtet, um es als konstitutives Element dieses Gemeinschaftsempfindens zu definieren. Tatsächlich geht es dem Film nicht darum, Mitgefühl für die vietnamesischen Zivilisten zu erheischen und darüber dem Kriegseinsatz in der Zuschauerwahrnehmung Anerkennung zu verschaffen. Affektdramaturgisch verortet er den Konflikt keineswegs im Kriegsgebiet, bezieht sich nicht auf das historische Datum des Krieges selbst. Der Konflikt, auf den sich der Film ausrichtet, zeichnet sich in der konfrontativen Konstellation der ersten Szene ab: Es ist ein sich wandelndes Wertempfinden, das er als Problemfall identifiziert, und das sich hier in einem in Schieflage geratenen Verhältnis von medial geprägter öffentlicher Meinung und militärischem Engagement artikuliert.

Um das zu verdeutlichen, kehren wir noch einmal zur ersten Szene des Films zurück und erinnern uns an die konfrontative Konstellation zwischen ziviler Öffentlichkeit und Militär. Sie ist nicht nur eine Gegenüberstellung, sondern realisiert sich als Briefing für das Publikum. Die Situation ist geprägt durch einen scharfen Schlagabtausch, als inszenatorische Figuration unterstrichen durch Kirby und seinen Begleiter, die sich zwischen Tribüne und Bühne positionieren und den sich erwidernden Wortmeldungen mit dem Blick hin und her folgen wie Zuschauer dem Ball bei einem Tennis-Match. Schon in der Eröffnungssequenz werden die Argumente des Films fein säuberlich dargelegt, ausgesprochen von den Figuren im Schlagabtausch: Die hilflosen Vietnamesen ebenso wie die freie (westliche) Welt müssen vor der Aggression des Kommunismus beschützt werden. Die Konfrontation verdichtet sich, als Muldoon schließlich eine Munitionskiste über dem Tisch der Journalisten ausleert. Krieg, so das Argument, ist haptisch. Man kann ihn nur verstehen, wenn man dort gewesen ist, wenn man ihn selbst erlebt hat. Es ist diese Vorstellung von Kriegserfahrung, vom unmittelbaren Erleben des Fronteinsatzes, die der Film immer wieder als Kriterium des Urteilens und der Berichterstattung herausstellt.

Als sich das Tribunal auflöst, treffen Kirby, der ihn begleitende Captain und der kritische Journalist Beckworth in der Menschenmenge noch einmal aufeinander. Immer noch nicht überzeugt, stellt sich Beckworth Kirby entgegen und setzt erneut mit kritischen Fragen an, wird jedoch mit einem verächtlichen „Have you ever been to South Vietnam?" sich selbst überlassen. Diese Konstellation ist prägend für den weiteren Verlauf des Filmes und seine Argumentationslinie. Von nun an ereignet sich in regelmäßigen zeitlichen Abständen eine direkte Konfrontation zwischen Kirby und Beckworth, die motiviert wird von Beckworths Zweifeln an der moralischen Integrität der Green Berets, welchen Kirby stets eine Leidensrede entgegensetzt: Er bindet seine Rechtfertigungen des Krieges an Gräueltaten des Vietcong, Geschichten von gefallenen Familienvätern, zu Tode gequälten Frauen und Kindern. Als Beckworth schließlich mit einem kleinen vietnamesischen Mädchen konfrontiert wird, welches er später vom Vietcong grausam zugerichtet in einem Wald vorfinden muss, versiegen seine kritischen Fragen; er vollzieht eine Wandlung zum loyalen Kriegsberichterstatter, der sich nicht nur in seiner Kleidung an die Truppe angleicht, gleichsam vom militärischen Körper assimiliert wird, sondern verspricht, darüber zu schreiben, was er *gesehen* hat.

Es geht hier jedoch nicht darum, den Inhalt dieser Argumentationslinie nachzuzeichnen und als propagandistische Botschaft des Films zu identifizieren. Vielmehr sind die inszenatorischen Strategien von Interesse, mit der diese Argumentation an den Zuschauer gerichtet wird. Dies geschieht in diesem Fall vorderhand dadurch, dass etwas konsequent ausgeblendet wird, nämlich gerade das Leid der vietnamesischen Zivilisten. Das Sterben und die Gräuel werden zwar angedeutet, aber nie inszenatorisch ausagiert, bleiben Argumente des Dialogs. Statt die Frauen und Kinder im Dorf in ihrem Leiden zu inszenieren, werden sie ostentativ stumm, bewegungs- und ausdruckslos ins Bild gesetzt; und statt des toten Mädchens sehen wir eine Nahaufnahme Beckworths, der auf den toten Körper blickt. In seinem Gesicht ist keine Trauer und kein Entsetzen zu erkennen; man sieht die Miene eines nachdenklichen Zuhörers, welcher Kirbys schaurigem Monolog folgt. Was hier im Mittelpunkt der Inszenierung steht, ist nicht das Mitleiden mit den unschuldigen Opfern, sondern der Prozess des Sehens, Hörens und Verstehens. Ein Verstehen, das zu vermitteln der Film den zeitgenössischen Informationsmedien konsequent abspricht.

Bemerkenswert ist hierbei, dass die Presse zwar eine wichtige Rolle einnimmt, das Fernsehen jedoch zugleich betont abwesend ist. In einer Zeit, als Fernsehreporter längst täglich aus Vietnam berichten, zeichnet THE GREEN BERETS das Bild einer Medienöffentlichkeit, die von schreibenden Journalisten als Meinungsmachern geprägt ist. Dennoch haben wir es hier mit Resonanzen eines Kriegsbildes des Fernsehens zu tun, nämlich genau in dessen Abwesenheit. Zu der Zeit, als der Film entsteht, hat das Fernsehpublikum bereits seine ersten Erfahrungen mit den Schreckensbildern von Gräueltaten gemacht. Anders als noch in den *Newsreels* während des Zweiten Weltkriegs begegnet der Krieg den Zuschauern zunehmend fragmentarisch, ungefiltert und weitgehend ohne pathetische Rahmung. Angesichts dessen kann ein Film wie THE GREEN BERETS nicht mobilisieren, indem er über die Inszenierung des Leidens, das dort zu sehen ist, an das Mitgefühl seiner Zuschauer und die Solidarisierung mit den Soldaten appelliert, die in Verdacht geraten sind, selbst schuldig geworden zu sein.

Wenn man dem Film eine Fehlfunktion nachweisen, ihn als dysfunktional beschreiben möchte in Hinblick auf die soziokulturellen Funktionen des Genres, dann mag hier die Hauptursache dafür liegen. Denn indem er die Schreckensbilder des Fernsehens, seine Bildästhetik und seine spezifischen medialen Erfahrungsdimensionen ausspart, verweigert er einen Dienst, der für das Kriegsfilm-Genre konstitutiv ist: nämlich diese neuen Bildformen, in denen sich der Krieg zeigt, aufzunehmen und in affektive Modalitäten um- und auszuformen, die eine emotionale Teilhabe ermöglichen. Sei es nun die Teilhabe am Gefühl für das Leid des unschuldigen Opfers, für den Zorn des Berserkers oder für das Entsetzen angesichts der Gräuel und der Schuld der eigenen Soldaten.

Dennoch schreibt sich dieses mediale Bild des Krieges in einer Art Negativ-Verkehrung in den Film ein. Auf Grundlage der pathetischen Formen früherer Kriegsinszenierungen versucht er, das Bild des Krieges zu reorganisieren und diese Bilder in ihrer Abwesenheit in einen Sinnzusammenhang zu stellen, der eine affektive Zustimmung ermöglicht. Und gerade durch die spürbare Leerstelle, die er dabei erzeugt, wird evident, dass die Funktion des Genres nur in dessen medienübergreifender Dynamik zu definieren ist.

Genrepoetische Hybridisierung

Diese Dynamik zeigt sich in diesem Fall vor allem dann, wenn THE GREEN BERETS plötzlich das Genre wechselt und affektive Modalitäten aufgreift, die dem Kriegsfilm bisher fremd waren. Nachdem der Stützpunkt ‚Dodge City' nach langer Schlacht gefallen ist, ist für den Film der Krieg noch lange nicht verloren; kurzerhand wird aus der Truppe ein Spezialkommando, das mit einer geheimen Mission beauftragt wird. Hier kommt noch einmal zur Entfaltung und letztlich zur Steigerung, was sich schon von Anfang an angedeutet hat: die Fähigkeiten der Green Berets als Team von effektiven Spezialisten, die jeden Einsatz meistern und deren Expertise nicht an den Grenzen eines territorial definierten Schlachtfeldes – oder eben eines Genres – endet.

Auch diese Anleihen an das Genre des Agenten-Films zielen affektdramaturgisch auf den Konflikt, den der Film in seiner ersten Szene etabliert. Im Zentrum dieses Konflikts steht vor allem die Frau als Sinnbild einer zivilen Gesellschaft, die nicht mehr gesellschaftlichen Rückhalt, sondern eine – aus Sicht des Films – moralische Schieflage offenbart. Entsprechend spielt die klassische Pathosform der Reminiszenz an die Heimat und die Frau zu Hause (Pathoskategorie 5, *Heimat, Frau, Zuhause*) eine wichtige Rolle. Sie tritt zunächst vor allem an der Inszenierung der Figur des Sgt. Petersen hervor, ein infantil agierender Soldat, der durch die Kriegserfahrung an Reife gewinnt. Immer wieder sehen wir ihn in Schlafanzug, Pantoffeln und inmitten seiner mit Unmengen persönlicher Gegenstände und Fotos ausstaffierten Lagerstätte (Abb. 17). Dieses Motiv der Etablierung heimeliger Strukturen innerhalb des Ausnahmezustandes des Krieges, der Moment des Austritts aus der militärischen Ordnung, ist ein Standard des Kriegsfilm-Genres. Im Vergleich mit entsprechenden Szenen aus klassischen Kriegsfilmen wird hier jedoch klar: der Affektbereich von Trostgefühl und Verlustschmerz, mit welchem sich diese Szenen in die Affektdramaturgie früherer Filme eingefügt haben, greift in THE GREEN BERETS nicht mehr. Verknüpft mit Petersens als rebellisch markierter Jugendlichkeit wirken diese Szenerien wie fremdartige Sphären des Zivilen innerhalb der militärischen Welt, bunt, fast schrill und mit komödiantischen Momenten. Statt den sentimentalen Heimatbezug als Affektbereich zu evozieren, wirken sie wie störende Fremdkörper, vor allem da Petersens renitenter Hang zum Zivilen immer wieder mit Undiszipliniertheit assoziiert wird.

Noch deutlicher wird die affektive Umdeutung dieser Pathosszene an der Art und Weise, wie die einzige Frau in Szene gesetzt wird, die Teil der Handlung ist. Im klassischen Kriegsfilm war die Begegnung mit oder das Gedenken an die Frau in der Heimat das Agens des sehnsüchtigen Erinnerungsbezugs, der zwischen Kampf- und Leidensszenen den moralischen Rückhalt der zivilen Gesellschaft vergegenwärtigt, um welche zu schützen man in den Krieg gezogen ist. Nun gibt es auch in diesem Film eine Frau, die die Verbindung zur zivilen Welt darstellt; nur tritt sie hier nicht als liebende Ehefrau oder umsorgende Krankenschwester auf, sondern als Lockvogel in einer skurrilen Spionagegeschichte. Bemerkenswert dabei ist, dass die inszenatorischen Konstellationen, in denen sie erscheint, dennoch den klassischen entsprechen: So sehen wir sie das erste Mal bei einem Dinner, das ganz ähnlich wie in klassischen Kriegsfilmen als Moment einer Re-Zivilisierung inszeniert ist, nur dass die Frau hier eben nicht als Krankenschwester in Freizeit auftritt, wie etwa in einer ähnlichen Szene in THEY WERE EXPENDABLE (John Ford, USA 1945), sondern in geheimer Agentenmission unterwegs ist. Auch später wird die klassische Konstellation der Geschlechtertrennung beibehalten, besonders deutlich in der bildinszenatorischen Separierung bei der geheimen Unterredung im Café, nur dass hier der handlungslogische Grund ein ganz anderer ist, nämlich dass man aus Geheimhaltungsgründen nicht miteinander gesehen werden will (Abb. 18-19).

Die klassischen Affektbereiche dieser Kategorie, Trostgefühl und Verlustschmerz, sucht man vergebens; stattdessen wird die Frau mit einer exotischen Aura von Verrat, Verführung und Maskerade umgeben. Hier wird ein Bruch in der klassischen Poetik sichtbar, der zugleich wie ein Scharnier die Schnittstelle verschiedener Genrepoetiken markiert. Es handelt sich jedoch nicht um einen einfachen Austausch, sondern um eine funktionale Verschaltung der affektiven Modalitäten verschiedener Genres, die genau an dem neuralgischen Punkt ansetzt, den der Film als problematisch identifiziert.

Hier schreibt sich ein verändertes kulturell bedingtes Frauenbild in das Genre des Kriegsfilms ein, jedoch nicht als reines Narrativ eines veränderten Rollenverständnisses, sondern als ein immer schon inszenatorisch bestimmter affektiver Modus, der sich in anderen Genres herausgebildet hat. Mit Blick auf die erste Szene des Films wird schnell klar, warum es in THE GREEN BERETS keinen sentimentalen Erinnerungsbezug an die Frau als romantisches und moralisch-ideologisches Idealbild geben kann: Die Hausfrau, die meist am Anfang früherer Kriegsfilme als Zurückgelassene das Moment der schmerzhaften Trennung ebenso wie das der moralischen Legitimierung betonte, sitzt in der ersten Szene *dieses* Filmes in einem Tribunal der Öffentlichkeit und stellt kritische Fragen zur Legitimität des Kriegseinsatzes und zur moralischen Integrität der Green Berets. Sie verkörpert nicht mehr die ‚gute' Alltagsmentalität der Nation, die es zu beschützen gilt, sondern ist nun diejenige, die das Militär mit Misstrauen torpediert. Und dennoch zeigt sich gerade in dem Versuch des Films, die Frau trotzdem in seine Affektdramaturgie zu integrieren, die Intention, sein Publikum als eine historisch spezifische, kulturell und politisch definierte Gemeinschaft zu adressieren.

Gleichzeitig sieht er auch auf dieser Ebene die Möglichkeit, die konstatierte moralische Schieflage zurechtzurücken. Als die Truppe um Col. Kirby in die Villa eindringt, um den Verräter festzunehmen, wird dieser mit dem weiblichen Lockvogel prompt in flagranti im Bett ertappt. Das ist nun insofern für die Frau misslich, als einer der Befreier ihr Schwager ist, der ihr moralische Vorhaltungen macht. Erst ein wohlwollendes Wort Kirbys veranlasst ihn, der in wortloser Scham versinkenden Schwägerin zu verzeihen. Nachdem sie also im Spionagedienst moralisch gefallen ist, wird sie von Kirby und seiner Truppe rehabilitiert und vom militärischen *corps* zum Ehemann zurückgebracht, in der letzten Szene davon geleitet inmitten der uniformierten Männer. Sie könne nur hoffen, dass ihre Familie ihr verzeiht, sagt sie, und wird anschließend in die Ehe und in ihr angestammtes Rollenbild zurück überführt. Mit ihrem Sittenverstoß steht sie stellvertretend für den Typus der modernen, kritischen Frau vom Anfang des Films, die sich als Teil einer vielstimmigen Medienöffentlichkeit versteht, das Wort gegen den Krieg erhebt und nicht mehr als moralisches Idealbild fungiert. Die Befreiungsaktion funktioniert in Hinblick darauf sinnbildlich als eine Mission zur Befreiung der Frau als einer bestimmten Idee von Weiblichkeit, für den Zuschauer umgesetzt als ein Widerstreit konkurrierender Genrepoetiken. Das heißt auch, dass sie buchstäblich aus dem ‚falschen' Genre ‚befreit' und wieder ins ‚richtige' zurückgeholt wird, in welchem das gemeinschaftliche Wertegefüge zurechtgerückt ist.

Abb. 17

Abb. 18

Abb. 19

THE GREEN BERETS entwirft seine Affektdramaturgie also nicht als reinen Hurra-Patriotismus, trauernden Erinnerungsbezug oder zornige Abrechnung, wie die Filme zum Zweiten Weltkrieg. Er wählt eine historisch sehr spezifische Zuschaueradressierung. Seine Intention ist eindeutig eine mobilisierende, ausgerichtet auf die Haltung gegenüber einem gegenwärtigen Krieg; eben darum bedient er sich nicht zufällig der Affektdramaturgie klassischer Mobilisierungsfilme als Grundmuster, die während des Zweiten Weltkriegs die Akzeptanz für den Krieg schüren sollten. Er variiert diese Poetik jedoch, indem er sie in der beschriebenen Weise zum sich neu formierenden medialen Umfeld ins Verhältnis setzt und mit populären Formen anderer Genres verschaltet.

Man mag diese Strategie in vielerlei Hinsicht für gescheitert halten. In den beschriebenen Transformationsbewegungen und Umdeutungen, die der Film vornimmt, wirken die Pathosformen befremdlich hölzern und affektiv ‚entleert', treten sie in ihrer trockenen Formelhaftigkeit an die Oberfläche der Inszenierung. Zudem zielt er in gewisser Weise an den herrschenden Verständigungsbedürfnissen seiner Zeit vorbei. Gerade darin aber wird die enge Verknüpfung des Genres mit der Empfindungswelt der Gesellschaft auf Ebene der Affektpoetik evident. Denn diese ist so eng verschränkt mit den geteilten affektiven, medialen und historischen Erfahrungen einer Kulturgemeinschaft, dass sie nicht beliebig umgedeutet werden kann. Die Glaubwürdigkeit fehlt in diesem Fall nicht, weil veraltete Formen auf einen neuen Gegenstand angewendet werden, dem sie nicht gerecht werden, sondern weil, im Gegenteil, wesentliche Funktionen der tradierten Poetik nicht wahrgenommen werden. Funktionen auf Ebene der Affektmodulation, die sich nur dann adäquat entfalten können, wenn sie in historisch spezifischen Transformationen zum je medial zirkulierenden Bild des Krieges ins Verhältnis gesetzt werden. Nur auf Grundlage dieser Zirkulation kann das Genre des Kriegsfilms teilhaben an dem Prozess der steten Konfiguration geteilter Wertvorstellungen und Empfindungen einer kulturell und politisch definierten Gemeinschaft.

Das heißt jedoch nicht, dass THE GREEN BERETS für sein Genre bedeutungslos ist. Im Gegenteil: Genau in diesem Scheitern werden die Funktionsweisen und Mechanismen des Kriegsfilmgenres und des Genresystems sichtbar und tritt deren Tektonik an die Oberfläche.

Nicht zuletzt darin wird er zum Bezugspunkt für eine ganze Generation von Kriegsfilmen über den Vietnamkrieg. Am deutlichsten tritt das in APOCALYPSE NOW hervor: Wenn der als schriller Westernheld inszenierte Col. Kilgore mit seiner Hubschrauberstaffel zum berühmten Walkürenritt bläst und mit großem Spektakel ein vietnamesisches Dorf in Schutt und Asche legt, nur um dann dort surfen zu gehen, kann das nicht anders verstanden werden als eine überzeichnende Reminiszenz an den alternden Westernhelden John Wayne als Col. Kirby im entfesselten Hubschrauberflug (Abb. 20-23). Hier finden wir in APOCALYPSE NOW die Pathosszene *Kampf und Technologie* der klassischen Poetik wieder, aber in einer doppelten Modifikation, deren Spezifik nur über diese genealogische Verbindung zu THE GREEN BERETS vollständig fassbar ist. Und wer Col. Kirby gesehen hat, wie er vor dem Reporter Beckworth selbstgerecht über die Gräueltaten des Feindes

Abb. 20

Abb. 21

Abb. 22

Abb. 23

Abb. 24

monologisiert, kann darin eine Referenz für Coppolas Figur des infernalen Col. Kurtz erkennen. Das wird noch deutlicher, wenn man an den Fotojournalisten denkt, gespielt von Dennis Hopper, der nicht von Kurtz' Seite weicht: Mit mehreren Kameras behängt ist er grotesk als Gegenstück des allen medientechnischen Werkzeugen entsagenden Beckworth inszeniert (Abb. 24).

Dies impliziert jedoch keine ironische Distanzierung. Die Wirkungsästhetik in APOCALYPSE NOW nimmt noch das Kalkül des Wayne-Films auf, um es in spezifischer Weise zu modifizieren. Diese Modifikation ließe sich kaum sinnhaft greifen, setzte man sie nicht zu den veränderten Erfahrungsmodalitäten ins Verhältnis, in denen sich das Bild des Vietnamkrieges in THE GREEN BERETS ebenso wie im Fernsehen formiert. Im Ergebnis mag dies bei Coppola wie eine kritische Haltung anmuten. Im Grunde holt der Film damit aber nur nach, was THE GREEN BERETS aus Sicht der Genretradition versäumt hat, nämlich die Erfahrung des Krieges bzw. seines medialen Bildes wieder in seinen ganzen katastrophischen Ausmaßen auf das subjektive Selbstempfinden gesellschaftlicher Individuen zu beziehen.

Auf Grundlage dieser Studie lässt sich also die heuristische These formulieren, dass die Vietnamkriegsfilme der 1970er Jahre weniger auf eine Kritik am Krieg an sich als auf die Demontage und Umdeutung der medialen Verfahren zielen, die das Bild des Krieges konstituieren. Damit ist nicht gemeint, dass die Filme eine Krise der Repräsentierbarkeit dieses Krieges konstatieren, denn diese Repräsentation stand in unserem Verständnis eben von vornherein nie im Mittelpunkt der poetischen Strategien des Genres. Vielmehr berufen sie sich auf die tradierten Poetiken, auf die Wirkungskalküle früherer Filme, holen sie an die Oberfläche und setzen sie reorganisierend ins Verhältnis zum Bild des Krieges und den spezifischen Erfahrungsmodalitäten, in denen es in den Medien kursiert.

David Gaertner

ROADSHOW AESTHETICS:

Die *Moviegoing Experience* der Roadshow-Präsentation

„Fascinating Boredom on the Yangtze", so lautet die Überschrift einer Rezension des Kritikers Richard Schickel zu dem US-amerikanischen Kinofilm THE SAND PEBBLES aus dem Jahr 1966.[1] Das Historienepos, das unter der Regie von Robert Wise entstand und in dem Steve McQueen die Hauptrolle spielt, handelt von der Crew eines amerikanischen Kanonenboots, der „San Pablo". Deren Matrosen patrouillieren in den 1920er Jahren entlang des chinesischen Flusses Jangtsekiang und werden in innenpolitische Unruhen verwickelt. Liest man die Rezension weiter, wird schnell klar, dass Schickel sich nicht auf handwerkliche Unzulänglichkeiten bezieht, wenn er von Langeweile spricht, die bei dem Zuschauer hervorgerufen werde. Zwar habe der Film durchaus inszenatorische Schwächen; so behauptet Schickel etwa: „It is boring in a way that only a film full of stock characters involved in stock emotional situations can be". Doch bezieht sich der Autor auf etwas anderes, wenn er, scheinbar widersprüchlich, von einer *faszinierenden* Langeweile spricht.

Implizit unterstellt Schickel – in anekdotischer Anlehnung an Andy Warhols Aussage, „I like long, boring things" –, dass THE SAND PEBBLES ein spezielles ästhetisches Konzept zu Grunde liegen würde. Er spricht an dieser Stelle von sich als Zuschauer, der in eine Position versetzt werde, in der er regelrecht erschlafft und von dem Film sehr, sehr langsam absorbiert werde.[2] Der Rezensent erklärt dies mit dem Ziel des Films Stimmungen gegenüber dem Zuschauer zum Ausdruck zu bringen, die, wie er sagt, in den Figuren von THE SAND PEBBLES ihren Ursprung haben. Als Beispiel nennt Schickel die im Film hergestellte Parallele von dem angespannten Dienst auf einem Patrouillenboot der US-Navy und dem Gefühl einer bedrückenden Enge. Schickel resümiert:

---

1 Richard Schickel: „Fascinating Boredom on the Yangtze: THE SAND PEBBLES with Steve McQueen", in: *Life*, January 6 (1967), S. 11.
2 „When all is said and done the thing for which we will probably most gratefully remember Andy Warhol will not be a painting or an underground movie, but an extremely useful concept in esthetics. Someone asked him one time for an opinion of one of Edward Albee's many lesser works, and he replied that he found it long and boring but that was all right with him because ‚I like long, boring things.' All of us do, on occasion, and I found myself recalling Warhol's Law recently as I allowed myself to go limp and be absorbed slowly, ever so slowly, into the system of a movie called THE SAND PEBBLES.", Ebd.

> It is precisely the quarrelsome, half-mad mood of men in this insufferable situation that Director Robert Wise and Screenwriter Robert Anderson perfectly capture in their film, and which is one of the qualities that gives their long, boring thing its singular value.[3]

Mit diesem „long, boring thing" meint Schickel nichts anderes als den Film selbst und fährt fort: „Were it any shorter, it would simply not have made its point". Ohne es deutlich auszusprechen bezieht Schickel somit Stimmungen nicht allein auf die Figuren des Films, sondern spricht auch von einem Zuschauerempfinden, dem er mit dem Schlagwort der *faszinierenden* Langeweile einen Namen gibt. Wenn man Schickels Ausführungen konsequent zu Ende denkt, dann ist dieses Empfinden eng geknüpft an die schiere Dauer des Films. So verwundert es auch nicht, dass die Laufzeit von THE SAND PEBBLES 196 Minuten beträgt. So gesehen ist es offensichtlich, dass es nicht stereotype Figuren und sentimentale Standardszenen des Films sind, die langweilig sind. Schickel reflektiert innerhalb des Formats der Filmkritik vielmehr Eindrücke des Kinobesuchs, einer, wie ich es nennen möchte, *moviegoing experience*.[4] Der dahinter stehende Gedanke, dass es um den buchstäblichen Gang ins Kino geht, erscheint mir essentiell zu sein, wenn man im Falle von THE SAND PEBBLES von einem bestimmten Zuschauerempfinden spricht. Denn die Dauer des Films bekommt, wie ich zeigen werde, einen besonderen Rahmen, der in der Vorführungssituation begründet ist. THE SAND PEBBLES zählt, wie viele andere Filme, die bis in die frühen 1970er Jahre als große Leinwandepen konzipiert wurden, zu sogenannten Roadshows. Diese unterlagen einer besonderen Verleih- und Aufführungspraxis.[5] In diese Kategorie fallen so unterschiedliche Filme wie BEN-HUR (William Wyler, USA 1959), WEST SIDE STORY (Robert Wise, Jerome Robbins, USA 1961) und 2001: A SPACE ODYSSEY (Stanley Kubrick, USA/GB 1968). Ich möchte im Folgenden den in der Forschungsliteratur eher randläufig behandelten Begriff der Roadshows schärfen und erweitern.

Bei den 196 Minuten von THE SAND PEBBLES handelt es sich also um die Länge der Roadshow-Version, die im Rivoli Theatre am Broadway am 20. Dezember 1966 uraufgeführt wurde. Auf diese Version bezieht sich Schickel, eine Version, die 14 Minuten länger ist als die der Monate später folgenden regulären Kinoauswertung. Ich gehe davon aus, dass nur diese Version des Films, aufgeführt als Roadshow-Präsentation, jenes spezifische Zuschauerempfinden schafft, das Schickel in seiner Rezension beschreibt. So gehe ich davon aus, dass die von Schickel konstatierte *faszinierende Langeweile* ganz konkret geknüpft ist an genuine Strategien ästhetischer Erfahrung der Roadshows, die ich als besondere Präsentationsform fassen werde. Im Wesen dieser genuinen *moviegoing experience* kristallisiert

---

3 Ebd.

4 *Moviegoing experience* bezeichnet einen im englischen Sprachraum vielseitig gebrauchten Begriff, den ich im Folgenden auf die Perspektive dieses Aufsatzes zuspitzen werde.

5 Im Fall der Roadshow-Präsentation werde ich den Schwerpunkt auf Aspekte einer theatralen Aufführung und nicht die Vorführung eines Films legen. Daher spreche ich nicht von einer ‚Vorführungspraxis', sondern einer Aufführungspraxis.

sich das heraus, was für mich das Spezifische der Roadshow-Präsentation darstellt. Die qualifizierende Beobachtung einer *faszinierenden Langeweile*, so die These dieses Aufsatzes, ist maßgeblich an die Verleih- und Aufführungspraxis der Roadshow-Präsentation geknüpft, die eine bestimmte ästhetische Erfahrung organisiert. ‚Langeweile' stellt unter diesen Voraussetzungen kein Kriterium der Abwertung dar, vielmehr geht es im Format der Roadshow-Präsentation, wie ich zeigen werde, um ein bestimmtes Gefühl der Dauer, auf das Schickel mit seiner paradoxen Formulierung hinweist, ohne jedoch dieses mit dem Roadshow-Begriff in Verbindung zu bringen. So fällt der Begriff „Roadshow" nicht ein einziges Mal in Schickels Kritik.

In der von mir vorgeschlagenen Neu-Bewertung der Roadshow-Präsentation gehe ich davon aus, dass diese eine in der Filmgeschichte einzigartige Konstellation aus 1.) verleihökonomischem Kalkül, 2.) Aufführungspraxis und 3.) dem exklusiven Einsatz filmtechnischer Mittel, die ein spezifisches Zuschauererleben bedingen, darstellt. Der Zusammenhang dieser drei Aspekte, den ich als Grundlage einer genuinen ästhetischen Erfahrung bewerte, wurde in der Forschungsliteratur bisher nicht hergestellt. Von zentraler Bedeutung für diese Untersuchung ist das neophänomenologische Zuschauerkonzept, das Vivian Sobchack mit dem Begriff des *Embodiment* theoretisch geschärft hat.[6]

Um den Begriff der Roadshow-Präsentation zu konkretisieren, werde ich im ersten Abschnitt dieses Aufsatzes auf den einzigen, in der Forschungsliteratur gut beleuchteten Aspekt der Roadshow-Präsentation eingehen, den des Verleihs. Im zweiten Abschnitt werde ich die Genese dieser genuinen Aufführungspraxis kennzeichnen. Im dritten Abschnitt werde ich die *moviegoing experience* der Roadshow-Präsentation unter dem Begriff der Immersion theoretisch fassen und an Aspekte der Aufführung zurückbinden. Dies wird es mir ermöglichen in einem weiteren Abschnitt vier Grundmerkmale der Roadshow-Präsentation zu benennen und so eine Begriffsdefinition vorzunehmen. Schließlich werde ich zeigen, in wie fern die Roadshow-Präsentation auch als ein Genre beschreibbar ist.

Mit dem hier vorgeschlagenen Unterfangen einer Betrachtung eines filmhistorischen Forschungsfelds unter Berücksichtigung einer filmästhetischen Fragestellung fasse ich ein, auf den ersten Blick, überaus heterogenes Korpus an Filmen zusammen. Damit hoffe ich eine Perspektive auf Filmgeschichte zu ermöglichen, die sich entlang der Frage eines genuinen Zuschauerempfindens entwickeln lässt. Zudem verfolge ich das Ziel, mit den hier angestellten Überlegungen Möglichkeiten einer filmanalytischen Untersuchung dieses heterogenen Korpus' nahezulegen.

---

6 Vgl. Vivian Sobchack: „What My Fingers Knew: The Cinesthetic Subject, or Vision in the Flesh" in: dies.: *Carnal Thoughts. Embodiment and Moving Image Culture*. Berkeley, Los Angeles, London: University of California Press 2004, S. 53-84.

Verleihökonomie der Roadshow-Präsentation

Wenn zu Beginn eines Films, den man sich heute auf DVD oder Blu-Ray anschaut, eine Schrifttafel eingeblendet wird, auf der zu einem laufenden Musikstück das Wort „Overture" steht, dann kann man sicher sein, dass dieser Film in der ursprünglichen Kinoauswertung als Roadshow-Präsentation aufgeführt wurde. Das passiert etwa bei Titeln wie GONE WITH THE WIND (Victor Fleming, USA 1939), DOCTOR ZHIVAGO (David Lean, USA/IT 1965), oder FOR WHOM THE BELL TOLLS (Sam Wood, USA 1943). Diese Schrifttafeln sind mal mehr, mal weniger kreativ gestaltet. Die DVD der Hemingway-Verfilmung FOR WHOM THE BELL TOLLS enthält neben der bloßen Schrifteinblendung ein mit digitalen Bildbearbeitungsmitteln ‚kunstvoll' aufbereitetes Motiv des Filmplakats in knallbunten Farben. Den Beginn des Stanley-Kubrick-Klassikers SPARTACUS (USA 1960) ziert, neben dem Schriftzug „Overture", gar ein Still mit Kirk Douglas in der titelgebenden Rolle, deutlich erkennbar ein Videostandbild aus dem Film. Eines haben diese so unterschiedlich gestalteten Tafeln ganz offensichtlich gemein, keine von ihnen war in der ursprünglichen Kinofassung zu sehen, die Ouvertüre wurde in den meisten Fällen ohne projiziertes Filmbild wiedergegeben. Die Zuschauer saßen im Saal bei gedimmter Beleuchtung, während der Film auf der Tonspur bereits begann. Die nachträglichen Ergänzungen verweisen indes auf eine Auswertungsform der Filme, die sich im Rahmen heimischer Unterhaltungstechnik nicht so recht reproduzieren lässt und der Erklärung bedürfen, wenn nicht in Form der Schrifteinblendung, dann zumindest als Hinweis vor dem Start des Films.[7] Als ungewöhnlich würde diese Aufführungspraxis auch heute im Kino erscheinen, sind dort doch Filme, die jenes Merkmal der ‚bildlosen' Musikpassagen aufweisen, schon lange nicht mehr anzutreffen. Die Praxis, Filme als Roadshows aufzuführen, endete, mit einigen wenigen Ausnahmen, im Jahr 1972. Diese eindeutige Datierung wird möglich, wenn Roadshows unter einer bestimmten Strategie des Filmverleihs subsumiert werden, wie es in der Behandlung des Begriffs in der Forschungsliteratur der Fall ist.

Ist der Begriff der Roadshow-Präsentation vor allem als Branchen-Terminus in Fachzeitschriften und Anzeigen präsent gewesen, widmete sich erst jüngst eine filmhistoriografische Studie zu Großproduktionen des US-Kinos der Eingrenzung des Begriffs unter verleihstrategischen Gesichtspunkten. In ihrer Publikation *Epics, Spectacles, and Blockbusters: A Hollywood History* bieten die Autoren Sheldon Hall und Steve Neale folgende Definition dieser Verleihpraxis im Kontext von sogenannten *superspecials*, die es bereits in den 1910er und 1920er Jahren gab:

> Following an extensive publicity campaign and premiere screenings in New York and/or Los Angeles, superspecials were often exhibited in major cities in the United

---

7 So heißt es im Falle der DVD-Veröffentlichung von LAWRENCE OF ARABIA (David Lean, GB/USA 1962) von Columbia Tristar Home Video (2001), dass es der künstlerische Wille des Regisseurs gewesen sei, die ersten Minuten des Films mit „schwarzen Bild" abzuspielen.

States in large picture-palace cinemas or in even larger theatrical venues at „advanced" or higher-than-average seat prices. At a time when most films were presented in continuous performances, without breaks between showings, and a time when tickets were rarely sold or reserved in advance, between showings, seats for roadshows were bookable, the films themselves were shown at specified times (usually twice a day) with at least one intermission, and if „silent", as was of course nearly always the case until the late 1920s, accompanied by a specially composed score played by an orchestra. Roadshow runs of this kind continued for weeks, months, or sometimes years before versions of the films were released to regular movie theaters and shown in the usual manner at regular prices. Some of these films, such as THE FOUR HORSEMEN OF THE APOCALYPSE (1921) and BEN-HUR (1925) earned record sums of money.[8]

Damit nennen Hall und Neal im wesentlichen die veleihstrategischen Unterschiede der Roadshows gegenüber einer regulären Kinoauswertung: eine stark beschränkte Anzahl von Spielstätten mit lediglich ein bis zwei Aufführungen pro Tag, erhöhte Preise für Karten, die nur im Vorverkauf zu erwerben waren – sogenannte *reserved seats engagements*. Diese Vorführungen kamen mit einem Programmheft, das eigens für die Vorstellung angefertigt wurde. Es gibt auch den Verweis auf eine besondere Auffführungspraxis, der Einsatz einer Pause im Rahmen der Vorführung. Diese Definition weist so bereits auf zwei Aspekte hin, die im Folgenden von Bedeutung sein werden: Erstens handelt es sich um eine Präsentationsform, die sich wesentlich von den regulären Filmvorführungen unterscheidet. Und zweitens – von Hall und Neale eher implizit angeführt – handelt es sich bei der späteren regulären Auswertung lediglich um *Versionen* dieser Filme, im Grunde also Filme, die nicht identisch sind mit denen der Erstauswertung. Dies kann der Verzicht auf die Ouvertüre und die Auslassung der Unterbrechung des Films gewesen sein, aber auch eine Straffung in Form von nachträglich vorgenommenen Kürzungen. Dazu kamen noch Unterschiede im Filmformat und Filmprojektion, etwa die Größe der projizierten Fläche und ab den 1950er Jahren auch den Einsatz einer preiswerteren 35mm Kopie im regulären Verleih, statt einer teuren 70mm Kopie. All diese Unterschiede der Filmpräsentation trafen auch auf die unterschiedlichen Auswertungsformen von THE SAND PEBBLES zu.

Auch auf die Frage, unter welchen Voraussetzungen ein Film diese besondere Art der Auswertung und Präsentation erhielt, können die Autoren Hall und Neale eine Antwort finden. Sie definieren in ihrer Studie das *roadshowing* von Hollywood-Produktionen der späten 20er und 30er Jahre hauptsächlich als Verleihstrategie, die gekoppelt ist an dem Begriff des *prestige pictures*.[9] So schreiben Hall und Neale:

---

8 Sheldon Hall/Stephen Neale: *Epics, Spectacles, and Blockbusters: A Hollywood History*. Detroit: Wayne State University Press 2010, S. 3f.

9 Der Begriff des *prestige pictures* wurde in einer filmhistoriographischen Studie von Tino Balio zur Hollywood-Filmproduktion der 1930er Jahre als „production trend" exemplarisch eingegrenzt. Vgl. Tino Balio: *Grand Design: Hollywood as a Modern Business Enterprise, 1930-1939*. Berkeley, Los Angeles: University of California Press 1993, S. 179-211.

> Roadshowing was essentially a promotional strategy, designed to advertise pictures to the public and to the trade, but it was also a mark of prestige. Prestige was provided on the one hand by production values and the sheen of „quality" that generally went with a large budget, but on the other hand by the cultural values of the subject matter, the source material, and in some cases the creative personnel involved.[10]

Es gibt in der Forschungsliteratur noch weitere historiographische Studien in denen auf die Verbindung zwischen *prestige pictures* und der Verleihpraxis des *roadshowing* hingewiesen wird.[11] So erörtert auch Aubrey Solomon die besondere Bedeutung der Roadshow-Verleihpraxis für die *prestige pictures* der späten 20er Jahre.[12] In diesem Rahmen reisten die Filme mit einem dazugehörigen Filmorchester von Stadt zu Stadt um in speziellen Aufführungsstätten vorgeführt zu werden, die nicht zu den örtlichen Filmtheatern zählten. Ein wesentliches Konzept der Roadshow-Präsentation, wie ich sie fassen möchte, zeichnet sich bereits in diesem verleihstrategischen Kalkül ab. Die Auswahl der Spielstätten richtete sich danach, die einzigartige Vorführungssituation exakt zu reproduzieren. Dies zeigte sich in der Projektion, sowie im Falle der musikalischen Begleitung des mitreisenden Orchesters. So gesehen, verfolgt die Roadshow-Präsentation das Ideal der wiederholbaren Erfahrung eines filmischen Ereignisses. Im Mittelpunkt stand allein die Roadshow-Präsentation, so dass der zu dieser Zeit gängige Mix aus Wochenschauen und Vorfilmen, sowie Vaudeville- und Musikeinlagen nicht zu den Attraktionswerten eines Kinoabends zählte.[13] Daran wird deutlich, dass ein wesentliches Kriterium der Roadshow-Präsentation aus einem verleihökonomischen Kalkül der Filmindustrie heraus entstanden ist. Die Roadshow-Präsentation steht für sich allein als ein in sich geschlossenes, klar vorgegebenes, abendfüllendes Unterhaltungsprogramm. Es handelt sich dabei um ein Programm, das den Status eines *events* besitzt. Ich gehe davon aus, dass es sich um die Idee einer einzigartigen Filmerfahrung handelt, die von allen Zuschauern geteilt wird. Dieses *event* ist für eine Zuschauererfahrung verantwortlich, die auf ganz eigenen Regeln basiert. Roadshows ließen sich so als ein singuläres Ereignis beschreiben, beziehungsweise als eine darauf ausgerichtete filmische Präsentation.

---

10 Hall/Neale, *Epics*, S. 91.
11 Vgl. Chris Cagle: „Two modes of prestige film", in: *Screen*, Screen Vol. 48, No. 3 (Autumn 2007), S. 291-311.
12 Vgl. Aubrey Solomon: *The Fox Film Corporation, 1915-1935: A History and Filmography*. Jefferson NC: McFarland & Co. Pub. 2011.
13 Vgl. Richard Koszarski: *Evening's Entertainment: The Age of the Silent Feature Picture, 1915-1928*. Berkeley, Los Angeles: University of California Press: 1990, S. 163-190.

Ursprünge einer Aufführungspraxis

Filmhistoriker haben wiederholt darauf hingewiesen, dass bereits die ersten öffentlichen Filmaufführungen Roadshows waren.[14] In diese Kategorie fiel das Programm, mit dem die Lumière Company oder auch Vitagraph ab 1904 durch Städte und kleinere Orte in den USA zogen. Diese Roadshows haben jedoch noch nicht viel mit dem gemein, was ich als das Spezifische der Roadshow-Präsentation erachte, und mit der Art und Weise, wie sie von der Filmindustrie zu einem späteren Zeitpunkt eingesetzt wurde. Erst wenn man die Praxis von einigen bestimmten *traveling showmen* berücksichtigt, die der Tradition des *roadshowing* einzuordnen sind, lassen sich die Bezüge zu der späteren Verleih- und Aufführungspraxis nachvollziehen.

Traveling showmen waren in den USA unmittelbar nach Markteinführung der ersten Filmprojektoren durch die Edison Company 1896 dafür verantwortlich, dass es öffentliche Filmvorführungen gab. Charles Musser und Carol Nelson beschreiben in ihrer Monografie *High-Class Moving Pictures. Lyman H. Howe and the Forgotten Era of Traveling Exhibition, 1880-1920* die Praxis der *traveling showmen*, auch *traveling exhibitors* genannt, zur Zeit der Jahrhundertwende, die sich aus der Tradition von Veranstaltern von Wanderausstellungen und Vortragsreisenden (*lecturers*) entwickelte:

> Traveling exhibitors [...] usually provided a complete entertainment – not only films, projector, and projectionist, but people to create sound accompaniment, the advance man, and promotional materials. Their income was usually based on gross receipts. In some cases they rented a space such as a theater, hall, or storefront, or pitched a tent and kept all income after expenses.[15]

Sogenannte *traveling showmen* waren jedoch nicht die einzigen Unternehmer, die öffentliche Filmaufführungen nach und nach als alltägliche Praxis etablierten. Für die Entwicklung der Roadshows ist auch das Umfeld der *traveling showmen* relevant, von dem diese sich abzugrenzen suchten. Damit sind vor allem wandernde Vaudeville-Gruppen gemeint, die Filmvorführungen im Programm hatten.[16]

---

14 Vgl. Hall/Neale, *Epics*, S. 10 und John Belton: *Widescreen Cinema*. Cambridge, London: Harvard University Press 1992, S. 278.

15 Vgl. Charles Musser/Carol Nelson: *High-Class Moving Pictures. Lyman H. Howe and the Forgotten Era of Traveling Exhibition, 1880-1920*. Princeton: Princeton University Press 1991, S. 59. Ein vergleichbares Phänomen von unabhängigen *traveling showmen* gab es noch bis in die 1950er Jahre im Bereich des Exploitation Films, vgl. Eric Schaefer: „*Bold! Daring! Shocking! True!": A History of Exploitation Films, 1919-1959*. Durham, London: Duke University Press 1999, S. 96-135.

16 Musser und Nelson skizzieren dieses vielseitige Umfeld, dass dazu führte, dass *traveling showman* von der Provinz in die größeren Städte getrieben wurden, bevor diese von den ab 1906/07 aus den Boden sprießenden Nickelodeons bedroht wurden: „By 1905, motion pictures had filled established amusement formats – theaters, arcades, carnivals, summer parks – to the bursting point. Vaudeville entrepreneurs and traveling showmen were intruding on

Auf den ersten Blick fällt es schwer, die Anfänge öffentlicher Filmaufführungen der Einzelunternehmer, den umherziehenden *showmen,* die im Umfeld von Vaudeville und Jahrmärkten, durch das Land tingelten, mit den *superspecials* und *prestige pictures* späterer Hollywood-Produktionen in Verbindung zu bringen. Das, was für mich ein spezifisches Kriterium der Roadshow-Präsentation ausmacht, die Kombination eines ökonomischen Kalküls der Einzigartigkeit der Aufführung, die zugleich auch eine besondere Zuschauererfahrung bedeutet, lässt sich jedoch bereits, so meine ich, im Programm eines ganz bestimmten *traveling showmen,* Lyman H. Howe, ausmachen. Dieser war in den Bundesstaaten Pennsylvania und New York mit Lehrprogrammen, sogenannten *special illustrated lectures,* unterwegs, welche ab 1896 auch Filmprojektionen enthielten. Bei der folgenden Beschreibung der sogenannten *roadmen era* beziehe ich mich auf Charles Mussers und Carol Nelsons, bereits erwähnte, umfangreiche Studie. Die Autoren machen darin in einem peniblen Vergleich zwischen den Wandershows Howes und denen seiner zeitgenössischen Konkurrenten anschaulich, wie sich die einzigartige Gestaltung der Präsentation im Programm des Unternehmers Howe entwickelte. Mein Ziel ist es, den Blick auf bestimmte Aspekte von Howes Programm zu fokussieren, und diese als Ursprünge der späteren Roadshows Hollywoods zu kennzeichnen.

Ein strukturiertes Abendprogramm:
Lyman H. Howes *lectures* und Roadshow-Präsentationen

Der Wanderaussteller Lyman H. Howe war Veranstalter von „High-Class-Moving-Pictures", so bewarb der Unternehmer zumindest seine Unterhaltungsabende. Diese Filmvorführungen fanden in ausgewählten Spielstätten wie Opernhäusern statt. Bereits hierin deutet sich ein wesentliches Merkmal späterer Roadshows an, das eines in sich geschlossenen abendfüllenden Programms, aufgeführt an exklusiven Orten. Bevor es das filmische Bild gab, kombinierte eine *road show* von Howe die Präsentation von Fotografien und Tonaufnahmen von einem Phonographen, moderiert von dem *lecturer* und oft beworben als *concerts*.[17] Der Aspekt einer technischen Attraktion war somit schon sehr früh ein wesentlicher Bestandteil von Howes Programm. Später beinhalteten diese Aufführungen auch Filmprojektionen mit Live-Ton-Effekten in Kombination mit dem Phonographen, den Howe mit einem massiven Trichter zur besseren Beschallung der Säle ausstattete.[18]

Die Wandershows Howes stachen aus den vielen anderen frühen Filmvorführungsformen heraus, da Howe gesammelte Filmaufnahmen, die er von der Edison

---

each other's turf. Vaudeville with moving pictures had opened in many cities previously served only by traveling showmen. […] Special Sunday motion picture shows and penny arcades also appeared in many localities. Correspondingly, ambitious itinerant showmen were making appearances in major cities." Musser/Nelson, *High-Class Moving Pictures,* S. 160.
17 Ebd., S. 43.
18 Ebd., S. 57.

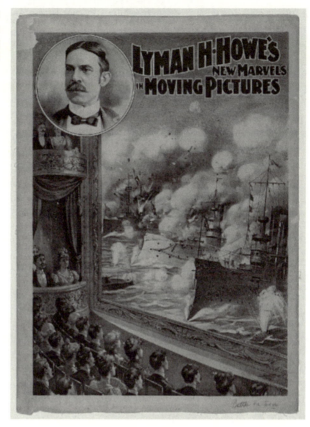

Abb. 1: Anzeige „Lyman H. Howe's new marvels in moving pictures", circa 1898

Company und von anderen Produzenten einkaufte, zu zwei größeren Blöcken von jeweils einer Stunde auf große Spulen kompilierte. Diese Blöcke hatten einen thematischen Schwerpunkt und waren oft auch in einer Weise arrangiert, in der sich unterschiedliche Filmmaterialien, wie Aktualitäten-Filme und kleine Shorts, etwa von Géorges Méliès, scheinbar aufeinander beziehen. Der Schnitt ließ sogar für den Zuschauer einen kohärenten filmischen Raum entstehen. Diese Strategie der gerichteten Zuschauererfahrung setzte Howe ein, bevor diese einige Jahre später zu einer Konvention, einem *mode of representation* wird, so wie es Musser mit den Anfängen des kohärenten Schnitts beschreibt.[19]

Zur Veranschaulichung des Aspekts eines klar strukturierten Abends ist die Programmgestaltung Howes besonderes prägnant. Vor dem Hintergrund einer *lecture* zu den Ereignissen des Spanisch-Amerikanischen Kriegs (s. Abb. 1) kompiliert

---

19 Ebd., S. 52. Vgl. auch Charles Musser: „The Nickelodeon Era Begins: Establishing the Framework for Hollywoods Mode of Representation", in: Thomas Elsaesser/Adam Barker (Hg.): *Early Cinema: Space, Frame, Narrative.* London: British Film Institute 1990, S. 256-273.

Howe 1898 aus zusammengefundenen Filmaufnahmen ein Narrativ, das sich erst im Rahmen des mit einer Pause versehenen Programms entfaltet. Musser und Nelson beschreiben den Ablauf:

> Howe offered a narrative account of the war, not once but twice, and from different perspectives. The first group followed the land war, troops parading before leaving for the front, going to their Florida staging areas, landing in Cuba, and fighting to defend the flag. The second group focused on the sea and began earlier than the land series, with the *Maine* (in fact its sister ship) leaving New York Harbor. It continued with a lightly emotional catalyst – the explosion of the *Maine* (a Méliès reenactment) – and then detailed the resulting defense of American honor. Howe's audiences thus had the pleasure of savoring America's victory twice in one evening. Not surprisingly, this elaborate program pleased audiences everywhere. At the same time, the war was presented as if it were a process to be broken down, analyzed, and objectively presented.[20]

Am Beispiel dieses Zitats möchte ich der Feststellung Gewicht geben, dass Howe zu einer Zeit, bevor Filme als abendfüllendes Programm – als sogenannte *features* – gezeigt wurden, eine orchestrierte *moviegoing experience* schafft. Diese frühe, vielleicht auch erste, lange Filmerzählung ist unmittelbar geknüpft an eine Aufführungspraxis, die Howe perfektionierte. Dies wird an der Strukturierung des Programms besonders deutlich. Howe unterteilte das abendliche Ereignis stets in zwei gleichlange Akte, die von Musikeinlagen gerahmt wurden. Das Programm begann mit einer einführenden Ouvertüre, oft in Form eines Klavierstücks, nach dem Ende des ersten Akts erfolgte eine Pause. Der zweite Akt wurde von einer weiteren ‚Ouvertüre' eingeleitet und schließlich endete das Programm mit einem musikalisch begleiteten Ausklang, einem „Good Night" in Form einer Verabschiedung durch den Präsentator.[21] Eben dieses zentrale strukturierende Prinzip, das auf die Vorführungssituation als anspruchsvolles Kulturprogramm abzielt, wurde auch den späteren Roadshow-Präsentationen zugrunde gelegt, so auch im Fall von THE SAND PEBBLES. Vergleichbar mit einer Opernaufführung, wurden Spielfilme, die einer Roadshow-Auswertung unterlagen, strukturiert von den bereits erwähnten ‚bildlosen' Musikpassagen: einer Ouvertüre, dann einer *intermission music* (in der Regel mit Schrifteinblendung), nach der Pause ein *entr'acte* und einer *exit music*, mit der das Abendprogramm beendet wurde. Auf diese Assoziation des Kinofilms mit einem hochwertigen Kulturangebot zielt auch der ökonomische Aspekt des *limited release* in exklusiven Aufführungsstätten ab, der auch schon die *road shows* Howes, kurz nach der Einführung der Kinoketten, von anderen Filmvorführungen abhob.

Diese Merkmale der Roadshow-Präsentation, deren Herkunft also in den erwähnten Wanderfilmvorführungen liegen, nahmen in den frühen 1910er Jahren Einzug in die sich etablierende Filmindustrie, erstmals in Vorführungen der italie-

---

20 Vgl. Musser/Nelson, *High-Class Moving Pictures*, S. 88.
21 Ebd., S. 104ff, 135f.

nischen Importe L'INFERNO (Francesco Bertolini, IT/GB 1911) und zwei Jahre später QUO VADIS? (Enrico Guazzoni, IT 1913). Nach dem phänomenalen Erfolg der Roadshow-Version von BIRTH OF A NATION (D.W. Griffith, USA 1915) wurde diese Verleih- und Aufführungspraxis schließlich in das sich herausbildende Studiosystem integriert.[22] Auch begleitende Programmhefte waren im Fall der „High-Class-Moving-Pictures" der Jahrhundertwende gängig. Und auch Howe verlangte deutlich erhöhte Eintrittspreise, nicht zuletzt um über den Preis das Argument zu festigen, es handele sich um ein anspruchsvolles Kulturprogramm.

Der Zuschauerraum – Filmtechnik und Immersion

Bereits von Beginn an, war die Spezifik der Roadshow-Präsentation eng an technische Aspekte der Filmvorführung geknüpft. Auch in dieser Hinsicht war Howe ein Pionier, denn er versuchte sich durch technische Innovationen von Konkurrenten abzuheben. Vor allem der aufwendige Einsatz von Live-Toneffekten in Kombination mit Klängen des Phonographen sind in diesem Zusammenhang zu nennen. Auch mit dem Merkmal einer besonders störungsfreien Filmprojektion warb Howe, der als Tüftler eine Shutter-Vorrichtung in seinen selbst gebauten Projektor – dem Animotoscope – einsetzte, welche das Flackern des projizierten Bildes minimierte. Schließlich stabilisierte Howe auch den Bildstand deutlich über das damalige Niveau. Interessanterweise versah Howe seine Präsentationen zudem mit einer über 20 qm großen Leinwand, was laut Nelson und Musser deutlich über dem damaligen Durchschnitt lag.[23]

Howes „High-Class-Moving-Pictures" waren nicht nur aufgrund dieser technischen Besonderheiten hervorstechend. Auch aufgrund eines weiteren Aspektes erachte ich sie als wesentlichen Ursprung späterer Roadshow-Präsentationen. Es handelt sich um den Aspekt eines speziellen Attraktionswerts der Aufführung. Ab 1908 ergänzte der Unternehmer sein Programm mit selbst hergestelltem Filmmaterial, das einen neuen Attraktionswert aufwies. Es handelt sich um den Film A RIDE ON A RUNAWAY TRAIN (1908), der festes Bestandteil seiner Programme wer-

---

22 Vgl. Hall/Neale, *Epics*, S. 226 und Musser/Nelson, *High-Class Moving Pictures*, 236-239. Musser und Nelson stellen diese Entwicklung so dar: „Traveling Exhibition remained a significant form of motion picture distribution until the end of the „silent era", i. e., of films without synchronized recorded sound. As the Hollywood industry was consolidated between 1914 and 1917 and applied the regular release system to most feature-length dramatic films, it fostered several increasingly distinct practices. Road-showing continued as part of Hollywood's marketing repertoire for „specials". For a blockbuster feature film, Units would tour with effects truck, orchestra, and advance representative. Nine such companies presented Griffith's INTOLERANCE in the United States during 1916. The process, however, was fraught with risk. *Variety* later claimed that only about one in four ventures was a box-office success. Touring proved increasingly perilous for Howe as well." Musser/Nelson, *High-Class Moving Pictures*, S. 258.
23 Vgl. Musser/Nelson, *High-Class Moving Pictures*, S. 108.

den sollte. In diesem verschafft eine an einer Spitze eines Zugs angebrachte Kamera dem Zuschauer einen „roller-coaster-like thrill".[24] Aufgrund dieser Neuerung in Howes Programm sprechen Musser und Nelson von einem Spannungsfeld, in dem sich Howe bewegt hat. Es handelt sich dabei um die gegensätzlichen Pole von Unterhaltungsformen des Varietés und eines lang anhaltenden Narrativs.[25]

Mir erscheint es wichtig hervorzuheben, dass der Attraktionswert des *train rides* sich, als Spektakel, erst in einer bestimmten Zuschauererfahrung herstellt. Daran knüpfen auch technische Voraussetzungen der Roadshow-Präsentation ab den 1950ern an, die ich im nächsten Abschnitt darstellen werde. Zuvor möchte ich der in der Perspektive dieses Aufsatzes essentiellen Frage nachgehen, wie diese besondere Attraktion in Hinblick auf eine bestimmte Zuschauererfahrung zu beschreiben wäre.

Howes *train ride* orientierte sich an den kurzlebigen *Hale's Tours* (bis 1906), eine Kinokette, die, wie in einem Simulationsraum, den Kinosaal als Zugabteil ausstattete um eine vermeintliche Zugfahrt als filmische Sensation eines Geschwindigkeitsrauschs zu verkaufen.[26] Der Filmhistoriker Raymond Fielding merkt in einem 1968 publizierten Aufsatz an, dass diese besondere Form des Filmerlebnisses, wie sie die *Hale's Tours* ermöglichten, mit der Bemühung um eine ‚realistische', lebensnahe Erfahrung zusammenfällt.[27] Diese Einschätzung entspricht auch einem zeitgenössischen Verständnis der filmischen Attraktion, so betitelte Howe sein Programm bereits 1906 mit dem Titel „Lifeorama".[28] Den Schwerpunkt in Howes Aufführungen bildeten zu dieser Zeit sogenannte *travelogues*, Reisefilme also, bei denen der Einsatz von bildsynchronem Ton, eine verbesserte Projektionstechnik und knapp zwei Jahre später auch jene Zugfahrtsimulation als sprichwörtliches ‚Fenster zur Welt' beworben wurde.[29] Führt man sich den hohen Anspruch der „High-Class-Moving-Pictures" vor Augen, ist es naheliegend, dass Howe sein Programm nicht mit affektiven Schauwerten, wie *thrills* bewarb, sondern realistische

---

24 Ebd., S. 182f.
25 Ebd., S. 274.
26 Tom Gunning beschreibt diese Praxis in Abgrenzung zur parallelen Entwicklung narrativer Erzähltechniken des frühen Films und dem Aufkommen von regulären Kinoketten: „Nicht nur bestanden die hier gezeigten Filme aus nichtnarrativen Sequenzen, die von Fahrzeugen aus (meist aus fahrenden Zügen) aufgenommen waren, auch der Projektionssaal war in Form eines Eisenbahnwaggons arrangiert, mit einem Schaffner, der die Eintrittskarten entwertete, und Geräuscheffekten, die ratternde Räder und zischende Druckluftbremsen simulierten. Solche Vorführerlebnisse erinnern weit mehr an die Attraktionen des Rummelplatzes als an die Tradition des herkömmlichen Theaters." Tom Gunning: „Das Kino der Attraktionen. Das frühe Kino, seine Zuschauer und die Avantgarde", in: *Meteor*, No. 4, 1996, S. 25-34, hier S. 28.
27 Der Aufsatz erschien erstmals im *Smithsonian Journal of History* Bd. 3, Nr. 4, Winter 1968-69, S. 101-124. Ich beziehe mich auf die Übersetzung: Raymond Fielding: „Die Hale's Tours: Ultrarealismus im Film vor 1910", in: *montage/av* Bd. 17, Nr. 2 (2008), S. 17-40, hier S. 17.
28 Vgl. Musser/Nelson, *High-Class Moving Pictures*, S. 172f.
29 Ebd., S. 245.

Eindrücke stets mit der Präzision moderner Filmtechnik im Rahmen seiner hochwertigen Präsentationen erklärte.[30]

Fragt man vor diesem Hintergrund nun nach filmtheoretischen Prämissen eines Zuschauerkonzepts, das an die leibliche Erfahrung gebunden ist, wäre zu allererst der Widerspruch eines ‚realistischen' Erlebnisses innerhalb einer (film-)technisch modulierten Erfahrung zu beleuchten. Bereits Musser und Nelson merken an, dass die beworbene Lebensnähe für den Zuschauer im Falle der *train rides* nicht eine Realitätssimulation sei, sondern viel mehr eine „intensified [...] experience of the film".[31] So eine intensivierte Erfahrung des Films wurde von der Filmwissenschaftlerin Constance Balides in Bezug auf den zeitgenössischen Film als „immersion effect" beschrieben.[32] Robin Curtis und Christiane Voss sehen das Beispiel der *Hale's Tours* bereits als Vorläufer dieser Bewegungsästhetik, so, wie sie Balides beschreibt. Sie bringen den Immersions-Begriff auf folgenden Nenner:

> Die heute wohl gängigste Form der filmischen Immersion fußt auf dem simulierten Effekt einer rasanten Bewegung des Zuschauers durch den Raum. Dem Betrachter kommen dabei diverse Objekte mit hoher Geschwindigkeit entgegen, wobei die Kamera stets auf den Fluchtpunkt ausgerichtet bleibt.[33]

Schaut man sich Howes *trainride* Idee genauer an, zeigt sich, dass diese nicht als bloße Simulationsanordnung gemäß der *Hale's Tours* funktioniert, sondern als eine Form immersiver Filmerfahrung eng koppelt an die Spielstätte, einem opernhaften Zuschauerraum. Es handelt sich um einen Zuschauerraum in dem sich das Publikum die Erfahrung eines abendlichen Kulturprogramms teilt, also ganz gegensätzlich zur Simulation einer Zugfahrt. Hierin ist ein genuines Merkmal der Roadshow-Präsentation zu finden, für die die Modalitäten der Film*vorführung* ausschlaggebend für eine besondere *moviegoing experience* ist. Besonders deutlich wird die zentrale Rolle, die der Zuschauerraum im Rahmen der „High-Class-Moving-Pictures" einnimmt, anhand eines besonderen Merkmals der immersiven Filmerfahrung in Howes Programm, das sich mit dem Einsatz von Luftnahmen aus einem Flugzeug heraus einstellte. Solche Luftaufnahmen ließ Howe ab 1911 herstellen, indem ein Pilot eine Kamera bediente,[34] der so eine Form von POV-Aufnahmen anfertigte, die der menschlichen Alltagswahrnehmung unzugänglich waren und einen gänzlich fremden Bewegungs- und Geschwindigkeitseindruck bescherte. Wichtig hieran ist nun jedoch, dass mit dieser besonderen Form des Spektakels auch eine Veränderung des Zuschauerraums einherging. Die Projektionsfläche wurde abermals ver-

---

30 Ebd.
31 Ebd.
32 Vgl. Constance Balides: „Immersion in the Virtual Ornament: Contemporary ‚Movie Ride' Films", in: David Thorburn/Henry Jenkins (Hg.): Rethinking Media Change. The Aesthetics of Transition. Cambridge: MIT Press 2003, S. 315-336, hier S. 316-321.
33 Robin Curtis/Christiane Voss: „Fielding und die movie-ride-Ästhetik: Vom Realismus zur Kinesis", in: *montage av*, 17/2 (2008), S. 11-16, hier S. 11f.
34 Vgl. Musser/Nelson, *High-Class Moving Pictures*, S. 210f.

größert, so dass sich diese über das gesamte Proszenium erstreckte. Der Raum hat keine repräsentative Funktion als vermeintliches Fenster zur Welt, vielmehr ist er in diesem Arrangement allein auf die Orchestrierung eines bestimmten Zuschauerempfindens ausgerichtet. Eher beiläufig beschreiben Musser und Nelson die notwendige Kopplung einer solchen immersiven Filmerfahrung an die konkrete Größe eines in einer bestimmten Räumlichkeit projizierten Filmbilds:

> The experience of moving through space was intensified by the cameraman's use of lenses with short focal lengths that increased the sensation of depth. According to two veteran projectionists, Howe „then brought his audience right into the scene by making his projected picture nearly large enough to fill the average stage opening".[35]

In der Beschreibung der zeitgenössischen Vorführer, wonach der Zuschauer direkt in den szenischen Raum des Films gebracht wird, kristallisiert sich ein Umstand heraus, der für die Spezifik auch späterer Roadshow-Präsentationen wesentlich ist. Der immersive Effekt einer Projektion, welche unter Umständen das Sichtfeld des Zuschauers übersteigt, ist im Rahmen eines abendfüllenden Programms nicht mehr zwangsläufig gebunden an eine bestimmte Bewegungsästhetik, wie etwa jene der *train rides*. Vielmehr wird dem Zuschauerraum eine besondere Funktion als Schnittstelle zwischen Zuschauer und Film zuteil. Die Größe der Projektionsfläche ist von der Größe des Proszeniums abhängig und steht somit im Verhältnis zur Größe des Zuschauerraums. Dieser architektonischen Erfahrung von Raumproportionen und Größe des filmischen Bildes addiert sich jene der projektionslosen musikalischen Einlagen bei geschlossenem Vorhang und der Adressierung des Publikums durch den Präsentator. Im Falle der Roadshow-Präsentation, die auf Howe zurückzuführen ist, ist der Zuschauer fest im Zuschauerraum verortet. Somit handelt es sich im wahrsten Sinne des Wortes um eine *moviegoing experience*. In Hinblick auf die Zuschauersituation im Rahmen der Roadshow-Präsentation benennt der Begriff des Immersiven eine spezifische Erfahrungsdimension, die nicht den Simulationseffekt einer rasanten Bewegung durch den Raum meint, etwa in dem Sinne, wie Curtis und Voss den Begriff im o.g. Zitat eingegrenzt haben,[36] sondern den Zuschauer gleichermaßen in einem *On* des filmischen Bildes und einem *Off* des Zuschauerraums verortet. Diese *moviegoing experience*, die sich

---

35 Ebd., S. 243f.
36 Ich beziehe mich in Bezug auf das Zitat nur auf einen Aspekt des Immersions-Begriff, den Curtis und Voss skizziert haben. Analog zum Forschungsstand wird der Begriff in dem *montage/av*-Schwerpunktheft, herausgegeben von den beiden Autorinnen, noch weiter gefasst: „In diesem Heft beschäftigen sich die teils philosophisch, teils film- und medienhistorisch und teils empirisch ausgerichteten Beiträge mit der Bedeutung der Immersion im Umgang mit bewegten Bildern, und dies vornehmlich unter drei Gesichtspunkten: Erstens wird Immersion als körperextensive Zeit- und Raumerfahrung reflektiert; zweitens als somatisch-affektive sowie identifikatorische Involvierung des Rezipienten und drittens als Form der Illusionsbildung durch den imaginären Übergang von der empirischen Realität in eine mediale Fiktion." Robin Curtis, Christiane Voss: „Theorien ästhetischer Immersion", in: *montage/av* Bd. 17, No. 2 (2008), S. 4-10, hier S. 7.

also erst in der gleichberechtigten Berücksichtigung des Zuschauers als Teil des *On* des filmischen Bildes und als Teil des *Off* des Raums herstellt, lässt sich durchaus auch im theoretischen Paradigma der neophänomenologischen Filmtheorie fassen. Dazu möchte ich Vivian Sobchacks Überlegungen zu einer leibgebundenen Filmerfahrung anführen, wonach die klare Unterscheidung von *onscreen* und *offscreen* einer Ambivalenz der Positionierung des Subjektes weicht:

> Experiencing a movie, not ever merely „seeing" it, my lived body enacts this reversibility in perception and subverts the very notion of *onscreen* and *offscreen* as mutually exclusive sites or subject positions. Indeed, much of the „pleasure of the text" emerges from this carnal subversion of fixed subject positions, from the body as a „third" term that both exceeds and yet is within discrete representation [...].[37]

Was ich an dieser Stelle vorschlagen möchte, ist, dass sich das theoretische Modell einer leibgebundenen Filmerfahrung im neophänomenologischen Paradigma auf exemplarische Weise in der Anordnung der Roadshow-Präsentation beschreiben lässt. Bevor ich diesen Aspekt im nächsten Abschnitt weiterverfolge, muss jedoch noch der Rahmen klarer bestimmt werden, in dem sich diese Spezifik der Zuschauererfahrung innerhalb der Roadshow-Präsentation herstellt.

Bezogen auf die Aufführungspraxis späterer Roadshows scheinen mir die Bedingungen einer immersiven Erfahrung an die sinnlichen Qualitäten des Auditiven im Verhältnis zum Zuschauerraum geknüpft zu sein. Bei Howe waren es noch Toneffektkünstler, die verborgen hinter der Leinwand Klänge erzeugten, welche wiederum gekoppelt waren an den für das Publikum sichtbaren Phonographen. Später, zur Zeit des Stummfilms, war es ein überdurchschnittlich besetztes Live-Orchester, das in einem nach strengen Kriterien ausgewählten akustischen Raum spielte. In den 1950er Jahren war es der stereophone Mehrkanalton, möglich geworden durch die Magnettontechnik. Jeder dieser an die Lokalität gebundenen Faktoren war gekoppelt an eine technische Besonderheiten der Filmpräsentation. Der Einsatz des Zwei-Farb-Verfahrens von Technicolor in Cecil B. DeMilles THE KING OF KINGS (USA), der 1927 als Roadshow ausgewertet wurde, korrelierte etwa zu seiner Uraufführung im Chinese Theatre mit einem überaus üppigen Live-Orchester.[38] In Hinblick auf die Exklusivität der Roadshow-Präsentation muss man jedoch einräumen, dass das selten eingesetzte Zwei-Farb-Verfahren von Technicolor nicht zwangsläufig gekoppelt an eine Roadshow-Auswertung war. Es erscheint mir jedoch wichtig festzuhalten, dass hingegen der Einsatz von Mehrkanalton in Kombination mit Filmvorführungen im Breitwandformat[39] in den 1950er Jahren stets gebunden war

---

37 Sobchack, „Fingers", S. 66f.
38 Vgl. http://www.chinesetheatres.com/history/ [6.1.2013].
39 Zu den Breitwandformaten ist nicht CinemaScope zu zählen, da dieses Verfahren auf einem 35mm Film basiert. Vgl. Gert Koshofer: „Von Todd-AO bis Panavision Super 70", in: Deutsche Kinemathek (Hg.): *70mm – Bigger than Life*. Berlin: Berz+Fischer Verlag 2009, S. 9-31, hier S. 9.

an eine exklusive Spielstätte. Der Zuschauerraum der Roadshow-Präsentation war fester Bestandteil dieser *special venues*.

Widescreen und die *moviegoing experience*: eine neue Ära der Roadshow-Präsentation

Waren es bei Howe die Jahrmärkte und später Nickelodeons, von denen sich dieser abzusetzen suchte, kann man die von Hollywood gepflegte Praxis der Roadshow-Präsentationen als vergleichbares Bemühen deuten, diese von regulären Kinovorstellungen zu distinguieren. Nach dem Auslaufen des filmökonomischen Modells der *superspecials* in den 1920er Jahren und der *prestige pictures* in den 1940er Jahren rückt interessanterweise in der ersten Hälfte der 1950er Jahre ein anderer Aspekt der Roadshow-Präsentation um so mehr in den Mittelpunkt: die Kopplung eines besonderen Zuschauererlebnisses an eine elaborierte Präsentationstechnik.

Die Einführung von Breitwandformaten wird in der Forschungsliteratur allgemein als Bemühen der Filmindustrie qualifiziert, durch den Erfolg des Fernsehens verloren gegangene Zuschauer zurückzugewinnen. Auch Hall und Neale stellen einen Zusammenhang zwischen einer Neuorientierung der Filmindustrie in den 1950er Jahren, die den Einsatz neuer Techniken zu Folge hatte, und dem sich etablierenden Fernsehen als Massenmedium her. Die Autoren verzeichnen in der zweiten Hälfte des Jahrzehnts jedoch auch eine Zunahme von Roadshow-Präsentationen, die sie wiederum in Abhängigkeit zum damaligen Fernsehangebot setzen:

> The major studios had begun selling or leasing their old pictures to the television networks in 1956, at just the same time that they began marketing major new theatrical releases as roadshows. Before then, most of the films available for TV broadcast were foreign or independent productions, some of which had been released through the majors (especially UA), but the majority from Poverty Row.[40]

Anhand dieser eher neutralen Beschreibung möchte ich einem in diesem Zusammenhang stets unerwähnt gebliebenen Aspekt Gewicht verleihen. Roadshow-Präsentationen stellen den Entwurf einer filmisch grundierten Erfahrung dar, die erst in Form einer besonderen *moviegoing experience* Wirklichkeit wird und unter diesem Gesichtspunkt erst als fundamentaler Gegenentwurf zu einem Fernseherlebnis bezeichnet werden kann. Spätestens mit der historischen Zäsur einer neu ausgerichteten Filmauswertung Mitte der 1950er Jahre, deren Schwerpunkt auf der Einführung von Breitwandverfahren und Saalbeschallung in Mehrkanalton liegt, kristallisiert sich heraus, dass Roadshow-Präsentationen nicht mehr nur allein unter filmökonomischen Gesichtspunkten zu fassen sind, sondern als eine besondere *moviegoing experience* beschrieben werden müssen. Das von Neale und Hall genannte Jahr 1956 als Zeitpunkt, an dem sich eine historische Zäsur herauskristal-

---

40 Hall/Neale, *Epics*, S. 166.

lisiert macht auch in dieser Hinsicht Sinn, da die Filmindustrie zu dieser Zeit Breitwandverfahren für Roadshow-Präsentationen im großen Stil adaptierte, die interessanterweise auf einer weiteren, von Hollywood größtenteils unabhängigen *showmenship*-Praxis basieren: es handelt sich um die Präsentationsformen Cinerama von Lowell Thomas und Todd-AO von Michael Todd.

Breitwandformate

Eine lose Verortung der Roadshow-Präsentation der 50er und 60er Jahre innerhalb der Filmgeschichte im Sinne einer Technikgeschichte nimmt John Belton in seiner Monografie *Widescreen Cinema* vor. Lose, da Belton diese zwar nicht als Bedingung für den Einsatz von Breitwandformaten wie Todd-AO nennt, er jedoch implizit das 70mm Großbildformat auf Grundlage der Roadshow-Auswertung von dem in vielerlei Hinsicht technisch unterlegenen Verfahren CinemaScope, das auf 35mm Film basiert, unterscheidet.[41] Auch wenn eine Auflistung der in der Verleih- und Aufführungspraxis der Roadshows aufgeführten Filme ein Desiderat filmhistoriografischer Forschung darstellt,[42] ist die grundsätzliche Verknüpfung von Roadshows mit den technischen Aspekten des Breitwandfilms keinesfalls spekulativ. Der Einsatz des Breitwandverfahrens Cinerama ab 1952 und des 70mm Farbfilm erstmals in Form von Todd-AO ab 1955 war bis in die frühen 1970er Jahre ausschließlich für die Roadshow-Verleihpraxis vorgesehen.[43] Auch aufgrund dieses Umstands gehe ich von einer aus technischen Bedingungen hervorgegangenen Spezifik einer *moviegoing experience* im Rahmen der Roadshow-Präsentation ab den 1950er Jahren aus.

Belton legt den Schwerpunkt seiner Monografie nicht auf den Aspekt der Roadshow-Präsentation, spricht jedoch, wie auch Siegfried Kracauer, von einem fundamentalen Einschnitt den der Breitwandfilm für die zeitgenössische Zuschauererfahrung bedeutete. Diese neue Form der Präsentation, die eine neue Form ästhetischer Erfahrung darstellt, war so einzigartig, dass Siegfried Kracauer 1960 in der Einleitung seiner *Theorie des Films* behauptete, dass das Thema des Breitwandfilms eine eigene Monographie benötigen würde.[44] Während Kracauer jedoch von diesem Unternehmen abrückt, indem er sich in seinem Standardwerk „ausschließlich mit dem normalen Schwarz-Weiß-Film [...] innerhalb des traditionellen Formats" befasst,[45] wird Belton konkreter und spricht von einer „widescreen revolu-

---

41 Vgl. Belton, *Widescreen*, S. 140, S. 155.
42 Eher versierte Filmliebhaber, denn Filmhistoriker, tragen auf verschiedenen Internetseiten Informationen darüber zusammen. Belege und Quellen werden jedoch nicht genannt. Vgl. http://www.fromscripttodvd.com/70mm_in_new_york_main_page.htm [6.1.2013] und http://www.fromscripttodvd.com/70mm_in_los_angeles_main_page.htm [6.1.2013].
43 Vgl. Belton, *Widescreen*, S. 162.
44 Siegfried Kracauer: *Theorie des Films: Die Errettung der äußeren Wirklichkeit*. Frankfurt/M.: Suhrkamp: 1985, S. 9.
45 Ebd.

tion", die sich aus gänzlich neuen Voraussetzungen einer *spectatorship* ergäbe. Diese sieht Belton bereits in der Vorführung des Films THIS IS CINERAMA (Merian C. Cooper/Gunther von Fritsch, USA 1952) gegeben, bei dem es sich im Grunde um ein *travelogue* handelt, der auf einer gigantisch breiten[46] und gekrümmten Leinwand projiziert wurde:

> Virtually overnight, the traditional conditions of spectatorship in the cinema were radically redefined. On September 30, 1952, Cinerama launched a widescreen revolution in which passive observation gave way to a dramatic new engagement with the image. Cinerama-inspired processes such as CinemaScope (1953) and Todd-AO (1955) engulfed spectators in a startlingly new world of oversized images and multi-directional sounds and transformed their experience of motion pictures.[47]

Ohne diese so zu benennen, spricht Belton mit dem Einhüllen des Zuschauers („engulfed spectators") mittels einer übergroßen Leinwand eine Voraussetzung immersiver Filmerfahrung an, die an Howes Filmvorführungskonzept anzuknüpfen scheint. Belton stellt diese Zuschauerschaft einer passiven Praxis der Filmrezeption gegenüber, die an die technischen Bedingungen des Films im sogenannten *Academy Ratio* mit den Seitenverhältnissen von 1,37:1 geknüpft ist. Belton geht sogar soweit zu behaupten, dass es sich um eine Redefinition von Zuschauerschaft handelt („redefining spectatorship"), die neue Erwartungen an einen Kinobesuch knüpft.[48]

Ich werde mich im Folgenden nicht auf Beltons sozialwissenschaftlich konnotierte Perspektive der veränderten Zuschauerschaft beziehen, die er mit dem Schlagwort der „leisured masses"[49] versieht, jedoch sind Aspekte einer Zuschauererfahrung, die Belton in seiner Monografie entwickelt, so, wie ich sie für eine spezfische *moviegoing experience* der Roadshow-Präsentation behandeln möchte, von Bedeutung. Am Beispiel von Anzeigen für die ersten CinemaScope Filme und später auch Präsentationen von Todd-AO macht Belton die, wie er es nennt, Redefinition von Zuschauerschaft, deutlich:

> Advertisements for CinemaScope films told audiences that they would be drawn into the space of the picture much as if they were attending a play in the theater. Advertisements for CinemaScope and Todd-AO (as well as Cinerama and 3-D) repeatedly depicted audiences together with the onscreen spectacle as if they shared the same

---

46 Die Leinwandmaße vor und nach der „Widescreen-Revolution" benennt Belton wie folgt: „Before the widescreen revolution the average screen size was 20 x 16 feet, and a 24 x 18-foot picture was considered to be just about the limit for good illumination and resolution. Cinerama and CinemaScope involved the projection of 35mm images on much larger screens, ranging in width from 40 to 65 (or more) feet. Though Cinerama's use of three adjacent 35mm images (and a faster, 26-frames-per-second film speed) actually increased image resolution in projection, even on a 65 x 23 foot screen other widescreen systems, especially those employing wide-angle projection lenses, magnified the 35mm image to such an extent that image quality deteriorated quite visibly." Belton, *Widescreen*, S. 159.
47 Ebd., S. 2.
48 Ebd., S. 187.
49 Ebd., S. 69.

space, as if there were an actual copresence between screen and spectator. These ads promoted not so much individual films, as in the past, as a new form of spectator/screen relationship that promised a radical new experience of motion pictures in the theater. In a number of these ads, the action on screen extended beyond the borders of the frame into the space of the audience, breaking down in an illusory way the traditional „segregation of spaces."⁵⁰

In den von Belton erwähnten Anzeigen ist nicht nur die gigantische Leinwand Bestandteil des Marketings, sondern auch der Kinosaal selbst, der mit seinen vielen Sitzen eine ganze Zuschauerschaft beherbergt. Dies erinnert an Howes Präsentationen, die eine besondere Abhängigkeit des On und des Off zugrunde legen. Auch hierin lassen sich Merkmale einer besonderen *moviegoing experience* ausmachen, so, wie sie in der Präsentationsform der Roadshows angelegt sind. Damit meine ich, dass der Kinogänger selbst als Schnittstelle zwischen dem *On* des filmischen Bildes und dem *Off* des Zuschauerraums vorausgesetzt wird. Dass Hollywood sich auch in diesem Fall von einer branchenfremden Praxis inspirieren ließ, zeigt sich in der Adaption der Verfahren von sowohl Cinerama als auch Todd-AO.

Cinerama und das „cinesthetic subject"

Die technische Besonderheit von Cinerama besteht in einer Triptychonanordnung von drei separaten Filmbildern, die aneinanderliegend und synchron als ein zusammenhängendes Panorama projiziert werden. Dafür wird ein Motiv gleichzeitig mit drei Kameras aufgenommen. Die Projektion erfolgt auf einer stark gekrümmten Leinwand mit einem Seitenverhältnis von 2,65:1.⁵¹ Der erste Film, der in dieser Präsentationsform aufgeführt wurde, war THIS IS CINERAMA, der mit Achterbahnfahrten, mit einem Flug über den Gran Canyon und mit ähnlichem Material auf Attraktionswerte setzte, wie sie bereits in Howes Programm eingesetzt wurden. Auch THIS IS CINERAMA war keine Jahrmarktattraktion, sondern ein hochpreisiges *event*, aufgeführt am Broadway.⁵² Allein schon der technische Aufwand für Projektion und Tonwiedergabe⁵³ machte die für Cinerama ausgestatteten Aufführungsstätten zu *special venues*. Wichtig ist an diesem Umstand, dass die Aufführungen

---

50 Ebd., S. 192.
51 Auch im Fall von Cinerama wurde eine besondere Form der Zuschauerinvolvierung beworben: „Cinerama sold itself through appeals neither to content nor to form but to audience involvement. Ad copy promised that with Cinerama ‚you won't be gazing at a movie screen-you'll find yourself swept right into the picture, surrounded with sight and sound'", ebd., S. 98.
52 Belton verweist anhand der Einspielergebnisse auf den enormen Erfolg der Cinerama-Filme: „THIS IS CINERAMA, which cost $1 million to produce, grossed over $32 million, and the first five Cinerama features (all travelogues) grossed $82 million, though they could be seen in only twenty-two theaters.", Ebd. S. 99.
53 Die Tonwiedergabe erfolgte auf sieben (!) Kanälen.

ausschließlich als Roadshows stattfanden, sowohl in verleihstrategischer Hinsicht (*researved seats*, etc.) als auch im Sinne der Film*vorführung*. Neben dem ersten Cinerama-Film enthielten auch die Nachfolger CINERAMA HOLIDAY (Robert L. Bendick, Philippe De Lacy, USA 1955), SEVEN WONDERS OF THE WORLD (Tay Garnett, Paul Mantz, Andrew Marton, Ted Tetzlaff, Walter Thompson, USA 1956), WINDJAMMER: THE VOYAGE OF THE CHRISTIAN RADICH (Bill Colleran, Louis De Rochemont III, USA 1958) und weitere Filme dieser Präsentationsform stets *overture, intermission, entr'acte* und *exit music*. Auch somit wären diese im Umfeld der prestigeträchtigen Roadshows Hollywoods einzuordnen und nicht in dem von Jahrmarktattraktionen. In diesem Sinne bildeten Cinerama-Präsentationen eine Brücke zwischen der längst etablierten und gängigen Roadshow-Praxis Hollywoods und einer von der Filmindustrie unabhängigen *showmanship*.

Wie an den Filmtiteln bereits zu erkennen ist, war das übliche inhaltliche Format der Cinerama-Filme nicht der Spielfilm, sondern der Reisefilm (*travelogue*). Relevant für spätere, von der Filmindustrie hergestellte Roadshows im Breitwandformat ist in Anbetracht dieses Hintergrunds das Zurücktreten des Narrativs zugunsten einer Akkumulierung szenischer Situationen, deren Schwerpunkt auf dem immersiven, filmischen Erleben im Sinne des „immersion effect" liegt. Dieses Merkmal lässt sich auch bei späteren Roadshow-Präsentationen beobachten, wie Stanley Kubricks 2001: A SPACE ODYSSEY, der als Cinerama-Film vermarktet und auf entsprechend gekrümmten Leinwänden projiziert wurde, obwohl es sich um eine 70mm-Produktion mit der entsprechenden Projektion eines einzigen Filmstreifens handelte. In Kubricks Film, wie auch in anderen Roadshow-Präsentationen, die keine Cinerama-Filme waren, tritt eine handlungsbasierte Erzählung und bisweilen auch eine Figurenentwicklung zurück um einen am „immersion effect" orientierten Attraktionswert Raum zu geben. Dies lässt sich etwa anhand der längeren spektakulären Flugszene in BATTLE OF THE BULGE (Ken Annakin, USA 1965), oder in den langen Rennstreckenszenen des Formel-1-Films GRAND PRIX (John Frankenheimer, USA 1966) nachvollziehen. Schaut man auf den Handlungsverlauf etwa von Kubricks 2001: A SPACE ODYSSEY oder GRAND PRIX, muss man feststellen, dass darin nicht viel ‚passiert'. Handlungsorientierte Figuren sind ebenso wenig treibende Kraft der Erzählung, wie ein Plot-basiertes Narrativ.

Im Fall von Cinerama war der Wegfall narrativer Erzähltechniken auch technisch bedingt. Nach dem Schuss-Gegenschuss-Prinzip aufgelöste Dialogpassagen setzen *close-ups* und hochfrequente Schnittfolgen voraus, die in einem filmischen Prozess, der drei Filmstreifen beinhaltet, nur bedingt umzusetzen waren.[54] Dennoch gab es auch ‚narrative' Cinerama Filme, nachdem Hollywood dieses Format adaptierte. Auffallend ist jedoch, dass diese episodischer Natur sind. Zu ihnen zählen die Roadshow-Präsentationen THE WONDERFUL WORLD OF THE BROTHERS GRIMM (Henry Levin, George Pal, USA 1962) und HOW THE WEST WAS WON (John Ford, Henry Hathaway, George Marshall, USA 1962).

---

54 Ebd. S. 95.

Anhand der technischen Konzeption dieses Projektionsformats lässt sich auch die Diskussion um eine vermeintlich realistische, da an der menschlichen Wahrnehmung orientierte, filmische Attraktion wieder aufgreifen.⁵⁵ So soll die Grundidee der Cinerama-Projektion sein, dass diese ein menschliches Sichtfeld nachempfindet. Belton schreibt dazu:

> The three lenses of the Cinerama camera, set at angles of 43 degrees to one another, encompass a composite angle of view of 146 degrees by 55 degrees, nearly approximating the angle of view of human vision, which is 165 degrees by 60 degrees. When projected on a deeply curved screen, this view tends to envelop the spectator sitting in the center of the theater. Stereo sound, broadcast from five speakers behind the screen and from one to three surround horns, reinforces the illusion of three-dimensionality.⁵⁶

Der Hauptattraktionswert des Cinerama-Verfahrens ist durchaus mit Realitätseffekten des Kinos, die eine rein körperliche Reaktion evozieren, zu benennen. Anekdotisch kommt Belton auf diesen Umstand zu sprechen, wenn er von dem Verkauf eines Mittels gegen Schwindel und Übelkeit (*Dramamine*) berichtet: „Drugstores near the Cinerama theater in New York did a landoffice business during intermission, selling Dramamine to spectators who either became airsick in the first half or wanted to prepare themselves for the film's finale."⁵⁷ Auf die alleinige Körperreaktion als Ursache eines Simulationsumfelds reduziert, lässt sich der Cinerama-Film im Sinne der Roadshow-Präsentation meines Erachtens jedoch nicht beschreiben. Vielmehr ist Immersion nicht als ein bloßes ‚Eintauchen' zu verstehen, sondern auch hier als Erfahrungsdimension, in welcher sich der Zuschauer als Schnittstelle zweier Räume verortet, den des projizierten Filmbilds und den des Aufführungsortes. Die Roadshow-Präsentation setzt so auch in dieser scheinbar rein somatischen Konzipierung des Kinogängers eine Idee des Zuschauers voraus, die, wie erwähnt, in der neophänomenologischen Filmtheorie bereits als ein allgemeines Wahrnehmungskonzept formuliert wurde. Die Schnittstellenposition des Zuschauers deutet auf eine körperlich ausgelegte Filmerfahrung hin, in der der Zuschauer, wie Sobchack schreibt, auf dessen Leiblichkeit ausgerichtet ist und in der er sich als leibliches Subjekt einer filmisch bedingten Modulation der Wahrnehmung als „cinesthetic subject" erfährt:

> [...] the cinesthetic subject both touches and is touched by the screen—able to commute seeing to touching and back again <u>without a thought</u> [Herv. VS] and, through sensual and cross-modal activity, able to experience the movie as both here and there rather than clearly locating the site of that cinematic experience as onscreen or offscreen. As a lived body and a film viewer, the cinesthetic subject subverts the prev-

---

55 Belton nennt die Panoramen und Dioramen des 19. Jahrhunderts als Vorgänger des Cinerama-Verfahrens, ohne jedoch Howes High-Class-Motion-Pictures bzw. dessen Lieforama zu erwähnen. Vgl. ebd. S. 93.
56 Ebd., S. 99.
57 Ebd., S. 93.

alent objectification of vision that would reduce our sensorial experience at the movies to an impoverished „cinematic sight" or posit anorexic theories of identification that have no flesh on them, that cannot stomach „a feast for the eyes".[58]

Auch in dem *set-up* der Roadshow-Präsentation eines Cinerama-Films sind die Voraussetzungen eines „cinesthetic subject", wie es Sobchack im neophänomenologischen Paradigma beschreibt, eingeschrieben. Daher spreche ich auch von einer Aufführungspraxis, da sowohl in Form der Saalarchitektur, als auch mittels der filmtechnischen Präsentationsmittel ein „cinesthetic subject" durch eine gezielte Organisation der Sinne des Kinogängers beschworen wird, und welches sich erst im partizipierenden Zuschauer realisiert. Es verweist aber noch ein weiterer Aspekt innerhalb dieser Aufführungspraxis auf eine Spezifik der Wahrnehmungsmodulation im Rahmen der Roadshow-Präsentation. Dies ist eine bestimmte Form von Zeitempfindung.

Todd-AO und eine bestimmte Form von Zeitempfindung

Der Showman Michael Todd, der sich am Cinerama-Verfahren als Geschäftsmann beteiligte, verkaufte 1953 seine Firmenanteile und beauftragte den Wissenschaftler Dr. Brian O'Brien von der American Optical Co., eine stabilere Alternative einer Breitwandprojektion zu schaffen. Das Cinerama-Verfahren war wegen der notwendigen Synchronisierung von drei parallel laufenden Filmprojektoren für Störungen und Unterbrechungen sehr anfällig. Todd gründet die Magna Theatre Corp. und lässt im ‚wiederentdeckten' 70mm-Verfahren, das auf einem Filmstreifen basiert und somit in Produktionsprozess und Aufführung handhabbarer ist, Spielfilme drehen,[59] die als Roadshow-Präsentationen aufgeführt werden. Das Todd-AO-Verfahren hat, wie auch spätere 70mm-Verfahren, ein Seitenverhältnis von 2,21:1.[60] Die Projektion findet auf einer gekrümmten Leinwand statt. Die konkave Wölbung entspricht jedoch nicht mehr der des Cineramas.[61] Ein Merkmal der gekrümmten Leinwand ist, das diese mit einer besonderen Beschichtung ausgestattet wurde, durch die es in der Projektion keinen *hot spot* gab – also das übermäßig ausgeleuchtete Bildzentrum mit abdunkelnden Rändern. Stattdessen bündelt die Leinwand das Licht des Ausfallwinkels entsprechend der Sitzposition des jeweiligen Zuschau-

---

58 Sobchack, *Fingers*, S. 71.
59 Vgl. Belton, *Widescreen*, S. 164-168. Es gab bereits in den 1920er Jahren Bemühungen von Seiten 20th Centrury Fox ein 70mm-Verfahren einzuführen.
60 Ausgenommen sind anamorphotische 70mm-Verfahren, die mittels der Endzerrung einer Vorsatzlinse in der Projektion ein Seitenverhältnis von bis zu 2,76:1 erreichten.
61 Zur Größe und Art der konkaven Wölbung der Leinwand bei Cinerama und Todd-AO hält Belton fest: „A 60-foot-wide Cinerama screen curved to a depth of 16 feet. The Todd-AO screen curved to a depth of 13 feet for a 52 x 26 foot screen. This extreme curvature resulted in visible distortion, which O'Brien corrected in his design of the system's optics." Belton, *Widescreen*, S. 170.

ers, was eine optimale Lichtausbeute der möglichen Lumen der Projektionsfläche für die meisten Sitzplätze bedeutete.⁶² Auch in diesen technischen Bemühungen ist ein Konzept der Roadshow-Präsentation auszumachen, als das eines genuinen Erlebnisses für jeden einzelnen Zuschauer. Somit sind diese technischen Voraussetzungen maßgebend für das, was ich im ersten Abschnitt dieses Aufsatzes als ein zentrales Merkmal benannt habe, die Roadshow-Präsentation als ein singuläres Ereignis.

Zu den filmtechnisch bedingten Besonderheiten der Todd-AO-Kamera zählte das sogenannte Bug-Eye-Objektiv, das in dem ersten Film dieses Formats, OKLAHOMA! (Fred Zinnemann, USA 1955), und verstärkt in AROUND THE WORLD IN EIGHTY DAYS (Michael Anderson, USA 1956) zum Einsatz kam. Im letzteren Film sind es oft ganze Sequenzen, die auf den Attraktionswert dieser Linse, die den Eindruck eines ‚Rundumblicks' evoziert, abzielen, was der Entfaltung eines handlungsorientierten Narrativs entgegenläuft. Jedoch ist das Breitwandverfahren, das auf einem einzigen Filmstreifen und somit auch auf einer einzigen Linse basiert, auch in der Lage, Erzählstrategien des Spielfilms, wie etwa halbnahe Einstellungen und *close-ups* einzusetzen.⁶³

Im Todd-AO-Verfahren wurde für die Vorführung stereophoner Ton auf sechs Kanäle verteilt. Vor allem die Brillanz des Filmbildes war jedoch das Alleinstellungsmerkmal des 70mm Films, ein Aspekt, den Belton implizit mit der Roadshow-Präsentation zusammen bringt:

> Todd-AO achieved the sharpness and resolution of the average pre-wide-screen film but did so on a larger screen, magnifying, in projection, its five-perforation, 65mm frame 127,000 times (that is, only 2,000 times more than the 1.33/7:1 35mm projected image) to fill a deeply curved 52 x 26 foot screen. The sharpness of the image was also enhanced by a 30-frames-per-second film speed in both camera and projector, which „smoothed out" the action on the screen by eliminating flicker and improved image resolution. The commercial success of OKLAHOMA! ensured that wide film and a new production and exhibition standard of 65/70mm would gain acceptance in the industry, though the adoption of this new format remained limited to a select number of producers and exhibitors.⁶⁴

Die gehobene Bildrate ist ebenfalls ein Alleinstellungsmerkmal von Todd-AO und von Cinerama.⁶⁵ Die Exklusivität der Roadshow-Präsentation lag sowohl im Tech-

---

62 „Like CinemaScope's Miracle Mirror screen, Todd-AO's screens also concentrated the reflected light into the area occupied by the audience rather than dispersing it throughout the auditorium." Ebd.
63 Vgl. ebd., S. 168.
64 Ebd., S. 160.
65 Eine besondere *framerate* gab es nur bei den Roadshows. Dies lässt sich dieser Darstellung Beltons zum Einsatz unterschiedlicher Bildraten entnehmen: „Another area of concern was film speed. Cinerama had improved the sharpness and resolution of the projected image by increasing the number frames per second (fps) for camera and projector from 24 to 26. Todd-AO's 65mm negative and five-sprocket-holes-high frame approached the information capaci-

nischen der Vorführung, als auch im Zeitraum der Erstauswertung. So wurde OKLAHOMA! ein Jahr lang ausschließlich als Roadshow aufgeführt.[66]

Bereits 1958 kaufte sich Fox in die Magna Theatre Corp. ein. Die Aneignung des Todd-AO-Verfahrens durch Hollywood zeigt sich darüber hinaus auch im Falle anderer Studios. Zu diesen Studios zählen Columbia mit PORGY AND BESS (Otto Preminger, USA 1959) und United Artists mit THE ALAMO (John Wayne, USA 1960). Jedoch war es vor allem 20th Century Fox' CLEOPATRA (Joseph L. Mankiewicz, GB/USA/CH 1963) und THE SOUND OF MUSIC (Robert Wise, USA 1965) bei denen auf das Todd-AO-Format gesetzt wurde.

All diese Filme haben nicht nur die technischen Voraussetzungen gemein. Sie teilen sich ein weiteres Kriterium, das für Roadshow-Präsentationen von zentraler Bedeutung ist: die Dauer. Im Durchschnitt haben die vier zuletzt genannten Filme eine Spielzeit von annähernd 190 Minuten, was in etwa auch der Länge von THE SAND PEBBLES entspricht. Wie sich bisher gezeigt hat, ist das Spezifische der Roadshow-Präsentation nicht allein durch die Bestimmung ihrer technischen Voraussetzungen zu fassen. Wie eingangs erwähnt, scheint gerade die Länge der Filme für das Format von besonderer Bedeutung zu sein. Schickels auf THE SAND PEBBLES bezogene, durchaus streitbare Kritik in der Formulierung „long boring thing", bewerte ich im Kontext der Roadshow-Präsentation als eine Qualifizierung einer der Aufführungspraxis vorbehaltenen, genuinen Möglichkeit die Zeiterfahrung des Zuschauers zu strukturieren. Auffallend ist, dass im Fall von THE SAND PEBBLES trotz des Verzichts auf spektakuläre Szenen, die einen „immersion effect" evozieren, sich Handlung und Figuren scheinbar treiben lassen, im Fluss der 190 Minuten andauernden Erzählung. In diesem Umstand mag die Ursache dafür liegen, dass Schickel in seiner Rezension Mängel in der Figurenentwicklung ausmacht. Mir scheint viel wichtiger zu sein, dass im Format der Roadshow-Präsentation ein Empfinden von Zeit eine besondere Position einnimmt. Aus meiner Sicht ist THE SAND PEBBLES keinesfalls langweilig, sondern es geht um ein Gefühl, dass sich erst in der Zeitlichkeit der Roadshow-Präsentation entwickelt. Schließlich lässt sich unter dieser Voraussetzung auch Schickels Aussage „Were it any shorter, it would simply not have made its point" auf die Roadshow-Präsentation per se beziehen.

Die Zeiterfahrung lässt sich auch mit dem erwähnten gleichberechtigten Verhältnis eines *On* und eines *Off* der Roadshow-Präsentation zusammenbringen, das

---

ty of Cinerama. Its film speed of 30 frames per second surpassed Cinerama's 26, providing a more detailed and steadier image in projection. However, since this speed deviated from that used in standard 35mm projection, Todd-AO was forced to shoot OKLAHOMA! in a 35mm 24-fps CinemaScope version as well as in Todd-AO. AROUND THE WORLD IN EIGHTY DAYS was filmed in 65mm at two different speeds-30 and 24 frames per second; the latter speed facilitated the reduction of the original wide-film negative to a 35mm anamorphic format." Belton, *Widescreen*, S. 168f.

66 Vgl. ebd., S. 175.

den Zuschauer als Schnittstelle zwischen beidem markiert. So ließe sich die eingangs von Richard Schickel getätigte Feststellung einer sehr, sehr langsamen Absorbierung des Zuschauers als besondere Möglichkeit der Roadshow-Präsentation verstehen. Das Merkmal der langsamen Absorbierung steht hier, wie erwähnt, gegen die Attraktionswerte eines vermittelten Bewegungsrauschs. So könnten die langen und sich langsam entfalteten Szenen und Situationen in THE SAND PEBBLES im Vergleich zu dynamisierten Aufnahmen aus einem Flugzeug heraus nicht unterschiedlicher sein. Gemein ist den unterschiedlichen Roadshow-Präsentationen jedoch eine *moviegoing experience*, die immer auch in einem Verhältnis zu der stets überlangen Laufzeit der Filme steht. Wie diese Aspekte zusammen passen und wie unter diesen Voraussetzungen eine Begriffsdefinition der Roadshow-Präsentation geleistet werden kann, werde ich im nächsten Abschnitt darstellen.

Vier Grundmerkmale der Roadshow-Präsentation

Schaut man sich die Roadshow-Präsentationen an, die nach dem zweiten Weltkrieg aufgeführt wurden, so ist es interessant zu sehen, dass drei Genres vorherrschten. Dies waren erstens Adaptionen erfolgreicher Bühnenstücke wie HAMLET (Laurence Olivier, GB 1948), RICHARD III (Laurence Olivier, GB 1955), oder ROMEO AND JULIET (Franco Zeffirelli, GB/IT 1968). Zweitens Musicals, die meist Adaptionen erfolgreicher Broadway-Produktionen waren, z. B. OKLAHOMA! (1955), WEST SIDE STORY und MY FAIR LADY (George Cukor, USA 1964). Das dritte Genre stellen die Epen dar, die auf literarischen Vorlagen basierten, so etwa BEN-HUR (1959), EXODUS (Otto Preminger, USA 1960) und DOCTOR ZHIVAGO (1965). Diese Fächerung zeigt, dass das Roadshow-Format verleihstrategisch als *highbrow entertainment*, also als eine gehobene Form der Unterhaltung angelegt war. An dieser Stelle möchte ich jedoch nochmals betonen, dass die Roadshow-Präsentationen, jenseits der genannten Genre-Kategorisierungen, eine für sich genommen eigene Qualität besitzen: das Spezifische dieser Präsentationen liegt im Wesentlichen darin, wie sie die Wahrnehmung von Zeit strukturieren, nämlich in einer Weise, in der die Zeitwahrnehmung selbst zu einem wesentlichen Aspekt der Zuschauererfahrung wird. Die Roadshows sind, wie alle audiovisuellen medialen Formen, als zeitlich strukturierte Erfahrungsform beschreibbar. Jedoch ist es die Roadshow-Präsentation, die verantwortlich ist für eine einzigartige Empfindung von Zeit, die sich im Rahmen der *moviegoing experience* konkretisiert. Die Dauer der Zeit wird in einer Weise, wie sie nur die Roadshow-Präsentation hervorbringen kann, sinnlich erfahrbar gemacht.

Um diesen Gedanken besser nachvollziehbar zu machen, möchte ich ein, in seiner Bedeutung in der Forschungsliteratur noch gänzlich unbeachteten Aspekt der exklusiven Erstauswertung der Roadshow-Präsentation anführen. Es handelt sich um die Funktion der Musikpassagen, die gänzlich ohne Projektion eines Bildes vom Filmstreifen abgespielt wurden. Diese strukturierten die Filme wie erwähnt in eine Ouvertüre, eine *intermission*, gefolgt von einem *entre'acte* und einer sogenannten *exit music*.[67] Erstaunlicherweise gibt es weder Aufsätze noch eine Monographie, die sich mit der filmästhetischen Dimension dieser Aufführungspraxis beschäftigt.[68] Wie eng die eigentliche Vorführung an eine zeitlich strukturierte Erfahrung geknüpft ist, wird evident, wenn wir uns die Vorgaben für die Filmvorführung einer Roadshow-Präsentation ansehen, die von den Studios an die Filmvorführer herausgegeben wurden. Im Falle der 1959er Version von BEN-HUR besagten die Vorgaben folgendes:

> During the Overture your traveler or scrim should be closed and your house lights full up. As the Overture draws to a close, your house lights should be dimmed gradually and be out as the Metro-Goldwyn-Mayer trademark hits the traveler. At this moment, your traveler is opened to the beauty of the Nativity Sequence.
> The First Part begins with the title projected on the screen, followed by the credits.
> Intermission takes place 2 hours and 7 minutes after the start of the First Part. The traveler closes on the word INTERMISSION and the house lights are brought up at a moderate speed. The Intermission should not exceed a total of fifteen minutes, or be less than ten.
> Eleven minutes after the Intermission begins, your projectionist should start the Intermission Music with house lights full up and traveler closed.
> The Second Part begins with the first projection hitting your traveler as the Intermission Music fades and the curtain is opened to a mosaic floor design scene and lifts to the action in a Roman Bath.
> The Close-in comes as the words THE END are projected on the screen and, as the traveler is slowly closed, the house lights are brought up at moderate speed. NO RECESSIONAL MUSIC IS TO BE PLAYED.
> NO OTHER MUSIC SHOULD BE PLAYED AT ANY TIME DURING YOUR ENGAGEMENT EXCEPT THAT WHICH COMES OFF YOUR SOUNDTRACK. TO DO SO WOULD COMPLETELY DESTROY THE MOOD ESTABLISHED BY THE ACADEMY AWARD WINNING COMPOSER, MIKLOS ROZSA.[69]

Diese peniblen Vorgaben machen die klare, zeitliche Strukturierung einer Roadshow-Präsentation höchst anschaulich. Ich möchte nun vier Kriterien auf Grundlage der bisher vorgenommenen Untersuchung herausstellen, die die Roadshow-Präsentation als eine genuine Art und Weise der Modulation audiovisueller Erfahrung kennzeichnen. Diese Erfahrungsdimensionen zielen auf eine spezifische Versinnlichung von Dauer ab und bilden jeweils für sich die Grundlage der *movigoing experience* der Roadshow-Präsentation:

---

67 Es gibt bisweilen auch Abweichungen, so enthält THE SAND PEBBLES keine *exit music*.
68 Selbst das Kapitel „New-Era Economics and Aesthetics" in der fundierten Studie von Hall und Neale ist nur vier Seiten lang und behandelt lediglich den Aspekt von Widescreen-Bildkomposition und Schnitt (letzteres auch nur sehr am Rande), vgl. Hall/Neale, *Epics*, S. 155-158.
69 Diese Darstellung findet sich auf der Seite des Widescreen Museum, http://www.widescreenmuseum.com/widescreen/roadshow_ben-hur.htm [6.1.2013].

1. Die Zwei-Akt-Struktur. Dies bedeutet vorrangig, dass der Zuschauer nach der Hälfte, oder zwei Drittel des Films die Vorführung verlässt und nach einer Pause von ca. 15 Minuten zurückkehrt. Zudem handelt es sich um eine dramaturgische wie affektdramaturgische Teilung des Films in zwei Hälften.
2. Die auditive Erfahrung des *Films* jenseits des Visuellen. Die Filmerfahrung beginnt mit Musik, die von der Magnetspur des Filmstreifens abgespielt wird. Es ist jedoch allein der Vorhang bei (teilweise gedimmter) Saalbeleuchtung zu sehen. In diesem Fall ist der Raum des Zuschauers mit einem filmischen Raum auf einzigartige Weise verbunden. In dieser Konstellation stellt sich eine Sphäre der Filmerfahrung jenseits des für gewöhnlich abgedunkelten Ortes her, an dem der Zuschauer in einer regulären Kinovorstellung Platz nehmen würde. In dieser Konstellation dient auch die Musik als ein Agent der Erfahrung des Films als Ganzes. Indem Bild und Dialog abstinent sind, strukturieren die Musikpassagen den Film ganz offensichtlich als eine Entfaltung von Zeitlichkeit auf sinnlicher Ebene, jenseits des Narrativs des Films. In dieser Konstellation verdeutlicht sich die einzigartige Kino(raum)-Erfahrung ganz exemplarisch als *moviegoing experience*.
3. Immersion – der immersive Aspekt der Roadshow-Vorführungen, insbesondere seit Mitte der fünfziger Jahre. Neben den Attraktionen von hochauflösenden 70mm Filmen und Mehrkanal-Kinoton zählen zu diesem Aspekt auch Ouvertüren-Variationen, welche nicht-figurative Dynamisierungen von Farbfeldern und graphischen Formen in Kombination mit der musikalischen Gestaltung darstellen, etwa in WEST SIDE STORY.
4. Die Dauer des Films bzw. des *events* selbst. Was alle Roadshow-Vorführungen gemein haben ist, dass sie sehr, sehr lang sind.

All diese Faktoren zusammen, stellen das her, was ich als Versinnlichung von Zeit der Roadshow-Präsentation, als in sich geschlossenes Ereignis, bezeichne. Ich bin der Meinung, dass das Ineinandergreifen der genannten vier Grundmerkmale, verstanden als ästhetische Gestaltungsstrategien einer spezifisch strukturierten Wahrnehmung von Zeit, den wesentlichen Aspekt der Roadshow-Filmerfahrung darstellt. In diesem Sinne ließe sich auch von einer genuinen Ästhetik der Roadshow-Präsentation, einer *Roadshow Aesthetics*, sprechen.

Roadshow und Genre

Roadshow-Präsentationen wurden in der Vergangenheit nicht als ein Genre qualifiziert. Möglich wird dies jedoch, wenn man einen Ansatz der filmhistoriografischen Forschung verfolgt und „industrial and journalistic labels"[70] als aussagekräf-

---

70 Steve Neale: „Questions of Genre", in: Robert Stam/Toby Miller (Hg.): *Film and Theory: An Anthology*. New York: Blackwell Pub. 2000, 157-178, hier S. 161.

tige Quelle nennt, um von Genres zu sprechen, so, wie sie von der Filmindustrie annonciert werden. So finden sich in der zeitgenössischen Tagespresse etliche Anzeigen, die mit dem Schlagwort ‚Roadshow' werben.[71] Eine weitere Möglichkeit, von der Roadshow-Präsentation als Genre zu sprechen, findet sich in der Verleihung der *Laurel Awards*, die von den späten 1950er bis in die 1970er Jahre vergeben wurden, ein Preis, der von Filmtheaterbetreibern, also einem Teil der Industrie, vergeben wurde. Dort gab es ab 1963 bis 1970 neben den Kategorien „Best Drama", „Best Comedy", „Best Musical", „Best Action Drama" auch die Kategorie „Best Roadshow".[72]

Ich möchte den Schwerpunkt jedoch auf einen anderen Ansatz legen, der es ermöglicht, Roadshow-Präsentationen als Genre zu fassen. Es handelt sich dabei um Genres, die als eine spezifische ästhetische Erfahrungsform beschrieben werden. Um diesen Gedanken zu entwickeln, stütze ich mich auf das Konzept der „Modalitäten" von Christine Gledhill, die in ihrem Aufsatz *Rethinking Genre* aus dem Jahr 2000 ein Genre-System vorgeschlagen hat, das sich in ökonomischen Mechanismen, ästhetischen Praktiken, wie auch auf dem Gebiet einer „cultural-critical discursivity" ausprägt.[73] Filmgenres, definiert als solche Modalitäten, können nach Gledhill als „culturally conditioned mode of perception and aesthetic articulation"[74] verstanden werden. Ich gehe davon aus, dass die der Roadshow-Präsentation inhärenten ästhetischen Gestaltungsstrategien beschrieben werden können, sowohl als generische Formen, wie auch als ein dynamisches Prinzip, das historischen Veränderungen unterworfen ist. Um diese Perspektive zu schärfen, möchte ich an dieser Stelle Gledhills Definition eines Genre-Systems anführen, das auf Modalitäten basiert, die Grenzen von Sujets überschreiten und in einem historischen Querschnitt beschrieben werden können:

> The notion of modality, like register in socio-linguistics, defines a specific mode of aesthetic articulation adaptable across a range of genres, across decades, and across national cultures. It provides the genre system with a mechanism of ‚double articulation', capable of generating specific and distinctively different generic formulae in particular historical conjunctures, while also providing a medium of interchange and overlap between genres.[75]

In Bezug auf Gledhills Modell eines Genre-Systems meine ich, dass die Roadshow-Präsentation in ihrer konkreten historischen Situation dem, was als kultureller

---

71 Dies stellt das Ergebnis einer vorläufigen online-Zeitschriften-Recherche über die Plattform Google-News dar. Diese habe ich mit dem Schwerpunkt auf folgende Veröffentlichungen von 1935 bis 1972 angestellt: The New York Times, Los Angeles Times, Chicago Tribune, Variety, The Pittsburgh Press, The Miami News und The Deseret News.
72 Dabei berufe ich mich auf Angaben, die auf der Internet Movie Database zu finden sind, vgl. http://www.imdb.com/event/ev0000394/1963 [6.1.2013].
73 Vgl. Christine Gledhill: „Rethinking Genre", in: dies./Linda Williams (Hg.): *Reinventing Film Studies*. London, New York: Arnold 2000. S. 221-243.
74 Ebd., S. 227.
75 Ebd., S. 229.

Konsens anspruchsvoller Unterhaltung in Form bestimmter Sujets (Bühnenadaption, Epen und Musicals) beschrieben wurde, eine spezifische Erfahrungsmodalität gibt. Es handelt sich um eine Form der ästhetischen Modulation, die sich erst in der strengen Anordnung der Roadshow-Präsentation einstellt. Die Roadshow-Präsentation lässt sich so gerade nicht durch ‚Filminhalte', Handlungs- oder Figurenkonstellationen beschreiben, sondern als eine spezifische Wahrnehmungsanordnung, in der etwa extradiegetische Musik eine wesentliche Rolle spielt. Erst indem man die ästhetische Erfahrungsdimension der Roadshow-Präsentation, im Sinne Gledhills, als Modalitäten eines dynamischen Systems kennzeichnet, kann man das, was ich als *Roadshow Aesthetics* bezeichnet habe, vor dem Hintergrund einer historisch verortbaren, kulturellen Praxis beschreiben. Um ein Beispiel zu nennen möchte ich auf Lyman H. Howe zurückkommen. Dieser machte das für den zeitgenössischen Zuschauer abstrakte, historische Ereignis des Spanisch-Amerikanischen Kriegs erst in Form seiner Präsentation zu einer bestimmten, zeitlich strukturierten ästhetischen Erfahrung. Diese ästhetische Erfahrung, die erst in ihrer Wiederholung und Variationen als „a culturally conditioned mode of perception and aesthetic articulation" beschrieben werden kann, lässt sich als mediale Praxis im Rahmen eines gesellschaftlichen Diskurses über den damals aktuellen Krieg verstehen. In späteren Roadshow-Präsentationen war es vor allem der historisierende Blick auf vergangene Großereignisse der Geschichte, der sich in der ästhetischen Erfahrungsdimension der Aufführungspraxis artikulierte und re-artikulierte. Darin liegt für mich das wesentliche Merkmal der Roadshow-Präsentation als Genre.

Auch die vier genannten Grundmerkmale, die eine Ästhetik der Roadshow-Präsentation bezeichnen, ließen sich als Aspekte einer Genre-Modalität beschreiben, die in einem historischen Verlauf auch nach der Einstellung der eigentlichen Verleih- und Aufführungspraxis ausgemacht werden können. Ein offensichtliches Beispiel in Hinblick auf den immersiven Aspekt stellt der Film STAR WARS (George Lucas, USA 1977) dar, der auch als 70mm Blow-Up-Kopie aufgeführt wurde und in dem sich Flugszenen im Stil von THIS IS CINERAMA mit der, im wahrsten Sinne, ‚räumlichen' Erfahrung des Mehrkanaltons verbinden. Das Merkmal genuiner Zeiterfahrungen scheint Steven Soderbergs CHE: PART ONE/CHE: PART TWO (FR/ES/USA, 2008) auf Grundlage der Roadshow-Ästhetik entwickelt zu haben. Die klare Zweiteilung des Films bildet den Ausgangspunkt um das *Biopic* im Modus eines in der heutigen Verleihpraxis eigentlich unmöglich realisierbaren Zeitempfindens zu entfalten. Wurden die beiden Teile, oder besser gesagt Hälften, von CHE in Deutschland auch separat in den Kinos gezeigt, liefen die Segmente in den USA doch mit Pause nacheinander. In beiden Filmhälften verbanden Ouvertüren-Variationen graphisch arrangierte Farbkombinationen (mit dem indexikalischen Status von Landkarten) mit der auditiven Ebene der Filmmusik. CHE wurde in New York sogar kurzzeitig als *reserved seat engagement* aufgeführt.[76] Schließlich findet sich die Roadshow-Präsentation auch in Bereichen wieder, die mit der ei-

---

76 Vgl. http://goldderby.latimes.com/awards_goldderby/2008/09/che-guevara.html [6.1.2013].

gentlichen Aufführungssituation nie in Berührung kamen. So im Falle einer alternativen Schnittfassung des Ridley-Scott-Films KINGDOM OF HEAVEN (USA/GB 2005), der mit den bildlosen Passagen einer Ouvertüre, *intermission/entr'acte* und *exit music* ausgestattet ist, obwohl diese Fassung nur auf DVD und Blu-Ray erschienen ist und so nie im Kino aufgeführt wurde.[77] Die Roadshow-Präsentation lebt so gesehen in Reminiszenzen und Variationen ihrer einst genuinen Merkmale weiter.

Ausblick: Die filmanalytische Beschreibung der Roadshow-Präsentation

In einem Ausblick möchte ich auf die noch offene Frage eingehen, in welcher Weise die Roadshow-Präsentation ganz konkret filmanalytisch beschrieben werden kann. Nach meiner Beobachtung scheinen die Roadshow-Präsentationen in der Kombinatorik ihrer vier Grundmerkmale stets eigene Formen einer Zeit-Erfahrung herzustellen. Um dies zu fassen, wären die jeweiligen Filme in einer ihr eigenen Logik zu beschreiben, die sich aus der audiovisuellen Komposition ergibt. Dieses müsste in einer konkreten Filmanalyse erfolgen, eine Aufgabe, die den Rahmen dieses Aufsatzes sprengen würde und die hier am Beispiel von THE SAND PEBBLES nur skizziert werden kann.

Um die von mir herausgearbeiteten Merkmale der Roadshow-Präsentation analysieren zu können, hilft es jedoch zuerst eine Idee davon zu erhalten, in welcher Weise die ästhetische Gestaltung eine spezifische Wahrnehmung von Zeit bedingt. In einem ersten Schritt wäre diese Gestaltung in Form einer heuristischen Annahme als nicht-narrative Motive zu qualifizieren. welche sich in dem zeitlichen Verlauf der Roadshow-Präsentation entfalten. Daher möchte ich im Folgenden anhand einer Reihe von Roadshow-Präsentationen Beispiele von übergeordneten Motiven vorschlagen, die jene zeitliche Entfaltung qualifizieren:
- ‚Das Festhalten eines flüchtigen Moments in der Zeit' in FOR WHOM THE BELL TOLLS
- ‚Der Verlust eines Ideals' in GONE WITH THE WIND
- Das Motiv der ‚Rückkehr als stetiges Jetzt' in BEN-HUR (1959)
- ‚Das Echo der Vergangenheit' in JUDGMENT AT NUREMBERG (Stanley Kramer, USA 1961)
- ‚Die Dauer eines Ereignisses jenseits menschlicher Vorstellungskraft' in THE LONGEST DAY (Ken Annakin, Andrew Marton, Bernhard Wicki, USA 1962)
- ‚Der Zerfall einer Gesellschaft' in THE FALL OF THE ROMAN EMPIRE (Anthony Mann, USA 1964)

---

77 Die Blu-Ray ist nur in Italien erschienen. Der wesentlich längere Director's Cut wurde zwar auch hierzulande veröffentlicht, jedoch fehlen diesem die Passagen der Ouvertüre, *intermission/entr'acte* und *exit music*.

- ‚Der Konnex zwischen Makro- und Mikrogeschichte' in DOCTOR ZHIVAGO
- ‚Zeit als eine nicht menschliche, nicht lineare Erfahrung' in 2001: A SPACE ODYSSEY
  Sowie auch:
- ‚Nostalgie als eine Gemütsverfassung' in STAR! (Robert Wise, USA 1968)
- ‚Empathie als Ausdrucksqualitäten von Farbe und Bewegung' in WEST SIDE STORY
  Und im Falle von THE SAND PEBBLES:
- ‚Das Gefühl einer Ohnmacht als Versinnlichung eines langsamen Treibens'

In THE SAND PEBBLES entfaltet sich dieses zeitliche, nicht narrative Motiv in audiovisuellen Figurationen, die sich aus etlichen langsamen, bisweilen fast unsichtbaren Bewegungen zusammensetzen:
- Mikrobewegungen in der Dauer der Titelsequenz, betont durch den Kontrast der auditiven Dynamik der Ouvertüre.
- In der besonders ausgestellten, langsamen Bewegung von Figuren, Objekten und der Kamera; quasi eine negative Dynamik.
- In dem konstanten Hämmern des Schiffsantriebs.
- In der konstant langsamen Bewegung des Kanonenboots und dessen wiederholten Stillstand im Verlauf des Films; selbst in Schlachtszenen.

Das Motiv der ‚Ohnmacht als Versinnlichung eines langsamen Treibens' realisiert sich in THE SAND PEBBLES zudem in Szenen, die eine handlungslogische Lösung verlangen, jedoch ‚ohne Ergebnis' beharrlich fortgesetzt werden. Dieses findet sich etwa im Fall einer Meuterei in der zweiten Hälfte des Films, welche handlungslogisch nicht restlos aufgelöst, sondern vielmehr ausgestanden wird. Tatsächlich erstreckt sich die immer noch gut 90 Minuten andauernde zweite Hälfte von THE SAND PEBBLES lediglich über vier basale szenische Motive: 1. die Liebesszene, 2. die Meuterei, 3. die Schlachtszenen und 4. die Sterbeszene. Auch wenn ich an dieser Stelle von der Kopplung einzelner Szenen in Komplexe ausgehe, ist doch anhand der Begrenzung auf vier narrative Konstellationen, die auf die Länge eines Spielfilms ausgebreitet sind, ersichtlich, dass es hier nicht um eine effektive Erzählökonomie eines Narrativs geht. Stattdessen handelt es sich um eine Affektdramaturgie des Films, die an ein bestimmtes Gefühl von Dauer gebunden ist, welches sich in den mäandernden szenischen Verläufen entfaltet.

Mit den Aspekten der sinnlichen Modulation einer Zeiterfahrung vermag es die Roadshow-Präsentation von THE SAND PEBBLES den Zuschauer, wie es Schickel sagt, sehr, sehr langsam zu ‚absorbieren'. Es handelt sich um die Realisierung einer Zeitlichkeit innerhalb einer ästhetischen Erfahrung. Diese wird im Rahmen der Roadshow-Präsentation auf spezifische Weise organisiert.

Bei der Roadshow-Präsentation handelt es sich um eine gleichermaßen distinkte, wie auch vergangene mediale Praxis, unter der ein heterogenes Korpus an Filmen zusammengeschlossen und in Hinblick auf ein gemeinsames ästhetisches Konzept untersucht werden kann. Dieser Aufsatz hat Möglichkeiten aufgezeigt, wie diese Aufführungspraxis im Sinne einer Roadshow-Ästhetik beschrieben werden kann. Somit versteht sich diese Untersuchung auch als ein Beitrag, der eine Perspektive auf Filmgeschichte ermöglichen soll, in deren Mittelpunkt die Frage nach dem historisch bedingten Wandel eines medial organisierten Zuschauerempfindens steht.

WIEDERHOLUNG UND SERIALITÄT

GERTRUD KOCH

MAN LIEBT SICH, MAN LIEBT SICH NICHT, MAN LIEBT SICH –

Stanley Cavells Lob der Wiederverheiratung

„In the pursuit of happiness", auf der Suche nach ihrem Glück, so eine berühmte poetische Formulierung, die der Freiheitsstatue eingeschrieben ist, kommen die entrechteten und beleidigten Immigranten aus aller Welt in die neue Amerikas. Die verschiedensten *Pursuits of Happiness* beschreibt Stanley Cavell als ein spezifisch amerikanisches Genre, *The Hollywood Comedy of Remarriage* und darin als die Suche nach einer Form der Liebe, die im dauernden Prozess wechselseitiger Anerkennung und Fehlerkennung die Ehe stiftet.[1] Die ästhetische Transformation ins fragile, zwar glückliche, aber notwendig auch offene Ende der Komödie lässt er am Ende des Dramas mit seinem meist tragischen Ausgang beginnen. Beide Schlüsse sind Gabelungen des Skeptizismus. Die Liebe *zur*, der Zweifel *an* und die Verzweiflung *in* der Welt werden in den verschiedenen ästhetischen Formen von Komödie und Drama auch pragmatisch, als mögliche Beziehungshandlungen durchgespielt.

‚*Nobody says I love you*': Liebe im Zeitalter des Skeptizismus

In seinem Essay zu Walter Benjamin kehrt Stanley Cavell noch einmal zurück zu seinem Argument aus *Pursuits of Happiness. The Hollywood Comedy of Remarriage*, in dem er Wiederholung und Rückkehr als diejenigen Formen preist, die das Modell der ewigen, unsterblichen – und gerade darin dem Tod näher als dem Leben stehenden – Liebe zu einem praktischen Prozess ihrer Perfektionierung durch Wiederholung und Reiteration transformieren. Das Modell der Liebe, das Cavell entwickelt, ist im Kern eine Diskussion um die Ehe und eng an die des Skeptizismus gebunden. In ihrem Mittelpunkt stehen Wittgensteins *Philosophische Untersuchungen*, durch die er Benjamin ebenso liest wie Shakespeare und in dessen Gefolge die Komödien der Wiederverheiratung. Die tragisch beschleunigte Liebe stürzt über die Weiche des Zweifels und findet Gewissheit erst im Tod. Othellos Zweifel an Desdemonas Treue, King Lears Verneinung der Liebe an sich und der Cordelias im besonderen – beider skeptische Einstellung zur Existenz der Liebe an sich oder

---

1 Stanley Cavell: *Pursuits of Happiness. The Hollywood Comedy of Remarriage*. Harvard University Press, Cambridge 1981.

im Anderen räumen der Liebe erst im tragischen Tod ihre Vorhandenheit ein. Der melancholische Skeptiker Hamlet ist der Liebe so wenig mächtig, wie Ophelia ohnmächtig in ihrer Liebe zu ihm, an der sie stirbt, und das Bild der Liebe, die ihm in der Mutter und ihrem verhassten Gatten nur als Camouflage mörderischer Gier erscheint, kann er nur als Zerrbild an ihre Verursacher zurückspielen.

Der melancholische Skeptizismus entsagt der Liebe, weil er an ihre Chancen nicht glaubt, an ihren Motiven irre wird. So ruht die Liebe am längsten und unbeschadetsten im Grab. Sie ist nicht die Mutter sondern die Tochter der Tragik – qua Herkunft zum Tode und zum Scheitern verurteilt. Im Sturz der Metaphysik wird der Skeptizismus in Gang gesetzt und wie eine Laufmasche im Selbstbewusstsein steht nun der Zweifel am Anfang aller Fragen – auch der Frage: ‚Liebst Du mich?', die der melancholische Selbstzweifler noch nicht einmal stellen mag.

In diesen skeptischen Auswaschungen des Absoluten, sei es des Glaubens, des Wissens oder des Fühlens, sind Motive ausgelöst worden, die die Idee des *Humanum* als ganze transformieren und uns in die Position des distanten, gelangweilten Beobachters flüchten lassen:

> Reading tragedy back into philosophical skepticism I would variously, in various connections, characterize the skeptic as craving the emptiness of language, as ridding himself from the responsibilities of meaning, and as being drawn to annihilate externality or otherness, projects I occasionally summarize as seeking to escape the conditions of humanity [...][2]

Die *conditio humana* aber, der die melancholischen Skeptiker im tragischen Ausgang entfliehen möchten, definiert Cavell „as the chronic human desire to achieve the inhuman, the monstruous, from above or from below."[3] Die skeptische Fixierung findet sich in Wittgensteins *Untersuchungen*: „sketches there of this figure, as characterized by fixation, strangeness, torment, sickness, selfdestructiveness, perversity, disappointment, and boredom."[4] Die Sehnsucht nach der Leere der Sprache, als Schlag gegen die performative Festlegung von Bedeutung, scheint es unmöglich zu machen, den Satz ‚Ich liebe Dich' in all seinen sprachpragmatischen Konsequenzen noch sagbar zu finden.

Im Rahmen dieses Essays kommt Cavell an einer anderen Stelle auf Benjamins Essay zu Goethes *Wahlverwandtschaften* zu sprechen.[5] Benjamin arbeitet an dieser von Cavell hervorgehobenen Passage einige Missverständnisse der Goethe-Philologie ab, die gerne die Lobrede auf die Ehe aus dem Munde des unverheirateten Mittler als Rede Goethes gesehen hätte. Dagegen nun fragt Benjamin, der Mittlers Rede mit einer Formulierung Kants als trübe Mischung „zusammengestoppelt aus

---

2 Stanley Cavell: „Benjamin and Wittgenstein: Signals and Affinities", in: *Critical Inquiry,* Vol. 25 (Winter 1999), No. 2, S. 237.
3 Ebd.
4 Ebd.
5 Ebd., S, 243.

haltlosen humanitären Maximen und trüben, trügerischen Rechtsinstinkten" charakterisiert:

> Ist wirklich Goethe in den Wahlverwandtschaften dem Sachgehalt der Ehe näher als Kant und Mozart? [...] Alles läuft [in Mittlers Rede] auf den Anspruch der Satzung hinaus. Doch hat in Wahrheit die Ehe niemals im Recht die Rechtfertigung, das wäre als Institution, sondern einzig als ein Ausdruck für das Bestehen der Liebe, die ihn von Natur im Tode eher suchte als im Leben.[6]

Benjamin geht davon aus, dass es in den *Wahlverwandtschaften* nicht um die Ehe als Institution oder als Rechtstitel gehe, sondern, dass sie ihren einzigen Grund in der Fortdauer der Liebe habe, deren Zukunft er freilich nur als Sterbedatum festhalten kann.

Benjamin beharrt auf Kants Sachlichkeit, wenn dieser in der *Metaphysik der Sitten* die berühmte Definition vorlegt, nach der der Grund der Ehe im „lebenswierigen wechselseitigen Besitz [der] Geschlechtseigenschaften" liegt und zwar ganz unabhängig von bloß natürlichen Zwecken wie der Zeugung. In der Ehe wird die sexuelle Beziehung als eine sich wiederholende konstituiert. Grund ist also nicht die rechtliche Satzung, sondern die Form der Wiederholung wird Gesetz, das sich nicht natürlich begründen kann. Deswegen kann die Ehe nicht durch ihre Rechtsform begründet werden und nicht in ihr ihren Bestand sichern – und das fragile *Fundamentum in re*, die Sexualität und Liebe, lösen in ihrem Nachlassen, der ausbleibendem Wiederholung die Ehe auf. So kommt in ihrem Scheitern erst ihr Fundament zum Tragen und lässt den Rechtsanspruch als uneinlösbar und leer zurück.

Dennoch ist es ja ausgerechnet dieser Essay über die Liebe, den Benjamin mit dem berühmten Satz schließt: „Nur um der Hoffnungslosen Willen ist uns die Hoffnung gegeben."[7] Cavell kommt auf diesen Schluss zurück, wenn er sein eigenes Modell der *conditio humana* entwickelt. Denn der Gedanke einer ständigen Absicht der Perfektionierung und Verbesserung muss ja auch post-metaphysisch an den Klippen der starken Argumente *für* den Skeptizismus vorbei rangiert werden. Denn es geht ja keineswegs um die Aufhebung der skeptischen Perspektive, sondern um eine metaskeptische Perspektive auf diese selbst. Die skeptische Haltung zur Welt aber impliziert die Ausschwemmung von Bedeutungen, die vor den Sprechakten nicht halt machen kann. Das performative Ansinnen des Satzes ‚Ich liebe Dich' liegt ja nicht in seinem propositionalen Gehalt, sondern in der implizierten Frage, wie es denn die so angesprochene Person mit der Reziprozität hält – die performative Schließung des Satzes wird üblicherweise erst mit dem Satz ‚Ich Dich auch' oder ‚Ich Dich nicht' beantwortet, falls die performativen Konsequenzen der Äußerung nicht zu peinlichen Strategien der Vermeidung führen, eine direkte Antwort zu geben. Allerdings sieht es so aus, als entfalteten sich zu diesem ausgesprochenen oder ausgesparten Satz lang anhaltende Szenen und Sprachge-

---
6 Walter Benjamin: „Goethes Wahlverwandtschaften", in: ders.: *Gesammelte Schriften Band I-1*. Suhrkamp Verlag, Frankfurt a. M. 1978, S. 129 ff.
7 Ebd., S. 201.

fechte, die man als Aufführung des Zweifels im Handlungsraum des Skeptikers bezeichnen könnte.

Insofern aber die skeptische Haltung eine Haltung *zur* Welt ist, ist sie selbst performativ. Sprechen wider besseres Wissen um die Bedeutungslosigkeit des Gesagten – die Einlassung einer Position, von der aus die skeptische Haltung erzählt werden kann, erlaubt die Erfindung der Hoffnung. „Die Hoffnung fuhr wie ein Stern, der vom Himmel fällt, über ihre Häupter weg."[8] So schreibt Goethe es in den *Wahlverwandtschaften*.

Cavell betont in seiner Stellungnahme zu Benjamins Essay die Übereinstimmung und die Differenz, wenn er schreibt:

> This view of the justification of marriage unnervingly resembles the view taken in my articulation of Hollywood remarriage comedies in *Pursuits of Happiness,* namely that marriage is justified not by law (secular or religious, nor in particular, to cite a more lurid connection with *Elective Affinities,* by the presence of a child) but alone by the will to remarriage. That articulation, however, denies Benjamin's rider, which proposes that continuance in love seeks its expression sooner in death than in life.[9]

Eine Differenz, die sich auch als eine zwischen Genres erweist: während Benjamin melancholisch-skeptischer Romantiker bleibt („es ist leichter ewiglich als täglich zu lieben"[10]), wechselt Cavell zur Komödie über als Übertritt vom Tod ins Leben.

Überleben kann die Liebe bei Goethes *Wahlverwandtschaften* nach Benjamin nur als Erzählung. In ihr steckt *als* Erzählung die Hoffnung auf Liebe, die *in* der Erzählung letal ist. Hoffnung ist für Benjamin in Goethes Worten etwas, das man für diejenigen hegt, die von ihr unberührt bleiben. Der Stern der Hoffnung, den der Erzähler über die Köpfe seiner ahnungslosen Figuren hinwegfallen lässt, weist am Ende die Hoffnung als eine Position des Erzählers aus, der in der Erzählung vom Untergang der Liebe an dieser festhält: „Er allein ist's, der im Gefühle der Hoffnung den Sinn des Geschehens erfüllen kann."[11]

Zu fragen wäre also, wohin Cavell die Erzählposition verschiebt, um die Liebe aus der tragischen, skeptisch-melancholischen Erzählung zurück in die komischen Praktiken des Lebens zu überführen.

---

8 Johann Wolfgang Goethe: *Wahlverwandtschaften*, zitiert nach Walter Benjamin, a.a.O., S. 200.
9 Cavell, „Benjamin and Wittgenstein", S. 243.
10 Ebd., S.243. Cavell setzt die ironische Formel für die krypto- romantische Position Benjamins ein.
11 Benjamin, „Goethes Wahlverwandtschaften", S. 200.

Everyone says ‚I love you' –
Von der *condition humaine* zur *comédie humaine*[12]

Stanley Cavell hat in seinem Essay *Recounting Gains, Showing Losses* über Shakespeare's *The Winter's Tale* das Zählen als ein Prinzip des Erzählens herausgearbeitet: „Consider that counting by numbers contains within itself the difference between fiction and fact, since one learns both to count the numbers, that is to recite them, intrinsitively, and to count things, that is to relate, or coordinate numerals and items, transitively."[13] Folgt man diesem Vorschlag, dann könnte man vielleicht sagen, dass *Don Giovanni* sich die 1^n zum Erzählprinzip der erotischen Liebe nimmt, das erste Mal ist das einzige, das zählt und das immer wieder. Dagegen ist das Erzählprinzip der Ehe keine Potenz der Eins sondern der Zwei: das der Wiederverheiratung, die Liebe überlebt frühestens beim zweiten Mal. Erst beim zweiten Mal fundiert die Liebe den Akt der Ehe, zuvor war sie einmalig und genau darum vergänglich, weil sie dem zweiten Blick nicht standhalten konnte. *The Winter's Tale* ist Shakespeare's romantische Komödie, die das Erzählprinzip begründet. In der Einleitung zu *Pursuits of Happiness* gibt Cavell zwei Gründe, warum er in den Comedies of Remarriage die amerikanischen Erben von Shakespeares romantischer Komödie sieht. Einmal sieht er dies in der Situation der amerikanischen Gesellschaft der dreißiger und vierziger Jahre begründet, in denen die Frau als ‚neue' auf der Leinwand geschaffen

---

12 *Everyone says I love you* ist ein Song in Woody Allens gleichnamigem Film (USA 1996). Wenn er ihn singt, erobert er zwar die Dame seines Herzens, aber am Ende kehrt sie zu ihrem Mann zurück. Der romantische Lover, den Woody Allen spielt, ist eine geliehene Rolle, die er aufgrund einer indiskreten Lauschaktion übernehmen kann, in der ihm die erotischen Wünsche der erträumten Frau offenbart werden. Als komisches Gegengewicht gegen die Tragödie der Liebe, handelt es sich freilich auch hier um Wiederholung. *Everyone Says I Love You* ist ein Lied, dass im Film HORSE FEATHERS (Norman Z. McLeod, USA 1932) der Marx Brothers gesungen und gepfiffen wird:
„Everyone says I love youBut just what they say it for I never knew
It's just inviting trouble for the poor sucker who
Says I love you."
Everyone says I love you taucht noch einmal in der Broadway Show von ANIMAL CRACKERS (Victor Heerman, USA 1930), einem anderen Marx Brothers Film mit verändertem Text auf:
„Everyone Says I Love You/The great big mosquito and the bee sting too/ The fly when he gets stuck on the fly paper too says I Love You/Every time the cow says moo/She makes the bull-a very happy too/ The rooster when he hollers cock-a-doodle-doodle-doo says I Love You/ There are only 8 little letters in this phrase, you'll find/ But they mean a lot more than all the other words combined/ Everyone, no matter who/The guy over 80 and the kid of two/ The preacher on the pulpit and the man in the pew says I Love You/ Christopher Columbus he write the Queen of Spain a very nice little note/ He said ‚How I Love You, my queen' and then he gets himself a bigger, bigger boat/Why you no do what Columbus do/ When he's a come in 1492/He said to Pocahontas ‚Acki Vachi Vachi Voo',/ That means ‚You little son of a gun, I Love You'."
13 Stanley Cavell: *Disowning Knowledge in Six Plays of Shakespeare*. Cambridge University Press, New York 1987, S. 205.

werden konnte, von einem neuen Typ von Schauspielerinnen und im neuen Medium des Tonfilms, der ihnen das Wort erteilte. Der zweite Grund liegt in den verschiedenen Ausprägungen der Komödie, die alle an den Gesellschaftskomödien, britischen wie französischen, anknüpften, in denen die Ehe z. B. als Verwechslungskomödie auftauchte (die die Differenz von Liebe, Sexualität und Ehe betonte, könnte man hier hinzufügen, und die Ehe eher als komischen alten Hut ansah, den man aus Bequemlichkeit und Gewohnheit aufbehielt). *The Winter's Tale* war auch hier mit seinem Motiv der wiedergefundenen Eheleute, die ent- und wiederverzaubert werden, im Verschwinden begriffen. Dass die Scheidung ins Zentrum der filmischen Ehekomödien rückte, war insofern ein Wiederaufgreifen des shakespearschen Motivs, das allerdings in Verbindung mit dem Thema der ‚neuen' Frau dieses am Ende eines Dramas, und damit natürlich vor der genrespezifischen Möglichkeit der Wiederverheiratung, findet: in Ibsens *Nora oder ein Puppenheim*. Dort findet Cavell den Dialog darüber, dass das gerade sich trennende Paar erst dann in einer wirklichen Ehe sich befände, wenn es sich wechselseitig zu Anderen erzöge, als sie es in der ersten, gescheiterten Ehe gewesen seien. Sie entwerfen ein Happy End, das es nicht geben wird, bevor die Comedies of Remarriage es erfinden werden, in dem sie das Drama in die Komödie überführen. Allerdings sieht Cavell auch hier keine zuckrigen Happy Ends, sondern eher schattige und ambivalente Tastversuche, die nicht ganz klar in ihrem Ausgang sein mögen, und möglicherweise noch in vielen Reiterationen münden: „I would rather say," schreibt Cavell zum Ende von *The Philadelphia Story*, „that it ends with a picture of an embrace, something at a remove from what has gone before, hence betokening uncertainty."[14]

Insgesamt aber kommt Cavell in seiner Interpretation von Ibsens *Nora* zu einem erstaunlichen Schluss, in dem sich eine pragmatistische Ästhetik andeutet:

> There is in these closing pages of the play an unfolding of actions amounting to what I should like to call continual poetic justice. [...] The Ibsen, and these films, declare that our lives are poems, their actions and words the content of a dream, working on webs of significance we cannot or will not survey but merely spin further. In everyday life the poems often seem composed by demons who curse us, wish us ill; in art by an angel who wishes us well, and blesses us.[15]

„Poetic justice" bedeutet nicht nur die Eintragung eines Begriffs der Moralphilosophie in die Ästhetik sondern auch die Anerkennung einer ästhetischen Dimension in den Lebensentwürfen, -träumen und Gedankenexperimenten. Poetische Gerechtigkeit ist eine andere als die, die das Recht herstellen soll und kann; poetische Gerechtigkeit widerfährt dem, der seinen eigenen Entwurf träumt und in Worte fassen kann, eben das, was für Cavell die ‚Comedies of Remarriage' uns in den Mund legen: „words for conversation."[16]

---

14 Cavell, *Pursuits of Happiness*, a.a.O., S.160.
15 Ebd., S.24.
16 Das ist der Titel der Einleitung zu *Pursuits of Happiness*.

Nur in der Komödie können Wiederholungen wie die Reprisen in der Musik, eine Form bilden, in der am Ende die Wiederholung das Gelungene ist. Bezeichnet man die Wiederholung mit der wörtlichen Übersetzung der Re-prise als der Wiederaufnahme einer Handlung, dann wird deutlich, dass hier bereits das performative Moment liegt. Die Wieder-Aufnahme ist nicht die mechanische Reproduktion sondern ein intentionaler Akt. Eher wie die Wiederaufnahme eines Gerichtsverfahrens, das immer dann angestrengt wird, wenn entweder etwas Neues in Erscheinung getreten ist, durch das das abschließende Urteil in Zweifel gezogen wird, oder wenn formale Fehler festgestellt werden, die eine verbesserte Aufnahme des Prozesses nötig werden lassen. Derselbe Fall wird also noch einmal der praktischen Beurteilung unterzogen. Und hier treffen sich wieder die Skeptiker und die Komödianten. Wenn die Idee der andauernden Liebe in der Wiederholung gründet, dann setzt es das Scheitern bereits voraus. Je nach Perspektive des Erzählers kann man also den Grund der Ehe auch im Scheitern sehen. Das zumindest war der Zwischenbescheid Benjamins im Anschluss an die Revision des Mittlerschen Plädoyers für die Ehe: „Wollte er [Goethe] doch nicht, wie Mittler, die Ehe begründen, vielmehr jene Kräfte zeigen, welche im Verfall aus ihr hervorgehen. [...] Im Untergange erst wird es das rechtliche [Verhältnis] als das Mittler es hochhält"[17] – nämlich dasjenige, das sich nur in der Scheidung auflösen lässt, die aber immer schon das Scheitern der Ehe voraussetzt. Die Interpunktion der Ereignisse von der Eheschließung bis zur Trennung wird also anders gesetzt. Die Wiederholung wäre hier nicht eine Figur der gelingenden Revisionen, sondern ebensosehr Folge eines notwendigen Scheiterns. Von hier aus gesehen führt der Weg wieder zurück in die Grenzgebiete von Liebe und Tod – und in der Tat entwickelt Cavell andernorts einen filmästhetischen Zusammenhang, der die helleren Stimmungslagen der romantischen Komödien vor einen düsteren Horizont stellt.

Re-Running an object – Das Rendez-vous mit dem Flüchtigen

„Films can only be rerun or remade. You can think of the events on a screen equally as permanent and as evanescent."[18] Filme selber haben also die doppelte Form der Liebe: sie sind flüchtig und dauern in der Wiederholung. Die Filme, oder besser der Film als Gattung setzt sich also in die analoge Beziehung zu uns wie wir zur Liebe; den Film, den wir lieben, werden wir wiederholt ansehen, obwohl er jedesmal in seiner Flüchtigkeit uns entgleitet, eine Alterität behauptet, der wir uns nur immer wieder in der wertschätzenden Anerkennung eines weiteren Vollzuges stellen können. Im Film wird unser Weltverhältnis als ein Ende in der Zeit und als ein ständiger Wiederbeginn ausgesagt. Die Liebe zum Film stellt uns unser Dilemma

---

17 Benjamin, „Goethes Wahlverwandtschaften", S. 130.
18 Cavell, *Pursuits of Happiness*, S.52.

der Liebe dar als eines, das aus dem Verhältnis zur Zeitlichkeit, zur abgezählten Zeit und zur wiedererzählten Zeit erwächst.

Stanley Cavell schließt sein Buch *The World Viewed* mit einer Bemerkung über den Verrat an der Liebe, Tod und Unsterblichkeit. „As things stand," schließt er, „love is always the betrayal of love, if it is honest." Zu diesem Schluss bringt ihn eine Sequenz aus HIRSOHIMA MON AMOUR (Alain Resnais, FRA 1959), in der die Protagonistin sagt:

> ‚I betrayed you tonight' [...] in a monologue to her dead lover, looking at herself in the mirror, confessing her new lover. It does not mitigate the need for acknowledgment that her old lover is dead, because what she has betrayed is her love for him, which is not dead. [...] The knowledge of the self as it is always takes place in the betrayal of the self as it was.[19]

Der Verrat an der Liebe, sei es an der eigenen oder der Anderer, erscheint hier als eine interne Möglichkeit der menschlichen Natur. Was in den Artefakten erzählt wird, ist auch die Geschichte dieses unvermeidlichen Verrats; jede neue Liebe ist auf dem Scheitern der Vorhergehenden gegründet. So mischen sich unterhalb der komödiantischen Revisionen Trauer und Depression über die verlorenen Objekte. Auch die Komödie kann die Tragödie nicht zum Verschwinden bringen, sondern erweist sich als eine fragile Reflexionsform des Dramas. Der Tod der Liebe wie des Lebens, den die Komödie durch Wiederholung bannen möchte, bleibt durch seine Abwesenheit hindurch gegenwärtig und zwar lebenslänglich.

Dieses Paradox einer Fantasie von Unsterblichkeit durch Wiederholung, die ständig das Ende im Wiederbeginn thematisiert, hält der Film auf eigentümliche Weise wach. An einer Stelle des Buches macht Cavell eine beunruhigende Bemerkung über den inneren Zusammenhang der filmischen Welt mit der Fantasie von Unsterblichkeit: „A world complete without me which is present to me is the world of my immortality. This is an importance of film and a danger."[20] Film, das ist der Gedanke Cavells, stellt mit den Mitteln der Kamera eine Welt vor, die vollständig ohne mich existiert in dem Sinne, wie auch die Kamera selbst immer außerhalb der filmischen Welt bleibt, die sie selbst aufgenommen hat. „The camera is outside its subject as I am outside my language."[21] Aus diesem Grund ist die Welt, wie sie durch die Kamera gesehen wird eine „world without me," eine „world of my immortality." Und hierin liegt das Paradox. Eine Welt zu beobachten, die vollständig ohne mich existiert, erzeugt in mir den Eindruck einer vollständigen Welt, die auch dann noch da sein wird, wenn ich längst abgetreten bin. Eine Welt, in der ich zwar keinen Platz habe, die ich aber als unsterblich beobachte, bringt mich selbst zurück in die Position der Unsterblichkeit – und das bedeutet nichts anderes als zurück zum ‚unfinished business.'

---

19 Stanley Cavell: *The World Viewed. Reflections on the Ontology of Film*. enlarged edition. Cambridge 1971 & 1979, S. 159f.
20 Ebd., S. 160.
21 Ebd., S. 127.

Die aufgetretene Spaltung im Zeichen der Unsterblichkeit mein unvollendetes Leben als solches konfrontieren zu müssen, setzt den melancholischen Zweifel in den Film selbst ein. Insofern wären die Komödien auch Revisionen am Medium des Melancholikers par excellence. Vielleicht liegt darin eine Erklärung, warum Filme so oft gleichzeitig aufputschen und depressive Verstimmung zurücklassen. Sie bringen uns in eine metaskeptische Position: Wir glauben an die Welt, die wir als komplette vor uns sehen und wissen, dass ihre Wiederholbarkeit und Perfektion unsere Fantasie ist. Wie diese aber sind sie Teil unserer je eigenen Welt und konstituieren uns in ihr. Filme sind immer auch Erinnerungsmedien unserer eigenen Selbstentwürfe – sie sind, schreibt Cavell: „Like childhood memories whose treasure no one else appreciates, whose content is nothing compared with their unspeakable importance for me."[22]

Ursprünglich erschienen in: *Texte zur Kunst*,
Jg. 13, Nr. 52: Liebe (Dezember 2003)

---

22 Ebd., S. 154.

Sarah Schaschek

WIEDERHOLUNG ALS LUSTPRINZIP

Serialität in der Pornographie

> Das Spektakel gibt dem Publikum ein Gefühl, bereits vorher zu wissen, was es noch nicht erfahren hat und erst im betreffenden Moment selbst wissen soll.
> (Umberto Eco)

Im Pornofilm THROAT: A CAUTIONARY TALE (Paul Thomas, USA 2009) gibt es nach gut einer Stunde Laufzeit eine Szene, in der die Protagonistin Julie (Sasha Grey) eine Gruppe von Motorradfahrern für Geld oral befriedigt. Die Szene spielt in dem kargen Büro einer Werkstattgarage, das die Freier einer nach dem anderen betreten. Julie verfügt über eine seltene sexuelle Gabe: „She can get off by deep-throating a guy and, at the same time, give him the best blowjob of his life." So jedenfalls erklärt es Julies Stripclub-Kollegin Lane den beiden Polizisten, die nach Julies Selbstmord ihr Umfeld befragen. Tatsächlich setzt der Film an jener Stelle ein, an der Julie tot aufgefunden wird. Erst im Laufe der Handlung wird dann erzählt, wie Julie ihre Fähigkeit entdeckt, ein Objekt tief in den Hals einzuführen und dabei zum Orgasmus zu kommen. Nachdem die beiden Männer, die sie liebt, diese Fähigkeit zu ihrem eigenen Vorteil vermarkten, nimmt sich Julie am Ende das Leben.

Die Werkstattszene ist in mehrfacher Hinsicht eine Schlüsselszene des Films und für meine Frage nach der Funktion von Serialität im Genre der Pornografie. Hier beginnt nicht nur Julies tragischer Weg in die Prostitution, sondern es zeigt sich auch ein für den pornografischen Film seltenes Erzählmotiv, das wie ein Kommentar zum Genre selbst wirkt. Denn obwohl hier auf den ersten Blick eine Reihe immer ähnlich ablaufender Sexakte dokumentiert werden, ist das Interessante an der Szene die Art, wie diese Ähnlichkeit ästhetisch umgesetzt wird. Julie empfängt ihre Kunden mit ausdruckslosem Gesicht in dem Büro, wartet, bis sie ihre Hosen herunterlassen, befriedigt sie (und sich), um die Männer dann zur Gruppe zurückzuschicken. Gezeigt werden in Großaufnahme immer wieder Julies Lippen, die den Penis in dem akrobatischen *deep throat*-Akt beinahe ganz verdecken (Abb. 1), abwechselnd in Halbtotalen, die auch den Körper der männlichen Figuren ausstellen. Wichtiger als der Sex erscheint jedoch der Moment *nach* dem *money shot*, der Einstellung, in der die Motorradfahrer vor der Kamera auf Julies Oberkörper oder Gesicht ejakulieren. Denn der kurze Moment, in dem Julie allein im Raum auf den nächsten Mann wartet, das Ejakulat des vorherigen abwischt und ihr Make-Up erneuert, nimmt mit jeder Wiederholung mehr Erzählraum ein (Abb. 2). Zuletzt verschwindet der Sex sogar ganz von der Bildfläche. Gezeigt wird nurmehr ein Mann, der das Zimmer betritt und seine Hose öffnet. Im nächsten Bild greift Julie bereits nach der Küchenrolle.

Was ich an der Szene interessant finde und im folgenden Kapitel diskutieren will, ist der Zusammenhang zwischen Serialität und Lust und die Bedeutung von Vorhersehbarkeit für die Pornografie als Genre. Zentral für meine These ist dabei die Spannung, die Umberto Eco in dem vorangestellten Zitat beschreibt, das aus seinem Aufsatz über „Serialität im Universum der Kunst und der Massenmedien" stammt.[1] Eco spricht davon, dass Genres bei der Zuschauerin ein bestimmtes intertextuelles Vorwissen voraussetzen, das Erwartungen produziert, die dann wiederum für das Verständnis des Films nutzbar gemacht werden können. Mit der Gleichzeitigkeit des Wissens („ein Gefühl [...], bereits vorher zu wissen") und Nichtwissens („was es noch nicht erfahren hat") spricht Eco eine wichtige Funktion von Serialität an, nämlich das Spiel mit Erwartbarkeit, welches sich die Pornografie auf besondere Art zueigen gemacht hat. Es ist konstitutiv für das Genre, dass die Zuschauerin bereit ist, ein Geschehen zu verfolgen, dessen Inhalt und Ausgang im Grunde bekannt sind. Es ist gerade die Begegnung mit dem Offensichtlichen, mit der Darstellung von klaren Machtverhältnissen und mit der Reproduktion bekannter ästhetischer Muster, die beim Pornoschauen potentiell erregend wirkt, gleichzeitig jedoch auch immer Gefahr läuft, Langeweile, Überreizung oder Frustration hervorzurufen.

In der angesprochenen Szene aus THROAT wird dieser Serialitäts-Effekt der Pornografie auf Mikroebene durchgespielt. Mit Julies Prostitution wird ein serielles Geschehen dargestellt – Julie wiederholt ihre ‚Kunst' an immer wieder anderen Partnern –, zudem wird das Ganze mit den üblichen pornografischen Mitteln inszeniert (maximierte Sichtbarkeit, Betonung der sexuellen Differenz). Gleichzeitig wird mit einer abwinkenden Geste – die metonymische Ersetzung des Sexakts durch die Papiertaschentücher – verdeutlicht, dass das Wiederholen des immergleichen Aktes durchaus ermüdend sein kann.

Man könnte nun einwenden, dass THROAT ein unpassendes Beispiel für das pornografische Genre darstellt, nicht nur weil der Aufklärung von Julies Selbstmord und damit der nicht-pornografischen Narration eine ungewöhnlich große Bedeutung beigemessen wird, sondern weil Sexszenen wie die im Werkstattbüro symbolisch aufgeladen sind, die Monotonie des Oralverkehrs selbst für einen Pornofilm übertrieben scheint und sich daraus ein Reflexionsgrad ergibt, der allenfalls als ‚Metapornografie' durchgeht. Andererseits – das versuche ich im ersten Teil meiner Diskussion zu zeigen – ist es durch einen metapornografischen Film überhaupt erst möglich, die typischen Merkmale des Genres herauszuarbeiten und gleichzeitig auf die Veränderbarkeit dieser Merkmale einzugehen. Außerdem ist THROAT eine pornografische ‚Intention' durchaus nicht abzusprechen, das heißt,

---

[1] Umberto Eco: *Streit der Interpretationen*. Berlin: Philo 2005, S. 95.

WIEDERHOLUNG ALS LUSTPRINZIP 157

Abb. 1: Die wiederholte Nahaufnahme der Protagonistin Julie
während der seriellen Oralsex-Szene.

Abb. 2: Der metonymische Griff zur Küchenrolle, die in derselben Szene
zunehmend den Sex ersetzt.

auch dieser Film sucht mit einer Reihe von inszenatorischen Mitteln die Zuschauerin sexuell zu erregen. Weil diese affektiven Mittel meiner Ansicht nach erst den pornografischen Effekt hervorbringen (also Lust in einer Wechselwirkung aus genrebedingter Vorahnung und abgleichender Seherfahrung produzieren), bezeichne ich das komplexe Zusammenspiel dieser Mittel nachfolgend als *serielle Verführungsstruktur*. Damit stelle ich vor allem im zweiten Teil des Aufsatzes herkömmliche Analysemethoden in Frage und mache die Steuerung von Erwartung und Erregung in der Pornografie zum zentralen Analysekriterium. Ich schlage also vor, Pornografie als intermedial geprägte Seherfahrung zu lesen, die Lust als eine Mischung aus Erinnerung, Vorahnung und Aktualisierung in einer Feedback-Schleife zwischen Filmkörper und Zuschauerinnenkörper hervorzubringen versucht.

Die Klitoris starrt zurück

Die Bedeutung der Serialität für die Pornografie zeigt sich schon daran, dass hier wie wild in Serie produziert, kopiert, parodiert und wiederaufbereitet wird. Es gibt nicht nur Sex-Parodien auf nahezu jeden Hollywoodfilm,[2] sondern auch etliche Folgen von Fetisch-Serien.[3] Dazu kommen zahlreiche Remakes erfolgreicher Produktionen, etwa die rund 200 Filme, die zumindest dem Namen nach auf den berühmten Pornotitel DEBBIE DOES DALLAS (Jim Buckley, USA 1978), anspielen.[4] Auch THROAT beruft sich auf einen bekannten Vorgänger, den Film DEEP THROAT (Gerard Damiano, USA 1972), der heute als Beginn der sogenannten *Porno Chic*-Phase[5] in den 1970er Jahren gilt. In DEEP THROAT entdeckt eine junge Frau (Linda Lovelace)[6], dass ihre Klitoris im Hals sitzt und lernt mit Hilfe ihres Arztes (Har-

---

2 Zu nennen wären Filme wie INGLORIOUS BITCHES (Max Candy, USA 2011), THIS ISN'T TWILIGHT (Sammy Slater, USA 2009) oder die bislang teuerste Hollywood-Adaption mit PIRATES I und II (Joone, USA 2005 und 2008), für die sich die beiden Produktionsfirmen Digital Playground und Adam and Eve Productions zusammentaten, um das ungewöhnlich hohe Budget zu stemmen.

3 Die Produktionen laufen über Jahre, meistens mit konstanter Regieführung, wie bei PERVERTED STORIES 1-36 (Jim Powers, USA 1994-2003), SODOMANIA 1-34 (Patrick Collins, USA 1992-2000) oder BLOWJOB ADVENTURES OF DR. FELLATIO 1-29 (Andrew Load, USA 1997-2000).

4 Für eine ausführliche Diskussion serieller Vermarktungsstrategien, siehe David Slayden: „Debbie Does Dallas Again and Again: Pornography, Technology, and Market Innovation", in: Feona Attwood (Hg.): *Porn.com. Making Sense of Online Pornography*. New York: Lang 2010, S. 54-68.

5 Mit dem Begiff bezeichnet man die Zeit der frühen 1970er Jahre, in der Pornografie erstmals auf Großleinwand in öffentlichen Kinos gezeigt wurde und in der es als schick galt, die teils in großen Zeitungen besprochenen Filme gesehen zu haben. Im Gegensatz zu heutigen Filmen zeichnen sich die Produktionen des *porno chic* durch einen hohen Spielfilmanteil aus. Wie Linda Williams betont, waren die Filme vor allem für die visuelle Befriedigung bestimmt (Linda Williams: *Hard Core: Power, Pleasure, and the „Frenzy of the Visible"*. Berkeley: University of California Press 1999, S. 299). Die Phase dauerte etwa bis zur Einführung des Videogeräts in den 1980er Jahren an.

6 Die Darstellerin hieß mit bürgerlichem Namen Linda Susan Boreman und behauptete bei ihrer Scheidung und in ihrer Autobiographie, dass sie von ihrem Mann Chuck Traynor zur Pornografie gezwungen wurde. In den 1980er Jahren wurde sie zu einer erklärten Pornogegnerin und gilt als eine tragische Figur der Industrie. 2002 kam Lovelace bei einem Autounfall

ry Reems), wie sie durch tiefe Fellatio einen Orgasmus bekommt. THROAT war laut Berichten in den einschlägigen Pornohandels-Magazinen als offizielles Remake von DEEP THROAT geplant, steht jedoch nach Streitigkeiten mit den Filmrechteinhabern lediglich in loser Verbindung zur Damiano-Version.[7]

Doch in seiner Rolle als „Pseudo-Wiederaufbereitung"[8] des DEEP THROAT-Stoffs hat THROAT sogar stärker die Möglichkeit, kommentatorisch zu funktionieren. Denn, so drückt es zumindest Eco aus, ein Remake zeichnet sich gerade nicht durch die exakte Nähe zum Vorhergegangenen aus, sondern ist in der Lage, „zu jeder Zeit etwas Unterschiedliches zu erzählen".[9] Die Distanz von fast 40 Jahren, die zwischen DEEP THROAT und THROAT liegt und drei pornografische ‚Zeitalter' überspannt – beginnend mit dem Einzug des Videorekorders Anfang der 1980er Jahre über die Digitalisierung des Materials seit Mitte der 1990er Jahre bis hin zur allzeit verfügbaren Internetpornographie seit der Jahrtausendwende – hat einen geradezu nachdenklichen Ton in THROAT hinterlassen. Die Pornografie, die seitdem zunehmend ins Private und zugleich stärker in den öffentlichen Raum gerückt ist,[10] scheint nicht nur im Fall THROAT eine kritische Bestandsaufnahme vorzunehmen.[11]

Was also ist passiert? Wenn man THROAT als einen pornografischen Film über die Pornografie liest, so werden nicht nur Praxis und Ästhetik des Pornografischen sichtbar, sondern auch, wie über Pornografie gesprochen wird.[12] In der Tat macht THROAT Pornografie als voyeuristisches Ereignis erkennbar, das bestimmte Blickregime verlangt und produziert und das gleichzeitig hoch performativ ist, wie ich an drei Beispielen darlegen möchte.

---

ums Leben. Die Ähnlichkeit der Figur Julie aus THROAT, etwa in den Prostitutions-Anspielungen, ist nicht zu übersehen.

7 Arrow Productions, die Firma, die DEEP THROATS Filmrechte verwaltet, verklagte Vivid Entertainment im Februar 2009 wegen Vertragsbruch (Rhett Pardon: „Arrow's Throat Suit", *Xbiz* (27. Februar 2009), http://www.kaufmanlawgroupla.com/news/arrow_productions_sues_vivid_over_deep_throat_remake (1. März 2012)).

8 Eco, *Streit*, S. 87.

9 Ebd.

10 Zum Phänomen einer solchen ‚Pornografisierung' vgl. Andrea Braidt, Patrick Vonderau: „Editorial", in: *Montage/AV* Bd. 18, Nr. 2 (2009), S. 4-7, hier S. 4; siehe auch Susanna Paasonen u. a. (Hg.): *Pornification: Sex and Sexuality in Media Culture*. Oxford: Berg 2007, und Martina Schuegraf, Angela Tillmann (Hg.): *Pornografisierung von Gesellschaft: Perspektiven aus Theorie, Empirie und Praxis*. Konstanz: UVK 2012.

11 Auch andere pornografische Beiträge beschäftigen sich kritisch mit dem Genre. Zu nennen wären u. a. die Arbeiten der Regisseurinnen Andrew Blake und Shu Lea Cheang und Produktionen mit den Darstellerinnen Nina Hartley, Sharon Mitchell und Annie Sprinkle. Daneben hat das Subgenre der queeren Pornografie eine kritische Sichtweise auf das pornografische Produktionsgeschehen hervorgebracht.

12 Umberto Eco sagt über Genres, dass sie immer über ihre eigene Entstehung sprechen. Als Beispiel nennt er das Musical: „So gesehen ist das Musical ein didaktisches Werk, das auf die idealisierten Regeln seiner eigenen Produktion Bezug nimmt" *(Streit*, S. 95).

Zunächst ist da das Spiel mit Sichtbarkeit und Unsichtbarkeit, beziehungsweise mit filmischer Sichtbarmachung von (weiblicher) Lust, das Linda Williams in der bahnbrechenden Studie *Hard Core* (1989) gezeigt hat.[13] Die wohl auffälligste Parallele zwischen Damianos und Thomas' Filmversion ist die narrative Platzierung der Klitoris im Hals der Protagonistin und damit die deutliche Markierung des Rachens als Ort des sexuellen Begehrens. Während feministische Porno-Gegnerinnen kritisierten, dass hier die Lust der Frau verschoben oder gar nicht mehr existent sei und andere Kritiker die ‚Fehlplatzierung' lediglich für eine Ausrede hielten, möglichst viel Fellatio zu zeigen,[14] schlägt Williams eine andere Lesart vor. Für sie wird in DEEP THROAT das ‚Problem' weiblicher Lust thematisiert, das in feministischen Beiträgen erstaunlich ähnlich diskutiert wird.[15] Vor allem der normative heterosexuelle Geschlechtsakt wird für Williams in DEEP THROAT entmystifiziert und ebnet somit den Weg für die Sichtbarwerdung nichtheterosexueller Praktiken.[16]

Die Tatsache, dass das weibliche Lustzentrum im Hals angesiedelt ist, zeigt vor allem, welchen Grad an Konstruktion das pornografische Genre benötigt. Gerade weil Lust insgesamt ein schwer darstellbares Phänomen ist (was übrigens ebenso für die ‚männliche' Lust gilt, denn der erigierte Penis ist zwar ein traditionelles Zeichen von Lust, zeigt aber vor allem ihre hydraulische Dimension), bedarf die Pornografie teils absurder Hilfsmittel zur scheinbaren Beweisführung. Neben den beiden vielleicht berühmtesten Orgasmusszenen aus DEEP THROAT und BEHIND THE GREEN DOOR (Mitchell Brothers, USA 1972),[17] kann somit auch die Anfangsszene von THROAT als ein solch grotesker und letztlich selbstentlarvender Filmmoment gewertet werden, der gleichzeitig die Unzeigbarkeit weiblicher Lust und ihre notwendige Konstruktion für den pornografischen Film deutlich macht. Die Szene zeichnet sich zunächst durch den Einsatz von Crime-Genre-Elementen aus, das heißt, durch eine Ästhetik der Verdunkelung statt der pornotypischen maximier-

---

13 Linda Williams: *Hard Core: Power, Pleasure, and the „Frenzy of the Visible"*. Berkeley: University of California Press 1999.
14 Williams zitiert u. a. die Feministin Gloria Steinem, die über Damiano schreibt, dass der *deep throat* Trick gleich nach Freuds kompletter Abschaffung der Klitoris käme. Solche Kritikerinnen beschuldigten DEEP THROAT, Frauen eine eigene Lust abzusprechen, „depriving women of ‚natural' organic pleasure by imposing on them the perversion not merely of fellatio, but of this particularly degrading, gagging, ‚deep throat' variety" (Williams, *Hard Core*, S. 112).
15 Vgl. hierzu beispielsweise Shere Hite: *The Hite Report. A Nationwide Study of Female Sexuality*. New York: Seven Stories Press 2004.
16 Vgl. Williams, *Hard Core*, S. 114.
17 Bei einer solchen Gegenüberstellung kann man DEEP THROAT als Zelebrierung des weiblichen mit BEHIND THE GREEN DOOR als Zelebrierung des männlichen Orgasmus vergleichen. Bei Lovelaces aufwändig inszeniertem Orgasmus am Ende der Doktorszene wird in einem Montageprozess jeweils ein Bild ihres Fellatioakts mit einem Bild von glockenschlagenden Soldaten und schließlich dem Bild einer startenden Rakete abgewechselt. BEHIND THE GREEN DOOR zieht wenige Monate später mit dem entsprechenden Pendant einer Pollock-artigen farbfiltrigen Ejakulationsmontage nach (vgl. Williams, *Hard Core*, S. 106-113 und 156-160).

ten Sichtbarkeit.[18] Geschaffen wird dadurch ein *suspense*-Effekt, der Julies körperliche Besonderheit zusätzlich mystifiziert. Julie liegt nackt auf einem Seziertisch in der Pathologie eines Krankenhauses, als die beiden zuständigen Ärzte ihre Klitoris in ihrem Hals entdecken. Ihr toter, bläulich ausgeleuchteter Körper wird zwar mit nekrophiler Schaulust von der Kamera ‚abgetastet' – etwa wenn die Einstellung auf Höhe von Julies Beinen das Kondom fokussiert, das noch in ihr steckt. Das Körperteil jedoch, das im erotischen Zentrum der gesamten Erzählung steht, der Rachenraum, kann nicht gezeigt werden, weil er im Verborgenen liegt. Den Höhepunkt der Szene bildet dann eine Einstellung, die zwar darauf abzielt, die besagte Hals-Klitoris in Großaufnahme zu zeigen, die jedoch nur einen blinden Fleck einfängt und eine schwarze Fläche abbildet. Mit Mary Ann Doane könnte man hier von einem „schwarzen Loch" auf weißem Untergrund sprechen, das angeblich den Ort des Sinnlichen markiert, allerdings nicht Tiefe, sondern die alles verschluckende Oberfläche zeigt.[19] Die Nichtzeigbarkeit, die hier also noch in Julies totem Zustand bewiesen wird, wird im Gegenteil noch verstärkt – und zwar durch einen Gegenschuss, der das Gesicht des starrenden Arztes zeigt, das eingerahmt von einem rötlich schillernden Kreis ist, der die Rachenwände darstellen soll (Abb. 3). Dieser radikale Perspektivwechsel (im Sinne einer ‚zurückstarrenden' Klitoris) zeigt das Bewusstsein der Pornografen darüber, dass sie sich nach wie vor an der Sichtbarmachung weiblicher Lust abarbeiten.

Gebrauchsanweisung für den Porno

Eng verbunden mit dem Problem der Sichtbarkeit ist auch mein zweites Beispiel für THROATS metapornografische Funktion. Denn an zahlreichen Stellen macht der Film deutlich, wie sehr das, was er da zeigt, ein voyeuristisches Ereignis ist. Um zu funktionieren, braucht Pornografie nicht nur eine Zuschauerin, sondern eine, die sich auf eine bestimmte Position im pornografischen Blickregime einlässt. In THROAT wird daher häufig der Blick der Zuschauenden in Szene gesetzt. Günstig

---

18 Unter einer Ästhetik der Verdunkelung verbuche ich beispielsweise die durchweg düstere Atmosphäre des Films, die nicht nur dem noch im Dunkeln liegenden Mordfall geschuldet ist, sondern durch die zahlreichen Szenen entsteht, die beinahe ohne Licht auskommen. Während pornografische Filme sich normalerweise dadurch auszeichnen, dass sämtliche Details des sexuellen Aktes zu sehen sind – notfalls müssen die Körper verrenkt, Haare zurückgestrichen oder wegrasiert und Genitalien gut ausgeleuchtet werden, um der Kamera eine gute Sicht zu ermöglichen – gibt THROAT oft den direkten Blick nicht frei. Zur Crime-Ästhetik zähle ich außerdem das Einblenden von medizinischen Modellzeichnungen zu Beginn des Films und den Soundtrack mit dumpfem Herzschlag. In der ‚Beweisführung' sind Thriller und Pornografie indes sehr ähnlich, nur finden sie dafür sehr unterschiedliche Mittel.

19 Mary Ann Doane schreibt über das Dunkel der Augen im *close-up*, dass gerne Folgendes angenommen werde: „the ‚black hole' allows access to an assumed interiority where passions and affects reside" (Mary Ann Doane: „The Close-Up. Scale and Detail in the Cinema," in: *differences: A Journal of Feminist Cultural Studies*, Bd. 14, Nr. 3 (2003), S. 89-111, hier S. 105).

dafür ist schon die narrative Ausgangslage von THROAT: Julie hat sich entschieden, als Stripperin zu arbeiten, und so begleitet die Kamera sie zu ihrem ersten Auftritt vor einem fast leeren Publikumssaal. Während Julie ungeschickt an ihrem Körper herumzuspielen beginnt, werden immer wieder die älteren Herren im Publikum eingeblendet, die ein wenig gelangweilt, aber aufmunternd klatschen. Die Anspielung auf die Pornokonsumentin ist hier kaum zu übersehen, vor allem, weil die mitleidigen Blicke der Herren das Unbehagen, das in dieser Szene mittels ästhetischer Distanzierung erzeugt wird, noch einmal unterstreichen. Julie bewegt sich nicht nur unbeholfen auf der Bühne – auch das Fehlen von Stöhngeräuschen und eines ‚entspannenden' Soundtracks sowie die große Entfernung der Kamera zu ihr verdeutlichen: „porn is a question of genre and embodied practice, not simply sex or sexual expression."[20] Denn obwohl eindeutig Sex auf der Bühne des Stripclubs gezeigt wird, wirkt er in keiner Weise erotisch, sondern beschämend.

An anderer Steller in THROAT wird eine Zuschauerin in wesentlich erregterem Zustand ‚ertappt', nämlich wenn das ermittelnde Polizistenpärchen aus Versehen Zeuge einer Gruppensexszene in dem Sexclub wird, in dem Julie zuletzt gearbeitet hat. Während hier eine im klassischen Sinne pornografische Szene abläuft, in der der Blick immer wieder auf die Genitalien der Darsteller, auf Penetration und klare sexuelle Hierarchie gelenkt wird, macht erneut ein Gegenschuss auf die beiden Polizisten deutlich, dass Pornografie im Wesentlichen auf Voyeurismus angewiesen ist. Die Einstellung, die beide Polizisten zeigt und in die Sexszene hineinmontiert ist, verdeutlicht jedoch, dass es sich bei dem öffentlichen Gruppensex im Club keineswegs um ein zufällig beobachtetes Geschehen handelt, geschweige denn, dass hier Sex einfach so ‚passiert'. Vielmehr ist der Gruppensex eine sorgsam geplante Inszenierung, deren Sinn unter anderem darin liegt, dass sie von außen beobachtet werden soll. Die Polizistin ist zwar sichtbar erregt (sie hat Schweißperlen auf der Stirn und wirft ihrem Kollegen sehnsüchtige Blicke zu), bleibt jedoch regelrecht ‚ausgeschlossen', wie die Käfigstangen in dem nächsten Bildausschnitt signalisieren (Abb. 4). Die kopulierende Gruppe, die sich in einem abgeschlossenen Käfigraum bewegt, ist damit sichtlich abgegrenzt von den Beobachtenden (ähnlich der Zuschauerin vor dem Bildschirm), während die Gruppe gleichzeigig auf die Anwesenheit der Blickenden angewiesen ist.

Eine dritte metapornografische Ebene, auf der THROAT die Regeln des pornografischen Genres offenlegt, denen er zugleich verhaftet ist, ist seine Thematisierung der Zweifel, die häufig gegenüber dem Genre geäußert werden. Diese Zweifel beziehen sich im Wesentlichen auf die Inszenierung von männlicher und weiblicher Lust und die dabei stattfindende Reproduktion und Affirmation klassischer Machtstrukturen. Bis heute werden diese Zweifel vor allem von der feministischen und psychoanalytischen Pornorezeption genährt.[21] Hauptargument ist dabei die sexistische

---

20 Paasonen u. a. (Hg.): *Pornification*, S. 13.
21 Die prominentesten Vertreterinnen dieser Position bleiben bis heute Andrea Dworkin und Catherine MacKinnon. Für einen Überblick über rezente antipornografische Beiträge siehe Karen Boyle (Hg.): *Everyday Pornography*. London: Routledge 2010.

WIEDERHOLUNG ALS LUSTPRINZIP 163

Abb. 3: Der metapornografische Gegenschuss aus Perspektive
der Klitoris in Julies Rachen.

Abb. 4: Der von Käfigstangen abgeschirmte Blick der Polizistin
auf die Gruppensexszene im Stripclub.

Darstellung weiblicher Charaktere in Form von normativen „pornoscripts".[22] In immer ähnlich aufgebauten Filmeinstellungen und Szenarien wird nach Meinung dieser Kritikerinnen Lust vor allem als männliche Schaulust definiert „by either positioning women as objects of intense visual scrutiny, or shifting their focus to the much more photogenic ‚evidence' of male pleasure."[23] Kritisiert wird, dass durch die ständige Wiederholung dieser pornografisch-ästhetischen Norm die biologistische Interpretation der Geschlechterverhältnisse aufrecht gehalten werde: „Through this adherence to a male-centered, conventional ‚porno norm', these videos perpetuate an essentialist (and sometimes sexist) gender ideology that ties gender to the male and female anatomy and the heterosexual pleasures derived therefrom."[24] Tatsächlich liegt in dieser Behauptung nicht nur eine tiefe Abneigung gegenüber den sexistischen Inhalten pornografischer Filme, sondern auch eine negative Auffassung von Wiederholung und der damit verbundenen „Aufrechterhaltung" (*adherence*) sozialer Konventionen.

Laura Mulveys Kritik am narrativen Hollywoodkino, die sie 1975 in dem Aufsatz „Visual Pleasure and Narrative Cinema" formuliert und mit der sie die feministische Filmkritik mitbegründet hat, ist in den angesprochenen kritischen Äußerungen zur Pornografie deutlich wiederzuerkennen.[25] Es ist jedoch fragwürdig, inwieweit die von Mulvey buchstabierte ‚männliche' Schaulust zum Verständnis von Pornografie beiträgt, beziehungsweise inwieweit Mulveys Schlussfolgerung nicht selbst einen gefährlichen Sexismus beinhalten. Denn Mulvey versteht männliche Schaulust nicht nur in einem engen Genderkonzept, sondern bezeichnet Schaulust auch nach Freudscher Lesart als etwas Pathologisches, Fetischistisches und Angstgetriebenes. Vor diesem Hintergrund ist der Dialog zwischen Julie und ihrem Freund Eddie in THROAT zu betrachten, der die Zweifel der Pornokritikerinnen zu Beginn der Handlung aufgreift. Eddie verbalisiert hier die feministische Sorge, indem er fragt, ob Julie sich als Stripperin nicht von den Blicken der zuschauenden Männer degradiert fühle. Ausgerechnet Eddie, der später Julies Zuhälter wird, artikuliert hier einen klassischen Zweifel an der Pornografie, nämlich dass allein die Vorführung von sexueller Aktivität eine Art Sexarbeit ist, die Frauen wie Männer entwertet.[26] Es geht zwar vordergründig bei der Diskussion zwischen Ju-

---

22 Niels van Doorn versteht darunter „a prescriptive set of performances and camera shots that have gradually become a staple of pornographic visual production" (van Doorn: „Keeping it Real. User-Generated Pornography, Gender Reification, and Visual Pleasure", in: *Convergence: The International Journal of Research into New Media Technologies* Bd. 16, Nr. 4 (2010), S. 411-30, hier: S. 423).
23 Ebd., S. 425.
24 Ebd., S. 425.
25 Van Doorn bezieht sich hier deutlich auf Mulveys Behauptung, dass narratives Kino von einem patriarchal geprägten Blicksystem durchdrungen sei, das die Figur der Frau zugunsten der Lust des männlichen Zuschauers zum Objekt mache (Laura Mulvey: „Visual Pleasure and Narrative Cinema", in: *Screen* Bd. 16, Nr. 3 (1975), S. 6-18).
26 Vgl. etwa Sheila Jeffreys: *The Industrial Vagina. The Political Economy of the Global Sex Trade*. London: Routledge 2009. Jeffreys betrachtet darin Pornografie als eine Form von Prostituti-

lie und Eddie um Julies Arbeit in einer Peepshow, und zweifelsohne wird die Verbindung zwischen Prostitution und sexueller Performanz von THROAT selbst hergestellt, doch implizit wird hier das Blickregime der Pornografie verhandelt. Dies wird besonders deutlich, wenn Julie beteuert, dass die Männer sie nicht anfassten, dass es nur ums Anschauen gehe, um eine Vorführung, um Fanstasie, und um inszenierte Lust (Julie: „I'm a performer, I don't have sex with my audience.").

Interessanterweise entwickelt THROAT gerade durch die Artikulation des Zweifels eine Strategie, der Zuschauerin deutlich zu machen, dass ein solcher Zweifel unangebracht ist. Tatsächlich gibt es neben Julies Insistieren auf ihren Darstellerinnen-Status weitere Stellen, an denen das Unbehagen gegenüber der sexuellen Ausbeutung von pornografischen Darstellern entkräftet werden soll. Besonders wirksam ist diese Strategie, wenn die Darstellerinnen selbst die Kunst der Darstellung vorführen. Deutlich wird das etwa in der Szene, in der Julie von ihrer Kollegin ‚lernt', wie man erfolgreich eine Selbstbefriedigung auf die Bühne bringt. Nachdem Julie bei ihrem ersten Auftritt in der Peepshow jämmerlich gescheitert ist, erklärt Lane ihr, welche Tricks sie selbst anwendet, um den Zuschauern im abgedunkelten Saal zu gefallen. (Lane: „Look out to the crowd, flirt [...], pretend you're playing with yourself, moan, pretend you're getting off, smile, flirt.") Auf diese Weise fungiert THROAT regelrecht als Gebrauchsanweisung – gemeinsam mit Julie lernt die Zuschauerin, was eine Inszenierung von Lust ausmacht. In diesem Sinne ist auch der Untertitel des Films zu verstehen: *A Cautionary Tale*.[27] Die Szene versucht, besonders den inszenatorischen Charakter der Pornografie zu betonen – und damit auch, dass Lust in der Pornografie weniger mit dem zu tun hat, was den Darstellerinnen gefällt, als damit, welche filmästhetischen Effekte die sexuelle Erregung der Zuschauerin hervorrufen. Denn daran, und an keinem anderen Kriterium, wird die ‚Güte' der Inzenierung bemessen.

Verführung durch Serialität

An dieser Stelle rückt eine weitere Funktion der Serialität in den Vordergrund. Zwar hat die serielle Form des Remake deutlich gemacht, dass aus der zeitlichen Distanz heraus eine Art Offenlegung der pornografischen Strategien möglich ist. Doch diese Offenlegung erklärt nicht, warum viele Stellen in THROAT ihre erotische Faszination eben nicht aus der kritischen Distanz, sondern vielmehr aus der unkritischen Reproduktion völlig erwartbarer Genderpositionen ziehen. Und auch wenn im Grunde jeder pornografische Film genretypische Mittel nutzt, um Erregung darzustellen und hervorzurufen, so hat doch nicht jeder Film ein so prominentes Vorbild wie DEEP THROAT. Eine textkritische Analyse, wie sie oben erfolgt

---

on. Zur Entwertung der männlichen Pornokonsumenten siehe Jennifer Johnson: „To Catch a Curious Clicker. A Social Network Analysis of the Online Pornography Industry", in: Boyle (Hg.): *Everyday Pornography*. S. 147-163.

27 Übersetzt heißt das soviel wie „eine Geschichte, die eine Lehre sein soll."

ist, bietet sich daher oft nicht an. Oder anders gesagt: Obwohl es wichtig ist, in der Pornografie das Augenmerk auf klassisch filmkritische Aspekte der Narration, Visualität oder Symbolhaftigkeit zu lenken,[28] helfen solche Ansätze gerade bei der Frage nach dem Erregungspotential nur bedingt weiter.

Dennoch ist die Frage, wie die exzessiven Wiederholungen von bekannten Szenarien, Figuren, sexuellen Praktiken, explizitem Vokabular, Kameraeinstellungen und Dramaturgie mit der Lust zusammenhängen, die Pornografie zu bewirken sucht, in meinen Augen unerlässlich – und zwar nicht nur für das Verständnis von Pornografie, sondern auch für die Frage nach Serialität, die für das pornografische Genre stärker noch als für andere Genres konstitutiv ist. Wie aber kann man über diese Erregung sprechen, wie kann man sie analysieren?[29] Williams behauptet, dass die Pornografie als Genre scheitert, wenn ein Film die Zuschauenden nicht erfolgreich in sexuelle Erregung versetzt.[30] Aber bleibt die Frage, wie der Porno das macht. Meines Erachtens muss für die Beantwortung dieser Frage nicht nur das *pornoscript* analysiert werden, sondern auch die enorme Häufigkeit, mit der es angewendet wird. Gerade weil in der Pornografie Bilder und Themen zu einem Höchstmaß wiederholt werden, spielt neben der sexuellen Erregung auch die Faszination an dieser Wiederholung eine Rolle. Ich behaupte also, dass die Lust auf Wiederholung in den Filmen selbst angelegt ist und zwar in ihrer *seriellen Verführungsstruktur*. Darunter verstehe ich diejenigen inszenatorischen Mittel, mit denen pornografische Filme eine erregende Erwartungshaltung produzieren und damit Erinnerungen an zuvor Gesehenes durch konkrete Bilder auf noch zu Erlebendes hin projizieren. Oder, um es noch einmal mit Eco auszudrücken, „[d]as Spektakel gibt dem Publikum ein Gefühl, bereits vorher zu wissen, was es noch nicht erfahren hat und erst im betreffenden Moment selbst wissen soll."

Mit der Skepsis vor allem feministischer Kritikerinnen gegenüber einer Wiederholung, die die bestehenden Machtverhältnisse aufrechterhält und erotisiert, habe ich bereits einen Kernaspekt dieser Problematik angesprochen. Die pornografische Wiederholungsobsession gilt in dieser Logik als Mittel, um Geschlechterrollen (und andere, davon kaum zu trennende soziale Hierarchien) zu zementieren und weniger, um sie in Frage zu stellen. Kaum hinterfragt wird dabei allerdings die automatische Schlussfolgerung, dass Lust allein aus der Wiederkehr des Bekannten entsteht und dass die Machtverhältnisse tatsächlich immer stabil bleiben. Dass

---

28 Für eine narratologische Perspektive siehe Andrea Braidt: „Erregung erzählen. Narratologische Anmerkungen zum Porno", in: *Montage AV*, Bd. 18. Nr. 2 (2009), S. 31-53.

29 Susanna Paasonen hat die besondere Schwierigkeit feministischer Kritierinnen gegenüber pornografischen Filmen beschrieben. Sie betont, dass gerade die Ambivalenz und ‚Verletzlichkeit', die Feministinnen beim Pornokonsum empfänden, wichtig seien für die Einsicht, dass Filme immer nur zu einem bestimmten Grad rationalisiert werden könnten (Susanna Paasonen: „Strange Bedfellows. Pornography, Affect, and Feminist Reading", in: *Feminist Theory* Bd. 8, Nr. 1 (2007), S. 43-57).

30 Linda Williams: „Second Thoughts on Hard Core. American Obscenity Law and the Scapegoating of Deviance", in: Pamela Church Gibson (Hg.): *More Dirty Looks. Gender, Pornography, and Power*. London: British Film Institute 2004, S. 165-175, hier S. 165.

Wiederholung und Lust jedoch in einem engen Zusammenhang stehen, ist nicht erst seit Freuds Theorie zum *Lustprinzip* ein Thema, sondern besonders in den Bereichen der Kunst und des religiösen Rituals ein häufig beobachtetes Phänomen. Wie Niklaus Largier betont, übernimmt die Pornographie die rhetorischen Verfahren, die im Kontext religiöser Praktiken entwickelt wurden und etwa zur affektiven Erregung in der Meditation oder im Gebet dienten.[31] Im Unterschied zu diesen kulturell geprägten Wiederholungsritualen begründet Freud einen eher pathologischen Begriff von Wiederholung, den er in seinen Studien über zwangsneurotische Patienten entwickelt. Interessant an seiner Theorie ist jedoch, dass für ihn Wiederholung überhaupt erst Lust erzeugt und nicht, wie oft angenommen, umgekehrt. In Bezug auf die Pornografie verschiebt dies zum Beispiel die Annahme, dass dargestellte Inhalte notwendigerweise Unterdrückungsszenarien widerspiegeln, die auch in sozialen Kontexten erregend wirken. Was das Freudsche Lustprinzip allerdings für meine Analyse ungeeignet macht, ist die Tatsache, dass das Ziel der Lust bei Freud vielmehr auf die Überwindung der Erregung ausgerichtet ist als auf den sexuellen Reiz selbst.[32] Die Anspielung auf Freuds Lustprinzip in meinem Titel bezieht sich daher lediglich auf den von ihm proklamierten engen Zusammenhang von Lust und Wiederholung.

Klarzustellen ist zudem meine eigene Verwendung des Begriffs der Wiederholung, vor allem in Abgrenzung zur Serialität. Tatsächlich unterscheide ich zwischen beiden wenig, da ich Wiederholung, anders als in den erwähnten feministischen und psychoanalytischen Theorien angenommen, mitnichten als vollständige Wiederkehr des Gleichen oder Identischen verstehe.[33] Damit eine Wiederholung als Wiederholung erkennbar wird, muss sie immer schon mit einer räumlich-zeitlichen Variation einhergehen.[34] Serialität bezeichnet jedoch genau dieses Wechselspiel von Wiederkehr und Wandel und die ästhetische Wirkung, die dabei erzeugt wird. Der Versuch, diesen eigentlich untrennbaren Knoten zwischen Schema und Variation zu lösen, findet für Eco in der Moderne statt, die für ihn dadurch gekennzeichnet ist, dass sie den Wert eines Werks vor allem durch seine Innovation bestimmt.[35] Während sich vormoderne und postmoderne Adressaten von Kunst

---

31 Niklaus Largier: „Die Erfindung der Pornographie. Sasha Grey, Pietro Aretino und das Spiel der Erregung", in: Anne Fleig und Birgit Nübel (Hg.): *Figurationen der Moderne: Mode, Pornographie und Sport*. Paderborn: Fink Verlag 2011, S. 199-217, hier S. 209.
32 Seine Theorie des Lustprinzips diskutiert Freud u. a. in seinem Aufsatz *Jenseits des Lustprinzips*. Darin behauptet er, dass alle Lust auf ihre Beendigung ausgerichtet sei, den allumfassenden Todestrieb. (Sigmund Freud: „Jenseits des Lustprinzips; Massenpsychologie und Ich-Analyse; das Ich und das Es", in: Anna Freud (Hg.): *Gesammelte Werke*, Bd. 13, Frankfurt/Main: Fischer 1999).
33 Ich beziehe mich vor allem auf die Positionen von Gilles Deleuze und Jacques Derrida, die sich mit der komplexen Problematik der Wiederholung als Differenz bzw. Iterabilität auseinandergesetzt haben, vgl. Jacques Derrida: *Limited Inc*. Wien: Passagen 2001 und Gilles Deleuze: *Differenz und Wiederholung*. München: Fink 2007).
34 Vgl. Gertrud Kochs Beitrag in diesem Band.
35 Eco, *Streit*, S. 107.

seines Erachtens an der Wiederkehr des Schemas erfreuen, hat die Kultur der Moderne die Neuigkeit in den Vordergrund gestellt und damit das Schema, das meist mit industrieller mechanischer Produktion in Verbindung gebracht wurde, zumindest zeitweilig entwertet. Doch während seit den 1960er Jahren vor allem in der Kunst und der Popkultur das Moment der technischen Reproduzierbarkeit neu verortet und insbesondere die zuvor als Beschränkung empfundene kommerzielle Herstellung zu einem formalen Prinzip geadelt wurde, scheint die Serialität in der Pornografie weiterhin einen gewissen Widerstand zu produzieren.

Dabei ist es gerade hier möglich, tatsächlich das Schemahafte, Stereotype zu untersuchen, ohne reflexartig den eigentlichen Wert der Wiederholung in der damit einhergehenden Innovation zu sehen. Pornografie zwingt dazu, genauer über die Faszination des Wiederkehrenden nachzudenken, und zeigt zugleich, dass es diese Wiederkehr nicht ohne bestimmte Verschiebungen gibt. Ein Ansatz, der die Serialität des Materials würdigt, kann daher im Grunde nur als Paradox funktionieren. Wenn ich etwa die serielle Verführungsstruktur eines pornografischen Films betrachte, dann frage ich gleichzeitig, welche erregende Wirkung die stereotype Darstellung von Frauen auf die Zuschauerin hat, aber auch, welche ,abweichenden' Erregungen diese Stereotypisierung produziert.

Die Rhetorik des Offensichtlichen

Die eingangs erwähnte Szene aus THROAT, in der Julie einen nach dem anderen befriedigt, stellt die Komplexität einer solchen seriellen Verführungsstruktur plakativ dar. Zunächst wird ein Ereignis präsentiert, das nach feministischer Lesart die pornotypische Gewalt von Männern gegenüber Frauen unterstreicht. Dass Julie eine ganze Halle voller Motorradfahrer gegen ihren Willen befriedigen soll, basiert nicht nur auf einer sexistischen und erniedrigenden Machtfantasie, sondern auch auf einer Erotisierung der seriellen Form. Denn anders als bei einer klassischen Gruppensexszene, bei der einiges hintereinander, aber auch vieles gleichzeitig passiert, muss Julie den erzwungenen Akt wieder und wieder vollziehen. Darauf deutet zumindest die Tatsache hin, dass hier eine immer gleich ablaufende sexuelle Handlung als sukzessive Reihe inszeniert wird. Zudem wird Oralsex, der mit Abstand am häufigsten konsumierte visuelle Akt,[36] aufwendig ausgeleuchtet und vergrößert, um den Effekt von Nähe und Echtheit hevorzurufen und die Zuschauerin einzuladen, an der abgebildeten Lust teilzunehmen.[37] Die Wiederholung wird somit fetischisiert, doch gleichzeitig meldet der Film gegenüber dieser Erregung, die mit dieser Wiederholung einhergeht, auch seine Zweifel an. Besonders die Ersetzung des Sexakts durch den Griff zur Küchenrolle markiert diesen Zweifel mit der ,Kennst-du-einen-kennst-du-alle-Geste'.

---

36 Vgl. Susanna Paasonen: „Repetition and Hyperbole. The Gendered Choreographies of Heteroporn", in: Boyle (Hg.): *Everyday Pornography*. S. 63-76, hier S. 65.
37 Largier, „Erfindung", S. 203.

Tatsächlich liegt es bei extrem wiederholenden Handlungen nahe, statt von Erregung von Langeweile zu sprechen, die erzeugt wird.[38] Gerade pornografische Filme zeichnen sich anderen seriellen Formaten gegenüber weniger durch die Attraktivität des Mehrfachschauens (*rewatchability*)[39] aus, als durch einen schnellen Abnutzungseffekt, der vor allem das Bedürfnis nach extremeren Inhalten nährt.[40] Auch bei THROAT kann man eine gewisse eingebaute Abnutzung feststellen, etwa wenn man die letzten Sexszenen des Films mit den vorderen vergleicht, die narrativ wesentlich komplexer sind und vielleicht stärker darauf hoffen können, tatsächlich mehrfach geschaut zu werden. Ohne Zweifel laufen pornografische Szenen ständig Gefahr, ihr Ziel des sexuellen Lustgewinns knapp zu verfehlen und eher Betäubung als Erregung, eher Frustration als Fantasie, eher ein Vorspulen als ein gebanntes Schauen zu verursachen.

Nichtsdestotrotz operiert die Pornografie meist überaus erfolgreich mit wiederkehrenden Schemata. Scheinbar ohne Brüche inszeniert sie heterosexuelle Geschlechterhierarchien sowie andere sozial konstruierte Differenzen wie ethnische Zugehörigkeit, sexuelle Orientierung, Klassenzugehörigkeit oder Alter. Auch in THROAT finden sich diese sozialen Hierarchien. Die Frauenfiguren werden allesamt aufgrund ihrer sexuellen Verfügbarkeit ausgenutzt – besonders Julies Körper hat einen produktiven Mehrwert, den die Männer geschickt zu Geld machen. Dagegen werden die männlichen Figuren als sexuelle ‚Monster' dargestellt, die Frauen ausbeuten und dafür verachten. Mit Blick auf die serielle Verführungsstruktur wird eine bestimmte Funktion dieser Stereotypen deutlich: Die durchgehende Darstellung von Männern als opportunistische ‚Ekelpakete' (gegenüber der immer unschuldig erscheinenden Julie) zeigt die starke Erotisierung von Gegensätzen in der Pornografie.[41] Susanna Paasonen betont jedoch, dass die wiederholte Darstellung von Weiblichkeit als etwas Passiv-Zerstörbares, das von männlicher Übermacht und Monsterhaftigkeit unterworfen wird, nicht einfach eine soziale Wirklichkeit imitiert, repräsentiert, beweist oder gar produziert, sondern erst in ihrer übertriebenen Form den Reiz des Genres ausmacht.[42] Die Übertreibung ist es, die die

---

38 Paasonen spricht von einem betäubenden Effekt: „Repetition makes things familiar and displaces the element of surprise: the reader becomes numbed" (Paasonen, „Strange Bedfellows", S. 46).
39 Frank Kelleter macht den Begriff der *rewatchability* in diesem Zusammenhang stark (Frank Kelleter: „Serien als Stresstest", in: *Frankfurter Allgemeine Zeitung* v. 4 Feb. 2012, S. 31.
40 Vgl. Paasonen, „Repetition", S. 71.
41 Darin unterscheidet sich die Pornografie zumindest graduell von anderen Genres, in denen stereotype Figuren zwar ebenfalls den Plot strukturieren und zur Unterhaltung beitragen, etwa in der *gross-out romantic comedy,* jedoch häufig in der Überspitzung dieser Stereotype ein politisches Moment aufzeigen (vgl. den Beitrag von Thomas Morsch in diesem Band). THROAT mag zwar, wie oben angedeutet, gelegentlich metapornografisch funktionieren – im Großen und Ganzen wird hier jedoch mit einer für den Pornofilm typischen Ernsthaftigkeit an den Hierarchien mitgearbeitet. Es ist zumindest während der Sexszenen schwer, die überzeichnete Darstellung von Gender- und anderen Hierachien als ein Zeichen der Ironie zu werten.
42 Paasonen, „Strange Bedfellows", S. 50.

pornografische Welt als eine fantastische auszeichnet, eine, in der Gender-Utopien dargestellt werden.[43] Diese Utopien mögen ihre Bedeutung zwar aus sozialen Konstruktionen von Männlichkeit und Weiblichkeit ziehen, ihre Auslebung bleibt aber auf die pornografische Wirklichkeit begrenzt. Wenn also etwas im traditionellen Sinne wiederholt wird, dann ist es die Ästhetik der Bilder, die zwar auf diese Realität wirken, aber niemals identisch mit ihr sind.

Wichtig für den pornografischen Reiz ist, dass die Machtverhältnisse auf den ersten Blick erkennbar sind.[44] Dies ist eine weitere Form von maximierter Sichtbarkeit: maximierte Erkennbarkeit. Die Maxime der völligen Entblößung beziehen sich nicht nur auf die Körperteile, sondern auf die gesamte Sichtbarkeits-Ökonomie des Pornografischen. In der Rhetorik des Offensichtlichen liegen hingegen für eine Analyse die größten Schwierigkeiten. Die Tatsache, dass immergleiche Perspektiven immergleiche Geschlechterverhältnisse repräsentieren, scheint sich revolutionären Einsichten schlichtweg zu verwehren. Im Gegenteil zeigt sich, dass die feministische Lesart selbst in der Wiederholungsschleife hängt, wenn sie die affektive Kraft der Wiederholung außer Acht lässt und sich allein auf herkömmliche Deutungen von Symbolikpolitik konzentriert, wie Eve Sedgwick mit ihrer Theorie des *paranoid reading*[45] überzeugend herausgearbeitet hat. Obwohl dies keinesfalls bedeutet, dass die feministische Kritik an der Pornografie unberechtigt wäre – vor allem im Bereich der Produktion von Pornografie ist sie unablässlich[46] – stößt eine feministische Analyse hier sichtlich an ihre Grenzen. Um jedoch die Pornografie in ihrer Wirkmacht zu begreifen, bedarf es einer Lesart, die das Offensichtliche und das Affektive näher zusammenrückt. Auch wenn die Interpretation eines Films nie von der körperlichen Erfahrung dieses Films zu trennen ist, wäre eine solche Trennung beim Pornofilm besonders tragisch, weil verfehlt würde, worauf das Genre abzielt – auf ein affektives Erlebnis.

Die Struktur der Erregung

Kehren wir noch einmal zu der seriellen Oralsexszene in das Werkstattbüro zurück. Eine auf Symbol- und Blickpolitik ausgerichtete Lesart dieser Szene würde wohl ein eindeutiges Ergebnis produzieren. Julie kniet vor den Männern, die sie befriedigt, ihre unterwürfige sexuelle Position wird durch die aufsichtige Kameraperspektive verstärkt. Jede Begegnung schließt mit einem *money shot* – wodurch die

---

43 Zur Thematik der Geschlechter-Utopie in der Pornografie siehe Judith Butler: *Excitable Speech. A Politics of the Performative.* New York: Routledge 1997, S. 68.
44 Paasonen, „Repetition", S. 63.
45 Für Sedgwick offenbart sich im *paranoid reading* ein wahnhafter Wille zum Wissen, der verborgene Machtverhältnisse aufdecken möchte, die nicht wirklich verborgen sind: „[It] prove[s] the very same assumptions with which it began" (Eve Kosofsky Sedgwick: *Touching Feeling. Affect, Pedagogy, Performativity.* Durham: Duke University Press 2003, S. 135).
46 Vgl. den Beitrag zur pornografischen Industrie von Sheila Jeffreys, *Industrial Vagina*, S. 65-71.

Befriedung der männlichen Figuren unter Beweis gestellt wird – und lange *close-ups* kosten den Moment aus. In Bezug auf die seriellen Erwartbarkeiten, die das Genre produziert, könnte man hier von einem strukturierten Sicherheitsgefühl sprechen, das durch die Vorkenntnisse des Genres insgesamt und konkret durch die vorausgegangenen *deep-throat*-Szenen in THROAT entsteht. Diese Vorhersehbarkeit ist ihrem Wortsinn ja die Vorfreude auf ein neues sexuelles Szenario, das durch die Erinnerungen an Vorher-Gesehenes möglich wird. Die Lust an der Pornografie beinhaltet daher immer ein ‚nach-vorne-Erinnern', auch deshalb, weil kein pornografischer Film ohne Erinnerung an außertextliche Lusterlebnisse oder -fantasien auskommt, gleichzeitig aber erst im konkreten Moment des Schauens seine Erregungsmacht entfaltet.

Ein solches Sicherheitsgefühl will sich jedoch in der Werkstattszene nicht recht einstellen oder wird zumindest wiederholt gestört. Erst der Blick auf die serielle Verführungsstruktur der Szene macht jedoch deutlich, mit welchen Mitteln THROAT daran arbeitet, gerade nicht erotisch zu wirken. Der düstere psychedelische Soundtrack mit seinem herzschlagartigen Bassbeat unterstreicht die Unbehaglichkeit der Szene. Dazu gibt es für die Zuschauerin kaum die Möglichkeit, sich auf eine potentielle Erregung einzulassen, da die Handlung immer wieder abrupt unterbrochen wird, um das Abtreten des einen Freiers und das Auftreten des nächsten einzublenden. Hier werden also mitnichten dieselben Erregungen in der Zuschauerin hergevorrufen, die vielleicht auf rein bildlicher Ebene zu vermuten wären. Zu schließen ist daraus auch, dass unsere Körper nicht automatisch die Lust, die wir sehen, imitieren. Im Gegenteil, die Oralszene schafft trotz aller Großaufnahmen eine Distanz, die nachdenklich stimmt, vielleicht sogar abstößt, ohne ihr Potential zur sexuellen Erregung ganz aufzugeben. Gerade das zentrale Bild in THROAT, das des verschluckten Penis in Julies Mund, kann widersprüchliche Reaktionen auslösen: Bewunderung für die akrobatische Kunst der Darstellerin Sasha Grey, dazu ein leichtes Würgen in Momenten, in denen Julie am Penis in ihrem Hals zu ersticken scheint, vielleicht Unterwerfungs- oder Unterwürfigkeitsfantasien beim Anblick der fetischisierten Machtverhältnisse, auch ein wenig Misstrauen gegenüber der Show, mit der das *deep throating* verkauft wird. Zuletzt bleibt die Szene ein verwirrendes, schwer einzuordnendes Erlebnis, das in Frage stellt, was Lust eigentlich ist und wo sie stattfindet.

Die serielle Struktur der Szene erlaubt also Zweifel an der offensichtlichen Reaktion des Zuschauerinnenkörpers und stellt damit auch die Frage nach der Empathie, Sympatie, Mimesis und Identifikation zwischen den Figuren und den Zuschauerinnen neu.[47] Gleichzeitig unterstreicht sie die für das Genre wichtige

---

47 Zur Unterscheidung zwischen Empathie und Sympatie in der Pornografie siehe Jennifer Lyon Bell: „Character and Cognition in Modern Pornography", in: Anu Koivunen, Susanna Paasonen (Hg.): *Conference Proceedings for Affective Encounters. Rethinking Embodiment in Feminist Media Studies.* Turku: University of Turku 2001. S. 36-42.

Intermedialität, denn die erregende, frustrierende oder überraschende Erfahrung in Filmen wie THROAT ist ein Ergebnis permanenter Wechselwirkung zwischen Film und Körper. Pornografie zieht so ihre Wirkung aus den unterschiedlichen Vorkenntnissen, Erwartungen und Erregungen dieser Körper und schreibt sich gleichzeitig als neue Erfahrung wieder in sie ein.

Michaela Wünsch

SERIALITÄT AUS MEDIENPHILOSOPHISCHER PERSPEKTIVE

Serialität aus medienphilosophischer Perspektive zu umreißen, ist mit dem Problem des Ausuferns konfrontiert.[1] Obwohl Medienphilosophie nicht bedeutet, einzelne Philosophen daraufhin zu befragen, was sie zu Medien beigetragen haben,[2] bezieht der folgende Text sich auf eine weit zurückreichende Auswahl von Philosophien, um einen historisch sehr breit gefassten Serialitätsbegriff zu überprüfen. Dass Serialität nicht erst mit der technischen Reproduzierbarkeit und der seriellen kapitalistischen Produktion und Distribution virulent wird, sondern ‚schon immer' Kunst und Kultur prägt, behaupten zum Beispiel sowohl Umberto Eco als auch Richard Dyer:

> It's clear that humans have always loved seriality. Bards, jongleurs, griots and yarn-spinners (not to mention parents and nurses) have all long known the value of leaving their listeners wanting more, of playing on the mix of repetition and anticipation, and indeed of the anticipation of repetition, that underpins serial pleasure.[3]

Auch Eco behauptet ausgehend von der Fernsehserie, dass Kunst seit jeher weniger rituell, aber dennoch seriell war. Er fasst Serialität ebenfalls als eine sehr allgemeine Kategorie, „oder, wenn man will, als einen anderen Terminus für Wiederholungskunst,"[4] die gleichermaßen die Fernsehserie wie die griechische Tragödie, die Genrezugehörigkeit wie die Adaption umfasst.[5]

---

[1] Es ist vor allem der Notwendigkeit zur Eingrenzung geschuldet, dass sowohl die Schriften von Kant und Hegel, als auch die von Blumenberg oder Luhmann als wichtige Grundlagen einer Medienphilosophie ungenannt bleiben.

[2] Frank Hartmann: „Medienphilosophische Theorien", auf: http://homepage.univie.ac.at/frank.hartmann/docs/Medienphilo_Theorie.pdf, (28.03.2012), S. 290.

[3] Richard Dyer: „Kill and Kill again", in: *Sight and Sound* Vol. 7, No. 9 (Sept. 1997), S. 14-17, hier S. 14.

[4] Umberto Eco: „Serialität im Universum der Kunst und Massenmedien", in: Ders.: *Im Labyrinth der Vernunft. Texte über Kunst und Zeichen*. Leipzig: Reclam 1989, S. 301-324, hier S. 302.

[5] Einen ähnlichen Befund stellt Thomas Rösch für die Philosophie Jacques Derridas, wenn er über dessen serielle Ästhetik schreibt, dass diese nachweise, „dass die Reproduzierbarkeit und damit die Wiederholbarkeit von Kunstwerken keine epochale Erscheinung ist, die durch das Medium der Fotografie und des Films seit der Mitte des 19. Jh. bedingt ist, sondern das Wesen der Kunst überhaupt ausmacht." Thomas Rösch: *Kunst und Dekonstruktion. Serielle Ästhetik in den Texten von Jacques Derrida*. Wien: Passagen 2008, S. 39.

Das Plädoyer dafür, dass die Künste schon immer seriell waren, soll daraufhin befragt werden, wie die Philosophie das Serielle, als es buchstäblich als Begriff noch nicht existierte, fasste und ästhetisch bewertete. Zunächst könnte man sich der Prämisse anschließen, dass sich die Gegenstände der Medienphilosophie keineswegs auf technische Medien und Apparate beschränken; vielmehr gelten als Medien u. a.:

> Ein Stuhl, ein Rad, ein Spiegel (McLuhan), eine Schulklasse, ein Fußball, ein Wartezimmer (Flusser), das Wahlsystem, der Generalstreik, die Straße (Baudrillard), ein Pferd, das Dromedar, der Elefant (Virilio), Grammophon, Film, Typewriter (Kittler), Geld, Macht und Einfluss (Parsons), Kunst, Glaube und Liebe (Luhmann).[6]

Serialität aus medienphilosophischer Perspektive zu untersuchen, könnte also bedeuten, das Serielle von diesen Einzelmedien aus herauszuarbeiten, wie dies Lorenz Engell vorschlägt:

> Medienphilosophie ist deshalb ein Geschehen, möglicherweise eine Praxis, und zwar eine der Medien. Sie wartet nicht auf den Philosophen, um geschrieben zu werden. Sie findet immer schon statt, und zwar in den Medien und durch die Medien. Sie kann deshalb nur dort, in und an den Medien selbst, angetroffen und freigelegt werden.[7]

Da viele der oben genannten Medien (Stühle, Spiegel, Fußbälle, Grammophon, Film, Typewriter, Kunst), die erweiterbar wäre um die Literatur, Musik und das Fernsehen, zwar die unterschiedlichen Prinzipien der seriellen Produktion, des Seriellen als künstlerischem Verfahren und Ordnungsmuster beinhalten, scheint mir diese Herangehensweise jedoch (zunächst) nicht die fruchtbarste. Statt dessen sollen zunächst serielle Elemente des Bildes, der Schrift, der Sprache und der Kommunikationsmedien herausgearbeitet werden. Dabei werden drei Stränge verfolgt: die Ästhetik seit der Antike, die Sprachtheorie seit dem 18. Jahrhundert und die Medientheorie als Auseinandersetzung mit den Kommunikationstechnologien.

---

6 Alexander Roesler: „Medienphilosophie und Zeichentheorie", in: Stefan Münker, Alexander Roesler, Mike Sandbothe (Hg.): *Medienphilosophie. Beiträge zur Klärung eines Begriffs.* Frankfurt/M.: Fischer Verlag 2003, S. 34-52, hier S. 34. Ein anderer Ansatz ist, Medien gar nicht in einem substanziellen, materiellen oder historisch stabilen Sinn zu fassen: „Medien sind nicht auf Repräsentationsformen wie Theater und Film, nicht auf Techniken wie Buchdruck oder Fernmeldewesen, nicht auf Symboliken wie Schrift, Bild oder Zahl reduzierbar und doch in all dem virulent." in: Lorenz Engell, Oliver Fahle, Britta Neitzel, Claus Pias, Joseph Vogl (Hg.): *Kursbuch Medienkultur.* München: DVA 1999, S. 10.

7 Lorenz Engell: „Tasten, Wählen, Denken. Genese und Funktion einer philosophischen Apparatur", in: Stefan Münker, Alexander Roesler, Mike Sandbothe (Hg.): *Medienphilosophie. Beiträge zur Klärung eines Begriffs.* Frankfurt/M.: Fischer Verlag 2003, S. 53-77, hier S. 53.

(Wahrnehmungs-)Ästhetik

Eco betont, dass erst in der modernen Ästhetik Kunst, die seitdem am Grad der Neuigkeit gemessen wurde, vom Handwerk abgegrenzt wurde, während in der klassischen Ästhetik die ‚serielle' Ausführung eines vorhergehenden Musters ebenfalls als künstlerisch bewertet wurde:

> Der gleiche Terminus (*technē, ars*) wurde benutzt, um sowohl die Tätigkeiten eines Friseurs oder Schiffsbauer wie auch die Arbeit eines Malers oder Dichters zu bezeichnen. Die klassische Ästhetik war nicht auf Innovation um jeden Preis bedacht. Selbst in solchen Fällen, in denen sich die moderne Sensibilität an der Revolution erfreut, die durch einen klassischen Künstler bewirkt wurde, schätzten die Zeitgenossen den entgegengesetzten Aspekt seines Werkes, d.h. seinen Respekt vor vorangehenden Modellen.[8]

Serialität als Produktionsweise im Sinne der handwerklichen Ausführung eines Modells wurde eben als solche Fertigkeit wertgeschätzt. Auch Derrida unterstreicht die konstitutive und frühe Verbindung von Kunst als *technē* und Iterabilität und somit die „Reproduktionstechnik in keiner Weise strukturell verschieden ist von jeder anderen Form handwerklicher bzw. technizistischer Reproduktion und damit der *technē* als solcher. Das Eigentliche der Technik, ihr *Ereignis* ist die Latenz ursprünglicher Reproduzierbarkeit in einer unabsehbaren Serialisierung von Kontexten [...]."[9]

Der mediale Aspekt des Kunsthandwerks oder der Kunstfertigkeit wäre das Material, das *zur Anschauung bringt*.[10] Es vermittelt zwischen Betrachter und Gegenstand. Diese an die Vermittlung gebundene Materialität war jedoch keinesfalls rein positiv bestimmt oder unproblematisch, ebenso wenig kann ausschließlich von einer derartigen ‚Gleichbehandlung' von Handwerk und Kunst ausgegangen werden, wie Eco sie postuliert.[11] Um diese Problematik zu verdeutlichen, sollen zwei Beispiele herangezogen werden, die Verwendung der *technē* in Bezug auf die Schrift und das Höhlengleichnis bei Platon.

---

8 Eco, „Serialität", S. 301f. Dass *technē* gerade nicht mit Musternachbildung und Wiederholbarkeit zu tun hat, vertritt dagegen Edgar Orica Gápár: *Sprache und Schrift aus handlungstheoretischer Perspektive*. Berlin: Walter de Gruyter 2006, S. 70f. Für diesen Hinweis danke ich Gabriele Werner.
9 Rösch, *Kunst und Dekonstruktion*, S. 212.
10 Dieter Mersch: *Medientheorien zur Einführung*. Hamburg: Junius 2006, S. 13.
11 Vgl. dazu auch Martin Seel: „Was schließlich die Ästhetik betrifft, so ist der Kunst mit den medialen Techniken ein höchst wandelbares Material zugewachsen, an dem einmal mehr deutlich wird, dass es in der Kunst nie auf das Material allein, sondern auf Operationen mit den Materialien ankommt – und dass es der weite Spielraum dieser Operationen ist, der das eigentliche Medium der jeweiligen Künste bildet." Martin Seel: „Eine vorübergehende Sache", in: Stefan Münker, Alexander Roesler, Mike Sandbothe (Hg.): *Medienphilosophie. Beiträge zur Klärung eines Begriffs*. Frankfurt/M.: Fischer Verlag 2003, S. 10-15, hier S. 11.

Die *technē* umfasst nicht nur die von Eco genannte Kunstfertigkeit, sondern auch die Zahl und die Schrift, „die, zwischen Kunstfertigkeit und Technik angesiedelt, unentschieden lässt, welche Konsequenzen und Effekte sie zeitigt."[12] Die Schrift als *technē* ist nie allein Mittel zur Aufzeichnung und Stützung des Gedächtnisses, sie reproduziert nicht, ohne zu transformieren.[13] Dass die Schrift bei Platon jedoch sowohl mit dem Handwerk, wie mit dem Seriellen zu tun hat, darauf hat bereits Derrida hingewiesen: die Schrift kann nichts außer (sich) wiederholen, „stets dasselbe bedeute[n] (semainei)."[14] Daraus folgt eine Definition der Schrift, die wiederholt, ohne zu wissen,[15] sie ist Anti-Substanz, Nicht-Wesen[16] und steht damit im Widerspruch zu Platons Doktrin der Mimesis als einer Vorstellung von Wiederholung, „in der die wiederholte Idealität unverstellt und selbstidentisch gegeben und erfahrbar sein soll."[17]

Doch Platon misstraut der Materialität der Schrift, sie drohe nicht nur das Wahrheitsgeschehen zu verfälschen,[18] sondern sie raube auch dem Subjekt das Gedächtnis und werde „Vergessenheit schaffen"[19]. Wenn man dem Gedanken folgt, dass Platons Kritik sich eher gegen die Technik als gegen die Schrift richtete,[20] ergibt sich daraus für die dekonstruktive Platon-Lektüre Derridas oder auch Jean-Luc Nancys die Frage, welche Umwertungen aus dem Nicht-Wesen und Nicht-Wissen der Technik zu ziehen ist und was dies für den Begriff des Seriellen bedeuten könnte.

Erich Hörl weist darauf hin, dass Nancy den Ort der Technik ebenfalls als wesenlos, „als Supplierung und Supplement von nichts" denkt.[21] Auch nach Nancy findet durch die Technik eine Sinnentleerung statt, die jedoch dadurch den Sinn erst freilegt: „Die Technik erscheint bei Nancy als das denaturierende Ereignis schlechthin, das zuallererst den Sinn als solchen freistellt. Ohne Technik würde es überhaupt keinen Eintritt in die Ordnung des Sinns und keinen Sinn von Sein gegeben haben."[22] Dieser Sinn ist jedoch „weder richtungsweisend noch bedeutend", das „Ereignis der Technik" eröffnet durch den Mangel an Sinn einen Raum.[23] Da-

---

12 Mersch, *Medientheorien*, S. 33.
13 „Alle Medialität partizipiert – soweit sie technisch bestimmt ist – an dieser Janusköpfigkeit: Sie liegt, wie Platon argwöhnt, nicht im rechten oder falschen Gebrauch, sondern erweist sich dem Technischen wie Medialen inhärent. Es gibt demnach keine Schrift, die nicht zugleich aufzeichnet und dokumentiert, wie sie im selben Maße als Dokument und Archiv die Erinnerung transformiert." Ebd.
14 Jacques Derrida: *Dissemination*. Wien: Passagen 1995, S. 73.
15 Ebd., S. 83.
16 Ebd., S. 78.
17 Rösch, *Kunst und Dekonstruktion*, S. 110.
18 Ebd., S. 111.
19 Mersch, *Medientheorien*, S. 32.
20 Ebd., S. 33.
21 Erich Hörl: „Die künstliche Intelligenz des Sinns. Sinngeschichte und Technologie im Anschluss an Jean-Luc Nancy", in: *Zeitschrift für Medien- und Kulturforschung*, Nr. 2 (2010): Schwerpunkt Medienphilosophie, Hamburg: Felix Meiner Verlag, S. 129-149, hier S. 137.
22 Ebd., S. 142.
23 Ebd.

mit hinterfragt Nancy, wie Eco, die Trennung von Kunst und Technik und verwirft damit nicht nur Fragen nach Originalität, sondern auch die Unterscheidung von Wahrheit und Täuschung, von *simulatio* und *dissimulatio*, „wie sie seit Platon durch das abendländische Denken geht und die Kunstphilosophie beherrscht."[24]

Deutlicher wird Nancys Begriff des Technischen vielleicht anhand seiner Auseinandersetzung mit dem Kinoblick und -bild: Nach Nancy geht es dem Film nicht um Repräsentation, sondern um die Axiomatik des kinematografischen Blicks (*regard*) als Bezugnahme (*égar*) auf die Welt und ihre Wahrheit. Dieser Blick ist von dem technischen Dispositiv des Kinos als Situation im Kinosaal bestimmt:

> Es ist also der Saal selbst, der zum Ort oder zum Dispositiv des Blicks wird, ein Schaukasten, um zu sehen – oder eher: ein Kasten, der ein Blick ist oder den Blick herstellt, ein Guckloch, um eine Öffnung zu bezeichnen, die dazu bestimmt ist, eine Beobachtung zu erlauben […].[25]

Die Betonung soll hier auf Öffnung liegen, denn im Unterschied zu anderen Verwendungsweisen des Begriffs des Dispositivs als konstituierend im Sinne einer einengenden Formierung, beschreibt Nancy es als Öffnung auf einen Raum oder auf eine Welt. Es geht demnach dem Kino (am Beispiel von Abbas Kiarostami) nicht um Repräsentation oder Schauspiel, sondern um die Öffnung des Sehens auf ein Reales.

Damit begibt sich Nancy auch auf die gegenteilige Position von Platons Höhlengleichnis. Denn nach Nancy liegt Wahrheit oder Erkenntnis nicht außerhalb des Bildes, das über die Realität, die es nachbildet, täuscht, sondern findet sich im Medium als „eine künstliche Intelligenz des Sinns, der durch Kunst und als Kunst begriffene und gefasste Sinn, d. h. technē."[26] Platons Kritik an der täuschenden Wirkung des Bildes und der ihr gegenübergestellte Weg zur Wahrheit kritisiert Nancy als gewaltförmig:

> Während ihrer ganzen Geschichte hat sich die Philosophie des gewaltsamen Auftauchens der Wahrheit angenommen. (Schon sie war es, die den Gefangenen von Platon zwang, aus seiner Höhle hinauszukommen, um ihn dann mit der Sonne zu blenden.)[27]

Wenn die Wahrheit jenseits des Bildes verortet wird, muss das Wahre gewaltsam in das Sein eindringen. Doch die Kritik am Nicht-Wahren des Bildes verkennt nach Nancy die (gewaltsame) Selbstbehauptung des Bildes, die aus einer Rivalität mit den Dingen resultiert:

---

24 Mersch, *Medientheorien*, S. 23.
25 Jean-Luc Nancy: *Evidenz des Films. Abbas Kiarostami*. Berlin: Brinkmann & Bose 2005, S. 13.
26 Hörl, „Künstliche Intelligenz", S. 141.
27 Jean-Luc Nancy: „Bild und Gewalt. Von absoluter Offenbarung und dem unendlich Bevorstehenden", in: *Lettre International* (Sommer 2000), S. 86-89, hier S. 86. Auch in: Jean-Luc Nancy: *Am Grund der Bilder*. Zürich, Berlin: diaphanes 2006, S. 42.

Damit müssen wir uns befassen. Nicht mit dem mimetischen Charakter, den die *Doxa* zuerst mit dem Begriff ‚Bild' verbindet, sondern vielmehr damit, dass das Bild, selbst das mimetische, durch sich selbst und für sich selbst gelten muss, da es sonst droht, nichts als ein Schatten oder ein Reflex zu werden, aber kein Bild.[28]

Das Bild ist nach Nancy keine Nachahmung, sondern eine Intensivierung des Dings,[29] es ist ihm ähnlich, insofern es mit ihm wetteifert: es stellt das Ding aus, zeigt es in seiner Selbstheit, prae-sentiert und deformiert es dabei nicht nur, sondern zeigt was und wie es ist, macht es zum Subjekt,[30] indem es seine Präsenz herausstellt. „Es ist nicht ‚die Sache selbst' (oder das ‚Ding an sich'), sondern die ‚Selbstheit' der als solcher gegenwärtigen Sache."[31]

Auch Jacques Rancière hat betont, dass die (seriellen) Bilder des Kinos die alte mimetische Ordnung aufheben, weil sie die Frage nach der Mimesis an seiner Wurzel stellt – der Platonischen Verwerfung der Bilder, der Opposition zwischen sinnlich wahrnehmbarer Kopie und intelligiblem Modell. Kinematographische Bilder sind bei ihm selbst Dinge, „sie bringen plastische, bedeutsame Elemente so ins Spiel, dass ein gemeinsames Sensorium der Worte, Rhythmen, Chiffren und Bilder entsteht: ein anti-Cartesianisches ‚Ich fühle'".[32] Kinobilder vereinigen Denken und Nicht-Denken, sinnliche Wahrnehmung und Intelligibilität. Insbesondere das Fernsehen erfüllt nach Rancière nicht nur das, wohinter der Film herhinkt, sondern auch ein wesentliches Merkmal des Verhältnisses von Denken und Kunst im ästhetischen Regime: „It is, more profound and also more ironically, the machine of vision that suppresses the mimetic gap and thus realizes, in its own way, the new art's panaesthetic project of immediate sensible presence."[33]

Ob diese „unmittelbare sinnliche Präsenz" nun tatsächlich erreicht wird oder überhaupt erstrebenswert ist, sei zunächst dahingestellt. Diese Frage soll im letzten Teil des Textes konkret anhand der Fernsehserie BREAKING BAD (Creator: Vince Gilligan, USA 2009-2013) diskutiert werden.

---

28 Nancy: „Bild und Gewalt", S. 87. Nancy fügt in Klammern hinzu: „(Übrigens behandelt der philosophische Antimimetismus es als Schatten oder Reflex. Gerade aber dieser Widerstand gegen die Selbstbehauptung des Bildes und im Bild, gegen die reine Bildlichkeit des Bildes zeigt vielleicht umgekehrt, wie sensibel er für diese ist.)"

29 Bei dem kinematographischen oder kinetischen Bild wird dieser Intensitätsaugenblick zerdehnt. Nancy, *Am Grund der Bilder*, S. 22.

30 Ebd., S. 88.

31 Ebd.

32 Ludger Schwarte: „Jacques Rancière", in: Kathrin Busch, Iris Därmann (Hg.): *Bildtheorien aus Frankreich. Ein Handbuch*. München: Wilhelm Fink Verlag 2011, S. 347-363, hier S. 356.

33 Jacques Rancière: *Film Fables*. Oxford, New York: Berg 2006, S. 18.

Sprachphilosophie

Verschiedene medientheoretische Ansätze und medienphilosophische Genealogien sind sich darin einig, dass die Auseinandersetzung mit Sprache und Schrift einen wesentlichen Bestandteil der Medienphilosophie bildet und quasi prä-medienphilosophisch die Sprache und Schrift reflektiert hat.[34] Beispielhaft soll hier die Sprachphilosophie Johann Gottlieb Herders herausgegriffen und auf einen möglichen Serialitätsbegriff bezogen werden, da er nicht nur die Schrift, sondern die Sprache als Ganzes analysiert.

> Damit weist er weit auf die medientheoretischen Ansätze des 20. Jhdts. voraus. […] Nicht die Idee oder die Vorstellung erzeugen das Wort, sondern das Wort den Gedanken: Herder inauguriert so eine Auffassung, die von Wilhelm von Humboldt über Nietzsche bis zu Heidegger reichen wird und die Sprache als Medium allen Denkens ausweist. Zum ersten Mal wird so Medialität als Konstituens gedacht.[35]

Dabei entwirft Herder ein Modell, nach dem die Sprache mimetisch durch lautliche Nachahmung entsteht, er denkt die Sprache vom Primat der Stimme. In Bezug auf Serialität ist interessant, dass der Schritt zum Sinn sich nicht über die Repräsentation vollzieht, sondern über den Umweg der Wiederholung. „Herder weiß, dass kein Abbildungsverhältnis gelingen kann, das nicht in eine genuine Iterabilität gebettet ist."[36] Er entdeckt also ein „entscheidendes Prinzip der Medialität aller Zeichenprozesse: wiederholbar zu sein."[37]

Wenn es um die Wiederholung in der mündlichen Sprache geht, scheint man wieder bei dem rituellen Serialitätsbegriff von Richard Dyer zu sein, bei den Märchen, Barden und Jongleuren. Nach Herder setzt die Menschwerdung mit dem Spracherwerb ein, unter „Familiensprache" fasst er „Lieder von ihren Vätern, Gesänge von den Taten ihrer Vorfahren der Schatz ihrer Sprache und Geschichte und Dichtkunst, ihre Weisheit und ihre Aufmunterung, ihr Unterricht und ihre Spiele und Tänze."[38] Diese auf Wiederholbarkeit beruhende Sprache differenziert sich

---

34 Stellvertretend sei hier Reinhard Margreiter mit den Worten zitiert, dass „jedes Medium eine Art ‚Sprache' bzw. ‚Schrift'" sei. Reinhard Margreiter: „Medien/Philosophie: Ein Kippbild", in: Stefan Münker, Alexander Roesler, Mike Sandbothe (Hg.): *Medienphilosophie. Beiträge zur Klärung eines Begriffs*. Frankfurt/M.: Fischer Verlag 2003, S. 150-172, hier S. 158. Dass nicht jede Philosophie, die Sprache thematisiert hat, auch schon eine Medienphilosophie ist, bemerkt Hartmann, „Medienphilosophische Theorien", S. 294. Auch wenn natürlich längst nicht alle an einem sprachorientierten Medienbegriff festhalten, gilt die Sprachphilosophie zumindest als Vorläufer, wie auch das folgende Zitat zeigt.
35 Mersch, *Medientheorien*, S. 39.
36 Ebd.
37 Ebd.
38 Johann Gottlieb Herder: *Abhandlung über den Ursprung der Sprache*. Stuttgart: Reclam 2001, S. 103.

jedoch aus in ein „unendliches Feld von Verschiedenheiten."[39] Diese Form von Wiederholung und Differenzierung kann sowohl bei Dyer als auch bei Herder unter die seriellen Formen der Kulturtechniken als „Veralltäglichung, Routinisierung, Ritualisierung, Gewohnheitsbildung"[40] gefasst werden.

Friedrich Nietzsches Formel von der „ewigen Wiederkehr" legt ebenfalls Gewohnheit, Gleichgewicht und Ähnlichkeit nahe, muss aber anders interpretiert werden.[41] Stand bei Herder zudem noch die Idee des ‚Ursprungs' der Sprache im Vordergrund, setzte sich Nietzsche bekanntlich mit Konzepten der Maske und der Täuschung auseinander. Er vertrat die „Ursprungslosigkeit von Sprache"[42], deren Medialität er als einer der „ersten Medientheoretiker"[43] thematisierte. Er reflektiert bereits die mit der Schreibmaschine aufkommende Nähe zwischen Schreibtechniken, Geschriebenem und (seriell) Gedrucktem. Doch Nietzsche postuliert damit kein technisches Apriori, er erhebt die täuschende simulierende Ebene der Sprache zu ihrem Prinzip und kritisiert sie nicht. Sinnproduktion ist bei ihm nur durch anhaltende Umschreibungen, Übertragungen und Verschiebungen möglich, also der Bildung von Metaphern.[44] Metaphernbildung bedeutet eine Übertragung, in der etwas gleichsam wiederholt und transformiert wird,[45] ein Prozess durch den nicht nur die Unterscheidung von Original und Reproduziertem und die ‚Uneigentlichkeit' obsolet wird, sondern auch Bedeutung nicht endgültig fixiert werden kann, sondern aufgeschoben wird, wie auch Derrida im Anschluss an Nietzsches „Stile" entwickelt hat.[46]

Damit kann Nietzsche für eine Medienphilosophie des Seriellen nutzbar gemacht werden, die Medien nicht determinierend als technisches Apriori fasst, son-

---

39 Ebd., S. 105. Es würde an dieser Stelle zu weit führen, diese Differenzierung für seine Konnotationen des Nationenbegriffs zu kritisieren.
40 Sybille Krämer: „Erfüllen Medien eine Konstitutionsleistung? Thesen über die Rolle medientheoretischer Erwägungen beim Philosophieren", in: Stefan Münker, Alexander Roesler, Mike Sandbothe (Hg.): *Medienphilosophie. Beiträge zur Klärung eines Begriffs*. Frankfurt/M.: Fischer Verlag 2003, S. 78-91, hier S. 86.
41 Vgl. Gilles Deleuze: *Differenz und Wiederholung*. München: Wilhelm Fink Verlag 1992, insbesondere S. 22f.
42 Mersch, *Medientheorien*, S. 49.
43 Friedrich Kittler: *Grammophon, Film, Typewriter*. Berlin: Brinkmann & Bose 1986, S. 124.
44 Zur (seriellen) Aufzählung in Nietzsches anderem berühmten Satz, dass die Wahrheit ein „bewegliches Heer von Metaphern, Metonymien, Anthropomorphismen" sei, vgl. Sabine Mainberger: „Enumerative Praktiken der Philosophie: zu Nietzsche", in: Christine Blättler (Hg.): *Kunst der Serie. Die Serie in den Künsten*. München: Wilhelm Fink Verlag 2010, S. 73-87.
45 Vgl. Sybille Krämer: *Medium, Bote, Übertragung. Kleine Metaphysik der Medialität*. Frankfurt/M.: Suhrkamp 2008; Georg Christoph Tholen: *Die Zäsur der Medien. Kulturphilosophische Konturen*. Frankfurt/M.: Suhrkamp 2002, S. 44.
46 Jacques Derrida: „Sporen. Die Stile Nietzsches", in: Werner Hamacher (Hg.): *Nietzsche aus Frankreich*. Berlin: EVA 2007, S. 183-225. Zur seriellen Ästhetik in den Texten von Derrida vgl. auch Thomas Rösch: *Kunst und Dekonstruktion. Serielle Ästhetik in den Texten von Jacques Derrida*. Wien: Passagen 2008.

dern diese mit einer radikalen Unentscheidbarkeit verknüpft. Von Nietzsche inspiriert ist auch Deleuzes Konzept der Wiederholung ohne ursprüngliches Ereignis, die Reihen und Serien produziert. Er schreibt zu Nietzsche:

> Alles ist Trugbild geworden. Denn unter Trugbild dürfen wir nicht bloß eine Nachahmung verstehen, sondern eher den Akt, durch den noch die Idee eines Urbilds oder einer privilegierten Position angefochten, gestürzt wird. Das Trugbild ist eine Instanz, die eine Differenz in sich schließt, als (zumindest) zwei divergente Reihen, auf denen es sein Spiel treibt, ohne jede Ähnlichkeit, ohne daß man von nun an die Existenz eines Originals und eines Abbilds angeben kann.[47]

Deleuze verkehrt im Anschluss an Nietzsche die Opposition von Original und Abbild, Wahrheit und Täuschung, indem er das vermeintlich Sekundäre als Primat setzt. Mehr noch: die Differenz in der Wiederholung produziert eine Serie. Das serielle Prinzip von Wiederholung und Variation wird von Deleuze ganz zur Seite der Differenz hin aufgelöst.[48] Wie dies auf das Fernsehen übertragen werden kann, das die „Unwiederholbarkeit, die Erstmaligkeit und sogar die Kreativität jeder Wiederholung" belegt, hat bereits Lorenz Engell gezeigt. Die ‚echte' Serie im Sinne Deleuzes findet er in dem „Eigenleben des Intervalls und der Nicht-Reduzierbarkeit des Zwischenraums"[49] in der Soap Opera.

Engell hat neben Deleuze auch Martin Heidegger für eine Lesart und Philosophie des Fernsehens genutzt. Gegen Neil Postmans Vorwurf, dass das Fernsehen täusche und Unterscheidungen in wahr und falsch verwische, argumentiert Engell mit Heideggers Rekonstruktion der aristotelischen Logik und insbesondere mit dem Begriff der Aletheia,[50] den er auf das Bild und das Fernsehen überträgt.[51]

> Die Nähe der Metaphorik Heideggers und seiner Übersetzung des Aletheia-Begriffs als ‚Sehenlassen' zum Bereich des Optischen ist kein Zufall. Das Bild als Sehenlassen des Abgebildeten; nicht entscheidend ist die Übereinstimmung zwischen Bild und äußerem Gegenstand, sondern das Sehenlassen, das Entdecktsein des jeweiligen Gegenstands.[52]

Diese enthüllende, entbergende, präsentierende Form ist jedoch immer mit Verhüllung, Verbergung, mit Pseudos und Täuschung, der Imagination verbunden:

---

47 Deleuze, *Differenz und Wiederholung*, S. 98.
48 Lorenz Engell: „Fernsehen mit Deleuze", in: Ders., Oliver Fahle (Hg.): *Der Film bei Deleuze*, Weimar: Verlag der Bauhaus-Universität Weimar 1997, S. 468-496, hier S. 477.
49 Ebd., S. 478.
50 Auch Nancy nimmt auf diesen Begriff bei Heidegger Bezug, hier wird es jedoch mit „Sichthüllen" übersetzt. Nancy, *Am Grund der Bilder*, S. 146. Beide Ausdrücke finden sich jedoch nicht in dem Aletheia-Aufsatz: wörtlich übersetzt Heidegger Aletheia mit Unverborgenheit, die er als entbergend-verbergend definiert. Martin Heidegger: „Aletheia", in: Ders.: *Vorträge und Aufsätze*. Stuttgart: Klett-Cotta 1954, S. 249-274.
51 Engell, *Vom Widerspruch zur Langeweile*, S. 54.
52 Ebd.

So umschließt auch das Fernsehen durchaus beide Bereiche, indem es unausgesetzt entdeckt, präsentiert. Dies ist für die Zeitstruktur des Fernsehens von Bedeutung. […] Bedingung der Möglichkeit der Entdeckung ist die Verdeckung, in der etwas als etwas anderes erscheint. Die Unterscheidung zwischen dem Gezeigten und dem Gemeinten, das gezeigt oder verdeckt werden kann, lässt sich am elektronischen Bild gut belegen.[53]

Das Fernsehbild *zeigt* zunächst Konstellationen von Farbpunkten, dann entdeckt es Gegenstände, Personen etc. Dabei kann das Gezeigte, das Objekt „einmal so, einmal anderes"[54] erscheinen, die Referenz ist nicht wesentlich, sondern die mögliche Transformation, das Zusammenspiel von Entdecken und Verdecken.[55] „Verhüllt bleibt das Sehen, durch das sich das Ding als sein eigenes Bild enthüllt", wie auch Nancy schreibt.[56] Auch hier wird die Opposition von Wahrheit und Täuschung aufgehoben bzw. wird die Täuschung wie bei Nietzsche primär. Engell begreift somit die Fernsehbilder als vor-logisch, wozu auch ihre Serialität gehört: „Die unendliche Reihung der Bilder, ihre Beliebigkeit und unendliche Substituierbarkeit, […] die Metaphorizität sind weitere Indizien."[57]

Nietzsche und auch Heidegger bilden auch das Scharnier zu einem *linguistic turn* des Medien- und Serienbegriffs.[58] Die Linguistik „kennt Serien durch den russischen Formalismus mit seinen konstruktiven Reihen und die Strukturalisten mit ihren paradigmatischen und syntagmatischen Reihen."[59] Auch der Zeichenbegriff Saussures beruht auf der seriellen Wiederholung und Alterität, wobei auch hier die Differenz (zwischen den Signifikanten und zum Signifikat) Bedeutung produziert. Dennoch galt und gilt in der Film- und Fernsehsemiotik das Serielle und die Wiederholung oftmals als Bedeutung verfestigend.[60] Roesler hat aus medienphilosophischer Perspektive die Peirce'sche Triade aus Zeichen(träger), Gegenstand und Interpretant auf die Nachrichtensendung übertragen und dabei betont, dass Bedeutung nicht vom Medium selbst generiert wird, sondern aus einer Relationalität.[61] Die Serie ist daher sprachtheoretisch nicht nur als Reihe oder

---

53 Ebd., S. 55.
54 Ebd., S. 56.
55 Ebd., S. 57.
56 Nancy, *Am Grund der Bilder*, S. 146.
57 Engell, *Vom Widerspruch zur Langeweile*, S. 73.
58 Mersch, *Medientheorien*, S. 48.
59 Christine Blättler: „Einleitung", in: Dies. (Hg.): *Kunst der Serie. Die Serie in den Künsten*. München: Wilhelm Fink Verlag 2010, S. 7-17, hier S. 8.
60 Vgl. aus semiotischer Perspektive z. B. John Fiske: *Reading Television*. London, New York: Routledge 1990. Andere analysierten wie die differente Wiederholung (neue) Bedeutung generiert oder das Verhältnis von syntagmatischer und paradigmatischer Komplexität, vgl. z. B. Heike Klippel, Hartmut Winkler: „ ‚Gesund ist, was sich wiederholt'. Zur Rolle der Redundanz im Fernsehen", in: Knut Hickethier (Hg.): *Aspekte der Fernsehanalyse. Methoden und Modelle*. Münster, Hamburg: Lit-Verlag 1994, S. 121-136.
61 Alexander Roesler: „Medienphilosophie und Zeichentheorie", in: Stefan Münker, Alexander Roesler, Mike Sandbothe (Hg.): *Medienphilosophie. Beiträge zur Klärung eines Begriffs*.

Abfolge zu verstehen, sondern als „eine freie Produktion bestimmter Relations-Zusammenhänge."[62] Notwendigerweise bleibt eine zeichen- und sprachtheoretische Analyse der (Fernseh-)Serie textzentriert, auch werden selbst in Bezug auf das Medium Schrift, serielle Produktionsverfahren wie der Buchdruck, kaum berücksichtigt – das spezifische Medium gerät aus dem Blick. Damit komme ich zum dritten, eigentlich als Medientheorie benannten Strang: die Auseinandersetzung mit den technischen Kommunikationsmitteln.

Medientheorien

Mit der Medialität der Schrift und dem kulturellen Wandel bedingt durch den Buchdruck setzte sich allen voran die kanadische Schule auseinander, insbesondere Harold Innis und Marshall McLuhan, die den Prozess der Alphabetisierung mitsamt der Codierung von Kultur und Subjekten nachzeichneten. Die erste als solche benannte Medientheorie blieb also zunächst dem Medium der Schrift verbunden.

Innis befürwortete zwar die Verbreitung und Entmonopolisierung von Wissen und die damit einhergehenden gesellschaftlichen Veränderungen durch den Buchdruck, kritisierte jedoch die durch Reihenbildung bedingte Serialisierung der Sprache und die damit einhergehende ‚Mechanisierung' der Kultur und Subjekte und idealisierte im Umkehrschluss nostalgisch orale Kulturen.[63] Ähnlich wie die Frankfurter Schule diagnostizierte er eine Vereinheitlichung des Denkens durch das Serielle. Zusammenfassend für diese Positionen lässt sich festhalten, dass „unter Schlagwörtern wie ‚Standardisierung' oder ‚Konfektionierung' das Serielle zum Emblem einer mechanischen und vermeintlich seelenlosen Form der Wiederholung" wurde.[64]

Aus der Perspektive einer am technischen Medienbegriff orientierten Medienphilosophie bedeutet Serialität Abstraktion und Wiederholung, die eine Disziplinierung, Fragmentarisierung, Individualisierung und Uniformität nach sich ziehe. Auch der Innis-Schüler Marshall McLuhan folgte dieser Linie, sah aber eine nahezu utopische Veränderung durch elektronische Medien. „Das Maschinendenken wird durch eine neue Organizität abgelöst, die Prozesse der Mechanisierung durch die der Automation, Linearität durch kybernetische Schleifen."[65] Durch seine These, dass die Botschaft der Medien andere Medien sind, ergibt sich zudem eine

---

Frankfurt/M.: Fischer Verlag 2003, S. 34-53, hier S. 51.
62 Ernst Cassirer: *Substanzbegriff und Funktionsbegriff. Untersuchungen über die Grundfragen der Erkenntniskritik.* Darmstadt: Wissenschaftliche Buchgesellschaft 1980, S. 49.
63 Vgl. Mersch, *Medientheorien*, S. 98f.
64 Kristina Köhler: „‚You People are not watching enough television!' Nach-Denken über Serien und serielle Formen", in: Robert Blanchet, Kristina Köhler, Tereza Smid, Julia Zutavern (Hg.): *Serielle Formen. Von den frühen Film-Serials zu aktuellen Quality-TV und Online-Serien.* Marburg: Schüren 2011, S. 11-37, hier S. 19.
65 Frank Hartmann: *Medienphilosophie.* Wien: WUV 2000, S. 263.

andere repetitive, nicht-lineare Form der Zeitlichkeit, die der zirkulären Rückkoppelung. Damit verändert sich nicht nur McLuhans eigene lineare Mediengeschichtsschreibung hin zu einem anderen Modell des Seriellen. Dass Medien nur über andere Medien etwas mitteilen, beinhaltet bereits Feedbackschleifen.

Andere haben hervorgehoben, dass McLuhan nicht nur die Geschichte der Grammatiker schrieb, sondern sich selbst in deren Tradition setzt.[66] „Ein Grammatiker sucht McLuhan zufolge nach […] fundamentalen Strukturen in Worten und Dingen vor allem mit Hilfe von Analogieschlüssen."[67] Auch wenn es sich dabei nicht um ein ‚Klassifikationssystem' handelt, ähnelt diese Form der Analogiebildung doch seriellen Taxonomien. Das Erstellen von Relationszusammenhängen soll eine dahinterliegende Ordnung sichtbar machen. Dieses relationale Vorgehen ist wiederum auch für McLuhans Utopie einer (wieder) vergemeinschafteten Welt im elektronischen Zeitalter charakteristisch. Das Ende der Schriftkultur der ‚Gutenberggalaxis' beinhaltet nämlich eine Rückkehr in den *Acoustic Space*, eine Wiederkehr des Denkens in Relationen, Kollektivität und „Taktilität".[68]

Obwohl sowohl McLuhan wie auch Friedrich Kittler Mediendeterminismus vorgeworfen wurde,[69] kritisierte letzterer McLuhan für seine Erlösungsphantasien von der Sprache.[70] Dabei teilen beide die Analyse der Kybernetik als neues Paradigma, in dem Menschen und Maschinen, technische und psychische Apparate sich analog zueinander verhalten. Im Unterschied zu McLuhan begreift Kittler dabei jedoch die Sprache und das Symbolische nicht als zu verwerfend, sondern im Anschluss an Lacan als das Bewusste und Unbewusste strukturierend. Schon bei Lacan ist bei dem Versuch, das Unbewusste in Begriffen der Kybernetik zu fassen, die Wiederholung zentral.[71] Inwieweit diese aber auch als seriell zu begreifen ist und die Signifikantenlogik von Lacan auf digitale Ordnungen übertragbar sind, wäre zu befragen.[72] Das Unbewusste und ‚Subjekte' wären demnach nicht nur wie Sprache, sondern durch Reihen aus Nullen und Einsen strukturiert, also durchaus seriell. Jedoch wird hier nicht nur die Differenz zwischen Sprache und Computercodes einkassiert, sondern auch die zwischen Subjekt und Medium, statt dieses Verhältnis zum Ausgangspunkt einer Analyse der Übertragungsprozesse zu machen.[73]

---

66 Sven Grampp: „Hundert Jahre McLuhan", in: *Zeitschrift für Medienwissenschaft*, 01/2011: Schwerpunkt Menschen & Andere, S. 183-188, hier S. 187.
67 Ebd., S. 187.
68 Vgl. Hartmann, *Medienphilosophie*, S. 264f.
69 Vgl. u. a. Mersch, *Medientheorien*, S. 120; Rainer Leschke: *Einführung in die Medientheorie*, München: UTB 2003, S. 245ff.
70 Friedrich Kittler: *Optische Medien. Berliner Vorlesung 1999*. Berlin: Merve 2002, S. 23f.
71 Vgl. insbesondere Jacques Lacan: *Das Ich in der Theorie Freuds und in der Technik der Psychoanalyse. Das Seminar. Buch II*. Weinheim, Berlin: Quadriga 1991.
72 Mersch, *Medientheorien*, S. 193.
73 Zu einer Kritik an Kittlers Position und der Analyse dieser Übertragungen als Metaphorisierungen vgl. Georg Christoph Tholen: *Die Zäsur der Medien. Kulturphilosophische Konturen*. Frankfurt/M.: Suhrkamp 2002.

Damit ähnelt diese Position partiell einer konservativen Fernsehkritik, die die Funktionsweise von Fernsehserien als redundante Wiederholung des Gleichen auf das Publikum überträgt, die nicht am Neuen, sondern am Gewohnten interessiert sei und durch eine Sucht an das Fernsehen gebunden. Aus dieser Perspektive liefert das Fernsehen Stereotypen, die auch die Wahrnehmungs- und Handlungsmuster des Publikums strukturieren.[74]

In der Theoretisierung des Fernsehens lässt sich zunächst eine ähnliche Spannung zwischen Stasis und Veränderung, Redundanz und Komplexität, Kontinuität und Unterbrechung finden, wie in der genannten philosophischen Literatur. Generell gilt die Serie als Merkmal der technischen Reproduzierbarkeit und Produktionsweise, sowie als formales Prinzip des Erzählens. Oftmals wird dabei nicht sehr präzise zwischen Serialität und Wiederholung unterschieden, wobei die Wiederholung als fester und zentraler Bestandteil des Seriellen und des Fernsehens gilt,[75] sowie das serielle als Strukturprinzip der Produktion und des Programms analog zur Ästhetik und Narratologie der Produkte als Fernsehserien. Diese galten je nach Perspektive als redundant und ästhetisch wertlos bis konservativ oder als offen für subversive Lesarten des Publikums und innovativ. Entscheidend für die jeweilige Position ist, ob von einer identischen, auf einen Ursprung rekurrierende Wiederholung ausgegangen wird oder von einer niemals identischen Wiederholung, die selbst als primär gesetzt wird, wie bei Deleuze oder Derrida. Meiner Ansicht nach kann die Wiederholung durchaus als zirkulär und rekursiv gefasst werden, während es sich bei der Serialität nicht nur oder ausschließlich um eine fortgesetzte Wiederholung handelt, sondern sie auch immer relational ist und sich auf einen Kontext bezieht, sei es die Serie selbst, ein Format, ein Genre oder andere intertextuelle Verweise. Eine serielle Ästhetik würde sich demnach auch durch einen hohen Grad an Intertextualität auszeichnen.[76]

Gemäß dieser Unterscheidung wurde insbesondere der Fortsetzungsserie ein höheres Innovationspotential zugeschrieben,[77] während die Episodenserie als kon-

---

74 Vgl. Theodor W. Adorno: „How to Look at Television", in: *Quarterly of Film, Radio and Television*, 3/1954, S. 23-25; Werner Faulstich: *Grundkurs Fernsehanalyse*. Paderborn: UTB 2008; Zu einer Kritik der Idee der Fernsehsucht vgl. Stanley Cavell: „Die Tatsache des Fernsehens", in: Ralf Adelmann, Jan O. Hesse, Judith Keilbach, Markus Stauff, Matthias Thiele (Hg.): *Grundlagentexte zur Fernsehwissenschaft. Theorie, Geschichte, Analyse*. Stuttgart: UVK 2002, S. 125-165. Zusammenfassend auch Köhler, „Nach-Denken über Serien"; und Gabriele Schabacher: „Serienzeit. Zu Ökonomie und Ästhetik der Zeitlichkeit neuerer US-amerikanischer TV-Serien", in: Arno Meteling, Isabel Otto, Gabriele Schabacher (Hg.): *„Previously On…" Zur Ästhetik der Zeitlichkeit neuerer TV-Serien*. München: Wilhelm Fink Verlag 2010, S. 19-41, hier S. 23-28.
75 Zu der häufigen Gleichsetzung von Serialität und Wiederholung vgl. Blättler, „Einleitung"; und meinen Text in dem Band: „Serialität und Wiederholung in filmischen Medien", S. 191-205.
76 Rösch, *Kunst und Dekonstruktion*.
77 Jason Mittell: „Narrative Complexity in Contemporary American Television", in: *The Velvet Light Trap*, No. 58 (Fall 2006), S. 29-40.

servativer galt. Man kann jedoch davon ausgehen, dass es sich hierbei um Versuche des Fernsehens handelt, Gewohnheit und Kontinuität herzustellen;[78] dass Neues in der Wiederholung entsteht, kann jedoch niemals ausgeschlossen werden.

Anhand dieser Unterscheidung können Fernsehserien im Folgenden daraufhin befragt werden, ob sie auf Identität oder Differenz abzielen, nicht ob sie diese tatsächlich herstellen. Denn wenn man davon ausgeht, dass es keine identische Wiederholung geben kann, ‚kämpft' das Fernsehen einerseits mit dem Versuch einer ewigen Wiederkehr und doch aktuell und innovativ zu sein. Der gegenwärtige theoretische Trend, das Innovative des Fernsehens zu betonen, vernachlässigt tendenziell die Macht der Gewohnheit, die das Fernsehen auch verspricht.

Was ist neu an den neuen TV-Serien?

Neuere US-amerikanische Fernsehserien wie SOPRANOS (Creator: David Chase, USA 1999-2007), LOST (Creator: J.J. Abrams, Jeffrey Lieber, Damon Lindelof, USA 2004-2010), MAD MEN (Creator: Matthew Weiner, USA 2007-) oder THE WEST WING (Creator: Aaron Sorkin, USA 1999-2006) zeichnen sich neben anderen Qualitätsmerkmalen[79] durch ein Verwischen der Grenze zwischen Episodenserie (*series*) und Fortsetzungsserie (*serial*) aus, das die narrative Komplexität dieser Serien, ihre Serialisierung ausmacht.[80] Eco beschreibt jedoch in den 1980er Jahren schon eine Mischform aus Episodischem (Wiederkehr des Gleichen) und Seriellem (unendliche Variation). Auch die aktuelle Tendenz, die Fernsehserie selbst als Kunst zu betrachten, tritt zum Teil hinter Ecos Kritik am Kunstbegriff der Moderne zurück. So führt Jason Mittell die eigentlich schon von Eco verabschiedete Hierarchie zwischen naivem und kritischem Leser tendenziell wieder ein, letzterer werde durch die komplexe Narrativität und eine operationale Ästhetik befördert und ist eher an der Form als an dem Inhalt interessiert. David Lavery oder Christoph Dreher rekurrieren zudem mit dem Begriff der Autorenserien auf das Kon-

---

78 Vgl. Klippel, Winkler: „Gesund ist, was sich wiederholt", S. 124f.
79 Vgl. Robert J. Thompson: *Television's Second Golden Age: From Hillstreet Blues to ER*. New York: Continuum 1996, S. 13-16. Zu diesen Merkmalen gehören u. a., dass sich die Serien von den bisherigen Konventionen des Fernsehens abheben, dass sie von Künstlern gemacht werden, dass sie an die Oberschicht richten, dafür aber meist niedrige Einschaltquoten haben, dass sie über ein großes Figuren-Ensemble verfügen und multiple Plots haben, Sie sind meist autorenzentrierter und komplexer geschrieben. Zudem gehören ein Gedächtnis der Serie, Selbstreflexivität, Realismus, Genremischung und Auszeichnungen zu den Qualitätsmerkmalen, die Thompson anführt. Bzgl. einer Aktualisierung dieser insgesamt zwölf Merkmale auf zeitgenössische Serien Robert Blanchet: „Quality TV. Eine kurze Einführung in die Geschichte und Ästhetik neuer amerikanischer Fernsehserien", in: Kristina Köhler, Tereza Smid, Julia Zutavern (Hg.): *Serielle Formen. Von den frühen Film-Serials zu aktuellen Quality-TV und Online-Serien*. Marburg: Schüren 2011, S. 37-73.
80 Mittell: „Narrative Complexity", S. 29-40.

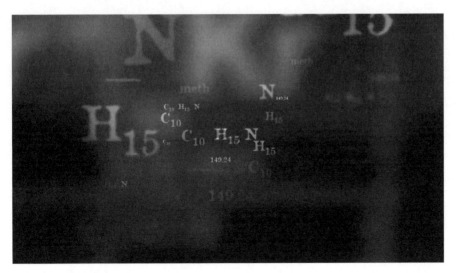

Abb. 1: BREAKING BAD – Vorspann

zept des Autors und vergleichen Serien mit Büchern.[81] Nicht nur durch diesen Vergleich lässt sich außerdem feststellen, dass die Kultur- und Medientheorie noch stark von dem Schriftparadigma geprägt ist.

Zum Abschluss möchte ich anhand der TV-Serie BREAKING BAD dafür plädieren bzw. danach fragen, ob nicht andere Konzepte des Seriellen dominieren. Denn nicht Einzigartigkeit, die Narration und Autorschaft dominieren diese Serie, sondern visuelle Effekte, ein ‚Blick der Dinge', das Populäre und Alltägliche, sowie intermediale und intertextuelle Bezüge. Auf diese Serie wäre Rancières zuvor zitierter Satz zutreffend, dass „plastische, bedeutsame Elemente so ins Spiel [gebracht werden], dass ein gemeinsames Sensorium der Worte, Rhythmen, Chiffren und Bilder entsteht."[82]

Die von dem Kabelsender AMC produzierte und ausgestrahlte Serie erzählt von dem Chemielehrer Walter White (Bryan Cranston), der an Lungenkrebs erkrankt und mit seinem ehemaligen Schüler Jesse Pinkman (Aaron Paul), der schon Erfahrung als Drogendealer hat, Methamphetamine (Crystal Meth) herzustellen. Bereits der Vorspann zeigt eine in diesem Text noch kaum erwähnte Ebene des Seriellen, die mathematische bzw. chemische Formeln, die in der Serie nahelegen, dass die Dinge und Menschen, die uns umgeben, auf diese zurückgeführt werden können (Abb.1).

---

81 Vgl. Christoph Dreher (Hg.): *Autorenserien. Die Neuerfindung des Fernsehens*. Stuttgart: Merz-Akademie 2010 und die Beiträge von David Lavery und Diedrich Diedrichsen in dem Band.
82 Schwarte: „Jacques Rancière", S. 356.

Walter White wird in einem Flashback zum Beispiel dabei gezeigt, wie er mit seiner früheren Forschungskollegin den Menschen in seine chemischen Bestandteile zerlegt. In einer anderen Szene erklärt er seinen Schülern die Bedeutsamkeit von Karbon für ihre Existenz. Dabei könnte man jedoch mit Cassirer argumentieren, dass Formeln in der Serie nie linear und progressiv dargestellt werden, sondern relational. Chemie wird aber nicht nur als Wissen von der Zusammensetzung der Materien eingebracht, sondern auch als soziokulturelle und ökonomische Angelegenheit, wenn erzählt wird, dass Walter von seiner Forschung niemals profitiert hat, sondern nur seine ehemalige Kollegin und ihr späterer Partner, die im Unterschied zu ihm ein Vermögen mit der vormals gemeinsamen Forschung verdient haben, während Walter nun selbst für seine Krebsbehandlung aufkommen muss.

Das Serielle als kapitalistische Massenproduktionsweise wird in BREAKING BAD auch anhand der Crystal Meth-Produktion thematisiert. Als guter Chemiker wird White zu einem guten Handwerker, der exzellente Drogen herstellt. Die Laborsituationen (und hier könnte man noch Rheinberger oder Latour in die Analyse einbringen) werden ausführlich dargestellt. Jesse Pinkman bezeichnet zudem die Herstellung des Meth mehrmals als eine Kunst, wobei man bei der Aufhebung der Unterscheidung zwischen Kunst und Handwerk wäre, wie Eco sie thematisierte. Während das Labor von einem Wohnwagen in Jesses Keller bis in eine Massenproduktionsanlage mit einer millionenteuren Ausstattung wandert und damit auch seinen Herstellungskontext wechselt, bleibt das Produkt dieses/r Handwerks/Kunst gleichbleibend gut wie seriell.

Weitere serielle Elemente, die in BREAKING BAD verhandelt werden, sind die verschiedenen Bezüge zur vor allem mündlich bzw. musikalisch geprägten Populärkultur, wie sie anhand von Dyer und Herder, aber auch Innis und McLuhan angesprochen wurden. Da die illegale Drogenproduktion selbstverständlich im Geheimen stattfinden muss, sind (mündliche) Codes und Kommunikationswege von großer Bedeutung. So erlangt White nur über seinen Partner Jesse Zugang zur Drogenszene, der als eine Art ‚Whigger' (‚white nigger') HipHop als Musik, Style und Ausdrucksweise verkörpert. Als eine nahezu nicht-literale, auf überlieferte Traditionen und Codes beruhende Gemeinschaft wird die mexikanische Drogenszene inszeniert. Einige der Protagonisten sprechen noch nicht einmal, sondern senden nur nicht-verbale oder verschlüsselte Botschaften.

Ein besonders hervorgehobenes Element der Serie sind die „subjektiven Kameraeinstellungen der Dinge"[83]. Dieses Interesse an den Dingen in BREAKING BAD mag zum einen mit dem jüngsten Interesse der Medienwissenschaft an dem Materiellen, „der dinglich verfassten Basis aller Praxis der Sinn- und Wissensproduktion, an technischen und ästhetischen Artefakten"[84] zu tun haben. BREAKING BAD zeichnet sich aber auch tatsächlich durch eine starke Aufmerksamkeit auf die Aus-

---

83 Ebd.
84 André Wendler, Lorenz Engell: „Medienwissenschaft der Motive", in: *Zeitschrift für Medienwissenschaft*, 01/2009, Schwerpunkt: Motive, Berlin: Akademie-Verlag, S. 38-49, hier S. 38.

stattung, die implizite Dramaturgie, den Style und die Dinge und Artefakte aus.[85] Dies beginnt mit einem Blick auf die Dinge in Whites Einfamilienhaus in der ersten Episode, wenn die Charaktere über die alltäglichen Dinge, die sie umgeben, eingeführt werden. So wird Whites Frau Skyler (Anna Gunn) über die Farbpaletten, die sie zur Auswahl für die Renovierung des Kinderzimmers aufgehängt hat, vorgestellt, Whites 50. Geburtstag wird mit einem veganen Speckimitat eingeführt, der zu einer 50 geformt von nun an seinen Cholesterinspiegel niedrig halten soll und Whites ‚Aufstieg' zum gut verdienenden Drogenproduzenten über die Farbwahl seiner Kleidung (von Beige über grellem Pink bis zu elegantem Schwarz). Diese Fokussierung auf den Stil beinhaltet auch eine Ästhetik des Gewöhnlichen, wie sie Herbert Schwaab anhand der Sitcom KING OF QUEENS (Creator: David Litt, Michael J. Weithorn, USA 1998-2007) herausgearbeitet hat.[86] Der Blick (*regard*) auf die Dinge bedeutet aber auch eine Bezugnahme (*égard*), eine Öffnung auf das Weltwissen und die Erfahrung des Zuschauers.

Auch wenn die Dinge selbst einen Blick bekommen, handelt es sich meist um (seriell hergestellte) Alltagsgegenstände wie Pfannenboden, Waschmaschine, Trockner, Kühlschrank, Kofferraum, Spülkasten, Lüftungsschacht, Kanüle, Pool, Grill, usw. Einerseits verdeutlichen diese Einstellungen die Differenz zwischen Kamerablick und menschlichem Auge und weisen damit auf die medialen Bedingungen, denn sie lenken den Blick (des Publikums) auf die Möglichkeiten der Kameratechnik (wer hat schon mal einen Blick aus dem Inneren eines Kühlschranks auf den Besitzer geworfen?) und weniger auf die Handlung. Sie zeigen auch die von Nancy beschriebene Konkurrenz zwischen Bildern und Dingen, wobei hier die Dinge zu Subjekten zu werden scheinen (daher rührt auch möglicherweise der eigentlich irreführende Begriff ‚subjektive Einstellung der Dinge'). Als ‚Subjekte' oder vielmehr ‚Aktanten' im Latour'schen Sinn,[87] treiben diese Dinge dennoch keine Handlung voran. Wenn zuvor in Bezug auf Nancy und Rancière die ‚Präsenz' der Bilder und Dinge in den Bildern angesprochen wurde, soll an dieser Stelle eine Differenzierung vorgenommen werden. Denn bei Nancy ist die Präsenz „keine schlichte Anwesenheit", sondern beruht auf der Abwesenheit:

> So gesehen ist die gesamte Geschichte der Repräsentation, diese fieberhafte Geschichte der Gigantomachien von Mimesis, Bild, Wahrnehmung, Objekt und wissenschaftlichem Gesetz, von Spektakel, Kunst und politischer Repräsentanz, von der Spaltung

---

85 Vgl. zur Bedeutung der impliziten Dramaturgie und der Differenz zu ‚Style': Christine Lang: „Implizite Dramaturgie in der Fernsehserie BREAKING BAD", www.kino-glaz.de/archives/35#_edn3 (28.03.2015).

86 Vgl. Herbert Schwaab: „Stanley Cavell, *King of Queens* und die Medienphilosophie des Gewöhnlichen", in: Dokumentation der Textbeiträge zur Tagung „Ästhetik und Alltagserfahrung" auf der Homepage der Deutschen Gesellschaft für Ästhetik in Jena 2008, http://www.dgae.de/downloads/Herbert_Schwaab.pdf (28.03.2015)

87 Ein Aktant ist ein Ding, das eine „gegebene Situation verändert, indem es einen Unterschied macht", aber noch keine Figuration. Bruno Latour: *Eine neue Soziologie für eine neue Gesellschaft*. Frankfurt/M.: Suhrkamp 2007, S. 123.

Abb. 2: Relationalität der Dinge und Perspektiven

der Absenz durchzogen, die sich in der Tat zerteilt in Absenz *des* Dings (das Problem der Reproduktion) und in Absenz *im* Ding (das Problem der Repräsentation).[88]

Diese Abwesenheit ist in die Präsenz des Bildes eingeflochten. „Der leere Platz des Abwesenden [ist] wie ein Platz, der nicht leer ist: das ist das Bild".[89] Aber das Bild ist auch im Wesentlichen eines: Unterscheidung, Distinktion. Ein Ding ist kein Bild und ein Bild ist kein Ding. „In jeder Hinsicht ist das Bild Unterscheidung."[90] Diese Partikularität trifft insbesondere für das Videobild und somit auch für das Fernsehbild zu, das „partikelhaft, partikulär"[91] ist.

Auch Engell geht auf den trennenden und zusammensetzenden wechselseitigen Grundzug insbesondere des Aussageprozesses im Fernsehen ein. „Jede Aussage ist also gleichermaßen verbindend wie trennend [...]. Die Doppelstruktur von Synthese und Diairese ist für den Logos in jeder Form grundlegend."[92] Fernsehbilder entstehen indem sie das abgebildete Ding teilen und wieder zusammensetzen, dennoch kreieren elektronische Bilder nicht erst diesen Zusammenhang, sondern *entdecken* ihn. Diese Entdeckungsfunktion hat zur Folge dass das Fernsehbild nicht repräsentiert, sondern Dinge präsentiert, „die es außerhalb des Bildes nicht gibt."[93] Dieses Hervortreten des Gegenstands ‚an ihm selbst' geschieht jedoch immer nur

---

88 Nancy, *Grund der Bilder*, S. 67.
89 Ebd., S. 116.
90 Ebd., S. 119.
91 Ebd., S. 125.
92 Engell, Vom *Widerspruch zur Langeweile*, S. 60.
93 Ebd., S. 63.

Abb. 3: Relationalität der Dinge und Perspektiven

im Zusammenhang von anderen Dingen. Es geht darum einen Unterschied zu machen; Fernsehen ist differentiell und verweist auf andere Einzelteile.

Dieses partikelhafte Partikuläre oder Schema von Trennung und Zusammensetzung findet sich auch in BREAKING BAD. Wie bereits erwähnt werden die Dinge weniger zu Handelnden, sondern sie stehen neben anderen Dingen. In vielen Einstellungen werden betont alltägliche und gewöhnliche Dinge mit Gegenständen aus der Welt des Verbrechens kombiniert: Drogen, Leichenteile, Geldbündel, Äxte, Revolver. Sie sind also in Relation zu anderen Dingen zu sehen, womit man bei einem relationalen und differentiellen Serialitätsbegriff wäre.

In diesem Sinne prallen verschiedene Materialien, Dinge und Welten aufeinander, die sich nicht durch eine ‚volle', sondern eine ‚leere' Präsenz auszeichnen, ihr Ursprung oder Grund bleibt häufig verborgen, wie der des immer wieder ins Bild gesetzten pinkfarbenen Teddys in Whites Swimmingpool, von dem wir nie erfahren, zu wem er gehörte. Die seriellen Bilder des Fernsehens sind hier ‚grundlose', differentielle Bilder, taxonomisch angeordnet. Dabei zeichnen sie sich durch eine Substituierbarkeit und nicht verdeckte Manipulierbarkeit aus, die die „Metaphorizität des Fernsehdiskurses" ausmacht.[94] Diese Metaphorizität beinhaltet wie erwähnt eine Transformation in der Übertragung; in der Wiederholung entsteht Differenz. Denn durch die verschiedenen Kameraeinstellungen erscheinen die Dinge „einmal so und einmal anders"[95].

---

94 Ebd., S. 34.
95 Engell, *Vom Widerspruch zur Langeweile*, S. 56.

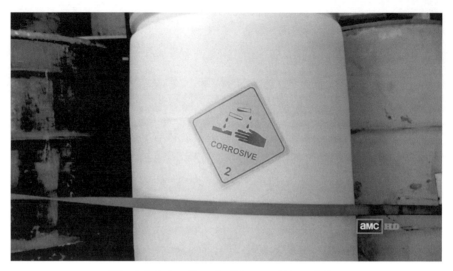

Abb. 4: Relationalität der Dinge und Perspektiven

BREAKING BAD schlägt sich damit weder auf die Seite der Wiederholung, noch auf die der Differenz, da deutlich wird, dass Differenz in der Wiederholung entsteht. Es handelt sich daher bei der Fokussierung auf die Dinge nicht um eine ‚unmittelbare sinnliche Präsenz'. Die Serie täuscht dabei nicht über ihre Medialität hinweg, sondern stellt sie aus. Dies wird auch an dem Genremix deutlich: „BREAKING BAD lebt davon, dass verschiedene Genres virtuos gegeneinander gesetzt werden: Crime-Drama gegen Komödie, psychologischer Realismus gegen postmoderne Comicästhetik, handwerkliche Perfektion gegen Trash."[96] Durch diese artifizielle Zitathaftigkeit gibt die Serie also nicht vor, von der Realität oder den Dingen selbst zu erzählen, sondern davon, auf welche verschiedene Weisen man von ihnen erzählen kann.

---

96 Lang, „Implizite Dramaturgie".

ZUR TELEVISUELLEN EVOLUTION DER GENRES

Matthias Grotkopp

„THERE'S STILL CRIME IN THE CITY"

The Wire als Netzwerkanalyse in Raum und Zeit

> There's still crime in the city,
> Said the cop on the beat,
> I don't know if I can stop it
> I feel like meat on the street
> They paint my car like a target
> I take my orders from fools
> Meanwhile some kid blows my head off
> Well, I play by their rules
> That's why I'm doin' it my way
> I took the law in my hands
> So here I am in the alleyway
> A wad of cash in my pants
> I get paid by a ten year old
> He says he looks up to me
> There's still crime in the city
> But it's good to be free.
> Yeah.
>
> Neil Young
> *Crime in the city (sixty to zero part III)*

Wenige Phänomene zogen in den letzten Jahren soviel Aufmerksamkeit in den Film- und Medienwissenschaften auf sich, wie die Hochkonjunktur an ästhetischer und narrativer Komplexität in einigen US-amerikanischen Serien. Paradigmatisch für diese Entwicklung steht The Wire (HBO, Creator David Simon, USA 2002-2008) nicht nur aufgrund der hohen Anzahl signifikanter Figuren und der Verwebung vielfältiger Perspektiven und narrativer Stränge, sondern vor allem aufgrund des journalistisch fundierten Zugriffs auf die sozialen und politischen Strukturen des urbanen Lebens. Im Folgenden soll es mir darum gehen, zu beschreiben, inwiefern man anhand von The Wire von einem formgebenden poetischen Prinzip des Verbrechens reden kann, und davon ausgehend das grundlegende Verhältnis dieses poetischen Prinzips zu Urbanität und Sozialität zu analysieren. Dabei stehen zwei zunächst sehr disparat scheinende Bezüge auf dem Programm. Der erste führt zurück in die Zeit um 1800, und damit zu einem historischen Brennpunkt, an dem nicht nur das Verständnis von Genre und Ästhetik eine bis in die Gegenwart wirksame Prägung erfuhr[1]

---

[1] Siehe den Beitrag von Michael Lück in diesem Band.

sondern maßgeblich auch das Verständnis ihres Verhältnisses zu Öffentlichkeit und Politik. Konkreter geht es um *Die Polizei*[2], ein Dramenfragment Friedrich Schillers, in dem dieser die Bühne und die Polizei als komplementäre ästhetische Prinzipien entwirft, welche die Gesetze der Vergesellschaftung sichtbar und fühlbar zu machen vermögen. Anschließend wird mit der Netzwerkanalyse ein Paradigma der Soziologie herangezogen, das mir nicht nur geeignet scheint, grundlegende Probleme der dargestellten Urbanität in THE WIRE zu beschreiben, sondern das vor allen Dingen dazu dient, zu erfassen, welche epistemischen Perspektiven auf Urbanität die Serie selbst hervorbringt. Dahinter steckt die Idee, über diese beiden Zugänge, an ihrem Kreuzungspunkt, evident zu machen, inwiefern die formalen und ästhetischen Strukturen der Serie unmittelbar zusammenhängen mit einer Erfahrung der Strukturierung von urbaner Sozialität im Zeichen von Verbrechen und Verbrechensbekämpfung.

Verbrechen in Serie

Dass es sich beim Verbrechen um mehr als um einen bloßen Gegenstand der Darstellung handelt, möchte ich in einem kleinen vorausgeschickten Exkurs zu seiner inhärenten Serialität erläutern. Auf die Frage, warum dem Kriminalgenre oder den verschiedenen Subgenres des Verbrechens eine serielle Qualität inhärent sei, lässt sich von zwei Seiten antworten: von der Seite der Kriminellen und von der Seite der Kriminalistik. In beiden Fällen kann man sagen, dass sie sich gar nicht beschreiben oder kontextualisieren lassen, ohne dass man auch reproduzierbare Verfahren oder wiedererkennbare Muster ins Spiel bringt. In anderen Worten, das Feld des Verbrechens ist ästhetisch konfiguriert. Das Verbrechen mit seinen Tätigkeitsformen und kognitiven Schablonen realisiert sich erst in einer Trias aus Wahrnehmungsweisen, Bewegungsformen und Verstehensprozessen, die sich unmittelbar als serialisierte oder serialisierbare ästhetische Prozesse darstellen.

Ein kurzes Beispiel wird dies hoffentlich plastisch machen: Wenn man sich etwa ernsthaft überlegt, was einen Menschen, der über einen gewissen Zeitraum hinweg viele seiner Mitmenschen umbringt, als einen Serienmörder erscheinen lässt, dann reicht das Faktum einer Zahl nicht aus. Diese Frage lässt sich nicht anders beantworten als darüber, wie die Taten erscheinen und wahrnehmbar werden. Erst wenn das Opfer durch wahrnehmbare Attribute zu einem anderen Opfer in Beziehung gesetzt werden kann, entsteht ein Serientäter. Wie die Schönheit, liegt auch der Serienmord im Auge des Betrachters. Das erste Gebot der Serienmordermittlung heißt demnach: Erkenne das Muster! Erkenne es, um die weiteren Wiederholungen zu antizipieren, das dahinterliegende formgebende Prinzip – in der Regel die Psyche des Mörders – zu verstehen und um nicht auf Fälschungen oder Nachahmungen des Musters reinzufallen. Die Suche nach dem Muster des Serienmörders

---

2 Friedrich Schiller: *Die Polizei. (Trauerspiel)* [ca. 1799-1804]. *Gesammelte Schriften* Bd. III, München: dtv 2004, S. 190-195. Ich danke Maxi Löhmann dafür, mich auf dieses Kleinod der Kriminalliteratur *in statu nascendi* aufmerksam gemacht zu haben.

bildet nun wiederkehrende und unmittelbar erkennbare Bildformen aus. So versucht man Bilder der Tatorte, Botschaften, Nachrichtenschnipsel und andere Zeichen wie Aby Warburg in seinem *Mnemosyne-Atlas* zu sammeln und so etwas wie eine (Pathos-)Formel, ein dahinter liegendes Prinzip zu finden. Immer wieder streifen die Blicke der Kamera und der Ermittler über Wände voller Fragmente, auf der Suche nach dem einen Schlüssel, mit dem sich das Mosaik zusammensetzen ließe. Oder man versucht akribisch das Erscheinen der Leichen in Raum und Zeit auf Karten zu markieren und als eine Symbolschrift zu entziffern, die dann das Verhalten und die Bewegungsweisen des Mörders lesbar macht.

Andere Beispiele für serielle Kriminalität in der Populärkultur umfassen das Prinzip der ewigen Wiederkehr und Selbstüberbietung der Superverbrecher Mabuse, Fantomas oder Fu-Man-Chu und die Ähnlichkeitsbeziehungen der Bond-Bösewichte, die streng nach Vorgabe der Wurfparabel gebaute Karrierekurve des klassischen Gangstergenres der 30er Jahre oder den Ablauf von Vorbereitung, Durchführung und Flucht, der jeder Form von Einbruch eingeschrieben ist. Man könnte sagen, dass der *heist film* das Prekäre der Wiederholung, eine unvermeidbare Differenz zwischen Planung und Durchführung, zwischen formgebendem Prinzip und der realisierten Form, selbst zu einem formgebenden Prinzip gemacht hat.

Die seriellen Verfahren der Kriminalistik sind demgegenüber nicht minder vielfältig. Da wäre zum einen das Verfahren der logischen Deduktion und Analyse, wie es die klassischen Detektivfiguren wie Poes *Auguste Dupin* oder Arthur Conan Doyles *Sherlock Holmes* vorführen und dabei eine beinahe mythische Kraft des logischen, analytischen Denkens entwickeln. Eine andere Klasse von Verfahren, nun mehr von der real existierenden Kriminalistik her gedacht, besteht aus denjenigen, die sich auf materielle Beweise und Indizien konzentrieren: von Fingerabdrücken zu DNA-Spuren, von der Kunst Leichen zu obduzieren zu den Verfahren der Ballistik. All diese Verfahren beruhen zum einen darauf, dass sie reproduzierbare Abläufe abbilden, die man lernen, automatisieren, perfektionieren kann, und zum anderen darauf, dass die Objekte dieser Abläufe sich gemäß der Prinzipien von Differenz und Wiederholung verhalten und Sinn ergeben. Nur weil die Fingerabdrücke *keines* Menschen identisch sind, macht es Sinn, an *jedem* Tatort nach solchen zu suchen. Nur weil *alle* Leichen gemäß der sie umgebenden Witterungsverhältnisse verwesen, lässt sich berechnen wann und unter welchen Umständen *dieser* Mensch sein Leben aushauchte.

Wie sehr diese Verfahren sich über den Zusammenhang von Bewegung, Wahrnehmung, Handeln und Verstehen realisieren, führt eine Szene aus THE WIRE in besonders kunst- und humorvoller Weise vor. In der Episode „Old Cases" (1.04) müssen die Detectives McNulty und ‚Bunk' Moreland den Tatort eines ungelösten Mordfalles auf neue Hinweise untersuchen. Die Tatsache, dass der Dialog über die gesamte Szene, also in der Dauer von fast sechs Minuten, jeglicher erklärender oder erläuternder Funktion entbehrt und lediglich aus semantischen und prosodischen Variationen des Wörtchens ‚*fuck*' besteht, macht dabei umso deutlicher, dass es sich um die Rekonstruktion eines Ereignisses handelt, die rein aus den wahrnehmbaren materiellen Indizien und den am eigenen Leib simulierten physikalischen

Gesetzen heraus operiert. Die beiden Polizisten müssen uns nicht sagen, was sie tun. Ihre Bewegungen, Gesten und Blicke werden zu verkörperten Eintritts- und Austrittswinkeln, zu Blickachsen zwischen Opfer und Täter, zur Flugbahn der Patronenhülse. Wir sehen, was sie sehen und erkennen die Bedeutung des Gesehenen anhand dessen, was sie anschließend tun, was sie als nächstes in den Blick rücken.

Dabei geht es mir an dieser Stelle weniger darum, das Kriminalgenre und die Kriminalserie aus der Serialität von Verbrechen und Verbrechensbekämpfung heraus zu begründen. Signifikanter für meine folgenden Ausführungen ist der grundlegende Zusammenhang zwischen Verfahren, Bewegungen und Sichtbarkeiten des Verbrechens und der Art und Weise in der diese selber Prozesse des Sichtbarmachens generieren und für die Zuschauer erfahrbar machen. Von dem Verhältnis zwischen Serienmörder und FBI-Profiler bis zum Verfolgen und Verfolgtwerden zeigt sich, dass es kaum möglich ist, die Verfahren der einen Seite des Gesetzes darzustellen ohne ihr symbiotisches Verhältnis zur anderen Seite als einen ästhetischen Prozess mitzudenken. Für jede Form der Verfolgung entstehen Formen des Abschüttelns; jede Beobachtungs- und Abhörtechnik generiert Codes und Verschleierungen, die selbst wiederum Techniken der Decodierung hervorbringen; einen Einbruch zu planen heißt immer auch die Topographie der Stadt zu analysieren und zu antizipieren wann und wo die Polizei auftauchen wird. Was auf den ersten Blick banal klingen mag, entpuppt sich als die Spur zu einem historisch verortbaren Problembewusstsein von den Oberflächen und Mechanismen gesellschaftlicher Prozesse, für dessen Skizzierung im Folgenden auf Schillers Idee einer polizeilichen Ästhetik zurückgegriffen werden soll.

Schiller und die „Polizey"

Die allgemeine These, das Verbrechen sei als ein zentrales formgebendes Prinzip von Unterhaltungskultur ein Phänomen der Moderne, kann zugleich darauf zugespitzt werden, dass es sich um ein Phänomen handelt, das mit einer Erfahrung von Großstadt und der damit einhergehenden Frage nach der ästhetischen Durchdringung von Großstadtexistenz verbunden ist. Denn Verbrechen als solche gibt es, seit der Mensch auf die Idee verfallen ist, es gäbe so etwas wie richtiges und gerechtes Handeln und dabei bemerkte, dass das Gegenteil davon hin und wieder auch eine Option sein könnte: In Genesis 3 erkennen Adam und Eva nicht nur, dass sie nackt sind, sondern auch Gut und Böse. In Genesis 4, erschlägt Kain Abel. Auch ist die gesamte Kulturgeschichte voller Verbrechen: Mord, Entführung, Erpressung, Diebstahl – wohin man nur schaut. Aber erst zu einem ganz bestimmten Moment erscheint *das Verbrechen* als ein Genus, wird es zu einem poetischen Programm, zu etwas, das Darstellungsweisen hervorzubringen vermag. Dieser ‚Moment' ist das 18. bis zur Mitte des 19. Jahrhunderts, die Zeit der industriellen Revolution, der Bürgerlichkeit und der Urbanisierung, die die Ordnungssysteme zwischenmenschlicher Beziehung neu formatierten, neue Institutionalisierungen, Spezialisierungen und Diskurse hervorbrachten, die Frage der Sichtbarkeit und

Unsichtbarkeit von Macht und Staat neu stellten. In anderen Worten: Hätte Ödipus irgendjemand anderen als seinen Vater ermordet, oder vor allen Dingen, wäre die Enthüllung durch irgendjemanden erfolgt, der dies lediglich von Berufs wegen tat – es wäre den alten Griechen keine Zeile wert gewesen. Für uns ist das der Stoff, aus dem der Sonntagabend ist.

Eine der Geburtsurkunden dieser Veränderung finden wir bei Friedrich Schiller, genauer gesagt in dem dramatischen Fragment *Die Polizei*, das sich das ehrgeizige Ziel setzte, ein Panorama der Großstadt auf die Bühne zu bringen: „Paris, als Gegenstand der Polizei, muß in seiner Allheit erscheinen."[3] Um zu verstehen, was das bedeutet, Paris sei der ‚Gegenstand' der Polizei, muss man bedenken, dass Schillers Begriff der Polizei in einem ganz bestimmten Kontext steht, und zwar dem sich seit Ende des 17. Jahrhunderts entwickelnden Unternehmen einer ‚Polizeywissenschaft', für welche die Verfolgung von Straftaten nur einen verschwindend kleinen Aspekt im Rahmen der Arbeit der Polizei darstellt.[4] Diese Arbeit zielt nämlich auf nicht weniger, als auf die Auslotung sämtlicher Möglichkeiten der Steuerbarkeit von Gesellschaft, der Regulierung der Märkte, der Effizienz von Verwaltung.

Das Interessante daran ist, dass es sich dabei eben nicht nur um irgendeinen bürokratischen Apparat handelt, der Gesetze und Richtlinien vorgibt und durchsetzt, sondern dass dieser Apparat zugleich seine eigenen Wirkungen registriert und damit der Ort der Erkenntnis seiner Möglichkeiten ist. Die Polizei produziert das Wissen um die Grenzen und Möglichkeiten der Polizei, sie ist ein Experimentierfeld, an dem sich „die Erkenntnis, das Instrument und die Gesamtheit der aktuellen Maßnahmen"[5] vereinen, die das „Gemeinwesen selbst erst zu einem Objekt eigener Art, zu einem regulier- und kontrollierbaren Gegenstand macht."[6] Die Polizei regelt die Verteilung von Körpern und Waren, sie kontrolliert die Zuteilung von Fähigkeiten und Kompetenzen, sie reguliert sämtliche Verkehrsweisen, von der Agrarproduktion zum Handel, bis hin zu Einrichtungen der Bildung, der Gesundheit und der Freizeit.[7]

Die Polizei bezeichnet so weniger das, was man sonst landläufig ‚Regierung' nennt, sondern vielmehr die Schaltstelle zwischen Regierenden und Regierten. Sie umfasst die Gesamtheit der Staatskräfte bis hin zur kleinsten Verwaltungseinheit als ein Kräftefeld, das seine Möglichkeiten kontinuierlich verfeinert und vertieft,

---

3 Schiller, *Polizei*, S. 191.
4 Vgl. Johann Heinrich Gottlob von Justi: *Grundsätze der Polizey-Wissenschaft in einem vernünftigen, auf den Endzweck der Polizey gegründeten, Zusammenhange und zum Gebrauch akademischer Vorlesungen abgefasset.* Göttingen: Vandenhoek 1756.
5 Wolfgang Schäffner und Joseph Vogl: „Polizey-Sachen", in: Walter Hinderer (Hg.): *Friedrich Schiller und der Weg in die Moderne.* Würzburg: Königshausen und Neumann 2006, S. 47-65, hier S. 49.
6 Ebd.
7 Ebd. Vgl. a. Joseph Vogl: „Ästhetik und Polizey", in: Felix Ensslin (Hg.): *Spieltrieb. Was bringt die Klassik auf die Bühne? Schillers Ästhetik heute* (= Recherchen Bd. 34). Eggersdorf: Verlag Theater der Zeit 2006, S. 101-111, hier S. 108.

indem es alle Bereiche der Gesellschaft beobachtet, analysiert und beeinflusst.⁸ Das mag in heutigen Ohren vielleicht nach einer Heraufbeschwörung des Totalitarismus klingen, ist aber in seinem historischen Kontext ohne Einschränkung affirmativ gedacht. Handelt es sich doch gerade um einen Versuch, der neuen Unübersichtlichkeit gesellschaftlicher Verhältnisse entgegenzuwirken und einer Verschiebung im Staatsbegriff gerecht zu werden, in dem zu Fragen der Souveränität nun auch Fragen der Bevölkerungspolitik, der Ökonomie usw. massiv hinzugetreten sind.⁹

In seinem Fragment listet nun also Schiller gemäß dieser Polizey-Theorien auf, was die Geschäfte der Polizei sind:

> 1. für die Bedürfnisse der Stadt so zu sorgen, daß das Notwendige nie fehle und daß der Kaufmann nicht willkürliche Preise setze. Sie muß also das Gewerb und die Industrie beleben, aber dem verderblichen Mißbrauch steuern. 2. Die öffentlichen Anstalten zur Gesundheit und Bequemlichkeit. 3. Die Sicherheit des Eigentums und der Personen. Verhütend und rächend.¹⁰

Darunter fällt neben der Tatsache, dass die Polizei das Recht zur Ausübung von Waffengewalt hat, aber auch schlicht:

> 6. Wachsamkeit auf alles, was verdächtig ist. […] 8. Sie muß alles mit Leichtigkeit übersehen und schnell nach allen Orten hin wirken können. Dazu dient die Abteilung und Unterabteilung, die Register, die Offizianten, die Kundschafter, die Angeber.¹¹

‚Nach allen Orten zu wirken' ist dabei dezidiert nicht nur geographisch gemeint, sondern bezieht sich auf die verschiedenen Sphären der Gesellschaft, von den Salons des Adels und des Bürgertums bis in die Spelunken und Bordelle.

Was daraus folgt, wenn man eine Institution mit diesem vielfältigen und teilweise diffusen Gegenstandsbereich darstellbar machen möchte, darüber war sich Schiller im Klaren: „Es ist eine ungeheure Masse von Handlung zu verarbeiten und zu verhindern, daß der Zuschauer durch die Mannigfaltigkeit der Begebenheiten und die Menge der Figuren nicht verwirrt wird."¹² Er hat aber auch erkannt, dass die Lösung dieses Problems mit dem Gegenstand der Darstellung selbst verknüpft ist: „Ein leitender Faden muß da sein, der sie alle verbindet, gleichsam eine Schnur, an welche alles gereiht wird; sie müssen entweder unter sich oder doch durch die Aufsicht der Polizei mit einander verknüpft sein."¹³

---

8 Vogl, „Ästhetik und Polizey", S. 103f.
9 Ebd., S. 103.
10 Schiller, *Polizei*, S. 191.
11 Ebd.
12 Ebd., S. 190.
13 Ebd.

Der Begriff der Polizei schließt also ein, dass sie beobachtet und das, was sie beobachtet, entschlüsselt, die Verbindungen und Mechanismen verstehbar macht. Und insofern ist sie selbst eine poetische Form, die die vielen kleinen materiellen Prozesse, die Mannigfaltigkeit der Begebenheiten und Figuren ordnet und ihre zugrundeliegenden Beziehungen sichtbar macht, ins Bild rückt.[14] Es ist die Gesamtheit gesellschaftlicher Prozesse die von der Polizei erfasst und sichtbar gemacht werden sollen. Zugleich macht das, was ‚gesellschaftliche Prozesse' heißt, eine radikale Transformation durch. Man könnte auch sagen, dass der Begriff des ‚Sozialen' überhaupt erst entsteht, und zwar als eine Problemstellung. Um dies stark vereinfacht auf eine radikale These zu bringen: Waren Stadt und Öffentlichkeit im antiken Athen noch politische Ideen, so sind sie im Prozess der Moderne re-definiert worden und in den neu entstehenden Ideenbereich des Sozialen gewandert.[15]

Schillers Fragment ist der Versuch, „soziale Unübersichtlichkeit ebenso wie die Unsichtbarkeit von Machttechnologien"[16] zum Gegenstand eines ästhetischen Programms werden zu lassen. Denn letzten Endes ist es der Theaterzuschauer, welcher diejenige polizeiliche Position innehat, an der die Mechanismen der Gesellschaft und die kleinsten intimen Dramen zu einer Synthese finden: „Verbrechen und deren Verfolgungspraktiken [erhalten] einen konstitutiven Ort in der Theorie der Ästhetik"[17] in dem Sinne, dass Verbrechen und Urbanität sich über die Ordnungsfunktion von Bühne und Polizei gegenseitig sichtbar und erfahrbar machen.[18] Ihr gemeinsamer Nenner ist der Zusammenhang von Beobachtung und Bedeutung, wie scheinbar chaotische Bewegungsformen und Oberflächen sich zu Gesetzmäßigkeiten und Physiognomien verdichten. Es geht nicht so sehr um Recht und Unrecht, um Schuld und Strafe oder die Buchstaben des Gesetzes, sondern um das Verfolgen der Wirkungsprinzipien von Kräften: „Der Zuschauer wird sonach schnell mitten ins Getriebe der ungeheuren Stadt versetzt und sieht zugleich die Räder der großen Maschine in Bewegung."[19]

---

14 Vogl, „Ästhetik und Polizey", S. 108f.
15 Vgl. Das 6.Kapitel „The Rise of the Social" in: Hannah Arendt: *The human condition*. 2nd ed., Chicago: University of Chicago Press 1998 [1958], S. 38-49.
16 Vogl, „Ästhetik und Polizey", S. 108.
17 Schäffner/Vogl, „Polizey-Sachen", S. 56.
18 Nb.: Es ist die Reversibilität dieses Vorganges – Theater und Roman als Kontrolltechniken und Fortsetzungen des Polizeylichen – die in der hier herangezogenen Sekundärliteratur eine prominente Rolle einnimmt.
19 Schiller, *Polizei*, S. 190.

Baltimore in seiner ‚Allheit' als Gegenstand der Polizei

Auch wenn die titelgebende Überwachungstechnologie in den ersten Episoden[20] von THE WIRE noch nicht direkt auftritt, lässt sich bereits an ihnen sehr genau erkennen, inwiefern die Beobachtung und die Herstellung von Sichtbarkeit durchgehend die Darstellungsweisen und die Erzählstrukturen der Serie hervorbringen.

Das Primat der Beobachtung als Prinzip vor jeder konkreten Überwachungstechnologie und vor jedem einzelnen Beobachtungsakt, wird mit einer kurzen Szene aus der ersten Episode („The Target", 1.01) vorgeführt: D'Angelo Barksdale wird nach seinem Prozess strafversetzt und bezieht in ‚The Pit' seine neue Position als Verantwortlicher für den dortigen Drogenhandel. Seine erste Amtshandlung als guter Filialleiter besteht nun nicht einfach nur in der Beobachtung seiner Mitarbeiter, sondern vielmehr in der Beobachtung ihrer Beobachtbarkeit, der Beobachtbarkeit des Verkaufsvorgangs. Ist es möglich, dass sich die einzelnen Teilvorgänge, das Aufnehmen der Bestellung, der Empfang des Geldes, das Holen und zuletzt das Aushändigen der Ware, aus *einer* Beobachtungsposition als ein zusammenhängender Prozess wahrnehmen lassen? Hier ist die Verkehrsform ‚Drogenhandel' selbst Gegenstand einer ‚internen Polizei' geworden: „You can't serve your customers straight up after taking their money. Somebody snapping pictures, they got the whole damn thing!"

Wenn hier jemand Bilder knipsen würde, hätte er das ganze Ding – das ist die diegetische Seite; wir als Zuschauer allerdings haben ‚Bilder geknipst', wir wurden in die Perspektive D'Angelos versetzt und uns ist der Austausch von Ware gegen Geld sichtbar geworden. Was uns zugleich aber auch zu verstehen gegeben wird, ist inwiefern dieser Sichtbarkeit nun durch die Trennung der Teilvorgänge, ihre zeitliche Dehnung und räumliche Neu-Verteilung entgegengewirkt werden soll.

Was sich in den beiden ersten Episoden schon abzeichnet, ist die extreme Dauer des Prozesses, überhaupt etwas beobachtbar zu machen. Wenn dazu noch die Offenheit kommt, alles am Rande beobachtete mit ins ‚Bild' zu holen, dann hat das Auswirkungen auf die Struktur der Serie als Ganze. Als erstes und auffälligstes Merkmal ist hierbei das Verhältnis der fünf Staffeln zueinander zu nennen, die jeweils einen anderen Bereich des sozialen, politischen oder öffentlichen Lebens fokussieren. Wobei die Formulierung ‚andere Bereiche' schon gleich wieder nicht ganz richtig ist: Vielmehr ist es so, dass sukzessive diejenigen Bereiche, die im Verlauf der Überwachung, im Prozess des Beobachtens von Bewegungen und Verkehrsformen an den Rändern der Bilder erscheinen, durch eine Vergrößerung des Ausschnittes in ihrer konstitutiven Bedeutung erfassbar werden.

In der ersten Staffel stehen sich zunächst nur die Polizei und die Drogengang um Avon Barksdale und Stringer Bell gegenüber, sie werden als hierarchische Organisationsformen verglichen und es wird gezeigt, wie die Verfahrensweisen der

---

20 Dieser Text geht auf einen Vortrag zurück, der Rücksicht auf ein mit der Serie noch nicht intim vertrautes Publikum nahm und seine Thesen, so weit es ging, entlang der ersten beiden Episoden entwickelte.

Einen unmittelbar mit denen der Anderen verknüpft sind, wie sie sich in den Formen der internen Machtausübung und Entscheidungsgewalt mal mehr und mal weniger unterscheiden.[21]

Wenn in der zweiten Staffel dann plötzlich und scheinbar kaum nachvollziehbar die Hafenarbeiter mit ins Bild rücken, dann hat dies einen sehr präzise benennbaren Hintergrund: es geht darum zu verstehen, was es eigentlich heißt, vom Drogengeschäft als einem *Geschäft* zu reden und zu fragen, inwiefern dieses Geschäft, d.h. seine Mitarbeiter, seine Waren, seine Kunden, seine Infrastrukturen und so weiter, in die wirtschaftlichen Verhältnisse allgemein eingebettet ist.[22] Wie funktioniert so etwas wie Ökonomie überhaupt? Spätestens als McNulty in „Lessons" (1.08) Stringer Bell verfolgt und diesen in einem Volkshochschulkurs *Introduction to Macroeconomics* wiederfindet, ist diese Frage virulent, übertreten Drogen die einfache Definition als illegale Substanz und werden zu einem Produkt auf einem Markt, verhalten sich nach Angebot und Nachfrage, Preispolitik, Produktqualität und Marketingstrategien. Der Hafen gerät zum Sinnbild einer ökonomischen Logik, die sich nicht über Produktionsorte definiert, sondern die sich als Umschlagplatz versteht: Die Container werden zur omnipräsenten Metapher für die Indifferenz dieser Logik gegenüber den umgeschlagenen Inhalten, eine Logik für die es keinen qualitativen Unterschied zwischen Autos und Plastikspielzeugen oder Drogen und menschlichen Wesen zu geben scheint.

Ab der dritten Staffel geht es dann auch um die Institutionen der repräsentativen Politik, um die Frage von Macht und Einfluss, von Legitimation und Rhetoriken der Selbstdarstellung und wie diese Fragen auch innerhalb des Gangstermilieus arbeiten. Sie bringt dabei zwei Aspekte zusammen: Zum einen wird eine zufällige Beobachtung, die in der ersten Staffel ins Bild ragte aber auf Befehl von oben quasi durch eine leichte Justierung des Blickfeldes wieder in Vergessenheit geraten ist, nun in den Mittelpunkt gerückt: Der Fahrer eines hochrangigen Politikers wird mit einem Bündel Drogengelder abgefangen und dies veranlasst Lester Freamon in „Game Day" (1.09) zu folgender richtungsweisender Beobachtung: „You follow drugs, you get drug addicts and drug dealers; but you start to follow the money, and you don't know where the fuck it's gonna take you." Zum anderen drängt mit der aufstrebenden Crew von Marlo Stanfield ein zusätzlicher Konkurrent in die Territorien von Barksdale und Bell und in dem entstehenden Machtkampf tritt für diese ein interner Konflikt hervor, der sich letztlich auf eminent *politische* Fragen bringen lässt: Wie wollen wir uns selbst als eine Organisation *definieren*? In welches Verhält-

---

21 Dan Rowe und Marti Cecilia Collins: „Power Wire: Understanding the Depiction of Power in TV-Drama", in: *Journal of the Institute of Justice and International Studies*, No.9 (2009), S. 182-192.

22 Vgl. Chapter 3 „Why do drug dealers still live with their moms?" in: Steven D. Levitt und Steven J. Dubner: *Freakonomics. A Rogue Economist Explores the Hidden Underside of Everything*. New York: Harper Collins 2005, S. 85-113.

nis können und wollen wir die *Mittel* und *Zwecke* unseres Handelns setzen?[23] Auf welchen Prinzipien soll unsere *Gemeinschaft* gründen?

Im Verlauf der dritten Staffel wird dabei angedeutet, dass der Drogenhandel für die Kinder und Heranwachsenden der *projects* nicht nur ein Nebenverdienst und die scheinbar einzige Aussicht auf so etwas wie beruflicher Werdegang ist, sondern vielmehr eine umfassende Erziehungseinrichtung. Die vierte Staffel nimmt dann genau dies auf und verfolgt, wie die staatlichen Schuleinrichtungen und die Straße selbst als ‚Schule' zu einander in Beziehung stehen: Welche Modelle von Bildung, der Reproduktion von Wissen und der Internalisierung von Verhaltensweisen verfolgen sie? Wie verändert sich der Blick auf die öffentlichen Bildungseinrichtungen, wenn man sie in den Kontext anderer sozialer Kräfte und erzieherischer Mechanismen stellt? Wie werden die Codes, die Weltwahrnehmungen und Selbstkonzepte der Kinder und Jugendlichen anders verstehbar, wenn man sie im vollen Sinne als *erworbene und gelernte* betrachtet und sie auf ihre alltäglichen Erfahrungen und die sozial gerahmten Konzeptualisierungen dieser Erfahrungen bezieht?[24]

Zu guter letzt kommt in der fünften Staffel ein Bereich des Öffentlichen ins Spiel, der wiederum auf THE WIRE zurückprojiziert werden kann, im Sinne einer abgrenzenden Selbstzuschreibung ihrer eigenen Funktion als Serie. Es geht um Zeitungsjournalismus im Besonderen und um die Mechanismen und Entscheidungen im Allgemeinen, die hinter der Art und Weise stehen, in der Verbrechen, Wirtschaft, Politik und das Soziale in diversen Medien und Vermittlungsformen auftauchen. Es geht also um eine Frage, die THE WIRE durchgehend beschäftigt und die hier an die Oberfläche tritt: Wie konstituiert sich eigentlich so etwas wie eine *öffentliche* Wahrnehmung von sozialer Realität?

Zwischen alldem gehen die Ermittlungen der Polizeieinheit um McNulty, Daniels, Freamon und Co. weiter, sie werden abgebrochen, neu aufgenommen, abgelenkt oder behindert, es geraten neue Vorgänge in ihr Visier. Das Bezeichnende daran ist nun, dass sich THE WIRE über die fünf Staffeln als eine distinkte Form darstellt, jedoch nicht als eine abgeschlossene. Es entsteht weder der lineare Zeitstrahl der Seifenoper oder die pure Sukzession des Immergleichen, noch der klare Abschluss eines narrativen Bogens. Stattdessen entwickelt THE WIRE das Paradigma einer seriellen Struktur, die sich vielleicht am besten als *Fibonacci-Serie* bezeichnen lässt: Ein spiralartiges Fortschreiten in der Zeit und in der Breite der in den Blick geratenden soziopolitischen Sphären, ein Fortschreiten, das jedoch keine Moral produziert oder einen narrativen Schluss erzielen kann, das vielmehr die Veränderung in der Zeit nur noch als eine Reproduktion von Mustern, als eine

---

23 Vgl. Arendt, *The human condition*, S. 153ff und passim.
24 Ralph Beliveau und Laura Bolf-Beliveau: „Posing Problems and Picking Fights: Critical Pedagogy and the Corner Boys", in: Tiffany Potter und C.W. Marshall (Hg.): THE WIRE. *Urban Decay and American Television*. New York und London: Continuum 2009, S. 91-103.

ständige Wiederholung erscheinen lässt.²⁵ Das Spiel endet immer unentschieden, es geht immer von vorne los.²⁶

Dieses besondere Verhältnis zwischen einzelnen Staffeln und der Serie als Ganzes hat auch eine Auswirkung auf das Verhältnis der einzelnen Episoden zueinander, zur Staffel und zur Serie. Dabei steht THE WIRE in einer Reihe mit jenen anderen US-amerikanischen Serien der letzten ca. 15 Jahre, die man mit dem Paradigma des *Quality-TV* zu fassen versucht.²⁷ Und zwar hybridisieren sie die Langzeiterzählung – mal wie bei den SOPRANOS (HBO, USA 1999 – 2007) eher offen ausgelegt, mal wie bei LOST (ABC, USA 2004 – 2010) streng auf einen Endpunkt hin komponiert – mit erkennbar geschlossen strukturierten Episoden und Staffeln, die sich entweder narrativ abgrenzen lassen oder durch gewisse formale Eigenschaften zur strukturellen Geschlossenheit kommen.²⁸

Um zu beschreiben, was die besonderen Eigenschaften von THE WIRE im Rahmen dieser allgemeinen Entwicklung ausmacht, muss man noch ein anderes formgebendes Prinzip hinzuziehen, das mit dem Genre der Cop-Serie scheinbar untrennbar verbunden ist: nämlich die Struktur des ‚Eine Folge – Ein Fall'. Dieses Prinzip zeichnet sich durch sein besonders schlechtes Gedächtnis aus: Was letzte Woche passiert ist, kümmert in einem herkömmlichen *police procedural* niemanden. In THE WIRE kann allerdings jedes Detail, und sei es drei Staffeln später, bedeutsam werden. Dies liegt nun weniger daran, dass THE WIRE nicht mit den seriellen Verfahren der Kriminalistik, den *procedures*, arbeiten würde. Diese nehmen im Gegenteil einen großen Raum ein. Stattdessen löst sich die Serie von dieser Struktur, indem der ‚Fall' nicht nur eine ganze Staffel einnimmt, sondern indem sie sogar so weit geht, dass die Identität dessen, was der ‚Fall' und damit Objekt dieser Verfahren ist, selbst zunehmend schwierig und nicht mehr einzelnen Folgen oder Staffeln als Gegenstand zuzuordnen ist. Wittgensteins Satz, „Die Welt ist alles, was der Fall ist"²⁹ scheint hier wortwörtlich zuzutreffen. In anderen Worten, in dem komplizierten, schwer festzulegenden Verhältnis des Teils zum Ganzen, der Episode zur Staffel oder zur Serie, reproduziert THE WIRE das, was ich in den folgenden Ausführungen noch vertiefend als seinen eigentlichen Gegenstand heraus-

---

25 C.W. Marshall und Tiffany Potter: „I am the American Dream: Modern Urban Tragedy and the Borders of Fiction", in: Dies. (Hg.), THE WIRE, S. 1-14, hier S. 9.

26 „The ‚game' is the overarching metaphor for urban struggle, as everyone must play or get played [...]. One of the central elements of games [...] is replayability." Jason Mittel: „All in the Game: THE WIRE, Serial Storytelling, and Procedural Logic", in: Pat Harrigan und Noah Wardrip-Fruin (Hg.): *Third Person. Authoring and Exploring Vast Narratives.* Cambridge (MA) und London: MIT Press 2009, S. 429-438, hier S. 431f.

27 Janet McCabe und Kim Akass (Hg.): *Quality TV. Contemporary American Television and Beyond.* London und New York: I.B. Tauris 2007.

28 Ted Nannicelli: „It's All Connected: Televisual Narrative Complexity", in: Potter und Marshall (Hg.), THE WIRE, S. 190-202. Jason Mittell: „Narrative Complexity in Contemporary American Television", in: *The Velvet Light Trap*, No. 58 (Fall 2006), S. 29-40, hier S. 32.

29 Ludwig Wittgenstein: *Tractatus logico-philosophicus.* Frankfurt a. M.: Suhrkamp 1963 [1921], S. 11.

arbeiten möchte, nämlich das Verhältnis des Individuums zu den Institutionen und sozialen Strukturen, in die es eingebettet ist, das Verhältnis der einzelnen Institutionen zum Gemeinwesen als Ganzem, zu Baltimore ‚in seiner Allheit'. Das ästhetische Problem der Struktur der Serie ist eine Form, in der für uns als Zuschauer das Problem der Sichtbarmachung und Erfassung des Sozialen selbst erfahrbar wird.

Das heißt jetzt allerdings nicht, dass die einzelne Episode in THE WIRE nicht strukturiert wäre, es heißt lediglich, dass die Prinzipien nicht so leicht zu isolieren und zu benennen sind. Es heißt vor allen Dingen, dass die Ebene, auf der sich das strukturierende Prinzip der Folge am besten fassen lässt, von Folge zu Folge unterschiedlich ist. Ich möchte dies kurz an den ersten beiden Folgen verdeutlichen:

Die erste Folge „The Target" (1.01) erhält ihre Einheit dadurch, dass sie die gegenseitige metaphorische Strukturierung von Raum und Macht durchspielt. Die Frage der hierarchischen Struktur der beiden Institutionen ‚Polizei' und ‚Drogengang' wird durchgehend über visuelle Metaphern des oben und unten gestaltet. Von oben kommen Befehle, unten müssen sie umgesetzt werden. Die gesamte Episode ist durchzogen von Auf- und Untersichten, mit denen jeweils die Wirkmacht der oberen Etagen visuell präsent gemacht wird. Diese Wirkmacht löst sich einerseits innerhalb des Polizeiapparates mit dem ersten Auftritt des *Deputy Commissioner of Operations* Burrell in der 42. Minute aus ihrer Unsichtbarkeit und wird damit für die weiteren narrativen Verwicklungen subvertierbar. Sie löst sich andererseits aus der konkreten Befehlssituation und scheint als internalisierte Struktur auf, so etwa als die Decke des Büros durch eine Untersicht permanent ins Bild gerückt wird, als Lieutenant Daniels gegenüber der neuen Sondereinheit auf dem Prinzip der ‚*chain of command*' besteht (48.-51. Minute). Auf der anderen Seite des Gesetzes findet sich der markanteste Einsatz dieses Gestaltungsmittels in dem Moment, in dem D'Angelos Versetzung durch die erste Einstellung auf ‚The Pit' als eine Degradierung, als ein Positionsverlust innerhalb der Hierarchie spürbar gemacht wird: eine extreme Aufsicht auf das Sofa, wie es auf dem leeren, grasüberwucherten Beton des Innenhofes steht (35. Minute). Die Logik der Einstellungen transportiert hier also eine Logik des Funktionierens von Institution.

Die Folge „The Detail" (1.02) lässt sich dagegen nach zwei anderen Gesichtspunkten fassen, die gegen Ende unmittelbar miteinander verschränkt werden: beim ersten handelt es sich um die direkte Gegenüberstellung von Formen, Möglichkeiten und Grenzen der unsichtbaren Beobachtung und der sichtbaren Präsenz der Polizei. Zunächst gelingt es Detective Kima Greggs, selbst unbeobachtet, einen von ihrem Informanten Bubbs künstlich herbeigeführten und für sie entschlüsselbaren Interaktionsprozess zu beobachten und aufzuzeichnen: je nachdem, welchen Hut Bubbs den einzelnen Individuen anbietet, werden diese für sie als Akteure im Drogenhandel kenntlich. Zur gleichen Zeit demonstrieren McNulty und Bunk gegenüber D'Angelo eine Souveränität des Wissens, indem sie ihn am helllichten Tag aufgreifen, die Festnahme auf der Bühne des orangefarbenen Sofas inszenieren und sich dabei immer wieder umsehen und die Reaktionen des ‚Publikums' registrieren. Der zweite Gesichtspunkt betrifft individuelle Körper, die im Rahmen der hierarchischen Machtgefüge und Verhaltensregeln ihrer Institution dysfunktional sind, d. h. Körper, die noch nicht vollständig fügsam gemacht wurden. D'Angelos ‚Versagen' als Gangster zeigt sich in seiner unzulänglichen Disziplin in der Verhörsituation und seiner empfindsamen Empfänglichkeit für die Falle, die ihm dabei gestellt wird. Zusammengeführt werden beide Aspekte in der Szene, in der die Polizisten Prez, Herc und Carver den Versuch einer Demonstration von Sichtbarkeit starten, sich dabei aber als dysfunktional erweisen, da sie eine Grundbedingung des Polizeilichen nicht erfüllen: Ihnen fehlt der durch distanzierte Beobachtung erworbene Wissensvorsprung, ihnen fehlt eine Synthese, ein Bild der Körper, Räume und Prozesse, die den Ort ausmachen, an dem sie erscheinen. Das Ergebnis ist ein chaotischer Ausbruch von Gewalt, in dem die Inszenierungshoheit von den Polizisten an die dunklen, uneinsehbaren Fenster übergeht, aus denen Fernseher und andere Gegenstände geworfen werden.

Auf diese Weise lässt sich dies durch die weiteren Episoden hindurch weiterverfolgen, stehen einzelne Episoden über Revisionen, Spiegelungen, Verknüpfungen ihrer thematischen und inszenatorischen Prinzipien miteinander in Beziehung. „The Buys" (1.03) konzentriert sich auf das Gegenstück zu den dysfunktionalen Körpern, nämlich auf Mittel und Wege, sich dem Zugriff der eigenen oder der gegnerischen Institution aktiv zu entziehen. „Old Cases" (1.04) führt die Möglichkeit einer anderen Machtform vor, als den zuvor dominierenden Formen der Macht durch Rang in der Hierarchie und unmittelbare Gewalt oder Gewaltandrohung: die Reputation, die Angst oder der Respekt vor den Kompetenzen eines Individuums. Im Verlauf der ersten Staffel entsteht für den Zuschauer so ein Bild von Macht, das sich graduell von einer Funktionale der hierarchischen Struktur zu einer Funktionale des Wissen verschiebt, ohne dass letzterem ein abschließender narrativer ‚Triumph' gegönnt würde. Auch die späteren Staffeln lassen sich dann darüber erfassen, in welche Verhältnisse sie jeweils die Machtformen von Hierarchie, Wissen oder Geld setzen.[30]

THE WIRE als Netzwerkanalyse

THE WIRE erscheint also in der Analyse seiner formalen Strukturen als ein System, das sich durch ein unübersichtliches, nicht einfach gegebenes Verhältnis von Teil und Ganzem auszeichnet, das sich erst in der Zeit und über die fünf Staffeln zu einem Bild zusammenfügt. In genau diesem Sinne realisiert die Serie das, was ihr Gegenstand ist:

> The series is less impressive for its mimetic reproduction of social totality – an authenticity that rarely goes unremarked in commentaries and reviews – than for its

---

30 Rowe/Collins, „Power Wire".

self-reflexive struggle with the relations of part and whole, node and network, city and world in the era of global capitalism.[31]

Urban crime wird als ein systemisches Phänomen fassbar, das hervorgebracht wird und geformt wird durch die verschiedenen Institutionen und durch die institutionalisierten Verkehrsformen des Drogenhandels, der Geldwäsche, der Macht und der sozialen Infrastrukturen. Die konkreten Aktivitäten der Drogengang entstehen erst durch den ‚Krieg gegen die Drogen' wie er von der Polizei und ihren Überwachungsmethoden sowie durch die Justiz und ihre Strafverfolgungspraktiken hervorgebracht wird.[32]

Diesen Aspekt des ‚systemischen Phänomens' ernst zu nehmen, heißt nicht zu fragen, was dieses und jenes Individuum auszeichnet, sondern wie es sich als ein Punkt im System zu anderen Punkten verhält, wie sich die verschiedenen Verbindungen zwischen Punkten im System zueinander verhalten. Für jeden, der die Titelsequenz aufmerksam verfolgt, ist dies keine überraschende Perspektive: Es geht nicht primär um die Akteure, sondern um die Praktiken, Kommunikationstechniken und Austauschformen des urbanen Lebens selbst.[33] THE WIRE partizipiert an einer Wissensform oder einem epistemischen Paradigma der Soziologie, das besagt, dass „die Vergesellschaftungsform des modernen Kapitalismus"[34] eine der Vernetzung oder des Netzwerkes ist:

> Nicht das Individuum als solches, sondern seine Beziehungen zu anderen und seine Einbettung in eine Struktur interessiert. Die einzelnen Individuen werden gerade nicht als unabhängig voneinander begriffen. Sozialstruktur ist nicht die Summe individueller Merkmale in der Verteilung […] sondern sie entsteht durch die Beziehungen zwischen realen Akteuren.[35]

Dabei geht es mir an dieser Stelle nicht um eine bloße Übertragung dieses Paradigmas in das Dargestellte oder um den Nachweis, dass THE WIRE als Gegenstand einer solchen soziologischen Analyse zugänglich sei. Es geht mir vielmehr darum zu zeigen, wie die Serie selbst analytisch vorgeht, wie sich Netzwerke und Kommunikationsakte in ihrem Verlauf entfalten, wie formale, visuelle und akustische Gestaltungsmittel die Arten der Verbindungen zwischen Akteuren generieren und diese durch ästhetische Erfahrungsmodalitäten signifikant werden – wie etwa die Auf-

---

31 Patrick Jagoda: „Wired", in: *Critical Inquiry*, Vol. 38, No.1 (Autumn 2011), S. 189-199, hier S. 199.
32 Alasdair McMillan: „Heroism, Institutions, and the Police Procedural", in: Potter und Marshall (Hg.), THE WIRE, S. 50-63, hier S. 53.
33 Mittel, „All in the Game".
34 Rainer Diaz-Bone: „Eine kurze Einführung in die sozialwissenschaftliche Netzwerkanalyse", Mitteilungen aus dem Schwerpunktbereich Methodenlehre Nr. 57, Berlin: Institut für Soziologie, Freie Universität Berlin 2006.
35 Dorothea Jansen: *Einführung in die sozialwissenschaftliche Netzwerkanalyse*. 2. Auflage, Opladen: Leske + Budrich 2003, S. 16.

und Untersichten in der ersten Folge das Prinzip des Hierarchischen in der Wahrnehmung entstehen lassen.

Aber was bedeutet eigentlich ‚Netzwerk' in diesem Fall und was ist der Erkenntnisgewinn, der sich ergibt, wenn man danach fragt? Zunächst einmal gilt es festzuhalten, dass hiermit nicht das Netzwerken als eine gesteuerte Aktivität gemeint ist. Auch greift das mit der Rede von ‚Sozialen Netzwerken' verbundene affirmative Verständnis von Reziprozität zu kurz und vergisst, dass Beziehungen auch asymmetrisch, unfreiwillig, schwach oder antagonistisch sein können.[36] Was also ‚tun' Netzwerke?

1. Netzwerke stellen individuellen Akteuren Ressourcen bereit.[37] Das Netzwerk des FBI hat ganz eindeutig andere Ressourcen als das Netzwerk des Baltimore Police Departments; die demgegenüber deutlich kleiner dimensionierte Netzwerkbeziehung Informant-Polizist stellt Bubbs Einkommen und ein gewisses Gefühl von Sinnhaftigkeit zur Verfügung, während es Kima und ihre Kollegen mit wertvollen Informationen und Zugriffsmöglichkeiten auf die Drogendealer ausstattet.

2. Netzwerke organisieren Handlungsoptionen, machen handlungsfähig und schränken zugleich Handlungsfähigkeit ein.[38] Das Netzwerk der Polizisten hätte andere Handlungsoptionen, wenn es nicht mit dem der Politik in einer größeren Struktur verwoben wäre. Diese größere Struktur ist zum einen die Grundlage des polizeilichen Mandats und subvertiert dies zugleich, weil die Logik der Legislaturperioden die gewählten Politiker dazu zwingt, schnelle und statistisch verwertbare Ergebnisse von der Polizei zu verlangen.

3. Netzwerke stellen Infrastrukturen für Kommunikationsprozesse her.[39] Und nicht nur das, sie lassen sich auch über diese Infrastruktur analysieren. In der Episode „The Pager" (1.05) werden die anonymen Rufnummern, die auf dem angezapften Pager von D'Angelo und einer einzigen angezapften Telefonzelle erscheinen, plötzlich lesbar und zuteilbar. Dies geschieht ausschließlich über die *Reihenfolge* der Kommunikationsakte, ohne dass die Inhalte der Kommunikation bekannt sind, allein über das Verhältnis, in dem sie zu einem bestimmten Ereignis stehen: einem Mord, der in gewisser Hinsicht als ein Glied in dieser Kette von kommunikativen Akten zu betrachten ist. Dessen genauer Zeitpunkt wird wiederum darüber ermittelt, wann die Folge der Kommunikationen sich umkehrt. Über diese Abfolge und über das strikte Protokoll – Wer muss wen *pagen*? Wer darf wen direkt anrufen? – wird hinter der telekommunikativen Struktur die Hierarchie sichtbar, werden die Nummern den Positionen und Kompetenzen von Akteuren zuordenbar.

4. Netzwerke produzieren und sanktionieren Normen.[40] Dies heißt zum Beispiel, dass der Gebrauch von Gewalt nicht willkürlich ist, sondern auch im Gangs-

---

36 Ebd., S. 20f.
37 Diaz-Bone, „Netzwerkanalyse", S. 4.
38 Ebd.
39 Ebd.
40 Ebd.

termilieu konkreten Regeln unterliegt, die eine Legitimierung von Gewalt aus Fragen der Konkurrenz und des Prestiges oder aus der ‚Angemessenheit' von Gewalt als einer Botschaft, als einem kommunikativen Akt, ergeben. Diese Regeln setzen der physischen Gewalt aber auch Grenzen, mal mehr und mal weniger explizit und eindeutig. Eines dieser Gesetze der Straße ist der ‚Sunday truce', nach dem jegliche Aggression an einem Sonntag zu unterlassen ist und dessen Bruch in „Slapstick" (3.09) dementsprechende Sanktionen und Verwerfungen nach sich zieht.

Es geht also weniger um statische und stabile Kategorien des Sozialen als vielmehr um dynamische Prozesse von Ressourcenaustausch, Kommunikation und Handlungen. Es geht um eine Kartographie, die Positionen, Beziehungen und Abhängigkeiten sowie deren Ähnlichkeiten und Besonderheiten, Wiederholungen und Abweichungen abbildet. Dieser Prozess hat in THE WIRE zwei Seiten, eine vertikale und eine horizontale: Zum einen sind es die internen Organisationsformen im Inneren einzelner Netzwerke, wie eben die hierarchischen Strukturen innerhalb der Polizei und innerhalb der Gang; zum anderen sind es die horizontalen Interaktionen zwischen Netwerken, wie das komplementäre Verhältnis zwischen Polizei und Gang, zwischen Politik und Bildung und so weiter.[41] In der Art und Weise, in der diese verschiedenen Netzwerke die Beziehungen ihrer Mitglieder ähnlich oder unterschiedlich strukturieren, wird auch das individuelle Verhalten jeder einzelnen Figur als von diesen Beziehungsmustern geprägt wahrnehmbar.[42] Die ‚Wünsche' und ‚Ziele' einzelner Figuren stehen dazu in völliger Abhängigkeit. Dazu kommt als ein weiterer entscheidender Faktor die räumliche Verteilung der Netzwerke und ihrer Kompetenzen in der urbanen Landschaft, denn das horizontale ‚mapping' der Organisationen überlagert sich mit der realen Kartographie der Stadt zwischen *Eastside* und *Westside*, zwischen Drogenghetto, Stadtzentrum, dem Hafen und den Vororten.[43] Die Netzwerkstrukturen haben auch Auswirkung darauf, wer wie beweglich ist: Wer gewinnt oder verliert Ressourcen und Handlungsoptionen, je nachdem wo er sich befindet, wie er sich fortbewegt und mit wem er in Interaktion tritt?

Ganz offensichtlich ist dieses ‚mapping' diegetisch in den Werkzeugen der Polizei verortbar: Immer wieder wird das *„case board as an epistemic tool"*[44] und als ein *work in progress* präsentiert. Es funktioniert dabei einerseits als ein Mittel um Informationen zu speichern, darzustellen und zu vermitteln und andererseits als ein Mittel weitere Aktivitäten zu leiten und zu orientieren, die Ergebnisse der Überwa-

---

41 Alberto Toscano und Jeff Kinkle: „Baltimore as World and Representation. Cognitive Mapping and Capitalism in THE WIRE", Dossier (April 2009), http://dossierjournal.com/read/theory/baltimore-as-world-and-representation-cognitive-mapping-and-capitalism-in-the-wire/ (25. März 2012).
42 Jansen, *Netzwerkanalyse*, S. 19f.
43 Deswegen kann der offizielle *fan-guide* zur Serie auch eine Faltkarte Baltimores, auf der sowohl reale als auch fiktive Handlungsorte eingetragen sind, als sinnstiftende Information liefern. In: Rafael Alvarez (Hg.): *The Wire. Truth be told*. Edinburgh: Canongate 2009.
44 Toscano/Kinkle, „Baltimore as World and Representation".

chung zu selektieren oder weitere Recherchen zu fokussieren. Aber noch viel wichtiger für die Realisierung des ‚mappings' ist die Wahrnehmung der Zuschauer. Es ist die ‚polizeiliche' Aktivität der Zuschauer im Sinne Schillers, welche die beschränkten Möglichkeiten der Wahrnehmung einzelner Akteure und Netzwerke – sowie die eigennützige Instrumentalisierung dieser Beschränkungen durch Polizei, Politik und Medien[45] – hinter sich lässt, die Komplexität der Interaktionen aufnimmt und zusammenfügt.

Eines kristallisiert sich dabei recht schnell heraus: „Alongside technology, the key nonhuman actor that connects characters from different socioeconomic and institutional backgrounds in THE WIRE is capital."[46] Allerdings funktioniert Geld und Kapital weniger als *ein* nicht-menschlicher Akteur unter anderen Akteuren oder als *eine* Beziehungsform unter anderen, es ist vielmehr der omnipräsente Äther, das Medium von Gesellschaftlichkeit. Der Kampf der Polizei, der Hafengewerkschaft, der Stadtverwaltung und der Schulen um finanzielle Ausstattung ist nur das Spiegelbild des Drogenhandels als einer radikalen Realisierung der Idee von neoliberalem Unternehmertum, dem der Einzelne nichts und der Gewinn alles ist. Und in dieser Hinsicht unterscheidet sich letzten Endes das Drogengeschäft nicht kategorisch von dem was man ‚legale Geschäfte' nennt sondern nur durch die narrativen Rahmungen und Handlungsoptionen, die es durch Politik, Polizei und Journalismus erfährt.[47] Diese Scheingrenze wird nach und nach demontiert, um das, was Georg Simmel die Charakterlosigkeit des Geldes[48] nannte, ins Bild zu rücken: Geld kümmert sich nicht darum, woher es kommt und wer es gerade hat, vor dem Geld als Wert sind alle gleichermaßen wertlos. ‚Geldwäsche' ist daher nicht nur ein Euphemismus für einen unerhörten Vorgang, sondern bezeichnet einen Akt, der das Geldsein des Geldes hervorkehrt. Er zeigt nicht nur, wie illegales und legales Geschäft unmittelbar miteinander zusammenhängen können und dass sich beide durch Profit als dem höchsten Wert konstituieren, er zeigt eben auch, wie Geld das Medium ist, mit dem sämtliche Akteure und soziale Netzwerke miteinander verwoben sind, oder wie Lester Freamon es in „Unconfirmed Reports" (5.02) ausdrückt: „There's money that all this paperwork only hints at. […] A case like this here, where you show who gets paid behind all the tragedy and the fraud, where you show how the money routes itself, how we're all, all of us vested, all of us complicit…!?".

Während das Geld sich nicht von räumlichen oder sozialen Grenzen aufhalten lässt, so gilt das jedoch nicht für Körper und ihre Kompetenzen. Die Verhältnisse zwischen Körpern und Räumen sind zudem durch die konkreten Anordnungen und Bewegungsgesetze bestimmt, die in den jeweiligen Territorien etabliert werden. Diese Elemente, die hier nur angedeutet werden können, verwandeln für die

---

45 Jagoda, „Wired", S. 196.
46 Ebd., S. 195.
47 Jason Read: „Stringer Bell's Lament: Violence and Legitimacy in Contemporary Capitalism", in: Potter und Marshall (Hg.), THE WIRE, S. 122-134, hier S. 123.
48 Georg Simmel: *Philosophie des Geldes*. Frankfurt a. M.: Suhrkamp 1994 [1900].

Zuschauer Urbanität in ein Mosaik von Verkehrsräumen mit eigenen unübersichtlichen sowie im Alltag unsichtbaren Bewegungsgesetzen und Grenzen, die soziale Unterschiede konstituieren und die Möglichkeit von Handlungen vorgeben. Diese Grenzen, das wäre mein nächster Punkt, sind zudem auch und gerade sprachliche Grenzziehungen und Grenzen der Sprache im weitesten Sinne.

THE WIRE führt uns die unterschiedlichen Sprachsysteme der Gruppen vor, in denen jeweils in einem starken Sinn von *Verkörperung* so etwas wie ein Verhältnis des Individuums zu seinem Netzwerk und zur Außenwelt deutlich wird. Immer wieder gibt es Szenen wie die Diskussion über *chicken nuggets* in „The Detail" (1.02) oder die Schachparabel in „The Buys" (1.03), die keinerlei narrativen oder informativen Wert jenseits der Erfahrung haben, dass die Grammatiken, Vokabularien und Sprachspiele der jungen Gangmitglieder unmittelbar mit ihrer Weltsicht zusammenhängen, mit ihrer Art und Weise, Möglichkeiten von Handlung zu konzeptualisieren. Dieser Sprechweise stellen sich dann der Jargon der Polizei, die Sprechweisen der Politik, des Journalismus, des Bildungssystems usw. gegenüber. Sie alle haben unterschiedliche Vokabularien und Ordnungssysteme, die dann umso heftiger aufeinander prallen, wenn sie scheinbar über das gleiche reden.

Was THE WIRE dabei leistet, ist diese Sprachsysteme eben zunächst nicht zu hierarchisieren. Gerade der Slang der Gangster wird zu einem Register, das nicht einfach als ‚Verfallsform' der englischen Sprache erscheint, sondern sich zusammen mit den Verhaltenscodes, mit den immer wieder in impressionistischen Vignetten in den Vordergrund unserer Aufmerksamkeit gerückten Gesten- und Zeichensprachen, den Dresscodes und Riten, die der Drogenhandel hervorbringt, zu einer eigenständigen Sprachkultur ausformt. Es mag zunächst merkwürdig klingen, aber ich möchte behaupten, dass die Tatsache, dass THE WIRE über die fünf Staffeln hinweg auch so etwas wie ein Sprachkurs ist, der den Zuschauern das Sprachsystem der *projects* als eine ungehörte Stimme in der Pluralität der Sprechweisen beibringt und in ihrem Eigenwert erkennen lässt, eine der am höchsten einzuschätzenden Leistungen der Serie ist. Denn genau diese Sprachkompetenz erscheint im weiteren Verlauf zunehmend als eine notwendige Voraussetzung für einen verstehenden oder intervenierenden Zugriff auf das Phänomen organisierten, urbanen Verbrechens und seine komplexen Verflechtungen mit anderen sozialen Strukturen und Mechanismen.

Eine andere Ebene, auf der Sprache ganz unmittelbar eine signifikante Wirkungsmacht entfaltet, ist das Verhältnis zwischen offiziellen, formalen oder politischen Rhetoriken und den Phänomenen, auf die sie verweisen, die sie durch Benennung und Kategorisierung in den Griff zu bekommen glauben. Es gibt eine ganze Reihe von Beispielen hierfür, aber das prägnanteste findet sich in der dritten Staffel: das inoffizielle Polizeiexperiment ‚Hamsterdam', in dem die Polizisten an genau definierten Orten darauf verzichten, den Erwerb und Verkauf von Drogen zu verfolgen, und zwar unter der Voraussetzung, dass sämtliche anderen Straßenecken von nun an Tabu seien und dass keinerlei Gewalt in diesen ‚freien Zonen' toleriert werde. Daraufhin wird einerseits in der Darstellung von ‚Hamsterdam' ein ganzes Panorama des Dystopischen – „Back Burners" (3.07) – und des Utopischen – „Moral Midgetry" (3.08) –, der Konzentration von Elend und der Hoffnung auf Besserung und Hilfe, der Rettung ganzer Straßenzüge ausgebreitet. Andererseits entsteht eine parallele Entwicklung, die sich komplett von der für die Zuschauer entfalteten Komplexität und Ambiguität löst und sich schlichtweg an einer legalen Definition und ihrer symbolischen Wirkung entlang bewegt, nämlich: Was heißt es ‚Drogen zu legalisieren'? Lässt sich diese Definition hier anwenden oder nicht? Was bedeutet es für das politische Standing des Bürgermeisters, wenn im öffentlichen Diskurs diese Bezeichnung Verwendung findet?

Letzten Endes sind es nicht mehr die eigentliche Restrukturierung des sozialen Mechanismus ‚Drogenhandel' und ihre positiven oder negativen Auswirkungen, die über Fortsetzung oder Beendigung dieses Polizeiexperiments entscheiden, sondern der Signalcharakter eines Vokabulars, dessen Nicht-Eignung, dieses Experiment überhaupt zu fassen, für die Zuschauer vom ersten Moment an evident ist. Letztlich handelt es sich hierbei auch um das Aufeinanderprallen einer polizeilichen Logik im Sinne Schillers und der rhetorisch-legalistischen Logik der repräsentativen Politik. ‚Hamsterdam' ist nichts weniger als eine radikal zu Ende gedachte, polizeiliche Inszenierung von Stadt, der bewusst gesteuerten Verteilung von Körpern und Kompetenzen im Raum – inklusive der „öffentlichen Anstalten zur Gesundheit und Bequemlichkeit"[49], denn den jungen Dealern wird auch ein Basketballkorb organisiert. Wenn sich einer der Polizisten darüber beschwert, dass er sich als Sozialarbeiter vorkomme, liegt er damit richtiger als er glaubt, denn die *Polizey* in ihrer erweiterten Bedeutung meint nichts weniger als die möglichst umfassende Arbeit am Sozialen, deren Überreste sich in dem hin und wieder durchscheinenden Ideal des Streifenpolizisten verkörpern: Der intime Kenner seines Blocks, der zugleich Teil und Beobachter des sozialen Gefüges ist, der an den Befindlichkeiten der Anwohner teilhat und die Wirkungen der polizeilichen Aktivität selbst unmittelbar spürt.

Dies führt mich zurück auf eine weitere Ebene, auf der Sprache in THE WIRE wirksam wird und die ich vorläufig mit dem Stichwort der Emotion bezeichnen möchte. Was die Serie von einer soziologischen Abhandlung über die Netzwerkstrukturen urbaner Institutionen eben auch unterscheidet, lässt sich mit Schillers Idee einer Gerichtsbarkeit der Gefühle und der Phantasie beschreiben, die sich jenseits dessen befindet, was vom Gesetz oder anderen abstrakten Regeln erfasst wird und doch auch die Formen des gesellschaftlichen Verkehrs bestimmt: „Die Gerichtsbarkeit der Bühne fängt an, wo das Gebiet der weltlichen Gesetze sich endigt."[50] Denn die Verbindung zwischen Akteuren, die Rolle von Akteuren als Knoten im Netzwerk, wird auch über ästhetische Erfahrungsmodalitäten und Formen der Emotionalisierung signifikant gemacht. Und genau dies zeigt sich zum Beispiel in jenen Sprachperformanzen, die weniger praktische oder informative

---

49 Schiller, *Polizei*, S. 191.
50 Friedrich Schiller: *Was kann eine gute stehende Schaubühne eigentlich wirken?* [1785]. GS Bd.V, München: dtv 2004, S. 818-831, hier S. 823., Vgl. auch Schäffner/Vogl, „Polizey-Sachen", S. 56f.

Dimensionen haben als vielmehr Szenen der Offenbarung, des Geständnisses sind, wo es also über die Sprache um das Fühlen, Wünschen, Erinnern, Bereuen, Anklagen, Erlösen usw. geht. Mit anderen Worten, die Sozialsphären und Netzwerke werden eben auch über diverse ästhetische Formen und Zeitlichkeiten dynamisiert. Immer wieder unterbrechen melodramatische Strukturen die Sequenzialität und Gesetzmäßigkeit der institutionellen Mechanismen – und zwar ganz buchstäblich als zeitliche Formen, wie als erstes prägnantes Beispiel in der zweiten Folge „The Detail" (1.02) der allmählich sich an die Oberfläche bahnende Wille zum Geständnis in den langen, langsam heranzoomenden Aufnahmen D'Angelos sichtbar wird.

Die Pluralität der Subplots, der ineinandergreifenden Mechanismen und ihrer Widersprüchlichkeiten eignen sich zunächst hervorragend für Melodramen der aufgeriebenen, chancenlosen Unschuld, der ohnmächtigen Opfer von Korruption und Ungerechtigkeit, der frustrierenden Unfähigkeit Einzelner, den Lauf der Dinge zu verändern, oder für Melodramen der Entbehrlichkeit der kleinen Bauernfiguren im großen Schachspiel.[51] Diese Metapher oder Allegorie des Schachbretts macht in ihrem Funktionieren Aspekte der ‚Abbildung' von Netzwerkstrukturen und zugleich die zeitliche Komplexität der Serie sichtbar: In der dritten Episode der ersten Staffel, „The Buys", erklärt D'Angelo seiner Crew die Regeln des Schachspiels, und er nutzt genau diejenige Struktur, die sie selbst kennen, um die Bedeutung der Schachfiguren zu erklären – Avon Barksdale ist der König und ihr seid nur die Bauern. Den Zuschauern geht es dabei genau umgekehrt. Vorausgesetzt wir kennen die Schachfiguren, verstehen wir dank dieses *mapping*-Prozesses, wie in der Drogengang der Laden läuft, wird für uns eine Folie greifbar, nach der wir das Verhalten und die Kompetenzen der Figuren antizipieren und beurteilen können. In „Final Grades", der letzten Folge der 4. Staffel, also knappe 50 Stunden Serie später, erinnert sich eine andere Figur, Bodie, an genau diese Lektion und formuliert das Melodrama seiner eigenen Entbehrlichkeit eben so: „I feel like them little bitches on the chess board ..."

Die soziale Realität, die uns präsentiert wird, lädt sich so sukzessive auf und wird mit gelebten Geschichten, Erinnerungen und individuellen Bedeutungen angefüllt, welche die Probleme und Widersprüche als moralische Fragen zu adressieren vermögen. Dabei geht es weniger um feste Urteile und manichäische Einteilungen in Gut und Böse, als vielmehr um Systeme der Unterbrechung und Elemente zeitlicher Gestaltung, in denen sich die Aufmerksamkeit auf etwas noch-nicht-ganz-Verstandenes richtet, die der Hervorhebung von moralischer Ungewissheit dienen.[52] Der Genuss einer moralischen Lesbarkeit wird jedoch stets frustriert, weder irdischer noch höherer Gerechtigkeit wird jemals voll und ganz genüge getan und dies hält THE WIRE letzten Endes davon ab, ein Melodrama im vollen Sinne zu werden: „the series constantly challenges its own affect, the audience is left feeling

---

51 Amanda Ann Klein: „The Dickensian Aspect: Melodrama, Viewer Engagement, and the Socially Conscious Text", in: Potter und Marshall (Hg.), THE WIRE, S. 177-189, hier S. 178.
52 Klein, „The Dickensian Aspect", S. 177.

dissatisfied and agitated; anger, sadness and outrage are not purged in a moment of intense emotional release."[53]

Denn das Melodramatische ist eben nicht der einzige ästhetische Modus, der in THE WIRE zur Geltung kommt. Daneben steht das, was man landläufig Realismus nennt, daneben stehen aber auch Elemente der Tragödie ganz im Aristotelischen Sinne. Ich gehe jetzt nicht weiter ins Detail, aber wer THE WIRE gesehen hat, wird sofort nachvollziehen können, inwiefern die Ereignisse in „Middle Ground" (3.11) und die Entwicklung, die zu ihnen führte, gar nicht anders als in den Aristotelischen Begriffen beschrieben werden können: Es gibt eine Peripetie, „der Umschlag dessen, was erreicht werden soll, in das Gegenteil,"[54] und mit ihr zugleich ein Wiedererkennen, „ein Umschlag von Unkenntnis in Kenntnis, mit der Folge, daß Freundschaft oder Feindschaft eintritt"[55]; und darin besiegelt sich der unglückbringende Fehler eines Mannes, der nicht makellos ist, aber auch nicht einfach nur ein Schuft.[56]

Die Aporie des Tragischen ist aber nur eine Lesart der eingebetteten zyklischen Strukturen, die THE WIRE ausbildet. Denn zugleich sind die Wiederholungen und Ähnlichkeiten, die zwischen einzelnen Figuren und Gruppen und ihren Positionen im Sozialen entstehen, selber Mittel um die Kausalität der sozialen Strukturen erfahrbar zu machen. Die Netzwerke der Gang um Avon Barksdale, der Polizei, der Politik usw. – ihre Strukturen, Handlungsoptionen, Normen und Austauschverhältnisse mit anderen Netzwerken – sind das Ergebnis der Investigation und der Entfaltung der fünf Staffeln. In der Zeit, in der diese Strukturen auf verschiedene Formen ‚unter Druck' geraten, in der Akteure ausgetauscht werden oder ihre Funktion oder Position ändern, in der Zeit, in der die Gang mit anderen Crews in Konkurrenz tritt, in der das polizeiliche Wissen und die politische Rhetorik um die Deutungshoheit über das urbane Verbrechen streiten – in dieser zeitlichen Entfaltung sind es letzten Endes die Strukturen selbst, die signifikant werden. Nicht die Akteure produzieren Strukturen, sondern die Strukturen selbst reproduzieren und transformieren sich und damit die Positionen und Eigenschaften von individuellen Akteuren.

Erfahren und verstehen können wir dies als Zuschauer, weil die Serie selbst sich das handwerkliche Können richtiger Beobachtung und Überwachung zu eigen macht, wie es in denjenigen Figuren verkörpert ist, die im Laufe der Serie mit der Auszeichnung ‚real' oder ‚natural police' versehen werden.[57] Die richtige Polizei fragt nicht: Wer bist du? Was sind deine Kennzeichen? Sondern sie fragt: Wo bist du? Mit wem trittst du auf welche Art und Weise in Austauschprozesse? Was sind die Möglichkeiten und Grenzen deiner Handlungsfähigkeit? Dabei kreiert die Se-

---

53 Ebd., S. 179f.
54 Aristoteles: *Poetik*, Stuttgart: Reclam 1982, S. 35.
55 Ebd.
56 Ebd., S. 39.
57 Ryan Brooks: „The Narrative Production of ‚Real Police'", in: Potter und Marshall (Hg.), THE WIRE, S. 64-77.

rie keine bloßen Stereotypen, die sie irgendeinem kulturellen Repertoire entnehmen würde, oder Sozialautomaten, die das vom Netzwerk vorgegebene Programm bloß abspulen, sondern individuelle Figuren – aber eben Individuen *als* sozialisierte Wesen, als Typen etwa im Sinne Stanley Cavells, in denen die Tatsache, ein Knoten an genau dieser Stelle des Netzwerkes zu sein, sich auf individuelle Weise verkörpert findet: „individualities that [project] particular *ways* of inhabiting a social role."[58]

Wenn wir am Ende eine ganze Reihe von individuellen Figuren als Wiederkehr anderer Figuren wahrnehmen – Michael als der neue Omar, Duquan als ein weiterer Bubbs – dann muss man sich fragen: Warum erkennen wir das so unmittelbar? Es sind weder allein die sichtbaren Attribute und Handlungsweisen noch allein die sozialen Positionen, die Knoten im Netzwerk, die man mental neu besetzt. Es ist genau ihre Verwebung, es ist die Art und Weise, in der für die Zuschauer Sozialität an diesen Körpern, an ihren Fähigkeiten und Handlungen sichtbar und erfahrbar wird. THE WIRE macht sichtbar, wie die ‚unsichtbaren' Gesetzmäßigkeiten der sozialen und ökonomischen Mechanismen in den sichtbaren Oberflächen, in die Bewegung und die Sprache hineingewoben sind. Diese Eröffnung einer sinnlichen Erfahrbarkeit von Gesellschaft als gesetzmäßiger Mechanismus und als materielle Kontingenz zugleich wird durch die polizeiliche Beobachtung im Sinne Schillers hervorgebracht und lässt das Verbrechen zu einer Chiffre für Vergesellschaftung im Zeichen des Urbanen und des Kapitals werden.

Das Verbrechen als poetisches Programm

Die ‚richtige' Polizei ist also selbst dort, wo der Zuschauer ist: „where the police need to be, in order to function effectively, is where the narration is."[59] Sie muss sehen, ohne gesehen zu werden, überall sein, schon bevor das Verbrechen stattfindet, muss die signifikanten Verbindungen erkennen und nach den Mustern suchen. In genau dieser Hinsicht kann man mit Schiller sagen, dass die Polizei eine Formgebung des Sozialen stiftet, die zugleich auch ein poetisches Programm ist.[60] Die Muster und signifikanten Verbindungen schaffen dabei eine Vermittlung von gesellschaftlichen Wechselwirkungen als einem ästhetischen Zustand, über den abstrakte Gesetze erfahrbar gemacht werden und zugleich das Gesetzmäßige in den partikularen Begebenheiten unserer Erfahrung hervorgekehrt wird.[61] Dieser ästhe-

---

58 Stanley Cavell: *The World Viewed. Reflections on the Ontology of Film.* Enlarged Edition, Cambridge, London: Harvard University Press 1979, S. 33, Herv. im Orig. Vgl. a. den Beitrag von Bernhard Groß in diesem Band.
59 Brooks, „The Narrative Production of ‚Real Police'", S. 74.
60 Vogl, „Ästhetik und Polizey", S. 110.
61 Ebd., S. 105. Vgl. Friedrich Schiller: *Über die ästhetische Erziehung des Menschen in einer Reihe von Briefen* [1795]. *Gesammelte Schriften* Bd. V, München: dtv 2004, S. 570-669.

tische Zustand vermittelt zwischen ‚Fällen' und ‚Gesetzen',[62] und wenn man will, kann man hierin nicht nur eine Spur zum Verbrechen als einem Paradigma von Ästhetik in der Moderne und seiner inhärenten Serialität von Fall und Gesetz ziehen, sondern man kann diese ästhetische Verbindung von Erfahrung, Einzelfall und Gesetzmäßigkeit auch als eine mögliche Formulierung einer Idee von Genre betrachten. THE WIRE interpretiert dabei diese Idee als einen Auftrag zur Intervention, in dem die Serie ganz offensiv die Zwischenräume von Gesetz und offizieller (Selbst-)Darstellung sichtbar macht, die Erfahrungen und Mechanismen einem Urteilsvermögen der Zuschauer vorsetzt. Die Summe der Beobachtungsverfahren bringt eine Fülle von Figuren und Handlungen hervor, die zugleich durch die Techniken der Polizei beherrscht und ins Verhältnis gesetzt werden, in den Zusammenhang des großen Ganzen der fünf Staffeln, den Zusammenhang der Details untereinander:

> *[Das Verbrechen]* gleicht einem ungeheuren Baum, der seine Äste weitherum mit andren verschlungen hat, und welchen auszugraben man eine ganze Gegend durchwühlen muß. So wird ganz Paris durchwühlt, und alle Arten von Existenz, von Verderbnis ect. werden bei dieser Gelegenheit nach und nach an das Licht gezogen. Die äußersten Extreme von Zuständen und sittlichen Fällen kommen zur Darstellung, und in ihren höchsten Spitzen und charakteristischen Punkten. Die einfachste Unschuld wie die naturwidrigste Verderbnis, die idyllische Ruhe und die düstre Verzweiflung.[63]

Das Verbrechen – im Kino und in der Fernsehserie genauso wie in den Nachrichten – handelt nie einfach nur von Verbrechen, sondern es wird zu einem symbolischen Vehikel, das die Wahrnehmung der urbanen Landschaft lenkt.[64] Genau wie bei Schiller bezeichnet die Verpolizeilichung der Zuschauererfahrung in THE WIRE die Notwendigkeit eines anderen Blicks auf Urbanität und Vergesellschaftung und damit eine Krise der Steuerung von Gesellschaft, die sich präzise durch die Grenzen dieses poetischen Programms bezeichnen lässt.[65] Wenn wir um 1800 davon reden können, dass die Stadt im Brennpunkt einer Erfindung des Sozialen als Frage oder als Problem erscheint, so steht THE WIRE vielleicht auch dafür, dass wir um 2000 davon reden können – oder müssen –, dass wir Zeugen einer erneuten Re-Definition des Öffentlichen sind, die auf eine mögliche Abschaffung des Sozialen hinausläuft. Denn eines lässt sich dann doch nicht bestreiten: Je mehr die Strukturen und ihre Wirkung auf die Möglichkeit von Handlungsmacht gegenüber dem einzelnen Individuum in den Vordergrund rücken, je mehr Sphären der Gesellschaft in die Ästhetik der zirkulierenden Waren-, Geld- und Machtflüsse einbezo-

---

62 Schiller, *Ästhetische Erziehung des Menschen,* S. 605.
63 Schiller, *Polizei,* S. 193f.
64 Jack Katz: „Metropolitan Crime Myths", in: David Halle (Hg.): *New York & Los Angeles. Politics, Society, and Culture. A comparative view.* Chicago und London: University of Chicago Press 2003, S. 195-224, hier S. 224. Vgl. Fredric Jameson: „Realism and Utopia in THE WIRE", in: *Criticism,* Vol.52, Nos. 3-4 (Summer & Fall 2010), S. 359-372, hier S. 362.
65 Vogl, „Ästhetik und Polizey", S. 110.

gen werden, je mehr Faktoren und Austauschprozesse in die Erklärung sozialen Handelns einbezogen werden, umso schwieriger wird es, eine einfache Erklärung für ‚das Ganze' zu bekommen. Je erfolgreicher die Polizei, je erfolgreicher THE WIRE darin ist, die einzelnen Strukturen von Sozialität in den Blick zu bekommen, um so deutlicher wird, dass die eigentliche Schwierigkeit darin besteht, die noch umfassendere Struktur, das globalste aller seriellen Prinzipien – nämlich die Zirkulation des Kapitals – ins Bild zu rücken.[66]

Dabei muss letzten Endes offen bleiben, ob es sich hierbei um ein Scheitern im einfachen Sinne oder um ein erfolgreiches Scheitern als Aufzeigen einer Grenze des eigenen Darstellungsprinzips handelt, ob es nicht einer gewissen Notwendigkeit entspricht, dass die Abbildung von Sozialität als einer dynamischen Bewegung von Körpern und Kompetenzen mit ihren eigenen Transformations- und Trägheitsgesetzen unabgeschlossen bleibt und nur als Fragment über sich hinaus weisen kann. In dem Moment, in dem die uns als Zuschauern zwar sichtbare, aber nicht in konkrete Verfahren und Muster einzubindende Figur *The Greek* in „Port in a Storm" (2.12) durch die Passkontrolle an Baltimores Flughafen schreitet, markiert er, von dem wir ahnen aber nicht wissen, was für Fäden er in der Hand hält, die Grenze der Polizei und die Grenze der Serie: „Business, always business."

---

66 Toscano/Kinkle, „Baltimore as World and Representation".

Nikolaus Perneczky

„HOW TO FUCKING LIVE"

Die HBO-Serie DEADWOOD als Sittenwestern

Eine von vielen zitierwürdigen Sentenzen aus der Fernsehserie DEADWOOD (David Milch, HBO, USA 2004-2006) gibt das Stichwort. In der Folge „Tell Your God to Ready for Blood" (3.01) klagt die unentwegt alkoholisierte Calamity Jane: „Every day takes figuring out all over again how to fucking live." Dass nicht nur Calamity Jane, sondern auch die übrigen Bewohner von Deadwood jeden Tag aufs Neue herausfinden müssen, wie man leben bzw. das Leben sittlich begründen soll; in dieser Feststellung sind die zentralen Thesen und Motive des vorliegenden Versuchs sämtlich angelegt.

Unter drei Aspekten soll DEADWOOD aufgeschlüsselt werden: als Westernserie, als Geschichtsserie – und als serialisierter ‚Sittenwestern'. Letzteres ist meine eigene Begriffsschöpfung, deren Definition ich aber bis zum abschließenden Teil schuldig bleiben werde. Weil der Western als Genre immer schon mit Geschichte, und Geschichte, zumindest sofern sie im Western aufscheint, immer schon mit den *mores*, dem sittlichen Leben einer Gesellschaft verschränkt ist, werden die drei Topoi im Folgenden wild durcheinanderlaufen, um dann am Ende in den Begriff des Sittenwestern zu münden.[1] Die Begriffe der Serie und der Serialität, ebenfalls von zentraler Bedeutung für meine Ausführungen, werden an den Stellen aufgerufen und diskutiert, wo sie je gebraucht werden.

Nichts eignet sich besser, um den Einsatz der Serie DEADWOOD einführend zu pointieren, als eine Nacherzählung ihrer verwickelten Genese. David Milch, der *creator* oder wie es – wider besseres Wissen[2] – bisweilen immer noch heißt, der ‚Autor' von DEADWOOD, hatte etwas anderes als eine Westernserie im Sinn, als er sich mit den *executives* des amerikanischen Bezahlsenders Home Box Office (HBO)

---

1 André Bazin bestimmt in seinem Vorwort zu Jean Rieupeyrouts *Le Western ou le cinéma américain par excellence* die „historische Wahrheit" des Western als „die epische Idealisierung einer relativ nahen geschichtlichen Epoche". André Bazin: „Der Western oder: Das amerikanische Kino par excellence", in: Ders.: *Was ist Film* (Hg. von Robert Fischer). Berlin: Alexander Verlag 2004, S. 255-266, hier S. 257ff.
2 Zu Arbeitsteilung und Funktionswandel (von *creator*, *producer* und *director*) in der US-amerikanischen Fernsehproduktion siehe John Thornton Caldwell: *Production Culture: Industrial Reflexivity and Critical Practice in Film and Television*. Durham, London: Duke University Press 2008. Von Milch ist überliefert, dass er eine eigentümliche Variante des bei Caldwell beschriebenen „writing by committee" (S. 34 und passim) praktiziert; vgl. Mark Singer: „The Misfit: How David Milch got from ‚NYPD Blue' to ‚Deadwood' by way of an Epistle of St. Paul", in: *The New Yorker*, Feb. 14 & 21, 2005, S. 192-205, hier S. 195.

erstmals traf, um seine Idee vorzustellen. Milchs koketter Pitch damals, so jedenfalls überliefert es ein Artikel in der Wochenzeitschrift *The New Yorker*, lautete „St. Paul gets collared"³ – der heilige Paulus wird in Handschellen gelegt. Setting sollte das antike Rom unter Kaiser Neros Regentschaft sein, wo eine Art Stadtpolizei nach dem Rechten sieht, ohne sich auf kodifiziertes Recht stützen zu können. Um die Kollateralschäden des sich selbst perpetuierenden Prinzips der Blutrache einzudämmen, bildet sich so eine anlassgebundene Rechtssprechung heraus – oder ein „Common Law", wie der amerikanische Rechtswissenschaftler Oliver Wendell Holmes, Jr. es genannt hat, auf den Milch sich ausdrücklich bezieht.⁴ Zu Beginn seines gleichnamigen Buchs von 1881 schreibt Holmes:

> The object of this book is to present a general view of the Common Law. To accomplish the task, other tools are needed besides logic. It is something to show that the consistency of a system requires a particular result, but it is not all. The life of the law has not been logic: it has been experience. The felt necessities of the time, the prevalent moral and political theories, intuitions of public policy, avowed or unconscious, even the prejudices which judges share with their fellow-men, have had a good deal more to do than the syllogism in determining the rules by which men should be governed.⁵

Einer solchen, historisch präzis situierten Erfahrung der affektiven, intuitiven und eher sittlich als logisch begründeten Verrechtlichung wollte Milch Anschaulichkeit verleihen in seiner Serie über die neronische Stadtpolizei. Da HBO zu diesem Zeitpunkt aber mit der Serie ROME (Bruno Heller, William J. MacDonald und John Milius; HBO, USA 2005-2007) bereits eine andere Produktion über den antiken Stadtstaat, der sich zum Weltreich auswuchs, in Auftrag gegeben hatte, bat der Sender Milch, seine Grundidee an einen anderen Ort zu verlagern. Wenn die Serie DEADWOOD also überhaupt ein Western ist – eine Frage, der ich mich gleich noch zuwenden werde – dann allenfalls ein Western wider Willen.

Zugleich tritt an dieser Anekdote Milchs Interesse, gerade weil es sich *in abstracto*, unabhängig vom konkreten Gegenstand einbekennt, umso deutlicher zutage; nämlich die Herausbildung einer volatilen und improvisierten Praxis der Jurisdiktion aus dem Stand der unmittelbar gewaltförmigen Rechtslosigkeit – ein *Prozess* im doppelten Wortsinn, den Milch nicht als lineare, zielstrebige Progression verstanden wissen will, und auch nicht, wie in der Hegelschen Rechtsphilosophie, als dialektische Aufhebung von abstraktem Recht und individueller Moralität in der reflektierten Sittlichkeit des bürgerlichen Staats,⁶ sondern als das erratische Voran-

---

3 Singer, „The Misfit", S. 201.
4 Dieser Rechtskreis ist auch heute noch von Relevanz, etwa im amerikanischen Präzendenz- oder Fallrecht.
5 Oliver Wendell Holmes, Jr.: *The Common Law*. New Brunswick, NJ: Transaction Publisher 2005 [1881], S. 5.
6 Vgl. Georg Wilhelm Friedrich Hegel: *Grundlinien der Philosophie des Rechts*. Leipzig: Felix Meiner Verlag 1911 [1821], darin insbesondere §§ 104-114 (S. 93-99) und §§ 141-157 (S. 131-139).

tasten gelebter Erfahrung. Genau diesen Prozess meint die vorangestellte Klage der Calamity Jane: „Every day takes figuring out all over again …"

Obschon diese Anekdote den Eindruck erwecken mag, die generische Rahmung sei der fertigen Serie irgendwie äußerlich oder aufgeklebt, ließe sich ebenso in umgekehrter Richtung argumentieren: Wies Milchs ursprüngliche Idee, ungeachtet ihrer exakten Situierung, nicht alle Eigenschaften jener ‚Rechtserzählung' auf, als die Gertrud Koch den klassischen Western am Beispiel von John Fords THE MAN WHO SHOT LIBERTY VALANCE (USA 1962) beschrieben hat?[7]

Wir befinden uns nun also nicht im antiken Rom, sondern in der Goldgräbersiedlung Deadwood anno 1876, zu einem Zeitpunkt, als das umliegende Territorium noch nicht von den Vereinigten Staaten eingemeindet worden war. Ort der Serie DEADWOOD ist mithin ein politischer wie rechtlicher Graubereich. „There are no laws in Deadwood", heißt es in den ersten Folgen immer wieder verheißungsvoll – was sich jedoch rasch als ebenso naiv herausstellen wird wie der Glaube von Feivel dem Mauswanderer in Don Bluths Migrationsparabel AN AMERICAN TAIL (USA 1986): „There are no cats in America." Was es tatsächlich nicht oder, wie man genauer sagen müsste, was es *noch* nicht gibt, sind eingeschliffene institutionelle Mechanismen oder eine allgemein verbindliche Kodifizierung des Rechts. Aber obwohl rohe Gewalt, einschließlich Mord und Totschlag, in Deadwood gängige Währung sozialer Beziehungen sind, regiert das Recht des Stärkeren auch hier nicht absolut, sondern vielfach vermittelt. Die bevorstehende Annexion an die USA, eine Pockenepidemie, die Angst vor einem Großbrand – diese und viele andere, mit jeder Folge zahlreichere Veranlassungen nötigen die Bewohner von Deadwood zur Übernahme immer neuer quasi-juridischer Regeln, Richtlinien und Übereinkünfte.

Während THE MAN WHO SHOT LIBERTY VALANCE den Übergang vom vorrechtlichen Zustand zum rechtsstaatlichen am dialektischen Verhältnis von zwei allegorisch überfrachteten Figuren festmacht und in den zwei Stunden, die der Film dauert, zur Gänze ausspielt, verstreut DEADWOOD denselben Topos über drei Staffeln und ein umfängliches Figurenensemble, ohne dass am Ende feststünde, ob der besagte Übergang denn nun vollzogen, auf den Weg gebracht, oder gerade erst angefangen wurde. Das hat weitreichende Folgen nicht nur für die besondere Form der Rechtserzählung, die sich in DEADWOOD artikuliert, sondern verkompliziert auch den generischen Status der Serie als Western. Ist es ausreichend, dass DEADWOOD Ikonizität und historische Koordinaten des Western teilt, oder steht mit dem generischen Titel noch mehr – etwa bestimmte strukturelle Züge, narrative Verläufe etc. – auf dem Spiel?[8]

---

7 Gertrud Koch: „Eine Rechtserzählung: John Fords The Man Who Shot Liberty Valance", in: *Paragrana* Vol. 15, No. 1 (2006), S. 151-159.
8 Eine typische Instanz dieser – strukturellen – Auffassung des Genres findet sich bei Douglas Pye: „The Western (Genre and Movies)", in: Barry Keith Grant (Hg.): *Film Genre Reader*. Austin: University of Texas Press 1986, S. 143-158.

Wenn man Genre nicht ausschließlich als je spezifischen Katalog von hinreichenden und notwendigen Eigenschaften versteht, die generischen Erzeugnissen zukommen sollen, sondern ebenso als sozialen Kontrakt, der auf transtextuellen Vermittlungen aufruht,[9] dann sollte man der Intuition, dass DEADWOOD eine Western-Serie sei, so begegnen, wie analytische Philosophen den intuitiven Gehalten alltagssprachlicher Ausdrücke begegnen: nicht als unhinterfragbare Wahrheit zwar, aber doch fraglos als Ausgangspunkt, den man nicht leichthin eskamotieren darf.[10] Für den vorliegenden Fall heißt das: Auch wenn im Folgende etliche Punkte zur Sprache gebracht werde, an denen DEADWOOD eindeutig von der generischen DNA des Western divergiert, will ich damit nicht die Zugehörigkeit der Serie zu diesem Genre in Abrede stellen. Noch will ich das Gegenteil behaupten. Die Frage ist nicht *ob*, sondern *inwiefern* DEADWOOD am Genre des Western partizipiert: in welchem Maß und zu welchem Zweck.

Unterwegs zu einer Antwort auf diese Frage muss ich einen Exkurs zur Filmgeschichte des Genres einschieben. Er wird achronologisch von New Hollywood zurück zur klassischen Studioära und schließlich an die Gegenwart der Fernsehserie DEADWOOD heranführen. Meine Absicht ist es, den Zielpunkt DEADWOOD im Anschluss an diesen filmhistorischen Exkurs von den Stationen der Klassik und der Postklassik aus gewissermaßen zu triangulieren.

Ford & Peckinpah: Die verlorene Zeit des Mythos

In seinem Buch *The Cinema Effect* verzeichnet Sean Cubitt eine spekulative Geschichte des Western, aufgespannt zwischen dem klassischen und dem postklassischen Pol des Genres.[11] Den Scheitelpunkt dieser Geschichte bildet in Cubitts Skizze die kurze Blüte des New Hollywood, und darin insbesondere das Œuvre Sam Peckinpahs. Dessen PAT GARRETT AND BILLY THE KID (USA 1973) charakterisiert Cubitt als transformativen Genrefilm an der Schwelle zur Postklassik: Die Offenheit der zurückweichenden *frontier*, in die der klassische Western seine Helden am Ende entlässt, erfährt hier eine endgültige Schließung durch das Gesetz. Zuletzt wird Pat Garrett, was wir von Anfang an wissen, seinen ehemaligen Kumpan Billy the Kid erschießen. Der Hinterhalt, in dem Pat Garrett hernach selbst

---

9 Eine Sichtweise, deren systematische Formulierung nachzulesen ist bei Francesco Casetti: *Communicative Negotiation in Cinema and Television*. Mailand: Vita e Pensiero 2002, darin insbesondere das zweite Kapitel: „Film Genres, Negotiation Processes and Communicative Pact", S. 21-36.
10 „Wird denn dieses Wort in der Sprache, in der es seine Heimat hat, je tatsächlich so gebraucht?" Ludwig Wittgenstein: *Philosophische Untersuchungen. Werkausgabe Bd. 1*. Frankfurt/Main: Suhrkamp 1984 [1953], § 116 (S. 300).
11 Sean Cubitt: *The Cinema Effect*. Cambridge, MA; London: The MIT Press 2005, darin Kapitel 8: „Neoclassical Film: Slow Motion, Angel of the Odd", S. 190-216. Meine Argumentation im Folgenden greift einige von Cubitts Ideen auf, weicht im Detail aber von seiner Deutung ab.

den Tod findet, endet mit einem *freeze frame*, das auch das Ende des Films markiert. Mit Cubitt lässt sich diese finale Stillstellung des Bilds als Antithese zu den ‚offenen' Enden des klassischen Western auffassen.

In der Schnittfassung, die Peckinpah von Metro-Goldwyn-Mayer zunächst aufgezwungen wurde, endet der Film mit einer klassischen Western-Apotheose: Nach getaner Tat reitet Pat Garrett der aufgehenden Sonne entgegen. Peckinpah wollte es anders, und fügte für den *director's cut* den sekundenlangen Epilog von Garretts Ermordung hinzu, der die Offenheit des vermeintlichen Schlussbilds zurücknimmt. In die räumlich konfuse Schuss-Gegenschuss-Montage des Kugelhagels, in dem Garrett zugrunde geht, mischt sich ein kurz aufblitzendes Erinnerungsbild von Billy the Kid (Kris Kristoffersson) am Abzug seines Revolvers – als wäre er unter den Attentätern –, dann fällt der Angeschossene in Zeitlupe vom Kutschbock und das Bild gefriert: Abspann (Abb.1).

Zwar wird den obsoleszierenden Helden auch des klassischen Western am Ende mitunter die Tür gewiesen. Bei allem Untergangspathos bleibt ihnen aber doch zumeist eine letzte Ausflucht; man denke an die ikonisch gewordene Sillhouette, die John Waynes Abtritt am Ende von John Fords THE SEARCHERS (USA 1956) einrahmt. Nicht so bei Peckinpah: Das *freeze frame* verewigt den Moment des Todes; die letzte, nicht mehr hintergehbare Grenze ist erreicht. In dem Erinnerungsbild des toten Billy, das die Diegese nach innen faltet, und in der zerdehnten Zeit des in *slow motion* dahingerafften Pat Garrett, tritt das Genre in eine Phase der nostalgischen Selbstreflexivität ein.

In der angezeigten Wende wandelt sich auch das Geschichtsverständnis des Western: Von mit Handlungsmacht ausgestatteten historischen Subjekten, wie dialektisch – etwa als Selbstaufhebung – dieses Vermögen immer gedacht sein mag, zu *Sub*-jekten oder Unterjochten einer Posthistoire, die sich immer schon durchgesetzt hat und als vollendete Tatsache dem gestaltenden Zugriff sich entzieht. Was bleibt ist Rückschau, Nachdenklichkeit, und das den *credits* unterlegte Lamento von Bob Dylan als buchstäblicher Abgesang: „Billy, they don't like you to be so free!"

Cubitt macht den interessanten Vorschlag, das nostalgisch-elegische Ambiente von PAT GARRETT AND BILLY THE KID von der schon im klassischen Western anzutreffenden Nostalgie abzuheben. Peckinpahs Film trauere nicht lediglich dem wilden, ungezähmten Westen nach, sondern auch und vor allem dem Western als zentralem Baustein jenes Studiosystems, das zu dem Zeitpunkt, da PAT GARRETT AND BILLY THE KID entstand, infolge einer der größten Krisen der amerikanischen Filmindustrie nicht mehr wiederzuerkennen war.[12]

Cubitts spekulative Geschichtsschreibung gewinnt eine zusätzliche Dimension, indem sie die Wechselfälle des Genres mit den Wechselfällen des Mediums Film, seiner Ökonomie und seiner gesamtkulturellen Pertinenz vertäut. Lässt sich dieser Gedanke, wonach Western immer auch Ausdruck ihrer mediengeschichtlichen

---

12 Vgl. Cubitt, *Cinema Effect*, S. 190f.

Abkunft sind, in die schöne neue Welt des Qualitätsfernsehens[13] verlängern und neuerlich fruchtbar machen? Wie verhält sich DEADWOOD als Western *und* als Fernsehserie zu dieser Genealogie; und wie zu den sie begleitenden Auffassungen von Geschichte?

Bevor ich mich nun endlich DEADWOOD im Detail zuwende, möchte ich, in Vorbereitung der nachherigen Triangulation meines eigentlichen Gegenstands, noch ein Beispiel – wenn nicht das Paradebeispiel – für den klassischen Western einbringen: John Fords STAGECOACH (USA 1939), der den Ursprungsmythos des amerikanischen Westen zur Überfahrt einer Postkutsche prozessualisiert. Die Kadrage zeichnet die Kutsche als beengenden, einschließenden Ort, der ständige Paarbildungen erzwingt. Das starke soziale Gefälle in der Zusammensetzung der Reisegemeinschaft, das sich zwischen zwei Frauen, der blonden Prostituierten Dallas und der dunkelhaarigen Bourgeoise Lucy Mallory, aufspannt, macht die so entstehende Intimität unerträglich. Wo soziale Ebenbürtigkeit oder Inferiorität nicht mehr als räumliche Nähe oder Distanz artikuliert werden können, erfährt der Blick eine eigentümliche Aufladung.[14]

Die tatsächliche Dauer der Reise in STAGECOACH wird zu einer Reihe szenischer Etappen verdichtet, in denen das Agens häufig in der Art eines Reigens von einem Mitspieler zum nächsten übergreift. Geschlossenheit erlangen diese Etappen aber nicht nur durch die Kreisförmigkeit ihres narrativen Vektors, sondern auch über die forcierte Einheit des Raums im Inneren der Kutsche, eingeklammert von kontrastierenden Totalen des umliegenden Monument Valley.

STAGECOACH kondensiert einen größeren Raum zu einem kleineren: Ford zeigt den Westen respektive das Erzähluniversum des Western mitsamt seinem Personal *in a nutshell*, in der Raumkapsel der Postkutsche konzentriert. Zwei Einstellungstypen alternieren die Perspektive: Unbewegte Totalen setzen die Kutsche in ein Verhältnis zur Felswüste ringsum, worin die Kutsche als kleine, bewegliche Entität ein starres, bildbeherrschendes Milieu eilig durchquert. Als Gegenstück gibt es die

---

13 In der fernsehwissenschaftlichen Literatur finden sich die folgenden Charakteristika eines herausragenden, oft als ‚Quality TV' titulierten Korpus neuer und neuester Fernsehserien, dem DEADWOOD zugerechnet werden muss: eskalierende *production values*; mehrere Folgen oder gar Staffeln übergreifende Handlungsbögen; miteinander verflochtene und immer wieder koinzidierende oder kollidierende Erzählstränge; narrative Selbstreflexivität – kurz: Verfahren, die komplexe Plotstrukturen zu einer Art „narrative special effect" (J. Mittell) umformen. Zur Diskussion des Begriffs ‚Quality TV', die hier nur angedeutet werden kann, siehe Janet McCabe und Kim Akass (Hg.): *Quality TV: Contemporary American Television and Beyond*. London, New York: I.B. Tauris 2007. Zur Peridodisierung vgl. Jason Mittell: „Narrative Complexity in Contemporary American Television", in: *The Velvet Light Trap*, No. 58 (Fall 2006), S. 29-40. Mittell verfolgt die Anfänge seines Gegenstands, den er nicht als ‚Quality TV', sondern als gesteigerte narrative Komplexität zeitgenössischer Fernsehserien anspricht, bis in die späten 1980er und frühen 1990er Jahre zurück (vgl. S. 39).

14 Vgl. zu diesem Punkt die kanonische Analyse von Nick Browne: „The Spectator-in-the-Text: The Rhetoric of Stagecoach", in: *Film Quarterly*, Vol. 29, No. 2 (Winter 1975/76), S. 26-38.

halbnahen bis nahen Aufnahmen aus dem Inneren der Kutsche, die nur durch die Fenster mit der rückprojizierten Außenwelt verbunden sind.

In der systematischen, redundanten Konfrontation dieser beiden Einstellungstypen erlangt die Raumkapsel die Kohärenz, auf die STAGECOACH es abgesehen hat. Denn in dem Maß, wie sich der Innenraum der Kutsche in Abgrenzung von seinem Außerhalb allmählich verfestigt, verschmilzt die heterogene Reisegemeinschaft zu einem homogenen Gesellschaftskörper (Abb. 2). Die Kutsche dient als einender Rumpf, die Passagiere als Gliedmaßen (die Pistolenschützen am Dach und an den Fenstern) und reproduktive Organe (die Frauen und ein Baby im Inneren des Gefährts) eines figural gewordenen gesellschaftlichen Organismus.

Was auf den ersten Blick als einwandfrei reaktionäre Mär erscheint, schlägt am Ende des Films einen entscheidenden Haken. In der Stadt Lordsburgh, am Ziel der Reise angelangt, entpuppt sich der sichere Hafen als nichts anderes als das zur Institution aufgeblasene Einschließungsmilieu der Kutsche. Mit der weitreichenden Pointe, dass nicht nur die Reisenden, sondern die Stadt Lordsburgh selbst unwiderbringlich angekommen ist, und nicht mehr, wie das Unterwegs-Sein des Stagecoach, das utopische Versprechen auf immer neue Orte in sich birgt. So kommt es, dass die Gemeinschaft bei ihrer Ankunft augenblicklich zerfällt und der Outlaw Ringo (John Wayne) mit der Hure Dallas in einen anderen Wagen umsteigt, um in der archetypischen Schlusseinstellung – „Save from the blessings of civilization," wie eine beistehende Figur bemerkt – das Weite zu suchen, vor dem sie eben noch geflohen waren.

Ich möchte die historische Reihe nun noch einmal kurz resümieren, um dann die Fernsehserie DEADWOOD in sie einzutragen. In der Studioära haben wir demnach Western, die eine Gesellschaftsformation oder, abstrakter gesprochen, ein System *in the making* zur Darstellung bringen; das System ist im Begriff, sich über den Ausschluss des Anderen – der Natur, der ‚Wilden' und einer archaisch-vorgesetzlichen Gewalt – zu konstituieren, zu schließen, wohl wissend, dass es in dieser Gewalt, in dieser Gesetzlosigkeit seinen Ursprung hat. Aber der klassische Western hält einen Zeitpunkt fest, oder er hält *an* ihm fest, da dieser Prozess einer vermeintlichen Zivilisierung noch unvollständig ist; da noch ein Austausch zwischen dem System und seinem Außerhalb stattfindet, was sich emblematisch in dem wirkungsvollen Schlussbild von STAGECOACH artikuliert. In dem Moment, da die Postkutsche ankommt, fährt eine andere Kutsche wieder los, dem zurückweichenden Möglichkeitshorizont der *frontier* entgegen: eine zirkuläre, zyklische Zeit, die Zeit des Mythos.[15]

Bei Peckinpah dann begegnen wir einem System, dass nicht mehr durch die Konfrontation oder den Austausch der bekannten Antithesen gekennzeichnet ist, und aus dem es deswegen auch kein Entkommen mehr gibt: Der mythische Kreis ist aufgebrochen und liegt in Scherben. An die Stelle von Verdichtung und ewiger Wiederkehr treten Zerdehnung und Stillstand, die stillgestellte Zeit der – darum

---

15 Zur temporalen Struktur des Mythos siehe Claude Lévi-Strauss: *Strukturale Anthropologie*. Frankfurt/Main: Suhrkamp 1978, darin: „Die Struktur der Mythen", S. 227-254.

Abb. 1

Abb. 2

nicht minder mythischen – Posthistoire. Diesen beiden Modellen, des klassischen und des postklassischen Western, korrespondieren je spezifische Landschaften: die Great Plains bei Ford, das amerikanisch-mexikanische Grenzland bei Peckinpah.

Der Stagecoach fährt durch eine baumlose, riesenhafte Wildnis, auf deren Hintergrund seine eigenen Konturen umso deutlicher hervortreten, und die umgekehrt am Schluss als Ausweg aus der zivilisatorischen Einhegung wieder offen steht. In der bis zur Redundanz wiederholten Gegenüberstellung von ungeformtem Naturzustand und überformter Zivilisation wird der binär codierte und zirkulär verschaltete Modellraum des klassischen Western sichtbar. In Peckinpahs Grenzland haben sich die Koordinaten empfindlich verschoben. Heruntergekommene Schuppen und Gehöfte erzählen eine Geschichte des Verfalls und der Zerstörung, ein Jenseits dieser menschengemachten Wüstenlandschaften gibt es längst nicht mehr.

In der Fernsehserie DEADWOOD endlich begegnet uns wieder eine andere Landschaft: die dicht bewaldeten Hänge der Black Hills im äußersten Westen dessen, was heute der US-Bundesstaat South Dakota ist. An die Stelle der erhabenen Great Plains und des verfallenen Grenzlands tritt in DEADWOOD der sprichwörtliche Wald, den man vor lauter Bäumen nicht mehr sieht; ein dichtes, durchwachsenes Terrain, dem man mit dem strukturalistischen Maß binärer Differenzen, wie es an den klassischen Western so oft – und durchaus mit Gewinn – angelegt wurde, nicht mehr beikommt; ein im Wortsinn *un-ent-scheidbares* Terrain, dessen Bestandteile und Grenzverläufe nicht leicht zu identifizieren, geschweige denn nach den Kriterien der Offenheit oder Geschlossenheit sortierbar sind.

DEADWOOD: Die modulierende Zeit der Serie

Bei dieser suggestiven Beschreibung kann ich es natürlich nicht bewenden lassen, zumal DEADWOOD, mit der Ausnahme einiger weniger Szenen, den Boden der titelgebenden Siedlung fast nie verlässt. Der Wald, die Bäume mögen das Bild hin und wieder säumen oder grundieren. Im Wesentlich ereignet sich die Handlung aber im Inneren von Holzhütten und auf dem *thoroughfare*, einer an beiden Enden offenen Schliere aus Schlamm, Pferdekot und Sägespähnen, die den räumlichen Zusammenhalt der einzelnen Gebäude stiftet und dabei, was noch wichtig sein wird, eine Transitschneise durch den Ort schlägt.

Es vergeht kaum eine Folge, ohne dass die offenen Enden des *thoroughfare* neue Figuren ins Spiel brächten: berittene Boten, durchziehende Armeen, Postkutschen, Zuzügler aller Couleurs; Goldsuchende, Unternehmer, Glücksspieler, gesuchte Verbrecher auf der Flucht vor dem Gesetz, das ringsum bereits herrscht. Neue Gebäude werden entlang dieser Hauptverkehrsader errichtet, die Siedlung wächst. Wenn Charaktere sterben, und das tun sie – auch solche, die dramaturgisch und qua *credits* als Hauptfiguren ausgewiesen sind –, dann verlassen sie die Siedlung über einen Friedhof, der den äußersten Rand der Siedlung markiert.

DEADWOOD ist eine Passage. Sie hat einen Anfang und ein Ende (markiert durch den Friedhof), und mit Al Swearengens Saloon The Gem sogar eine Mitte, wenn man so will, aber sie ist als Ganzes von einer solch porösen Durchlässigkeit, dass diese einigermaßen anschaulich gegebenen räumlichen Marker unter dem ständigen Druck äußerer Einflüsse zusehends an Stabilität einbüßen. Jede räumliche Fixierung muss immer aufs Neue sich behaupten, und dabei jedesmal ein Minimum an Veränderung zulassen – was die begriffslogisch kuriose, dem Alltagsverstand aber sehr vertraute Konsequenz nach sich zieht, dass, wer bestehen will, sich verändern muss.

Die Orte, an denen die Serie sich einrichtet, kann man an zwei Händen abzählen: der erwähnte Saloon The Gem, ihm gegenüber das einzige Hotel der Siedlung, daneben ein zweites Glücksspieletablissement The Bella Union, außerdem eine Eisenwarenhandlung, Tom Nuttals Bar, Charlie Utters Frachtunternehmen, die Arztpraxis, und immer wieder: der Friedhof. Und weiterhin, als einzige Lokalität, die schon von ihrer räumlichen Lage her einige Autonomie beanspruchen darf, die im Volksmund so genannte Chinamen Alley, ein Seitenarm der zentralen Schlammtrasse, in der chinesische Migranten relativ abgeschnitten vom buchstäblichen Mainstream der Stadt leben.

Man lernt diese topologischen Teilmengen des großen Ganzen nach und nach immer besser kennen, bis man recht genau weiß, wo man sich jeweils befindet. Trotzdem gibt es nur vereinzelte *establishing shots*, erschließt die Serie das räumliche Layout der Siedlung nie ‚an sich', sondern meist assimiliert an das Erleben der Bewohner von Deadwood, will heißen: entlang ihrer Bewegungsvektoren, Blickachsen oder halbsubjektiven Perspektiven.

Jede Sicht auf Deadwood ist gebunden an die Perspektive einer Figur, nimmt ihren Ausgang bei ihr oder läuft auf sie zu. Noch als gebundene sind diese Perspektiven aber in einem steten Fluss begriffen, der zwischen ihnen vermittelt. Die Serie entwickelt einige Meisterschaft in der Gestaltung dieses multiperspektivischen, aber in sich artikulierten Fluidum. Neben den herkömmlich zu diesem Zweck veranschlagten Verfahren der Point-of-view-Montage und *eyeline matches*, entwickelt DEADWOOD eine originäre Bildlichkeit, die durch eine agile Kombinatorik aus Schwenkbewegungen und den forcierten Einsatz von Schärfenverlagerungen mühelos zwischen den diversen Blickpunkten navigiert (Abb. 3 & 4).

Man kann den *thoroughfare* von Deadwood nicht überqueren, ohne die Aufmerksamkeit neugieriger Beobachter auf sich zu ziehen, die jedoch selbst jederzeit zum Objekt wieder anderer Beobachter, oder, systemtheoretisch gesprochen, zum „beobachteten Beobachter"[16] werden können. Deadwood, so wie die Serie diesen Ort versteht, ist die Summe aller Punkte, an denen die vielen Blickachsen sich kreuzen.

So chaotisch unübersichtlich der resultierende Erfahrungsraum beim erstmaligen Hinsehen erscheinen mag, so eingängig und nachvollziehbar wird er durch die Wiederholung und Festschreibung bestimmter, quasi-institutioneller Positionen im Verlauf der drei Staffeln umfassenden Serie. Es gibt mithin nicht nur das chaotische, unförmige Milieu der vielen Blickpunkte, sondern durch Wiederholung stabilisierte Positionen oder besser noch Einschleifungen, Einkerbungen des Raums, die

---

16 Vgl. Niklas Luhmann: *Die Kunst der Gesellschaft*. Frankfurt/Main: Suhrkamp 1997, darin das zweite Kapitel: „Die Beobachtung erster und die Beobachtung zweiter Ordnung", S. 92-164. Auch in DEADWOOD gilt: „Es gibt kein ‚extramundanes Subjekt'" (S. 95), keine Beobachterposition außerhalb der (Erzähl-)Welt.

Abb. 3

Abb. 4

mit den variablen Machtverhältnissen und Hierarchien innerhalb der Siedlung unmittelbar in eins fallen. Die in zahllosen, beinahe identischen *over the shoulder shots* reiterierte Position des Hoteliers E.B. Farnum am Tresen seines Hotels verleiht ihm zwar keine Macht über die an ihm Vorüberziehenden. Aber da sein Hotel zunächst das einzige in Deadwood ist, besetzt er doch eine strategisch wichtige Stellung, um Neuankömmlinge auszuspionieren oder schlicht die Lage zu sondieren.

In den allerwenigsten Fällen sind diese Einkerbungen indes auf Dauer gestellt – selbst dort nicht, wo sie den Anschein des Monolithisch-Unverrückbaren erwecken. Erwähnung verdient in diesem Zusammenhang sicher der Außenbalkon im ersten Stock von Al Swearengens Saloon, von dem aus Swearengen das Geschehen in Deadwood souverän überblicken kann. Dass er in der Doppelfolge „A Lie Agreed Upon", mit der die zweite Staffel eröffnet, von seinem angestammten Platz in den Dreck zu ebener Erde gestürzt wird, illustriert die Vergänglichkeit, von der alles in DEADWOOD, auch die bestbegründeten Machtpositionen und -ansprüche, irgendwann erfasst wird.

Auch wird die Möglichkeit eingeräumt, dass eine derart stabilisierte Position von einer anderen Figur eingenommen wird. Darin kann ein Konkurrenzverhältnis sich äußern, oder aber eines des Vertrauens, wie in einer Szene in der vorletzten Folge der ersten Staffel („Jewel's Boot Is Made for Walking"), in der die Prostituierte Trixie an jenem Fenster im ersten Stock des Saloons Stellung bezogen hat, wo wir Al Swearengen zu sehen gewöhnt sind. Von dieser Position aus beschreibt und interpretiert Trixie die Vorgänge auf dem *thoroughfare*, während Al ihr vom Bett aus zuhört.

In dieser Szene wird auch die analog-metonymische Informations- und Aufmerksamkeitsökonomie von DEADWOOD augenfällig: Wer sich Gehör verschaffen, Einfluss ausüben, oder schlicht auf dem Laufenden über die Geschehnisse im Camp sein will, muss unmittelbar oder mittelbar (wie in der beschriebenen Szene) *anwesend* sein. Hör- und Sichtweite, und bisweilen, zum Beispiel wenn ein Lügner an seinen klammen Händen oder an seinem unangenehmen Geruch erkannt wird, auch Riechweite und Tuchfühlung, sind noch relevante Raumkategorien für die Bewohner von Deadwood, und mit ihnen auch für uns – obwohl diese Kategorien bereits im Begriff sind, durch andere ersetzt zu werden: Die Lokalzeitung bringt zwar immer noch keine Baseballnews von der Ostküste, aber spätestens mit der Ankunft des Telegraphen in der zweiten Staffel mehren sich die Anzeichen dafür, dass das Blickregime, das die Serie in der ersten Staffel so akribisch errichtet hat, durch die dräuende Fernkommunikation nachhaltig destabilisiert werden wird.

Ähnlich wie in STAGECOACH anhand der Reiteration der beiden Bildtypen – des offenen und des geschlossenen Raums – stellen sich zwar auch in DEADWOOD einstweilige Verfestigungen ein. Aber im Gegensatz zu dem temporalen Zirkelschluss, der die beiden alternierenden Räume von STAGECOACH einer ewigen Wiederkunft zueignet, unterzieht DEADWOOD seine veränderliche Topologie einer tendenziell unabschließbaren Modulation mit ungewissem Ausgang, deren Zeitlichkeit als serielle oder serialisierte angegeben werden kann.

In summarischen Bravura-Sequenzen, von denen es in jeder Staffel zumindest eine gibt, unternimmt DEADWOOD mehrfach den Versuch, aus der seriellen Sequenzierung des multiperspektivischen Fluidum auszubrechen, und den historisch prägnanten Moment, etwa die Ermordung Wild Bill Hickoks durch „den Feigling Jack McCall"[17], als synchronen Schnitt durch den Stadtraum einzufangen. Ähn-

---

17 "The coward Jack McCall" – unter diesem Epithet ist der unglückliche Mörder Hickoks in die Annalen des Wilden Westen eingegangen.

lich wie in PAT GARRETT AND BILLY THE KID zerdehnt DEADWOOD zu diesem Zweck die Zeit über ihr normales Maß. Aber die Serie bewerkstelligt dies nicht qua Zeitlupe oder *freeze frames*, sondern über die Auffächerung einer Vielzahl beinahe simultaner Perspektivierungen desselben Geschehens.

Auf der dramaturgischen Mikroebene lassen sich weitere Parallen zu STAGECOACH beobachten, die jedoch wiederum näher qualifiziert werden müssen. Eine typische Szene in DEADWOOD zeigt uns einen Austausch zwischen zwei Figuren, um die Aufmerksamkeit im nächsten Moment auf einen oder eine Dritte zu lenken, die diesen Austausch beobachtet. Von dieser dritten Person mögen nun weitere Wege oder Blicke ausgehen, die den narrativen Fokus neuerlich verlagern usw. – also in einer Reigen-artigen, den szenischen Etappen aus STAGECOACH durchaus verwandten Struktur. Aber: die so entstehenden Kreisläufe sind viel zu weitschweifig, viel zu raumgreifend und ermangeln zudem, was die Analogie insgesamt fraglich werden lässt, eines klar markierten Anfangs- und Endpunkts. Vielmehr setzt sich der Reigen immer weiter fort, unablässig fast von der ersten bis zu allerletzten Folge. Die zerbrochene Ringform des klassischen Western, die Peckinpah in PAT GARRETT AND BILLY THE KID nicht mehr zu einem Ganzen verbinden konnte (oder mochte), wird in DEADWOOD rearrangiert zur offenen Form serieller Modulationen.

Wie in STAGECOACH, wo räumliche Schließung und Öffnung einander ablösen, sind auch die Kerbungen des Raums in DEADWOOD nicht von Permanenz. Aber die temporale Logik ist eine andere: Während im klassischen Western eine zyklische Zeit waltet, die den Wechsel vom einen zum anderen Zustand immer von Neuem wiederholt, verschaltet DEADWOOD den veränderlichen Möglichkeitshorizont zur Serie. Mit Peckinpah wiederum kommt Milch zwar darin überein, dass das mythische Modell ausgesorgt hat. Aber wo bei Peckinpah die Trauer um den Verlust überwiegt, und in Nostalgie umschlägt, schlägt Milch einen Gegenentwurf zum mythischen Zirkel vor – weshalb in DEADWOOD nie wirklich rückwärts gewandte Rührung aufkommen mag, selbst da nicht, wo sie sich unbedingt anbieten würde, etwa anlässlich des Begräbnisses der Western-Legende Wild Bill Hickok.

Freilich rühren die temporalen und topologischen Unterschiede zwischen STAGECOACH, PAT GARRETT AND BILLY THE KID und DEADWOOD nicht nur von den Konjunkturen des Genres, sondern sie sind, wie ich schon angedeutet habe, mitbegründet in den Mutationen ihrer Trägermedien. Vom klassischen Western, dem das Studiosystem seine Form verlieh, über die Schwelle New Hollywoods, als das System zerfiel, bis zum zeitgenössischen Produktionszusammenhang des so genannten Qualitätsfernsehen, der filmische Genres an die Bedingungen und Verbindlichkeiten eines wiederum neuen Mediums adaptiert.

Ich gebe zu, dass ich in dieser eiligen Skizze ein paar wichtige Zwischenschritte ausgelassen habe.[18] Wichtig ist mir festzuhalten, dass DEADWOOD nicht einfach

---

18 Serialisiert tritt der Western zudem nicht erst seit DEADWOOD in Erscheinung, sondern beinahe so lange wie das Kino selbst, vom frühen *serial* LIBERTY, A DAUGHTER OF THE U.S.A. (Jacques Jaccard und Henry MacRae, USA 1916) bis zur Fernsehserie BONANZA (David Dor-

das Personal und ein paar motivische Stereotypen des Western entwendet, um sie genrefremden Zwecken dienstbar zu machen. Vielmehr ist es möglich, DEADWOOD auf einer genealogischen Linie zu verorten, entlang derer der Western sich stetig erneuert hat, ohne bestimmte (in Ermangelung eines besseren Worts) ‚tiefenstrukturelle' Anliegen je ganz aufzugeben. Was für die Siedlung Deadwood gilt, gilt für den Western als Genre: Was Bestand haben will, muss sich verändern.[19]

Noch-nicht-Geschichte: DEADWOOD als Sittenwestern

Wie schon die Transformation vom klassischen zum postklassischen Western, so zieht auch die Serialisierung des Genres eine Verschiebung seines Geschichtsverständnisses nach sich. Heranführend ist zu bemerken, dass DEADWOOD unter diesem Aspekt ungefähr gleich weit entfernt ist von den beiden Alternativen, die ich mit Ford und Peckinpah umrissen habe.

Um das Werden einer Gemeinschaft geht es in DEADWOOD zwar auch in irgendeinem, noch näher zu bestimmenden Sinn, aber nicht in jenem der klassischen Ursprungserzählung, in der, wie Bert Rebhandl es formuliert, „die kollektive Sache individualisiert und ätiologisch zugespitzt wird"[20]. Es gibt Veränderung in DEADWOOD, oder eigentlich: was es vor allen anderen Dingen zunächst einmal gibt, ist Veränderung, aber sie hat weder einen benennbaren Ursprung, noch ein bestimmtes Telos. Auch heftet sich die Veränderung in DEADWOOD selten bis nie an markante, weithin sichtbare Ereignisse, sondern sie vollzieht sich gleichsam unterirdisch und geduldig, ausgebreitet über die *longue durée* von drei jeweils zwölfstündigen Staffeln. Nicht zuletzt das Verhältnis der Individuen zur ‚kollektiven Sache' ist hier, was noch zu zeigen sein wird, ganz anders gelagert als im Ford'schen Modellfall der geschichtsmächtigen Subjekte; anders aber auch als bei Peckinpah, dessen Antihelden in ihr tragisches Geschick sich gefügt haben, noch bevor der Film überhaupt begonnen hat.

Die Differenz zwischen dem alten, mythischen und dem neuen, serialisierten Erzählen wird daran sinnfällig, wie diese beiden Modelle den Prozess der Verrechtlichung figurieren. In THE SEARCHERS oder THE MAN WHO SHOT LIBERTY VALANCE ist die Gewalt ein notwendiges Übel, um die ursprüngliche Durchsetzung

---

tot und Fred Hamilton, NBC, USA 1959-1973). Diese Parallelgeschichte kommt hier entschieden zu kurz, obwohl sich von dort aus vermutlich Einwände gegen die vorgeschlagene Gestaltenreihe Klassik-Postklassik-HBO vorbringen ließen.
19 Es haben sich übrigens inzwischen noch weitere Westernserien zu der Pionierleistung von David Milch gesellt: Walter Hill drehte fürs Fernsehen die Mini-Serie BROKEN TRAIL (USA 2006), aktuell läuft auf American Movie Classics (AMC) HELL ON WHEELS (Joe Gayton und Tony Gayton, USA 2011-), eine Serie über den Bau der Union Pacific Eisenbahn. Eine zweite Staffel ist bereits in Auftrag gegeben worden.
20 Bert Rebhandl: „Alte Rassen: Der Western als kollektives Übergangsobjekt", in: Ders. (Hg.): *Western: Genre und Geschichte*. Wien: Paul Zsolnay Verlag 2007, S. 9-23, hier S. 10.

des Rechts zu erreichen; eines Rechts, das die Gewalt künftig monopolisiert und alle, die sich gegen das Monopol auflehnen, ausschließt – was dann, tragischerweise, auf die Urheber der begründenden Gewalt zurückfällt, die sich durch ihre heroische Tat quasi selbst abgeschafft haben. Der Kreis schließt sich. Ganz anders in DEADWOOD, wo für die Gewalt der Energieerhaltungssatz gilt: Sie mag ihre Form, ihr Aussehen, ihren Anwendungsbereich verändern, *modulieren*, aber sie zieht sich als Konstante durch den gesamten historischen Verlauf.

Wenn es doch so etwas wie eine Zielrichtung der geschichtlichen Entwicklung gibt, so ist es das Telos der zunehmenden Kapitalisierung; von den winzigen *claims* der unrasierten Pioniere bis zum groß angelegten Minenabbau im Auftrag des Unternehmers (und späteren US-Senatoren) George Hearst. Trotzdem geht es in DEADWOOD vor allem um das transitorische Dazwischen, um die Passage von einem Zeitalter ins nächste, von dem noch niemand weiß, welche Gestalt es annehmen wird. Die Bewohner von Deadwood, an deren Erleben das unsere gebunden ist, sind keine mythischen Individuen, aber auch keine fatalistischen Geschichtsdeterministen, sondern Handelnde in einem historischen Prozess, dessen Ausgang ungewiss ist. Handeln heißt daher nicht oder nicht nur zielstrebiges, zweckgerichtetes Tun, sondern auch Versuchen, Irren, Verzweifeln.

Die steten Modulationen der seriellen Zeit von DEADWOOD machen dieses Begriffensein der Subjekte in einem historisch situierten, aber immer schon veränderlichen Milieu anschaulich. Einfacher, aber etwas übers Ziel hinaus geschossen, könnte man vielleicht sagen: DEADWOOD will Geschichte erfahrbar machen, bevor sie zu Geschichte geworden ist. In Hegels Geschichtsphilosophie ist die staatliche Verfassung des Gemeinwesens eine Voraussetzung für die Hervorbringung von Geschichte. Zwar können wir, diesem Hegelschen Gedanken zufolge, Ereignisse aus grauer Vorzeit an die ‚Prosa der Geschichtsschreibung' angleichen und ihr kommensurabel machen. Aber erst die *staatlich* organisierten Gesellschaften bringen Geschichte als die genuine Form ihrer Veränderung in der Zeit hervor.[21] Ausgehend von dieser verkürzenden Glosse möchte ich mich zu der Behauptung versteigen, DEADWOOD sei der Versuch, an diese Noch-nicht-Geschichte vor der Staatsgründung oder, in diesem Fall, vor der Annexion durch die Vereinigten Staaten von Amerika, heranzureichen.

Nicht der geschichtliche Prozess, sondern der Prozess der Vergeschichtlichung steht dann auf dem Spiel, was so neu nun auch wieder nicht ist, wenn man der berüchtigten Empfehlung des Zeitungsredakteurs aus THE MAN WHO SHOT LIBERTY VALANCE gedenkt: „When the legend becomes fact, print the legend!" Aber während Ford vom legendenumwobenen *fait accompli* ausgeht, um dann in einer Rückblende die historischen *facts* nachzutragen, stürzt uns DEADWOOD unvermittelt in den Tumult einer nur halb verstandenen vergangenen Gegenwart mit offenem Ausgang bzw. ständig neu sich justierendem Erwartungshorizont.

---

21 „Aber der Staat erst führt einen Inhalt herbei, der für die Prosa der Geschichte nicht nur geeignet ist, sondern sie selbst mit erzeugt." G.W.F. Hegel: *Vorlesungen über die Philosophie der Geschichte*. Berlin: Duncker und Humblot 1848 [1837], S. 76.

Fords wohlbegriffene Figuration der eigenen Vergeschichtlichung weiß allenthalben, worauf sie hinausläuft. Man könnte auch sagen: ‚Sie versteht sich von selbst'. DEADWOOD dagegen teilt bis zu einem gewissen Grad die, mit Verlaub, Begriffsstutzigkeit seiner Figuren. Hieraus lässt sich ein weiterer, wesentlicher Unterschied ableiten. Um ihn zu konturieren, komme ich noch einmal auf Bert Rebhandl zurück:

> [I]m Western geht es zwar darum, sich „begreifbar" zu machen. Aber es ist der Gang der Erzählung selbst, der dieses Begreifen ermöglicht. Die Westernhelden treten mit Leib und Leben für eine Sache ein, die sich schlecht explizieren lässt, weil sie sich von selbst verstehen muss.[22]

Auch in DEADWOOD geht es darum, den historischen Wandel zu begreifen und sich selbst in ihm begreifbar zu machen. Schlecht explizieren lässt sich dieses Begreifen aber nicht deshalb, weil sein Gegenstand wie jener des klassischen Western selbstverständlich wäre, sondern im Gegenteil, weil er sich gerade nicht von selbst versteht; weil die Bewohner von Deadwood ohne verbindliche Handlungsanleitungen, Wertekanons und Geschichtsnarrative ein Auskommen finden müssen. Die viel kommentierte Redseligkeit der Serie, die in krassem Gegensatz zum generischen Archetyp des wortkargen Westerners steht, wird so verständlich als kompensatorischer Exzess der Selbstdeutung in einer nach Deutungsmustern gierenden Zeit des Übergangs.

Die gleichermaßen unsichere wie chancenreiche Binnenperspektive der nochnicht-geschichtlichen Veränderung schlägt sich in hohem Maße in den Rede- und Verhaltensweisen, in Gestik, Mimik und sprachlichem Ausdruck nieder, welche sämtlich – und das ist eines der sinnfälligsten Merkmale von DEADWOOD – zum Idiosynkratischen, wo nicht ausgesprochen Sonderbaren, tendieren. Jede Figur zeichnet sich aus durch ihr eigene Verhaltensauffälligkeiten – ihre Art zu gehen und zu stehen; ihr knapper oder gewundener Satzbau; ihre (biblisch) literarisierende oder (neuzeitlich) pragmatische Wortwahl usw.[23]

Zusammen mit dem aufs historisch akkurate Detail versessenen Ausstattungsdesign kann so der Eindruck entstehen, dass es David Milch und seinem Team um die getreue Rekonstruktion eines vergangenen, inzwischen obsoleten Habitus[24] zu

---

22 Rebhandl, „Alte Rassen", S. 15.
23 Zur Sprache von DEADWOOD vgl. Joseph Millichap: „Robert Penn Warren, David Milch, and the Literary Contexts of Deadwood", in: *The South Carolina Review* Vol. 38, No. 2 (Spring 2006), S. 183-191. Als Vorlagen und Quellen nennt Millichap Shakespeare-Verse, viktorianische Prosa und die King-James-Bibel (S. 186, 191) – und weiterhin, auf indirekte Weise, das Werk von Milchs ehemaligem Lehrer, dem amerikanischen Schriftsteller Robert Penn Warren (passim).
24 Hier verstanden in der etwas verschlungenen Definition Pierre Bourdieus: „The structures constitutive of a particular environment […] produce habitus, systems of durable, transposable dispositions, structured structures predisposed to function as […] principles of the generation and structuring of practices and representations which can be objectively ‚regulated' and ‚regular', without in any way being the product of obedience to rules, objectively adapted

tun sei. Das sonderbare Betragen der Figuren würde demnach verständlich als Funktion der sozialen Determinierungen, die sie, nach Klasse, Geschlecht und Ethnizität spezifiziert, gleichsam idealtypisch ‚verkörpern'.

Dass ihre Manieren aber überall in Mannierismen umschlagen, ist ein starkes Indiz für die Brüchigkeit eines historisch Habitus, der im Begriff steht, seiner Selbstverständlichkeit, und mit ihr seiner Existenzgrundlage, verlustig zu gehen. Was sich im Betragen der Figuren verkörpert, ist nicht die in sich ruhende Ordnung, sondern deren Umbruch; die Körperlichkeit der Figuren ist infolge eine uneigentliche: Sie *zitiert* überholte Sprech- und Verhaltensweisen, die der veränderlichen Welt längst nicht mehr angemessen sind. Das ist auch der Grund, weshalb der ansonsten gewählte Duktus von DEADWOOD bei jeder Gelegenheit in Verbalinjurien entgleist. In der Logik der Serie ist das allgegenwärtige „fuck" die transhistorische Übergangswährung des sozialen Austauschs in unsicheren Zeiten; das, was man unter allen Umständen und zu jeder Zeit versteht: „Here's my counteroffer to your counteroffer: Go fuck yourself!"[25]

Das Projekt von DEADWOOD ist Rekonstruktion und Dekonstruktion des Historischen im selben Atemzug; die Dekonstruktion von Geschichte – verstanden als Positivität des Faktischen – qua Rekonstruktion ihrer instabilen Zeitgenossenschaft. Der Habitus ist der Kampfplatz, auf dem das Ringen mit dem, was sich nicht mehr von selbst versteht, als in Bewegung gesetztes sittliches Leben, Anschaulichkeit gewinnt – dies jedoch nicht anhand prägnanter Momente oder Wendepunkte, wie sie nur von unserem Ende der Geschichte her bestimmbar sind, sondern aus der veränderlichen Binnenperspektive einer kaum begriffenen (vergangenen) Gegenwart, im Modus des Seriellen: „*Every day* takes figuring out all over again how to fucking live." In diesem, wie ich hoffe nicht allzu umständlichen Sinn, nenne ich DEADWOOD einen „Sittenwestern".

---

to their goals without presupposing a conscious aiming at ends or an express mastery of the operations necessary to attain them and, being all this, collectively orchestrated without being the product of the orchestrating action of a conductor." Pierre Bourdieu: *Outline of a Theory of Practice*, Cambridge: Cambrige University Press 2003 [1977], S. 72.

25 Al Swearengen zu Seth Bullock (1.02). Ein anderer Vorschlag führt das hohe Aufkommen an sexualisierten Schimpfreden darauf zurück, dass die Goldsucher von Deadwood ihren Unterhalt mit der (metaphorischen) Vergewaltigung des indianischen Bodens verdienen. Dieses Argument findet sich etwa bei Jason Jacobs: „Al Swearengen, Philosopher King", in: David Lavery (Hg.): *Reading Deadwood: A Western to Swear By*. New York: I.B. Tauris 2006, S. 11-22, hier S. 13.

Chris Tedjasukmana

CAMP REALISMUS

Affekt, Wiederholung und die Politik des Melodrams
in Todd Haynes' MILDRED PIERCE[1]

Als HBO im Jahr 2011 Todd Haynes' fünfteilige Miniserie MILDRED PIERCE, eine Neuverfilmung des Michael Curtiz-Klassikers, erstmals ausstrahlte, fielen die Reaktionen insgesamt wohlwollend bis verhalten aus und zeichneten sich eher durch Verwunderung als durch Bewunderung aus. So schrieb *Village Voice*-Filmkritiker J. Hoberman: „*Mildred Pierce* is the least stilted, most normal (and not simply fake ‚normal') filmmaking of Haynes's career." David M. Halperin honorierte zwar „the visual beauty of the cinematography and the enhanced plausibility of the story", die Neuverfilmung sei jedoch „much less gripping than the original movie". Und Sam Adams resümierte lakonisch: [There's] nothing soapy about Mildred Pierce".[2] Aus den verschiedenen Reaktionen spricht eine unerfüllte Erwartungshaltung, wobei das eigentlich überraschende Moment gerade darin besteht, dass die Serie nicht „soapy" sei und äußerst „normal" wirke. Als Maßstab der filmkritischen Beurteilung galt dabei nicht nur die Erstadaption von 1945, sondern ebenso die Traditionen des Genres, seien es allgemeine Genrekonventionen oder bestimmte Einzelmerkmale eines Subgenres oder einer Filmautor_in, die den Rezeptions- und Produktionshorizont vorstrukturieren. Dieser Horizont entsteht durch einen geschichtlichen Prozess, den ich als *generische Wiederholung* beschreiben werde. Eine generische Wiederholung reproduziert nicht einfach die Konventionen, sondern erneuert durch eine der Wiederholung inhärenten Differenz das Genre. In diesem Sinne erschien die neue MILDRED PIERCE nicht einfach normal, sondern aufgrund der bisherigen Tradition generischer Wiederholungen geradezu *erstaunlich* normal.

Im Folgenden werde ich die generische Tradition und insbesondere eine bestimmte politische Gegentradition des Filmmelodrams in Erinnerung rufen, ebenso die Rezeptionsgeschichte der *Mildred Pierce*-Varianten zwischen Romanvorlage, Erstadaption und serieller Neuverfilmung resümieren sowie letztere im Kontext von Haynes' bisherigem Werk einordnen, um die komplexe Form und das tatsächlich oder vermeintlich Erstaunliche dieser Miniserie besser einschätzen zu kön-

---

[1] Für wertvolle Hinweise und Diskussionen zu diesem Essay danke ich Tobias Goll, Jan Simon Hutta, Leo Lippert und Drehli Robnik.
[2] J. Hoberman: „Raising Cain in Todd Haynes's *Mildred Pierce*", in: *The Village Voice*, 23.03.2011; David M. Halperin: *How to Be Gay*, Cambridge, Mass.: Harvard University Press 2012, S. 416; Sam Adams: „Interview: Todd Haynes", in: *http://www.avclub.com/articles/todd-haynes,53640* [Stand: 07.08.2011].

nen – und darüber hinaus um die Modalität generischer Wiederholung skizzieren zu können. Der Rekurs auf die Logik der Wiederholung dient nicht zuletzt dazu, die Grenzen des hier verfolgten melodramatischen Genrebegriffs aufzuzeigen. Denn die Wiederholung ist keineswegs ausschließlich eine Frage der Genrepoetik, welche melodramatische Affekte produziert und moduliert, vielmehr erweisen sich Affekte selbst als eine ereignishafte Form der Wiederholung, die der Poetik des Melodrams vorgelagert ist.

Camp, Wiederholung und die Politik des Melodrams

Seit den siebziger Jahren ist das filmerische und filmkritische Interesse an dem bis dahin eher gering geschätzten Filmgenre des Melodrams stetig gewachsen. Konnte ein Melodram zunächst nur dann überzeugen, wenn es von einer Regisseur_in mit Autorprädikat gefilmt wurde (D.W. Griffith, William Wyler etc.), wurde später dem distanzlosen „Körper-Genre" nicht trotz, sondern wegen seiner exzessiven Affektstruktur Aufmerksamkeit zuteil.[3] Die anfängliche Skepsis gegenüber dem mit Weinerlichkeit und Weiblichkeit assoziierten *tear-jerker* übernahm das Kino noch von der präexistierenden Gattungshierarchie im System der Künste, das die theatrale Ausrichtung des Dramas auf die affizierende Musik (*melos*) im achtzehnten Jahrhundert wenig goutierte. Doch im Zuge der „neuen Wellen" des Kinos und der zunehmenden Etablierung von Filmtheorie und Filmkritik in den 1960er und 1970er Jahren wurde eine neue Perspektive auf das Genre möglich, die ich in Anlehnung an die damaligen Debatten als die *Politik des Melodrams* beschreiben möchte. Diese spezifische Bezugsweise auf das Melodram ist wiederum im Kontext anderer Genrepolitiken zu betrachten, welche beispielsweise die rebellische Militanz des Westerns, die utopischen Entwürfe des Science Fiction oder die Wiederkehr des Verdrängten im Krimi und Horrorfilm fokussieren. Im Fall des Melodrams galt jenes politische Interesse vor allem der narrativen Verknüpfung von intimem Leiden mit gesellschaftlicher Ungerechtigkeit im Melodram, welche es ermöglichte, gesellschaftliche Konflikte entlang der gesellschaftlichen Trennlinien zwischen Klassen, Geschlechtern, Sexualitäten, Ethnizitäten und Altersgruppen aufzuzeigen. Indem also das individuelle, innere Leiden als *ver*innerlichtes, das heißt äußerlich, sozial bedingtes Leiden interpretiert wurde und damit die kulturellen Regulierungsmechanismen von außen und innen, öffentlich und privat, kollektiv und individuell sowie von männlicher Produktions- und weiblicher Reproduktionssphäre reflektiert werden konnten, fungierten Melodramen in den Worten Laura Mulveys als „soziale Hieroglyphen".[4] Dass sie potenziell politischen Mehrwert besaßen, sagte allerdings noch nichts über die konkrete ideologische Wirkung

---

[3] Linda Williams: „Filmkörper: Gender, Genre und Exzess", in: *Montage/AV* Bd. 18 Nr. 2 (2009), S. 9-30.

[4] Laura Mulvey: „Social Hieroglyphics. Reflections on two Films by Douglas Sirk", in: *Fetishism and Curiosity*, Bloomington: Indiana University Press 1996, S. 29-39, hier S. 29.

der zahllosen Produktionen aus, vielmehr betonten Filmtheoretiker wie Thomas Elsaesser oder Georg Seeßlen die grundsätzliche politische Ambivalenz des Melodrams: Als kultureller Abkömmling des aufstrebenden Bürgertums im achtzehnten Jahrhundert changierte das Melodram ebenso wie die Emanzipationsbewegung, die es hervorbrachte, zwischen einer progressiven Kritik der aristokratischen und klerikalen Obrigkeit und der konservativen Feier bourgeoiser Innerlichkeit.[5] Für die neue Politik des Melodrams bedeutete dies, weniger auf eine historische Tradition als lediglich auf ein generisches Potenzial zurückgreifen zu können. Und so war es allen voran die feministische Filmtheorie, -praxis und -kritik, die sich auf verschiedene Weise mit den unzähligen Familiendramen über vereinsamte Hausfrauen, aufopfernde Mütter und desillusionierte Liebschaften in Hollywoods so genanntem *Women's Film* und dem *maternal melodrama* auseinandersetzte:[6] Einerseits zeigten die Filme weibliche Protagonistinnen und gaben Einsichten über den Konnex von Geschlecht und Fragen der Ökonomie, der Ethnizität oder der Klasse, andererseits blieben diese Figuren und ihre Darstellerinnen oft bloß die Projektionen und Musen ihrer ‚maskulinistischen' Meisterregisseure, so dass viele der klassischen Filmmelodramen weder die Realität noch die, wie Siegfried Kracauer 1927 ideologiekritisch anmerkte, „Tagträume der Gesellschaft" darstellte, sondern eher den „Traum der Rolls Royce-Besitzer, daß die Scheuermädchen davon träumen, zu ihnen emporzusteigen", kurzum: patriarchale Projektionen privilegierte.[7]

Neben dem feministischen Interesse erhielt die Politik des Melodrams insbesondere über die kulturelle Aneignung des *Camp* neuen Auftrieb. Anders als Susan Sontag in ihrer berühmten *Anmerkung zu ‚Camp'* suggeriert, bezeichnet der englische Ausdruck nach Charles Ludlam keine Objekte, sondern eine kulturelle Haltung und Bezugsweise, die aus der US-amerikanischen queeren Kultur entstanden ist, als kulturelle Praxis allerdings darüber hinausgeht.[8] Eine campe Haltung bezieht

---

5 Thomas Elsaesser: „Tales of Sound and Fury", in: Christian Cargnelli, Michael Palm (Hg.): *Und immer wieder geht die Sonne auf. Texte zum Melodramatischen im Film*, Wien: PVS Verleger 1994, S. 93-128; Georg Seeßlen: *Kino der Gefühle. Geschichte und Mythologie des Film-Melodrams*, Reinbek 1980, S. 42 ff. Diese Gegenpole hallen noch in der seinerzeitigen Bewertung von Douglas Sirks Familienmelodramen nach, die einerseits von Autor_innen wie Mulvey, Jon Halliday und allen voran Rainer Werner Fassbinder als gesellschaftskritische Autorenfilme verehrt wurden, andererseits von Autor_innen wie Gertrud Koch und teils auch von Seeßlen für ihren Sadismus und Privatismus kritisiert wurden.
6 Vgl. Christine Gledhill (Hg.): *Home is Where the Heart is: Studies in Melodrama and the Women's Film*, London: BFI 1987; darin vor allem die Beiträge von E. Ann Kaplan, Mary Ann Doane, Linda Williams, Tania Modleski und Annette Kuhn.
7 Siegfried Kracauer: „Die kleinen Ladenmädchen gehen ins Kino", in: *Das Ornament der Masse*, Frankfurt am Main: Suhrkamp 1963, S. 279-294, hier S. 280.
8 Charles Ludlam: „CAMP", in: Diedrich Diederichsen et al (Hg.): *Golden Years. Materialien und Positionen zu queerer Subkultur und Avantgarde zwischen 1959 und 1974*, Graz: Edition Camera Austria 2006, S. 143-146, hier S. 143. Juliane Rebentisch hat jüngst in Hinblick auf die Arbeiten von Jack Smith und Isa Genzken einen „Camp Materialismus" skizziert, um die Korrespondenzen zwischen ästhetischer Erfahrung und der campen Vorliebe für den verblichenen Warenfetisch hervorzuheben. Man könnte daraus folgern, Camp realisiere Marx'

sich überaffirmativ und mitunter ironisch auf Objekte und Phänomene, sofern Ironie keine Distanzierung bedeutet, sondern im Gegenteil mit kompromissloser Hingabe einhergeht. Diese Hingabe ist nur als gemeinschaftliche Praxis möglich, enthält jedoch zugleich eine „anti-soziale" Komponente, welche sich gegen die gesellschaftliche Norm richtet. Camp ist einerseits eine potenziell offene kulturelle Aneignungsweise, andererseits entsteht sie aus einer queeren Gemeinschaft der Outcasts, die, wenn auch oft unsichtbar, Spuren einer geteilten Geschichte sozialer Marginalisierung enthält. Camp erkennt das Leiden an, das es zugleich in der Ironie affirmiert: „suffering in quotation marks".[9] Dadurch wird es aber weder relativiert noch hypostasiert, sondern gerade erst durch die Ironie realisiert: „Camp", so schreibt Halperin, „returns to the scene of trauma and replays that trauma on a ludicrously amplified scale – so as to drain it from its pain and, in so doing, to transform it."[10] Die ironisch gebrochene Lust am Leiden erklärt die campe Vorliebe fürs Melodram. Weil Camp Authentizität als eine „performance of authenticity" behandelt, wird die mit der Norm identifizierte, Authentizität behauptende und ironiefreie Gattung der Tragödie zum natürlichen Feind von Camp, dessen Kernlosung wiederum *„turn tragedy into melodrama"* lauten könnte.[11]

Melodramatische Camp-Filme beziehen sich auf das klassische Hollywoodmelodram, indem sie dessen artifiziell wirkende, latent anti-realistische Momente, die den affektiven Exzess produzieren sollen, noch einmal steigern: Dies betrifft vor allem seine stark kontrastierenden Licht- und Schattenskulpturen, die ausdrucksvollen und kräftigen Farben, opulentes Dekor, ein in Variationen wiederkehrendes musikalisches Thema, die allegorischen Bildkompositionen mit seinen fragmentierenden Rahmungen und Spiegelungen, ein theatral stilisiertes Schauspiel sowie narrative Volten (Deus ex machina) voller unwahrscheinlicher Zufälle und plötzlicher Schicksalsschläge (man denke nur an die campen Melodramen Pedro Almodóvars, deren Plots immer noch ein, zwei weitere unwahrscheinliche Zufälle erlauben, deren Dekors und Kompositionen immer noch ein, zwei kräftigere Farbe einsetzen, um sich von der gewohnten Alltagsrealität abzusetzen).[12]

Stilprägend für diese expressive Camp-Poetik sind hier insbesondere Douglas Sirks Hollywoodstudiomelodramen der fünfziger Jahre, die in Folge ihrer Wiederentdeckung in den Siebzigern zum permanenten Referenzmagneten avancierten. Neben Max Ophüls, Vincente Minelli und Jacques Demy löste vor allem Sirk für die postklassischen Camp-Melodramen eine ganze Serie *generischer Wiederholun-*

„Expropriation der Expropriateure". Vgl. dies.: „Camp Materialism", bislang unveröffentlichter Vortrag im Rahmen des Festivals CAMP/ANTI-CAMP am Theater HAU, Berlin, 20.04.2012.

9 Halperin: *How to Be Gay*, S. 186 ff. Wenig überzeugend erscheint aller Ironie zum Trotz Halperins grob verallgemeinernde, identitäre Festschreibung einer wiederholt angeführten „gay male culture response", die mit zahlreichen Beispielen belegt werden soll.

10 Ebd., S. 200.

11 Ebd., S. 297.

12 Vgl. John Mercer, Martin Shingler: *Melodrama. Genre, Style, Sensibility*, London, New York: Wallflower 2004, S. 52 ff.

gen aus, in denen der genretypische Stil sowohl reproduziert als auch zum Ausgangspunkt einer Re-Generierung neuer Formen und Erzählungen wird. Diese Wiederholungen, wie sie in den Camp-Melodramen von Almodóvar, Rainer Werner Fassbinder und Todd Haynes sowie in den Experimentalfilmen von Matthias Müller und den Videoinstallationen von Jesper Just zu sehen sind, führte zu einem intertextuellen Netz aus Remakes, Hommagen, Zitaten und Übertragungen, auf dem sich die Politik des Melodrams diesseits und jenseits des Genrekinos entfalten konnte. Wie wir im weiteren noch sehen werden, bedeutet die Wiederholung in der philosophischen Tradition Kierkegaards und Nietzsches nicht bloß eine mechanische Kopie des Originals, sondern notwendig eine Neuschöpfung, die sich klar von dem Vorangegangenen unterscheidet.[13] Generische Wiederholungen zeichnen sich demnach nicht nur durch partielle Reproduktionen von Genrekonventionen aus, sondern ebenso durch Neu-Generierungen, die je nach Erneuerungsgrad unterschiedlich hohe Wellen schlagen, welche das Werk, das Einzelgenre, das gesamte Genresystem oder die Grenzziehung von Genre und Anti-Genre betreffen können.[14] Mit einem derartigen Wiederholungsbegriff stellt sich gar im Hinblick auf die Camp-Melodramen die Frage, ob Camp nicht immer ein Akt der Wiederholung ist, wenn er sich dadurch auszeichnet, eine präexistente Form ironisch-libidinös umzuwenden und neu zu setzen.

Betrachten wir nun eine exemplarische und vielleicht sogar paradigmatische Arbeit aus der Gegenwartskunst, die das melodramatische Genrekino camp wiederholt. In seinen Splitscreen-Videoinstallationen filmt und spielt der Künstler Ming Wong Reenactments bekannter Szenen camper, melancholischer Autorenfilme, in denen die ethnischen und geschlechtlichen Konstellationen der Referenzfilme verschoben werden. Wie die Arbeiten selbst wiederholen und variieren auch die Titel ihre Referenzen: LIFE & DEATH IN VENICE (2010), IN LOVE FOR THE MOOD (2009), ANGST ESSEN (2008) oder LERNE DEUTSCH MIT PETRA VON KANT (2007). Ähnlich wie diese Installationen besteht auch LIFE OF IMITATIONS von 2009 aus einem Split Screen oder einer Doppelprojektion. In beiden Teilen wird dieselbe Szene aus Sirks IMITATION OF LIFE (USA 1958) simultan nachgestellt. In Sirks Melodram markiert die Originalszene den melodramatischen Höhepunkt des Erzählstrangs um die sterbenskranke Mutter, die ein letztes Mal ihre aus Scham vor

---

13 Kierkegaard besticht mit dem bekannten Beispiel, eine Reise nicht einfach wiederholen zu können, weil jeder Versuch ein neues Ereignis schaffe. Vgl. Søren Kierkegaard: „Die Wiederholung", in: *Furcht und Zittern. Die Wiederholung*, Jena: Diedrichs 1923, S. 117-165, hier S. 120.
14 Die Genretheorie räumt zumindest das Zusammenspiel von Wiederholung und Variabilität ein, vgl. dazu z. B. Knut Hickethier: „Genretheorie und Genreanalyse", in: Jürgen Felix (Hg.): *Moderne Film Theorien*, Mainz 2002, S. 62-96, hier S. 80: „Im Genre als einem aus Stereotypen und ‚Invarianten' [...] zusammengesetzten kulturellen System lassen sich diese Stereotypen nicht einfach klassifizieren, weil zwar das Prinzip der Wiederholbarkeit zentral für das Genre ist, aber diese Wiederholung gleichzeitig immer wieder mit einer Variation verbunden ist [...]. Die direkte Wiederholung eines Stilmittels in einem nächsten Film erscheint als Zitat und verweist damit direkt auf den zitierten Film als einzelnen, ohne daß dadurch unbedingt schon ein Genrezusammenhang definiert wird."

ihrer ethnischen Herkunft fortgelaufene Tochter aufsucht. Anders als ihre schwarze Mutter kann letztere als weiß „durchgehen" (*to pass as white*) und damit auf einen sozialen Aufstieg hoffen, zahlt dafür jedoch den Preis der Angst, Scham, Verleugnung und des Selbsthasses. Sirk selbst wollte seinen Film, der bereits ein Remake der gleichnamigen Literaturverfilmung von John Stahl aus dem Jahr 1934 ist, als eine progressive Neuinterpretation verstanden wissen, doch die Rezeption fiel äußerst ambivalent aus.[15] Wongs Reenactment des Remakes setzt bei dieser Ambivalenz an und stellt jene Szene mit ihren ausgestellten Posen, den präzisen Winkel-, Spiegel- und Rückeneinstellungen detailgetreu und jeweils in vertauschten Rollen im Split Screen nach. Statt der schwarzen und der weißen US-amerikanischen Schauspielerin verkörpern hier süd- und ostasiatische, männliche Schauspieler die Rollen der afroamerikanischen Frauenfiguren.

Mit dem Auseinanderklaffen des wiederholten melodramatischen Ausrufs („*I'm white*") und der ethnisch-geschlechtlichen sowie bildlich verdoppelten Drag-Performance widersteht LIFE OF IMITATIONS Skylla und Charybdis der gegenwärtigen Reenactment-Kunst: Wongs Arbeit widersteht sowohl dem pseudoauthentischen Historismus als auch der revisionistischen Tendenz, die Versäumnisse der Vergangenheit nachträglich zu versöhnen. Für den hiesigen Kontext verweist die Installation zudem auf das campe Wiederholungsverfahren, in dem der affektive Exzess des Genrekinomelodrams antirealistisch und postgenerisch gewendet wird und aus dem Kino heraus in ein Archiv theatraler Posen überführt wird. Dieser Übergang vom dunklen Kino in den White Cube stellt jedoch nur einen von mehreren möglichen Wegen zu einer neuen campen Politik des Melodrams dar.

Superstar – The Mildred Pierce Story

Gegenüber dieser Destillation der melodramatischen Pose aus dem Genrekino erscheint Haynes' MILDRED PIERCE wie eine Rückkehr zum klassisch-realistischen Melodram. Die Serie ist eine Verfilmung von James M. Cains 1941 erschienenem gleichnamigem Bestsellerroman, der bereits vier Jahre später von Curtiz in Spielfilmlänge adaptiert und in Deutschland unter dem Titel SOLANGE EIN HERZ SCHLÄGT vertrieben wurde und für den Joan Crawford in der Hauptrolle ihren einzigen *Oscar* erhielt. In MILDRED PIERCE erzählt Haynes die Geschichte einer Hausfrau und alleinerziehenden Mutter (Kate Winslet), die inmitten der *Great Depression* zur erfolgreichen Entrepreneurin avanciert, bevor sie am Ende in den kleinstädtischen Ehehafen zurückkehrt. Es ist eine Geschichte über scheiternde sexuelle und Klassenaspirationen, aber ebenso über weibliche Freundschaften. Wie in IMITATION OF LIFE und vielen anderen maternalen Melodramen steht auch hier der

---

15 Im Kontrast der beiden Verfilmungen von 1934 und 1958 lässt sich eher ein Wandel statt eine Entblößung typisierender Repräsentation feststellen: Sirk ersetzt lediglich das eine Stereotyp durch ein anderes und macht aus Stahls naiver aber gutherziger Mammy Delilah in seinem Film die fromme, altruistische Annie.

Abb. 1: Joan Crawford als Mildred Pierce. Promotion Picture

sich zuspitzende Konflikt zwischen Mutter und Tochter im Mittelpunkt: Der Versuch der Mutter, die Kinder von dem drohenden ökonomischen Statusverlust abzuschirmen, macht aus ihrer Tochter Veda (Morgan Turner, Evan Rachel Wood) eine verwöhnte Göre, die von der harten Arbeit ihrer Mutter profitiert und sie zugleich verabscheut. Nach einer Kette von Demütigungen und dem ultimativen Verrat kommt es zum endgültigen Bruch zwischen beiden.

Mit seiner Neuverfilmung wendet sich Haynes explizit von Curtiz' Version ab. In dieser ersten Adaption von 1945 wurde das Melodram zu einem Film Noir mit seinen visuellen wie moralischen Polarisierungen von Licht und Schatten, Weiß und Schwarz, Gut und Böse umgeschrieben, in dem die stark gekürzte Romanhandlung durch einen Mord und die anschließenden Polizeiverhöre gerahmt wurde und erst nach zwanzig Minuten Spielzeit in Rückblenden einsetzt. Der seinerzeit als schwer verfilmbar geltende Roman wurde von einer ganzen Reihe namhafter Drehbuchautor_innen, darunter William Faulkner, umgeschrieben. Die finale Krimifassung von Ranald MacDougal hatte nur noch wenig mit Catherine Turneys erster Version gemein. Weil dieses verworfene Script in der Tradition des *Women's Film* stand, erschien der späteren feministischen Filmkritik die Wendung zum Noir-Genre als eine maskulinistische Aneignung.[16]

---

16 Linda Williams: „Feminist Film Theory: *Mildred Pierce* and the Second World War", in: E. D. Pribram (Hg.): *Female Spectators: Looking at Film and Television*, New York: Routledge 1988, S. 12-30, hier S. 13.

Abb. 2: Faye Dunaway als Joan Crawford.
Filmstill aus MOMMIE DEAREST (USA 1981) von Frank Perry

Trotz dieser Entwendung blieben die narrativen Elemente um weibliche Unabhängigkeit und Frauennetzwerke so beständig, dass MILDRED PIERCE im Laufe der Jahrzehnte zu einem popfeministischen und queeren Kultfilm und seine Hauptfigur und Hauptdarstellerin zu notorischen Camp-Ikonen wurden. Dabei waren es gerade Crawfords zunehmend schwieriges Verhalten und ihre Vereinsamung am Ende ihrer Karriere, welche Halperin zufolge dem Camp-Lager ein Identifizierungsangebot verschaffte und ihren Ruhm besiegelte: „[…] Crawford's performance of glamorous and abject femininity in *Mildred Pierce* was so potent, so intense, so perfect, and at the same time so extravagantly theatrical, that no drag queen could either resist it or equal it."[17] Zu diesem Bild trug vor allem das auf dem Enhüllungsbuch ihrer Adoptivtochter basierende Biopic MOMMIE DEAREST (USA 1981, Frank Perry) mit einer überschminkten Faye Dunaway bei, was in zahllosen Drag-Performances nachgestellt wurde.[18] Die Noise-Band *Sonic Youth* widmete 1990 *Mildred Pierce* den gleichnamigen Song inklusive des Musikvideos von Dave Markey, in dem ein ekstatisches Joan Crawford-Lookalike (gespielt von der späteren Regisseurin Sofia Coppola) in Jack Smith-artiger Camp-Pose umherschweift.
MILDRED PIERCE-Regisseur Todd Haynes, der ebenfalls 1990 mit DISAPPEARER ein anderes *Sonic Youth*-Video drehte, in dem die Bandmitglieder in drag posieren,

---

17 Halperin: *How to Be Gay*, S. 159.
18 Diese Performances wurden wiederum dokumentiert in Barry Shils' WIGSTOCK: THE MOVIE (USA 1995). Um einen Eindruck von den Camp-Qualitäten Crawfords/Dunaways zu bekommen, genügt es, auf *Youtube* die Worte „Wire" und „Hangers" einzugeben.

ist wie die Band ein Abkömmling der nordamerikanischen Undergroundszene der Achtziger. Als Semiotiker und einstiger Protagonist des *New Queer Cinema* zeichnete sich Haynes bislang durch seinen konzentrierten antirealistischen und formal allegorischen Stil aus. So entwickeln POISON (USA 1991) und I'M NOT THERE (USA 2007) ihre Geschichten in alternierenden Erzählsträngen, die jeweils in unterschiedlichen, filmhistorisch genau rekonstruierten Stilen gefilmt sind und eine Art allegorische Metapoetik entwickeln. Stilrekonstruktion zum Zweck der Camp-Appropriation betreiben auch VELVET GOLDMINE (USA 1998) und FAR FROM HEAVEN (USA 2002). Anat Pick beschreibt Haynes' Filme zudem treffend als „Melodramen der Abstraktion": So erzählt sein „Anti-Biopic" SUPERSTAR (USA 1987) die melodramatische Leidensgeschichte der an Anorexie verstorbenen Easy Listening-Sängerin Karen Carpenter anhand von Barbiepuppen, die durch die filmische Bewegung und die sentimentale Popmusik verlebendigt erscheinen.[19] Vor dem Hintergrund von Haynes' bisherigem Filmschaffen hätte vielleicht nichts näher gelegen als eine MILDRED PIERCE voller intertextueller Bezüge, allegorischer Stilmittel, dekonstruktiver Verfahren und antirealistischer Verfremdungen. Daher mag es beinahe erstaunlich anmuten, dass im Ergebnis die Miniserie vieler ironischer und intertextueller Exzesse entbehrt und sich von dem liebgewonnenen identitätspolitischen Popdiskurs der Neunziger verabschiedet zu haben scheint. Stattdessen hält sich die Neufassung eng an den realistischen Erzählstil des Romans. Allen Erzählinnovationen der neuen Autorenserien zum Trotz scheint das Format der fünfeinhalbstündigen Miniserie vor allem dazu zu dienen, die literarische Erzählung beinahe eins zu eins umzusetzen. Hoberman betitelt dem entsprechend seine Rezension „Raising Cain", Ekkehard Knörer gar mit „Rückkehr zur Quelle".[20] Auch im visuellen Stil bricht sie mit der Erstverfilmung: Statt schwarzweißer Kontraststeigerung zeichnet sich die von Edward Lachman gefilmte neue Version durch beobachtende Seitwärtsbewegungen der Kamera, fragmentierende Perspektiven sowie Zwischentöne in braun und grün aus.

Man könnte angesichts dieses doppelten Bruchs mit der Erstadaption und Haynes' bisheriger Filmarbeit fragen, ob MILDRED PIERCE eine realistische Wende innerhalb des Œuvres des Filmautors oder gar eine plötzliche Vorliebe für literarische Werktreue markiere. Doch abseits einer vereinfachten Werkgeschichtsschreibung erweisen sich derlei Fragestellungen als gänzlich unbedeutend. Entscheidend ist vielmehr, dass die Hinwendung zum Roman keineswegs gleichbedeutend ist mit einer Abwendung von Camp-Formen und queeren Themen. Stattdessen werde ich die Miniserie als eine aktuelle Wiederholung der Politik des Melodrams beschrei-

---

19 Anat Pick: „Todd Haynes' Melodramas of Abstraction", in: James Morrison (Hg.): *The Cinema Of Todd Haynes: All That Heaven Allows*, London: Wallflower, 2007, S. 145-155. Die Bezeichnung „Anti-Biopic" übernehme ich von Larry Gross: „The Lives of Others", in: *Film Comment* Bd. 43, Nr. 5 (September-Oktober 2007), S. 40-45.
20 Hoberman: „Raising Cain"; Ekkehard Knörer: „Rückkehr zur Quelle", in: *CARGO Film Medien Kultur*, Nr. 10 (Juni-August 2011), S. 64-66.

ben, die eine Alternative zu der zuvor skizzierten Überführung des Genrekinos in den White Cube darstellt.

Camp Realismus oder das Melodram der Krise

Die neue MILDRED PIERCE ist weder purer Camp noch unmittelbar realistisch, sondern sie generiert eine neue Form, die man als *Camp Realismus* verstehen kann. Der Camp Realismus stellt nur scheinbar eine Rückkehr zum realistischen Erzählkino dar und ist nicht zu verwechseln mit dem alltagssprachlichen Verständnis realistisch wirkender Repräsentation. Zwar zitiert und allegorisiert der Camp Realismus Stile und Formen, die man der Tradition des ästhetischen Realismus zuschlagen könnte, allen voran die urbanen, fragmentierenden Fotografien von Saul Leiter und die FSA-Dokumentarfotografien der Depressions-Ära von Dorothea Lange, Walker Evans und anderen. Doch diese historisierenden Allegorien auf den ‚Realismus' bleiben nach wie vor Allegorien innerhalb einer camp wirkenden Diegese; die Bemühung der Filmcrew besteht eher darin, einen konzentrierten visuellen Stil zu realisieren als irgendeine präexistente Realität unmittelbar wiederzugeben. Set Designer Mark Friedberg und Kostümbildnerin Ann Roth schufen einen opulenten, geradezu stilfetischisierenden Dekor- und Kostümfilm mit zweitausend Kompars_innen und einem nachempfundenen Dreißiger Jahre-Kalifornien mitten in New York. Allerdings bedeutet „camp" in diesem Fall nicht mehr die affektpoetische Überzeichnung des klassischen Genrekinos, sondern vor allem die Fortsetzung von Haynes' formal allegorischer Poetik, die implizit an den Autor_innenfilm der siebziger Jahre und dessen politisch aufgeladenem Realismus-Begriff anknüpft, wie ihn nicht zuletzt Fassbinder proklamierte. Fassbinder kann zweifellos als ein Vorläufer des melodramatischen Camp Realismus betrachtet werden, sollte sein am Melodram erprobter „offener Realismus" doch gleichermaßen den mimetisch-affizierenden Realitätsbezug wie die antirealistische und Fantasie animierende Verfremdung umfassen.[21]

---

21 Fassbinder, zitiert nach Wilfried Wiegand: „Interview", in: Peter W. Jansen, Wolfram Schütte: *Rainer Werner Fassbinder* (Reihe Film Bd. 2). München, Wien 1974, S. 63-90, hier S. 85; vgl. auch Fassbinder, zitiert nach Norbert Sparrow: „‚Ich lasse den Zuschauer fühlen und denken'. Rainer Werner Fassbinder über Douglas Sirk, Jerry Lewis und Jean-Luc Godard [1977]", in: Robert Fischer (Hg.): *Fassbinder über Fassbinder*, Berlin 2004, S. 405-414, hier S. 405: „[…] ich möchte dem Zuschauer die Gefühle vermitteln und dabei zugleich die Möglichkeit, darüber nachzudenken und zu analysieren, was er fühlt." Andererseits unterscheidet sich der Camp Realismus von Fassbinder dadurch, auf psychoanalytische Deutungsangebote, insbesondere den Wiederholungszwang des ödipalen Dramas und der Korruption der Gefühle, zu verzichten.

CAMP REALISMUS 247

Abb. 3: Saul Leiter, Phone Call, 1957, chromogenic print

Abb. 4: Sirksche Poetik trifft sozialen Realismus?
Filmstill aus MILDRED PIERCE (USA 2011) von Todd Haynes

Explizit wird Haynes' historiografischer Bezug zum Kino der siebziger Jahre, wenn er detailgetreu den beobachtenden Stil des *New Hollywood* in MILDRED PIERCE nachahmt. In keiner anderen historischen Phase sind mehr Filme über die Great Depression-Ära entstanden als im New Hollywood, denkt man allein an bekannte Filme wie Arthur Penns BONNIE AND CLYDE (USA 1967), Francis Ford Coppolas THE GODFATHER (USA 1972), Roman Polanskis CHINATOWN (USA 1974) oder Bob Rafelsons Neuverfilmung eines anderen Cain-Romans, THE POSTMAN RINGS TWICE (USA 1981). Die tiefgreifenden Umwälzungen im Zuge der Weltwirtschaftskrise nach 1929 und des *New Deal* schienen einer filmischen Bewegung in den siebziger Jahren entgegenzukommen, die nach kultureller Dynamisierung und gesellschaftlicher Erneuerung verlangte. Von heute aus betrachtet markieren die Siebziger zudem genau die Halbzeit zwischen den Dreißigern als der diegetischen Zeit und den zehner Jahren des Folgejahrhunderts als das Produktionsdatum von MILDRED PIERCE. Indem Haynes nun die Depressionszeit der Dreißiger durch das New Hollywood der Siebziger betrachtet, das heißt den Blick auf die Vergangenheit durch die Linse einer anderen, jüngeren Vergangenheit bricht, verweigert er sich einem ‚unmittelbaren' Realismus, wie ihn beispielsweise Peter Jacksons KING KONG (USA 2005) mit seinem digitalen *mode retro* der Depressionszeit betreibt.

Doch zielt in MILDRED PIERCE der filmische Blick auf die dreißiger über die siebziger Jahre nicht nur auf eine formale, sondern vor allem auf eine politische Allegorie, die sich bereits mit der allerersten Einstellung während der Opening Credits andeutet: Haynes' Miniserie beginnt mit einer detaillierten Reihe von Großaufnahmen von Mildreds Küchenarbeit, während Cains Roman mit der Gartenarbeit des Ehemanns und Curtiz' Noir-Version mit der Kriminalgeschichte einsetzen. Im Vergleich dazu bringt die Miniserie jenen Tätigkeiten eine gesteigerte Aufmerksamkeit entgegen, die als Dienstleistungs- und Reproduktionsarbeiten weiblich konnotiert wurden und in den siebziger Jahren in den Blick der zweiten Frauenbewegung gerieten. So verfolgt beispielsweise die Kamera zu Beginn der zweiten Episode Mildred, wie sie nachts für ihren neuen Kellnerinnen-Job mehrere mit Kieselsteinen gefüllte Kuchenformen durch ihr Schlafzimmer balanciert, während der Schlager *I'm Always Chasing Rainbows* im Hintergrund läuft. Ihre Geschäftsidee, die sie schließlich zu einer erfolgreichen Entrepreneurin machen wird, präsentiert sie ebenfalls im Schlafzimmer und macht ihren Teilzeitsexpartner zu ihrem Geschäftspartner. Dass beide Szenen Arbeitsökonomien im Schlafzimmer als dem Ort bürgerlich-heteronormativer Intimsphäre zum Gegenstand machen, markiert das komplexe soziale Geflecht aus häuslicher, geschäftlicher und, zumindest in Teilen, sexueller Arbeit – eine soziologische Anordnung, die von feministischer Seite immer wieder analysiert worden ist. Überhaupt werden Klassenschranken und Habitus in Mildreds Welt immer wieder präsent: In dieser Welt wird die heimliche Geliebte des Ehemanns nicht nur als persona non grata behandelt, sondern von der Tochter beiläufig als „*distinctly middle-class*" verhöhnt.

Die starke Gewichtung weiblich konnotierter Hausarbeit ist in Haynes' Filmen zwar nicht neu – SAFE (USA 1995), FAR FROM HEAVEN und I'M NOT THERE zeigen alle das Alltagsleben suburbaner Hausfrauen der US-amerikanischen weißen

Mittelklasse –, doch nie zuvor agierte die Hausfrau so deutlich im Zeichen der ökonomischen Krise.[22] Vor diesem Hintergrund einer filmischen Fokussierung ‚weiblicher' Arbeit erscheint die Neuadaption nicht nur als die zuvor diagnostizierte „Rückkehr zum Roman", sondern ebenso als eine Wiederannäherung an die erste Drehbuchfassung, die noch ganz im Zeichen des Women's Film stand. Das kritische Interesse am Women's Film der dreißiger Jahre ist vor allem der feministischen Filmtheorie seit den siebziger Jahren zu verdanken – und es ist dieser Impuls, der nun in Haynes' Miniserie aktualisiert wird. Filme wie King Vidors maternales Melodram STELLA DALLAS (USA 1937), aber auch die Erstverfilmung von MILDRED PIERCE wurden in den Siebzigern einer kritischen Neubewertung hinsichtlich ihrer Aushandlung von sexueller Differenz und Klassengrenzen unterzogen. Neben dieser theoretischen und publizistischen Arbeit trug vor allem die abseits von Hollywood und den USA entstandene neue Welle feministischer Filme wie Chantal Akermans SAUTE MA VILLE (B 1968) und JEANNE DIELMAN (B 1976), Helke Sanders DIE ALLSEITIG REDUZIERTE PERSÖNLICHKEIT: REDUPERS (BRD 1977) und Laura Mulveys Experimentalarbeiten dazu bei, die gesellschaftliche Organisation weiblicher Reproduktionsarbeit zu problematisieren. Politisch flankiert wurde dies innerhalb der zweiten Frauenbewegung von der internationalen Kampagne *Lohn für Hausarbeit*, die materialistische Feministinnen wie Mariarosa dalla Costa und Silvia Federici mitinitiierten. Dabei handelte es sich keineswegs um eine realpolitische Forderung nach Entlohnung oder gar um eine frühe Variante des konservativen „Betreuungsgeldes", vielmehr zielten die Akteurinnen auf eine Politisierung der Arbeitsteilung und der vergeschlechtlichten Zuweisung der privaten, unbezahlten und affektiven Reproduktionsarbeit.[23] Gegenüber der marxistischen Fokussierung auf die Produktivkräfte als Bedingung kapitalistischer Produktion verwies die Kampagne wiederum auf die Abhängigkeit der Produktivkräfte von weiblicher Reproduktionsarbeit, die heute trotz des kulturellen Wandels fortbesteht. So weist die ehemalige *Lohn für Hausarbeits*-Initiatorin Federici nach, dass es

---

22 Mary Ann Doane zufolge fungieren sie bei Haynes als weibliche Pathosfiguren. Vgl. dies.: „Pathos and Pathology. The Cinema of Todd Haynes", in: *Camera Obscura. Feminism, Culture, and Media Studies* Bd. 19, Nr. 57 (2004)*: Todd Haynes. A Magnificent Obsession*, S. 1-20.
23 In einem der Gründungsdokumente der Kampagne Lohn für Hausarbeit wenden sich Federici und Nicole Cox gegen den nationalen Mythos, dem zufolge die häusliche Liebe der Ehefrauen die USA während der Großen Depression „warm gehalten" hätte: „Diese Ideologie, die die Familie (oder die Community) der Fabrik entgegenstellt, so wie sie auch das Private dem Öffentlichen und die produktive der unproduktiven Arbeit entgegenstellt, ist funktional für unsere Versklavung an den Haushalt, die in Abwesenheit eines Lohnes stets als Akt der Liebe erschienen ist. Diese Ideologie ist tief in der kapitalistischen Arbeitsteilung verankert, wie sie in der Organisation der Kernfamilie mit am deutlichsten zum Ausdruck kommt." Federici: „Counter-Planning from the Kitchen (1974)", in: *Aufstand aus der Küche. Reproduktionsarbeit im globalen Kapitalismus und die unvollendete feministische Revolution*, Münster 2012, S. 106-127, hier S. 118 f. Für einen soziologisch und filmästhetisch instruktiven Überblick vgl. Heike Klippel: *Zeit ohne Ende. Essays über Zeit, Frauen und Kino*, daraus: „Haus, Frauen und Arbeit", Frankfurt am Main, Basel: Stroemfeld Verlag 2009, S. 94-109.

Abb. 5: Delphine Seyrig als Jeanne Dielman. Filmstill aus JEANNE DIELMAN, 23 QUAI DU COMMERCE, 1080 BRUXELLES (B 1976) von Chantal Akerman

in neoliberalen Ökonomien zu einer komplementären Entwicklung der gleichzeitigen Monetarisierung und Familiarisierung der Reproduktionsarbeit gekommen ist: Pflege-, Sex- und Hausarbeit bleiben Federici zufolge nach wie vor weiblich dominiert und werden überdies zunehmend zu einer entpolitisierten Frage individueller ökonomischer Möglichkeiten und Ressourcen.[24]

Der Bezug zur historischen Kampagne *Lohn für Hausarbeit* und zur aktuellen feministischen Ökonomiekritik stellt augenscheinlich nur einen assoziativen und keineswegs notwendigen Diskurshorizont von MILDRED PIERCE dar. Das für den Camp Realismus Charakteristische besteht gerade darin, die jeweiligen politischen Diskurse nicht intertextuell in die Diegese einzunähen, ganz zu schweigen von der direkten narrativen Bebilderung neoliberaler Produktionslogiken, welche sich in ihrer Komplexität nicht mehr in den Plot eines historischen Depressionsmelodrams integrieren lassen. Zugleich bleiben intertextuelle Camp-Elemente, wenn auch diskret im Hintergrund, durchaus vernehmbar.[25] MILDRED PIERCE zeichnet

---

24 Federici: „Die Reproduktion der Arbeitskraft im globalen Kapitalismus und die unvollendete feministische Revolution", in: *Aufstand aus der Küche*, S. 21-86.
25 So wiederholt beispielsweise der zuvor genannte Song *I'm Always Chasing Rainbows* Chopins *Fantaisie Impromptu* im Schlager und wurde wiederum gleich für zwei Musicalfilme, ZIEGFELD GIRL (USA 1941) und THE DOLLY SISTERS (USA 1945) wiederholt und lief über die Jahre hinweg in den Wiederholungsschleifen der Judy Garland- und Barbara Streisand-Shows.

aus, in der Tradition des Camp-Melodrams einen verstärkt ökonomiekritischen Blick auf die geschlechtlich-sexuelle Politik des Genres einzunehmen. Statt einer Zuspitzung des postmelodramatischen Antirealismus, wie sie beispielsweise Ming Wongs Reenactments forcieren, schlägt Haynes die entgegengesetzte Richtung ein. „Camp Realismus" bezeichnet dabei die Möglichkeit, die in den siebziger Jahren entwickelte Politik des Melodrams im Moment der globalen ökonomischen Krise fortzusetzen und zu aktualisieren. Haynes' formal allegorischer Blick von heute auf die Große Depression der dreißiger Jahre über das siebziger Jahre-Kino erinnert nicht nur an die wiederkehrenden Krisen und die strukturelle Krisenhaftigkeit des globalen Kapitalismus, er zieht darüber hinaus eine kritische historische Linie vom *New Deal* über die '68er Protestbewegung zu der gegenwärtig noch unentschiedenen globalen ökonomischen Lage, welche Ratlosigkeit und Restaurationsversuche, aber auch Widerstand hervorruft.

Politische Affekte und Wiederholung

Doch Camp Realismus ist nicht einfach der Name für einen neuen poetischen Stil. Eine solche Perspektive würde weder der Camp-Kultur noch den avancierten Realismus-Traditionen des Autor_innenfilms gerecht. Noch einmal: „Camp", so wie ihn beispielsweise Charles Ludlam versteht, bezeichnet kein Objekt, keine reine Form, sondern vielmehr eine lebensweltliche Haltung gegenüber bestimmten Situationen. Ebenso zielt der Realismus, so wie ihn Fassbinder skizzierte, in vielen Varianten gerade darauf, über scheinbar antirealistische Momente die Einbildungskraft des Publikums herauszufordern. Camp und Realismus besitzen demnach eine genuin erfahrungsästhetische und affektive Dimension.

In eben diesem Sinne ist das Melodram insgesamt nicht nur ein Genre expressiver Affektmodulation, es dient vor allem als ein Produktionsmittel für die Produktion ästhetischer Affekte durch die Produktivkräfte. Wollen wir Affekte jenseits ihrer poetischen Limitierung begreifen, erscheint es sinnvoll, mit Brian Massumi von einer „Autonomie des Affekts" auszugehen.[26] Im Anschluss an Gilles Deleuze und Félix Guattari begreift Massumi Affekte als rohe Intensitäten, die zu Emotionen werden, wenn sie auf kulturelle Gegenstände bezogen werden. Die kritische Pointe seiner begrifflichen Differenzierung besteht darin, dass im Gegensatz zu Affekten die Emotionen im Rahmen des „emotionalen Kapitalismus" (Eva Illouz) prinzipiell konsumierbar und verwertbar werden.[27] Affekte hingegen sind nicht-

---

Der Schlager enthält zudem die ironische und vielzitierte Camp-Zeile „*Why have I always been a failure?*", der in den Revuen der Diven ausgespart bleibt. Und so weiter und so fort.

26 Brian Massumi: *Parables for the Virtual*, daraus: „The Autonomy of Affect", Durham: Duke University Press 2002, S. 23-45.

27 Eva Illouz: *Gefühle in Zeiten des Kapitalismus*, 4. Auflage, Frankfurt am Main: Suhrkamp 2007. Einerseits sehen sich die Subjekte mit der Aufforderung konfrontiert, permanent an ihrem Gefühlshaushalt zu arbeiten, andererseits werden Gefühle selbst zu konsumierbaren

narrativ und können folglich nur mittelbar – eben als Emotionen – in eine kulturelle Warenökonomie eingehen; und gleiches ließe sich für die poetische Filmsprache feststellen, die eben nur mittelbar Affekte produzieren kann.

Ich möchte allerdings einen anderen Aspekt von Deleuzes und Guattaris Affektbegriff hervorheben, der mir für das Verständnis des Affekts im Melodram und gegenüber Filmen allgemein bedeutsam erscheint. Bei Deleuze und Guattari ist der Affekt dezidiert ästhetisch verfasst und gilt als ein *an sich* seiendes Wesen, das seine Autonomie gegenüber subjektiven Instanzen wie der Künstler_in, der Betrachter_in und der dargestellten Person oder dem Modell behauptet: „[…] Affekte sind keine Gefühle oder Affektionen mehr, sie übersteigen die Kräfte derer, die durch sie hindurchgehen."[28] Dass Affekte mehr sind als subjektive Affektionen und Emotionen, bedeutet für die Autoren allerdings noch nicht, dass sie selbst Objekte sind, vielmehr betont Deleuze an anderer Stelle, dass Affekte auf eine Verkörperungsinstanz angewiesen bleiben. *Affekte wollen affizieren*, und umgekehrt: „diese Macht zu affizieren und affiziert zu werden definiert ebenfalls einen Körper in seiner Individualität."[29] Kurzum, Affekte sind weder rein subjektiv noch objektiv, sie sind verkörperte Zwischenwesen. Sie bedeuten eine Enteignung sowohl des Subjekts wie des Objekts der Affektion. Affekte sind unberechenbar, und genau darin liegt ihre Radikalität. Bezogen auf die filmische Erfahrung entstehen die Affekte durch das singuläre Zusammenspiel des individuellen Zuschauerkörpers und des filmischen Geschehens im Zwischenraum der Erfahrung. So gesehen entsteht der Film als solcher weder allein im Kopf noch bezeichnet er ausschließlich den materialen Filmstreifen oder das von seiner Rezeption abgekoppelte Werk.[30]

Das Filmmelodram zeichnet sich dadurch aus, dass es wie kein anderes Genre auf bestimmte, dezidiert *negative Affekte* wie Sentimentalität, Melancholie, Nostalgie oder Scham abzielt. Doch anders als unmittelbar negative Gefühle unseres Alltags werden die negativen Affekte, die genuin ästhetisch sind, niemals rein negativ erfahren, sondern gehen untrennbar mit einer Lust einher, die Hermann Kappelhoff im Fall des Melodrams als ein „sentimentales Genießen" beschreibt.[31] Negative Affekte ermöglichen mitunter überhaupt erst Erfahrungen, welche in unmittelbarer Form oftmals überwältigend wirken oder vollends verstellt und an-ästhetisch

---

Waren, die vorgeben, Gefühlswelten zu verkörpern. Noch nie erschien der Kapitalismus so abstrakt und virtuell und zugleich so affektiv und narrativ.

28 Gilles Deleuze, Félix Guattari: *Was ist Philosophie?*, Frankfurt am Main: Suhrkamp 2000, S. 191.

29 Deleuze: „Spinzoa und wir", in: *Spinoza. Praktische Philosophie*, Berlin 1988, S. 159-169, hier S. 160.

30 Gegenüber Massumis Unterscheidung können wir festhalten, dass die filmische Erfahrung affektiv und nicht nur emotiv ist, weil sie sich jenseits von Subjekt und Objekt vollzieht.

31 Hermann Kappelhoff: *Matrix der Gefühle. Das Kino, das Melodrama und das Theater der Empfindsamkeit*, Berlin 2004, 20 ff.

werden – darin liegt das politische Moment negativer Affekte.[32] Es ist diese lustvolle Negativität, die noch einmal die Verwandtschaft zwischen Melodram, Camp und Antirealismus erläutert: Denn diese Lust, wie so viele andere Lüste, treibt die Fantasie an und zügelt zugleich die Norm realitätsnaher Handlung und authentischer Darstellung. Blanche DuBois' melodramatischer Ausruf „*I don't want realism, I want magic*" aus A STREETCAR NAMED DESIRE könnte daher als das ästhetische Credo aller Camp-Melodramen gelten, die den affektiven Exzess affirmieren.

Melodramatische Affekte lösen die Zuschauer_innen punktuell von den narrativen Begrenzungen ums kleine Familienglück, sie öffen die Erzählzeit zugunsten der autonomen Erfahrungszeit, die immer auch subjektiv und daher jedes Mal und für jede Zuschauer(in) anders ist. Aufgrund dieser Erfahrungsmodalität lassen sich Affekte selbst als eine Form der Wiederholung verstehen, die sich von den bisher genannten Varianten unterscheidet: sowohl von der bloßen Reproduktion des Genres als auch von der generischen Wiederholung, in der sich einzelne Genrekonventionen, das ganze Genre, das gesamte Genresystem und die Grenze zwischen Genre und Anti-Genre erneuern kann. Die Wiederholung, die durch den Affekt ausgelöst wird, bedeutet weder das Festhalten am status quo noch die Erneuerung des Bestehenden, sie ist radikal ereignishaft, eine Wiederholung der Differenz. In diesem Sinne skizziert Deleuze, der an die zuvor genannten Überlegungen Kierkegaards und Nietzsches anknüpft, einen Begriff der Wiederholung, welche er als singulär und universell begreift, so wie ein Zwilling unersetzbar und dennoch mit einem anderen gleich ist. Sie bestehe nicht im 2. oder 3. Mal sondern im 1. Mal zur n-ten Potenz. Deleuze grenzt die Logik der Wiederholung von der des Gesetzes und der Allgemeinheit ab, welche ihre allgemeinen Bestimmungen unterschiedslos auf Ereignisse anwende. Die Wiederholung versteht Deleuze dagegen als ereignishaft. So gedenke und repräsentiere der französische Nationalfeiertag nicht dem Sturm auf die Bastille, „vielmehr ist es der Sturm auf die Bastille, der im voraus alle Jahrestage feiert und wiederholt."[33] Setzen wir diese Formulierung in die entsprechende Analogie zum Melodram, so ist es nicht das Genre des Melodrams mit seinem festgelegten Arsenal der Stilmittel, das eine affektive Wirkung erzeugt, sondern es ist das Melodramatische als ein singulärer und universeller Affekt, das im voraus die Melodramen wiederholt. Dieser Affekt entfaltet sich nicht auf dem Reißbrett der Gattungstypologie, sondern im autonomen Vollzug der ästhetischen Erfahrung. Dies soll nicht heißen, dass es keiner Genres bedürfte, sondern lediglich, das Verhältnis von Ursache und Wirkung umzukehren. Der Affekt ist nicht einfach der Effekt einer feinorchestrierten Poetik, sondern das Movens unserer filmischen Lust. Und so ist auch der Camp Realismus, mit der die Miniserie MILDRED PIERCE auf die Kultur der ökonomischen Krise reagiert, nicht nur eine poetische Form, sondern die Möglichkeit eines politischen Affekts.

---

32 Eine ausführlichere Untersuchung insbesondere der negativen Affekte im Kino habe ich an anderer Stelle vorgenommen. Vgl. Chris Tedjasukmana: „Wie schlecht sind die schlechten Gefühle im Kino?", in: *Montage AV* Bd. 21, Nr. 1 (2012), S. 10-27.
33 Deleuze: *Differenz und Wiederholung*, München: Fink 1992, S. 16.

REIHEN, ZYKLEN, FILMSERIEN

Sulgi Lie

ANORGANISCHE NATUR

Pflanzliche Mimikry in den *Body Snatcher*-Filmen

Die böse Blume im Land der Technik

Das Kino reproduziert Natur nur durch ihre Denaturalisierung. Für Benjamin ist der mimetische Schein eines „apparatfreien Aspekts der Wirklichkeit"[1], Effekt einer operativen Fusion zwischen Unmittelbarkeit und Künstlichkeit, die sich ontologisch nicht mehr scheiden lassen.[2] Die „illusionäre Natur" des Films, so Benjamin, „ist eine Natur zweiten Grades"[3], in der gerade die naturhafte Ähnlichkeit des filmischen Bildes nur durch die Konstruktivität der Maschine entborgen wird. Wenn nach Benjamins berühmter Formulierung, der kinematografische Apparat „die blaue Blume im Land der Technik"[4] zur zweiten Natur werden lässt, so könnte man im Falle von Pflanzen im Horrorfilm wohl davon sprechen, dass sich hier die Blume weniger von ihrer romantischen als vielmehr von ihrer monströsen Seite zeigt. Der Horrorfilm transformiert die organische Natur zu einer ‚bösen Blume im Land der Technik', in der die Pflanzen sich von ihrer Einbettung in die Tradition des Naturschönen lösen (die in Benjamins Formel noch nachklingt) und auf unheimliche Weise selber zu mimetischen und reproduzierenden Wesen werden.

Daher gründet sich die Imagination von Pflanzen im Horrorfilm vielleicht weniger auf einem naturästhetischen, denn vielmehr auf einem biologischen Diskurs. Weit davon entfernt, als naturschönes Bild kontempliert werden zu können, evozieren die Pflanzenbilder des Horrorfilms eine Natur in permanenter Mutation: Wachstum und Zerfall, Verwandlung und Ansteckung. Die metamorphotische Qualität des filmischen Bewegungsbildes enthüllt den Horror im Prozess der Animation selbst, mit der die belebte Natur nochmals exzessiv verlebendigt wird. In der „fantastischen Biologie"[5] (Noël Carroll) der Horrorfilme autonomisiert sich die Natur mit einem unheimlichen Eigenleben, das aus dieser Wucherung des Organischen er-

---

1 Walter Benjamin: „Das Kunstwerk im Zeitalter seiner technischen Reproduzierbarkeit", in: Ders.: *Illuminationen*. Frankfurt/M.: Suhrkamp 1980, S. 136-169, hier S. 157.
2 Vgl. Gertrud Koch: „Kosmos im Film: Zum Raumkonzept von Benjamins ‚Kunstwerk'-Essay", in: Sigrid Weigel (Hg.): *Leib-und Bildraum. Lektüren nach Benjamin*. Köln: Böhlau 1992, S. 35-48.
3 Benjamin, „Das Kunstwerk", S. 157.
4 Ebd.
5 Vgl. Noël Carroll: *The Philosophy of Horror or the Paradoxes of the Heart*. London/New York: Routledge 1990, vor allem S. 42-51.

wächst. Die automatische Animation der Pflanzen verweist aber auch auf das Eigenleben der technischen Reproduktion, in der nach Benjamin die Kopie tendenziell das Original ersetzt: „Während das Echte aber der manuellen Produktion gegenüber, die von ihm im Regelfalle als Fälschung abgestempelt wurde, seine volle Autorität bewahrt, ist das der technischen Reproduktion gegenüber nicht der Fall."[6] In der Proliferation von massenhaften Kopien wird die Aura des Originals durch eine automatische Ähnlichkeit zerstört, in der sich das Sekundäre an die Stelle des Primären setzt. Das Abbild emanzipiert sich vom Urbild, die zweite Natur der Technik substituiert die unkontaminierte Echtheit der ersten Natur. Diese sowohl biologische als auch mediale Logik der Substitution wird in den Pflanzenbildern des Horrorfilms in eine Ununterscheidbarkeitszone geführt, in der die Differenz zwischen organischer Natur und anorganischer Technik kollabiert. Wenn das Kino die Natur nur durch Denaturalisierung reproduziert, dann – so wäre die Hypothese – allegorisiert der Horrorfilm dieses Paradox gewissermaßen in seiner umgekehrten Form: denn im Horrorfilm scheint die Natur die Reproduktionsfunktion des Kinos zu imitieren.

In den drei BODY SNATCHER-Verfilmungen, die im Folgenden genauer analysiert werden sollen, reproduzieren außerirdische Pflanzen nichts anderes als den Menschen selbst, in dem sie diese durch identische Doppelgänger ersetzen und die Körper der Originale dabei zerstören. Es handelt sich also um eine perfekte Imitatio, die das biologische Phänomen der Mimikry auf perverse Weise gegen den Menschen selbst wendet. Bezeichnet Mimikry in der Biologie die gegenseitige Nachahmung von Pflanzen und Tieren zwecks optischer Täuschung von Feinden, so wird in den BODY SNATCHER-Filmen die menschliche Gestalt selbst zu einem Wirtskörper eines pflanzlichen *Tromp L'oeuil*-Effekts: Augentäuschung durch Anverwandlung an die Lebensformen der Umgebung. Nach Roger Caillois ist Mimikry der Versuch, die Differenz von Organismus und Umgebung durch Formwandel einzuebnen, mit anderen Worten: Figur und Grund ununterscheidbar zu machen. In den BODY SNATCHER-Filmen dient der Mensch als Umgebung eines pflanzlichen Organismus, der sich durch Mimikry vervielfältigt und reproduziert. In direkter zeitlicher Nachbarschaft zu Benjamin hat Caillois den Begriff der Mimikry an der Schnittstelle zwischen Biologie und Ästhetik situiert und dabei wohl nicht zufällig auf eine fotografische Metapher zurückgegriffen. In seinem Aufsatz zu *Mimese und legendärer Psychasthenie* heißt es an einer zentralen Stelle:

> Die morphologische Mimese könnte somit [...] eine echte Photographie sein, allerdings eine der Form und der Oberflächenstruktur, eine Photographie auf der Ebene des Objekts und nicht auf der des Bildes, eine Reproduktion im dreidimensionalen Raum mit seiner Fülle und Tiefe: eine Skulptur-Photographie oder besser eine *Teleplastik*, wenn man das Wort jeglichen metapsychischen Inhalts entkleidet.[7]

---

6 Benjamin, „Das Kunstwerk", S.139-140.
7 Roger Caillois: „Mimese und legendäre Psychasthenie", in: Ders.: *Méduse & Cie*. Berlin: Brinkmann & Bose 2007, S. 25-43, hier S. 32.

Caillois' fotografische Metapher ist eigentlich eine kinematografische: Die Mimikry ist eine verlebendigte Fotografie, eine Reproduktion von dreidimensionaler Plastizität und Objekthaftigkeit. Aus dieser Perspektive zielt die illusionsästhetische Mimikry des Kinos auf eine Morphologie des Körpers, in der sich das Visuelle und das Taktile amalgamieren. Es ist diese taktile Qualität der Mimikry, die in den pflanzlichen Metamorphosen der BODY SNATCHER-Filme immer wieder aufs Neue entfaltet wird. Entlang der drei Verfilmungen aus den 50er, 70er und 90er Jahren lässt sich aber auch eine Veränderung in der Morphologie des filmischen Bewegungsbildes beobachten, die den technologischen Wandel des Kinos ästhetisch reflektiert.

Body Snatchers 1

Die erste Verfilmung des Romans von Jack Finney von Don Siegel aus dem Jahre 1956 gehört zu dem billig produzierten Zyklus paranoischer Horror- und Science-Fiction-Filme der 50er Jahre, die von übersinnlichen Erscheinungen, außerirdischen Invasoren und mutierten Rieseninsekten handeln. INVASION OF THE BODY SNATCHERS (Don Siegel, USA 1956) spielt in einer idyllischen kalifornischen Kleinstadt, die plötzlich von einer Massenpanik erfasst wird: Familienmitglieder behaupten plötzlich, ihre Nächsten nicht mehr wiederzuerkennen; sie seien von Doppelgängern ersetzt worden, die zwar äußerlich von den Originalen nicht zu unterscheiden sind, aber jegliche emotionale Regung vermissen lassen: „My mother is not my mother, my father is not my father, my wife is not my wife." Entgegen den Rationalisierungsversuchen der psychiatrischen und polizeilichen Autoritäten, kommt der Arzt Miles Bennell (Kevin McCarthy) dem Geheimnis auf die Spur: Außerirdische Samen aus dem Weltall keimen auf der Erde zu riesigen Schoten heran und züchten Duplikate der Menschen heran, um sich überall auszubreiten. In der ersten und einzigen Verdoppelungs-Sequenz eines an Spezialeffekten sonst sparsamen Films, entfaltet sich der Horror der Mimikry in der Fusion von Reproduktion und Metamorphose.

Die Metamorphose wird durch eine Anamorphose eingeleitet: Eine verkantete Kameraeinstellung bringt die visuelle Ordnung des Bildes aus den Fugen. Eingelagert in der Feuchtigkeit eines Gewächshauses platzen die Schoten auf und pressen aus einem schäumigen und schleimigen Inneren eine formlose Gestalt, die sich aber nach und nach als eine Art Fötus mit noch undefiniertem Kopf und Gliedmaßen zu erkennen gibt. Im Gegenschnitt mit den Großaufnahmen der schockierten Gesichter, nimmt die ekelhafte Formlosigkeit doch langsam eine Form an, in der sich die Figuren wiederzuerkennen glauben. Es ist offensichtlich, dass in dieser Szene die exzessive Reproduktionskraft der Pflanzen als ein Geburtsvorgang imaginiert wird, in der die aufplatzende Schote die Funktion einer Gebärmutter einnimmt. Eine sicher nicht zufällige allegorische Figuration, ist doch dem Ethnologen Michael Taussig zufolge, die Gebärmutter

> das mimetische Organ par excellence […], die insgeheim am Körper der Mutter, der entschwunden ist und zugleich beständig an seinem Platz bleibt, die zwei Bedeutun-

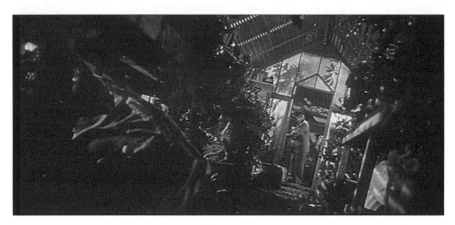

Abb. 1

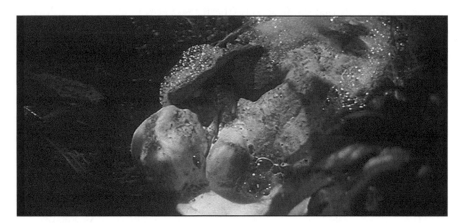

Abb. 2

gen von Reproduktion unterstreicht, nämlich Reproduktion durch Geburt und Vervielfachung. [...] Denn wenn im weiblichen Körper die Vorgänge des Kopierens, der Reproduktion und des Ursprungs als verschiedene Momente des Mimetischen zusammenkommen, dann finden wir dort nicht nur das, was zueinander passt und sich verdoppelt, sondern auch etwas Glitschiges, das, sind wir einmal hineingerutscht, uns wild herumschlittern lässt.[8]

---

8 Michael Taussig: *Mimesis und Alterität. Eine eigenwillige Geschichte der Sinne*. Hamburg: Europäische Verlagsanstalt 1997, S. 45-46; 123.

Die Pflanze erscheint also als eine externalisierte Gebärmutter, die jedoch nicht ein singuläres Einzelwesen zeugt, sondern eine Vielzahl identischer Wesen: „Biology is out of control in [...] INVASION OF THE BODY SNATCHERS. Promiscuous, undifferentiated, vegetable reproduction threatens family bonds."[9] Während sich die vier Figuren verzweifelt ihrer Individualität versichern, künden ihre embryonalen Imitate vom Horror der Entdifferenzierung. Die anthropomorphe Gestalt löst sich in einem organisch pulsierenden Gewimmel auf, das auch eines tierischen oder gar prähistorischen Ursprungs sein könnte. Die Mimikry als Geburtsvorgang produziert und reproduziert mit den Worten Derridas eine „Gestalt der Nicht-Gestalt, in der unförmigen, embryonalen und schreckenserregenden Form der Monstrosität."[10]

Man könnte behaupten, dass sich das Leben von seiner spezifischen Form getrennt hat und nun jede beliebige Form annehmen kann. Eine reine Lebenssubstanz, die ähnlich dem Alien im gleichnamigen Film (Ridley Scott, GB/USA 1979) auf reines Überleben hin ausgerichtet ist. Philip Brophy hat die Fähigkeit des Aliens zur totalen Mimikry wie folgt beschrieben: „[Those] films deal with the notion of an alien purely as a biological life force, whose blind motivation for survival is its only existence. Not just a parasite but a total consumer of *any* life form, a biological black hole."[11]

Die pflanzliche Mimikry substituiert den menschlichen Körper mit einer perfekten Ähnlichkeit, die aber zugleich eine radikale Unähnlichkeit ist. Diese unähnliche Ähnlichkeit zeigt sich nicht zuletzt in dem fortgeschrittenen Stadium der Metamorphose, als sich nach dem beschleunigten Wachstum der Föten langsam die singulären Gesichtszüge der einzelnen Figuren abzeichnen. Der sprudelnde Schaum gibt Gesichter frei, die auf den ersten Blick den originalen Individuen gleichen, aber deren merkwürdig glatte Hauttextur auf eine anorganische Substanz schließen lässt. Als ob die Hautoberfläche aus Plastik modelliert wäre, enthüllt sich der Körper der Doubles als ein artifizielles Substrat. Caillois' Rede von der mimetischen Teleplastik scheint somit in INVASION OF THE BODY SNATCHERS eine wörtliche Umsetzung zu erfahren. In der Metamorphose des Körpers scheint die organische Leiblichkeit in eine anorganische Skulptur übergegangen zu sein, die im finalen Bild von Miles Bennells Kopie an eine aufgeblasene Plastikpuppe denken lässt: ein Körper ohne Falten, Poren und Brustwarzen. Auch der scheinbar vollendeten menschlichen Form bleibt damit eine unheimliche Formlosigkeit eingeschrieben. Die Pflanzenklone sind *Plastic People*, organisch und anorganisch zugleich, der Fremdkörper als Selbst-Körper.

---

9 Michael Paul Rogin: „Kiss Me Deadly: Communism, Motherhood, and Cold War Movies", in: Al LaValley (Hg.): *Invasion of the Body Snatchers. Don Siegel, director*. New Brunswick/ London: Rutgers University Press 1989, S. 201-205, hier S. 202.
10 Jacques Derrida: *Die Schrift und die Differenz*. Frankfurt /M.: Suhrkamp 1976, S. 442.
11 Philip Brophy: „Horrality – The Textuality of Contemporary Horror Films" [Orig. 1986], in: Ken Gelder (Hg.): *The Horror Reader*. London /New York: Routledge 2000, S. 276-284, hier S. 282.

Abb. 3

Abb. 4

Eine akustische Überlappung verbindet in den letzten beiden Einstellungen der Szene Bennells Zerstörung seines Doubles mit dem Klingeln des Telefons. War zuvor schon Bennells Notruf von einer vermutlich schon unmenschlichen Telefonstimme zurückgewiesen worden, so wird in dieser Montage die semantische Verknüpfung zwischen Aliens und akustischen Medienapparaten fortgesponnen. INVASION OF THE BODY SNATCHERS ist ein Film, der von einer Omnipräsenz von Telefon- und Radiostimmen geprägt ist. Die epistemische Krise der Sichtbarkeit, den menschlichen nicht mehr vom pflanzlich-außerirdischen Körper unterscheiden zu können, scheint zu einer paranoiden Wucherung von körperlosen Medien-Stimmen zu führen. Konsequenterweise werden in der Schlussszene des Films Bennell und seine Freundin von den fernen Klängen eines sentimentalen Schlagers in die Irre geführt. Was ihnen zunächst wie eine verzweifelte Behauptung menschlicher Emotionalität anmutet, entpuppt sich als Musik aus einem Autoradio, zu denen die Aliens ein riesiges Schotenfeld ernten. Die scheinbar natürliche menschliche Stimme erweist sich als technische Reproduktion. Der Film operiert also nicht nur mit der *Augentäuschung*, sondern auch der *Ohrentäuschung* einer akustischen Mimikry. In diesem Sinne werden die ‚Body Snatchers' mit einer akustischen Sphäre assoziiert, die der französische Filmtheoretiker Michel Chion als „Akusmatik" bezeichnet hat.

Body Snatchers 2

In Philip Kaufmans gleichnamigem Remake INVASION OF THE BODY SNATCHERS (USA 1978) wird diese akusmatische Spaltung von Ton und Bild, von Stimme und Körper weiter ausdifferenziert. Der Film zeichnet sich durch ein extrem subtiles Sound-Design aus, in der sich Geräuscheffekte und ein modernistischer Soundtrack so dicht verweben, dass sich zwischen diegetischer und non-diegetischer Ebene ständig Fusionen und Konfusionen ergeben. Die Innovation des Film-Sounds durch die damals neue Dolby-Technologie artikuliert sich so in einer komplexeren Schichtung von Sound-Levels, die nicht länger dem Bild untergeordnet sind.

Kaufmans Film verlegt die Story von der Kleinstadt nach San Francisco und aus dem Arzt ist nun der Inspektor einer Gesundheitsbehörde geworden. „They'll get you, when you sleep": Was im ersten Film nur angedeutet wurde, wird in der Neuverfilmung nun explizit ausgestaltet: Die Metamorphose vollzieht sich nur im Schlaf. Während in der Gewächshausszene von Siegels Film die Duplikation auch im Wachzustand einsetzt, ist nun der Schlaf die Bedingung für das ‚Body Snatching' geworden. Eine Anbindung an vor- und unbewusste Zustände der Trance, der Hypnose und des Traums, die der pflanzlichen Mimikry nun eine stärker psychoanalytischere Tönung verleiht.

Der Soundtrack induziert durch Auf- und Abschwellen eines verzerrten elektronischen Signals eine hypnotische Atmosphäre, die direkt auf das Sensorium einwirkt. Im Gegensatz zum ersten Film wird sowohl die Monstrosität des Geburtsaktes als auch die physische Kontiguität in der Mimikry stärker betont: Die Schoten senden gräserne Fasern aus, um den Wirtskörper zu umwickeln und anzuzapfen. Mimikry entsteht durch körperlichen Kontakt, die Kontaktkopie ist eine taktile. Eine Taktilität, die in dieser Szene vor allem durch die unheimlichen Geräuscheffekte der aufplatzenden Schoten erfahrbar wird. Michel Chion hat die mimetische Dimension dieses Sounds eindrücklich beschrieben:

> Created by sound designer Ben Burtt [...] it's a sound of unfurling, of unfolding organs, of membranes unsticking and crackling all in the same instant. This real and precise sound, so clear in its high registers and so tactile, is heard as though we are touching it, the way contact with the skin of a peach can make one shudder. Five years earlier, in 1973, the director would not have had access to the same audio resources, and he would not have gotten a *rendering* with such material texture and presence, so physically piercing in the high treble, so haptic – in other words, so tac-

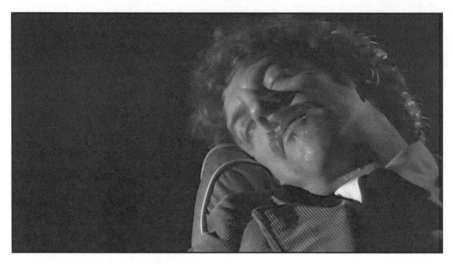

Abb. 5

Abb. 6

tile, something so sensorial that it modifies the perception of the world of the film so that it's more immediate and so that there's no distance possible.[12]

Die taktile Morphologie des Sounds hat ihre Entsprechung in einer permanenten Mutation der Formen und Gestalten: aus der platzenden Schote erwächst zunächst

---

12 Michel Chion: *Film, a Sound Art*. New York: Columbia University Press 2009, S. 117-118.

ANORGANISCHE NATUR 265

Abb. 7

Abb. 8

eine gigantische Blume mit einem pulsierenden Blütenkern. Dieser Kern erweist sich dann aber als der Kopf des schleim- und fadenbedeckten Fötus, der atmend und keuchend der Schote entschlüpft. Eine Schote, die zugleich einem Kokon gleicht. Wiederum vermischen sich pflanzliche, tierische und menschliche Formen im Exzess einer amorphen Vitalität.

Als die Mimikry dem Körper von Matthew Bennell (Donald Sutherland) immer ähnlicher wird, ist kurz ein verstopfter Schrei zu hören, der aber dem noch verwobenen Mund nicht entweichen kann. Die Geburt ist noch nicht vollendet, weil der Geburtsschrei noch stumm bleibt. Matthew kann erwachen, bevor das Double endgültig seine Form angenommen hat, weil er durch den Schrei seines Namens geweckt wird. Das Sounddesign moduliert den Schrei quasi von der akustischen Subjektive in die Objektive. Was als scheinbar geträumte Stimme Bennells beginnt, materialisiert sich als hysterischer Angstschrei seiner Bekannten Nancy (Veronica Cartwright). In letzter Sekunde rettet der Affektausdruck der menschlichen Stimme die totale Absorption des Subjekts in der hypnotischen Mimikry. Eine weibliche Stimme, die zugleich auf den Signifikanten des menschlichen Namens insistiert, der von der Namenlosigkeit des Doubles substituiert zu werden droht. Wie der Psychoanalytiker Mikkel Borch-Jacobsen festgehalten hat, bezeichnen Mimikry und Mimesis zumindest in einer bestimmten lacanianischen Perspektive den regressiven Kurzschluss von Alter und Ego:

> Mimesis is the evil (the madness) because it consists of a nonreflexive (hypnotic, ‚suggestive') identification with the other. Here the ego *is*, quite literally, the other, without that elementary distance from self which would permit him to reflect on himself, to see himself as other.[13]

Diese böse Mimikry einer – wenn man so will – kannibalistischen Einverleibung wird auch in einer späteren Szene des Films mit aller ‚Body Horror'-Drastik ausagiert: Auf ihrer Flucht vor den Aliens fällt Bennells Freundin Elizabeth (Brooke Adams) inmitten hoher Schilfgräser in den Schlaf: „They'll get you, when you sleep!"

Als Bennell sie verzweifelt zu wecken versucht, ist es bereits zu spät. Die pflanzlichen Parasiten haben den Originalkörper bereits soweit ausgehöhlt und ausgesaugt, dass in einer schockierenden Großaufnahme das Gesicht von Elizabeth nach innen zerfällt. Es findet eine Implosion des menschlichen Gesichts statt, die wieder von einem hyperaktilen Knack- Geräusch intensiviert wird. Elizabeth stirbt einen pflanzlichen Tod, in dem ihre Hautoberfläche morsch gewordenen Blättern gleich verwelkt. In einem Morphing-Effekt *avant la lettre* mutiert die physiognomische Form des Gesichts in die Formlosigkeit einer pflanzlichen Materie. Eine Oberfläche, die aber kein Inneres mehr verbirgt und in die Leere eines Hohlkörpers zerfällt. Die Szene inszeniert die Zerstörung der psychischen Innerlichkeit als eine konkrete physische Allegorie eines pflanzlich mortifizierten Körpers. In dieser Hinsicht trifft der reißerische deutsche Titel des Films – DIE KÖRPERFRESSER KOMMEN –durchaus den Kern der Mimikry: Die Kopie setzt sich an die Stelle des Originals, in dem sie es zerfrisst. Als wäre die friedliche Koexistenz beider unmöglich, inkorporiert die Reproduktion das Original durch Kannibalismus. Auch George Didi-Huberman hat diesen monströsen Aspekt der Mimikry anhand der sogenannten Phasmiden beschrieben. Phasmiden, auch Geisterschrecken genannt, sind Insekten, die sich ihrer Umgebung angleichen, indem sie diese auffressen:

---

13 Mikkel Borch-Jacobsen: *The Emotional Tie. Psychoanalysis, Mimesis, and Affect*. Stanford: Stanford University Press 1992, S. 82.

ANORGANISCHE NATUR 267

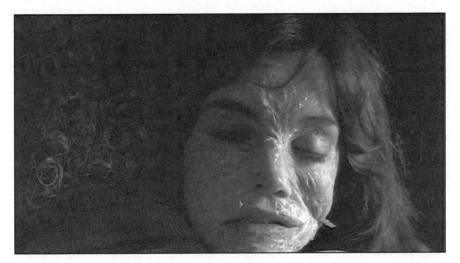

Abb. 9

Abb. 10

Die Phasmiden […] zeigen ihre Macht in einer Paradoxie: Indem sie die Imitation bis zur Perfektion treiben, zerstören sie zugleich die Hierarchie, der jede Imitation unterworfen ist. Hier gibt es nicht mehr das Urbild und seine Kopie, sondern eine Kopie, die ihr Urbild verschlingt; und das Urbild existiert nicht mehr, aufgrund eines merkwürdigen Naturgesetzes genießt die Kopie allein das Privileg der Existenz. Das imitierte Urbild wird also zu einem Akzidens seiner Kopie – ein unsicheres Akzidens, stets in Gefahr, verschlungen zu werden – und nicht umgekehrt. Das minder Seiende hat sich das Sein einverleibt, es besitzt das Sein, *es ist* an dessen Stelle. […] Die Phas-

Abb. 11

miden sind zunächst aus dem (zweifellos hyperbolischen Grund) unähnlich, dass sie dasjenige zerstören, das sie imitieren. Kann eine Ähnlichkeit zwischen zwei Objekten noch bestehen, wenn eines der beiden verschwunden ist?[14]

Den Phasmiden nicht unverwandt, wird auch die Mimikry der Körperfresser durch das Paradox einer unähnlichen Ähnlichkeit geprägt: Am Ende der Sequenz folgt auf die De-Animation des Originalkörpers die Animation der ‚phasmidischen' Kopie, die mit der Nacktheit eines frisch geborenen Körpers (wieder)aufersteht. Es besteht also ein strikter Parallelismus zwischen der Dekomposition des Originals und der Komposition der Kopie, der Tod des einen nährt das Leben des Anderen. Die grafische Metonymie der Einstellung verbindet die Wiedergeburt des neuen Körpers mit den hohen Schilfgräsern im Vordergrund: pflanzlicher Tod und pflanzliches Leben.

Elizabeths Double verlangt von Bennell die Rückkehr in den Schlafzustand und wie schon Nancy in der vorherigen Szene wiederholt sie mehrfach seinen Namen. Doch im Gegensatz zur Affektivität von Nancys Stimme ist Elizabeths Stimme nun von einer unmenschlichen Monotonie markiert. Was diese Szene andeutet, wird in der Schlusssequenz des Films an einen Extrempunkt getrieben: das sich nämlich die unähnliche Ähnlichkeit der Aliens in einer gleichsam untoten Stimme offenbart:

Scheinbar ist Matthew den Aliens entkommen und geht entlang einer Allee blattloser Bäume auf ein Gebäude zu. Wieder erklingt der Ruf seines Namens, und als er sich umwendet, trifft er auf Nancy. Doch als Nancy auf ihn zukommt, entfährt Matthews Mund ein langgezogener schreckenserregender Schrei; ein Schrei,

---

14 Georges Didi-Huberman: *Phasmes*. Köln: DuMont 2001, S. 20.

den die Aliens als Jagdruf auf die verbliebenen Menschen einsetzen. Als hätte sich der verschluckte Schrei seines unfertigen Doubles nun endlich befreit, explodiert er aus seinem Körper – deiktisch nochmals verdoppelt durch den ausgestreckten Zeigefinger, der in seiner frontalen Adressierung den Zuschauer selbst zu bannen scheint. Doch auch der organische Schrei ist in der elektronischen Verzerrung nicht nur von einem anorganischen Geräusch ununterscheidbar geworden – auch die diegetische Verankerung bleibt ambivalent, da die Stimme zugleich aus dem Körper als auch von einem externen Ort außerhalb der Diegese zu entspringen scheint. Damit mutiert die Stimme von einem naturhaften Körperlaut zu einem eingepflanzten Fremdkörper. Die eigene Stimme wird zu einer ahumanen akustischen Stimme, die den Angstschrei von Nancy nun vollends übertönt: Als der Schrei des Körperfresser den menschlichen Schrei aufgefressen hat, friert das Bewegungsbild unmerklich in ein Standbild ein, und die Kamera zoomt direkt in den Schlund des Mundes: Im schwarzen Loch des Mundes wird das Bild selbst gänzlich schwarz und der Film kommt an sein Ende. Für Caillois ist das Verschwinden in der Dunkelheit auch eine Form der Mimikry: „Während der helle Raum zurücktritt und die Materialität der Gegenstände hervortreten lässt, ist die Dunkelheit selbst ‚Stoff', sie berührt das Individuum direkt, hüllt es ein, durchdringt es, geht sogar durch es hindurch."[15] So kulminiert die Mimikry in INVASION OF THE BODY SNATCHERS im oralen Horror eines Schwarzbildes, das gleichsam den Filmkörper selber auffrisst.

Body Snatchers 3

Abel Ferraras BODY SNATCHERS (USA 1993) bleibt Kaufmans Film in vielerlei Hinsicht verpflichtet. Überhaupt lässt sich die Sukzession der zwei Remakes ja selbst als eine filmhistorische Praxis serieller Mimikry begreifen, bei der Ferraras Film Kaufmans Film nachahmt, der Siegels Film nachahmt, der seinerseits ja die nachahmende Verfilmung eines Romans ist. Auch in dieser Kette der Substitutionen verschwindet und bewahrt sich das Original nur in den Aktualisierungen der Kopien. Wenn in Kaufmans Film die Körperfresser noch den ‚post-hippiesken' Individualisten der 70er Jahre gegenüberstehen, so ist in Ferraras Neuverfilmung diese Differenz von System und Individuum von Beginn an obsolet geworden. Indem der Film das Geschehen auf eine autoritär abgeriegelte Militärstation verlegt, suggeriert er überdeutlich, dass die gleichgeschalteten und gedrillten Soldaten eigentlich schon längst Aliens sind. In der Welt der Militärs hat längst ein Terror der Ähnlichkeit die Logik der Differenz abgelöst. Auch die bürgerliche Kleinfamilie bleibt von diesem Terror nicht verschont: Der Film nimmt die Erzählperspektive des Teenager-Mädchens Marti Malone (Gabrielle Anwar) ein, die gemeinsam mit ihrem Vater, einem Umweltchemiker, ihrer Stiefmutter und ihrem Halbbru-

---

15 Caillois, „Mimese", S. 37.

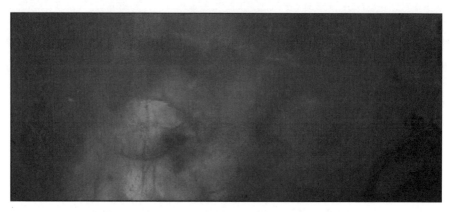

Abb. 12

Abb. 13

der in das Militärcamp kommt. Am Ende des Films ist außer Marty die gesamte Familie von den Körperfressern zersetzt und ersetzt worden.

In einer Parallelmontage werden Tochter und Vater zugleich im Schlaf verdoppelt. Wie schon in Kaufmans Film entfaltet das Sound-Design ein hypnotisches Dispositiv aus Musik, Geräuschen und dem somnambulen Geflüster der bereits mutierten Mutter. Die Penetration des Körpers durch die Fangarme der Schoten wird noch viszeraler als im vorigen Film als eine Art Organtransplantation vom Wirt zum Parasiten visualisiert. Doch dasselbe elektronische Wummern begleitet auch hier das Wachstum des Doubles. In einem brillanten Aufsatz über den Film hat die französische Filmtheoretikerin Nicole Brenez die organische Struktur dieser Metamorphose beschrieben:

> [D]ie organische Substanz selbst [wird] zutiefst archaisch behandelt. Hier besteht der Körper nicht aus einem Gerüst aus Fleisch und Knochen, sondern aus einer Mi-

ANORGANISCHE NATUR 271

Abb. 14

Abb. 15

schung aus Wasserpflanzen, Knollen und Fasern, die drei Ursubstanzen vermengt: Plasma, Plazenta und Plankton. Vom Plasma zeigen die Keimungs- und Wachstumsaufnahmen in BODY SNATCHERS seine plastischen Eigenschaften als schimmernde und schleimige Flüssigkeit, die Fähigkeit zur Keimbildung, die komplexe organische Struktur und selbstverständlich den Umstand, dass es Träger der Erbanlagen ist. Von der Plazenta zeigen sie die fleischige und schwammige Masse und vor allem die wesentliche Besonderheit, ein ursprünglich halbfötales, halbmütterliches Organ zu sein, also das einzige Zwischenorgan: Sie gehört zu zwei Körpern gleichzeitig und stellt ihre Verbindung sicher. Vom Plankton zeigen sie die Fähigkeit, sich fortzubewegen, die Durchsichtigkeit, die Koexistenz des Pflanzlichen und des Tierischen sowie das eventuelle Vorhandensein von giftigen Organen, womit der Tod Einzug in diese Menge lebendiger und fruchtbarer Materien hält. Auf diese Weise übernehmen diese Keimungseinstellungen undifferenziert die Phylogenese (die Entstehung der Spezies) und die Ontogenese (die des Individuums). Diese Vermischung wird mit Hilfe des biologisch-pflanzlichen Modells der Keimung hervorgebracht. Das Bild des Embryos verweist also gleichzeitig auf das Menschengeschlecht allgemein wie auf die Archäologie des Lebens; ein Komplex aus Abstraktem, Pflanzlichem und Tierischem würde sich dunkel in das Menschliche einprägen.[16]

Auf den blinden Blick des Embryos schneidet der Film zum bösen Blick der Mutter. Im direkten Anschluss an Caillois hat Lacan die tödliche Kraft des Blicks als das „fascinum" bezeichnet, als „das Auge voll Gefräßigkeit, das der böse Blick ist."[17] Der mortifizierende Blick verwandelt die Doubles von Tochter und Vater ganz buchstäblich in Leichen. Der Film unterscheidet sich hier von seinen Vorgängern, weil er die Morphologie der Geburt mit einer Morphologie des Todes kreuzt. Die neugeborenen Körper erscheinen im Zustand der Verwesung; der Embryo ist von der Leiche ununterscheidbar. Eine Leiche, die zugleich mimetisch als auch anti-mimetisch ist.

Denn filmtheoretisch ist die Leiche freilich kein beliebiges Objekt, sondern zumindest in André Bazins Ontologie des fotografischen Bildes *das* anthropologische Urmodell des Kinos schlechthin: Die Leiche als das gleichsam erste Bild des Menschen, das im ägyptischen „Mumienkomplex" durch eine proto-indexikalische Konservierung dem toten Körper einen Abdruck entnimmt. Fotografie und Film stehen für Bazin in Nachfolge dieser naturhaften Mimesis: „So wirkt die Photographie auf uns wie ein ‚natürliches' Phänomen, wie eine Blume oder eine Schneeflocke, deren Schönheit von ihrem pflanzlichen oder tellurischen Ursprung nicht zu trennen ist."[18] In BODY SNATCHERS erscheint selbst die Leiche nicht mehr als dieses natürliche Phänomen, sondern wie ein unähnlicher Doppelgänger – ein Bild ohne jeden tellurischen Ursprung.

Zeugten schon die plastikförmigen Aliens in Siegels Film von ihrer anorganischen Gestalt, so künden die amorphen Leichen von Ferraras Film bereits von der Mutation des filmischen Körperbildes durch das digitale Verfahren des *Morphings*. Aber auch dieser High-Tech-Hollywoodfilm gründet seinen Horror letzlich auf ein mythisches Modell der Mimikry, das auch in Siegfried Kracauers Filmtheorie als ultimatives „fascinum" fungiert: das der schlangenhaarigen Medusa, die durch den Bann ihres bösen Blicks ihre Opfer versteinert.[19] Als Bild-Replik der Schlusseinstellung von Kaufmans Film vereint sich bei Ferrara nun die böse Stimme mit dem bösen Blick der Medusen-Mutter.

---

16 Nicole Brenez: „Die abscheuliche Vertrautheit der Familie. BODY SNATCHERS von Abel Ferrara", in: Christine Rüffert, Irmbert Schenk, Karl-Heinz Schmid, Alfred Tews (Hg.): *Unheimlich anders. Doppelgänger, Monster und Schattenwesen im Kino*. Berlin: Bertz 2005, S. 93-103, hier S. 97-98.
17 Jacques Lacan: *Die vier Grundbegriffe der Psychoanalyse. Das Seminar Buch XI*. Olten: Quadriga 1987, S. 122. Vgl. auch Caillois, „Mimese", S. 29.
18 André Bazin: „Ontologie des photographischen Bildes", in: Ders.: *Was ist Film?* Berlin: Alexander 2004, S. 33-42, hier S. 37.
19 Vgl. Siegfried Kracauer: *Theorie des Films. Die Errettung der äußeren Wirklichkeit*. Frankfurt/M.: Suhrkamp 1964, S. 395-396.

Abb. 16

In diesem Sinne verweist der metamorphotische Pflanzen-Horror der BODY SNATCHER-Filme allegorisch auf die Medusenhaftigkeit des Kinos selbst: Das Kino ist eine mimetische Maschine, das Ähnlichkeit nur durch Unähnlichkeit reproduziert: „Das Prinzip des *Snatching* ist die ökonomische Erfindung der vollständigen Veränderung durch Substitution desselben durch dasselbe."[20] Oder anders gewendet: Das Kino ist ein Körperfresser.

---

20 Brenez, „Die abscheuliche Vertrautheit", S. 95.

Tobias Haupts

„IT'S BEEN A LONG ROAD"

STAR TREK: ENTERPRISE zwischen der Last des Prequels, der Refiguration des eigenen Mythos und dem Fluch, *Star Trek* zu sein

Maßstab STAR TREK

Kaum eine andere Serie hat den Begriff der Science Fiction im Fernsehen so sehr geprägt, neue Maßstäbe gesetzt und die Debatten beherrscht wie die Abenteuer des Raumschiffs Enterprise. Das „Phänomen Star Trek"[1], welches von Gene Roddenberry Ende der 1960er Jahre auf die heimischen Bildschirme der USA gebracht wurde, ist in seiner Komplexität, seiner Fülle an Geschichte und Geschichten eingewoben in einen übergreifenden Medienverbund, der lediglich vergleichbar ist mit dem von Georg Lucas geschaffenen und von Disney 2013 übernommenen STAR WARS-Franchise. Wenngleich dieses erst in den letzten Jahren den Weg auf den Fernsehbildschirm fand[2] und sich die Filme in ihrer Poetik nie vollständig dem Genre der Science Fiction zuordnen ließen,[3] so ist beiden nicht nur eine breite Fanbasis gemein, sondern auch ihre Bedeutung für weitere popkulturelle und multimediale Erzeugnisse, die oft fernab jedweder Science Fiction liegen. Wie im Falle der alten und neuen Trilogie der STAR WARS-Filme, so bilden auch die Serien und Kinofilme des STAR TREK-Universums lediglich einen, wenngleich auch bedeutenden Nexus, um den sich alle anderen Erzeugnisse der Marke gruppieren und denen sie sich zuordnen lassen. Dieses *expanded universe*[4] zu verstehen und zu beschreiben, wird für den Außenstehenden aufgrund der Fülle des Materi-

---

1 Vgl. Andreas Rauscher: *Das Phänomen Star Trek. Virtuelle Räume und metaphorische Weiten*. Mainz: Ventil 2003.
2 Gemeint ist damit die seit 2008 laufende Animationsserie STAR WARS: THE CLONE WARS (USA) sowie die animierte Nachfolgeserie STAR WARS REBELS (USA), die seit 2014 die Zeit bis zur neuen *Star Wars*-Trilogie verkürzen soll.
3 Vgl. Laurent Jullier: *Star Wars. Anatomie einer Saga*. Aus dem Französischen übertragen von Rüdiger Hillmer. Konstanz: UVK 2007.
4 Dieses *expanded universe* birgt neben der Problematik seiner Unübersichtlichkeit auch das Problem der Kanonisierung in sich, also der Frage, welche Geschichten in Comics, Romanen und Computerspielen zur offiziellen Chronologie des Serienuniversums dazugehören oder übergangen werden. Nicht hinzugerechnet bleibt dabei die Vielzahl an multimedialer fanfiction, die in Fanclub-Magazinen und Internet produziert und rezipiert wird. Vgl. Uwe Meyer: *We only want to be your partners. Star Trek: Enterprise – Politisch-ideologische Dimensionen einer Fernsehserie zwischen Kaltem Krieg und war on terror*. Frankfurt/M. u. a.: Peter Lang 2007, S. 12ff.

als und den über die Jahre hinweg entstandenen Widersprüchen innerhalb der Narrationen nahezu unmöglich, wird doch gerade die Ausbreitung dieses Serienkosmos dabei oft nur als Möglichkeit gesehen, den Merchandising-Apparat der Serien weiter voranzutreiben, um somit zusätzliche Einnahmen zu sichern.[5]

STAR TREK als Synonym für eine Fernseh-Science Fiction ist allerdings zu einem Maßstab geworden, an dem sich jede andere Science Fiction nach STAR TREK: THE NEXT GENERATION (USA 1987-1994) hat messen müssen. Dies schien so weit zu gehen, dass das, was nicht STAR TREK war, nicht akzeptiert[6] und von der Fangemeinde mit dem Entzug von Aufmerksamkeit, der obersten Währung des Fernsehzeitalters, gestraft wurde. Bis weit in die 1990er Jahre hinein schien sich dies zu bestätigen: STAR TREK dominierte mit den Ablegerserien STAR TREK: THE NEXT GENERATION, STAR TREK: DEEP SPACE NINE (USA 1992-1999) und STAR TREK: VOYAGER (USA 1995-2001)[7] die Science Fiction im Fernsehen, und schien sich als legitimer Nachfolger der Westernserie zu verstehen, der die Abarbeitung am US-amerikanischen Mythos an die *final frontiers* der unendlichen Weiten des Weltraums verlagerte und dort das Zusammentreffen mit dem Fremden und schlechthin Anderen erprobte. Erst Mitte der 1990er Jahre schufen Serien wie SPACECENTER BABYLON 5 (USA 1994-1998), SPACE: ABOVE AND BEYOND (USA 1994-1995) sowie der Start der STARGATE-Reihe mit STARGATE SG 1 (CAN/USA 1997-2007) eine ernsthafte Konkurrenz zu Paramounts Serienensemble, die nicht nur die definitorische Hegemonie einer vom Franchise in Beschlag genommenen Fernseh-Science Fiction brechen sollte, sondern dem Genre seine Vielfalt zurückgab, die es als literarische Gattung im 19. Jahrhundert und als filmisches Genre der 1950er Jahre ausmachte.[8] Folgt man jedoch der heuristischen Gleichsetzung von Fernseh-Science Fiction mit dem STAR TREK-Universum,[9] dann führt diese genrespezifische Vormachtstellung der Serie zu

---

5 Vgl. Torsten Dewi: „Star Trek – Was ist das?", in: Kai-Uwe Hellmann, Arne Klein (Hg.): „*Unendliche Weiten…*" *Star Trek zwischen Unterhaltung und Utopie.* Frankfurt/M.: Fischer 1997, S. 10-15, hier S. 14.

6 Dass dies auch die eigenen Produktionen treffen kann, zeigte die Distanz der Fans zu den Anfängen von DEEP SPACE NINE. Nicht nur, dass hier zum ersten Mal eine statische Raumstation Ort der Handlung ist, sondern die Serie auch bewusst dunkler und gewaltvoller gehalten war, als die Vorgängerserien. Nicht selten traf DS9 daher der paradoxe und dennoch nicht abwegige Vorwurf, STAR TREK zu sein, ohne STAR TREK zu sein.

7 Im Folgenden werden, um den Lesefluss ein wenig zu straffen, die geläufigen Abkürzungen der Serien wie folgt benutzt: STAR TREK: THE ORIGINAL SERIES (OST), STAR TREK: THE NEXT GENERATION (TNG), STAR TREK: DEEP SPACE NINE (DS9), STAR TREK: VOYAGER (VOY) sowie STAR TREK: ENTERPRISE (ENTERPRISE). Zu einer Übersicht des Franchise vgl. Ina Rae Hark: *Star Trek.* London: BFI publishing 2009.

8 Einheitlich zu definieren, was eine Science Fiction über die Grenzen des Mediums eigentlich ausmacht, ist bis heute nicht geglückt und kann sich immer nur in einer größtmöglichen Annäherung realisieren. Vgl. dazu: Simon Spiegel: *Die Konstitution des Wunderbaren. Zu einer Poetik des Science-Fiction-Films.* Marburg: Schüren 2009, S. 17ff.

9 Tatsächlich bildet die ästhetische Analyse der Science Fiction-Fernsehserien ein Desiderat einer auf serielle Formen spezialisierten Film- und Fernsehwissenschaft. Zwar erfolgte unter dem Banner des Quality-TV und dem Umbruch der Fernsehserie Anfang des neuen Jahrtau-

dem Befund, dass die Serie in ihrem Medienverbund das Phänomen selbst zu einem Genre transformiert. Dieses Genre ist somit nicht nur geprägt durch seine dauernde Präsenz in der medialen und populärkulturellen Öffentlichkeit, seine narrativen Konstanten, wie zum Beispiel die Gesetzgebung der Föderation[10], sondern auch durch die eigene Geschichte On- und Offscreen. Dabei erzählt STAR TREK seit seiner Entstehung vor nun über vierzig Jahren nicht nur chronologisch die Abenteuer des Raumschiffs Enterprise, sondern springt innerhalb des fiktiven Universums weite Jahre in die Zukunft oder aber, wie im Falle der letzten Serie STAR TREK: ENTERPRISE, in die eigene Vergangenheit zurück. Am Beispiel der letzten Serie soll nun aufgezeigt werden, wie STAR TREK: ENTERPRISE (USA 2001-2005) das Moment des Prequels, welches ebenfalls durch George Lucas' STAR WARS-Filme als fest etablierter Bestandteil filmischer Narrative und Werbestrategien prominent wurde, für die Fernsehserie einführt, und zugleich zwischen den Rahmungen der Science Fiction-Serie als solcher und denen des fiktiven STAR TREK-Universums oszilliert. Mit hoher Wahrscheinlichkeit scheiterte ENTERPRISE gerade an diesem selbst gestellten Anspruch, denn als erste Serie des Franchise wurden die Abenteuer des Raumschiffs Enterprise aufgrund schlechter Quoten mit dem Ende der vierten Staffel eingestellt und der Flug der Föderation damit vorläufig beendet.[11]

Das Prequel

Fortsetzungen zu populären Medien zu produzieren, begleitet seit jeher die Verwertungsketten von Buch, Comic, Film und Fernsehen.[12] Strukturelle Ähnlichkeiten oder gar Genealogien lassen sich von der Kolportageliteratur des 18. und 19. Jahrhunderts, über die Serials und Reihen des Kinos, bis hin zur Fernsehserie per se ziehen, die auch im Internet als neues Format ihre Fortsetzung findet. Neben der narrativen Ausrichtung dieser kulturellen Texte, den Zuschauer – nahezu

---

sends u. a. eine starke Auseinandersetzung mit der Neuauflage von BATTLESTAR GALACTICA (USA 2003-2009), doch führte das Gros der seit den 1980er Jahren produzierten und gesendeten Science Fiction-Serien dabei zu keinen eigenständigen Untersuchungen.

10 Am prominentesten vielleicht vertreten durch die *Oberste Direktive* der Sternenflotte. Diese Direktive formiert das höchste Gesetz des interstellaren Völkerbundes, sich nicht in die internen Angelegenheiten anderer Völker einzumischen; vor allem dann, wenn es sich dabei um noch nicht raumfahrende Völker handelt. Allein durch diese kurze Definition scheint klar zu sein, welches ethisch-moralische Spannungspotenzial die Narration der Serien daraus zieht und in extenso auch ausstaffiert.

11 Vgl. zum Kampf der Serie gegen die sinkenden Quoten: Thomas Höhl, Mike Hillenbrand: *Dies sind die Abenteuer. Star Trek 40 Jahre NCC 1701. Mit Vorworten von Ralph Sander und Klaus N. Frick*. Zweite Auflage. Königswinter: Heel Verlag 2007, S. 346ff.

12 Zum Begriff des populären Mediums vgl. Harun Maye: „Übersetzungsfabriken. Kolportageliteratur und Soap Opera", in: Arno Meteling, Isabell Otto, Gabriele Schabacher (Hg.): „*Previously on…" Zur Ästhetik der Zeitlichkeit neuerer TV-Serien*. München: Wilhelm Fink 2010, S. 135-156.

suchtartig – zum Weiterlesen und -schauen zu bewegen, trat die beinah unabhängige Fortsetzung populärer Reihen, die – weil vor allem durch ökonomische Gründe motiviert – oft im Sequel erst plausibel machen musste, warum eben dieses existierte. Die Fortsetzung einer an sich abgeschlossenen Geschichte ruft daher typischerweise eine Kritik hervor, die dem Beginn der Serie – dem berühmten ersten Teil – den Vorzug gibt und eine starke Skepsis gegenüber dem zu erwartenden Produkt artikuliert. Dabei laden sie dieses oft mit einer kaum einzuhaltenden Forderung auf, genau diese Erwartungen zu erfüllen. Wenngleich diese Mechanismen des Marktes, oder anders gesagt, diese Mechanismen der Serie auch für alle Gattungen, Genres und Formate prinzipiell gelten mögen, so scheinen sich doch vor allem die ehemaligen B-Genres des Westerns, des Kriminalfilms, der Science Fiction und des Horrors dazu zu eignen, Fortsetzungen über alle medialen Grenzen hinweg zu produzieren. Tatsächlich zeichnen sich alle vier genannten Genres – zu denen man unter gewissen Umständen und mit zeitlichem Abstand die Fantasy hinzurechnen könnte[13] – durch eine lange literarische Tradition aus. Pejorativ haftete ihnen daher lange Zeit das normative Urteil des minderwertigen Kulturerzeugnisses an, welches bis heute, wenngleich auch weit weniger, die Debatten bestimmt, und zum Beispiel in Bezug auf den Horrorfilm und den Ruf nach Zensur immer noch nicht vollends verschwunden ist.[14]

Neben der Tendenz zur Serie trifft jedoch auf den Horror- und Science Fiction-Film ebenso der Drang zum Remake zu.[15] Folgt man der These, dass sich gerade Horror und Science Fiction als besondere Modalitäten der Erfahrungsvermittlung dazu eignen, Ängste und Befürchtungen, aber auch Hoffnungen und Wünsche der Gesellschaft – und dies meint über weite Teile der Genregeschichte die der US-amerikanischen Gesellschaft – aufzunehmen und zu vermitteln, so wird dieser Drang zum Remake durch die sich stetig in Veränderung befindliche Gesellschaft zu einem logischen Zwang.[16] Bei der Bewertung dieser Remakes kann es dann im

---

13 Die Entstehung eines eigenen Genres der Fantasy, welche sich aus der Trias des phantastischen Films und seiner Verbindung zum Märchenfilm löst, fällt in die zweite Hälfte der 1970er Jahre, in welcher eine Vielzahl prototypischer Filme Premiere feierte.

14 Dabei erstaunt es, dass Horror und Fantasy in einer sofort dem Genre zuzurechnender Form erst vor wenigen Jahren Einzug gehalten haben in die Welt des Quality-TV durch die Serien THE WALKING DEAD (USA 2010-) und GAME OF THRONES (USA 2011-). Serien wie THE X-FILES (USA 1993-2002) und BUFFY THE VAMPIRE SLAYER (USA 1997-2003) operieren zwar mit Versatzstücken des Genres, lassen sich diesem jedoch nicht eindeutig zuordnen.

15 Katrin Oltmann hat in ihrer Studie vorgeschlagen, die pejorativ aufgeladene Dichotomie zwischen Original und Remake durch das Zusammenspiel von Premake und Remake zu ersetzen. Gerade in Bezug auf den Science Fiction-Film, der ähnliche Themenkomplexe in anderen Zeiten behandelt, scheint dies eine plausible Alternative an Begrifflichkeiten darzustellen. Vgl. Katrin Oltmann: *Remake/Premake. Hollywoods romantische Komödien und ihre Gender-Diskurse, 1930-1960*. Bielefeld: transcript 2008.

16 Stärker noch lässt sich dies am inszenatorischen Repertoire des Horrorfilms nachweisen, der ab Mitte der 1960er Jahre sein Hauptaugenmerk oft auf die Evozierung von Ekel statt Angst legte.

besten Fall nicht mehr darum gehen, welcher Film unter ästhetischen Gesichtspunkten der bessere ist, sondern um die Frage, welches Thema sie nun anders verhandeln, als ihr(e) Vorgänger es taten (und warum). Das Potenzial der Science Fiction, aus dem Schutz einer möglichen Zukunft heraus die Gegenwart zu kommentieren und gegebenenfalls zu kritisieren, stärkt hier die Chancen eines Remakes, sich stets den veränderten Konditionen der Gegenwart anzunehmen. Fast könnte man daher meinen, dass oftmals gute Gründe vorzuliegen scheinen, um ein weiteres Remake in Auftrag zu geben und zu produzieren.

Anders als das Remake, welches eine schon bekannte und zumeist bewährte Narration an Technik, Ästhetik und Zeitgeist anpasst, steht das Prequel der Fortsetzung näher. Wurde – wie bereits erwähnt – der Begriff gerade durch George Lucas' zweite STAR WARS-Trilogie bekannt, die sich als Vorgeschichte zu seiner Ende der 1970er Jahre produzierten ersten Trilogie verstand, so wurde bei Lucas' Film der Kern und das Dilemma eines jeden Prequels deutlich: Der Ausgang eines Prequels ist meist bekannt. Die Aufgabe bleibt also, narrativ einen Bogen zu den Ereignissen zu schlagen, die der Zuschauer bereits kennt, um sie so als Vergleich heranziehen und auf ihre Kohärenz hin überprüfen zu können.[17] Narratologisch konzentriert sich das Prequel daher meist nicht auf die Frage nach dem *Was passiert ist*, sondern auf das *Wie etwas passiert ist*.[18]

Die zeitliche Differenz zwischen dem Prequel und dem Sequel bleibt dabei ein ernstzunehmendes Problem, da auch hier die Serie auf die Wiedererkennung und die Fähigkeit des Rezipienten setzt, das Produkt eindeutig einem schon vorher existierenden medialen Erzeugnis zuordnen zu können.[19] Schwierig wird dies vor allem dann, wenn zwischen der Verfilmung der Vorgeschichte und dem Sequel zu viel Zeit vergangen ist, die nicht nur die Technik weiter vorangetrieben, sondern auch die ästhetischen und narrativen Standards verändert hat. Dies wird besonders bei STAR TREK: ENTERPRISE virulent, ist die Serie doch nicht nur einer der bekanntesten Prequels der Fernsehgeschichte, sondern weist mit einer Differenz von 35 Jahren auch noch den größten Abstand zur Fortsetzung der Geschichte auf. Gerade vor den Augen der äußerst kritischen Fans, denen sich STAR TREK neben den übrigen Fernsehzuschauern stets stellen muss, war es daher die Aufgabe der Serie, narrativ eine logische Vorgeschichte zu entwerfen, die sich aus dem speist, was die Originalserie, ihre Ableger sowie die Kinoauswertung vorgelegt haben.

---

17 Tatsächlich präsentiert die 1999 gestartete Trilogie George Lucas' wenig Neues, was den Verlauf der Handlung betrifft. Die wirklichen Neuheiten betreffen lediglich die Nebenhandlungen, die den Ausgang der Geschichte in keiner Weise veränderten.
18 Im Bereich der Fernseh-Science Fiction bildete STAR TREK: ENTERPRISE zwar das größte Prequel dieser Art, zu nennen wären hier jedoch noch CAPRICA (CAN/USA 2009-2010) als Prequel zur Serie BATTLESTAR GALACTICA sowie der Fernsehfilm BABYLON 5: IN THE BEGINNING (Michael Vejar, USA 1998) als Prequel zu SPACECENTER BABYLON 5.
19 Auf die Schwierigkeiten, vor denen STAR TREK: ENTERPRISE hier stand, wird noch einzugehen sein.

Veränderte Medien-, veränderte Serienwelt

Mitte der 1980er Jahre schien das Fernsehen zu sich selbst zu kommen. Neue Techniken der Übertragung, neue Qualitäten der Aufnahme und der Bildschirme zu Hause begründeten eine Form der *televisuality*, die es vorher so noch nicht geben hatte und die das Fernsehen im Medienensemble der 1980er Jahre neu positionierte.[20] Die vom Medientheoretiker John T. Caldwell[21] aufgezeigten Veränderungen beschreiben einen Wandel des Fernsehens von einer auf das Wort gestützten Ausdrucksform zu einer an Visualität orientierten Mythologie, Struktur und Ästhetik, die zugleich ihre eigenen Bedingungen reflektierte und somit vielleicht auch für das Fernsehen das Zeitalter der Postmoderne einläutete. Und wie im Bereich des Films das Genre der Science Fiction mit Experimenten im Bereich der Special Effects einherging, so kam es durch die Veränderung der Fernsehtechnik zu jener bereits oben angesprochenen Revitalisierung der Science Fiction innerhalb der 1980er Jahre. Die Ausrichtung der zweiten STAR TREK-Serie, STAR TREK: THE NEXT GENERATION, bildet dabei einen Anknüpfungspunkt an die schon vergangenen Abenteuer des Raumschiffs Enterprise Ende der 1970er Jahre und wandte sich durch ihren Titel explizit auch an ein neues Publikum.[22] Es wurde der Versuch unternommen, unter allen Serien eine Form der Übergabe zu gestalten, die durch eine merkwürdige Chronologie der Ereignisse auf Leinwand und Bildschirm erst 1994 aufgehoben wurde, also in dem Jahr, in dem auch die letzte Staffel von NEXT GENERATION produziert wurde; denn während im Fernsehen die neuen Abenteuer eines anderen Raumschiffs Enterprise liefen, wie dies auch das Voice-Over des Vorspanns der Serie ankündigte, zeigten die Kinofilme weiterhin die Abenteuer der Besatzung der Original Enterprise unter Kirk und verschob die innerdiegetischen Zeitebenen der Serien zwischen Kino und Bildschirm. Erst mit dem Film GENERATIONS (David Carson, USA 1994) wurden die Aufgaben der Enterprise und ihrer fortwährenden Mission von Kirk an Picard weitergegeben. Doch bedeutete dies nicht ein Aufheben der Asynchronität zwischen Fernsehen und Leinwand, sondern nur deren Weiterführung.[23] So markierte das Jahr 1994 nicht nur das Ende der Abenteuer der alten Enterprise, sondern auch das Ende der neuen Enter-

---

20 Hinzu kamen – vor allem in Deutschland – Veränderungen der Technik durch die Einführung des Videotextes, des Dualen Systems und der Videokassette, die es erlaubten, Fernsehen zeitversetzt zu rezipieren, und die Spezifik des Mediums somit entscheidend verändern sollten.

21 Vgl. John T. Caldwell: „Televisualität", in: Ralf Adelmann u. a. (Hg.): *Grundlagentexte zur Fernsehwissenschaft. Texte – Theorie – Geschichte*. Konstanz: UVK 2001, S. 165-202, hier S. 165ff.

22 Interessanterweise wurde die langlebige Westernserie BONANZA (USA 1959-1973) ein Jahr vor dem Start der TNG wiederbelebt, um mit dem Fernsehfilm BONANZA: THE NEXT GENERATION (William F. Claxton, USA 1987) alten Fans neues Material bereitzustellen und neue Zuschauer für die Serie zu gewinnen.

23 Tatsächlich taucht schon im Pilotfilm der TNG „Encounter at Farpoint" (1.01) der sichtlich gealterte DeForest Kelley in seiner Rolle als ehemaliger Schiffsarzt Dr. Leonard ‚Bones' McCoy auf; jedoch bleibt diese Szene völlig ungerahmt als Gimmick bestehen, gibt es doch

prise auf den heimischen Bildschirmen, auf denen ab 1993 die Crew der Raumstation DEEP SPACE NINE ihren Dienst angetreten hatte.

Zwischen THE NEXT GENERATION, DEEP SPACE NINE und schließlich VOYAGER wurde diese Form der Weitergabe des Narrativs durch die Pilotfilme der jeweiligen Serien fortgeführt: So übergibt im Pilotfilm zu DS9 Jean-Luc Picard dem neuen Captain Benjamin Sisko im Auftrag der Sternenflotte offiziell das Kommando über die Raumstation,[24] während die Voyager in der ersten Episode der Serie von Deep Space Nine aus zu ihrer Mission startet,[25] um tiefer in die unbekannten Weiten des Raumes vorzudringen. Damit spielen alle drei Serien, die von der Original Enterprise und dem Prequel eingerahmt werden, *zur selben Zeit* und teilen so den seriellen Kosmos der jeweils anderen Serien. Dieser serieninterne Anspielungshorizont wird auf der einen Seite durch zahlreiche Querverweise und Gastauftritte stetig betont, ohne dass auf der anderen Seite die Kontinuität des narrativen Rahmens genau beachtet und eingehalten wird. So speisen sich zahlreiche Episoden aus den Abenteuern um das Holodeck und seiner virtuellen Realität, aus dem Phänomen der Zeitreise und aus dem (Wieder)Auftauchen von Doppelgängern der NEXT GENERATION-Besatzung, die dabei Fanwissen und Wiedererkennungswert forcieren, für den uninformierten Zuschauer aber nahezu an den Rand des Grotesken führen, da er diese Bezüge nicht herstellen kann. Erschwert wird das Zurechtfinden im Serienkosmos für den Gelegenheitszuschauer auch dadurch, dass das Auftauchen der Charaktere nicht in einen staffel- oder gar serienübergreifenden Plot eingewoben ist, sondern über die Staffeln hinweg inkludierte Singularität bleibt. Doch gerade hier wird deutlich, wie sehr STAR TREK damit die Grenzen der eigenen Franchise zu einem genreähnlichen Konstrukt erweitert, welches innerhalb seines eigenen Bezugssystems und seiner eigenen Historizität auf Leinwand, Bildschirm und kulturellem Leben operiert. Setzen Fernsehserien seit den späten 1990er Jahren auf eine Rezeption möglichst all ihrer Episoden, so setzt STAR TREK auf die Kenntnis des gesamten Franchise. Und ähnlich wie der Aspekt des Genrewissens dem Rezipienten eine neue Erfahrungsform des Genres selbst offeriert und Anleitung gibt, wie er sich zu dem medialen Erzeugnis verhalten soll, so steckt auch STAR TREK Rahmungen ab, die dem Zuschauer eine Vorstellung davon geben, was in diesem Serienuniversum möglich ist und was nicht.[26]

Zu den Veränderungen innerhalb der eigenen STAR TREK-Geschichte und des eigenen Serienkosmos traten jedoch noch die neuen Maßstäbe und Veränderungen

---

keinerlei Interaktion zwischen McCoy und dem neuen Captain der Enterprise, Jean-Luc Picard.
24 Vgl. STAR TREK: DEEP SPACE NINE „Emissary" (1.01).
25 Vgl. STAR TREK: VOYAGER „Caretaker" (1.01).
26 Dabei bestimmte Gene Roddenberry noch bis zu seinem Tod 1991 maßgeblich die Entwicklung der Fernsehserie mit. Vor allem TNG fühlte sich weiterhin der Vision Roddenberrys, einer friedlichen Zukunft für die Menschheit, verpflichtet. Erst DS9 entfernte sich mehr und mehr von diesen Prinzipien, die jedoch spätestens ab VOYAGER wieder stärker das Franchise dominierten.

im Bereich der Fernsehserie generell[27] hinzu, die eine neue STAR TREK-Serie im Allgemeinen und ein Prequel im Besonderen zu berücksichtigen hatte. Die Veränderungen in der Ästhetik der Fernsehserie, was zum Beispiel die Raffinesse verwobener und sich über Staffeln hinwegziehender Handlungsstränge betrifft, die in der zweiten Hälfte der 1990er Jahre ihren Anfang nahmen, trafen mit der schon angesprochenen Serie BABYLON 5[28] aus der Feder J. Michael Straczynskis[29] und der Reaktualisierung von BATTLESTAR GALACTICA auch das Format der Science Fiction-Serie. Zwar schien DEEP SPACE NINE diese Veränderungen – auch in direkter Konkurrenz zu BABYLON 5 – zu erkennen und die Narration einem neuen Modell von ‚großer Erzählung' anzupassen, doch bereits VOYAGER kehrte wieder zu den bewährten Formeln zurück, die schon der NEXT GENERATION hohe Einschaltquoten gebracht hatten.

Wenngleich eine teleologische Geschichtsschreibung wenig hilfreich ist, fällt doch auf, dass durch die Grenzen des STAR TREK-Universums, durch die Veränderungen in der Serientechnik, -ästhetik und -narration sowie zusätzlich durch die Funktion und das Versprechen eines Prequels STAR TREK: ENTERPRISE mit großen Herausforderungen an den Start gegangen ist, die von Beginn an nur eine zusätzliche Hürde und Last für die Produktion bedeuteten.

Vom Fluch, *Star Trek* zu sein

Lag der Anknüpfungspunkt von STAR TREK: ENTERPRISE narrativ in erster Linie bei der Originalserie, nahm man sich hinsichtlich der Ausstattung desselben Designs an, das schon im achten Kinofilm des Franchise STAR TREK: FIRST CONTACT (Jonathan Frakes, USA 1996) verwendet wurde. Dieser Film präsentierte nicht nur das zweite Abenteuer der TNG-Crew auf der großen Leinwand, sondern holte mit den cyborgähnlichen Borg und dem ihnen inhärenten Imperativ der Assimilierung den wohl beliebtesten Antagonisten des Serienuniversums in die Kinosäle. Dabei funktionierte auch dieser Film als eine Art Prequel, der einen wesentlichen narrativen Twist der späteren Enterprise vorwegnahm: die Serienvergangenheit, in dem Fall die Erfindung des Warp-Flugs durch Zefram Cochrane und der erste, titelgebende Kontakt zu einer anderen raumfahrenden Spezies, kann nur stattfinden, weil

---

27 Vgl. zu den Veränderungen durch eine neue Generation von Serien exemplarisch: Gabriele Schabacher: „Serienzeit. Zu Ökonomie und Ästhetik der Zeitlichkeit neuerer US-amerikanischer TV-Serien", in: Meteling u. a. (Hg.), *„Previously on…"*, S. 19-39.

28 Vgl. zu BABYLON 5: Tobias Haupts: „Die neuen Großen Erzählungen. SPACECENTER BABYLON 5 und die Science Fiction im Fernsehen", in: Meteling u. a. (Hg.), *„Previously on…"*, S. 95-109.

29 J. Michael Straczynskis Vision der Zukunft stand jener Gene Roddenberrys nahezu diametral gegenüber. In seiner Zukunft hatte die Menschheit Kriege, Gewalt, Fremdenfeindlichkeit und Egozentrismus nicht überwunden, sondern kämpfte in anderem Setting noch immer mit den bekannten Problemen *unserer* Geschichte und Gegenwart.

die Crew der Enterprise D unter Jean-Luc Picard diesen ersten Flug gerettet hat. Diese narratologische Wende unterscheidet das Prequel im STAR TREK-Universum von Lucas' Vision der Vorgeschichte Darth Vaders als einer Entwicklung vom blonden, unschuldigen Jungen zur Geißel des Universums. Denn indem Lucas klar macht, dass der Endpunkt dieser Entwicklung nicht zu verändern ist, legt er den Fokus des Prequels auf die Bilder und die Inszenierung, die im Fall der Science Fiction auch meistens den Einsatz neuer und möglichst spektakulärer Special Effects bedeutet. Dagegen bildet bei STAR TREK: FIRST CONTACT nicht das Bekannte den Nexus der Handlung, sondern eine Storyline, die erst durch die Zeitreise selbst das Sequel zu einem Prequel werden lässt.

Das Experiment der neuen, alten Crew in STAR TREK: ENTERPRISE ist nicht das Ausloten Roddenberry'scher Utopien eines friedlichen Miteinanders, wie sie in der OST zu sehen waren und den Figurenzeichnungen zugrunde lagen. Stattdessen ging es darum, die Situation *vor* dem Idealzustand aufzuzeigen, also um den Prozess, wie die Menschen erst zu einem friedlichen Miteinander mit sich und den anderen Völkern des Universums gelangten. Fraglich ist jedoch, wie der Forschertrieb, der dem Serienkosmos durch Vorspanntext und innere Logik zugeteilt war, in einer Serie fortgeschrieben werden soll, „[d]ie sich nicht dorthin bewegt, wo nie jemand zuvor gewesen ist, sondern zahlreiche Schauplätze aufsucht, mit denen sich bereits ihre Vorgänger lange und ausführlich beschäftigt haben."[30] Ist der Fluchtpunkt bekannt, bleibt wenig Raum für neue Entwicklungen, die den Zuschauer verblüffen können. Gerade hier wird ein Aspekt einer Poetik der Science Fiction berührt, der in ENTERPRISE eine eigenwillige Transformation erfährt. Ausgehend von einem an der Literatur entwickelten Regelwerk der Science Fiction, wie sie sich bei Darko Suvin[31] findet, geht Simon Spiegel[32] in seiner Untersuchung zum Science Fiction-Kino davon aus, dass das Novum, also das Neue, was den Leser und Zuschauer in buchstäbliches Staunen versetzt, ein fester Bestandteil des Genres sei. Dabei wird das ‚Problem' der STAR TREK-Serien erneut deutlich: Zwar muss sich das Novum der Science Fiction nicht auf die Beschreibung und Präsentation der Technik einer möglichen Zukunft beschränken, doch spielt gerade die Technik eine bedeutende Rolle bei dessen Konstitution. Die innerdiegetische Sicht auf diese Technik operiert hierbei oft zweigleisig: Während sie sich in der ihr eigenen spektakulären Besonderheit an den Rezipienten richtet, bleibt sie in den Geschichten selbst meist in eine Normalität eingebunden, die einen zukünftigen Alltag innerhalb der Narration erst plausibel macht. Was den Zuschauer somit ins Staunen versetzen soll, ist auf der Ebene der Narration kaum mehr als eine Alltäglichkeit. Wenn ENTERPRISE nun, was den Stand der Technik betrifft, hinter die vier anderen Serien zurückgeht, wird dieses Problem besonders evident und die Serie gleichsam genötigt, eine andere Strategie zu wählen; denn wie kann der Zuschauer über

---

30 Rauscher, *Das Phänomen Star Trek*, S. 336.
31 Vgl. Darko Suvin: *Poetik der Science Fiction. Zur Theorie und Geschichte einer literarischen Gattung.* Frankfurt/M.: Suhrkamp 1979, S. 93ff.
32 Vgl. Spiegel, *Die Konstitution des Wunderbaren*, S. 42.

Abb. 1

Abb. 2

eine Technik staunen, die er schon aus den vorherigen Serien kennt und die hinter seinen Wissensstand zurückfällt? In den ersten Episoden der Serie nimmt die Kamera den Zuschauer somit auf eine Entdeckungsreise durch die Technik des Schiffes, die immer wieder bewundernd – durch den Blick der Kamera selbst oder aber den Blick der Protagonisten – in den Mittelpunkt gestellt wird. Das Staunen liegt hier weniger auf der Seite des Zuschauers, als auf der Seite der Serienfiguren. Mit großen Augen und offenem Mund stehen sie vor dem neuen Warp-Reaktor (vgl. Abb. 1 und 2), der den Flug mit Warp 4.4 möglich macht.[33]

Für den Zuschauer jedoch bedeutet dies weniger die Konfrontation mit dem Neuen als eine Form der Reise in das Archiv und die Geschichtlichkeit des eigenen Serienkosmos. War der Fan der Serie schon durch den Kinofilm FIRST CONTACT Zeuge, als der legendäre erste Warp-Flug vonstattenging, wird er nun nicht nur stetiger Teilnehmer eines berühmten ersten Mals bei der Erfindung oder Umsetzung der bekannten (und in den anderen Serien schon weiterentwickelten) Technik,[34] sondern auch bei der Kontaktaufnahme mit neuen und – dies bildet das Paradox – doch schon bekannten Außerirdischen.[35] Waren diese Rassen, durch die Möglichkeiten der Maskenbildnerei auf den neusten Stand gebracht, und diese Technik vorher schon durch Querverweise aus den anderen Serien und Kinofilmen bekannt, wird der Zuschauer nun zum Zeitzeugen einer Form von fiktiver Geschichte und kann Bezüge zu den anderen Serien herstellen, um so das Neue durch das Bekannte enger mit den folgenden Episoden zu verbinden; dabei kann er auch in besonderer Weise diesen Wissensvorsprung nutzen, um sich in der neuen Serienwelt zurechtzufinden. ENTERPRISE wird somit zu einer Serie, die den Zuschauer mit dem immer schon Bekannten konfrontiert, was auf der einen Seite die Rezeption der Serie vertieft, auf der anderen Seite die Gefahr birgt, konstitutive Momente einer Poetik der Science Fiction, wie beispielsweise die Konfrontation mit dem Neuen, maßgeblich zu unterminieren.

So wird unter anderem die Technologie des Beamens zu Beginn der Serie noch nicht dazu benutzt, Menschen und andere lebende Individuen von einem Ort zum nächsten zu bringen, sondern als effizientere Version des Lastenverkehrs. Erst als im Pilotfilm der Serie „Broken Bow" (1.01/1.02) kein anderer Weg mehr offen ist, wird Captain Archer aus der Gefahrenzone transportiert, um sich sicher an Bord der Enterprise wieder zu re-materialisieren.[36] *The long road*[37], die in den Bildern des Vorspanns die Geschichte der ENTERPRISE in eine Genealogie der echten Raumfahrtgeschichte stellt, kann dabei ebenso als Weg hin zu den schon vergange-

---

33 Standard ist in den anderen Serien eine Warp-Geschwindigkeit zwischen acht (OST) und zehn (TNG).
34 Der oft gegen STAR TREK in Stellung gebrachte Vorwurf, die Technik durch den Dialog zu entstellen und unverständlich zu machen, wird auch bei ENTERPRISE nicht aufgehoben. Die narrativen Möglichkeiten der Serie hier an den Moment des Ursprungs dieser Technik zurückzugehen, wurden nicht genutzt, um die Kritik am ‚Techno-Blabla' der Serie zu entkräften.
35 Hierbei spielt das Moment der Sprache eine große Rolle. Während Kommunikation im STAR TREK-Universum mittels universalen Übersetzern funktioniert, müssen diese hier erst noch programmiert werden. Das erste Zusammentreffen mit den durch die Originalserie bekannten Klingonen scheitert so beinahe an der Sprachbarriere.
36 Dabei wird gleichzeitig aufgezeigt, wie sich die altbekannte Technik der Serie nicht im Labor, sondern im Feld entwickelte. Auf diese Weise wird sie zugleich mit neuer Bedeutung aufgeladen, die Auswirkung auf die Sichtweise des Zuschauers auf die anderen Serien hat.
37 Die erste Zeile des Vorspanntextes resp. des im Vorspann eingesetzten Liedes lautet vollständig: *„It's been a long road, getting from there to here"*.

nen und gleichzeitig zukünftigen Serien gesehen werden, zeigt doch ENTERPRISE nun, was bewältigt werden musste, um die schon gesehenen Abenteuer – und damit auch Roddenberrys Vision – (fiktive) Wirklichkeit werden zu lassen. *The long road* ist damit nicht nur der Weg der Technikgeschichte, die von der See- und Luftfahrt zur Raumfahrt führt, sondern zugleich auch der Weg durch die vier Staffeln ENTERPRISE, die die Geschichte nicht zu einem guten Ende bringen sollten, sondern – und dies ist ein weiteres inhärentes Paradox des Prequels – zu einem guten Anfang.

So markant aber der Vorspann an die Agenda der Serie anschließt, so problematisch wirkt er vor dem Hintergrund des Prequelcharakters der Produktion. Ist es generell Aufgabe eines Vorspanns, eine Serie zu identifizieren und sie im *flow* des Fernsehprogramms erkennbar zu machen, so unterscheidet sich der ENTERPRISE-Vorspann in zwei Punkten deutlich von jenen der anderen Serien des Franchise. Auf der einen Seite steht nicht mehr das Raumschiff (respektive im Falle von DS9 die Raumstation) im Mittelpunkt des Vorspanns, welches aus den verschiedensten Perspektiven gezeigt wird, wie es die Leere des Alls durchkreuzt. Stattdessen reichen die Aufnahmen des Vorspanns, welcher die teleologische Technikgeschichte dokumentieren soll, von Karten (vgl. Abb. 3) über Schwarz-Weiß-Aufnahmen, hin zu den computeranimierten Sequenzen, die die Serienrealität STAR TREKS der außerdiegetischen Zeitgeschichte an die Seite stellen. Auf der anderen Seite setzt der Vorspann zu ENTERPRISE erstmalig nicht das aus den Vorgängerserien bekannte Voice-Over respektive einen rein instrumentalen Score ein, welches die Abenteuer des Raumschiffs Enterprise vorstellt und die Reise in unbekannte Galaxien ankündigt, die es zu erkunden gilt. Russell Watsons Rocksong *Faith of the Heart*[38] sowie eine für STAR TREK unübliche Bilderfolge des Vorspanns machen es schwer, die Serie eindeutig als Prequel und damit als Teil des Franchise zu identifizieren. Erschwert wird diese Identifikation mit den vorherigen Serien zusätzlich durch einen weiteren wichtigen Punkt: die Uniformen der Besatzung. Diese richten sich zwar nach dem Design des Kino-Prequels und achten Kinofilms FIRST CONTACT, unterscheiden sich aber zu sehr von den in Gold, Blau und Rot gehaltenen Uniformen der vier anderen Serien.[39]

Tatsächlich versuchten die Produzenten der Serie mit dem Beginn der dritten Staffel, ENTERPRISE näher an die anderen Serien heranzuziehen und den Franchisecharakter deutlicher hervortreten zu lassen. So wurde nicht nur der Titelsong in einer neuen Version aufgenommen, um ihn durch das Hinzufügen von Gitarrenriffs rockiger und damit auch dynamischer zu gestalten, sondern vor allem auch der Titel der Serie geändert. Bis zur dritten Staffel lief die fünfte STAR TREK-Serie unter dem Titel ENTERPRISE, welchem nun die Franchisebezeichnung vorangestellt wur-

---

38 Ursprünglich von Diane Warren geschrieben, wurde der Titel schon 1998 von Rod Stewart für den Soundtrack des Robin Williams-Films PATCH ADAMS (Tom Shadyac, USA 1998) interpretiert.
39 Die Möglichkeit also, die Serie durch eine Form des Corporate Designs beim Zapping als Teil des STAR TREK-Kosmos zu erkennen, wurde durch diesen Umstand weiter gemindert.

Abb. 3

de. Zudem rückten die Produzenten der Serie, Rick Berman und Brannon Braga, auf den Posten des ausführenden Produzenten. Beide, die seit TNG Teil des STAR TREK-Franchise waren, hatten nach Roddenberrys Tod großen Einfluss auf die Fortführung und Entwicklung der einzelnen Serien; die Versuche einer Neuausrichtung von STAR TREK: ENTERPRISE ließ sich auch an dieser Personalie ablesen.

Hinzu kam auf der Ebene des Narrativs, dass der schon im Pilotfilm der Serie angesprochene temporale Kalte Krieg nun zu einer akuten Bedrohung werden sollte, die gegen Ende der zweiten und zu Beginn der dritten Staffel einen Angriff auf die Erde und den Tod von sieben Millionen Menschen zur Folge hatte.[40] Im Zuge dessen wurde der Handlungsstrang der Serie weiter ausgebaut, um somit vermehrt Wert auf die Kontinuität der Handlung zu legen und zugleich den Duktus der Serie maßgeblich zu verändern. Daher wurde die Enterprise nicht nur mit einer neuen Waffentechnologie ausgestattet und Eliteeinheiten der Erde auf ihr stationiert, sondern auch daraus resultierende Folgen in den Handlungsverlauf eingeflochten, die zeigten, wie Folter und Gewaltanwendung in das Handeln Captain Archers mit einflossen, die es vorher in dieser Form kaum im Serienkosmos gegeben hatte und die unter den Anhängern der Serie kontrovers diskutiert wurden. Archers Charakter, der zu Beginn der Serie noch weit eher der Cowboymentalität William Shatners in der Rolle Captain Kirks ähnelte, wurde auf der einen Seite

---

[40] Nicht nur in der Serie 24 (USA 2001-2010; 2014), sondern auch bei ENTERPRISE scheinen sich direkte Verweise auf eine mediale Verarbeitung des US-amerikanischen Traumas des 11. Septembers finden zu lassen. Allein die lauthafte Verbindung zwischen den Suliban, einer Partei im temporalen Kalten Krieg, und der afghanischen Taliban-Bewegung weist – fast zu offensichtlich – in diese Richtung. Vgl. zu diesem Aspekt, der meist nicht mehr bereithält als die Suche nach Übereinstimmungen: Meyer, *We only want to be your partners*.

zunehmend ruhiger und in sich gekehrter inszeniert, auf der anderen Seite aber auch härter und unerbittlicher. Damit reagiert ENTERPRISE auf die bereits angesprochenen Veränderungen des Serienmarktes, die komplexere Storylines und tiefergehende Figurenentwicklung förderten. Zwar hatte bisher jede STAR TREK-Serie, trotz der Anzahl von jeweils sieben Staffeln mit bis zu 26 Folgen pro Staffel,[41] einen übergreifenden Plot, dessen Grundlage bereits im Pilotfilm festgelegt wurde, jedoch wurde dieser vor ENTERPRISE von keiner der Serien konsequent verfolgt.[42] Dies liegt zum Teil stark an der abstrakten Beschaffenheit der Grundplots der vorangegangenen Serien, wie die Erforschung der *final frontiers* in der Original-Serie oder die Bewährung der Menschheit als überlebenswerte Spezies vor dem strengen Urteil eines allmächtigen Wesens.[43] Zum anderen mag dies jedoch auch an dem Umstand liegen, dass DEEP SPACE NINE und VOYAGER immer wieder Füllepisoden in den Handlungsverlauf einbauen, die weder in einem Zusammenhang mit der Hauptgeschichte stehen, noch die Figurenentwicklung in nennenswerter Weise vorantreiben.[44] Bildet in VOYAGER die Heimreise des in den Delta-Quadranten geschleuderten Schiffs den Plot der Serie, so ist bei DS9 der Kampf gegen das aus den Gamma-Quadranten vordringende Dominion der maßgebliche *Story arc* der Serie, welcher auf dem Weg zum narrativen Höhepunkt immer wieder Folgen einbaut, die sich kaum bis nahezu gar nicht mit diesem beschäftigen und stattdessen altbekannte Muster wiederholen. Tatsächlich verfügt jede STAR TREK-Serie über Episoden, die bestimmte Plotmuster reaktualisieren, die schon jede Crew vorher durchgestanden hatte: das Phänomen der Zeitreise,[45] des Spiegel- bzw. Paralleluniversums, die Abenteuer auf dem Holodeck. Derartige Episoden bilden durch das ganze Franchise hindurch Konstanten, die die Seherfahrung des Zuschauers trainieren und auf neue Folgen vorbereiten. Ähnlich der Genreerwartung rechnet

---

41 Um sich das Ausmaß der Serien vor Augen zu führen, gilt festzuhalten, dass zu den zwölf Kinofilmen die OST 79 Folgen in drei Staffeln, TNG 178 Folgen in sieben Staffeln, DS9 176 Folgen in sieben Staffeln, VOY 172 Folgen in sieben Staffeln und ENTERPRISE 98 Folgen in vier Staffeln für den Zuschauer und Fan bereithält, die mittlerweile alle in ihrer DVD-Auswertung vorliegen; dabei STAR TREK: THE ANIMATED SERIES (USA 1973-1974) mit nochmals 22 Episoden in zwei Staffeln außenvorlassend.
42 Selbst DS9 fiel hinter diesen Anspruch immer wieder zurück.
43 Vgl. STAR TREK: THE NEXT GENERATION „Encounter at Farpoint" (1.01).
44 Zwar könnte man hier argumentieren, dass dies eine normale Begleiterscheinung des *longterm storytelling* wäre, doch scheinen sich diese Episoden nicht nur abseits vom verfolgten Hauptplot zu verorten, sondern auch die Ereignisse in ihnen von diesem meist nur am Rande tangiert zu werden.
45 Insgesamt spielen ca. fünf Episoden der OST, zwölf Episoden der TNG, elf Episoden DS9 und zwölf Episoden VOYAGER direkt mit dem Phänomen der Zeitreise. Von den zwölf Kinofilmen warten vier davon mit einer Zeitreise auf. In ENTERPRISE wird es zwar nur in zehn Folgen unmittelbar thematisiert, jedoch spielt das Motiv der Zeitreise durch den Plot der Serie in einer Vielzahl von Episoden eine Rolle. Vgl. http://en.memory-alpha.org/wiki/Time_travel_episodes (01.06.2014). Zum Vergleich: In der Serie BABYLON 5 (110 Folgen in fünf Staffeln) spielen drei Folgen mit dem Phänomen der Zeitreise und dort unter gänzlich anderen Prämissen. Vgl. Haupts, „Die neuen Großen Erzählungen", S. 103.

deshalb der Zuschauer in Episoden, die die Crew zu Beginn in einer neuen, nicht aus der vorherigen Folge erklärbaren Situation zeigen, schon damit, dass es sich um eine der erwähnten narratologischen Wendungen in Form des Holodecks und Ähnlichem handeln könnte.

Vor diesem Hintergrund bildet die dritte Staffel von ENTERPRISE tatsächlich den Versuch, die Folgen auf einen übergeordneten Plot auszurichten. Problematisch war in dieser Hinsicht, dass mit dem Krieg gegen die Xindi, den Fraktionen des temporalen Kalten Krieges, wie den Sphärenbauern und den Suliban, Rassen und Völker geschaffen wurden, die in den anderen Serien des Franchise nicht mehr auftauchen.[46] Der vierten Staffel von ENTERPRISE gelang es daraufhin nicht mehr, nach Abschluss des Handlungsstrangs um den temporalen Kalten Krieg weitere narrative Konstanten aufzubauen, die das Interesse des Zuschauers an die Serie hätten binden können. Gerade in der letzten Folge der Serie, die auf ihre Art erneut eine Form der Zeitreise beinhaltet,[47] zeigt sich, wie sehr das Serienfinale in die anderen Serien eingewoben wurde und Teil der Geschichtsschreibung des eigenen Franchise geworden ist: Die Handlung der letzten Episode „These are the Voyages…" (4.22) spielt nicht mehr in der seriellen Gegenwart, sondern zur Zeit der Enterprise D unter Jean-Luc Picard und der Besatzung der TNG. Um eine schwere Entscheidung treffen zu können, wird William Riker, langjährige rechte Hand des Captains der Enterprise, nahegelegt, sich Inspiration in der Vergangenheit zu holen. Auf dem Holodeck, welches hier als interaktives Geschichtsbuch fungiert, startet er dann ein Programm, welches ihn teilhaben lässt an den Abenteuern der alten und ersten Enterprise. Auf der einen Seite ist dieses Serienfinale ein Zugeständnis an die Fans, die hier nicht nur zwei Serien ineinander verschachtelt[48] vorfinden, sondern auch populäre Charaktere erneut auf dem Bildschirm erleben können. Auf der anderen Seite wird hier jedoch nur allzu deutlich, wie STAR TREK den Gang in die eigene Geschichte wagt, zugleich dem Prequel Rechnung trägt

---

46 Auf der anderen Seite gibt es immer wieder kleine Momente, in denen ENTERPRISE versucht, Logiklücken, die durch die vorherigen Serien und Filme entstanden sind, zu schließen, wie auch kleinere Verweise auf die danach spielenden Serien und Filme vorkommen. Zahlreiche Fanseiten im Internet führen diese Lücken wie auch die Verweise minutiös auf und setzen sie zu Erkenntnissen des *expanded universe* in Beziehung.

47 Dabei reiht sich die letzte Folge von ENTERPRISE in eine lange Tradition ein, denn sowohl die letzte Folge der TNG als auch von VOYAGER erzählen das Serienfinale mittels einer Zeitreise und der Verschachtelung mehrerer Handlungsebenen in der Chronologie der Serie. Vgl. TNG „All Good Things…" (7.25 & 26) sowie Voyager „Endgame" (7.25 & 26).

48 Dabei versucht das Ende der Folge „These Are the Voyages…" (4.22) noch in der finalen Sequenz, die die drei existierenden Raumschiffe Enterprise zeigt, ENTERPRISE näher an das Franchise heranzuziehen, indem das berühmte Voice-Over der OST mit den nacheinander sprechenden Stimmen von Captain Picard (TNG), Captain Kirk (OST) und Captain Archer (ENTERPRISE) den Abschluss der Serien bildet, um hier erneut zu suggerieren, dass die Notwendigkeit der Suche nach der *final frontier* und der Aufbruch ins Unbekannte unvermindert fortbestehen, und folglich die Möglichkeit für weitere Abenteuer gegeben ist. Eine Legitimation, die ins Leere lief, da bisher keine weitere Serie in Planung ist.

und die Serie als jene Vergangenheit kennzeichnet, die als Wegweiser für eine bessere Zukunft dienen soll. Dabei folgt sie dem Motto, dass der, der nicht auf die Vergangenheit höre, dazu verdammt sei, sie zu wiederholen. Ein seltsamer Ratschlag für eine Serie, deren Erfolgsrezept, ähnlich dem eines jeden Genres, in der Dichotomie von Wiederholung und Differenz liegt.

Zurück auf Null: J. J. Abrams' STAR TREK

Fast schon, so könnte man meinen, war man sich auf Seiten der Paramount des Dilemmas der letzten STAR TREK-Serie im Besonderen und der Situation des Franchise im Allgemeinen bewusst, als mit J. J. Abrams' Film 2009 erneut ein Prequel in die Kinos kommen sollte. Werbewirksam als Neustart des Kults um das Raumschiff Enterprise beworben, bedeutete dieser gleichsam eine Rückkehr zu der Figur Kirks. Und wieder bediente man sich, wie schon so oft, dem Phänomen der Zeitreise. Dabei scheint der Film vermitteln zu wollen zwischen dem, was war, was sein könnte und was nun nie sein wird; denn durch die Zeitschleife des Films, die die Zerstörung des Planeten Vulkan, Spocks Heimatplanet, zu Folge hat, wird eine neue Zeitlinie eröffnet, die die Enterprise aufbrechen lässt zu neuen Abenteuern in einem bekannten Raum, der nun nicht mehr mit bereits bekannten Geschichten gefüllt ist. Anders als einzelne Folgen der Serien es taten, negiert der schlicht als STAR TREK betitelte elfte Kinofilm des Serienuniversums nicht nur die Entwicklung der Originalserie, sondern auch der anderen vier Ableger und der vorherigen zehn Kinofilme. Narrativ führt dieser Dreh nun dazu, dass das Problem der Kontinuität zu den vorherigen medialen Produkten keine Rolle mehr spielt, die Ausgangsbasis für weitere Sequels damit quasi auf null zurückgesetzt wurde und offen bleibt für neue Ausstaffierungen und Interpretationen des einmal als bekannt vorausgesetzten Mythos, der damit dekonstruiert wurde.[49] Um diesen Neuanfang zu betonen, der STAR TREK einer Verjüngungskur unterzog, startet der Film auch bei den Anfängen der einst bekannten Helden: bei Kirks Geburt und bei Spocks Ausbildung in den *Schulen der Logik* auf Vulkan. Wenngleich sich der Film nicht mehr an bedeutsamen Entwicklungen der anderen Filme und Serien zu orientieren hat, so bleibt nur eine Rahmung offen: Da STAR TREK: ENTERPRISE vor der Geburt Kirks spielt, bleiben diese Serie und die in ihr entwickelte Zeitlinie bestehen. Damit wurde ENTERPRISE mit dem Erscheinen des Films performativ zu einem Original, der Film somit zu einem Sequel umgedeutet. So folgt dann tatsächlich auch – nicht nur für den Fan – ein Rekurs auf die Serie, als der in die Verbannung geschickte Scotty angibt, nur auf jenem kargen Außenposten festzusitzen, weil es

---

49 STAR TREK weicht neben der offensichtlichen Abkehr von der bekannten Storyline durch die Zerstörung Vulkans und den Genozid an den Vulkaniern schon in Nuancen von der altbekannten Zeitlinie ab. So kommt Kirk 2233 eben nicht in Riverside, Iowa zur Welt, sondern während der Evakuierung des Sternenflottenschiffs USS Kelvin, bei der Kirks Vater ums Leben kommt.

einen bedauerlichen Unfall beim Beamen gab, der den geliebten Beagle des nunmehr zum Admiral aufgestiegenen Jonathan Archer wahrscheinlich das Leben kostete.[50]

Ob sich das Franchise tatsächlich an diese Selbstreduzierung hält, bleibt abzuwarten.[51] Im Grunde wäre eine jede Rückkehr zu den Geschichten der vier Serien eine Rückkehr in ein Universum, welches 2009 auf der Kinoleinwand durch die dem Film inhärente Geschichte vernichtet wurde. Dabei wirkt es fast ironisch, dass der narratologische *deus ex machina* der Zeitreise – welcher in den Serien und Filmen rund um die Enterprise ja bevorzugt zum Einsatz kommt – nur 127 Minuten braucht, um nahezu 43 Jahre STAR TREK zu negieren, oder aber das Franchise als jenes Paralleluniversum zu entlarven, welches es für manchen Zuschauer im Schatten parasozialer Interaktion von Anfang an war.

---

50 Vgl. STAR TREK (J. J. Abrams, USA 2009): TC: 01:20:55h. „I told him that I could not only beam a grapefruit from one planet to the adjacent planet in the same system – which is easy, by the way – I could do it with a life form. So, I tested it out on Admiral Archer's prized beagle." So wird bereits im Pilotfilm von ENTERPRISE die Vermutung getätigt, dass Captain Archer nicht einmal seinen eigenen Hund beamen lassen würde.
51 So greift bereits der zweite Film Abrams' für das Franchise, STAR TREK INTO DARKNESS (USA 2013) direkt wieder eine Erzählung auf, die bereits – samt des Antagonisten – fester Bestandteil des Serien-Universums wie auch des zweiten Kinofilms ist (vgl. STAR TREK II: THE WRATH OF KHAN; Nicholas Meyer, USA 1982).

Michael Lück

EXORZISMUS DER INNEREN STIMME

Mediengeschichtliches zur Edgar Wallace-Kinoreihe der 60er Jahre

Das Quaken des filmischen Raums

Zu Beginn also das laute Quaken der Frösche. Im leichten Schwenk übers dunkle Seeufer verbindet es sich mit tiefen Blechbläsern. Ein unregelmäßig wiederholter Ton, vermutlich mit Dämpfern modelliert zu einem ‚Wah'-Effekt. So quakt der filmische Raum selbst, jenseits des Schilfs. Was ist das für ein Frosch?

Was folgt ist eine Art Kurzschluss dieses Gequakes mit dem erzählten Raum. Eine Rückwärtsbewegung der Kamera durchs nächtliche Schlafgemach – man hört erneut die Bläser – endet in der Einstellung eines Ehebetts. Jetzt, so scheint es, kann es auch Seine Lordschaft hören, ganz so als sei der Kamerablick hier ein Medium der Schallübertragung gewesen. Das ist merkwürdig. Der Blick als eine Art Äther? Auch der Lord wundert sich, so wie sich eine Figur eben wundern kann. Er wird wach vom Froschkonzert. Aber waren da nicht auch noch andere Stimmen? Die Gattin ist sich sicher dass nicht, oder genauer: dass die Stimmen ganz einfach die der Frösche sind. Sie liegt falsch und richtig.

Die Übertragung geht weiter – in den Gehörgängen des lordschaftlichen Schlosses. Die Gattin erscheint am hellen Fluchtpunkt eines ansonsten verschatteten Flurs, der von Rüstungen und allerlei schwerer Deko vergangener Herrengeschmäcker gesäumt wird (Abb. 1). Hört man nicht die Frösche im Hintergrund? Die Stimmen von Flöten und Holzbläsern verändern die Musik. Die Töne werden länger gehalten und moduliert, eine akustische Bewegung durchdringt so die stehende Einstellung. Die Blickachse realisiert sich im Zuschauererleben als eine Art Wahrnehmungsfokus, wenn jetzt im rechten Bildvordergrund eine Figur erscheint, sich im Schatten hält und horcht (Abb. 2). Das Licht am Fluchtpunkt macht die Hausherrin zum Gegenstand einer Aufmerksamkeit: Die Alte kommt! Es beginnt ein Stück Stille Post. Ein Rechtsschwenk mobilisiert die Blickachse. Der Lauscher bewegt sich in dieser Schwenkbewegung zurück ins Dunkel, aus dem er kam. Die Kamera stoppt, der Lauscher tippt eine zweite Figur an. Die steht im rechten Bildhintergrund am Rand eines Lichtscheins (Abb. 3). Hell und dunkel – das ist wohl das Prinzip der Übertragung. So dreht sich denn jetzt auch die zweite Figur ins dunklere Bildfeld hinein und verschwindet im Schwarz einer Tür. Schnitt. Ein weiterer dunkler Innenraum. Die kurzen, abgesetzten Töne der Blechbläser setzen erneut ein. Figur Nummer zwei bewegt sich in einem raschen Linksschwenk quer durchs Zimmer zu einer weiteren Figur. Und wieder gibt es Licht, es fällt durchs Fenster am linken Bildrand auf diese dritte Figur. Die dreht sich nun ihrerseits zurück in den dunklen Raum. Rechtsschwenk, nächste Station: Nummer drei erreicht eine Nummer vier, die am Boden kniet. Hier ist es nur mehr das Gesicht der Figur, das in einer Kopfbewegung kurz einen Lichtschein reflektiert. Wird das Signal schwächer? Jedenfalls kommt etwas Neues hinzu. So ist das in der Stillen Post. Man hört ein Zischen. Die horizontalen Schwenkbewegungen, die die Stille Post bislang zusammensetzten, werden unterbrochen durch eine Aufwärts- und Zoombewegung der Kamera. Das Zischen wird lauter und die Kamera fokussiert einen neuen Lichtpunkt: ein Schweißbrenner bei der Arbeit. Der Lichtpunkt bildet, wie zuvor das Lichtfeld, in dem die Hausherrin erschien, ein Signal, das ab jetzt zurückläuft, also die Übertragungsrichtung ändert. Man sieht die alte Dame in einer halbnahen Einstellung. Sie geht den Flur hinunter, die Kamera bewegt sich im selben Tempo rückwärts. Ist da nicht das Zischen zu hören? Das Blech geht in einer ansteigenden Tonfolge wieder über in die Bewegung der Flöten und Holzbläser. Das Quaken und Zischen und die Instrumentenstimmen bilden somit allmählich eine Art Reigen, sie realisieren bereits die Rückkopplung. Schnitt. Die Kamera steht. Die Hausherrin bewegt sich auf sie zu (Abb. 4) und in eine nahe Einstellung hinein (Abb. 5) – und wieder hinaus. Sie steht und lauscht, dreht sich auf der Stelle. Die Kamera bewegt sich dabei auf sie zu, bis erneut eine nahe Einstellung hergestellt ist (Abb. 6-7). Und mit dieser Bewegung wird jetzt auch das Zischen ganz deutlich. Im Zuschauererleben realisiert sich spätestens an diesem Punkt das neue Prinzip der Übertragung oder des Hörens: Die Einstellungsgröße korrespondiert mit der Dynamik.

Die nächste Einstellung ist nichts weiter als die Überlagerung der beiden Prinzipien Hell-Dunkel und Einstellungsgröße-Dynamik sowie des Signals ‚Achtung!' und des Zischens. Einer der Einbrecher in einer nahen Einstellung beim Lauschen an der Tür: Das Zischen ist jetzt ganz im akustischen Vordergrund. Zugleich aber fällt ein Lichtschein auf sein Gesicht, also wiederum: Die Alte kommt! (Abb. 8). Schnitt. Die Kamera bewegt sich auf eine Türe zu, die sich langsam öffnet. Die alte Dame tritt in die entstehende nahe Einstellung. Im Gegenschuss das, was sie sieht: Eine Frosch beim Tresorknacken, in der Hand einen Schweißbrenner (Abb. 9). Ende der Exposition. Titeleinblendung.

Kurzschlüsse zwischen gegenständlichem Geräusch und musikalischer Gestalt, zwischen Fröschen, Schweißbrennern und Instrumentenstimmen, zwischen audiovisueller Operation und Diegese (so als könnte beispielsweise eine Kamerabewegung eine Figur aufwecken); Rückkopplungen, die die Positionen von ‚Sender' und ‚Empfänger' gegeneinander verschieben und Signale sich überlagern lassen – DER FROSCH MIT DER MASKE von 1959 (Harald Reinl, Rialto-Film), der erste Film der Edgar Wallace-Kinoreihe, etabliert bereits diejenige inszenatorische Form, die diese Reihe unabhängig von der Nachfrage an den Kinokassen[1] möglich, man

---

[1] DER FROSCH MIT DER MASKE war mit über drei Millionen Zuschauern sehr erfolgreich. Bis 1972 folgten 37 weitere Filme nach Originalstoffen des britischen Schriftstellers Edgar Wallace (1875-1932), die unter dem Label ‚Edgar Wallace' vermarktet wurden. 31 dieser Filme wurden, wie der FROSCH, für den Constantin-Filmverleih von der Produktionsfirma Rialto-

Abb. 1

Abb. 2

Abb. 3

Abb. 4

Abb. 5

Abb. 6

Abb. 7

Abb. 8

Abb. 9

könnte fast sagen: notwendig machte. Die Frage nach dem Frosch muss gespielt werden – *ad infinitum*. Mit anderen Worten: Die Serialität oder Wiederholbarkeit, die die Wallace-Filme auszeichnet, steht im Zusammenhang mit dem inszenatorischen Kalkül eines Spiels.

Dieses Spiel mit Identitäten und Instanzen, das Spiel der Positionswechsel, lässt sich in einem ersten Überblick über die Filme am ehesten im Verhältnis des relativ begrenzten Figurenrepertoires (der Kommissar, sein Gehilfe, das unschuldige Mädchen, die Verdächtigen[2]) zum relativ konsistenten Schauspielerensemble fassen. Figuren und Schauspieler verhalten sich zueinander gewissermaßen wie zwei übereinanderliegende, aber unabhängig voneinander bewegliche Scheiben, sodass die Tatsache der Besetzung selbst als eine Art Dopplereffekt über die jeweils abgeschlossenen Einzelfilme hinweg wahrnehmbar wird. Wer nimmt welche Position ein? Was bedeutet es für eine Figur, wenn sie von diesem oder jenem Schauspieler gespielt wird? Und so weiter.

Film hergestellt. Daneben stellte Arthur Brauner (CCC-Film) zwei, Kurt Ulrich (Kurt-Ulrich-Film) einen und der britische Produzent Harry Alan Towers drei Filme her (letzterer unter Beteiligung von bzw. für Constantin-Film).

2 Vgl. Georg Seeßlen: „Edgar Wallace – Made in Germany", URL: http://www.filmzentrale.com/rezis/edgarwallacegs.htm [Letzter Zugriff: 3.7.2012] Zuerst in: *epd Film* 6 (1986).

Vor allem aber ist, wie die Einführungsszene des FROSCHS deutlich macht, das Spiel mit den Identitäten ein Spiel mit der akustischen Instanz, sagen wir: mit der Stimme im weitesten Sinn. Rick Altmans und Michel Chions Überlegungen verknüpfend könnte man vielleicht sagen, dass das Kalkül der Wallace-Filme darin besteht, den Bindestrich der Audio-Vision als ventriloquistisches Spiel zu gestalten.[3] In einem älteren Vokabular formuliert ließe sich auch behaupten, im Zentrum der Wallace-Serie stehe das Gleiten der Bilder unter den akustischen Signifikanten, unter dem Quaken, dem Zischen, den Stimmen ohne Gesicht oder mit zu vielen Gesichtern – ein Gleiten, das die Identitäten aufschiebt.

Wie dem auch sei, wenn gesagt werden kann, dass das Spiel Möglichkeiten des kinematografischen Klangbilds ausmisst, gilt es in jedem Fall zu betonen, dass es sich dabei um ein historisch ernstes Spiel handelt, das ästhetisch, politisch und technisch gebunden ist und das diese Bindungen seinerseits gestaltet. Ich möchte mich im Folgenden darauf beschränken, die Bindungen, die hier im Spiel sind, unter einem mediengeschichtlichen Vorzeichen zu skizzieren, um den angedeuteten Zusammenhang zwischen ‚bauchrednerischer' Täuschung und Serialität, wie ihn die Wallace-Filme gestalten, als eine spezifische historische Poetik greifbar zu machen.

Stimme und Staat

Die Eingangsszene des FROSCHS wird zur inszenatorischen Standardformel der Wallace-Filme, denn das Spiel muss eröffnet, die akustische Instanz, die Stimme, in ein ‚Rollen' gebracht werden, wie es der Zuschauer etwa in den beschriebenen Kurzschlüssen und Rückkopplungen erlebt. Es ist so offensichtlich, dass man sich bislang kaum darüber gewundert hat: Seit 1962 ist die mediengeschichtliche Realität dieser Kurzschlüsse und Rückkopplungen selbst Stimme geworden. Seit DAS GASTHAUS AN DER THEMSE (Horst Wendlandt, Rialto-Film) folgt der Eröffnungsszene regelmäßig eine Meldung, wie sie sich fürs Telefon und den Funkverkehr oder für die Funkmedien Radio und Fernsehen gehört: „Hello, hier spricht Edgar Wallace."

Dieses akustische Signet der Reihe ist nicht nur eine Marketingidee, sondern gibt, wenn man so will: Auskunft, indem es Auskunft gibt. Es sind die Telefonie, der Funk und das Radio im Besonderen, die die Wallace-Filme als ein Set von Vorstellungen und Einstellungen prägen. Diese Vorstellungen und Einstellungen betreffen vor allem die Stimme, und sie sind historisch durch den Versuch induziert worden, die Techniken ihrer Übertragung zu verstehen und zu gebrauchen. Ein Teil dieser Vorstellungen und Einstellungen durchwandert die Wallace-Filme wie Geister, Untote einer Vergangenheit, die das inszenatorische Spiel zuverlässig

---

3 Michel Chion: *Audio-Vision: Sound on Screen*. New York: Columbia University Press 1994; Rick Altman: „Moving Lips. Cinema as Ventriloquism", in: *Yale French Studie* Bd. 60 (1980), S. 67-79.

austreibt. Dieses Spiel, die infinite Aufschiebung stimmlicher Identität, gehört dabei selbst zu den Vorstellungen und Einstellungen des Radios. Diesen Zusammenhang möchte ich zunächst erläutern. Dabei ist wichtig, dass die Geisteraustreibung ohne Einschränkung auch als politisches Schauspiel verstanden werden darf. Die unterschiedlichen Auffassungen technischer Stimmen verlaufen entlang der Demarkationen politischer Systeme, auch wenn sie sich von diesen nicht ohne weiteres ableiten lassen.

Es gilt also zunächst eine Geschichte zu erzählen, die diese Voraussetzungen der Wallace-Filme klärt. Wolfgang Hagen hat den allergrößten Teil dieser Geschichte bereits aufgeschrieben.[4] Sie beginnt zunächst einmal mit dem Befund, dass man die physikalische Grundlage von Funk und Radio, die Elektrodynamik, sehr lange nicht verstanden hat. Es brauchte ewig, bis man nachvollziehen konnte, was die Maxwell-Gleichungen anschreiben und bis man beschreiben konnte, dass Strom sich nicht in Partikeln fortbewegt, sondern dass es sich um ein Phänomen von Feldern handelt. Man hielt im 19. Jahrhundert in Deutschland und England eine Technik in Händen, von der man im Grunde nicht wusste, warum sie überhaupt funktioniert. Anders formuliert: Niemand hat das Radio auf Grundlage einer Theorie oder bei der Suche nach einer solchen ‚erfunden'. Es ist von Dilettanten wie Guglielmo Marconi (1874-1937) zusammengeschraubt worden aus liegengelassenem Experimentiergerät der europäischen Physik, so Hagen.[5] Was die physikalischen Grundlagen der drahtlosen Übertragung angeht, bemühte man vor allem die sogenannte Äthertheorie, um zu erklären, dass eine Spannung, an einem Ort a im Raum erzeugt, sich als Funke an einem ganz anderen Ort b im Raum entlädt. Der Äther ist das mysteriöse Medium, das diese Übertragung ermöglicht. Man sagt also Äther, aber damit schließt man die Erklärunglücke nicht wirklich. In dieser Lücke entstehen schönste spiritistische Spekulationen, wie die des Physikers William Crooke (1832-1919), Präsident der *Society for Psychical Research*. Es könnte doch sein, dass es ein gemeinsames Medium für Gedanken, Licht, Elektromagnetismus gibt, ein kontinuierliches „Geist-Natur-‚Spektrum'"[6]. Man glaubte, der physikalischen Grundlage der Gedankenübertragung auf der Spur zu sein. Das ist wichtig, denn hier entsteht das Programm einer Geisttheorie des Funkens, des Radios, die in Deutschland den Technikgebrauch prägen wird – auch wenn die Physik selbst die Vorstellung des All-Spektrums als Grundlage einer „sympathetischen Kommunikation"[7] schon bald drangeben muss, weil Quanten und Relativität es zerlegen.

---

4 Ich beziehe mich im Folgenden also über weite Strecken auf Wolfgang Hagen: *Das Radio. Zur Geschichte und Theorie des Hörfunks*. München: Fink 2005.

5 Vgl. Hagen, *Radio*, S. 46. Freilich brachte Marconi die Schrauberei 1909 den Nobelpreis für Physik ein, den er sich mit Ferdinand Braun teilte.

6 Ebd.

7 Vgl. Daniel Gethmann: *Die Übertragung der Stimme. Vor- und Frühgeschichte des Sprechens im Radio*. Zürich, Berlin: diaphanes 2006, S. 85-88.

Deutschland

Ein Sprung über den Ersten Weltkrieg, in dessen Verlauf die Zahl der deutschen Funkerabteilungen von 8 auf 247 anwächst.[8] Es ist erstaunlich: In der Weimarer Republik, nachdem die neuen Funker aus dem Krieg zurückkehren und Revolution zu machen drohen, wird das Radio gerade nicht als ein Medium der politischen und sozialen Kommunikation eingerichtet. Man sieht das Radio nicht als eine Technik, die Leute kreuz und quer miteinander verbindet. Dieser Gedanke ist doppelt verstellt. Zum einen, weil man den Leuten, der sogenannten ‚Masse', nicht traut.[9] Zum anderen eben aufgrund des alten Reims, den man sich auf die kabellose Übertragung macht. Radio, das sind keine vielen Apparate, die miteinander funken, sondern das ist etwas, das Zugang verschafft zum *einen* Äther. Und es scheint klar, dass dieser Äther nicht in die falschen Hände geraten darf. Zu diesen falschen Händen gehören nach Meinung Hans Bredows, Elektroingenieur, Staatssekretär im Reichspostministerium, ‚Vater des Deutschen Rundfunks', nicht nur die sich selbst organisierenden Funkamateure, wie sie in den USA das Radio prägen, sondern auch alle politischen Meinungshändler, die Parteien der suspekten Republik im besonderen. Das Radio ist kein publizistisches Organ, sondern, wie gesagt, exklusives Medium des Äthers. Kontrolle ist da besser. Die Bredowsche Lösung: Erstens liegt das Radio, Verwaltung und Wirtschaft, seit 1926 faktisch in Händen der Reichspost, Bredow wird zuständiger Rundfunkkommissar und Vorsitzender der Reichs-Rundfunk-Gesellschaft, also des Dachverbands aller regionalen Sender. Zweitens: Die Programme werden auf Kultur eingestellt, das Radio ist dezidiert „antipolitisch"[10]. All das läuft zusammen in der schlichten Tatsache, dass in Deutschland das Radio den Hörer ruft, gewissermaßen von oben her, unerreichbar, um (Kultur) auszusenden, nicht um zu plaudern. Es ist ‚eine' Stimme, ein (deutscher) Geist, den das Radio über den Äther und zugleich im Hörer klingen lässt. So nimmt sich die Realität des „Ätherparadigmas" (Hagen) aus. Deswegen beginnt man nun, wenn man über Radio nachdenkt, von dieser einen geistigen Stimme zu sprechen. Die ganze tonangebende deutsche Radiotheorie und -praxis ist, von einigen Ausnahmen wie Bert Brecht, Hans Flesch oder Walter Benjamin abgesehen,[11] phono-spiritistisch. Die Radiostimme wird zur ‚körperlosen Wesenheit', wie sie der Radio-Beschwörer Richard Kolb 1932 in seinem Buch *Horoskop des Hörspiels* anklingen lässt:

---

8 Vgl. Hans Bredow: *Im Banne der Ätherwellen*, Bd. 2: *Funk im Ersten Weltkrieg*. Stuttgart: Mundus 1956, S. 12; Hagen, *Radio*, S. 65.

9 Vgl. dazu Helmut Schanze: „Rundfunk, Medium und Masse. Voraussetzungen und Folgen der Medialisierung nach dem 1. Weltkrieg", in: Edgar Lersch, Helmut Schanze (Hg.): *Die Idee des Radios. Von den Anfängen in Europa und den USA bis 1933*. Konstanz: UVK 2004, S. 11-28, hier: S. 22. Vgl. allg. Uwe Hebekus, Susanne Lüdemann (Hg.): *Massenfassungen. Beiträge zur Diskurs- und Mediengeschichte der Menschenmenge*. München: Fink 2010.

10 Hagen, *Radio*, S. 71.

11 Vgl. Reinhart Meyer-Kalkus: *Stimme und Sprechkünste im 20. Jahrhundert*. Berlin: Akademie 2001, S. 374-381.

Die Funkwellen sind wie der geistige Strom, der die Welt durchflutet. Jeder von uns ist an ihn angeschlossen, jeder kann sich ihm öffnen, um von ihm die Gedanken zu empfangen, die die Welt bewegen. Der unendlich freie Geistesstrom trifft auf unseren kleinen, geschlossenen, mit Energie gespeisten und geladenen Denkkreis und versetzt ihn durch das feine Antennennetz unserer Nerven in Schwingung. [...] Der unsichtbare geistige Strom aber, der vom Ursprung kommt und die Welt in Bewegung brachte, ist seinerseits in Schwingung versetzt, gerichtet und geleitet vom schöpferischen Wort, das am Anfang war und das den Erkenntniswillen seines Erzeugers in sich trägt.[12]

Kolb war ein eifriger Nazi, schon 1923 bei Hitlers Putschversuch dabei. Wie auch immer Kolb selbst an ‚Führer'-Stimmen gedacht haben mag, als er in den 20ern seine im *Horoskop* zusammengetragene Radiotheorie verfasste, der Stimm-Spiritismus wird zur Grundlage dafür, wie Joseph Goebbels das Radio zum Leitmedium der Propaganda macht. Das Radio ist auch, oder besser: erst recht nach 1933 kein Instrument der politischen Auseinandersetzung, sondern ihrer Aussetzung. Es dient der Verschaltung aller zum gemeinsamen Empfang – und zwar ganz konkret beispielsweise in dem was man Ringschaltung genannt hat. Dieser Ring schließt sich ab 1940 jeweils zu Heiligabend zwischen den zivilen Stationen des Reichs und den Kriegsfronten, also auch über militärisches Gerät. „Radio findet, für eine Stunde im Jahr, als das statt, was es ist, nämlich als Ring, der das Volk und alle Volksempfänger mit dem Krieg an allen Fronten verschaltet."[13] Die Sphäre des Politischen wird ganz einfach und im technischen Sinn überbrückt. Die gesamte nationalsozialistische Medienpolitik lässt sich von da her verstehen, sie zielt darauf, ein Vernehmen sicherzustellen.[14] Und „[d]ie Stimme des Rundfunks", so der Journalist Rolf Marben Ende 1940, „[...] ist das unlösbare Band, das ein Neunzig-Millionen-Volk in jeder Minute umschlingt und in Gleichklang des Fühlens und Denkens hält."[15]

USA

Die Eigenart dieses deutschen Radios zeichnet sich im Kontrast zum Hörfunk andernorts ab. Das ist umso wichtiger als dieser Hörfunk nach dem Zweiten Weltkrieg das Radio der Bundesrepublik verändern wird. In den USA beginnt er als Amateurfunk. Zum einen weil die Industrie die Technik billig zugänglich macht. Zum andern weil man den Äther nicht für den Staatsgeist hält. Radio beginnt hier als Radiotelefonie, ihm ist die Idee der *Intercommunication* eingeschrieben. So

---

12 Richard Kolb: *Das Horoskop des Hörspiels*, Berlin: Hesse 1932, S. 52. Zit. n. Hagen, *Radio*, S. 118.
13 Ebd., S. 141.
14 Zur Geschichte des Radio*hörens* im Nationalsozialismus, insbesondere zur Rezeption von Hitler- und Goebbels-Reden, vgl. Karin Falkenberg: *Radiohören. Zu einer Bewußtseinsgeschichte 1933 bis 1950*. Haßfurt, Nürnberg: Hans Falkenberg, Institut für Alltagsgeschichte 2005, S. 53-103.
15 Rolf Marben: „Stimme Deutschlands – Stimme der Wahrheit", in: *Rundfunkarchiv* 13 (1940), Nr. 12, S. 425. Zit. n. Gethmann: *Übertragung der Stimme*, S. 167.

steht es im *Radio Act* von 1912. Die Radiostationen werden dazu angehalten „to listen in", zuzuhören.[16] Dazu gehört auch, dass in den USA ein Radio sich beim andern Radio meldet, anders als in Deutschland, wo das Radio als exklusives Medium des Äthers den Hörer ruft.[17] Mit anderen Worten: In den USA ist das Radio auch Hörer, jeder zugelassenen Station wird ein Rufzeichen zugewiesen. Man kommuniziert, und das Gespräch, das Stimmengewirr, wird schließlich zum Inhalt des Radios. Die erfolgreichsten Sendungen sind solche, in denen es drunter und drüber geht mit der Stimme, in denen sie täuscht und verstellt wird. Hagen nennt Beispiele. AMOS 'N' ANDY: zwei Weiße, Freeman Gosden und Charles Correll, die die Minstrel-Show medial adaptieren und im Slang zweier Schwarzer plaudern. Geradezu paradox, aber auf den zweiten Blick bezeichnend scheint der Fall von Edgar Bergen, der als Bauchredner von der Bühne ins Radio wechselt. Die Nummer funktioniert als ventriloquistisch verdoppelte Stimme, die sich der personalen Identität des Sprechers entzieht, mehr noch: die den Sprecher tanzen lässt wie eine Puppe. Die Stimme Charlie ist eine Stimme, die ihrem Sprecher reinquatscht, die ihn Lügen straft, die ihm sagt, dass er nicht weiß, wer er ist. 1930 schrieb der Theater- und Rundfunkintendant Friedrich Wilhelm Ernst Hardt:

> Nur eine Wesensäußerung gibt es, welche der Selbstkontrolle und dem Täuschungsbedürfnis entzogen ist, weil man sie selber niemals wahrnehmen kann: die eigene Stimme. Und der Hörer, der nur hört, wird durch nichts mehr, was außerhalb der Stimme lebt, beeinflußt, in die Irre geführt [...] So hat denn das Mikrophon etwas vom Jüngsten Gericht an sich.[18]

Eine Stimme Charlie würde diese Physiognomik[19] und „Ätherparadigma" verknüpfende deutsche Stimm-Gläubigkeit an den psychischen Abgrund führen. Sie würde den Kern dieses Glaubens, nämlich die innere Stimme, die in Kolbsche Schwingungen versetzt wird, wenn Funkwellen sie treffen, und die dabei allen Manipulationen entzogen bleibt, schlicht nach draußen treiben.[20]

---

16 Vgl. *An Act to regulate radio communication*, 13. August 1912, Eleventh Regulation. URL: http://earlyradiohistory.us/1912act.htm [Letzter Zugriff 3.7.2012].
17 Vgl, Hagen, *Radio*, S. 81.
18 Ernst Hardt: „Wort und Rundfunk", in: Leo Kestenberg (Hg.): *Kunst und Technik*. Berlin: Wegweiser 1930, S. 177-181, hier S. 178f. Zit. n. Meyer-Kalkus: *Stimme und Sprechkünste*, S. 368.
19 Die Tradition der physiognomischen Stimmtheorie („Rede, damit ich dich sehe!") und ihre Bedeutung für die Sprechkünste des 20. Jahrhunderts hat Meyer-Kalkus: *Stimme und Sprechkünste* herausgearbeitet.
20 Mit Dave Tompkins, der mit *How to Wreck a Nice Beach. The Vocoder from World War II to Hip-Hop. The Machine Speaks*. New York: Melville House 2010 eine Geschichte des Vocoders vorgelegt hat, könnte man zur Vermutung gelangen, dass die ventriloquistische Tradition bis in die US-amerikanische Funk- und Hip-Hop-Musik hineinreicht. „[I]m Hip-Hop gibt es das Gefühl der Fremdheit, der Alienation. Es gibt die Sehnsucht nach Ferne und Flucht vor sich selbst, oder danach, mit verschiedenen Identitäten zu leben, ohne verrückt zu werden. Da gibt es nichts besseres als die Stimme zu wandeln [...]." Daher sei auch ein Art Eskapismus entstanden, als *Afrika Bambaataa* in der Bronx plötzlich Platten von *Kraftwerk*

Zwischen 1928 und 1943 liefen AMOS 'N' ANDY allabendlich als *serial*. Die Geschichte dieses Sendeformats beginnt erstaunlicherweise mit dem Untergang der *Titanic*. Da sich das Stimmengewirr der Funker auf allen Frequenzen ausbreiten durfte, kam es in der Nacht vom 14. April 1912, als die *Titanic* auf ihrem Weg von Southampton nach New York dem Eisberg begegnete, zu verhängnisvollen Verstümmelungen von Funksprüchen und zu Fehlinformationen, sodass niemand dem sinkenden Stolz der britischen Reederei *White Star Line* zu Hilfe kam. Die Amerikaner, obwohl es nicht ihr Schiff war, nahmen sich das zu Herzen und legten im erwähnte *Radio Act* fest, dass sich die privaten Funker und Radiostationen fürderhin nur noch auf einem begrenzten Frequenzbereich tummeln dürfen. Auf dem Rest, gut die Hälfte des Mittelwellenbands, saß von da an die Navy.[21] Die Folgen sind offensichtlich. Man musste sich die Sende- und Sprechzeit jetzt teilen. Und man erfand ein Format, das die Hörer trotz oder sogar aufgrund der erzwungenen Schweigezeit bindet: das Prinzip Wir-hören-uns-morgen-wieder, *serials* eben, die auch *soaps* heißen, seitdem vor allem die *daytime serials* von Waschmittelfirmen gesponsert wurden.

Großbritannien

Das bauchrednerische Spiel und die Serialität realisieren als Formate eine Vorstellung von Radio, in deren Zentrum die Interkommunikation steht. Sie zählen zu dem, was man in Deutschland nach dem Zweiten Weltkrieg importiert. Auch das in den 30ern bei der BBC entwickelte *feature* gehört dazu, „an arrangement of sounds which has a theme but no plot", so der britische Radio-Pionier Lance Sieveking.[22] Überhaupt spielt der Import aus London eine große Rolle. Nicht zuletzt, weil die britische Militärregierung in Gestalt von Hugh Carleton Greene mit dem Nordwestdeutschen Rundfunk die erste öffentlich-rechtliche Rundfunkanstalt auf die Beine stellt. Das Ziel: „to build effectively a new tradition in German broadcasting."[23] Das Oxymoron der neuen Tradition bringt freilich die Spannung auf den Punkt. Der Radioäther sollte, ganz im Sinne Hans Bredwos, ein Sperrgebiet für Parteien und Privatleute

---

auflegte. Ute Holl, Moritz Josch: „XT vs. ET. Interview mit Dave Tompkins", in: *Zeitschrift für Medienwissenschaft*, 6 (2012), Nr. 1, S. 223-235, hier: S. 232.

21 Die Navy reklamierte den Bereich zwischen 600 und 1600 Metern Wellenlänge für sich. Vgl. *An Act to regulate radio communication*, First Regulation: Normal Wave Length. Dazu: Hagen, *Radio*, S. 182.

22 Lance Sieveking: *The Stuff of Radio*. London: Cassell 1934, S. 26. Vgl. Paddy Scannell: „Features and Social Documentaries", in: David Cardiff, Paddy Scannell (Hg.): *A Social History of British Broadcasting. Serving the Nation, 1922-1939*. Oxford: Blackwell 1991, S. 134-152.

23 Protokoll eines Treffens von Vertretern des Political Intelligence Department beim Foreign Office, der BBC und der Information Service Control für die britische Zone vom 20. November 1945 (London). Zit. n. Hans-Ulrich Wagner: „Das Ringen um einen neuen Rundfunk. Der NWDR unter der Kontrolle der britischen Besatzungsmacht", in: Peter von Rüden, Hans-Ulrich Wagner (Hg.): *Die Geschichte des deutschen Nordwestdeutschen Rundfunks*, Bd. 1. Hamburg: Hoffmann und Campe 2005, S. 12-84, hier: S. 21.

bleiben. Vorbild des NWDR ist die BBC, seit 1926 als „public service" allein Ihrer Majestät unterstellt.[24] Die trägt jetzt den sehr deutschen Titel Verwaltungsrat.

Nichtsdestotrotz startet der Formatimport und unterläuft die unnahbare Stimme des Radios. Da ist, wie gesagt, die Klangcollage des *features*, deren Montageschnitt ganz einfach das Reale des technischen Mediums ist, ein unüberbrückbarer Aussetzer gegenüber dem transzendenten Äthermedium und somit im Kontinuum der geistigen Stimme. Daneben wird das Gespräch, Rede und Gegenrede, zur dramaturgischen Matrix neuer Radio-Regionalmagazine. Es gibt telefonische Livegespräche im Radio und das DJing wandert samt der dazugehörigen Musik von den Soldatensendern in die deutschen Rundfunkanstalten. 1952 etwa schlägt der Engländer Chris Howland, ehedem Musikchef des British Forces Network, beim NWDR auf: „Hello meinar Freundar, boooiiing."[25] Eine Akzentverschiebung, geradezu im linguistischen Sinn, mit der die Übertragung eines „Geistesstroms" (Kolb) im ätherischen Medium der Radio-Stimme auch an eine Nachkriegsrealität mit Besatzungsmacht gerät.

„Hello, hier spricht Edgar Wallace" – wenn im westdeutschen Unterhaltungskino der 60er Jahre Filme nach Stoffen des englischen Schriftstellers Edgar Wallace auftauchen, dann sicher nicht, weil man sich plötzlich dieses Autors erinnert, weil seine Bücher billig zu haben wären, oder weil man darauf setzt, mit der Formel Themse+Nebel+Leiche einen ganz spezifischen bundesdeutschen Exotismus zu bedienen. Vielmehr ist die Wallace-Reihe selbst Teil des umfassenden Formatimports. Mit anderen Worten: Kein Edgar Wallace ohne Chris Howland – und natürlich findet der Radio-DJ seinen Weg in die Wallace-Reihe. Zunächst 1962, ausgestattet mit portablem Bandgerät und Bowler, als schräger britischer Geräuschesammler in DAS GEHEIMNIS DER SCHWARZEN KOFFER (Werner Klinger, CCC-Film).

Chopin Musicbox

Der Import wird, das Format der Krimi-Serie inbegriffen[26], im Medium Film noch einmal experimentalisiert. Die Wallace-Reihe entwickelt dabei eine Poetik, die die Vorstellung einer inneren Geiststimme an die Oberfläche des unabschließbaren Spiels der akustischen Instanzen treibt. Die Filme beginnen, denken wir an den

---

24 Zur Vorgeschichte vgl. Paddy Scannell: „Technology and utopia. British Radio in the 1920s", in: Lersch, Schanze, *Idee des Radios*, S. 83-93. Auch das britische Radio startete als Amateurfunk und war, so Scannell, bis zur Institutionalisierung der BBC zum public service „as much a two-way system of contact between two individuals as a one-to-many institutionalised system of broadcasting". (S. 87)

25 Vgl. hierzu ausführlich Hans-Ulrich Wagner: „Sounds like the Fifties. Zur Klangarchäologie der Stimme im westdeutschen Rundfunk der Nachkriegszeit", in: *Zeithistorische Forschungen/ Studies in Contemporary History* 2 (2011), S. 266-284, hier S. 274f.

26 Zu den prominentesten zählen vermutlich die Krimis um den fiktiven Kriminalschriftsteller und Privatdetektiv Paul Temple aus der Feder von Francis Durbridge (1912-1998). Ab 1938

FROSCH, sehr verlässlich mit einer hypnotisch-akustischen Anwesenheit, die durchs Bild geht, und sie enden immer wieder aufs Neue damit, diesen alten Spiritus zu exorzieren, indem sie nichts weiter übrig lassen als Täuschungseffekte.

DAS INDISCHE TUCH (Alfred Vohrer, Rialto-Film 1963): Eine Bildtafel oder ein bemaltes Wandgehänge, man sieht ein Schloss, eingefasst von Bäumen und Sträuchern, links oben die Vignette „Marks Priory". Irgendein Vogel ruft, und vor das Bild legt sich ein Nebel. Das Bild, der Ruf und der Nebel sind nicht zu einer audiovisuellen Einheit integriert. Der Nebel kräuselt sich wie Zigarettenrauch vor der zweidimensionalen Tafel. Raucht da tatsächlich wer? Aber in welcher Welt? Und auch zwischen dem Realen der Vogelstimme und dem Gemalten besteht eine Kluft. Die Laute gehen nicht durchs Gemälde, sie verweisen auf die Tatsache der Tonspur. Das Spiel hat also schon begonnen, die sogenannte Wirklichkeit ist auseinandergelegt, der eine Ursprung ist durchgestrichen.

Das gesamte Arrangement wird zum Vorhang, wenn die Bildtafel nun nach oben aus dem Kader gleitet (Abb. 10-11). Oder ist es die Kamera, die sich nach unten weg bewegt? Die Tafel ist mit schwarzer Spitze gesäumt. Handelte es sich vielleicht um einen Lampenschirm? Jedenfalls öffnet sich nun der Blick in ein Zimmer. Und als wäre eine Konzertbühne freigegeben worden, setzt Musik ein. Man hört, *moderato cantabile*, den Mittelteil aus Frédéric Chopins Impromptu Nr. 4 in Cis-Moll, op. post. 66, also aus dem sogenannten *Fantasie-Impromptu* für Soloklavier. Der Bildton ist ausschließlich der eindringliche Klang dieses Stücks. Der Bildraum ist dazu klar gegliedert: Ein hoher Kerzenständer im Vordergrund unterteilt ihn. In der linken Hälfte, in den Hintergrund gerückt, steht ein Pferd, unbeweglich, nicht lebendig, jedoch lebensgroß. Ein Schaukelpferd, das mitgewachsen ist und irgendwie kein gutes Licht auf den jungen Mann (Hans Clarin) wirft, der dieses Zimmer offenbar bewohnt. Er sitzt am Flügel in der rechten Bildhälfte und spielt. Rechts über ihm thront auf einem Marmorsockel streng eine überlebensgroße dunkle Büste Beethovens. Merkwürdige Größenverhältnisse herrschen hier also. Und wieder betrifft diese rätselhafte Aufstellung auch die akustische Instanz. Wir hören Chopin und sehen Beethoven. Oder doch nicht? Chopins *Fantasie-Impromptu* von 1834 steht in einer Art Korrespondenzverhältnis zu Beethovens *Quasi una fantasia* von 1801, also zur Klaviersonate Nr. 14, op. 27 Nr. 2, ebenfalls in Cis-Moll und besser bekannt unter dem Titel *Mondscheinsonate*.[27] Wie der Mittelteil der Sonate Beethovens ist der Mittelteil des *Fantasie-Impromptus* in Des-Dur

---

wurden sie als Hörspiele von der BBC produziert, 1949 brachte der Nordwestdeutsche Rundfunk den ersten Fall Paul Temples in deutscher Übertragung an die Hörer. 1959 wurde mit DER ANDERE (Joachim Hoene, NDR) die erste Krimiserie nach einem Buch von Francis Durbridge übers Fernsehen ausgestrahlt – zwei Jahre nachdem zum ersten Mal mehr Fernsehapparate angemeldet worden waren als Radios. Vgl. Siegfried Zielinski: *Audiovisionen. Kino und Fernsehen als Zwischenspiele in der Geschichte*. Reinbek: Rowohlt 1994, S. 204.

27 Vgl. Ernst Oster: „The Fantasie-Impromptu: A Tribute to Beethoven" [1947], in: David Beach (Hg.): *Aspects of Schenkerian Theory*. New Haven: Yale University Press 1983, S. 189-207. Oster arbeitet die Strukturähnlichkeit auf Grundlage der sogenannten Reduktionsanalyse heraus.

notiert. Er bildet, so Ernst Oster, eine Transformation des gis-cis-e-Eröffnungsmotivs der Komposition, ähnlich wie bei Beethoven, der das Motiv im ersten Satz seiner Sonate einführt.[28] Chopin und Beethoven, Hören und Sehen – manchmal, man wird's erleben, erzeugt dieses Verhältnis Täuschungen.

Die Kamera bewegt sich auf den Pianisten zu und schwenkt nach rechts, der Blick gleitet durch den Korpus des Instruments über die Saiten. Dann ändert sich die Bewegungsrichtung, der Kamerablick hebt sich und erfasst die Unterseite des geöffneten Hinterdeckels, bis das Bild vollständig verdunkelt ist (Abb. 12). Als gleite die Kamera nach oben über das Hindernis hinweg, bewegt sich das schwarze Feld nach unten aus dem Bild. Allmählich stellt sich dabei vom oberen Bildrand her die halbnahe Einstellung eines Frauengesichts ein: Lady Lebanon (Elisabeth Flickenschildt) (Abb. 13-15). Die Augen sind geschlossen. Lauscht sie der Musik? Die klingt jetzt irgendwie weiter entfernt. Das aktuelle Bild zeigt einen anderen Raum. Die Kamerabewegung war also eine Blende, wir haben einen zweiten Vorhang fallen sehen. Kontinuierlich ist hier allein die Musik, deren Raumklang tontechnisch verändert wurde. Und dennoch wirkt die vermeintliche Kamerabewegung wie das Übertragungsmedium des Klangs – ein Scheinmedium, das sich über das Reale des Schnitts hinwegzusetzen vermag, ein Geist, der räumliche Dissoziationen wie Vorhänge zur Seite schiebt. Und er tut es noch einmal. Einige Einstellungen später, die Musik ist weiterhin zu hören: Das Bild wird vom unteren Rand her in der ganzen Breite verdeckt bis das gesamte Bildfeld schwarz ist (Abb. 16-17). Und wieder entsteht der Eindruck einer kontinuierlichen Bewegung, wenn gleich darauf die Kamera an einer schwarzen Fläche herabgleitet, während noch immer das *Impromptu* zu hören ist. Ein dritter Vorhang wird durchschritten. Der erweist sich als das Innere eines Kamins. Die Kamera blickt von dort aus auf ein Paar männlicher Hände, die am Feuer gewärmt werden (Abb. 18-20). Eine unmögliche Perspektive, die den Schnitt nicht nur verdeckt wie die Schwarzblende, sondern ihn sogar als imaginären Zwischenraum zu behaupten scheint.

Ein Telefon läutet, man sieht den altmodischen Apparat kurz in einer Detailaufnahme. In der anschließenden Einstellung bewegt sich die Kamera nun hinter dem Rücken eines älteren Herrn, der sich zum Kamin herabbeugt. Gemeinsam mit den kaschierenden Schwarzblenden und der unausgesetzten akustischen Präsenz des *Impromptus* verstärkt dieser ‚Seitenwechsel' noch einmal den Eindruck einer Bewegung, die unaufhaltsam durch die Räume geht, einer Art Anwesenheit von jenseits der aktuellen Einstellungen her. Diese Bewegung wird nun scheinbar in den Handlungsraum übersetzt, sie realisiert sich als das langsame Öffnen einer Tür, als Fokussierung eines Beinpaars, das vorsichtig durch den Spalt hindurchschlüpft, und als *Point-of-View-Shot* eines Mörders, der sich, begleitet vom Anschwellen schriller Streicher, dem alten Herrn von hinten nähert. Der hatte sich gerade am Telefon mit

---

28 Und auch im Schlussteil des *Impromptus* wird das Motiv noch einmal invertiert. „For now, having arrived at the climax e^4 on the 6 chord, the composer rushes downward from these extrem heights, three times using the inversion of the motiv e-$c^{\#}$-$g^{\#}$ – almost exactly as Beethoven did at the end of the coda of the final." Ebd., S. 200.

„Lord Lebanon" gemeldet. Jetzt liegt er auf dem Teppich neben dem Apparat. Chopin ist endlich verstummt. Er hat sein Werk vollbracht. Oder ist es ein Werk Beethovens? Wir sehen eine Detailaufnahme des Hörers. Eine Telefonistin bittet uns, am Apparat zu bleiben, und dann meldet sich Edgar Wallace.

Einige Morde später, gegen Ende des Films, wenn die falschen Vorhänge fallen und klar wird, dass der doppelte Boden des *Impromptus* nichts mit Austauschverhältnissen des musikalischen Genius zu tun hat,[29] sondern einfach einen Trick meint – am Ende also erweist sich der Geist, der durch die Bilder geht, das Genie, wenn man so will, als das, was es ist: als handfester Wahn. Dazu muss der Schnitt sich gegen die Blende durchsetzen und schließlich auch in der Tonspur angelegt werden.

Wir hören wieder einmal das *Impromptu*, und wir sehen erneut die geschlossenen Augen der Lady Lebanon (Abb. 21). Doch diesmal bleibt die Illusion einer kontinuierlichen Kamerabewegung als Medium des Klangs aus. Die Schwarzblende, der imaginäre Vorhang, wird durch einen Schnitt ersetzt, den es nur an der Realität des Materials, niemals selbst als Bild geben kann (Abb. 22-23). Er führt die Lady endlich in das Zimmer mit der monströsen Ausstattung. Hier spielt die Musik. Man hört sie, gewissermaßen in Umkehrung der Eingangssequenz, nun etwas näher. Die Modifizierung des Raumklangs des unausgesetzten Stücks erzeugt also zunächst noch immer den Eindruck einer akustischen Kontinuität oder Präsenz, die über die aktuellen Einstellungen hinausgeht. Und tatsächlich wird die Musik von Geisterhand gespielt. Der Flügel ist zugedeckt, niemand ist im Zimmer. Doch dann gerät auch der geisterhafte Klang an eine materielle, besser gesagt: technische Wirklichkeit. Denn Chopin kommt aus der Box: ein Tonbandgerät, das im Klavierschemel versteckt ist. Da zieht man den Stecker und der Spuk ist vorbei (Abb. 24). So wie das Band ganz einfach anhält, wird aus dem geisterhaften Klang eine Tonspur, die gerade geschnitten worden sein könnte. Das verändert alles. Der grimme Beethoven wird jetzt als Position in der Spielfläche kenntlich (Abb. 25). Und was übrigbleibt nach dieser, sagen wir: ludischen Austreibung ist, wie gesagt, ein Rest Wahnsinn, ein etwas verwirrter Geist (Abb. 26).

Der öffnet nun aber den Flügel und beginnt zu spielen: Frédéric Chopin, Impromptu Nr. 4 in Cis-Moll, op. post. 66, besser bekannt als *Fantasie-Impromptu* ... das Spiel kann erneut beginnen.

---

29 So Ernst Oster: „The Fantasie-Impromptu is perhaps the only instance where one genius discloses to us – if only by means of a composition of his own – what he actually hears in the work of another genius." Und selbstverständlich fehlt hier nicht die Referenz auf deutsches Genie: „[...] we know what Robert Schumann meant when [...] he said: ‚Vielleicht versteht nur der Genius den Genius ganz.'" Ebd., S. 207.

Abb. 10

Abb. 11

Abb. 12

Abb. 13

Abb. 14

Abb. 15

Abb. 16

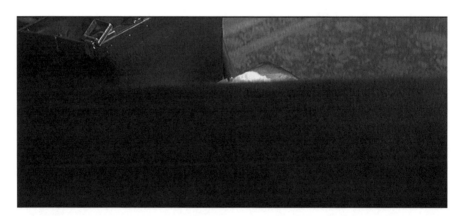

Abb. 17

Abb. 18

Abb. 19

Abb. 20

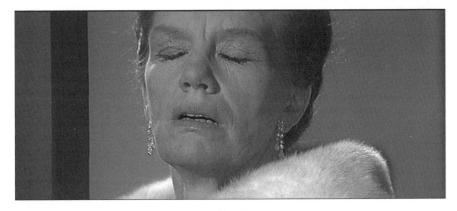

Abb. 21

Abb. 22

Abb. 23

Abb. 24

Abb. 25

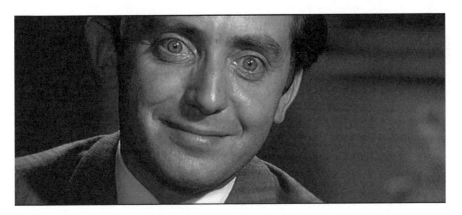

Abb. 26

Thomas Morsch

POPULARITÄT UND AMBIVALENZ:

Die „Gross out"-Ästhetik als Politik
des Vergnügens in der *Animal Comedy*

Die zwei Zyklen der *Animal Comedy*

Das filmische Subgenre der Komödie, das hier im Zentrum stehen soll, ist diskursiv wenig etabliert, und es ist auch nicht trennscharf gegenüber benachbarten Subgenres und Filmzyklen – zu denken wäre an die Sex-, Teenie- oder Highschoolkomödie, im Englischen auch an ‚sex romps' (Sexklamotte) – abgrenzbar. In der Tat zwingt nichts dazu, die in Frage stehenden Film in der Weise zu konstellieren, wie es hier geschieht. Und doch akzentuiert der Begriff der *Animal Comedy* eine ausreichende Menge evidenter Gemeinsamkeiten einer Reihe von Filmen, um eine synoptische Perspektive produktiv erscheinen zu lassen. Von einem Genre zu sprechen, entspricht dabei eher einer akademischen Beobachtungsweise, während die industrielle Praxis des populären und populistischen Kinos viel stärker durch die Logik von Zyklen, Reihen, Serien, Trends und *High Concepts* bestimmt ist als durch die Logik des Genres.[1] Wenn hier an dem Begriff des Genres festgehalten wird, so vor allem deshalb, weil es gerade um das Verhältnis zweier distinkter Zyklen innerhalb des Genres geht. Der erste Zyklus entfaltet sich in den Jahren 1978 bis 1985 (mit einem deutlichen Höhepunkt im Jahr 1982), der zweite Zyklus dann ab dem Jahr 1999.[2]

---

1 Vgl. Christine Gledhill: „Rethinking Genre", in: Christine Gledhill, Linda Williams (Hg.): *Reinventing Film Studies.* London: Arnold 2000, S. 221-243.
2 Lesley Speed unterteilt den ersten Zyklus, den ich aufgrund seiner zeitlichen Dichte und dem großen zeitlichen Abstand zum zweiten Zyklus als Einheit behandle, noch einmal und spricht von insgesamt drei Zyklen des Genres. Das Zentrum des ersten Zyklus bildet in Speeds Augen ANIMAL HOUSE (John Landis, USA 1978) und schließt darüber hinaus noch den bereits älteren Film MASH (Robert Altman, USA 1970) ein, sowie MEATBALLS (Ivan Reitman, Kanada 1979) und STRIPES (Ivan Reitman, USA 1981): „Films in this cycle revolve around young men's defiance of institutional authority through such acts of hedonism as parties, excessive drinking, having sex, and ridiculing authority figures." Im Zentrum des zweiten Zyklus steht für sie PORKY'S (Bob Clark, Kanada/USA 1982): „These films center on young males' pursuit of sexual activity, often in conjunction with drinking and practical jokes." Die wesentlichen Merkmale von Speeds erstem Zyklus treffen allerdings auch auf den zweiten zu und umgekehrt. Aber: „In contrast to the preceding cycle, vulgar teen comedies of the 1980s usually center on teenagers, lack well-known actors, and place less emphasis on undermining social institutions." Speeds dritter Zyklus fällt mit den Entwicklungen zusammen, die ich als

Im Anschluss an die bisher einzige monographische Studie, die sich sowohl mit Sympathie als auch analytischer Präzision dem schlecht beleumdeten Genre widmet, soll hier an der Genrebezeichnung *Animal Comedy* festgehalten werden, weil hierdurch mehr als durch die alternativen Gattungsbegriffe herausgestellt wird, was mir zentral erscheint: im Kern handelt es sich um Komödien, die sich um das – freiwillige oder unfreiwillige – animalische Verhalten der Protagonisten drehen. Es ist William Paul, der in seinem Buch *Laughing Screaming*, in dem er die Gemeinsamkeiten von Horrorfilm und Komödie auslotet, nicht nur *Animal Comedy* als Genrebezeichnung eingeführt hat, sondern in der Auseinandersetzung mit dem nicht allein populären, sondern hochgradig populistischen Genre zugleich einige auch für die vorliegenden Ausführungen wesentliche methodische Prämissen skizziert hat.[3] Pauls Studie ist allerdings bereits 1994, und das heißt weit vor der Wiederbelebung des Genres durch einen neuen Zyklus von Filmen seit der Jahrtausendwende, erschienen; schon deswegen bedarf seine Untersuchung einer Aktualisierung.

Der Begriff der *Animal Comedy* vereint eine Reihe von Filmen, deren verbindender Aspekt in der Modellierung eines ambivalenten Affekts liegt, der jedoch auf motivischer, narrativer und ideologischer Ebene sehr unterschiedliche Ausprägungen annimmt.[4] Wiederkehrende Elemente der *Animal Comedy* speisen sich aus Figuren, Situationen und Handlungsmustern. Zu nennen sind ein jugendliches Personal, das oft einen Kollektivprotagonisten bildet und sich meist aus ‚Nerds', sozialen Underdogs oder anderen gesellschaftlichen Außenseitergruppen des Highschool- oder College-Kosmos rekrutiert; sexistische Äußerungen oder Handlungen und voyeuristische Situationen; eine sexuelle Beziehung als narratives Ziel; die Darstellung körperlicher Enthemmung, die sich in Trinkgelagen, Kotz-, Masturbations- und Entblößungsszenen manifestiert; vor allem aber die *Party* als zentrales Medium der Artikulation der genretypischen Anliegen. Diese Elemente werden von den Filmen aber mit immer wieder wechselnden ideologischen Konsequenzen in Konstellation gebracht.

In beiden Zyklen des Genres werden unterschiedliche Elemente des ursprünglichen Musters aufgegriffen, weiter entwickelt, vernachlässigt, vergessen oder eliminiert. Der erste Zyklus beginnt 1978 mit ANIMAL HOUSE von John Landis, aus dessen Titel William Paul die Benennung des Genres ableitet. Trotz der Verwandtschaft der *Animal Comedy* zu früheren Sex- und Teeniekomödien vor allem aus

---

zweiten Zyklus fasse, nämlich das Wiederaufleben der vulgären Teen Comedy in den späten neunziger Jahren; vgl. Lesley Speed: „Loose Canons: White Masculinity and the Vulgar Teen Comedy Film", in: *The Journal of Popular Culture* Vol. 43, No. 4 (2010), S 820-841, hier S. 821.

3 William Paul: *Laughing Screaming. Modern Hollywood Horror and Comedy*. New York: Columbia University Press 1994.

4 Insofern stiften diese Filme gerade nicht verlässliche *Relationen* zwischen gemeinsamen Elementen, was Steven Neale als Merkmal von Genres herausstellt, vgl. *Genre*. London: BFI 1990.

Italien[5] und vereinzelten Vorläufern im amerikanischen Kino, die für den Autokinomarkt hergestellt wurden (etwa THE CHEERLEADERS von Paul Glickler, 1973) markiert ANIMAL HOUSE in recht eindeutiger Weise den Beginn des Genres, weil die wesentliche Formel des Genres hier bereits in gültiger Form ausformuliert wird. Nach dem Erfolg von ANIMAL HOUSE entstehen in den USA und Kanada innerhalb von nur sieben Jahren rund 40 bis 50 Filme dieses Genres. Der größte kommerzielle Erfolg, die kanadisch-amerikanische Ko-Produktion PORKY'S, bringt in schneller Folge eine ganze Reihe von Nachahmern hervor, bis das Feld nach 1985 radikal ausdünnt; bis 1990 entstehen nur noch vier bis fünf Filme dieser Art, danach versiegt die Produktion von *Animal Comedys* völlig – der Bruch innerhalb des Genres ist durch die Produktionszahlen deutlich markiert. Der Teenie-Film wird fortan durch eine ganz andere Genreformel dominiert, die John Hughes als Regisseur und Autor ab Mitte der achtziger Jahre mit Filmen wie SIXTEEN CANDLES (1984), BREAKFAST CLUB (1985), PRETTY IN PINK (Howard Deutsch, 1986) und SOME KIND OF WONDERFUL (Howard Deutsch, 1987) etabliert. In den neunziger Jahren differenziert sich der Teenie-Film ins Konturlose aus und wird nicht mehr durch einen Stil, eine Genreformel oder eine klar erkennbare Zielgruppenorientierung dominiert. Die vier wichtigsten, ein Teenager-Publikum adressierenden amerikanischen Filme der Jahre 1995/96 deuten exemplarisch die Diffusion in eine Reihe heterogener Genres und Stile an: CLUELESS (Amy Heckerling, 1995), KIDS (Larry Clark, 1995), SCREAM (Wes Craven, 1996) und ROMEO + JULIET (Baz Luhrmann, 1996). Die Heterogenität dieser Filme belegt eine Ausdifferenzierung des jugendlichen Publikums (nach Interessen, Lebensstilen, ästhetischen Präferenzen und vor allem Auffassungen von Unterhaltung), die kaum Hoffnung auf die Möglichkeit einer Reintegration in Aussicht zu stellen scheint. Umso erstaunlicher ist es, dass es der *Animal Comedy* mit der Jahrtausendwende noch einmal gelingt, zur dominierenden Form des Teenie-Films zu avancieren.

Die Wiederbelebung der Formel der *Animal Comedy* als dominante Ausprägung des Teenie-Films lässt sich ebenso eindeutig datieren wie der Beginn des Genres im Jahr 1978. Vereinzelten Vorläufern in den neunziger Jahren zum Trotz – wie dem sich mit der Ideologie der *Political Correctness* im Campus-Umfeld auseinandersetzenden PCU (Hart Bochner, USA 1994), dem kanadischen Film KITCHEN PARTY (Gary Burns, 1997) und dem weithin unterschätzten CAN'T HARDLY WAIT[6] (Har-

---

5 Zu denken ist hier vor allem an den französischen A NOUS LES PETITES ANGLAISES (Michel Lang, 1976) und an die mit LA LICEALE (Michele Massimo Tarantini, Italien 1975) beginnende Reihe italienischer Sexkomödien mit Gloria Guida (in Deutschland als FLOTTE TEENS-Reihe vermarktet und um nicht zur ursprünglichen Serie gehörende Filme erweitert). Die im Schulmilieu angesiedelten frivolen italienischen Komödien haben wiederum die deutsch-israelische EIS AM STIEL-Reihe (die 1978 mit LEMON POPSICLE [ESKIMO LIMON] von Boaz Davidson ihren Auftakt nimmt) beeinflusst.
6 Robin Wood singt jedoch in einem Text über die Teenie-Filme der neunziger Jahre berechtigterweise ein Loblied auf den Film: „I would single out [...] *Can't Hardly Wait* (for its energy, its inventiveness, its uniformly marvelous performances from an ensemble cast, the unpredictability – a rare virtue in these films – of certain of its plot developments) [...]." Robin

ry Elfont und Debora Kaplan, USA 1998), die mit älteren Filmen des Genres aber kaum mehr als gelegentlich schlechtes Benehmen und die zentrale Bedeutung der Party als Schauplatz gemein haben – erfolgt die erneute Etablierung der *Animal Comedy* als bedeutendste Variante des Teenie-Films durch den immensen Box Office-Erfolg von AMERICAN PIE (Paul Weitz, USA 1999), der nicht nur ein Franchise von sieben weiteren Filmen nach sich zieht, sondern eine neue Welle des (sich wiederum vorwiegend in Film*serien* entfaltenden) Genres lostritt, die bis zur Gegenwart rund drei Dutzend Filme umfasst, die sich von kommerziell mäßig erfolgreichen *Direct-to-DVD*-Produktionen bis zu Blockbustern wie THE HANGOVER (Todd Phillips, USA 2009) bewegen, einem der erfolgreichsten Versuche, das Genre durch ältere Protagonisten und eine abweichende Erzählstruktur weiter zu entwickeln. In diesem Zug ist THE HANGOVER jedoch zu derart vielen Merkmalen des Genres auf Distanz gegangen und hat die Formel der *Animal Comedy* derart modifiziert, dass er zugleich zu den Filmen zu rechnen ist, die seit 2009 eine Art Coda des Genres formuliert haben, ohne dass zu diesem Zeitpunkt bereits klar wäre, ob damit lediglich das (vorläufige) Ende des Genres oder zugleich ein neuer Zyklus eingeläutet wird. Auf die prekäre Gegenwart des sich im Umbruch befindlichen Genres wird am Ende noch einmal einzugehen sein.

Das radikal Populäre

Bevor das Genre durch einen Blick auf seine Anfänge näher charakterisiert werden soll, ist eine methodische Vorbemerkung angebracht, die auf den Kern des Genrekinos zielt. Genrefilme, die oftmals mit der Mainstream-Filmproduktion gleich gesetzt werden – jedenfalls legt die Forschungsliteratur dies nahe, die sich unter dem Begriff des Genres fast ausschließlich mit dem populären Erzählkino Hollywoods beschäftigt – stellen stets eine Form des Populären dar. Im Rahmen der Cultural Studies im Windschatten einer Romantisierung des Widerstandspotenzials des Publikums und der Idealisierung des Populären[7] häufig noch als Antithese zu dem verstanden, was jeweils als Hochkultur Geltung beansprucht, wurde in den letzten Jahren zunehmend die wechselseitige Abhängigkeit etablierter bzw. hochkultureller und populärer bzw. alltagsnaher Bereiche der Kultur konstatiert, die sich nicht allein aus der postmodernen Durchdringung von Hoch- und Populärkultur ergibt, sondern die aus systematischen Erwägungen heraus in den Fokus getreten ist.[8] Die wechselseitige Durchdringung lässt, wie zum Beispiel Elena Es-

---

Wood: „Teens, Parties, and Rollercoasters. A Genre of the 90s", in: *Hollywood From Vietnam to Reagan – and Beyond*. Revised Edition. New York: Columbia University Press 2003, S. 309-332, hier S. 322.

7 Vgl. Stephan Moebius: „Cultural Studies", in: ders. (Hg.): *Kultur. Von den Cultural Studies bis zu den Visual Studies. Eine Einführung*. Bielefeld: Transcript 2012, S. 13-33, hier S. 31f.

8 Insbesondere ist auf das ‚funktionale' Verständnis des Populären in der Systemtheorie zu verweisen; vgl. hierzu Christian Huck, Carsten Zorn: „Das Populäre der Gesellschaft. Zur Ein-

posito argumentiert,[9] die Unterscheidung selbst bereits als fragwürdig und nicht zeitgemäß erscheinen. Angesichts der anhaltenden diskursiven Wirkmächtigkeit der Unterscheidung hat dieser Einwand aber eher akademischen Charakter; für die Film-, Fernseh- und Medienwissenschaft bleibt festzuhalten, dass in der gegenwärtigen Medienkultur, bei allen möglichen Überschneidungen hinsichtlich Formen, Publikum und Abspielstätten, und bei aller denkbaren Kontinuität hinsichtlich der akademischen oder filmpublizistischen Beschäftigung mit ihnen, die Differenzen zwischen, zum Beispiel, den Filmen Béla Tarrs und Ulli Lommels, oder zwischen THE WIRE und SHOPPING QUEEN, ausreichend Evidenz besitzen, um einerseits unterschiedliche methodische Herangehensweisen und theoretische Fragestellungen zu plausibilisieren, andererseits aber auch die Frage nach ihrem Verhältnis zueinander zuzulassen.

Unter Bezugnahme auf verschiedenste kulturtheoretische Ansätze wurde immer wieder versucht, in den Formen populärer Kultur ein utopisches, emanzipatorisches und subversives Potenzial aufzuspüren, das sich widerständig gegenüber der ‚offiziellen' und ‚legitimen' Kultur verhält.[10] Dieser Stilisierung zu einer Form von ‚Gegenmacht' stehen Affirmationen des Populären entgegen, die sich stärker auf einen aus der Hochkultur entlehnten Kriterienkatalog beziehen, wie dies bei dem pragmatistischen Philosophen Richard Shusterman der Fall ist.[11] Während in den Cultural Studies die Populärkultur gerade in ihrem *Eigensinn* gegen die Hochkultur in Stellung gebracht wird,[12] macht sich Shusterman zum Anwalt eines Populären, dessen Qualität nach Maßgabe von Kriterien bestimmt wird, die durchweg der Beschäftigung mit hochkulturellen Werken der Kunst entlehnt sind: Komplexität, Innovation, Subtilität, Strategien der Intertextualität und der Dekonstruktion – das sind die Aspekte, die Shusterman in seiner Beschäftigung mit Rap Musik fokussiert. Zu Recht

---

leitung", in: dies.: *Das Populäre der Gesellschaft. Systemtheorie und Populärkultur.* Wiesbaden: VS Verlag 2007, S. 7-41.
9 Vgl. Elena Esposito: „Popularität", in: Roger Lüdeke (Hg.): *Kommunikation im Populären. Interdisziplinäre Perspektiven auf ein ganzheitliches Phänomen.* Bielefeld: Transcript 2011, S. 15-20; vgl. hierzu auch Paul, *Laughing Screaming,* S. 27.
10 Vgl. zu dieser Diskussion Udo Göttlich, Rainer Winter: „Die Politik des Vergnügens. Aspekte der Populärkulturanalyse in den Cultural Studies", in: dies. (Hg.): *Politik des Vergnügens. Zur Diskussion der Populärkultur in den Cultural Studies.* Köln: Halem 2000, S. 7-19, sowie zur Kritik dieser pauschalen Aufwertung des Populären gegenüber der offiziellen Kultur vgl. zum Beispiel Ralf Hinz: „Cultural Studies. Themen, Argumente, Kritik", in: Thomas Hecken (Hg.): *Der Reiz des Trivialen. Künstler, Intellektuelle und die Popkultur.* Opladen: Westdeutscher Verlag 1997, S. 163-200. Einer systemtheoretischen, funktionalistischen Perspektive steht freilich die Dialektik von Hegemonie und Widerstand gar nicht zur Verfügung, die so häufig mit der Differenz von Hochkultur und Populärkultur überblendet wird; vgl. hierzu Urs Stäheli: „Das Populäre zwischen Cultural Studies und Systemtheorie", In: Udo Göttlich, Rainer Winter (Hg.): *Politik des Vergnügens. Zur Diskussion der Populärkultur in den Cultural Studies.* Köln: Halem 2000, S. 321-337, hier S. 322f.
11 Vgl. Richard Shusterman: *Kunst leben: Die Ästhetik des Pragmatismus.* Frankfurt/M.: Fischer 1994.
12 sehr deutlich z. B. bei John Fiske: *Television Culture.* London/New York: Routledge 1993.

hat Niels Werber in einer Kritik von Shustermans Ansatz die Frage aufgeworfen, „was für Vorteile die ‚popular culture' davon haben soll, daß ihre Werke genauso analysiert oder gedeutet werden wie ein Gedicht von T. S. Eliot, wie Shusterman dies in einem ganzen Kapitel vorführt."[13] Mit der Diskussion um die aktuellen ‚Qualitätsserien' des Fernsehens hat diese Frage erneut Bedeutung gewonnen.

Werber sieht in der Entnahme von Kriterien aus der Hochkultur zu Zwecken der Beobachtung der Populärkultur einen „Affekt gegen das Populäre" am Werk, der die Perspektive darauf trübe:

> Mir scheint, daß man dem Populären gerechter würde, wenn man seine unleugbare Reizqualität betonte, ohne sie stets mit der Unterstellung einer zugleich ideologiekritischen oder ironischen Botschaft entschuldigen zu müssen. Gefragt wäre eine Theorie des Genusses, die kein schlechtes Gewissen mehr hat. Shusterman vermag Rap nur zu schätzen, weil er komplex, kritisch und schwarz ist, und nicht einfach deshalb, weil die Musik „einfach geil" (Rainald Goetz) ist.[14]

Zwar sind auch die Filme der *Animal Comedy* wirklich „geil" und fordern vom Betrachter die „reuelose Affirmation", zu der der Theorie angeblich der Mut fehlt,[15] aber *einfach* ist, pace Goetz, daran gar nichts. Bereits die populäre Rezeption der Filme ist weitaus komplexer, als es die Formel der reuelosen Affirmation nahe legt, denn in ihrem Rahmen werden bereits Differenzierungen vorgenommen und Präferenzen ins Spiel gebracht, die vom Erfolg und Misserfolg der Filme an der Kinokasse nur unzureichend abgebildet werden. Worin das Populäre der zudem intern oftmals sehr widersprüchlichen Filme eigentlich liegt, ist nicht zu erschließen, wenn man das Vergnügen an den Filmen nicht weiter hinterfragt.

Darüber hinaus gerät aber durch blinde Affirmation, so reizvoll sie auch sei, die besondere Herausforderung aus dem Blick, die die Filme der *Animal Comedy* für eine Theorie des Populären darstellen. Die wie auch immer begründete Affirmation des Populären gerät in Schieflage, sobald man das Populäre näher differenziert, sobald man von einer allgemeinen Idee des Populären zur Konkretion in Form des Trivialen, des Kitschs, des Obszönen übergeht,[16] und weiter zum Frivolen, Vulgären und Anstößigen.[17] Diese Ausprägungen des Populären haben nicht nur historisch dafür gesorgt, dass dem Populären jene moralische Autonomie abgesprochen

---

[13] Niels Werber: „Die Form des Populären. Zur Frühgeschichte fantastischer und kriminalistischer Literatur", in: Thomas Hecken (Hg.): *Der Reiz des Trivialen. Künstler, Intellektuelle und die Popkultur*. Opladen: Westdeutscher Verlag 1997, S. 49-86, hier S. 81.

[14] Ebd.; das Binnenzitat von Rainald Goetz stammt aus: Rainald Goetz, Niels Werber, Mark Terkessidis: „Schlagabtausch – Über Dissidenz, Systemtheorie, Postmoderne, Beobachter mehrerer Ordnungen und Kunst", in: *Texte zur Kunst*, Nr. 7 (Oktober 1992), S. 57-75.

[15] Werber, „Die Form des Populären", S. 81.

[16] Zu dieser Steigerungsreihe vgl. Hecken, „Der Reiz des Trivialen", passim.

[17] Vgl. hierzu Rudolf Helmstetter: „Der Geschmack der Gesellschaft. Die Massenmedien als Apriori des Populären", in: Christian Huck, Carsten Zorn (Hg.): *Das Populäre der Gesellschaft. Systemtheorie und Populärkultur*. Wiesbaden: VS Verlag 2007, S. 44-72.

wurde, die die Hochkultur seit Beginn der Moderne für sich in Anspruch nimmt,[18] sie sabotieren auch die rückhaltlose Affirmation des Populären, obwohl sie untrennbar mit seiner Geschichte verbunden sind:

> Zur Geschichte des modernen Populären als Potenzial des *Allgemeinen* gehört von Anfang an die Wendung und Abgrenzung gegen das allzu-Populäre, das ‚Vulgäre', Rohe, Unkultivierte: das *Gemeine*, die anstößige Binnen-Differenz des Allgemeinen.[19]

Die Unterscheidung zwischen Hochkultur und Populärkultur wiederholt sich insofern innerhalb der Populärkultur noch einmal – zum Beispiel als Verhältnis (in der Filmkultur) zwischen Blockbusterkino und Sexklamotte, (in der Popkultur) zwischen den kunstvollen *Rhymes* des Hip Hop und den Mickey Mouse-Stimmen des Happy Hardcore, oder (auf YouTube) zwischen dem kenntnisreichen Witz von „If David Lynch directed Dirty Dancing..."[20] und dem wenig voraussetzungsvollen Humor von „Gizmo Flushes"[21] oder „The Sneezing Baby Panda"[22]. Die jeweils zweite Seite dieser Beispiele ist einem *radikalen Populären* zuzurechnen, das sich weder einem evaluativen noch einem funktionalistischen Zugriff als unproblematisches Objekt darbietet. Beispiele eines *radikal Populären* folgen nicht einfach einem akademisch vorgezeichneten Programm der Populärkultur, sondern *überdehnen* dies, *überdrehen*[23] das Populäre noch über den Rand des Populistischen hinaus bis zu einem Punkt, wo es in einer unapologetischen Trivialität verharrt, um sich dort dann aber dem letzten Dreh, der in die Inkommensurabilität des hermetischen Kunstwerks führen würde, zu verweigern.

Die Filme der *Animal Comedy*, die ganz offensichtlich den kleinsten gemeinsamen Nenner des Publikums zum ästhetischen Prinzip erheben,[24] lassen sich in diese radikalisierte Form des Populären einrücken, das sowohl einem evaluativen wie auch einem funktionalistischen Zugriff einigen Widerstand entgegensetzt. Das radikale Populäre ist ein Populäres, das nichts anderes als populär und unterhaltend sein will und auf der textuellen Ebene jede darüber hinaus gehende Bedeutungsebene desavouiert. Es verweigert der Wissenschaft die Erfüllung des Wunsches, „populärkulturelle Gegenstände, die als bedeutungslos betrachtet werden, lesbar zu machen und zu rehabilitieren"[25], und setzt sich stattdessen auf ein Furz-

---

18 Vgl. Hecken, „Der Reiz des Trivialen", S. 31.
19 Helmstetter, „Der Geschmack der Gesellschaft", S. 46.
20 https://www.youtube.com/watch?v=wjvuCOlkO4E (letzter Zugriff 20. April 2014)
21 https://www.youtube.com/watch?v=WofFb_eOxxA (letzter Zugriff 20. April 2014).
22 Mit über 200 Millionen Klicks wohl eines der populärsten Videos auf YouTube überhaupt; https://www.youtube.com/watch?v=FzRH3iTQPrk (letzter Zugriff 20. April 2014).
23 Zum ‚Überdrehen' als Strategie in Kunst, Wissenschaft und Populärkultur vgl. die Beiträge in: Ulrike Bergermann, Christine Hanke, Andrea Sick (Hg.): *Überdreht. Spin Doctoring, Politik, Medien*. Bremen: Thealit 2006.
24 Vgl. Paul, *Laughing Screaming*, S. 3
25 Herbert Schwaab: *Erfahrung des Gewöhnlichen. Stanley Cavells Filmphilosophie als Theorie der Populärkultur*. Münster et al: Lit Verlag 2010, S. 127.

kissen, bewirft uns mit Popcorn oder versagt uns mit ähnlich albernen und zugleich wirkungsvollen Mitteln die Möglichkeit, den Unterhaltungsaspekt von den Filmen abzuspalten, um zu ihrer ‚eigentlichen' Bedeutung und ihrem ‚wahren' Wert abseits dieser offensiven Trivialität vorzustoßen. Herbert Schwaab stellt zum Beispiel an Stanley Cavell heraus, dass in seinen Arbeiten zum Film das Interessante etwa der Screwball-Komödie gerade in ihren unterhaltungsaffinen Elementen, und nicht in einem darüber hinaus gehenden Wert gesucht würde.[26] Und so wird man auch im Falle der *Animal Comedy* ihre Qualität in deren hemmungslosen Hedonismus, Sexismus und Analhumor zu suchen haben, statt im Streben nach Höherem.

Man darf die Vulgarität der Filme nicht in Form einer ‚rettenden Kritik' überspringen, wie man mit Walter Benjamin, allerdings in Abwandlung des bei ihm mit dem Begriff Gemeinten, formulieren könnte; eine solch ‚rettende Kritik' bestünde darin, die Obszönität der Filme zu ignorieren um zu ihren vermeintlich *eigentlichen* Qualitäten vorzudringen, die unterhalb der anstößigen Oberfläche verborgen liegen. Das Zotige und Frivole ist kein ‚Beiwerk', das sich übergehen ließe. Die *Animal Comedies* gehorchen keiner Ökonomie des guten Geschmacks, die das Anstößige nur zulässt, wenn es einem höheren Zweck dient bzw. eine künstlerische Rechtfertigung hat. In den *Animal Comedies* setzt sich eine anarchistisch-animalische Kraft gegen die Dominanz eines oktroyierten ‚guten Geschmacks' ohne Rekurs auf höhere Werte oder weiterführende Ziele zur Wehr. Ihre Vulgarität setzt die in Frage stehenden Filme in das gleiche Verhältnis zum dominanten Diskurs der Filmästhetik, wie es die Protagonisten der Filme gegenüber der dominanten Ordnung einnehmen. Animalität ist in der *Animal Comedy* das letzte Mittel der sozialen Underdogs, die aus ihrer Unterlegenheit das Recht ableiten, *jedes* Mittel anwenden zu dürfen. In MEATBALLS (Ivan Reitman, Kanada 1979) etwa geht es um die sportlichen Wettkämpfe zweier Feriencamps, die durch ein starkes soziales Gefälle charakterisiert sind. Aus dieser Asymmetrie leitet Bill Murray in der Rolle des Betreuers Tripper Harrison die Lizenz dafür ab, im Wettkampf alle Regeln der Fairness und des sportlichen Verhaltens zu ignorieren, und unterminiert dadurch die Lehren des konformistischen Jugendfilms, der mit dem Glauben an Fair Play zugleich eine neoliberalistische Ideologie des freien Spiels der Kräfte fördert, die die Unterlegenen als ‚faire Kämpfer' und ‚gute Verlierer' verspottet. So wie in MEATBALLS aus der sozialen Unterlegenheit die Legitimität unfairer Mittel im sportlichen Wettkampf abgeleitet wird, so generieren sich insbesondere die Filme des ersten Zyklus der *Animal Comedy* als der Bodensatz Hollywoods, dem jedes Mittel im Kampf gegen die Dominanz des glanzvollen Special Effect-Kinos im Stile von STAR WARS (George Lucas, USA 1977) recht sein muss. Insofern ist das ‚schlechte Benehmen' der animalischen Figuren dieses Komödientyps nicht nur Thema, sondern Programm, und das ‚schlechte Benehmen' der Filme bereits der reflexive Kern ihrer ‚Botschaft'.

---

26 Vgl. ebd.

Schlechtes Benehmen: Soziale Devianz in ANIMAL HOUSE

John Landis Film ANIMAL HOUSE, der im Kontext des amerikanischen Satiremagazins *National Lampoon* entstanden ist und zu den profitabelsten Filmen der Hollywoodgeschichte zählt, bringt bereits alle wesentlichen Merkmale des Genres zusammen. Strukturiert um den Konflikt zwischen einer schlecht beleumdeten Studentenverbindung, deren Mitglieder vor allem an Alkohol, Frauen und Partys interessiert sind, und der Universitätsobrigkeit, verkörpert durch Dekan Wormer, sowie einer konkurrierenden Verbindung von Studenten aus reichem Elternhaus, verknüpft der Film sexuelles Begehren, schlechtes Benehmen, das Diskreditieren von Autorität, eine antibürgerliche Orientierung und den ‚Missbrauch' von Nahrungsmitteln zur Grundformel des Genres. Lustvoll wird das schlechte Benehmen als praktische Form der Kritik inszeniert, die Sprache derjenigen, die aus dem institutionellen Leben ausgegrenzt werden sollen – ganz buchstäblich geht es in dem Film ja um die Auflösung der Delta Tau Chi Studentenverbindung und der Vertreibung ihrer Mitglieder vom Campus des Faber College.

Die Handlung von ANIMAL HOUSE ist im Jahr 1962 angesiedelt; der Film rückt die anarchistische Energie, die er entwickelt, in eine mythische Vergangenheit, die wiederum näherungsweise der Jugendzeit der Autoren entspricht.[27] Dies erlaubt es dem Film zugleich, sich als Erzählung über die Vergangenheit einer *Gegenwart* zu verstehen, zu der die Schrifteinblendungen am Ende des Films, die über die weitere Entwicklung und die Lebenswege der Hauptfiguren Auskunft geben, eine Beziehung herstellen. In der Anfangsszene des Films begleitet ein pathetisch-feierlicher Score von Elmer Bernstein die Novizen Kent Dorfman und Larry Kroger auf dem Weg über den Campus zum herausgeputzten Habitat der angesehenen Omega-Verbindung, danach führt sie ihr Weg zu dem heruntergekommenen Haus der Delta Tau Chi Verbindung, wo ihnen John „Bluto" Blutarsky (John Belushi) zur Begrüßung auf die Schuhe pinkelt und „D-Day" mit einem Motorrad durchs Haus rast. Wenig später kontrastiert der Film zu dem Song „Louie Louie" die chaotischen Aufnahmeriten der Delta-Verbindung mit den sektiererischen, faschistoid anmutenden und eine verdrängte homoerotische Note ausschwitzenden Riten der Omega-Verbindung; die Partys der Deltas werden den offiziellen Feierlichkeiten (ein Festumzug durch die Stadt) gegenübergestellt, die Universitätsobrigkeit und Bürgermeister organisieren. Ein hedonistischer Anarchismus konterkariert so durchgängig Ordnung, Konformismus und Autorität. Diese anarchistische Energie verbindet ANIMAL HOUSE mit anderen Vertretern des Genres wie MEATBALLS, PORKY'S, SCREWBALLS (Rafal Zielinski, Kanada/USA 1983), REVENGE OF THE NERDS (Jeff Kanew, USA 1984) und BACHELOR PARTY (Neal Israel, 1984) und trennt den Film zugleich von Vorläufern wie zum Beispiel THE LORDS OF FLATBUSH (Stephen F. Verona und Martin Davidson, USA 1974), ein früher Sylvester

---

27 Die Geburtsjahre der drei Autoren Chris Miller, Harold Ramis und Douglas Kenney sind 1942, 1944 und 1946; lediglich Regisseur John Landis, geboren 1950, ist wenige, aber entscheidende Jahre jünger.

Stallone-Film um eine Gang von vier Jungs in Motorradkluft, in dem rüpelhaftes Benehmen, Streiche gegenüber der Lehrerin und Großmäuligkeit sich noch nicht zu einer Form von anarchistischem Esprit verdichten, und in dem die zentrale Party nicht eine exzessive Toga-Party ist, sondern die Hochzeitsfeier eines der Jungs, die nicht nur ‚ordnungsgemäß' verläuft, sondern den Film auch beendet, weil, wie nahegelegt wird, die Eheschließung auch das Ende der Jugendzeit und der Gang bedeutet. Demgegenüber hat sich das Personal der späteren Filme in einer scheinbar ewig währenden Adoleszenz eingerichtet – so befindet sich die titelgebende Hauptfigur des Films NATIONAL LAMPOON'S VAN WILDER (Walt Becker USA/D 2002) bereits seit sieben Jahren auf dem College, und es ist eines seiner wesentlichen Ziele, dieses nicht verlassen zu müssen – auf diese Weise formuliert das Genre auch einen Kommentar zu Bolognaprozess und Studienzeitverkürzung.

An ANIMAL HOUSE als dem in vielerlei Hinsicht prototypischen Film des Genres sollen im Folgenden noch fünf, mir wesentlich erscheinende Aspekte zur Sprache gebracht werden: die Frage des Protagonisten; die Rolle des Animalischen; die Rolle von Voyeurismus und Sexualität; die Rolle der Party; und schließlich die Frage der Affektivität. Jeder dieser Aspekte trägt zu der sozialen Devianz bei, die in den Filmen der *Animal Comedy* gefeiert wird und sie von anderen Komödienformen abhebt. Von jedem dieser Aspekte aus ließe sich die Geschichte des Genres fortschreiben, was hier aber nur angedeutet werden kann.

Zunächst ist ein Kennzeichen der Filme des Genres ihr *Kollektivprotagonist*. Meistens steht ein ‚Rudel' in Form von Studentenverbindungen, Schulkameraden oder Freunden im Zentrum der Filme. In diesem Moment von Kollektivität liegt bereits ein wesentliches Distinktionskriterium nicht nur gegenüber dem Mainstreamkino, sondern auch gegenüber anderen Formen der Komödie. Für die Konstitution des Kollektivs ist jedoch die Heterogenität der Beteiligten entscheidend. Während die gegnerische Gruppe schon optisch einen Konformitätszwang dokumentiert oder gar zu einem quasi-militärischen Einheitskörper verschmolzen wird, wie in ANIMAL HOUSE, bildet der Kollektivprotagonist der *Animal Comedy* eine Gemeinschaft der Verschiedenen. Die zentrale Bedeutung des Kollektivs in Filmen wie SCREWBALLS, PORKY'S und REVENGE OF THE NERDS erodiert in den späteren Filmen. In AMERICAN PIE beispielsweise gibt es zwar noch einen Pakt über den Verlust der Unschuld bis zum Abschluss der Highschool, durch den ein Kollektiv beschworen wird, doch agieren dann alle nicht nur in unterschiedliche Richtungen, sondern suspendieren den vereinbarten Pakt schließlich – was in Anbetracht der Bedeutung des Kollektivs für das Genre durchaus Symbolwert im Hinblick auf die Umstellung von Kollektivität auf Individualität besitzt. In SCREWBALLS liegt hingegen eine wesentliche Pointe in der Heterogenität der zu Beginn des Films durch einzelne Szenen zu einem Kollektiv zusammengeführten Gruppe der Nachsitzer, die dann für die restliche Laufzeit des Films geschlossen agieren, wenn auch im Interesse eines zunächst trivial anmutenden Ziels: die Brüste der Schulschönen mit dem unwahrscheinlichen Namen Purity Bush enthüllt zu sehen. Zu Recht weist William Paul darauf hin, dass der Aspekt des Kollektivsubjekts die *Animal Comedy* eher mit dem Kriegsfilm als mit anderen Komödienformen in Verbindung bringt; die militärisch anmutende Ansprache, mit der Bluto die Delta Fraternity zu einem finalen heroischen Akt des Widerstandes zu motivieren sucht (eine Schlüsselszene, die ANIMAL HOUSE mit MEATBALLS teile und die in zahlreichen Filmen des Genres imitiert wird), bestätigt in ihrer offensichtlichen Anlehnung an die pathetischen Motivationsreden des Kriegsfilms diese Verwandtschaft. Umgekehrt verdankt die *Animal Comedy* einiges der wissenschaftlich ebenfalls noch unterbelichteten Militärkomödie, wie sie prototypisch in Robert Altmans M.A.S.H. (USA 1970) vorliegt.

M.A.S.H. teilt mit der animalischen Komödie die *Unbedingtheit* des Bekenntnisses zum Vergnügen. Die Deltas pfeifen in ANIMAL HOUSE auf ihre Zukunft (die gerade deswegen rosig aussieht – wie dies den Schrifteinblendungen am Ende des Films zu entnehmen ist) und führen stattdessen einen finalen Streich aus. Und in M.A.S.H. haben die Ärzte und Krankenschwestern einer mobilen Operationseinheit inmitten des Koreakrieges, inmitten von Verletzung und Tod und angesichts von Blut, Schweiß und Tränen nichts anderes im Sinn als obszöne Witze zu reißen. Daraus mag man dann in der Interpretation ableiten, es ginge hier darum, die Absurdität des Krieges mit drastischem Humor bloßzustellen. Eine solche Interpretation, die das frivole Vergnügen der Protagonisten funktionalistisch umdeutet, scheint aber in erster Linie selbst eine Abwehrreaktion gegenüber dem grenzenlosen Hedonismus darzustellen, der aus dieser radikalen Form des pietätlosen und schlechten Benehmens spricht. Damit ist noch nicht gesagt, dass diese Interpretation nicht etwas am Film trifft oder dass eine Deutung, die über die Immanenz des schlechten Benehmens hinausführt, gleich einen Verrat an diesem darstellen würde; wenn William Paul etwa die frivole Derbheit, die PORKY'S erfolgreich in das Genre hineinträgt, und die freche Vulgarität, die Kennzeichen der Filme des ersten Zyklus der *Animal Comedy* ist, in eine Tradition einrückt, deren historische Wurzeln im *Free Speech Movement* der sechziger Jahre liegen,[28] so verweist er damit auf eine politische Dimension des Genres, ohne die obszöne Form lediglich als Beiwerk und genrebedingten *Träger* einer ernsthaften politischen Intention zu diskreditieren.

Der vulgäre Hedonismus äußert sich im Rahmen des Genres wiederum nur in zweiter Linie im Kontext der Inszenierung von Sexualität – primär ist hingegen die exemplarische Verkörperung des schlechten Benehmens im *Animalischen*, dem sich diese Komödienform zumeist in der Form eines singulären Mitglieds des Kollektivs annimmt, der als zentraler ‚animal character' eingeführt wird. In ANIMAL HOUSE ist dies der von John Belushi gespielte John „Bluto" Blutarsky, der bis in die Gegenwart das prototypische Modell darstellt, an dem sich die anstößigen Figuren der *Animal Comedy* ausrichten. Der ‚animal character' markiert die größte Devianz gegenüber sozialen Normen, die wiederum innerhalb der Filme vorzugsweise durch Regeln des korrekten Benehmens verkörpert werden. Aufgrund dieser metonymischen Verkettung kommt dem Verstoß gegen einfache Benimmregeln

---

28 Paul, *Laughing Screaming*, S. 40.

Abb. 1: Bluto, der prototypische *Animal Character*

innerhalb des Genres eine Bedeutung zu, die über die jeweilige situative Einbettung hinausweist: Bei dem Verstoß gegen die Regeln des guten Benehmens, durch den die Vertreter von Autorität und Ordnung provoziert werden, ist immer schon das Ganze der Gesellschaft mitgemeint. Von dem animalischen Protagonisten hängt insofern das kritische Potenzial der Filme ebenso ab wie ihr vom Vulgären finanzierter Unterhaltungswert.

Bluto wird vor allem durch eine in der Mensa des Faber Colleges angesiedelte Szene als ‚animal character' eingeführt. Nachdem er bereits einen aus dem siffigen Abfall gefischten Golfball verspeist hat, bedient sich Bluto zu der Musik von Sam Cookes „Wonderful World" wahl- und maßlos aus den Regalen der Mensa, stapelt Burger und Kuchen, Schnitzel und Eis, Obst und Brot auf sein Tablett, stopft sich aber zudem auf dem Weg entlang der Auslage bereits ganze Burger mit einem Bissen in den Mund, schleckt Grütze vom Teller und beißt in ein Sandwich, das er dann ins Regal zurücklegt. Mit seinem übervollen Tablett setzt sich Bluto an einen Tisch, an dem neben Frauenheld Eric „Otter" Stratton (Tim Mattheson), der der gleichen lotterhaften Studentenverbindung angehört, auch zwei Mädchen und zwei Jungs sitzen, die der besseren Gesellschaft des Campus angehören und Anstoß an Blutos Tischmanieren nehmen. „Don't you have any respect for yourself?" fragt einer der Jungs, und ein Mädchen fügt, den Topos des Animalischen ebenso wie den entscheidenden Affekt beim Namen nennend, an: „That is absolutely gross! That boy is a P-I-G PIG!" Hierdurch provoziert, lässt Bluto die Anwesenden raten, was er nun pantomimisch darstellt: er stopft sich Essen in den Mund, bläht die Backen auf und prustet das Essen über Tisch und Sitznachbarn – „I'm a zit. Get it?"

Sofort befindet sich Bluto auf der Flucht vor den erbosten Kommilitonen quer durch die Mensa, provoziert dabei die paramilitärisch ausstaffierten Mitglieder der

POPULARITÄT UND AMBIVALENZ: 329

Abb. 2: Soziale Devianz als Missbrauch von Lebensmitteln

konservativen Omega-Studentenverbindung und löst ein allgemeines Tohuwabohu aus, das in komplettes Chaos mündet, als Bluto ein aufforderndes „Food Fight!" in die Runde ruft und die gesamte Studentenschaft dies sofort in die Tat umsetzt. Die Essensschlacht gehört zu den Standardszenen des Genres, in der sich soziale Devianz als infantile Regression artikuliert. Zugleich ist die Essensschlacht mit ihrer mühelosen Verknüpfung von Abstoßendem und Spaß, von Ekelhaftem und Unterhaltung, paradigmatisch für das Genre und seinen affektiven Kern: den ambivalenten Affekt des „gross out". Dadurch, dass der Ruf „Food Fight" ausreicht, um die Anwesenden zur Beteiligung zu animieren, formuliert der Film die These, dass das Tier in uns allen dicht unter der Oberfläche korrekten sozialen Verhaltens schlummert und nur darauf wartet, bei der geringsten Provokation oder minimalen Gelegenheit hervorzubrechen. Mag der Zuschauer Essensschlachten in seinem realen Umfeld auch wenig goutieren, macht ihn das Vergnügen, das er in die Szene investiert, doch mit den Kämpfenden gemein. Vergnügen stellt ein unwillkürliches Einverständnis her, bedeutet das „Placet" des Betrachters – es gefällt!

Kollaborativer Voyeurismus

Ein solches Placet wird in ANIMAL HOUSE auch in Bezug auf die Dimension des Eros eingefordert; erneut ist Bluto Protagonist der entsprechenden, für das Genre ebenfalls prägenden Szene. Motor der Narration in den Filmen des Genres bildet zumeist das Bemühen ums „getting laid", um die Entjungferung der (natürlich männlichen) „letzten amerikanischen Jungfrau" (THE LAST AMERICAN VIRGIN, Boaz Davidson, USA 1982). Bildet Sexualität auch den Antriebsmotor der Erzäh-

Abb. 3: Der Zuschauer als Blutos Komplize

lung, dominiert sie nicht im gleichen Maße die filmische Inszenierung. Man könnte eine ganze Reihe der Filme des Genres daraufhin analysieren, wie sie Frivolität und Affinität zur Lust behaupten und zugleich eine phobische Haltung gegenüber dem sexuellen Akt einnehmen – in vielen Fällen richten sich die Filme in einer *teenage angst* ein, die Horror und Ekel auf die Erscheinungsformen der Sexualität projiziert; im zweiten Zyklus läuft hingegen die Konstruktion des Plots nicht selten darauf hinaus, dass das ursprüngliche Ziel schuldfreier promiskuitiver Sexualität aufgegeben und durch Orientierung an Konzeptionen monogamer Liebe und Partnerschaft substituiert wird: dieser in AMERICAN PIE vorgezeichneten Linie folgen viele spätere Filme, die im Windschatten libertinärer Versatzstücke aus der Genregeschichte dann umso nachdrücklicher am Mythos heteronormativer Gesellschaftsnarrative arbeiten, dass „monogamous relationships are not only the norm but ultimately everyone's deepest desire."[29]

Im ersten Zyklus des Genres ist nicht die Ablösung der Sexualität durch *Liebe* ein wiederkehrendes Thema, sondern durch *Voyeurismus* – wobei im Rahmen der diskursiven Logik der Filme Voyeurismus nicht als Substitut gilt, sondern als höchstes Ziel libidinöser Bemühungen akzeptiert wird. In einer Szene in ANIMAL HOUSE erklimmt Bluto eine Leiter, um Einblick in das im ersten Stock liegende Schlafzimmer der Mädchen einer Sorority zu bekommen. Er betrachtet die Mädchen bei einer barbusigen Kissenschlacht und rückt dann mit seiner Leiter zum nächsten Fenster vor, um Mandy beim Ausziehen zu beobachten, die auch prompt

---

29 Douglas Crimp: „How to Have Promiscuity in an Epidemic", in: *October* No. 43 (Winter 1987), S. 237-271, hier S. 253; vgl. a. Laura Kipnis: „Adultery", in: Lauren Berlant (Hg.): Chicago/London: University of Chicago Press 2000, S. 9-47, hier S. 27.

vor dem Fenster stehend, sich Blutos wie unseren Blicken gleichermaßen darbietend, ihre Brüste entblößt. Dies ist zunächst über die Schulter von Bluto hinweg gefilmt, der sich nun zur Kamera umdreht und den Blick auf den Betrachter richtet (Abb. 3). Danach folgen weitere Einstellungen auf Mandys entblößten Körper.

Dieser Blick in die Kamera markiert keinen Illusionsbruch, sondern fordert die Komplizenschaft des Zuschauers ein und dokumentiert zugleich, dass Bluto sich bei seinem Handeln beobachtet weiß und damit auch kein Problem hat. Die Protagonisten der *Animal Comedy*, so kommuniziert dies, brechen nicht nur soziale Regeln in ihrem rückhaltlosen Streben nach Sex, Spaß und Unterhaltung, sie schämen sich auch nicht dafür. Blutos unapologetischer Blick fügt seinem Handeln ein Ausrufezeichen hinzu und fordert den Zuschauer auf, es ihm gleich zu tun.

Für die Bedeutung der Szene ist zudem das *implizite Einverständnis* des Mädchens mit dem voyeuristischen Akt von Belang: Mandy weiß nichts von Blutos – und unserem – Blick auf sie, aber sie agiert so, als wolle sie sich für den voyeuristischen Blick in Positur begeben und sowohl Bluto als auch der Kamera absichtlich einen frontalen Blick auf ihren Körper erlauben. In vielen anderen Filmen wird der voyeuristische Blick der Jungs von den Mädchen bemerkt und eher mit gespielter denn ernst gemeinter Empörung abgewehrt, so etwa in der berühmten Duschszene in PORKY'S, in der die Mädchen eher amüsiert als empört auf die Entdeckung reagieren, dass die Jungs sie durch ein Loch in der Wand beobachten.

In der Eröffnungssequenz von PRIVATE SCHOOL (Noel Black, USA 1983) bauen mehrere Jungs eine Räuberleiter, damit einer von ihnen Fotos der sich unter der Dusche befindenden Schulschönheit Jordan (Betsy Russell) machen kann; als diese im Spiegel den Voyeur entdeckt, tritt sie, statt ihn zur Rede zu stellen oder das Weite zu suchen, nur mit einem Handtuch bekleidet ganz nah an das Fenster heran und ermöglicht es ihrem Beobachter auf diese Weise, ihr das Handtuch vom Leib zu reißen.

Wir haben es hier, nicht anders als in ANIMAL HOUSE, mit einem *offensiven*, aber auch entschieden *prekären Voyeurismus* zu tun. Erstens entspringt der voyeuristische Blick nicht einem Ort der Macht, sondern hat seinen Ursprung in einem buchstäblich schwankenden Ort höchster Verunsicherung – die Räuberleiter in PRIVATE SCHOOL bricht zusammen, Bluto stürzt in ANIMAL HOUSE mit der Leiter in die Tiefe und einer der Jungs in PORKY'S wir von einer resoluten Sportlehrerin an seinem empfindlichsten Körperteil gepackt. Es braucht nicht viel Fantasie, um darin einen symbolischen Kommentar zum Geschlechterverhältnis und zum Status des Voyeurs zu sehen; die traditionelle Identifizierung von Voyeurismus und männlicher Herrschaft, die Laura Mulvey in ihrem klassischen Aufsatz zur visuellen Lust des Kinos vorausgesetzt hat,[30] wird hier deutlich in Frage gestellt. Zweitens weigern sich die betroffenen Mädchen, sich in die Position des Opfers zu fügen: die Mädchen in PORKY'S bringen die Jungs durch sarkastische Verbalattacken in Verlegenheit und Jordan verwandelt die potenziell erniedrigende Situation in

---

30 Vgl. Laura Mulvey: „Visuelle Lust und narratives Kino", in: Franz-Josef Albersmeier (Hg.): *Texte zur Theorie des Films*. Stuttgart: Reclam, 4. Aufl. 2001, S. 389-408.

Abb. 4 und 5: Die Duschszene aus PORKY'S

ein von ihr kontrolliertes sexuelles Spiel. Man kann einen misogynen Zug darin sehen, dass sich die Mädchen auf diese Weise zu Komplizinnen eines ‚perversen' männlichen Begehrens machen und ihre „Erniedrigung genießen"[31]. Aber dies bleibt insofern ambivalent, als es zumindest auch um die Weigerung geht, die

---

31 In Anlehnung an Carl Hegemann (Hg.): *Erniedrigung genießen. Kapitalismus und Depression III*. Berlin: Alexander Verlag 2001.

POPULARITÄT UND AMBIVALENZ: 333

Abb. 6 und 7: Prekärer Voyeurismus in PRIVATE SCHOOL

weiblichen Figuren als den passiven und/oder prüden Gegenpol des männlichen sexuellen Verlangens zu charakterisieren. Es ist daher zum einen ein prekärer Voyeurismus, der in diesen Szenen zum Tragen kommt, und zum anderen ein Voyeurismus, der auf das implizite Einverständnis der Beobachteten zählen darf, durch das die Filme zudem sicherstellen, die jeweiligen Übeltäter der voyeuristischen Szenen, die männlichen Protagonisten, nicht so weit zu diskreditieren, dass sie ihr Identifikationspotenzial für die Zuschauer verlieren.

An das Gesagte lässt sich mit weiteren Überlegungen zur *kommunikativen Struktur* der Filme anschließen. In seiner Schrift „Der Witz und seine Beziehung zum Unbewussten" hat Freud die Zote als eine Form des sexuell anzüglichen Witzes dargestellt, der selbst dort, wo er unter Männern erzählt wird, die Frau adressiert. Die Zote zielt auf „die beabsichtigte Hervorhebung sexueller Tatsachen und Verhältnisse durch die Rede."[32] Zur Zote gehört, dass sie „an eine bestimmte Person gerichtet werde, von der man sexuell erregt wird, und die durch das Anhören der Zote von der Erregung des Redenden Kenntnis bekommen und dadurch selbst sexuell erregt werden soll."[33] Es handelt sich um eine Rede mit performativer Intention, denn sie ist „einem Verführungsversuch gleichzusetzen." Die intendierte Wirkung ist zweistufig: es geht um die Kommunikation eines Begehrens, das vom anderen Geschlecht zur Kenntnis genommen werden soll, und um eine affektive Wirkung in Form der Herstellung einer Gemeinsamkeit hinsichtlich der sexuellen Erregung. Die Zote, so Freud weiter, „ist wie eine Entblößung der sexuell differenten Person, an die sie gerichtet ist." Zu den Spielräumen der weiblichen Reaktion fügt er an: „Anstatt dieser Erregung mag sie auch in Scham oder Verlegenheit gebracht werden, was nur eine Reaktion gegen ihre Erregung und auf diesem Umwege ein Eingeständnis derselben bedeutet." Noch im Scheitern gelingt daher die Zote. Innerhalb des Ensembles von Genres, die sich primär an ein jugendliches Publikum richten, scheinen die Filme der *Animal Comedy*, zumindest Szenen wie die geschilderten (die dann in der Sexklamotte, einer engen Verwandten der *Animal Comedy*, ins Zentrum rücken), eine Funktion analog der Zote einzunehmen. Männliche Jugendliche konnten mit ihrer weiblichen Begleitung das Autokino besuchen und sich darauf verlassen, dass der Film Sexualität in einer Form artikulieren würde, die für das weibliche Publikum Anlass zu Scham oder Erregung geben würde, auf jeden Fall aber das eigene Begehren kommunizieren würde. Die Filme der *Animal Comedy* fügen sich in die trianguläre Struktur ein, die Freud an der Zote herausgestellt hat: „Der tendenziöse Witz braucht im allgemeinen drei Personen, außer der, die den Witz macht, eine zweite, die zum Objekt der feindseligen oder sexuellen Aggression genommen wird, und eine dritte, an der sich die Absicht des Witzes, Lust zu erzeugen, erfüllt."[34] Der Film adressiert in dieser triangulären Struktur das Mädchen stellvertretend für den Jungen, oder anders gesagt: Film und männlicher Zuschauer machen untereinander einen anzüglichen Witz, der in den Filmen eine szenische Form, zumeist in der Weise einer voyeuristischen Situation, annimmt, und adressieren damit die dritte anwesende Person, die weibliche Zuschauerin.

Genres stellen niemals immanent filmästhetische Phänomene dar, sondern sie sind in dem Maße, in dem sie gesellschaftliche Praktiken der Herstellung, Adressierung, Vermarktung und Rezeption implizieren, wesentlich *soziale* Phänomene. Als kulturell zirkulierende Güter besitzen sie eine pragmatische Dimension, eine

---

32 Sigmund Freud: *Der Witz und seine Beziehung zum Unbewußten. Gesammelte Werke Bd. VI.* Frankfurt/M.: Fischer 6. Aufl. 1978, S. 105
33 Dieses und die folgenden Zitate ebd., S. 106.
34 Ebd., S. 109.

Dimension des *Gebrauchs*, der von ihnen gemacht wird, sei es im Rahmen von Produktionskulturen, sei es im Rahmen von Rezeptionspraktiken. Betrachtet man Filme unter dem Aspekt ihrer Zugehörigkeit zu einem Genre, so stellt sich daher die Frage nach dieser pragmatischen Funktion, im Hinblick auf den Betrachter wie auf die Kultur, in der sie zirkulieren. Ihre spezifische Qualität als „Date Movie" herauszustellen, die sich aus der der Zote analogen Adressierungsstruktur ergibt und sich ganz grundlegend von der Qualität eher romantisch angelegter Varianten des „Date Movies" unterscheidet, gehört daher zu den wesentlichen Aspekten der Analyse des Genres, dessen Filme auf Grund ihrer unverdeckten Anzüglichkeit als Mittler zwischen den Geschlechtern dienen. Andererseits handelt es sich um *Komödien*, nicht um Sex- oder Pornofilme, was es erleichtert, ein junges, weibliches Publikum stellvertretend zu adressieren: das Komische camoufliert die Ernsthaftigkeit des sexuellen Interesses und das Drängen des Begehrens.

Die Party: Mehr *Fun* als *Vergnügen*

Über beide Zyklen des Genres hinweg dient den Filmen die Party als zentrales Medium ihrer Geschlechterpolitik, der Herstellung einer grundlegenden Kommunalität und der Artikulation ihres Anliegens. Prototypisch für die Feste der *Animal Comedy* ist einmal mehr die ausschweifende Toga-Party von ANIMAL HOUSE, die im Anschluss an den Film als Mottoparty ihren Weg in die Jugendkultur gefunden hat. Das Spektrum der genrekonstitutiven Partys reicht von solchen Trinkgelagen über offizielle Schulfestivitäten (wie in SCREWBALLS) bis zum Abschlussball der Highschool (wie in AMERICAN PIE). In der Party kumuliert zunächst die Erzählung des Begehrens und der sexuellen Eroberung, die in vielen Fällen als Motor der Narration dient. Sie stellt auch eine Form der Gemeinschaft her, in der sich die Betrachter spiegeln sollen. Und sie besitzt eine wesentliche Funktion als Schauplatz transgressiven Verhaltens, als Ort der Inszenierung jener Zügellosigkeit und Hemmungslosigkeit, die für das Selbstverständnis der Filme von zentraler Bedeutung ist. Zwar sind dieser vermeintlichen Hemmungslosigkeit, von außen betrachtet, enge Grenzen gezogen, schon weil die Filme zumeist ein „R"-Rating anstrebten; innerhalb der Diegese ist aber die Behauptung einer rückhaltlosen Opposition gegenüber Regeln und Normen sehr wichtig: Stets muss der Eindruck erweckt werden, die Protagonisten würden absolut zügellos agieren, jeder Anschein von Überlegung oder Rücksichtnahme hingegen muss vermieden werden. Der Eindruck der Rückhaltlosigkeit und der Bedingungslosigkeit auf Seiten der Protagonisten scheint für den Erfolg eines Films des Genres entscheidend zu sein und korrespondiert dem Unterhaltungsversprechen der Filme: Sie versprechen nicht „pleasure", sondern „fun", rückhaltlosen *Spaß* statt bloßes *Vergnügen*.[35]

---

35 Zu dieser Unterscheidung vgl. R. L. Rutsky, Justin Wyatt: „Serious Pleasures: Cinematic Pleasure and the Notion of Fun", in: *Cinema Journal* Vol. 30, No. 1 (1990), S. 3-19; die Autoren stellen *Fun* als eine Rezeptionskategorie heraus, die theoretisch schwer einhegbar ist

Im Rahmen der Party artikuliert sich diese Zügellosigkeit der Akteure durch ein anstößiges und vulgäres Verhalten, das als anarchisch-animalische Gewalt jene Benimmregeln außer Kraft setzt, in denen die soziale Ordnung zu konkreten Verhaltensmaßregeln geronnen ist. Sinnbildlich steht hierfür zum Beispiel das Finale von ANIMAL HOUSE, in dem die offizielle Festivität in Form einer Parade von den Mitgliedern der Delta-Fraternity anarchistisch aufgesprengt und ins völlige Chaos gelenkt wird. Es ist diese Konstellation, innerhalb der das schlechte Benehmen als Spaß, das Ekelerregende als Quelle des Vergnügens und das Anstößige als Unterhaltung gedeihen kann.

Die Affektstruktur des *Gross-out*

So ist die Party dann auch mit dem zentralen Affekt der *Animal Comedy* aufs engste verknüpft, der gelegentlich sogar zum Genrebegriff avanciert: *Gross-out*. Die Filme des Genres, die animalisches und schlechtes Benehmen nicht allein vorführen, sondern an ihm partizipieren, ermöglichen es dem Zuschauer, das Ekelhafte als Faszinosum und Unterhaltung zu genießen, frei von den Schranken, die wir schlechtem Benehmen in der Alltagswelt auferlegen. *Gross-out* als affektiver Kern des Genres bezeichnet eine ambivalente Struktur, in der Ekel und Unterhaltung, Abjektion und Faszination *Eins* werden. Der *Gross-out*-Affekt schließt an den grotesken Realismus des Körpers an, den Michail Bachtin als Element jener karnevalistischen Gegenwelt herausgestellt hat, die sich die von ihm untersuchte Volkskultur ‚erfeiert'.[36] Zudem ließe er sich in die Tradition des ästhetischen Ekels stellen,[37] den Jacques Derrida in einem Kommentar zu Kants *Kritik der Urteilskraft* als nicht assimilierbare, *innere Grenze des Ästhetischen selbst* herausgearbeitet hat.[38] Die Evokation von Ekel als Teil des ambivalenten *Gross-out*-Affekts funktioniert im Kon-

---

und sich gegen eine vereinheitlichende These, und damit auch gegen eine akademische Nobilitierung als theoriefähiger Gegenstand, sperrt; vgl. a. Paul C. Bonila: „Is There More to Hollywood Lowbrow Than Meets the Eye?", in: *Quarterly Review of Film and Video* Vol. 22, No. 1 (2005), S 17-24.

36 Vgl. Michail Bachtin: *Rabelais und seine Welt. Volkskultur als Gegenkultur*, hg. v. Renate Lachmann. Frankfurt/M. 1987. Zur Nähe von karnevalistischer Gegenkultur und filmischer *Gross-out*-Ästhetik vgl. a. Paul, *Laughing Screaming*, S. 45-48 und Xavier Mendik, Steven Jay Schneider: „A Tasteless Art: Waters, Kaufman and the Pursuit of ‚Pure' Gross-out", in: dies. (Hg.): *Underground U.S.A. Filmmaking Beyond the Hollywood Canon*. London/New York. Wallflower Press 2002, S. 204-220.

37 Vgl. die Studie von Winfried Menninghaus: *Ekel. Theorie und Geschichte einer starken Empfindung*. Frankfurt/M: Suhrkamp 1999.

38 Jacques Derrida: „Economimesis", in: Sylviane Agacinski, Jacques Derrida, Sarah Kofman (Hg.): *Mimesis. Des articulations*. Paris: Aubier-Flammarion 1975, S. 55-93, hier S. 89 und zusammenfassend hierzu Thomas Morsch: *Medienästhetik des Films. Verkörperte Wahrnehmung und ästhetische Erfahrung im Kino*. Paderborn: Wilhelm Fink Verlag 2011, S. 247-250.

text der populären Unterhaltung der Teenie-Komödie jedoch anders als in vielen künstlerischen Beispielen, die Ekelerregendes mobilisieren.

Die Evokation des Ekels dient in der *Animal Comedy* nicht einem ‚höheren' Zweck,[39] etwa zur Diffamierung des moralisch Verwerflichen; nur in dieser Funktion hat der Ekel in der klassischen Ästhetik eine „begrenzte Lizenz" erhalten hat – zum Beispiel als Markierung des Schrecklichen und Grauenvollen bei Lessing.[40] Auch taugen die Kotzfontänen der *Animal Comedy*, der Missbrauch von Essen, das Ausdrücken von Pickeln oder der Verzehr eines mit warmem Hundesperma gefüllten Gebäcks[41] nicht als Appell an eine Dimension existenzieller Erfahrung, die dem Ekel einen höheren Sinn verleihen würde. Dies scheint mir im Umgang mit Blut und Exkrementen in Performances im Umfeld des Wiener Aktionismus der Fall, aber auch in der Orgie in Dušan Makavejevs SWEET MOVIE (F/C/BRD 1974): der evozierte Ekel dient hier als Medium einer intendierten und existenziellen Regression. Der Verstoß gegen die gesellschaftlichen Anstandsregeln stellt einen Protest gegen die zivilisatorische Selbstbeherrschung dar und intendiert die Evokation eines starken, somatischen Affekts im Zuschauer als Versuch, die Grenzen des Ästhetischen auf eine existenzielle Erfahrung hin zu überschreiten.[42] Die komödiantische Form teilt mit dieser Ästhetik die Lust an der Regression, entbehrt aber deren existenzialistische (Schein-)Legitimation. Viel eher ist die *Animal Comedy* den ebenso frivolen wie gesellschaftskritischen Undergroundfilmen eines John Waters verwandt, in denen der Schock des Ekels der „Treibstoff einer gemeinschaftsstiftenden Schadenfreude jener [ist], die sich aus eben dieser Gesellschaft ausgeschlossen sehen."[43] Das Politische des *Gross-out* wäre damit weniger in der Opposition gegenüber Vergesellschaftung als solcher zu suchen; *Gross-out* ist vielmehr Medium der Hervorbringung einer Solidargemeinschaft und praktisches Instrument eines ‚Klassenkampfes'.

Das Abstoßende innerhalb dieser Komödienform ist daher auch nicht nach Maßgabe eines Modells zu verstehen, dessen Pointe in der heroischen Überwindung des Ekels durch das Zuschauersubjekt läge, so dass sich die Lust am Ekel erst durch den Sieg über diesen Affekt einstellen würde. *Gross-out* ist nicht überwundener, und *deshalb* vergnüglicher Ekel, sondern markiert als genrepoetischer Begriff die Einheit von Ekel und Vergnügen: nicht Vergnügen-trotz-Ekel (das Modell der

---

39 Vgl. a. Mendik und Schneider, „A Tasteless Art", S. 212.
40 Menninghaus, *Ekel*, S. 73.
41 Die letztgenannte Szene ist aus NATIONAL LAMPOONS VAN WILDER und wird von Julian Hanich, der an dem Beispiel das Element der Schadenfreude herausstellt, in einem Text zur filmischen Ekelerfahrung ausführlicher diskutiert, vgl. „(Miss-)Vergnügen am Ekel. Zu Phänomenologie, Form und Funktion des Abscheulichen im Kino", in: *Montage/AV* Bd. 21, Nr. 2 (2012), S. 77-98, hier S. 91f.
42 Zu dieser Struktur vgl. Hermann Kappelhoff: „Shock Values. Grenzverletzung und Tabubruch im Kino der 1970er Jahre und Stanley Kubricks A CLOCKWORK ORANGE", in: Susanne Marschall, Fabienne Liptay (Hg.): *Mit allen Sinnen. Gefühl und Empfindung im Kino*. Marburg: Schüren 2006, S. 55-67, hier S. 56.
43 Ebd., S. 61.

Überwindung in Anlehnung an das Erhabene) oder Ekel-plus-Vergnügen (das Modell gemischter Gefühle), sondern Ekel-als-Vergnügen (das Modell der Umkehrung gesellschaftlicher Normen und Werte). Es handelt sich nicht um getrennte Affekte, die komplementär oder durch Abfolge aufeinander bezogen wären, sondern um eine allenfalls psychologisch, aber nicht ästhetisch weiter aufspaltbare Einheit. Horrorfilm und Komödie sind, wie vor allem William Paul überzeugend herausgearbeitet hat, über den gemeinsamen Affekt des *Gross-out* miteinander verbunden, in dem sich, wie Mendik und Schneider feststellen, das Ekelhafte je nach Genrekontext wechselweise mit Schrecken oder mit Komik paart.[44] Andererseits ist es notwendig, auf die unterschiedliche Ausgestaltung dieses in sich ambivalenten ästhetischen Affekts hinzuweisen: Während in beiden Genres Ekelhaftes und Abstoßendes den Kern einer distinkten Form der Unterhaltung bildet, ist dieses im Horrorfilm Gegenstand einer lustvollen *Faszination*,[45] in der *Animal Comedy* Gegenstand einer Form von Belustigung, die innerhalb der Diegese wie zwischen Akteuren und Zuschauern eine Gemeinschaft stiftet – das Amüsement der Betrachter setzt Bluto, Van Wilder und Stifler (die in der AMERICAN PIE-Reihe einzig verbliebene animalische Figur) ins Recht.

Insofern wird die gemeinsame Affektstruktur in den benachbarten Genres durchaus unterschiedlich orchestriert. Sie erfüllt sich jedoch nicht bereits im lustvollen Erleben unterhaltsamen Ekels, sondern erst im Reflexiv-werden dieses Affekts: Die Selbstwahrnehmung des Zuschauers als jemand, der sich angesichts des Ekelerregenden amüsiert, bezieht ihn aktiv in die These ein, dass lediglich eine dünne Schicht anerzogenen Verhaltens das Animalische überdeckt. Anders als aber zum Beispiel in Performances des Wiener Aktionismus und verwandter Mobilisierungen des Ekels als affektives Medium einer radikalen Gesellschafts- und Zivilisationskritik, verweist die Leichtigkeit des Umschlags des Ekels in Unterhaltung im Rahmen der Komödie auf die These, dass die animalischen Triebe nicht in einem in geschichtlichen Maßstäben zu denkenden Zivilisationsprozess verschüttet wurden, dessen Räder aufwändig zurückgedreht werden müssen, damit der Mensch wieder

---

44 Mendik und Schneider, „A Tasteless Art", S. 207.
45 Ich folge hier der Formulierung David Cronenbergs im Zusammenhang eines seiner frühen Filme in: Anne Billson: „Cronenberg on Cronenberg: A Career in Stereo", in: *Monthly Film Bulletin* Bd. 56, Nr. 660 (January 1989), S. 5, zit. n. Murray Smith: „(A)moralische Monstrosität", in: *Montage/AV* Bd. 21, Nr. 2 (2012), S. 49-75, hier S. 49; und ebenso folge ich der Kritik Robert C. Solomons an Noël Carrolls Theorie des Horrors, die Murray Smith in diesem Artikel darlegt: Während Carroll den Ekel als grundsätzlich unangenehmes Gefühl einstuft, dem wir uns auch im Horrorfilm nur aussetzen, weil unser Interesse an der Entfaltung der Geschichte stärker ist als unser Abgestoßensein von den Bildern des Grauens, schließt sich Smith Solomons Gegenthese an, dass die Faszination des Horrors im Ekelhaften selbst zu suchen sei, vgl. ebd., S. 65 sowie Noël Carroll: *The Philosophy of Horror: or Paradoxes of the Heart*. New York/London: Routledge 1990 und Robert C. Solomon: „Review of Noël Carroll, *The Philosophy of Horror*", in: *Philosophy and Literature* Vol. 16 (1992), S. 163-173. Gleiches ist für die *Animal Comedy* zu reklamieren: das Lachen der *Animal Comedy* zeugt vom Vergnügen am Ekel, nicht von seiner glücklichen Überwindung.

Abb. 8: Die Gefahr der Regression residiert im Unterleib
in NATIONAL LAMPOON'S VAN WILDER

in Kontakt zu seiner triebbestimmten Existenz treten kann, sondern es lediglich ein leicht abzustreifendes Korsett gesellschaftlicher Benimmregeln ist, das uns von der animalischen Existenz trennt. Die Regression der *Animal Comedy* steht nicht am Ende einer mühevollen Überwindung gesellschaftlicher und kultureller Zurichtungen, sondern begleitet unser gesellschaftliches Handeln als konstanter Schatten – im Zweifelsfall bedarf es, wie in NATIONAL LAMPOON'S VAN WILDER, nur eines überdosierten Abführmittels, um einen aufstrebenden Ivy League-Anwärter innerhalb von Minuten auf seine animalische Existenz zu reduzieren, so dass er seinen Darm mit großem Getöse unter den Augen der Universitätshonoratioren in einem Mülleimer entleert: Regression ist Versprechen und Drohung zugleich (Abb. 8).

Es ist kein Zufall, dass die These einer nicht verdrängten, sondern lediglich subkutan schlummernden Animalität in den Filmen des Genres vorwiegend am jugendlichen Körper durchexerziert wird: Was im Falle des in die soziale Ordnung bereits voll integrierten Erwachsenen nur als fataler Zusammenbruch der Subjektivität zu deuten wäre, wird in diesem Falle dadurch in seiner Dramatik abgefedert, dass der jugendliche Körper als noch in einem (partiell reversiblen) Transformationsprozess zwischen Infantilität und gesellschaftlicher, erwachsener Identität gedacht wird. Die einseitige Fokussierung auf Sexualität als Handlungsmotiv und die Zugabe von Alkohol tun ihr übriges, den vorwiegend männlichen Jugendlichen als einen filmischen Körper zu konstruieren, an dem die tabuisierte Regression ungeschützter vollzogen werden kann, weil sie einen ohnehin noch instabilen und transitorischen Körper erfasst. Analog etwa zu dem von Carol Clover in Bezug auf den Slasher-Film vorgebrachten Argument, der weibliche Körper diene dort dem männlichen Betrachter als Möglichkeit, masochistische Phantasien auszuleben und zugleich auf Distanz zu halten und zu verwerfen (weil die Phantasien qua Identifizierung mit dem andersgeschlechtlichen Körper erlebt werden), fungiert der jugendliche Körper als ähnlich ambivalentes Vehikel des Erlebens tabuisierter Regression und Distanzahme.[46]

Ohne Verrat an der offensiven Frivolität des Genres zu üben, lässt sich darüber hinaus in einer mehr allegorischen Lesart die Gegenüberstellung von Autorität und Regression als politische Äußerung deuten: So ist es durchaus plausible, ANIMAL HOUSE als Reflex auf die amerikanische Politik im Zeichen des Watergate-Skandals und Dekan Wormer als Karikatur Richard Nixons zu verstehen.[47] Es ist aber zugleich von Bedeutung, dass die politische Kritik im Rahmen des *Gross-out* auf einem Niveau geschieht, das jede Form verweigert, in der sich ein politisches Argument ernst nehmen ließe. Die Flucht ins Alberne, Niveaulose, Frivole ist kein dem Genre geschuldetes Manko des politischen Diskurses; vielmehr liegt in dem Bekenntnis zu Hedonismus und Obszönität ein politischer Akt der Verweigerung gegenüber einem Diskurs, in dem jede Kritik, die sich an die Spielregeln der Äußerungen hält, den Gegner durch Übernahme der von ihm vorgegebenen Prämissen letztlich bestätigt. Die Verweigerung gilt einem Diskurs, der strukturell den Gegner begünstigt, der durch die Setzung dessen, was im Rahmen des Diskurses als angemessen und unangemessen gilt, die Spielregeln der Auseinandersetzung bestimmt. ANIMAL HOUSE hingegen zerrt das Politische auf das Parkett von Toga Partys, Essensschlachten und anarchischen *Pranks*. Diese Verweigerungshaltung begründet einen über die politische Allegorie hinausgehenden politischen Anspruch. Sie stellt einen Einspruch gegen die als gesetzt geltende *Form* dar, in der politische Argumente artikuliert werden können. Nicht das politische Argument selbst, sondern die Bedingung der Möglichkeit seiner Äußerung gerät in der *Animal Comedy* unter Beschuss, bzw. in die Schusslinie eines projektilartigen Kotzschwalls.

Transformation, Expansion und Krise der *Animal Comedy*

Der Hedonismus von Partys und Trinkgelagen, das Streben nach (einem ersten oder möglichst vielen) sexuellen Kontakten sowie die Demontage von Autoritäten durch die Anwendung von mehr oder weniger elaborierten *Pranks* bilden das im ersten Zyklus des Genres ausgearbeitete Programm, das allerdings im zweiten Zy-

---

46 Vgl. Carol J. Clover: *Men, Women, and Chainsaws. Gender in the Modern Horror Film.* Princeton: Princeton University Press 1992, S. 18. Damit ist zugleich gesagt, dass die *Animal Comedy* nicht allein über ihr jugendliches Publikum definiert werden kann. Gerade für dem Jugendalter entwachsene Zuschauer stellen die Filme ebenso tabuisierte wie nostalgische Formen des Vergnügens bereit.

47 Zu Dean Wormer als satirische Darstellung Nixons vgl. Tony Hendra: *Going Too Far: The Rise and Demise of Sick, Gross, Black, Sophomoric, Weirdo, Pinko, Anarchist, Underground, Anti-Establishment Humor.* New York: Doubleday 1987, S. 407.

klus an Schärfe verliert: Die Party bildet zwar weiterhin ein zentrales Element, um das herum eine Vielzahl der Filme organisiert ist, aber die Ideologie der Ausschweifung wird partikularisiert und oft nur noch von einer randständigen Figur vertreten. Die Auseinandersetzung mit Autoritäten verliert an Bedeutung und die Frage der Sexualität dominiert das Geschehen, wird aber nun sehr viel stärker durch die Paradigmen von Liebe und Romantik überlagert. Programmatisch ist in dieser Hinsicht gleich der Auftakt des zweiten Zyklus: In AMERICAN PIE schließen die männlichen Protagonisten zwar einen Pakt, bis zum Abschlussball ihre Jungfräulichkeit zu verlieren, dieser wird aber später, einen Reifungsprozess der Jugendlichen signalisierend, ausdrücklich widerrufen.[48]

Ausgeweitet wird der Spielraum des Genres im Rahmen des zweiten Zyklus zum einen auf ältere, zum anderen auf weibliche Protagonisten. Der Highschool und der Universität entwachsene Figuren stehen zum Beispiel im Zentrum der von Todd Phillips verantworteten Filme OLD SCHOOL (USA 2003) und THE HANGOVER (USA 2009), wobei OLD SCHOOL den animalischen Exzess als trotzig-nostalgische Rückkehr in die Jugend inszeniert, und THE HANGOVER eine narrative Konstruktion wählt, die den Exzess gleichsam nur noch im Rückspiegel erscheinen lässt – als zu rekonstruierendes Puzzle von Erinnerungsbruchstücken einer bereits vergangenen Nacht, auf die mit Reue zurückgeblickt wird.[49] Diese retrospektive Konstruktion überführt den Exzess in den Modus der Nachträglichkeit, weshalb der eigentliche Exzess auch gar nicht mehr Gegenstand des genuin *Filmischen* in Form des Bewegtbildes ist, sondern lediglich als Serie von *Standbildern* im Abspann vorgeführt wird.[50] Insgesamt wird in dem Genre die (mediale) Erinnerung an den Exzess der Party zunehmend problematisiert, vor allem durch das Einbeziehen von *Social Media* und Handyfilmen in die Erzählung – sexuelle und alkoholische Exzesse werden in dem Maße zum Problem, in dem kompromittierende Aufzeichnungen existieren, die jederzeit an die Öffentlichkeit gelangen können: bereits

---

48 Ein solcher Verzicht auf „getting laid" zu Gunsten von Liebe (und der Widerruf eines geschlossenen Pakts) findet sich allerdings auch schon in früheren Beispielen des Genres, etwa in HOT MOVES (Jim Sotos, USA 1984), der zu einer Reihe von Filmen gehört, die das Ende des ersten Zyklus markieren, der zu diesem Zeitpunkt seinen Zenit bereits überschritten hatte. Mit der hier am Protagonisten Michael durchexerzierten Aufgabe des Ideals bedingungs- und bindungsloser Sexualität im Interesse einer erfüllten Liebesbeziehung mündet der erste Zyklus des Genres in einer Form von Moralisierung, die AMERICAN PIE 15 Jahre später am Beginn des zweiten Zyklus fortführt.

49 Kultivieren die genannten Filme den Exzess im Rückblick, so herrscht in NEIGHBORS (Nicholas Stoller, USA 2014) der Seitenblick vor – der Blick der dem Studentenalter gerade entwachsenen Nachbarn auf das Treiben im benachbarten Fraternity-Haus.

50 Mit dem retrospektiven Erzählmodus verbindet sich auch eine neue dominante Affektlage: statt an dem Exzess zu partizipieren, dominiert Schadenfreude das im Film angelegte Verhältnis des Zuschauers zu den Figuren. 21 & OVER (Jon Lucas und Scott Moore, USA 2013) überträgt die narrative Konstruktion von THE HANGOVER auf eine jugendliche *Animal Comedy*, insofern die erste Einstellung des Film bereits mit dem ‚Morgen danach' beginnt: zwei Jungs laufen am frühen Morgen nackt über den Campus nach Hause.

in AMERICAN PIE wird die unfreiwillige Internet-Liveübertragung aus seinem Schlafzimmer für Jim zum Problem, und dieses Motiv wird in den Plots von Filmen wie ROAD TRIP (Todd Phillips, USA 2000 – hier ist noch ein altmodisches Videotape Auslöser der Handlung), COLLEGE (Deb Hagan 2008), AMERICAN PIE PRESENTS THE BOOK OF LOVE (John Putch, USA 2009), PROJECT X (Nima Nourizadeh, USA 2012) und BEST NIGHT EVER (Jason Friedberg, Aaron Seltzer, USA 2013) fortgeführt.

Der letztgenannte Film, eine unentschlossene Parodie auf THE HANGOVER, PROJECT X und SPRING BREAKERS (Harmony Korine, USA 2013), die zu weiten Teilen prätendiert, aus nichts als Handyaufnahmen der Hauptfiguren zu bestehen, partizipiert an einer weiteren signifikanten Veränderung des Genres, nämlich der Zunahme weiblicher (Kollektiv-)Protagonisten im Rahmen des zweiten Zyklus. Auf die sich wandelnde Rolle des Weiblichen im Verlaufe des Genres näher einzugehen, muss auf einen späteren Beitrag verschoben werden. Über weite Strecken folgt die Artikulation sexueller Interessen in dem Genre einem tradierten und erwartbaren Rollenmuster, dem entsprechend die Jungs ihr Begehren auf die Mädchen richten, die sich (zunächst) dem Sex verweigern. Um diese Norm herum gruppieren sich in unterschiedlichem Abstand weibliche Figuren, denen eine größere Souveränität und Autonomie des Begehrens zugesprochen wird, so etwa der von Alyson Hannigan gespielten Michelle in AMERICAN PIE. Die Ausdehnung weiblicher Autonomie führt aber in einzelnen Filmen des Genres wiederum zu Zerrbildern, in denen sich aller Frivolität zum Trotz eine oftmals phobische Haltung der Filme gegenüber Sexualität Bahn bricht, sehr deutlich etwa im Fall der Prostituierten in HOT MOVES (Jim Sotos, USA 1984), der stereotypen Latina in THE LAST AMERICAN VIRGIN (Boaz Davidson, USA 1982) und des lesbischen Paares in AMERICAN PIE 2 (J. B. Rogers, USA 2001). Zwischen dem passiven Objekt männlichen Begehrens und aggressiver, negativ konnotierter Sexualität findet das Genre nur in begrenztem Maße akzeptable Alternativen.

Tamar Jeffers McDonald, die das Genre stärker über seine Verwurzelung in der romantischen Komödie begreift und es daher mit dem Begriff der *Dirty RomCom* belegt, hat im Rahmen eines Vortrags, statt eine feministische Kritik an den allzu offensichtlich sexistischen Zügen des Genres zu formulieren, die ungleich sinnvollere Frage gestellt: „Where are the Dirty RomComs for Girls?"[51] Statt darauf zu zielen, die Formel des Genres mit der Forderung nach politischer Korrektheit weiter auszuhöhlen, reklamiert diese Frage für eine weibliche Zuschauerschaft jene Formen des prekären Vergnügens, des hedonistischen, frivolen, animalischen und mitunter obszönen *Fun*, den das Genre seit jeher für den männlichen Zuschauer bereit stellt. Ob die darin liegende Forderung mit jüngeren filmischen Beispielen wie BAD TEACHER (Jake Kasdan, USA 2011), BRIDESMAIDS (Paul Feig, USA 2011) und BEST NIGHT EVER eingelöst wird, die ihren Protagonistinnen eine vergleich-

---

51 Tamar Jeffers McDonald: „Where Are The Dirty RomComs For Girls?" Vortrag auf der NECS-Konferenz *Locating Media*, Universität Lund, 26.6.2009.

bare libertinäre Lizenz erteilen, wie sie üblicherweise und bis auf wenige Ausnahmen dem männlichen Kollektivprotagonisten vorbehalten war, sei dahingestellt. Im Falle von BRIDESMAIDS ist auffällig, dass die animalischen Exzesse durchweg unfreiwillig geschehen: Die Resultate einer Nahrungsmittelvergiftung werden zwar mit humoristischer Lust an den fünf Frauen durchexerziert, aber es bleibt ein Spektakel, von dem die Betroffenen peinlich berührt sind; die Drastik männlicher Komödien des schlechten Benehmens wird damit zwar eingeholt, nicht jedoch deren offensive Haltung. Auf der Party der Braut läuft die von Kristen Wiig verkörperte Figur Amok und zerstört die Dekoration. Dafür erntet sie den bewundernden Blick eines jungen Mädchens, die sich an der Rohheit des Gefühlsausbruchs und dem sich entfaltenden Chaos erfreut („This is so awesome!") – es ist diese junge Nebenfigur, die in Hinblick auf das schlechte Benehmen die progressivste Stellung einnimmt: während die Erwachsenen ihr Benehmen letztlich bereuen, sich schämen oder sich dafür entschuldigen, ist ihr die hemmungslose Lust an dem Kontrollverlust vergönnt. Durch diese unkompromittierte Freude am Spektakel des schlechten Benehmens figuriert sie zugleich als Repräsentanz der idealen Zuschauerin, die sich der Film wünscht – wünschen muss, um seine anarchischen Potenziale nicht völlig an die allzu apologetische Narration zu verlieren.

Die oppositionelle Stellung der *Animal Comedy* in der Filmkultur der siebziger und achtziger Jahre lässt sich für ihr Wiederaufleben um die Jahrtausendwende nicht mehr reklamieren. Animalität, soweit man davon angesichts ihrer Verwässerung und Marginalisierung in jüngeren Beispielen des Genres überhaupt noch sprechen mag, hat ihre Kraft als Form kultureller Dissidenz eingebüßt. Inwieweit der Partyexzess vollständig rekuperiert ist, verdeutlicht PROJECT X. Die Erzählung des Films, der vorgibt, gänzlich auf mit einer Digicam und Handys gedrehtem Material zu beruhen, konzentriert sich ganz auf das zentrale Medium des Genres: die Party, die hier als in zerstörerischer Weise aus dem Ruder laufender Exzess inszeniert wird. Die Party ist hier aber nicht hedonistischer Selbstzweck, sondern wird einem zweckrationalen Kalkül unterworfen: sie soll zum ‚Game Changer' für drei Freunde werden, die durch eine gelungene Party ihr soziales Kapital erhöhen wollen. Die ursprünglich auf 50 Gäste ausgelegte Party wird über Kommunikationstechnologien und soziale Medien dermaßen propagiert, dass am Abend Hundertschaften partywilliger Teenager aufkreuzen und nicht nur das Haus der Eltern des Gastgebers, sondern einen ganzen Straßenzug in Schutt und Asche legen. Durch den riot-artigen Widerstand gegen angerückte Polizeieinheiten bewahrt der Film zwar eine politische Note, das Ende des Films prämiert aber nicht allein eine monogame Beziehung gegenüber dem promiskuitiven Exzess, sondern bestätigt auch die neoliberale Einbettung und Funktionalisierung des Ausnahmezustands der Party: der Aufstieg in der sozialen Hierarchie der Highschool gelingt, und der Vater des Partyveranstalters, der vor den Trümmern seines Hauses steht, kommt nicht umhin seinem Sohn Anerkennung für die Größe des Geleisteten zu zollen. Die Party in PROJECT X ist nicht nur eine durch und durch neoliberale Veranstaltung, ihr Exzess ist zugleich auch als eine „Kontrollform mit freiheitlichem Aussehen" zu verstehen, wie sie Gilles Deleuze als Merkmal der Kontrollgesellschaft geschildert hat.⁵² Gleiches hat Elena Meilicke kürzlich für SPRING BREAKERS herausgestellt, wobei hier das Zusammenfallen von Überschreitung und Konformität, von Freiheit und Kontrolle, Teil der von Harmony Korine vorgenommenen Analyse des Phänomens ‚Spring Break' ist.⁵³ Beide Filme, PROJECT X und SPRING BREAKERS, markieren eine Zäsur, weil sie sowohl die Kommodifizierung des Party-Exzesses als auch die verdeckten Gewaltpotenziale des Genres an die Oberfläche bringen und damit in filmischer Form eine eigene Analyse der *Animal Comedy* vorschlagen. Diese Filme, die sich weit von den Anfängen des Genres entfernt haben und doch unverkennbar mit ihnen in Verbindung stehen, legen damit das Unbewusste des Genres offen, das im Kern immer wieder aufs Neue die Suspendierung des *Über-Ichs* zu Gunsten des *Es* behauptet und zelebriert hat. So mündet der aktuelle Zyklus der *Animal Comedy* in eine neue Stufe der Selbstreflexivität; ein neuerlicher Zyklus des Genres könnte damit wohl allenfalls noch im Modus renitenter Nostalgie an die glückliche Naivität seiner Anfänge anschließen.

---

52 Gilles Deleuze: „Postskriptum über die Kontrollgesellschaften", in: *Unterhandlungen 1972-1990*. Frankfurt/M.: Suhrkamp 1992, S. 254-260, hier S. 255.
53 Vgl. Elena Meilicke: „Postfordistische Verführungen. Harmony Korines *Spring Breakers* mit Tiqqun", in: Zeitschrift für Medienwissenschaft [Online Ausgabe] http://www.zfmedienwissenschaft.de/online//web-extra/postfordistische-verf%C3%BChrungen (letzter Aufruf 28.12.2014).

BEYOND HOLLYWOOD:
GENRES JENSEITS DES AMERIKANISCHEN MAINSTREAMKINOS

BERNHARD GROSS

DEMOKRATISIERUNG DURCH UNTERHALTUNG?

Zum Verhältnis von Trümmerfilm und Genrekino 1945-1950

Der deutsche Trümmerfilm der Nachkriegszeit zwischen 1945 und 1950 ist schlecht beleumundet. Eine bis heute gängige These besagt, er sei bei dem Versuch, Nationalsozialismus, Krieg und Holocaust aufzuarbeiten, geradezu kläglich gescheitert[1] – und sogar dabei, wenigstens gutes Kino zu machen. Entweder wurden die Filme als zu didaktisch beziehungsweise betulich in puncto Aufarbeitung eingeschätzt oder als oberflächlich und zeitentrückt, weil ausschließlich unterhaltsam. Noch schlimmer ist es dieser Diagnose zufolge um das Genrekino der Nachkriegszeit bestellt, vor allem um dessen massenhaftes Auftreten in den 1950er und frühen 60er Jahren.

Das Genrekino der unmittelbaren Nachkriegszeit wird hingegen in der Regel als irrelevant ganz übergangen. Das mag auch daran liegen, dass es in der Zeit zwischen 1945 und 1950 häufig hybride Formen gibt, also Mischungen aus sog. Zeit- oder Trümmerfilm und Genreformen. Da die Hybridität auch als Kennzeichen des nationalsozialistischen (Genre-)Kinos gilt, ist sie oft ein weiterer, umstandslos behaupteter Beleg für die diesbezügliche Kontinuität des deutschen Nachkriegskinos. Die strukturelle Differenz, die der spezifischen Mischung aus Realismus und Genre in den audiovisuellen Modalitäten des Nachkriegskinos entspringt, nämlich dass sie einen anderen Zuschauer adressiert, gerät dabei nicht in den Blick. Ich will im Folgenden versuchen, das deutsche Genrekino der frühen Nachkriegszeit aber gerade unter diesem Blickwinkel zu befragen.

Heuristischer Ausgangspunkt meiner Überlegungen ist die von dem Kunsthistoriker Erwin Panofsky in dem berühmten Aufsatz *Stil und Medium im Film* (von 1936/1947) formulierte Beobachtung, dass sich der Film in seiner frühen Phase, um verstanden zu werden, festgelegter Ikonographien bediente: Der Schurke hatte

---

1 Vgl. etwa Thomas Brandlmeier: „Von Hitler zu Adenauer. Deutsche Trümmerfilme", in: Hilmar Hoffmann, Walter Schobert (Hg.): *Zwischen Gestern und Morgen. Westdeutscher Nachkriegsfilm 1946-1962*. Frankfurt/Main: Deutsches Filmmuseum 1989, S. 32-59, hier insbes. S. 53f. Trotz einer differenzierten Darstellung kommt Brandlmeier letztlich zu dem o.g. Ergebnis. Differenziertere Positionen finden sich insbesondere in der US-amerikanischen Forschungsliteratur, vor allem dann, wenn sie auf ausführlichen und dezidierten (das heißt nicht nur am Handlungsgeschehen orientierten) Filmanalysen beruht. Vgl. vor allem Robert R. Shandley: *Rubble Films: German Cinema in the Shadow of the Third Reich*. Philadelphia: Temple University Press 2001 (dt. Ausgabe: *Trümmerfilme. Das deutsche Kino der Nachkriegszeit*. Berlin: Parthas 2010). Ich beziehe mich im Folgenden auf die US-amerikanische Ausgabe, da die deutsche Übersetzung doch entscheidende Mängel aufweist.

einen schwarzen Schnurrbart und einen Spazierstock, das gewürfelte Tischtuch stand für ein armes, aber ehrliches Milieu usw.² Diese Zuweisungen ermöglichten es dem Zuschauer, so Panofsky, sich in der Welt des neuen Mediums zu orientieren,³ das wie keine andere Kunst die Zeit verräumlichen und den Raum verzeitlichen kann.⁴

Mir geht es, diesem Diktum folgend, in erster Linie um die ästhetische Erfahrung, die mit dem deutschen Genrekino unmittelbar nach dem Zweiten Weltkrieg verbunden ist. Ich will deshalb den aufgeführten Gedanken Panofskys, der darin implizit von Genrekino spricht, verbinden mit einem in der gleichen Periode entstandenen Gedanken des Soziologen Maurice Halbwachs, der in seinem nicht weniger berühmten Buch *Das kollektive Gedächtnis* (von 1939) davon gesprochen hat, dass räumliche und zeitliche Konstanten für das Alltagsbewusstsein notwendig sind, um mit der alltagsweltlichen Orientierung ein kollektives Gedächtnis überhaupt ausbilden zu können.⁵ Ist der „räumliche Rahmen" als Voraussetzung einer Identitätsbildung zerstört, kann sich auch kein (kollektives) Gedächtnis mehr ausbilden, so Halbwachs. Der materielle und geistige Zusammenbruch nach 1945 müsste dann eine solche Amnesie hervorgerufen haben, wie zuletzt in der Luftkriegdebatte um die Jahrtausendwende heftig diskutiert wurde.⁶

Bekanntlich heißt nun der Trümmerfilm ‚Trümmerfilm', weil er sich mehr oder weniger auf die zeitgenössische Zerstörung der deutschen Städte und des Gemeinwesens bezieht. Meine Frage in Bezug auf die Verbindung der hier vorgestellten Überlegungen lautet nun, ob es nicht gerade die Filme der unmittelbaren Nachkriegszeit und dabei insbesondere die Genrefilme mit ihren stereotypen Elementen und Ikonographien sind, die versuchen, dem Zuschauer in einer völlig zerstörten Welt wieder eine Orientierung zu geben, eine Möglichkeit, sich als Einzelner in den undurchschaubaren Zeitläufen zu verorten. Ist es also die ästhetische Erfahrung des Kinos, die unter den gegebenen Umständen erst ein kollektives Gedächtnis, eine Neuorganisation der Wahrnehmung von Zeit und Raum ermöglicht?⁷

---

2 Erwin Panofsky: „Stil und Medium im Film", in: Ders.: *Die ideologischen Vorläufer des Rolls-Royce-Kühlers & Stil und Medium im Film*. Frankfurt/Main, New York: Campus 1993, S. 21-51, hier S. 39. Zuerst erschienen als: Erwin Panofsky: „On Movies", in: *Princeton University. Department of Art and Archaeology. Bulletin*. 1936, S. 5-15. Danach in überarbeiteter Fassung: Erwin Panofsky: „Style and Medium in the Motion Pictures", in: *Critique*, Vol. 1, No. 3, 1947.
3 Panofsky, „Stil und Medium im Film", S. 35ff.
4 Ebd., S. 22.
5 Maurice Halbwachs: *Das kollektive Gedächtnis* [1939]. Frankfurt/Main: Fischer 1985, S. 142.
6 Vgl. W.G. Sebald: *Luftkrieg und Literatur*. München: Hanser 1999. Vgl. auch Dietmar Süß: *Tod aus der Luft. Kriegsgesellschaft und Luftkrieg in Deutschland und England*. Bonn: Bundeszentrale für politische Bildung 2011.
7 Die grundlegende Bedeutung des Wahrnehmungsparadigmas für das deutsche Nachkriegskino analysiere ich in: Bernhard Groß: „Wahrnehmen – Observieren – ‚Checken'. Geschichtlichkeit als ästhetische Erfahrung in ZWISCHEN GESTERN UND MORGEN", in: Hermann Kappelhoff, Bernhard Groß, Daniel Illger (Hg.): *Demokratisierung der Wahrnehmung? Das westeuropäische Nachkriegskino*. Berlin: Vorwerk8 2010, S. 115-134.

Ich beziehe mich mit diesen Fragen auf ein Verständnis des Films nach dem Zweiten Weltkrieg, wie es insbesondere André Bazin und Siegfried Kracauer vertreten.[8] Mit diesem Denken ist eine Erneuerung der Bedeutung des Kinos verbunden, die sich nicht mehr auf die Programme der Avantgarden der 1920er und 30er Jahre bezieht, die sich durch ihre Liaison mit den Diktaturen diskreditiert hatten, sondern auf das Genrekino (vor allem das US-amerikanische), das eine Erneuerung des Kinos unter demokratischen Vorzeichen bedeutete; nämlich durch die Möglichkeit, den Zuschauer neu, als Einzelnen zu denken, dem der Film eine freie Orientierung bietet.[9] Verbunden ist mit diesem Gedanken, dass das Kino für eine kurze Zeitspanne, etwa von 1945 bis 1965, zum Leitmedium wird.

Dabei scheinen der Problemstellung, wie ich sie hier skizziert habe, einige Widersprüche innezuwohnen: Entwirft Panofsky nicht eigentlich ein kognitionswissenschaftliches oder gar medientheoretisches Genreverständnis? Bezieht Halbwachs sich bei seinem Entwurf eines kollektiven Gedächtnisses nicht auf Alltags- statt auf ästhetische Erfahrung? Und schließlich: Warum soll ausgerechnet das Genrekino, das doch gemeinhin für Normierung und Formatierung, Typenbildung und Stereotypisierung einsteht,[10] hier die Welterfahrung des Einzelnen ermöglichen? Bezogen auf diese Fragen, handelt es sich bei meinen Ausführungen um einen Versuch: Ich will Panofskys Ansatz als ästhetische Theorie lesen, die insbesondere dem Genrekino eine spezifische ästhetische Funktion einräumt. Dann will ich Halbwachs' Erkenntnis auf die Nachkriegszeit beziehen und als Voraussetzung dafür verstehen, dass das Kino und insbesondere das Genrekino direkt nach 1945 zumindest theoretisch einen so großen Stellenwert bekommt – also gerade durch seine Formelhaftigkeit in der Lage ist, einer demokratischen Orientierung des Zuschauers zuzuarbeiten – vorausgesetzt, diese Formelhaftigkeit des Kinos wird selbst noch als Struktur begreifbar, die das ‚kollektive Gedächtnis' präfiguriert.

Unter diesen Vorzeichen frage ich danach, inwieweit das hybride deutsche Nachkriegskino diesem Befund entspricht, inwieweit sich audiovisuelle Modalitä-

---

8 Vgl. etwa André Bazin: *Was ist Film?* Hg. v. Robert Fischer. Berlin: Alexander Lang 2004. Siegfried Kracauer: „Warum die Franzosen unsere Filme mochten" [1942], in: *Werke Bd. 6.3*, hg. v. Inka Mülder-Bach. Frankfurt/Main: Suhrkamp 2004, S. 344-355.
9 Vgl. Hermann Kappelhoff: *Realismus. Das Kino und die Politik des Ästhetischen*. Berlin: Vorwerk8 2008.
10 Damit sind nur wenige, aber wesentliche historische und aktuelle Theorien zum Genrekino benannt. Vgl. dazu etwa Thomas Schatz: „The Structural Influence", in: Barry Keith Grant (Hg.): *Film Genre Reader III*. Austin: University of Texas Press 1995, S. 92-101; Thomas Sobchack: „Genre Films: A Classical Experience", in: ebd., S. 103-113 (Strukturalismus), Robin Wood: „Ideology, Genre, Auteur", in: ebd., S. 60-73; Barbara Klinger: „Cinema/Ideologie/Criticism", in: ebd., S. 75-91 (Ideologiekritik); Francesco Casetti: „Filmgenres, Verständigungsvorgänge und kommunikativer Vertrag", in: *Montage/av*, 10/2/2001, S. 155-173; Hans J. Wulff: „Raum und Handlung. Zur Analyse textueller Funktionen des Raums am Beispiel von Griffiths A WOMAN SCORNED", in: *Montage/av*, 1/1/1992, S. 91-112 (Kognitionswissenschaft); Vgl. auch Barry Langford: *Film Genre. Hollywood and beyond*. Edinburgh: Edinburgh University Press 2005 (Ökonomie).

ten in den Filmen finden lassen, die eine solche Orientierung, wie ich sie gerade beschrieben habe, durch die ästhetische Erfahrung des Films ermöglichen. Dazu will ich zunächst die Stellung des Genrekinos im unmittelbaren deutschen Nachkriegskino erläutern, dann die theoretischen Voraussetzungen für meine Lesart dieses Kinos klären und schließlich anhand einer vergleichenden Analyse des ersten Kriminalfilms der Nachkriegszeit, RAZZIA, eine DEFA-Produktion von Werner Klingler aus dem Jahr 1947, meine Thesen belegen. Wie viele Spiel- und Dokumentarfilme sowie Wochenschauen der Zeit thematisiert RAZZIA den Schwarzmarkthandel.[11]

Filmproduktion nach 1945

Welchen Stellenwert haben Genrefilme in der deutschen Nachkriegsproduktion überhaupt? Waren in der ersten Hälfte des Jahres 1945 insgesamt noch 72 deutsche Filme produziert worden, so wurden 1946 insgesamt sechs Filme produziert, 1947 sind es 14 Filme, 1948 gar 35 und 1949 schon wieder 84 Filme – zum Vergleich: Die meisten Filme während der NS-Zeit wurden 1934 produziert, nämlich 147; 1931 wurden mit 200 Filmen die meisten Filme überhaupt in Deutschland produziert.[12]

Im Rahmen dieser stetig zunehmenden Produktion nach 1945 wächst auch die Zahl der Genrefilme an. 1946 sind zwei der sechs produzierten Filme Genrefilme. 1947 sind es drei von 14 Filmen, darunter RAZZIA. 1948 sind sechs Produktionen Genrefilme, darunter auch zwei Kriminalfilme, AFFAIRE BLUM (Erich Engel, D 1948) und BLOCKIERTE SIGNALE (Johannes Meyer, D 1948). Ab 1949 und dann die ganzen folgenden 50er und frühen 60er Jahre bilden Genrefilme das Gros der westdeutschen Produktion. Quantitativer Höhepunkt sind die Edgar-Wallace-Krimis ab Ende der 1950er Jahre. Diese Filme sind von Anfang an überaus erfolgreich, sie stehen den Zeitfilmen in nichts nach bzw. überflügeln diese sogar in der Zuschauergunst,[13] auch wenn sie, wie etwa RAZZIA, keine guten Kritiken bekommen und beispielsweise bei der DEFA trotz ihres Erfolgs ein eher randständiges

---

11 Die verschiedenen Filme zum Schwarzmarkt bespricht Bettina Greffrath: *Gesellschaftsbilder der Nachkriegszeit. Deutsche Spielfilme 1945-1949*. Pfaffenweiler: Centaurus 1995, S. 223-227. RAZZIA fehlt merkwürdigerweise in dieser Besprechung.

12 Die Angaben schließen österreichische und Schweizer Produktionen aus, die sog. Überläuferfilme aber mit ein. Vgl. für das Nachkriegskino Alfred Bauer: *Deutscher Spielfilm-Almanach, Bd. 2, 1946-1955*. München: Winterberg 1981, o. P., Inhaltsverzeichnis. Vgl. für das deutsche Kino im Nationalsozialismus: Alfred Bauer: *Deutscher Spielfilm-Almanach, Bd. 1, 1929-1950*. München: Winterberg 1976, S. III.

13 RAZZIA ist mit knapp 8,1 Mio. Zuschauern – nach EHE IM SCHATTEN (Kurt Maetzig, D 1947) mit 10,1 Mio. Zuschauern – der erfolgreichste deutsche Film der unmittelbaren Nachkriegszeit. Vgl. Christiane Mückenberger, Günther Jordan: „*Sie sehen selbst, Sie hören selbst …*". *Eine Geschichte der DEFA von ihren Anfängen bis 1949*. Marburg: Schüren 1994, S. 159. Und vgl. Greffrath, *Gesellschaftsbilder der Nachkriegszeit*, S. 430.

Dasein führen.[14] Auch in der Forschung spielen diese Filme entweder praktisch keine Rolle oder sie werden unter sozialpsychologischen Fragestellungen untersucht.[15] Ihre spezifische Medienästhetik kommt dabei kaum in den Blick.[16]

In zeitgenössischen Kritiken, etwa zu RAZZIA, wird bemängelt, dass der Film sich nicht recht zwischen Zeitfilm, also Problemfilm, und Genre entscheiden könne und deshalb weder das eine noch das andere richtig gelungen sei.[17] Gerade diese Hybridität aber, die Formen und Modi von Genrekino und Autorenfilm, Weimarer und NS-Kino, italienischem Neorealismus und klassischem Hollywoodkino amalgamiert, zeigt sich wie gesagt als spezifisches Merkmal des deutschen Nachkriegskinos, insbesondere zwischen 1945 und 1949, und zwar unabhängig davon, ob es sich dabei um Produktionen der westlichen oder der östlichen Zone handelt. Gleiches gilt im Übrigen für das Schauspiel, die Schauspieler und die Produktionsformen, die von einer großen Vielfalt geprägt sind.[18] Und wenn man

---

14 Die wichtigsten DEFA-Bücher erwähnen die DEFA-Genrefilme nur am Rand. Vgl. Günther Jordan, Ralf Schenk (Red.): *Schwarzweiß und Farbe. DEFA-Dokumentarfilme 1946-1992.* Berlin: Jovis 1996 (1. Aufl.; 2. Aufl., Berlin 2000). Sean Allen, John Sandford (Hg.): *DEFA. East German Cinema 1946-1992.* New York: Berghahn Books 1999. Mückenberger/Jordan, *„Sie sehen selbst, Sie hören selbst ... "* zeichnen zumindest die Entstehungsgeschichte auch der Genrefilme nach.

15 Vgl. dazu Sabine Hake: *Film in Deutschland. Geschichte und Geschichten seit 1895.* Reinbek bei Hamburg: Rowohlt 2004, S. 157ff. Die wichtigste, an Narrationsmustern orientierte Untersuchung ist Greffrath, *Gesellschaftsbilder der Nachkriegszeit.* Obwohl Greffrath als Einzige auch die Genrefilme der Nachkriegzeit untersucht, fehlen bei ihr gerade die Kriminalfilme wie RAZZIA, AFFAIRE BLUM, MORDPROZESS DR. JORDAN (Erich Engels, D 1949), VERFÜHRTE HÄNDE (Fritz Kirchhoff, D 1949). Nur BLOCKIERTE SIGNALE wird in Bezug auf die Thematisierung des Schiebertums besprochen; vgl. Greffrath, *Gesellschaftsbilder der Nachkriegszeit*, S. 226-227.

16 Eine Ausnahme bildet die Studie von Shandley, *Rubble Films*; Shandley arbeitet mit dem Genrebegriff, insbesondere wenn er Wolfgang Staudtes DIE MÖRDER SIND UNTER UNS (D 1946) als Western liest, untersucht aber seinem Fokus gemäß nur den engeren Kreis der Trümmerfilme. RAZZIA stellt Shandley vor allem in die Reihe der ersten DEFA-Filme, die für die Wiedereinsetzung des patriarchalen Diskurses plädieren. Vgl. ebd., S. 126-132.

17 Vgl. dazu etwa die Kritik von K.W.K. in *Der Tagesspiegel*, 6.5.1947, oder die Kritik von Hans Ulrich Eylau in der *Täglichen Rundschau*, Berlin, vom 3.5.1947. Vgl. auch T.U. in *Südwestdeutsche Volkszeitung*, Freiburg vom 1.4.1948. *Der Kurier* kritisiert gerade die Genreelemente und -stereotypen in RAZZIA als „schablonenhaft". Vgl. W.B.: „Vereinfachte Welt", in: *Der Kurier*, 3.5.1947. Dem *Film-Echo* ist RAZZIA als „Gangsterfilm" zu unzeitgemäß: Schließlich sei dieser „in Hollywood längst vom Piraten-Abenteuer abgelöst". Vgl. P.F. in *Film-Echo*, Hamburg, 2. Jg., Nr. 23, 1.12.1948, S. 220.

18 Wie Elsaesser zeigt, gilt der „Karneval der Stile" auch für das NS-Kino. Vgl. Thomas Elsaesser: *Das Weimarer Kino – aufgeklärt und doppelbödig.* Aus dem Englischen von Michael Wedel, Berlin: Vorwerk8 1999, S. 18f. Im Unterschied zum NS-Kino verbindet sich mit dem Bezug auf Hollywood und Neorealismus im frühen Nachkriegskino aber eine grundlegend andere Adressierung des Zuschauers. Vgl. dazu auch Bernhard Groß: „‚Stunde Null' und LIEBE 47. Zur ästhetischen Disposition des deutschen Nachkriegskinos", in: Johannes Roschlau (Hg.): *Im Bann der Katastrophe. Innovation und Tradition im europäischen Kino 1940-1950.* München: Edition text+kritik 2010, S. 73-85. Hinzu kommt das Problem der

eine Genealogie zwischen dem meist als Autorenkino gelesenen unmittelbaren Nachkriegskino und der Genrelandschaft des westdeutschen Kinos der 1950er und 60er Jahre herstellen kann, dann aufgrund der Hybridität von Stoffen, Motiven, Figuren, Schauspiel und Ausdrucksformen, die im unmittelbaren Nachkriegskino angelegt sind, um dann als spezifisches Merkmal des Genrekinos der 50er und 60er Jahre, gerade quer zu den einzelnen Genres und diese verbindend, zur vollen Entfaltung zu gelangen.

Kriminalfilm und Trümmerfilm sind eng verbunden: Beide stellen meist „kriminelle Handlungen in Vergangenheit und Gegenwart sowie die ethischen Implikationen ihrer Aufklärung"[19] in den Mittelpunkt. Damit könnte der Kriminalfilm heuristisch für das deutsche Nachkriegskino einstehen, gerade in Bezug auf die Faktoren, die den Kriminalfilm per se auszeichnen, nämlich ein enges Verhältnis zum filmischen Realismus und damit eine unmittelbare Auseinandersetzung mit den sozialen Verhältnissen. Als Genre wird dem Kriminalfilm jedenfalls in Bezug auf die Thematisierung von Recht und Ordnung und die Abweichung davon, eine besondere Auseinandersetzung mit dem Verhältnis von Individuum und Gruppe (sei es Gemeinschaft oder Gesellschaft) attestiert.[20] In RAZZIA ist es, nicht anders als etwa in dem Heimkehrerdrama UND ÜBER UNS DER HIMMEL (Josef von Báky, D 1947) mit Hans Albers in seiner ersten Nachkriegsrolle, der Kampf gegen den

---

Abgrenzung vom ausdifferenzierten Genrekino der UFA im Nationalsozialismus. Denn man kann im nationalsozialistischen Genrefilm eine Fülle rassistischer Stereotypen finden, wie sie etwa der Schauspieler Ferdinand Marian verkörpert, bekannt vor allem durch seine Rolle des Josef Oppenheimer in Veit Harlans JUD SÜSS (D 1940), der aber auch in einigen (Kriminal-) Filmen des sog. Dritten Reichs den Schurken, Betrüger und Mörder als ‚schmierigen' Südosteuropäer gab. Wobei der Kriminalfilm selbst in der Genrelandschaft während des Nationalsozialismus eher unterrepräsentiert und stark auf das Subgenre des Polizeifilms fokussiert ist. Vgl. dazu Heike Klippel: „Verbrechen und Leidenschaft. Deutscher und österreichischer Kriminalfilm 1940-1950", in: Johannes Roschlau (Hg.): *Im Bann der Katastrophe. Innovation und Tradition im europäischen Kino 1940-1950*. München: Edition text+kritik 2010, S. 9-21, hier S. 10f. Vgl. auch Norbert Grob: „Zeit der Übereile. Deutsche Kriminalfilme zwischen 1948 und 1965", in: Harro Segeberg (Hg.): *Mediale Mobilmachung III. Das Kino der Bundesrepublik Deutschland als Kulturindustrie (1950-1962)*. München: Fink 2009, S. 223-240. Vgl. ebenso Eric Rentschler: *The Ministry of Illusion. Nazi Cinema and its Afterlife*. Cambridge: Harvard University Press 1996.

19 Michael Wedel: „Schuld und Schaulust. Formen und Funktionen des deutschen Kriminalfilms bis 1960", in: Rainer Rother, Julia Pattis (Hg.): *Die Lust am Genre. Verbrechergeschichten aus Deutschland*. Berlin: Bertz+Fischer 2011, S. 25-40, hier S. 37. Vgl. diesbezüglich auch Yogini Joglekar: „Helmut Käutner's EPILOG: DAS GEHEIMNIS DER ORPLID and the West German Detective Film of the 1950s", in: John Davidson, Sabine Hake (Hg.): *Framing the Fifties. Cinema in a Divided Germany*. New York, Oxford: Berghahn Books 2007, S. 59-73, hier S. 60. Joglekar zählt neben RAZZIA noch WER FUHR DEN GRAUEN FORD? (Otto Wernicke, BRD 1950) zu den Kriminalfilmen, die unmittelbar Trümmerlandschaft und Verbrechen miteinander verbinden. Der Fokus seines Aufsatzes gilt aber dem Subgenre des ‚Anti-Detektivfilms', dessen Tradition in bundesrepublikanischen Genrekino der 1950er Jahre er mit Käutners ORPLID eröffnet sieht.

20 Vgl. Klippel, „Verbrechen und Leidenschaft", S. 9.

Schwarzmarkt, der durch die Bereicherung des Einzelnen das Gemeinwesen bedroht.

So formuliert, stellt sich erneut die Frage, ob nicht gerade das Genrekino an sich mit seinen Typisierungen und Schematismen eher einer totalitären Kulturauffassung zuspielt, indem der Einzelne zurücktritt und mit ihm auch die Frage nach seiner konkreten Leiblichkeit, das heißt nach seiner Wahrnehmung und Erfahrung.

‚Genretheorie': Cavells „Individualitäten"

Nun ist es andererseits die ‚Genretheorie' Stanley Cavells, die – entgegen gängigen Bestimmungen – das Genrekino mit der Erfahrbarkeit des Individuellen verbindet. Cavells Theorie, die er vor allem in seinem Buch *The World Viewed*[21] entwickelt, korrespondiert in seiner Grundfrage durchaus mit zeitgenössischen Untersuchungen zum Genrekino. Es geht ihm zunächst um die vor allem in der strukturalistischen Genretheorie viel diskutierte Frage, wie und wodurch Genres entstehen, sich verändern, enden oder sich neu entwickeln.[22] In seiner Gedankenentfaltung aber orientiert Cavell sich deutlich an einer Idee des Kinos, wie es sich nach 1945 entwickelt (wie oben skizziert etwa bei Bazin und Kracauer und auf der Grundlage der ästhetischen Theorie des Films bei Panofsky). Sein Hauptaugenmerk liegt dabei auf den stereotypen Figuren und Situationen, die Genrefilme ausmachen. Im Gegensatz zu anderen Ansätzen[23] vertritt Cavell die These, dass das Genrekino, indem es solche Stereotypen schafft, dem Zuschauer ermöglicht, spezifische Züge und individuelle Formationen zu erfahren, die er als „Individualitäten" bezeichnet.

> Typen sind die Träger jener Formen, auf die Filme sich verlassen haben. Diese Medien schufen neue Typen, oder Kombinationen und ironische Umkehrungen von Typen; hier waren und hier blieben sie. Bedeutet dies, daß Filme niemals Individuen, sondern nur Typen schaffen können? Es bedeutet, daß Filme Individuen schaffen, indem sie *Individualitäten* schaffen. Denn was jemanden zu einem Typus macht, ist nicht seine Ähnlichkeit mit anderen Vertretern dieses Typus, sondern seine auffallende Gesondertheit von den anderen. [...] Die Individualität, die im Film festgehalten ist, [hat] natürliche Priorität gegenüber der sozialen Rolle, in der diese Individualität zum Ausdruck gebracht wird. Da die soziale Rolle im Film als willkürlich oder bei-

---

[21] Stanley Cavell: *The World Viewed. Reflections on the Ontology of Film*. Cambridge et al.: Harvard University Press 1979.

[22] Vgl. dazu Knut Hickethier: „Genretheorie und Genreanalyse", in: Jürgen Felix (Hg.): *Moderne Film Theorie*. Mainz: Bender 2002, S. 62-96, hier S. 70ff. Einen zeitgenössischen strukturalistischen Ansatz vertritt etwa Sobchack: „Genre Films: A Classical Experience".

[23] Vgl. etwa Jörg Schweinitz: *Film und Stereotyp. Eine Herausforderung für das Kino und die Filmtheorie. Zur Geschichte eines Mediendiskurses*. Berlin: Akademie Verlag 2006.

läufig erscheint, haben Filme eine inhärente Tendenz zum Demokratischen oder zur Idee menschlicher Gleichheit.[24]

Die Individualität (das heißt die Besonderheit und Einzigartigkeit) der Figur geht im Film nicht in der sozialen Rolle auf und nicht im sozialen Konflikt. Konflikt und Rolle sind im Genrefilm stereotyp, die Figur aber behält gerade dadurch etwas Individuelles. Cavell bezieht sich mit diesem Verständnis des kinematographischen Typus implizit auf den zuvor entwickelten Gedanken Panofskys, der sozusagen das Bindeglied zwischen Kracauer/Bazin und Cavell herstellt. Panofsky hat, wie beschrieben, das Kino als eine Volkskunst bezeichnet, die sich mit dem sozialen Leben und Denken auseinandersetzt.[25] Damit verbunden sei aber auch eine spezifische Möglichkeit von Welterfahrung, die das Kino insbesondere durch Typisierungen der Figuren und der Dramaturgie leiste, an denen sich das Publikum orientieren und die Grundformeln und -strukturen der Weltzusammenhänge erfahren könne. Stereotype Figuren und Situationen, so folgert Cavell, seien im Film nicht nur einer bestimmten Erzählökonomie geschuldet, sondern sie ermöglichten durch ihre strukturgebende Funktion allererst eine Welterfahrung. Diesen Gedanken verknüpft Cavell mit dem US-amerikanischen Genrekino und so mit der Frage, welche Funktion ein solches Kino in einem demokratischen Land haben könne.

Dabei, so Cavell, ist es gerade die Darstellung eines Typus im Genrekino, der aufgrund seiner sozialen Codierung besonders gut seine individuellen Merkmale zu erkennen gibt: Nicht der Gang des Schurken, sondern der *konkrete* Gang des Schurken zählten, sein *konkretes* Lächeln oder die spezifische Art und Weise, wie sich seine Haltung unabhängig von der sozialen Differenzierung von der des Kommissars unterscheidet oder dieser ähnelt.

Das, was die Zuschauer am Genrekino so begeistert, dass sie sich immer wieder Filme gleicher Machart ansehen, so könnte man Cavell paraphrasieren, ist die Möglichkeit, die spezifische Art und Weise zu beobachten, in der eine Genrefigur eine genau umrissene Rolle in einem stereotypen sozialen Konflikt verkörpert. Gerade Typisierung und Stereotyp dienen aber dazu, auf dieser Folie die im Alltagsleben als unzusammenhängend erfahrenen sozialen Kräfteverhältnisse begreifen zu können. Zugleich kann sich im Schauspiel der Figurentypen die Erfahrung des Einzelnen zeigen.[26] Hier bietet sich ein Anknüpfungspunkt für meine Untersuchung der spezifischen Nachkriegssituation und der Rolle des Kinos darin.

---

24 Stanley Cavell: „Die Welt betrachtet", in: Ludwig Nagl (Hg.): *Filmästhetik*. Berlin, Wien: Oldenbourg- & Akademie-Verlag 1999, S. 84-102, hier S. 94f. Vgl. auch Stanley Cavell: „Welt durch die Kamera gesehen: Weiterführende Überlegungen zu meinem Buch *The World Viewed*", in: Dieter Henrich, Wolfgang Iser (Hg.): *Theorien der Kunst*. Frankfurt/Main: Suhrkamp 1992, S. 447-490.
25 Panofsky, „Stil und Medium im Film", S. 20.
26 Vgl. Ilka Brombach: „Ja, jetzt erkenne ich dich wieder!' Zur Gestaltung von Figur und dramatischem Konflikt bei Pedro Almodóvar", in: Hermann Kappelhoff, Daniel Illger (Hg.): *Pedro Almodóvar*. Film-Konzepte, Heft 9, München: Edition text+kritik 2008, S. 31-44.

Wenn Cavell also davon spricht, dass das Genrekino „Individualitäten" schaffe, dann meint er ein spezifisches Wechselspiel zwischen Film und Zuschauer, das dem kinematographischen Dispositiv entspringt: Der Film schirmt den Zuschauer von der Leinwand ab, so Cavell, aber auch das Leinwandgeschehen vom Zuschauer.[27] Konstitutiv für den Film ist, dass der Zuschauer eine Welt schaut, von der er kein Teil ist – und so lagert sich über die Verstrickungen dieser Welt, über die sozialen Verhältnisse, die dort dargestellt sind und zu denen der Zuschauer nicht gehört, eine Anschaulichkeit der Phänomene, der Figuren und Dinge, die ohnegleichen ist; der Zuschauer erfährt also die Muster der Welt als sinnlich konkrete Anschauung. Für meinen Zusammenhang zählt dabei vor allem, dass mit dieser Konstellation ein Abstand entsteht, der es dem Zuschauer ermöglicht, das Verhältnis von Einzelnem und Gemeinschaft zu befragen, die Möglichkeiten und Unwägbarkeiten dieses Verhältnisses auszuprobieren – gerade indem er nicht an diesem Vorgang beteiligt ist, indem er darin nicht agieren muss.

In Cavells Gedanke zur Ontologie des Films steckt aber noch mehr Potenzial. Ihm zufolge besitzt der Film eine Dimension – und deshalb spricht er vom „demokratischen Charakter des Films" – in der alles und alle gleichermaßen und gleichwertig gültig sind, nämlich in ihrer Einzigartigkeit präsentiert werden, die sich gerade durch die stereotype soziale Rolle und den entsprechenden Konflikt hindurch herausschält; je größer die Gleichförmigkeit, desto deutlicher fallen die Abweichungen, Nuancierungen und Allusionen auf, die für Cavell die „Individualitäten" ausmachen und die Grundlage für die Gleichwertigkeit der Figuren bilden.[28]

Film des Abjekten

Am Beispiel von RAZZIA will ich deshalb nun fragen, ob und wie der Film als expliziter Genrefilm die Möglichkeiten der demokratischen Teilhabe des Zuschauers auslotet. Inwieweit sind gerade im Genregewand, das heißt in der typisierten Welt sowohl die einzelnen Figuren als auch das Verhältnis des Einzelnen zum anderen, zum Gegenüber thematisiert?

Um die angesprochene Zuschaueradressierung zu erkunden, möchte ich mich im Folgenden bei der Bildraumanalyse[29] von RAZZIA auf zwei wesentliche Linien

---

27 Vgl. Cavell, „Die Welt betrachtet", S. 85.
28 Auch dieser Gedanke findet sich im Ansatz schon bei Panofsky, der davon spricht, dass das Stereotyp des Gangsters nicht von einem Stereotyp, sondern von einem konkreten Schauspieler verkörpert werde: „Eine Gestalt in einem Film [...] lebt und stirbt mit ihrem Darsteller; [...] es handelt sich um die Wesenheit Greta Garbo in Gestalt einer Figur namens Anna Christie [...]." Panofsky, „Stil und Medium im Film", S. 44.
29 Ich verstehe filmische Bildräume im Unterschied zu filmischen Handlungsräumen, in denen die kinematografischen Operationen als Effekte der Erzählung gelten, als komplexe audiovisuelle Vorgänge, die sich im Zuschauer realisieren und sich ihm als eine Erfahrung ästhetischer Weltprojektionen entfalten. Vgl. Hermann Kappelhoff: „Die Dauer der Empfindung.

bzw. Motive des Films beziehen, die vor allem die Figureninszenierung betreffen; in einem zeit- und genretypischen Umfeld findet man Umstände und Figuren, die im Sinne Cavells als individualisierte erscheinen: Die Figuren des Films zeigen „Individualitäten", indem sie stereotype Milieus, denen sie zugeordnet sind, wechseln können und so Mustersituationen ‚aufbrechen'.

Meine These ist, dass der Film eine demokratische Adressierung des Zuschauers dadurch bewerkstelligt, dass er viele und vielfältige Existenzebenen zeigt, die alle gleichermaßen gültig und gleichwertig erscheinen – und ganz im Gegensatz etwa zum nationalsozialistischen Kriminalfilm sind diese als je eigen und autonom dargestellt. Das bezieht sich auf die unterschiedlichen Milieus und sozialen Formationen wie die privaten und öffentlichen Orte, die man sieht. Dabei kommt es aber nicht auf die Wesenhaftigkeit der verschiedenen Milieus an, sondern darauf, wie der Film zwischen diesen vermittelt. Denn diesem Nebeneinander wohnt des Weiteren ein Bewegungsmoment inne, durch das sich die typisierten Einzelfiguren in Bezug auf die verschiedenen Orte und Milieus und auf ihr jeweiliges Gegenüber hin verändern. Sie durchlaufen eine ständige Metamorphose, der gegenüber sich der Zuschauer positionieren muss: Mal sind sie Teil ihrer Umgebung und damit Teil einer Gruppe oder Gemeinschaft, und mal sind sie als außenstehend gekennzeichnet, als Einzelne, die im Gegensatz oder in Konfrontation zu ihrer Umgebung und den anderen stehen. Die Bewegung des Films, den dramaturgischen Ablauf kann man dann so beschreiben: Veränderung oder besser dramaturgische Spannung entsteht dadurch, dass in homogene Gruppen und Milieus permanent andere, außenstehende Figuren kommen, sodass diese Gruppen heterogen werden und eine neue Formation entsteht.[30]

Dass die Figuren in jedem neuen Milieu wieder ‚neu' anfangen, dass sie also sozusagen immer wie eine Unterbrechung des jeweiligen homogenen Milieus erscheinen, ist nur auf der phänomenologischen Ebene des Films mit der Dichotomie von Einzelnem und Gruppe und damit einer permanent wechselnden Heterogenität passend beschrieben. Auf der Ebene der Erfahrung des Zuschauers entfaltet sich diesem ein immer wieder neu ansetzendes Befragen der homogenen Milieus:

Von einer spezifischen Bewegungsdimension des Kinos", in: Margrit Bischof et al. (Hg.): e_motion. Hamburg: Lit-Verlag 2006, S. 205-220.

30 Zu fragen wäre also, ob hier nicht, auf einer strukturalen Ebene, die Problematik, in die das Genre des Kriminalfilms in den 1940er Jahre gekommen ist, aufgegriffen wird. Ist doch etwa der US-amerikanische *film noir* der 1940er Jahre dafür bekannt, dass seine Figuren nicht mehr so leicht in Gut und Böse einzuteilen sind und dass hinter jeder verführerischen Frau und hinter jedem scheinbar aufrichtigen Mann der Tod lauern kann. Vor allem diese Ambivalenz inszeniert zu haben, gilt als das spezifische Bildprogramm der Filme der deutschen Emigranten in Hollywood. Dieser Befund steht gegen die gängige These, dass der deutsche Kriminalfilm grade in seinen Sujets vom ‚Nazi-Krimi' bis in die Nachkriegskrimis die strikte Trennung von Gut und Böse beibehält und sich dadurch vom *film noir* unterscheidet. Vgl. Klippel, „Verbrechen und Leidenschaft". Vgl. auch Grob; „Zeit der Übereile". Vgl. schließlich Barbara Bongartz: *Von Caligari zu Hitler – von Hitler zu Dr. Mabuse? Eine psychologische Geschichte des deutschen Films von 1946-1960*. Münster: MakS-Publikationen 1992.

Die als vereinzelt markierten Figuren sind dabei als Agenten des Zuschauers zu betrachten, deren Konfrontation mit den Milieus diese Milieus und die darin befindlichen Figuren infrage stellt. Mit Thomas Elsaesser möchte ich dieses Verhältnis auf der Ebene der Zuschauererfahrung als das von Subjekt und Abjekt bezeichnen, also das Erscheinen des Ausgeschlossenen und Ausgestoßenen, das das Subjekt durch seine Nähe zu ihm infrage stellt.[31] So gesehen wird jede Figur in RAZZIA, die ein neues oder anderes Milieu betritt, zum Abjekt und damit zur Bedrohung und Infragestellung des homogenen Milieus. In diesem Prozess geht es zum einen insofern um Individualitäten, als dass eine Figuration sich mit einer anderen vermischt und schließlich ersetzt wird oder aber einzelne Figuren strukturell herausgehoben sind. Zum anderen geht es um Individualitäten, da der Zuschauer sich in diesem Prozess immer wieder neu verorten kann.

Erstes Strukturprinzip in RAZZIA: Wandel homogener Figurationen

Ich will im Folgenden nun das überaus eng gespannte Netz dieser Metamorphosen in RAZZIA entfalten.[32] Dabei soll die spezifische Art und Weise deutlich werden, mit der der Film die angedeuteten Genremuster einsetzt.

---

31 Thomas Elsaesser: „Post-heroische Erzählungen: Jean-Luc Nancy, Claire Denis und BEAU TRAVAIL", in: Hermann Kappelhoff, Anja Streiter (Hg.): *Die Frage der Gemeinschaft*. Berlin: Vorwerk8 2012, S. 67-94, hier S. 81. Elsaesser gebraucht den Begriff des „Kino des Abjekten". Er bezieht sich dabei auf Kristevas Definition des Abjekten als das, was beim Subjekt Ekel und Abscheu hervorruft und deshalb ausgeschlossen wird, sowie auf Agambens Erweiterung, laut der diese Affekte eine Nähe zwischen Subjekt und Abjekt bedeuten, zu der auch gehöre, dass das Abjekte Macht gegenüber dem Subjekt besitze.
32 Die Analysen zu RAZZIA sind weitgehend Narrationsanalysen und beschäftigen sich dabei durchgehend mit anderen Themen und Motiven, als denen, um die es mir hier geht. Becker/Schöll vergleichen RAZZIA mit UND ÜBER UNS DER HIMMEL und zwar in Bezug auf deren unterschiedliche Darstellung des Schwarzmarkts. Wolfgang Becker, Norbert Schöll: *In jenen Tagen: Wie der deutsche Nachkriegsfilm die Vergangenheit bewältigte*. Opladen: Leske + Budrich 1995, S. 69f. Pleyer verhandelt den Film unter dem Stichwort der „Probleme der Nachkriegszeit"; vgl. Peter Pleyer: *Deutscher Nachkriegsfilm 1946-1948*. Münster: Verlag C.J. Fahle 1965, S. 98-100. Schnurre verreißt die spießige Betulichkeit des Films, die alle Figuren beträfe. Vgl. Wolfdietrich Schnurre: *Kritiker*. Reihe Film & Schrift Bd. 11, hg. v. Rolf Aurich, Wolfgang Jacobsen. München: Edition text+kritik 2010, S. 119f. Greffrath analysiert die verschiedenen Frauentypen des Films. Greffrath, *Gesellschaftsbilder der Nachkriegszeit*, S. 213. Klippel, „Verbrechen und Leidenschaft" stellt den Film in die Kontinuität des Kriminalfilms im sog. Dritten Reich. Shandley, *Rubble Films*, S. 126-132 stellt die Formierung patriarchaler Ordnung in den Vordergrund. Vgl. dazu auch Anja Horbrügger: *Aufbruch zur Kontinuität – Kontinuität im Aufbruch. Geschlechterkonstruktionen 1945-1960*. Marburg: Schüren 2007; sowie: Ulrike Sieglohr (Hg.): *Heroines without Heroes. Reconstructing Female and National Identities in European Cinema 1945-51*. London, New York: Cassell 2000; siehe darin insbes.: Erica Carter: „Sweeping up the Past. Gender and History in the Post-war German Rubble Film", S. 91-110.

RAZZIA flicht um die Antipoden, den Kriminalkommissar Naumann und Goll, den Chef einer Schmugglerbande, ein Netz von Beziehungen, die parallel existieren oder sich kreuzen und quer zum Freund/Feind-Schema verlaufen. Naumann hat privat mit seinem Untergebenen Lorenz zu tun, der mit Naumanns Tochter verlobt ist. Lorenz Kollege, Kriminalanwärter Becker, ist in die Tänzerin Yvonne verliebt, die wiederum mit Goll zusammen ist, in dessen Bar *Alibaba* sie auftritt. Naumanns Sohn Paul, der aus der Kriegsgefangenschaft kommt, trifft zufällig seinen alten Kriegskameraden, den ‚Flotten Willy' wieder, der bei der Spedition Mierisch arbeitet, die für Goll die Schmuggeltransporte abwickelt und über einen unterirdischen Gang, den ehemaligen Luftschutzkeller, mit dessen Büro im Keller des *Alibaba* verbunden ist. Paul, der als Geiger keine Arbeit findet, heuert bei Mierisch an und arbeitet so mit den Mördern seines Vaters zusammen: Naumann ermittelt in der ersten Hälfte des Films vor allem allein und spontan gegen Goll, denn eine offizielle Razzia bleibt ohne Ergebnis, da Becker den Termin vorher Yvonne verraten hat. Während Naumanns Einzelaktion für ihn tödlich endet, führt sein ‚Schwiegersohn' Lorenz die Ermittlung gegen Goll erfolgreich weiter.

Schon während der Vorspann läuft, sieht man, abgedunkelt hinter den Produktionsangaben, eine Panoramaaufnahme in leichter Aufsicht: Eine ruhig und gleichmäßig sich bewegende Gruppe von Menschen, homogen in ihrer überwiegend dunklen Kleidung und gleichmäßig verteilt auf einer leeren Fläche, die ganz wesentlich von dieser Gruppe bestimmt ist (Abb. 1). Das Bild ist mit dieser Gruppe gefüllt; schemenhaft sind dahinter Ruinen zu erkennen; in markigen Lettern erscheint der Filmtitel RAZZIA. Die zuvor abgedunkelte Szene im Hintergrund blendet jetzt auf, und zu sehen ist, wie die homogene Gruppe sich auflöst. Mannschaftswagen der Polizei durchschneiden die Menge, die nun auseinanderstiebt. Im Hintergrund sieht man die Ruinen des Berliner Reichtags; die Gruppenansammlung ist der berühmteste zentrale Schwarzmarkt Berlins in der Nachkriegszeit; ein Gemeinplatz. Aus dem Off erschallt der Ruf „Razzia" und dann noch einmal. Die Szene hat sich in diesem kurzen Moment seit der Ankunft der Polizei vollkommen gewandelt; jetzt dominiert das hellere Grau der Uniformen, die dunklen Gestalten sind an den Bildrand gedrängt, wohin sie von den Uniformierten verfolgt werden (Abb. 2).

Schon im Vorspann des Films ist damit die Metamorphose erkennbar, die ich als Strukturprinzip des Films bezeichnet habe: Durch die Ankunft der Polizei wird die zuvor dominante Gruppe der Schwarzmarkthändler und -käufer an den Rand gedrängt und marginalisiert, sodass nun die grauen Uniformen überwiegen. Die Exposition des Films stellt also, der Genrelogik gemäß, zwei Figurengruppen gegeneinander, aus denen heraus sich im Folgenden die jeweiligen Protagonisten – der Schieber Goll und Kommissar Naumann – schälen.

Die nächste Szene ist mit der Schwarzmarktszene zu Beginn dadurch verbunden, dass noch einmal das bisher einzige gesprochene Wort ertönt.[33] Mit dem Wort

---

[33] Diese über die Wiederholung von Worten motivierte Anschlussmontage findet sich in vielen Filmen Fritz Langs.

DEMOKRATISIERUNG DURCH UNTERHALTUNG? 359

Abb. 1 und 2: Eröffnungsszene von RAZZIA:
oben dominieren die Schwarzhändler, unten die Polizei

„Razzia" beginnt nach einem Umschnitt eine neue Sequenz: Kriminalrat Lembke, Naumanns Vorgesetzter, spricht das Wort in seiner Rede an die Kommissare und Polizisten im Polizeipräsidium. Der Zuschauer wird mit dieser Rede auf die Strategie der Polizei eingeschworen, die vordringlich nicht die Gelegenheitshändler, sondern die Drahtzieher sucht. Entsprechend sieht man in der nächsten Sequenz Kriminalkommissar Naumann, wie er zunächst Schwarzmarktkäufer, dann -händler nach der Herkunft des bei ihnen sichergestellten Alkohols befragt und dabei mit jeder neuen Szene in der Hierarchie des Schwarzhandels eine Stufe höher steigt. Diese Szenen setzen nicht nur die auf der diegetischen Ebene vorgegebene Marschrichtung ins Bild, sondern hier deutet sich auch erstmals die zweite Ebene der Bildpolitik des Films an: die gleiche Wertigkeit der verschiedenen Milieus, die der Film entfaltet. Hier sind nämlich die ‚Kriminellen', die auf dem Kommissariat befragt werden, in ihrem Gestus und Habitus nicht wesentlich von den Polizisten in Zivil zu unterscheiden – vor dem Hintergrund schematischer sozialer Rollen und damit gesellschaftlicher Aufteilungen sind die Figuren als gleichwertig gekennzeichnet.

Dies ändert sich, wenn der Zuschauer im Anschluss ins Zentrum der Drahtzieher gelangt. Der Hauptschauplatz des Geschehens, das nächste soziale Milieu, die ‚Bar' *Alibaba*, ist von sehr viel eleganteren Figuren bevölkert, als bisher zu sehen waren. Zudem ist die Bar weniger intim und diskret, als ihre Bezeichnung vermuten ließe; sie kommt eher wie eine Art Ballhaus daher. Hier nun zeigt sich eine signifikante Verschiebung der Art und Weise der Inszenierung einer Bar, wie sie in verschiedenen Nachkriegsfilmen begegnet: Vom ersten deutschen Nachkriegsfilm an, Wolfgang Staudtes DIE MÖRDER SIND UNTER UNS von 1946, bis zu Peter Pewas' STRASSENBEKANNTSCHAFT von 1948 und darüber hinaus sind Barszenen mit verkanteten Kameraeinstellungen, starken Schwarzweiß- und Helldunkelkontrasten sowie Kamerafahrten verbunden (Abb. 3, 4, 5).[34]

Die Barszenen in RAZZIA zeichnen sich im Gegensatz dazu durch eine eigentümliche Schwerfälligkeit der Kamera aus: Es gibt wenig Fahrten oder Schwenks, die die Bewegung der Tanzenden, das lebhafte Kommen und Gehen aufgreifen, noch gibt es schnelle, heterogene Schnitte, die unterschiedliche Figuren oder Szenerien miteinander verbinden oder Vorder- und Hintergrund markant kontrastieren. Und zudem findet sich hier im Unterschied zu den genannten Filmen eine meist helle, gleichmäßige Be- und Ausleuchtung der Szene (Abb. 6). Es handelt sich also gerade nicht um einen Ort des Rausches, des Verschmelzens und des Vergessens; vielmehr handelt es sich um die Darstellung eines wohlausgewogenen und gleichmäßig im Raum verteilten Ensembles, in dem jede Figur ihren buchstäblich festen Platz hat. Genau so sind fast alle anderen Schauplätze des Films inszeniert: sei es

---

34 Andere Filme, in denen solche Barszenen auftauchen, sind ansonsten so unterschiedliche Filme wie UND ÜBER UNS DER HIMMEL, FILM OHNE TITEL (Rudolf Jugert, D 1948), BLOCKIERTE SIGNALE, LIEBE 47, HAFENMELODIE (Hans Müller, BRD 1949), DIE SÜNDERIN (Willi Forst, BRD 1951). Die Anspielungen auf das Weimarer Kino und den expressionistischen Film, wie sie für die genannten ‚Zeitfilme' festzumachen sind, fehlen hier im Zentrum der Bar *Alibaba* in RAZZIA.

Abb. 3: Die Mörder sind unter uns

Abb. 4: Und über uns der Himmel

Abb. 5: STRASSENBEKANNTSCHAFT

Abb. 6: RAZZIA

das Polizeirevier, sei es das Zuhause des Kriminalkommissars Naumann oder seien es, zumindest was die Figurenkonstellation betrifft, die ‚Privaträume' des Geschäftsführers der Bar im Keller des Hauses.

Der Grund dafür ist offensichtlich. Die gleichmäßige Ausleuchtung und die relativ statische Kamera im Hauptraum des *Alibaba* lenken die Aufmerksamkeit des Zuschauers auf die Figurentypen. Handelt es sich während der ersten Szene im *Alibaba* wieder, wie zu Beginn auf dem Schwarzmarkt, um eine homogene Gruppe, zu der auch der Schieber und Chef des *Alibaba*, Goll, gehört, so ändert sich dies mit dem Einzug der Polizei, die alsbald das *Alibaba* als Zentrum der Schieberaktivitäten ausmacht und daher auch dort eine Razzia durchführt.

Wie bei der ersten Razzia am Reichstag zu Beginn des Films verändert sich auch bei dieser das zunächst homogene Bild des Tanzsaals der Bar mit den herausgeputzten Frauen und den elegant gekleideten Männern, zu denen auch der Besitzer Goll gehört. Mit dem Eintreffen der Polizei entsteht eine heterogene Mischung, die sich in ein neues homogenes Ensemble verwandelt, sobald die Uniformierten das Lokal vollständig besetzt haben. Präsent bleibt jedoch in beiden Szenen die Figur des Goll, die sich aber verändert: Aus Goll, der Teil der Gruppe in der Bar ist, wird Goll, der Einzelne, ‚Abjekte', wenn er nicht mehr von seinen Gästen, sondern von den Kriminalbeamten umgeben ist. Hier zeigt sich auch der Zweck der so gleichmäßig hellen Ausleuchtung der *Mise en scène*: Wie schon in der ersten Sequenz des Films treten die Figuren als homogenes Ensemble hervor, das von einem anderen homogenen Ensemble verdrängt wird. Erscheint Goll zunächst als der diskrete Zeremonienmeister eines Festes, auf dem er von seiner eleganten äußeren Erscheinung her ebenso gut Gast sein könnte, so sticht er mit der Ankunft der Polizei buchstäblich aus der Szene heraus: Die Polizisten tragen entweder Uniform oder abgetragene, oft schlecht sitzende dunkle Anzüge. Dagegen steht Golls perfekt sitzender Zweireiher und seine ebenso korrekt sitzende Frisur, die wiederum im Gegensatz zu den wenigen fliegenden oder am Kopf ‚klebenden' Haaren des Kommissars Naumann steht, der die Razzia leitet. Die beschriebene Trägheit der Kamera erklärt sich hier ebenfalls aus der Notwendigkeit, die Verwandlung des Bildraums erfahrbar zu machen: Goll wird nur dadurch zur abjekten Figur, indem mehr und mehr schäbig angezogene Polizisten die Szenerie in der Bar füllen und die Präsenz der eleganten Gäste überdecken.

Umgekehrt fällt in der auf die Razzia folgenden Sequenz Kommissar Naumann in der Bar als vereinzelte Figur auf, wenn er später dort noch einmal ermittelt. Nun, auf sich allein gestellt, sticht Naumann mit seinem zu weiten, abgetragenen Mantel und vor allem seiner zielorientierten Beweglichkeit hervor, die ihn in der wohlgeordneten Bar, in der alles seinen genauen Platz hat, wiederum zur abjekten Figur macht. Während die Bar eher statisch inszeniert ist, also Figuren und Dinge eher posieren als handeln und zumindest der Anschein eines wohlgefügten Ensembles auf einer perfekten Oberfläche geweckt werden soll, ist Naumann die Figur des Handelns, die die Räume durchquert, um sie auf verborgene Zeichen zu untersuchen, die unter der Oberfläche liegen. Dabei behandelt er auch die Figuren wie unbewegliche Dinge, also wie Interieur, was ihm schließlich zum Verhängnis wird.

Weder das Abjekte Golls noch das Naumanns ist dabei ein Effekt der Diegese, sondern dieser eher gegenläufig. Sind die Figuren auf der Ebene der Diegese sehr klar in Gut (Naumann) und Böse (Goll) eingeteilt, so ist es die beschriebene Inszenierung, die die Figuren ambivalent macht und dadurch (immer im Verhältnis zum Gegenüber, der Gruppe) heraushebt. Der Zuschauer erfährt diese Ambivalenz in der Spannung zwischen Subjekt und Abjekt als Annäherung und Entfernung von der jeweiligen Figur.

Auch auf den anderen Ebenen inszeniert der Film diese Dichotomie: Neben dem Polizeialltag im Präsidium und dem Wirken in der Bar gibt es noch einen dritten, für einen Kriminal- oder Polizeifilm der Zeit eher untypischen Ort:[35] das Zuhause der Familie des Kriminalkommissars Naumann. Alle die Bereiche gehören insofern zusammen, als dass sie in Lichtsetzung und Szenenauflösung ähnlich inszeniert sind. Auf der diegetischen Ebene ist das Zuhause Naumanns mit seiner Arbeit noch zusätzlich durch die Liaison seiner Tochter mit seinem Assistenten Lorenz verbunden und später dadurch, dass der heimkehrende Sohn Teil der Schmugglerbande Golls wird. In der Familie Naumanns ist es dann der Sohn Paul, der nicht in die homogene Inszenierung der Familie passt: Paul ist die Figur des Zögerns, des Verharrens und reinen Sehens, während seine Familie handlungsorientiert agiert.

Später, als Paul sich seiner Familie angeglichen hat, passt er wiederum nicht in die Kneipen- und Schwarzmarktwelt, der er sich nach erfolglosen Versuchen, als Musiker zu arbeiten, zuwendet. Als zum zweiten Mal der Schwarzmarkt vor dem Reichstag gezeigt wird, sticht Paul mit seinem hellen Mantel markant aus den dunkel gekleideten Gestalten der Händler und Käufer heraus. Und als Schwarzmarkthändler legt er dann den Gestus des armen Poeten ab – und den des Dandy an, dessen Gesten und dessen Flanieren immer mit Bewusstheit ausgestellt sind. So passt er im Laufe seiner Entwicklung, obwohl er zur handelnden Figur wird, auf andere Art und Weise nicht mehr zu seiner Familie.

Die Dichotomie von Subjekt und Abjekt als dramaturgischer Modus in RAZZIA

Ich möchte nun meine These, die man Szene für Szene in diesem Wechsel von Gruppe und abjektem Einzelnen beschreiben kann, an einem weiteren Beispiel genauer darlegen: Es handelt sich um eine längere Sequenz, in der, parallel zu seinem intriganten Assistenten Becker, auch Kommissar Naumann, der allein in die

---

35 Das Weimarer Kino kennt diesen Topos, setzt ihn aber anders in Szene: In ASPHALT (Joe May, D 1929) etwa ist das Zuhause des Wachtmeisters Holk ähnlich prominent inszeniert. Allerdings ist ASPHALT darin den sog. Straßenfilmen des Weimarer Kinos (etwa dem Prototypen, Karl Grunes DIE STRASSE, D 1923) verwandt, dass dieses Zuhause immer im deutlichen Gegensatz zu den anderen Milieus inszeniert wird. Dies ist bei RAZZIA nicht der Fall; das Zuhause Naumanns ist diegetisch mit den anderen Schauplätzen verwoben und strukturell ähnlich wie diese Schauplätze inszeniert.

Bar zurückkehrt, im *Alibaba* ist. Zuerst hält sich Becker bei der Sängerin Yvonne und dann im Büro Golls auf, daran anschließend durchläuft Naumann die gleichen Etappen, die vertikal von oben nach unten angeordnet sind. Während Becker sich an die Regeln des Besitzers hält, beide Räume wieder verlässt und nicht nach den Hintergründen fragt, kommt Naumann, der sich regelwidrig verhält, darin um: Weil er bleibt, wo er ungebeten ist, geht, wo er bleiben soll, und sich somit aktiv handelnd statt nur wahrnehmend bewegt. Für den Zusammenhang, den ich herstellen möchte, entscheidend sind die Unterschiede in der Figureninszenierung.

Die Matrix dieser statischen Welt und das Zentrum des Geschehens ist das Büro des Besitzers des *Alibaba* und Kopf der Schmugglerbande, Goll: Ein Ort voller Statuen und Gemälde, an dem die holzschnittartige Physiognomie Golls und dann auch Beckers besonders deutlich hervortreten.[36] Hier in Golls Büro ist auch die Kamera wie zuvor in der Bar des *Alibaba* statisch. So ist die erste Szene zwischen Becker und Goll vollständig von dieser Statik bestimmt. Becker will aussteigen, Goll erpresst ihn daraufhin damit, dass er bereits die Razzia verraten habe und deshalb dazugehöre, ob er wolle oder nicht. Zugleich geht es bei der Auseinandersetzung zwischen beiden um die Frau, Yvonne. In diesen Szenen ist Becker nicht mehr der Polizist auf der schiefen Bahn, sondern gehört, ganz wie es das Diktum Golls sagt, zu den Verbrechern, denn auch er spielt auf die ‚richtige', das heißt hier statische Weise sein falsches Spiel. Durch diesen Kampf auf Augenhöhe, der sich durch die Statik der beiden Figuren, sozusagen den Showdown, in einem statischen Umfeld herstellt, ist auch Becker in dieser Situation Teil der Gangster. Das dem Showdown im Western verwandte Prinzip heißt: Wer sich zuerst bewegt, hat verloren.

Das Gegenteil ist Naumann: Schon in der Garderobe von Yvonne ist er unablässig in Bewegung und streift dabei scheinbar ziel- und rastlos umher, sodass die Statik der Frau und ihr Spiel mit dem Spiegel, das sie vor allem mit Becker spielt, kein Gegenüber finden, das sie fixieren kann: Becker besetzt nämlich in ihrer Garderobe ebenfalls stets einen festen Platz, sodass sie sich ihm nicht zuwenden muss, sondern immer nur durch den Garderobenspiegel, also indirekt zu ihm spricht (Abb. 7). Das Schuss-/Gegenschussverfahren ist hier in die Einstellung verlegt. Im Gegensatz dazu ist durch die direkte Konfrontation mit Naumann (Abb. 8) ein weiteres Merkmal seines abjekten Status beschrieben: Er beobachtet direkt und frontal, während es ansonsten in der Bar meist nur indirekte Blicke gibt.

---

36 Diese Art von Statik findet sich auch im Haus des Kunsthändlers in FILM OHNE TITEL; dort ist allerdings der Statik der Ausstattung eine bewegliche Kamera entgegengesetzt. Kracauer deutet die Häufung prominenter Inszenierungen von Gegenständen im Weimarer Kino als Markierungen „entfesselter Triebe". In den Nachkriegsfilmen scheinen mir die unbelebten Gegenstände, Gemälde, Skulpturen eher die zeitliche ‚Möblierung' der Protagonisten, also ihren typischen Stillstand zu verkörpern. Vgl. Siegfried Kracauer: *Von Caligari zu Hitler. Eine psychologische Geschichte des deutschen Films* [1947], hg. v. Karsten Witte. Frankfurt/Main: Suhrkamp 1984, S. 225-233, hier S. 227.

Abb. 7: Indirekter Dialog: Becker in Yvonnes Garderobe (RAZZIA)

Abb. 8: Direkter Dialog: Naumann bei Yvonne (RAZZIA)

Als sei Becker von Naumanns Beweglichkeit angestachelt, sieht man im Umschnitt wieder ihn und Goll, diesmal steht Becker nicht mehr statisch an einem Platz, sondern ist in Bewegung. Seine Zugehörigkeit zu Golls Imperium steht auf der Kippe. Aber wie er zuvor stand und nicht zu Goll sah, sondern merkwürdig von ihm weggedreht war, so rennt er jetzt zwar hin und her, aber im Gegensatz zu Naumann *ohne* zu beobachten. So bleibt er Teil der Stimmung des Büroraums von Goll und des *Alibaba*, die ja ganz auf das kontemplative Angeschautwerden, die wohlwollende Betrachtung der Oberflächen ausgerichtet ist: auf die schönen Frauen, das glitzernde Interieur der Bar und auf die Statuen, die Gemälde und Wandteppiche bei Goll, auf denen idyllische Landschaften oder Szenen zu sehen sind.

Dann kommt Naumann, durchquert und observiert dabei das Büro Golls, ohne sich groß um die Anwesenheit des Hausherrn zu kümmern. Naumanns instrumenteller Blick kann die Schönheit der Dinge nicht sehen, sondern nur ihre materielle Funktion. Er nimmt die Kunst so wenig wahr, wie er Golls Äußeres wahrnimmt. Das heißt, er sieht nicht den Reichtum an Kunstwerken, den Goll angehäuft hat, er sucht die Camouflage zu ergründen, die damit betrieben wird, (Abb. 9) und damit auch Golls Geheimnis: Denn hinter Statuen und Gemälden, mittelalterlichen Truhen und Gobelins hat Goll den Durchgang versteckt, durch den die Schmuggelware kommt und geht (Abb. 10). Naumann sieht und hört von den sinnlichen Eindrücken nur das Funktionale: Am Wandteppich sieht er die Verdeckung des Durchgangs, am Sodagerät für den Whiskey, den ihm Goll anbietet, hört er den falschen Knall, der den Mechanismus der Türeschließens hinter dem Gobelin übertönen soll, und von der alten Truhe, die vor dem Gobelin steht und den Durchgang zusätzlich verdeckt, sieht er nur die Kratzer, die sie am Boden macht, wenn sie bewegt wird.

So entdeckt er den Gang hinter dem Wandteppich und damit die Verbindung zwischen den bisher getrennten Welten der Bar und der Spedition Mierisch, die die Schmuggeltransporte organisiert. Naumann ist, könnte man auf der diegetischen Ebene sagen, fixiert auf die kausale, die instrumentelle Logik, das heißt auf die kriminalistisch kausalen und nicht auf die sichtbaren Umstände der Situation, die auf der Hand liegen und nicht ergründet oder durchschaut werden müssen. Das meint, dass Goll das Sodagerät so in der Hand hält, dass es eine Waffe wird, dass Naumann auf eigene Faust und ohne Absicherung handelt, weil niemand weiß, dass er allein in die Bar gegangen ist, denn entgegen seiner Beteuerung gegenüber Goll macht er ‚seine' Razzia doch nach Feierabend, also quasi als Privatmann. Er beobachtet scharf, aber er verhält sich, als wäre Goll der Außenseiter: Das mag auf der Handlungsebene sogar stimmen, aber auf der Ebene der Bildinszenierung ist es umgekehrt. So wird Naumann in einer der folgenden Szenen letztmals und im wörtlichen Sinne zur abjekten Figur, und zwar als Leiche (Abb. 11).

In grotesker Totenstarre wird Naumann später von spielenden Kindern auf einer Brache gefunden. Beim Versteckspiel zwischen alten Panzern entdeckt ein Mädchen Naumann unter einer Metallplatte: Sichtbar werden eine verkrampfte Hand, die einer Kralle gleicht, sowie ein Teil des Mantels und des Huts. Naumann ist auf eine äußerst expressive Art statisch geworden und stört damit das fließende

Abb. 9: Naumann ergründet die Camouflage (RAZZIA)

Abb. 10: Naumann entdeckt den Geheimgang (RAZZIA)

Abb. 11: Naumann als Leiche (RAZZIA)

Kinderspiel. Er wurde so buchstäblich zur abjekten Figur, eine Figur, die Abscheu und Ekel erregt.

Zweites Strukturprinzip in RAZZIA: gleichwertige und gleichartige Milieus

Damit komme ich zu meinem zweiten mit dem Wandel der Figuration von Subjekt und Abjekt eng verbundenen Punkt: Was an dieser Bewegung und der damit verbundenen Veränderung der Figuren in den unterschiedlichen Szenerien nämlich noch deutlich wird, ist die anfangs so genannte gleiche Wertigkeit der Milieus: Das bezieht sich zum einen darauf, dass jede Figur oder Figurengruppe in jedem Milieu dem Zuschauer mal im Modus des Subjekts und mal in dem des Abjekts erscheint, wodurch schon eine Art formales Gleichgewicht entsteht. Niemand ist hier per se ausgeschlossen, vielmehr zeigt der Wandel der Figuren- und Milieukonstellationen deren Fragilität und Brüchigkeit, aber auch das unbedingte Aufeinander-Bezogen-Sein an. Das heißt aber auch, dass diese Milieus nicht mehr oder weniger wichtig sind als die anderen; dass ihre ‚Haupt- oder Nebenrolle' in Bezug auf die Diegese, also den kriminalistischen Plot nicht bedeutet, dass diese Milieus nur schmückendes Beiwerk oder eben emblematische Ikonographien sind. Geschäfte und Schwarzmarkt, Liebe und Familie, Wachstube und Verbrecherbüro,

Arbeit und Freizeit, Privates und Öffentliches: All das existiert, solange es koexistiert, das heißt gleichwertig nebeneinandersteht, solange keins das andere verdrängt; eine feine Ökonomie des Gleichgewichts ist hier im dramaturgischen Rhythmus inszeniert als Basis für die wechselnden Verhältnisse von Einzelnem und Gruppe, für das Entstehen von „Individualitäten".

Zwar mag auf der Ebene des Handlungsraums die Unterscheidung von Gut und Böse, von Gesetz und Verbrechen fein säuberlich geschieden sein; auf der Ebene des Bildraums hingegen weisen die Darstellungen der Milieus und Figurentypisierungen große Ähnlichkeiten auf, die sie vergleichbar machen. Diese gleiche Gültigkeit ist auch an der Gleichartigkeit der Milieuinszenierung zu erkennen. Das wird besonders deutlich in einer Szene, in der der Film ein Treffen der Schieber mit Goll in dessen Büro mit einer Lagebesprechung des Kriminalrats Lembke mit seinen Kommissaren und deren Assistenten im Polizeipräsidium gegenschneidet.[37]

In beiden Szenen herrscht ein diffuses Grundlicht vor eher dunklem Hintergrund. In beiden Szenen reden die ‚Chefs', Goll und Lembke, die zunächst frontal vor ihren Männern stehen. Die Kamera fängt in nahen und halbnahen Einstellungen die Gesichter der Gangster und Polizisten ein, die sich weniger durch ihre Gruppenzugehörigkeit denn durch ihre individuellen Physiognomien unterscheiden. In beiden Szenen sprechen zu Beginn Goll und Lembke zu den im Gegenschnitt als Gruppe markierten Männern. Im Büro Golls entsteht dann ein verbaler Dialog über die Preise des Penicillins, das Goll feilbietet (Abb. 12), unterstützt von einem klassischen Schuss/Gegenschuss-Verfahren. Kriminalrat Lembke spricht vor seinen Kommissaren im Polizeipräsidium die ganze Sequenz über als Einziger, (Abb. 13) der Dialog findet aber auf der visuellen Ebene statt, insofern ebenfalls ein Schuss/Gegenschuss-Verfahren die mimischen Reaktionen der Zuhörer einfängt, während Lembkes Stimme im Off zu hören ist. Diese Parallelmontage ist im letzten Drittel des Films angesiedelt.

Auf den ganzen Film bezogen bedeutet dies, dass in dem Maße, in dem Polizei und Verbrecher sich in der Diegese näher kommen, sie ähnlich inszeniert sind. Der neben Hermann Warm wichtigste Ausstatter des Weimarer Kinos, Otto Hunte[38], hat hier ganz ähnlich wie Franz Köhn und Wilhelm Depenau in Pewas' STRASSENBEKANNTSCHAFT, den männlichen Figuren in den Momenten größter Homogenität ein Licht- und Schattenspiel zugeordnet, wie es aus dem Weimarer Kino, insbesondere aus dem expressionistischen Kino bekannt ist. Aber hier wird die

---

37 Das ‚Vorbild' ist eine Parallelmontage in Fritz Langs M (D 1931): Polizei und Gangster suchen zeitgleich den Kindermörder; die kompetitive Seite aber, der unmittelbare Vergleich zwischen den beiden Gruppen, die Langs Parallelmontage kennzeichnen, fehlen in der Vergleichsszene in RAZZIA. Hier sind die Parallelen auf der bildräumlichen Ebene zu suchen, auf der narrativen Ebene stehen sich Polizei und Schmuggler diametral gegenüber.

38 Hunte arbeitet in den 1920er Jahren mit Fritz Lang (z. B. für METROPOLIS, D 1926), Georg Wilhelm Pabst, Josef von Sternberg (z. B. für DER BLAUE ENGEL, D 1930), Joe May, aber auch mit Veit Harlan, (u. a. für JUD SÜSS, D 1940); schließlich dekoriert Hunte DIE MÖRDER SIND UNTER UNS. RAZZIA ist sein letzter Film.

DEMOKRATISIERUNG DURCH UNTERHALTUNG? 371

Abb. 12: Goll mit Schiebern in seinem Büro (RAZZIA)

Abb. 13: Lembke mit Kommissaren im Büro (RAZZIA)

Inszenierung ganz stark auch an die Situationen der Figuren gebunden, in denen sie ihre Vielfältigkeit, das heißt ihre verschiedenen sozialen Rollen, die sie in Einklang zu bringen haben, ablegen. Die Ähnlichkeit zwischen Polizei und Verbrechern besteht, beispielhaft in der gerade erwähnten Parallelmontage, auch in ihrer Fixierung auf die eine Rolle und damit auf eine Statik der Figur, die sich hier in der Abfolge von Serienportraits von Einzelnen und Gruppe zeigt.

Im Gegensatz dazu verändert aber der dramaturgische Verlauf die Figuren, lässt sie changieren, je nachdem, in welchem Milieu sie sich aufhalten, und forciert so die kriminalistische Seite wie auch den Ausgleich zwischen den wechselnden Rollen der Figuren. Konkret auf diese bezogen bedeutet dies, Naumann ist zugleich Kommissar und Vater, Goll ist zugleich Barbesitzer, Schieber und Liebhaber; Yvonne zugleich Sängerin, Lügende und Liebende, Becker zugleich Kriminal-Anwärter, Spitzel und Liebender, Paul zugleich Sohn, Heimkehrer, Arbeitsloser und Musiker. Die Liste ließe sich beliebig für die anderen Figuren fortsetzen. Sie werden gerade durch ihre verschiedenen Rollen individuiert, die gleichwertig nebeneinanderstehen.

Störung des Gleichgewichts

Das dramaturgische Bewegungsmoment des Films setzt, wie gesagt, da ein, wo dieses Gleichgewicht aus der Balance gerät: Wenn Naumann seine Familie und seine Frau vernachlässigt (und stattdessen auf eigene Faust das *Alibaba* untersucht), Goll seine Geliebte und seine Bar (weil er nur an die Schmuggelei denkt), Becker seinen Dienst (indem er sich Yvonne und damit Goll ausliefert), Paul sich selbst (wenn er sich aufs Schmuggeln einlässt), seine Schwester Anna die Wahrheit (wenn sie systematisch die Mutter anlügt) usw. Naumann schiebt seine Gefühle als Vater und Ehemann den anderen zu, damit er sie selbst nicht haben muss (etwa bei der Rückkehr seines Sohnes aus Kriegsgefangenschaft), so wie die Schieber und Schwarzhändler die Schuld wie ihre Waren immer einem anderen zuschieben und so, wie die Orte, die man sieht, ihre sichtbare Funktion immer noch auf eine andere, zunächst verborgene Funktion hin verschieben. Diese Lesart würde auch noch eine andere Erklärung dafür bieten, warum der ‚fähigste Mann', der fast die ganze erste Hälfte des Films als Protagonist aufgebaute Kommissar Naumann, plötzlich stirbt; er ist das Paradebeispiel für die aus den Fugen geratene Welt, und es ist eben sein Nachfolger, der ‚Schwiegersohn in spe' Karl Lorenz, der den Kommissar und den Liebenden, den Schwiegersohn und den Kollegen mit seinem Auftreten in einem Gleichgewicht hält und so am Ende überlebt. Er ist die Figur, die noch im Konflikt mit seinem Schwager Paul die Balance hält zwischen Privatem und Dienstlichem, zwischen Familie und Polizei, wenn er etwa den Schwarzmarktkoffer Pauls konfisziert, Paul aber nicht verrät, als er selbst durch den ‚Besitz' des Koffers in Bedrängnis kommt. Wenn Lorenz nämlich Lembke gegenüber wegen dieses Koffers schweigt, zuvor aber seinem Schwager unmissverständlich sein kriminelles Handeln vorgeworfen hat, ist er dabei mal in gleichmäßiger Ausleuchtung mit Lembke, mal im Hell-Dunkel, gleich auf gleich mit Paul in dessen Zimmer zu sehen. Dieses Gleichgewicht der Figur des Lorenz zeigt sich auch noch einmal ganz deutlich in der Lösung des Kriminalfalls, die nun ihm obliegt: Anders als sein toter Schwiegervater betrachtet Lorenz zuerst die Oberfläche und agiert dann. So geht er etwa den genau umgekehrten Weg wie Naumann: nicht durch das *Alibaba* zur Spedition Mierisch, sondern erst zu Mierisch und dann ins *Alibaba*. Anders auch als Naumann nimmt er die ganze Situation wahr. Bei Mierisch schaut er zunächst den Hof an, dann die Fenster, und er erscheint für einen Moment wie eine jener Figuren, die aus dem italienischen Neorealismus bekannt sind, wie ihn Deleuze als genealogischen Umbruch im Denken des Kinos versteht: Figuren, die schauen, aber nicht (mehr) handeln können.[39] Aber Lorenz nimmt die Stimmung des Ortes in sich auf – er sieht durch Mierischs Fenster die Buchhalter und die Schmuggler zugleich, den ‚komischen Vogel' und den Gangster – und er kommt als Kunde Mierischs, nicht als Polizist zu ihm und ist so kein Außenseiter. Dann spielt er im *Alibaba* die Rolle des Gastes und damit desjenigen, der zum Barmilieu gehört, indem er, anders als Naumann zuvor, sich auf die Atmosphäre einlässt: Er ist elegant gekleidet, trinkt an der Bar, genießt die Stimmung und flirtet mit einer Tänzerin, die er zum Drink einlädt.

Im dann folgenden Schlagabtausch, genrespezifisch gekennzeichnet durch Parallelmontagen, die in immer schnellerer Schnittfolge auf den Höhepunkt zulaufen, werden noch einmal all die genannten Register aufgerufen: Entscheidend für die Logik des Verhältnisses von Einzelnem und Gruppe, wie es der Film entfaltet, ist zum Schluss, dass die Verhaftung sozusagen auf ‚neutralem Boden' stattfindet: Im Gang zwischen den Welten – also zwischen dem *Alibaba* und Mierischs Speditionsbüro – ist weder das Gesetz der Statik noch das Gesetz der Bewegung gültig; niemand ist mehr Subjekt oder Abjekt – wir haben es einzig mit der Konfrontation dieser Typen als Entitäten zu tun, mit den Physiognomien der Figuren, die sich gegenüberstehen und Freund und Feind, also die statischen Zuordnungen, gar nicht genau kennen: Es bleibt in diesem Finale eine Weile unklar, für wen Becker, aber auch für wen Paul eigentlich kämpft. Im Gang des ehemaligen Luftschutzkellers, in dem der Showdown stattfindet, vermischen sich emblematisch die verschiedenen Bereiche von privat und öffentlich, von Familie und Beruf, von Gut und Böse, von Gangster und Polizei. Dieser ‚Durchgangsort' wird in der vorletzten Sequenz des Films zum Zentrum, während die anderen Orte, vor allem das *Alibaba*, zum ‚Transitort' geworden sind. Dieses Zentrum, der Gang im Luftschutzkeller, ist ein Ort, der zu keinem der zuvor entfalteten Milieus gehört, in diesem Raum treffen sich alle Figuren noch einmal auf Augenhöhe. Dabei sind bei der Schlusseinstellung dieser Szene die Figuren so platziert, dass der Unterschied zwischen Gangster und Polizei marginalisiert erscheint (Abb. 14). In einer Einstellung etwa ist nicht genau auszumachen, wer da verhaftet und wer sich ergibt. Lembke

---

39 Vgl. Gilles Deleuze: *Das Zeit-Bild. Kino 2*. Frankfurt/Main: Suhrkamp 1991, S. 12f.

Abb. 14: Vermischung der Milieus im Durchgang (RAZZIA)

Abb. 15: Vermischung von „Gut" und „Böse" (RAZZIA)

und Lorenz stehen nämlich so vor Goll, Mierisch und dem ‚Vogel', dass es scheint, als habe Lorenz die Arme erhoben (Abb. 15).

Indem RAZZIA nun bei der Bestimmung des Abjekten gerade nicht einseitig verfährt, sich also etwa *nur* auf die Gangster bezieht, sondern das Abjekte als Bewegungs- und Modulationsprinzip aller Milieus einführt und damit zum Bewegungsgesetz des Films macht, ist der Zuschauer selbst permanent als Teil eines Verhältnisses adressiert, das ihn zwischen den Figuren verortet, das heißt der Zuschauer changiert zwischen Einzelnen und Gruppe, zwischen Marginalisierung und Zugehörigkeit.

Figurationen in Kriminalfilmen der Nachkriegszeit

Sind die beschriebenen Figurationen auch in anderen Kriminalfilmen der Zeit zu finden? Von den zahlenmäßig wenigen Krimis ist es vor allem AFFAIRE BLUM[40], der die an RAZZIA beschriebene Dramaturgie in Bezug auf die Darstellung von Einzelnem und Gruppe aufgreift. AFFAIRE BLUM thematisiert auf einem politischen Hintergrund, wie die Weimarer Republik in rechte ‚Gesinnungsseilschaften' abdriftete: Der Raubmord an einem arbeitslosen Buchhalter wird zu einer jüdischen Verschwörung stilisiert, bei der die ermittelnden Polizeibeamten wie auch Staats- und Rechtsanwälte gegen jede Plausibilität ein Exempel an einem unschuldigen jüdischen Unternehmer statuieren wollen.

Die Spannungsmomente sind wie in RAZZIA zurückgenommen, das heißt der Zuschauer weiß jederzeit, wer wahr und falsch redet; die verborgenen Mächte des Bösen, der Verschwörung treten alle im gleißenden Licht auf; es ist jederzeit erkennbar, wer welche Interessen verfolgt. Anders als in RAZZIA und ganz ähnlich wie in MORDPROZESS DR. JORDAN sind hier Subjekt und Abjekt weitgehend klar verteilt und changieren nicht; die diegetischen Zuschreibungen stehen allerdings gegen den Modus der Inszenierung der Figuren.[41] Die Genrekonventionen von

---

40 Ralf Schenk weist jüngst darauf hin, dass es nach AFFAIRE BLUM über sechs Jahre (bis 1954) dauert, bis die DEFA wieder einen Kriminalfilm dreht (das gilt auch für andere Genrefilme). Vgl. Ralf Schenk: „Mörder unter uns. Die DEFA und der Kriminalfilm: Eine Spurensuche 1953-1971", in: Rainer Rother, Julia Pattis (Hg.): *Die Lust am Genre. Verbrechergeschichten aus Deutschland.* Berlin: Bertz+Fischer 2011, S. 41-52, hier S. 42. AFFAIRE BLUM wird analysiert von Schnurre, *Kritiker,* S. 194, Pleyer, *Deutscher Nachkriegsfilm 1946-1948,* S. 68-72, Mückenberger/Jordan, *„Sie sehen selbst, Sie hören selbst ...",* S. 97-105. Shandley, *Rubble Films,* S. 105-108. Gesammelte Kritiken finden sich in: Christiane Mückenberger, HFF Potsdam (Hg.): *Zur DEFA-Geschichte. Spielfilme 1946-1949, Folge II.* Potsdam: Hochschule für Film und Fernsehen der DDR 1981, S. 176-212.

41 In MORDPROZESS DR. JORDAN wird etwa der als Mörder angeklagte und verurteilte Protagonist, der bis zum Schluss des Films seine Unschuld beteuert, als unschuldige Figur inszeniert, unterstützt von Ausstattung und Habitus (meist ist die Figur in heller Kleidung zu sehen; sie tritt immer ruhig und besonnen auf). Die anderen beteiligten Protagonisten, wie etwa Richter und Staatsanwälte, sind hingegen als zwiespältige Figuren dargestellt.

Polizei und Gangster sind in AFFAIRE BLUM nämlich verkehrt: Denn nur der als unbestechlicher Ermittler eingeführte Kriminalkommissar Bonte muss verdeckt und buchstäblich im Dunkeln arbeiten: Das heißt, wo die ‚Gemeinschaft' schon zur ‚Volksgemeinschaft' korrumpiert ist, kann man unabhängig nur in Grauzonen tätig sein. Und so wird Bonte, der sozialdemokratische Polizist, selbst als Gangster inszeniert: Er wird zur Figur, die dort, wo sie auftritt, als ‚abjekte' Figur kenntlich gemacht ist, ohne dass sie jemals diese Position wechseln würde.

Höhepunkt dieser Inszenierung ist Bontes Versuch, den Regierungspräsidenten in dessen Büro zu belauschen, wobei er wie ein Verbrecher vorgeführt wird, dessen Silhouette durch die Scheinwerfer eines vorbeifahrenden Autos einen Moment hinter dem Vorhang aufscheint (Abb. 16). Ansonsten ist er derjenige, der schweigt und kühl handelt, wenn seine Kollegen eifernd spekulieren; er ist unbeweglich, wenn diese raumgreifend gestikulieren, und er ist schlicht (gekleidet), während diese im vollen ‚Ornat' auftreten (Abb. 17).

Mit dieser Figurenzeichnung wird Bonte als komplementär zu dem jüdischen Unternehmer aufgebaut, der durch seine ungläubige Besonnenheit und seine schlichte Eleganz in Kleidung und Habitus auffällt und so als abjekte Figur markiert ist – und zwar in dem Sinn, in dem Hans Mayer von den „jüdischen Außenseitern" gesprochen hat.

BLOCKIERTE SIGNALE[42] handelt wie RAZZIA von einer verdeckt arbeitenden Schmugglerbande. Während die Figurenzeichnung – im Gegensatz zu RAZZIA – durchgehend sehr homogen ist, arbeitet die dramaturgische Struktur, insbesondere in der zweiten Hälfte des Films, einem Gleichgewicht und einer Gleichwertigkeit der verschiedenen Milieus zu: sei es in Bezug auf Dekor und Ausstattung, sei es in Bezug auf die Dauer der Darstellung der einzelnen Milieus und dem Rhythmus ihrer Abfolge.

Bei VERFÜHRTE HÄNDE ist es genau umgekehrt: Der Film, der von einer Kunstfälscherbande erzählt, zu der von der Polizei fälschlicherweise ein Kunsthistoriker gezählt wird, zeichnet sich vor allem durch die inszenatorische Ähnlichkeit der verschiedenen Figuren, egal ob gut oder böse, aus. Bei dem Chef der Kunstfälscherbande und seinem Antipoden, dem Kunsthistoriker, beide promoviert, handelt es sich um elegant gekleidete Figuren mit tadellosen großbürgerlichen Umgangsformen. Auch die dritte Position, die der Polizei, wird von einem Kommissar und seinem Assistenten verkörpert, die den gleichen Habitus an den Tag legen. Der diegetischen Abgrenzung der Figuren steht so wie in RAZZIA ihre Ähnlichkeit und damit Gleichwertigkeit auf der Ebene der Bildraumgestaltung gegenüber. Als Figur des Abjekten ist hingegen sowohl auf der diegetischen wie auf der inszenatorischen Ebene das ‚Werkzeug' der Fälscher, ein unter Drogen gesetzter Maler, gezeichnet. Dieser wird in deutlicher Anlehnung an die somnambulen Figuren des Weimarer Kinos geschminkt, gekleidet und fotografiert – und bezeichnet sich selbst immer wieder als aus der Zeit gefallene Figur.

---

42 Vgl. Greffrath, *Gesellschaftsbilder der Nachkriegszeit*, S. 226-227.

Abb. 16: Silhouette Kommissar Bontes (AFFAIRE BLUM)

Abb. 17: Bonte & der Untersuchungsrichter (AFFAIRE BLUM)

Der Kriminalfilm im Nationalsozialismus

Der Vergleich der Nachkriegskrimis schließlich mit dem Kriminalfilm im sog. Dritten Reich zeigt signifikante Unterschiede. Das liegt zum Beispiel daran, dass im nationalsozialistischen Genrekino der Kriminalfilm unterrepräsentiert ist, weil er mit den ungeliebten Weimarer Traditionen des Expressionismus und der Neuen Sachlichkeit verbunden war und die Tradition der ambivalenten Figuren und (juristischen) Situationen kannte, die Goebbels vermeiden wollte.[43] Michael Wedel hat jüngst darauf hingewiesen, dass sich der Kriminalfilm im Nationalsozialismus deshalb auf Kriminalkömödien, Gerichtsfilme und Mischformen aus beiden verlegt hat.[44]

Vergleicht man daraufhin RAZZIA mit einem der wenigen ‚reinen' Kriminalfilme des Nationalsozialismus, etwa FALSCHMÜNZER (Hermann Pfeiffer, D 1940), einem Kriminalfilm über eine internationale und das heißt in diesem Falle ‚ausländische' Gruppe von Geldfälschern, sind die Unterschiede doch so deutlich wie in kaum einem anderen Genre zu sehen. FALSCHMÜNZER lebt von einer ähnlichen Konfrontation des Gangster- mit dem Polizeimilieu und eignet sich daher gut für eine vergleichende Betrachtung. In FALSCHMÜNZER gibt es keine Ambivalenzen wie in RAZZIA, stattdessen klare Grenzlinien: Die Verbrecher sind ‚Ausländer' von ‚aristokratischer Dekadenz', die einfachen Deutschen sind Jäger, Verführte oder Opfer. Innerhalb der Verbrecherorganisation gibt es eine klare Hierarchie, die sich vor allem durch eine vertikale Raumorganisation zeigt: In der auf einer Bergkuppe liegenden Villa ist die Fälscherwerkstatt mit ihrem depressiven Druckvorlagenhersteller im Keller oder einem fensterlosen kleinen Raum gelegen; der Kopf der Gruppe residiert darüber in großzügigen Räumen mit Panoramafenstern. Hier dürfen die Handwerker die Werkstatt nie verlassen; immer sehen wir nur die Anführer in die Werkstatt herabsteigen. Der Zugang zu dieser führt über eine die Vertikale betonende Wendeltreppe. Diese Hierarchie und die darin begründeten sozialen Verhältnisse sind bis zum Schluss unverrückbar. In RAZZIA ist es einzig Naumann, der in der Vertikalen operiert, und dafür, wenn man so will, muss er sterben. Ansonsten sind Figuren und *Mise en scène* in RAZZIA horizontal organisiert. Das fällt gerade zum Schluss bei dem Durchgang im Luftschutzkeller Golls auf, der die antagonistischen Milieus auf Augenhöhe zusammenbringt, sodass sich die Milieus gänzlich mischen.

Entsprechend gibt es in FALSCHMÜNZER auch keine Spannungen oder Unterschiede zwischen den sozialen Milieus, die die Stellung des Einzelnen in einer Gruppe jeweils wieder neu definieren. Und schließlich ist auch die Inszenierung dieser Milieus in Bezug auf Beleuchtung, Ausstattung und Dekor als durchgehend homogen zu beschreiben, das heißt in Bezug auf die genannten Parameter unterscheiden sich diese nur in ihrer sozialen, nicht aber in ihrer ästhetischen Kennung.

---

43 Vgl. v.a. Klippel, „Verbrechen und Leidenschaft". Vgl. auch Grob, „Zeit der Übereile".
44 Vgl. Wedel, „Schuld und Schaulust", S. 33ff.

Dazu gehört schlussendlich auch die technische Überlegenheit der Polizei in FALSCHMÜNZER: Diese arbeitet mit Fotografie und chemischem Labor sowie mit Flugaufklärung, während die Gangster sich mit Malerei und Grafik auseinandersetzen, eine manuelle Druckwerkstatt betreiben und allenfalls mit dem Auto unterwegs sind oder Tauben als Boten benutzen. Sie geben sich auch mit einer weitgehend gelungenen Fälschung zufrieden, während die Polizei nur wissenschaftlich exakte Ergebnisse gelten lässt und in gar keiner Weise, wie etwa Naumann in RAZZIA, nach Intuition arbeitet. Entsprechend erscheinen die Polizisten als zwar perfekt ausführende, aber ebenso ersetzbare Funktionsträger, während Naumann und die anderen Figuren in RAZZIA ein individualisiertes Profil zeigen.

‚In Gefahr und größter Not, bringt's der Mittelweg ins Lot!'

Zum Schluss möchte ich noch einmal kurz wesentliche Züge des deutschen Genrefilms nach dem Zweiten Weltkrieg bestimmen, wie ich sie am Kriminalfilmgenre und dabei insbesondere an RAZZIA zu exemplifizieren versucht habe. Im Gefüge des unmittelbaren deutschen Nachkriegskinos leisten Genrefilme meines Erachtens einen wichtigen Beitrag zur Demokratisierung der Wahrnehmung. Gerade indem sie auf stereotype Figuren und Situationen setzen, ermöglichen sie ein Verständnis, eine Selbstverortung und eine Orientierung in einer desolaten Wirklichkeit. Das zeigt sich zum einen daran, dass viele Filme der ersten Jahre Amalgamierungen von Genre- und Zeitfilmelementen sind – dafür ist RAZZIA, der den zeitgenössischen Schwarzhandel im Rahmen eines Kriminalfilms thematisiert, ein Paradebeispiel –, und im Sinne ihrer hybriden Struktur[45] sind sie damit auch Vorgänger des westdeutschen Genrekinos der 1950er und 60er Jahre, dessen Kennzeichen gerade die Vermischung von Formeln, Elementen, Motiven, Figuren quer zu den einzelnen Genres ist.

Zugleich schaffen diese Filme der unmittelbaren Nachkriegszeit etwas, was ich den Modus des Individuellen nennen möchte; das, was bei Cavell die „Individualitäten" sind. In RAZZIA geschieht dies durch die Art und Weise, wie die Figuren immer abwechselnd als Teil von Gruppen und als ihnen gegenüberstehend dargestellt sind, was einen permanenten Wechsel von homogenen zu heterogenen Bildräumen und wieder zurück bedeutet. Zum Zweiten sind die verschiedenen Milieus des Films in der Art und Weise ihrer Inszenierung als gleichwertig dargestellt. Konflikt und Probleme entstehen in der audiovisuellen Modulation dadurch, dass die Figuren, dieses Prinzip der Gleichwertigkeit verletzen.

Das Kriminalfilmgenre des deutschen Nachkriegskinos arbeitet an der demokratischen Neuadressierung des Zuschauers mit, indem es ihm ermöglicht, die Nähe wie auch den Abstand zwischen dem Einzelnen und der Gruppe oder Ge-

---

45 Vgl. dazu Christine Gledhill: „Rethinking Genre", in: Christine Gledhill und Linda Williams (Hg.): *Reinventing Film Studies*. London: Oxford University Press 2000, S. 221-243.

meinschaft als einen prinzipiell unaufhörlichen und unentschiedenen Prozess zu betrachten. Im Verhältnis zum Kriminalfilm während des Nationalsozialismus ist das eine eindeutige Veränderung.

Das kann man für andere Genres in der unmittelbaren Nachkriegszeit nicht unbedingt sagen. Während etwa auch die zuckersüßesten Familienfilme der Nachkriegszeit sehr stark die Zerrüttung des Gemeinwesens und die Schuldfrage thematisieren – DIE KUPFERNE HOCHZEIT (Heinz Rühmann, D 1948), FAHRT INS GLÜCK (Erich Engel, D 1948), DIE KUCKUCKS (Hans Deppe, D 1949) –, gibt es etwa bei den Melodramen sowohl Kontinuitäten zum faschistischen ‚Melo' – TRAGÖDIE EINER LEIDENSCHAFT (Kurt Meisel, D 1949), DIE SÜNDERIN – als auch klare Modulationen, die sich eher am US-amerikanischen Melodram orientieren: wie etwa EHE IM SCHATTEN (Kurt Maetzig, D 1947).[46]

Für die Komödien etwa gilt immer noch Karsten Wittes Befund, der nach dem Krieg einen zunehmenden Bildwitz konstatierte – etwa in BERLINER BALLADE (Robert A. Stemmle, D 1948), 1X1 DER EHE (Rudolf Jugert, BRD 1949) –, wie er für die 1930er Jahre, vor allem bei Karl Valentin, besonders prägnant ausgebildet war,[47] und es gilt insgesamt die Beobachtung Thomas Elsaessers zum Lustspiel im Weimarer Kino:

> Könnte es sein, dass uns das späte Weimarer Kino eine Utopie mit auf den Weg gegeben hat, die sich erst in der Zukunft einlösen lässt: nämlich dass man ‚die Wahrheit' gar nicht braucht, um mit dem ‚anderen' in Dialog zu treten und dennoch ein der Demokratie verpflichtetes Gemeinwesen anstreben kann?[48]

Die Zukunft, in der sich diese Utopie einlöst, findet schon im deutschen Nachkriegskino statt.

---

46 Diese Beispiele diskutiere ich ausführlich in meinem Buch *Die Filme sind unter uns. Zur Geschichtlichkeit des frühen deutschen Nachkriegskinos: Trümmer-, Genre-, Dokumentarfilm*. Berlin: Vorwerk8 2015.
47 Karsten Witte: *Lachende Erben, Toller Tag. Filmkomödie im Dritten Reich*. Berlin: Vorwerk8 1995.
48 Elsaesser, *Das Weimarer Kino – aufgeklärt und doppelbödig*, S. 278.

Sabine Nessel

REGIME DES EXPEDITIONSFILMS

Wiederholung, Variation und Hybridisierung

In einer Sammelrezension vom 28. Mai 1929 berichtet Siegfried Kracauer von neu angelaufenen Filmen mit exotischen Sujets.[1] Neben dem berühmten Expeditionsfilm MIT SVEN HEDIN DURCH ASIENS WÜSTEN (D 1929) von Rudolf Biebrach und Paul Lieberenz findet ein japanischer Film mit dem Titel IM SCHATTEN DES YOSHIWARA (Teinosuke Kinugasa, Japan 1928) Erwähnung, sowie der als „Löwenfilm aus Afrika" titulierte Film SIMBA (USA 1928) des amerikanischen Forscherehepaars Osa und Martin Johnson. Besonders den Bemerkungen über die wiederkehrenden Muster der Filme ist zu entnehmen, dass Kracauer den Expeditionsfilmen kritisch gegenüber steht. Die Filme seien langatmig, enthielten verzichtbare Wiederholungen und würden die Aufmerksamkeit der Zuschauer auf die exotische Ferne umlenken, anstatt die Umstände und den Alltag im eigenen Land zu thematisieren. MIT SVEN HEDIN DURCH ASIENS WÜSTEN, ein Reportagefilm über eine der zahlreichen Forschungsexpeditionen des schwedischen Asienforschers, Schriftstellers und Geografen Sven Hedin, der heute als einer der Klassiker des Genres gilt, wird von Kracauer polemisch wie folgt beschrieben:

> Ausgedehnt wie die *Mongolei* [Herv. i. O.] ist auch der Film. Man zieht mit Schweden, Deutschen, Chinesen und Hunderten von Kamelen durch Sand- und Steinwüsten, die gar nicht enden wollen. Immer wieder werden die Zelte angepflockt und immer wieder nach kurzer Frist abgerissen, weil faustischer Drang die Forscher durch neue Wüsten treibt. Sie gleichen den alten. Manchmal taucht ein noch unbekanntes Kloster auf, in dem gerade religiöse Tänze veranstaltet werden. [...] Kurz, es ist beinahe so, als seien wir selbst in der Mongolei gewesen. Verweilte der Film weniger ausführlich in den verschiedenen Wüsten, so ermüdete er vermutlich nicht so sehr. Die Aufnahmen sind gut und verschaffen eine deutliche Vorstellung von dem Wüstenzug durch Zentralasien.[2]

Kracauers Ausführungen lassen sich vorläufig vor allem zwei Aspekte entnehmen. Sie handeln erstens von einer Ordnung sich wiederholender Motive und Stile. Zweitens erfährt man, dass die Elemente dieser Ordnung keineswegs von Übersichtlichkeit oder von Homogenität gekennzeichnet sind, sondern eher disparat erscheinen. Was Kracauer in seinem Text skizzenhaft beschreibt, enthält Ansätze

---

1 Siegfried Kracauer: „Exotische Filme", in: *Frankfurter Zeitung* vom 28.5.1929, wiederabgedruckt in: Inka Mülder-Bach, Ingrid Belke (Hg.): *Siegfried Kracauer, Werke Bd. 6.2: Kleine Schriften zum Film 1928-1931*, Frankfurt/M.: Suhrkamp 2004, S. 251-254.
2 Kracauer, „Exotische Filme", S. 251f.

einer Genrebestimmung, in der Wiederholung und Variation eine zentrale Rolle spielen. Zugleich erweist sich diese Ordnung als Hybrid aus ungleichen, heterogen anmutenden Elementen – ähnlich disparat wie die Elemente der von Jorge Luis Borges beschriebenen „chinesischen Enzyklopädie", die Michel Foucault in der Einleitung zu *Die Ordnung der Dinge* zitierte.[3] Der polemische Unterton, den Kracauer in seinem Text anschlägt, bezieht sich dabei nicht auf die konkreten Filme, sondern auf das Genre des Expeditionsfilms insgesamt.

Es gibt kein Außerhalb von Genre – mit dieser Losung ließe sich das Feld der methodologischen Genre-Diskussion beschreiben, die im Unterschied zu den klassisch ontologischen Genre-Positionen überwiegend von einem offenen Genrebegriff ausgeht.[4] Was die unterschiedlichen Genrebegriffe verbindet, ist allerdings der Versuch Sujets, Formen oder Produktionsweisen von Filmen zu beschreiben und zueinander in Beziehung zu setzen. Im Folgenden soll der Frage nachgegangen werden, in welcher Weise die Rede vom ‚Expeditionsfilm' im Sinne einer Genrebestimmung sinnvoll sein kann oder ob jene Filme eher im Sinne einer Schnittmenge von Genres, Diskursen und Dispositiven zu begreifen wären, in welcher wissenschaftliche Dokumentation und Abenteuerfilm, Autobiografischer Film und Ethnografischer Film, Tierdokumentation und Propagandafilm, Kolonialfilm und Reisefilm koexistieren.

Der Diskurs zum Expeditionsfilm soll im Folgenden zunächst ausgehend von zwei gegensätzlichen filmtheoretischen Positionen in den Blick genommen werden. Während Kracauer in den 1920er Jahren eine grundlegende Kritik an Filmen mit exotischen Sujets, speziell an Expeditionsfilmen, formuliert, feiert André Bazin Thor Heyerdahls Expeditionsfilm KON-TIKI (Norwegen/Schweden 1950) in den 1950er Jahren als „schönste[n] aller Filme."[5] Zweitens wird auf zentrale Parameter des filmhistorischen Diskurses zum Expeditionsfilm eingegangen, in dem eine historisch-politische Kontextualisierung der Filme unternommen wird, wobei der Sensation bisweilen eine ähnlich prominente Position eingeräumt wird wie in den Filmen selbst. Im letzten Teil wird beispielhaft auf klassische Expeditionsfilme und ihre kritischen Nachfolger eingegangen und aufgezeigt, inwiefern klassische Muster des Expeditionsfilms genreübergreifend in aktuelle Filme eingegangen sind.

---

3 Vgl. Michel Foucault: *Die Ordnung der Dinge. Eine Archäologie der Humanwissenschaften.* Frankfurt/M.: Suhrkamp 1991, S. 17.
4 Für einen Überblick über Positionen zum Genre in der Filmtheorie vgl. Jörg Schweinitz: „‚Genre' und lebendiges Genrebewußtsein. Geschichte eines Begriffs und Probleme seiner Konzeptualisierung in der Filmwissenschaft", in: *montage/av* Bd 3, Nr. 2 (1994), S. 99-118.
5 André Bazin: „Der Film und die Erforschung der Welt", Orig. 1953/54, in: Robert Fischer (Hg.): *André Bazin: Was ist Film?* Berlin: Alexander Verlag 2004, S. 50-60, hier S. 56.

Kracauer und die Expedition in den „heimischen Dschungel"

Vor einiger Zeit fragte mich ein Produktionsleiter einer bekannten Filmgesellschaft, welche Filme man nach meiner Ansicht herstellen sollte. Ich erwiderte ihm: ‚Gehen Sie nicht in den Busch, ziehen Sie nicht quer durch Asien. Bleiben Sie zu Hause. Rüsten Sie Forschungsexpeditionen in die noch unentdeckten heimischen Dschungel aus. Zeigen Sie etwa das Leben eines ganz gewöhnlichen kleinen Angestellten …"[6]

Kracauers Polemik bezieht sich auf die massenhafte Verbreitung und hohe Popularität des Expeditionsfilms in den 1920er Jahren, dessen Beliebtheit er im Sinne des Eskapismus deutet. Anstatt sich mit den aktuellen politischen und wirtschaftlichen Problemen oder den neuen Formen des Kapitalismus (über welche Kracauer an anderer Stelle schreibt) zu beschäftigen, gilt das Masseninteresse stattdessen einem Sujet, das keinerlei Verbindung zum alltäglichen Leben aufweist. Kracauers Kritik bezieht sich also auf eine Verlagerung des Interesses vom alltäglichen Geschehen hin zu den als exotisch empfundenen fremden Kulturen. Noch weiter zugespitzt wird diese Position in Kracauers im selben Jahr in der Frankfurter Zeitung veröffentlichten Studie *Die Angestellten*. Das „unbekannte Gebiet", welchem sich Kracauer in dieser Studie annähert, welches er erkundet und beschreibt ist die Welt der Angestellten. An die Stelle der Exotik ferner Kontinente tritt die „Exotik des Alltags".[7] *Die Angestellten* erweist sich vor dem Hintergrund des Boom der Abenteuergeschichten und Filmreportagen über die Erkundung (und Eroberung) exotischer ferner Länder und Kulturen als deren Kehrseite. Die Abenteuerfilme und -geschichten sind die Folie, auf der Kracauer seine soziologische Erkundung ausführt. Die deutlichsten Hinweise dafür geben Passagen, in denen der Begriff der „Expedition" metaphorisch in den Bereich der Studie über die Angestellten übergeführt wird. Auf eine Passage von zahlenmäßigen Fakten über die Angestelltengewerkschaft und den *Reichsbund Deutscher Angestelltenberufsverbände* folgt wieder ein direkter Bezug auf die Parallelwelt der Tatsachenberichte und Reportagen: „Das sind ein paar Tatsachen. Sie umreißen notdürftig das Gebiet, in das diese kleine Expedition gehen soll, die vielleicht abenteuerlicher als eine Filmreise nach Afrika ist. Denn indem sie die Angestellten aufsucht, führt sie zugleich ins Innere der modernen Großstadt."[8] Nimmt man *Die Angestellten* als Kehrseite der Expeditionsfilme der 1920er Jahre ernst, fällt auf, dass Kracauers Kritik nicht auf eine inhaltliche Kritik (Eskapismus) beschränkt bleibt, wie er sie nicht zuletzt auch in *Von Caligari zu Hitler* formulierte,[9] sondern dass sie auch die Form der Ansprache

---

6 Kracauer, „Exotische Filme", S. 253.
7 Siegfried Kracauer: *Die Angestellten. Aus dem neuesten Deutschland*, Frankfurt/M.: Suhrkamp 1971 (Orig. 1929), S. 11.
8 Kracauer, *Die Angestellten* 1929, S. 15.
9 Vgl. Siegfried Kracauer: *Von Caligari zu Hitler. Eine psychologische Geschichte des deutschen Films*, Frankfurt/M.: Suhrkamp 1984, S. 62-64. „Alle diese Filme gleichen, in ihrer Lust an exotischen Schauplätzen, dem Tagtraum eines Gefangenen. Gefängnis war, in diesem Fall,

des Publikums durch die Reportage betrifft. In einem Brief an Adorno vom 25.5.1930 nimmt Kracauer auf die „Angestelltenarbeit" Bezug und hebt dabei vor allem auf einen methodologischen Aspekt ab, indem er betont, mit dieser Studie eine „neue Art der Aussage" konstituiert zu haben, die er als „materiale Dialektik" beschreibt, „die nicht etwas zwischen allgemeiner Theorie und spezieller Praxis jongliert, sondern eine eigene strukturierte Betrachtungsart darstellt."[10] Anstelle der Reportage, die vorgibt sich des „ungestellten Lebens" bemächtigen zu können – eine Auffassung, die Kracauer als Folge der „Unterernährung durch den deutschen Idealismus" deutet – setzt Kracauer die Idee von Wirklichkeit als Konstruktion.

> Seit mehreren Jahren genießt in Deutschland die Reportage die Meistbegünstigung unter allen Darstellungsarten, da nur sie, so meint man, sich des ungestellten Lebens bemächtigen könne. Die Dichter kennen kaum einen höheren Ehrgeiz, als zu berichten; die Reproduktion des Beobachteten ist Trumpf. […] Der Abstraktheit des idealistischen Denkens, das sich durch keine Vermittlung der Realität zu nähern weiß, wird die Reportage als Selbstanzeige konkreten Daseins entgegengesetzt. Aber das Dasein ist nicht dadurch gebannt, daß man es in einer Reportage bestenfalls noch einmal hat. […] Die Wirklichkeit ist eine Konstruktion. Gewiss muss das Leben beobachtet werden, damit sie erstehe. Keineswegs jedoch ist sie in der mehr oder minder zufälligen Beobachtungsfolge der Reportage enthalten.[11]

Was genau Kracauer am Expeditionsdiskurs missfällt,[12] wird ausgehend von den Formprinzipien der Reportage anschaulich, die sich ab Ende des 19. Jahrhunderts als journalistisch-literarische Gattung herausbildet und deren Anspruch auf Augenzeugenschaft mit einer Realitätsauffassung verbunden ist, welche von Kracauer vehement kritisiert wird.[13] Die Reportage als wahrheitsgetreue Darstellung eigens erlebter Situationen und Ereignisse, die durch den subjektiven Blick des Reporters geschildert werden, ist eine journalistisch–literarische Gattung, welche beim Lesen

---

    das verstümmelte und abgeschnittene Vaterland – so jedenfalls empfanden es die meisten Deutschen." Daneben werden Filme mit exotischen Sujets auch als „raumverschlingende Filme" bezeichnet. Vgl. Kracauer, *Von Caligari zu Hitler*, S. 63.

10 Siegfried Kracauer: „Brief an Adorno vom 25.5.1930", in: Wolfgang Schopf (Hg.): *Theodor W. Adorno, Siegfried Kracauer, Briefwechsel 1923-1966*, Frankfurt/M.: Suhrkamp 2008, S. 214-217, hier S. 215.

11 Kracauer, „Brief an Adorno", S. 215f.

12 Walter Benjamin wird in seiner Rezension zu Kracauers *Die Angestellten* noch deutlicher wenn er schreibt, Kracauer sei die Reportage, „diese moderne Umgehungsstrategie politischer Tatbestände […] verhaßt." Vgl. Walter Benjamin: „S. Kracauer, Die Angestellten. Aus dem neuesten Deutschland", in: *Gesammelte Schriften Bd. 3, Kritiken und Rezensionen 1912-1940*. Frankfurt/M. 1972: Suhrkamp, S. 226-228, hier S. 226.

13 Vgl. Caterina Kostenzer: *Die literarische Reportage. Über eine hybride Form zwischen Journalismus und Literatur*, Innsbruck: Studienverlag 2009, S. 82.

Bilder evozieren soll. Der Tatsachenbericht wird mittels einer subjektiven Erzählung aufbereitet, faktische und persönliche Eindrücke überlagern sich.[14]

In Anlehnung an Praktiken, die als filmisch gelten können (subjektive Sicht, Wechsel von Detail- und Gesamtsicht, schnelle Szenenwechsel), sollen die Erzählungen das Geschehen idealerweise nicht in einem einfachen Sinne abbilden, sondern in der Imagination des Lesers evozieren.

Während sich Kracauers Kritik an die Reportagefilme richtet, bezieht sich Béla Balàzs auf die Reportage als literarische Form:

> Gewiss sind dokumentarische Berichte von ungeheurer Wichtigkeit und das Interesse für sie ist das erfreuliche Zeichen eines befreiten politischen Bewußtseins, das sich nun selber orientieren will. Aber die „bloße Reportage" als einzige berechtigte und zeitgemäße Literatur anstelle der Dichtung setzen zu wollen, ist Zeichen eines primitiven Banausentums und ist die Parole der Unbegabten.[15]

Bazins Sadoästhetizismus und der Expeditionsfilm KON-TIKI (1951)

Während Kracauer in den 1920er Jahren eine grundlegende Kritik am Expeditionsfilm formuliert, stimmt André Bazin 1953 eine Eloge über Thor Heyerdahls KON-TIKI an, den „schönste[n] aller Filme".[16] Was auf den ersten Blick als Gegenposition erscheint, ist allerdings nicht zuletzt auch historisch bedingt, denn Kracauer schreibt zu einer Zeit (um 1930), die von Bazin retrospektiv als eine Zeit des „Niedergang[s] des Genres" bezeichnet wird. Bazins Überlegungen stammen von Mitte der 1950er Jahre und obwohl auch auf historische Beispiele eingegangen wird, geht es vor allem um den Versuch, zeitgenössische Expeditionsfilme zu fassen. Diese zeichnen sich nach Bazin durch eine „eindeutige [...] Rückkehr zur dokumentarischen Authentizität"[17] aus. Während sich der klassische Expeditionsfilm am Sensationellen entlang charakterisieren lässt, tritt im modernen Expeditionsfilm die Dokumentationsabsicht in den Vordergrund. Nur noch selten wird die Kamera Zeuge der gefährlichsten Momente einer Expedition.

Was ist so besonders an diesem Film, der die Überfahrt der jungen schwedischen und norwegischen Wissenschaftler auf einem Balsaholzfloß von Peru nach Polynesien zeigt? Diese Frage drängt sich auf, denn anstelle von spektakulären Bil-

---

14 Siegfried Weischenberg, Hans J. Kleinsteuber, Bernhard Pörksen (Hg.): *Handbuch Journalismus und Medien*. Konstanz: UVK Verlagsgesellschaft 2005, zit. nach: Kostenzer, *Die literarische Reportage*, S. 85.
15 Béla Balàzs: „Sachlichkeit und Sozialismus", in: *Die Weltbühne* 24, 1928, wiederabgedruckt in: Sabina Becker: *Neue Sachlichkeit, Bd. 2: Quellen und Dokumente*. Böhlau: Köln 2000, S. 397-402, hier S. 402.
16 André Bazin: „Der Film und die Erforschung der Welt" (Orig. 1953/54), in: Robert Fischer (Hg.): *André Bazin: Was ist Film?*, S. 50-60, hier S. 56.
17 Bazin, „Der Film und die Erforschung der Erde", S. 52.

dern einer Expedition präsentiert der Film eine Gruppe junger bärtiger Männer bei Alltagsverrichtungen auf einem Floß: beim Kochen, mit den amerikanischen Verpflegungsrationen oder beim Gitarre-Spielen. Die Kameraperspektiven sind wenig abwechslungsreich und der Voice Over-Kommentar hat alle Mühe nachzutragen, was sich auf dieser Reise – nicht aber sichtbar im Bild – ereignet. Die offensichtlichen inszenatorischen und filmtechnischen Mängel (man drehte aus Unkenntnis mit 16 anstatt 24 Bildern pro Sekunde) werden von Bazin in einem positiven Sinne gedeutet. Die erbeuteten Bilder der Expedition werden als „identisch mit dem Geschehen, von dem uns [der Film] so unvollkommen berichtet" gelesen, als „objektive[s] Gedächtnis der Akteure des Dramas".

> Das Vorherrschen der objektiven Reportage im Nachkriegsfilm hat unsere Erwartungen an das Genre der Reportage entschieden zurecht gerückt. Die Begeisterung für das Exotische mit all seinen spektakulären, romantischen Verführungen ist dem Geschmack am nüchternen Bericht von Tatsachen um der Tatsachen willen gewichen.[18]

Was mit dem „Vorherrschen der objektiven Reportage" im Nachkriegs-Expeditionsfilm gemeint ist, verdeutlicht Bazin anhand einer Gegenüberstellung zweier Typen des Reportagefilms: Der erste Typ zeichnet sich dadurch aus, dass er etwas Unnachahmliches (z. B. Gefahr, Abenteuer, Tod) nachzuahmen sucht. Der zweite Typus ist gekennzeichnet durch Auslassungen, durch Leestellen und Formen des Nicht-Zeigens und kündet so von der Undarstellbarkeit des Abenteuers der Expedition. Wird in SCOTT OF THE ANTARCTIC (Scotts letzte Fahrt, Charles Frend, UK 1947/48) eine Expedition in einem historistischen Sinne didaktisch aufbereitet und aufwändig bis ins Detail nacherzählt, operiert KON-TIKI mit kryptischen Amateuraufnahmen, Belichtungsfehlern und, besonders was spektakuläre Bilder von der Bedrohung angeht, mit einem chronischem Bildmangel. Zum zentralen Argument wird die Szene um den Angriff des Walhais. Anstelle von dem Bild eines bedrohlichen Hais, der um das Floß herumschwimmt und der Kamera gierig sein offenes Maul entgegenstreckt, ist bloß aufgewühltes Wasser zu sehen. An die Stelle der Präsenz des Tierkörpers auf der Leinwand oder dem Screen tritt hier, so argumentiert Bazin, die Gefahr, die durch das Tier – von dem ein Schatten zu sehen angeblich genügt – repräsentiert wird. Nicht das Bild von einem Walhai, sondern das Bild einer potentiellen Gefahr, die durch die Ankunft des Hais angekündigt wird, ist in KON-TIKI von Relevanz.

Fehlende Bilder, die den Höhepunkt hätten bilden können, sind in Bazins Sinne Bilder des Todes. Die Einschreibung des Todes in das Filmbild wird als moralisch hochwertig behandelt, als ein gutes Bild.[19] Jennifer Fay hat diese Todesästhe-

---

18 Bazin, „Der Film und die Erforschung der Erde", S. 55.
19 Dass die Imagination des Zuschauers in den 1950er Jahren vielfach an die Stelle der größten Gefahr tritt, kann auf die historische Nähe zum 2. Weltkrieg zurückgeführt werden, dessen Schreckensbilder in Form von Erinnerungsbildern weiterfortbestehen und die Imaginationsräume der neuen Expeditionsfilme füllen. Daneben befindet sich das Selbstverständnis der Autoren solcher Abenteuerstoffe im Wandel. Herrschte in den 1920er und 1930er Jahren bei

tik in Referenz auf Serge Daney als Bazins „Sadoästhetizismus" der Tiere bezeichnet. Nach Daney müsse man, Bazins Argumentation folgend, „an den Punkt kommen, wo man für seine Bilder sterben könnte: Das ist Bazins Erotik."[20]

Das Bild von der potentiellen Gefahr verweigert den pornografischen Blick auf das Gefahrenspektakel. Diese Leerstellen, diese „vorweggenommenen Ruinen eines nicht gedrehten Films", reichen am nächsten an das Ereignis der Expedition heran.

> Das filmische Zeugnis ist [...] das, was der Mensch einem Geschehen hat entreißen können, an dem er zugleich aktiv beteiligt war. Aber wieviel ergreifender sind diese aus dem Sturm geretteten Bruchstücke als der lücken- und fehlerlose Bericht einer Reportage! Denn der Film ist nicht nur das, was man sieht. Seine Unvollkommenheiten zeugen für seine Authentizität, die fehlenden Bilder sind der Negativabdruck des Abenteuers, seine eingravierte Inschrift.[21]

Expeditionsfilm und Filmgeschichte

Im film- und medienwissenschaftlichen Diskurs werden Expeditionsfilme seit Mitte der 1980er im erweiterten Kontext des Tier- und Naturfilms,[22] zusammen mit exotischen Reise- und Abenteuerfilmen,[23] sowie in einem übergreifenden Sinne unter der Rubrik des dokumentarischen Films[24] historisiert. In weiten Teilen dieser filmhistorischen Bestandsaufnahmen und Einzelstudien wird der Begriff ‚Expeditionsfilm', ähnlich wie auch bei Kracauer und Bazin, im Sinne einer Genrebe-

---

Expeditionsfilmern wie Otto Schulz-Kampfhenkel, Martin Rikli, Hans Schomburgk oder Friedrich Dalsheim eine Selbstinszenierung als „Haudegen" (Kreimeier) vor, gehört in den 1950er Jahren bei Thor Heyerdahl, Bernhard Grzimek oder Jacques Cousteau die Selbstinszenierung als seriöse moderne Wissenschaftler zum guten Ton.

20 Serge Daney: „The Screen of Fantasy (Bazin and Animals)", in: Ivone Margulies (Hg.): *Rites of Realism: Essays on Corporeal Cinema*. Durham NC 2003, S. 32-41, hier S. 37, zit. nach Jennifer Fay: „Tiere sehen/lieben. André Bazins Posthumanismus", in: Sabine Nessel, Winfried Pauleit, Christine Rüffert, Karl-Heinz Schmid, Alfred Tews (Hg.): *Der Film und das Tier. Klassifizierungen, Cinephilien, Philosophien*. Berlin 2010, S. 132-155, hier S. 136.
21 Bazin, „Der Film und die Erforschung der Erde", S. 59.
22 Vgl. Jeanpaul Goergen: „Der dokumentarische Kontinent. Ein Forschungsbericht", in: Klaus Kreimeier, Antje Ehmann, Jeanpaul Goergen (Hg.): *Geschichte des dokumentarischen Films in Deutschland, Band 2: Weimarer Republik (1918-1933)*. Stuttgart: Philipp Reclam jun. 2005, S. 15-66, hier S. 40.
23 Vgl. Jörg Schöning (Red.): *Triviale Tropen. Exotische Reise- und Abenteuerfilme aus Deutschland 1919-1939*. München: edition text & Kritik 1997.
24 Klaus Kreimeier, Antje Ehmann, Jeanpaul Goergen (Hg.): *Geschichte des dokumentarischen Films in Deutschland, Band 2: Weimarer Republik (1918-1933)*. Stuttgart: Philipp Reclam jun. 2005.

zeichnung verwendet. In der *Geschichte des Dokumentarischen Films in Deutschland*[25] werden die Expeditionsfilme der 1910er Jahre, in Abgrenzung zu „Kriegsbildern" und „Frontfilmen", als „fiktionale Langfilme" geführt. Die während der Weimarer Republik entstandenen Expeditionsfilme werden zusammen mit „Kolonialfilmen" und „ethnografischen Filmen" unter der Rubrik „Kulturfilm-Genres" behandelt. Dass bezogen auf Filme der 1910er bis 1930er Jahre von einem Genrezusammenhang ausgegangen wird, erscheint angesichts entsprechender Klassifizierungen der Filme durch Filmgesellschaften, auf Werbeplakaten, in Ankündigungen oder in der zeitgenössischen Filmpublizistik als folgerichtig.

Die Geschichte von Filmen mit exotischen Sujets reicht zurück bis ins ausgehende 19. Jahrhundert. Bevor Filmkamera, Stativ, Filmmaterial und Entwicklungsequipment zur Ausstattung einer Expedition dazu gehören, spielen Tagebuchaufzeichnungen und fotografische Aufnahmen eine zentrale Rolle für die Dokumentation.[26] In den 1910er Jahren entstehen zahlreiche nicht-fiktionale Langfilme mit exotischen Sujets, die als Aktualitäten und Ansichten vermarktet werden. Nach Uli Jung boten Expeditionsfilme für die Vermarktung zwei Vorteile: „Sie galten als Aktualitäten, d. h. sie illustrierten Vorgänge, über die in der Presse berichtet wurde. Außerdem handelte es sich um Naturbilder, die für das Publikum kaum erreichbare Weltgegenden zeigten, wie Afrika, Asien, den Himalaja, Arktis und Antarktis."[27] Vor dem ersten Weltkrieg überwiegt der Anteil an Polarexpeditionen gegenüber Filmen aus den Regionen Afrika oder Asien, was allgemein auf einen Aufschwung der Erforschung der Polarregion seit der Jahrhundertwende zurückgeführt wird.[28] Aus derselben Zeit stammen auch die historischen Filmaufnahmen der Shackleton Südpolexpedition, die u. a. in Werner Herzogs ENCOUNTERS AT THE END OF THE WORLD (USA 2007) verwendet wurden. Die Filme zu den Expeditionen wurden in verschiedenen Versionen angeboten. Die legendäre Südpolexpedition von Robert F. Scott wurde zwischen 1912 und 1913 in mindestes vier verschiedenen Versionen angeboten: Das während der Expedition entstandene Ausgangsmaterial wurde üblicherweise nicht exklusiv verkauft, sondern an mehrere europäische Filmfirmen vergeben.[29] Die Logik der Filme, die in den 1910er bis 1920er Jahren an Exotik und Sensation orientiert war, findet außerdem in den Lebensentwürfen der Expeditionsteilnehmer eine Entsprechung. In den Filmen, wie auch in den Lebensbeschreibungen sind unterschiedliche Formen des Spektakulären anzutreffen.

Ein großer Teil der Expeditionsfilme, die zwischen den beiden Weltkriegen entstehen, erinnert „sehnsuchtsvoll an die verlorenen Kolonien" und dient vor allem

---

25 Uli Jung, Martin Loiperdinger: *Geschichte des dokumentarischen Films in Deutschland, Bd. 1: Kaiserreich (1895-1918)*. Stuttgart: Philipp Reclam jun. 2005.
26 Uli Jung: „Nicht-Fiktionale Langfilme", in: Jung, Loiperdinger, *Geschichte des dokumentarischen Films in Deutschland, Bd. 1: Kaiserreich (1895-1918)*, S. 368-380, hier S. 368.
27 Jung, „Nicht fiktionale Langfilme", S. 369.
28 Ebd.
29 Ebd., S. 372

propagandistischen Zielen.³⁰ Mit dem Friedensvertrag von Versailles vom 28. Juni 1919 hatte Deutschland seine Besitztümer in Afrika sowie kleinere Gebiete in Asien und in der Südsee verloren.³¹ Die Grenze zwischen Kolonialfilmen und Expeditionsfilmen verläuft in dieser Zeit fließend. Kolonialfilme, deren zentrales Anliegen in der Rückgewinnung der verlorenen Kolonien bestand, wurden in Kolonialkreisen vorgeführt oder liefen als Beiprogrammfilme im Kino.³² Titel wie DEUTSCHLANDS PFLANZER IN ANGOLA (Hans Schomburg, D 1932), AUS KAMERUNS FRUCHTKAMMER (J. Waldeck, D 1928) oder AFRIKANISCHE KOLONIE (Robert Glombeck, D 1921) weisen auf den kolonialen Zusammenhang hin und sind nur einige Beispiele der größtenteils verschollenen Filme.

Die Finanzierung der Expeditionen gelang zumeist nur durch Unterstützung mehrerer Firmen und Institutionen, welche eigene politische oder Verwertungsinteressen mit den Expeditionen verbanden.³³ Zur Finanzierung der Expeditionen in Afrika und Asien spielten Tierfänge eine bedeutende Rolle.³⁴ Die gefangenen Tiere wurden an Zoos oder Naturhistorische Museen weiterverkauft. Noch bis in die 1950er Jahre stellten Tierfänge eine lukrative Geldquelle dar, die von den Betreibern der Expeditionen genutzt wurde. Aufgrund dieser zusätzlichen Geldquelle, sind Entdeckungsreisende vielfach auch zugleich Jäger und Tierfänger.³⁵ Neben der Belieferung von lebenden Tieren an Zoos und Zirkusse waren die Naturhistorischen Museen weltweit Abnehmer für Felle, Knochen oder tote Tiere. Abnehmer für getötete Tiere oder solche, die den Transport nicht überlebt hatten, waren in der Regel naturwissenschaftliche Institutionen, die Präparate von den Tieren herstellten.³⁶

Klaus Kreimeier bezeichnet die „schriftlichen Zeugnisse der Akteure, die oft in hohen Auflagen als populäre oder populärwissenschaftliche ‚Sachbücher' ihr Pub-

---

30 Gerlinde Waz: „Heia Safari! Träume von einer verlorenen Welt. Expeditions-, Kolonial- und ethnographische Filme", in: Kreimeier, Ehmann, Goergen, *Geschichte des dokumentarischen Films in Deutschland, Band 2: Weimarer Republik (1918-1933)*, S. 187-203.
31 Waz, „Heia Safari!", S. 187-203.
32 Ebd., S. 190.
33 MIT SVEN HEDIN DURCH ASIENS WÜSTEN wurde von der Lufthansa wegen einer geplanten Fluglinie Berlin-Peking mitfinanziert. Vgl. Berger, Arthur (Bearb.): *Mit Sven Hedin durch Asiens Wüsten. Nach dem Tagebuch des Filmoperateurs der Expedition Paul Lieberenz*. Berlin 1932, S. 6, zit. nach Waz, „Heia Safari!", S. 194.
34 Zwecks Tierfang für den Frankfurter Zoo unternahmen Bernhard und Michael Grzimek in den 1950er Jahren Expeditionen in die Serengeti. Vgl. Sabine Nessel: „Grzimek, Zoo und Kino", in: Sabine Nessel; Heide Schlüpmann (Hg.): *Zoo und Kino. Mit Beiträgen zu Bernhard und Michael Grzimeks Film- und Fernseharbeiten*. Frankfurt/M.: Stroemfeld Verlag 2012, S. 135-160.
35 Zum Verhältnis von Filmkamera und Jagdwaffe vgl. den Aufsatz von Klaus Kreimeier: „Mechanik, Waffen, Haudegen überall. Expeditionsfilme: das bewaffnete Auge des Ethnografen", in: Jörg Schöning (Red.): *Triviale Tropen. Exotische Reise- und Abenteuerfilme aus Deutschland 1919-1939*. München: edition text & kritik 1997, S. 47-61.
36 Vgl. Waz, „Heia Safari!", S. 193.

likum fanden", als „Haudegenliteratur".[37] Ausgehend von der Verbindung zwischen Expeditionsfilm und Reportage erscheinen die Abenteuerberichte als Teil einer Verbreitungs- und Vermarktungslogik, an der die Filme und Berichte gleichermaßen teilhaben. Und bei genauerer Betrachtung weisen beide, die Filme wie auch die Abenteuerberichte, Kennzeichen der Reportage auf. Texte wie Filme lassen sich nicht im Sinne von historischen Quellen lesen sondern werden aus der Sicht der Expeditionsteilnehmer erzählt. Wie die Filme sind gleichsam auch die Texte der Abenteurer (oder ihrer Ghostwriter) Teil der Selbstinszenierung einer sozialen Gruppe westlicher Abenteurer, die um die Wende zum 20. Jahrhundert die Welt bereisten und deren Existenzgrundlage das Geschäft mit Sensationen war: sensationelle Reisen in sensationeller Gesellschaft, sensationelle Technik, sensationelle Fortbewegungsmittel, sensationelle Tiere, sensationelle Begegnungen oder die eigene sensationelle Biografie. Der Status der Abenteuerberichte ist dem Status der Filme nicht unähnlich.

Ähnlich wie die Expeditionsfilme und die Abenteuerberichte von den Expeditionen, scheint auch die Historisierung des Expeditionsfilms nicht ohne einen gewissen Hang zum Sensationellen und Erstaunlichen auszukommen. Sind es in den Filmen und Berichten die sensationellen Begebenheiten und Personen, welche Teil der Expedition gewesen sind, wird man bei der Lektüre von Texten zum Expeditionsfilm nicht selten von skandalträchtigen oder unglaublichen Kontexten überrascht. Diese Affirmation des Sensationellen ist dabei keineswegs nur der Stoff, aus dem die Expeditionsfilme gewebt sind. Vielmehr handelt es sich um eine Rhetorik der Reportage, der man sich selbst mit der Brille des Filmhistorikers oder der Filmhistorikerin kaum zu entziehen vermag.

Expeditionsfilm der 1910er bis 1930er Jahre und ihre kritischen Nachfolger

Vor dem Hintergrund der bisherigen Überlegungen zum Expeditionsfilm soll an dieser Stelle auf die Filme des amerikanischen Abenteurer- und Forscherpaars Martin und Osa Johnson näher eingegangen werden. Im Unterschied zu zahlreichen anderen Expeditionsfilmen der 1910er bis 1930er, die schwer zugänglich sind oder deren Verbleib unbekannt ist, sind von Osa und Martin Johnson Filme aus dem Zeitraum von 1907 bis 1936 erhalten, zu denen größtenteils Abenteuergeschichten existieren, die filmbegleitend auf den Markt kamen und eine Auswertung in mehreren Auflagen aufweisen. Die Lebensgeschichte von Osa Johnson (1894-1953) und Martin Johnson (1884-1937) schließt an die Abenteurermythos des 19. Jahrhunderts an. Sie ist angereichert mit erstaunlichen Anekdoten, berühmten Namen und mehreren beruflichen Identitäten zwischen Reporter, Vaudeville und Forschungsreisendem. Die Arbeit mit der Filmkamera ist eingebunden in unterschied-

---

37 Kreimeier, „Mechanik, Waffen und Haudegen überall", S. 48.

liche Kontexte, die aufgrund des hohen Aufkommens an spektakulären Ereignissen und bekannten Persönlichkeiten vor allem auf Attraktion und Spektakularität und erst in zweiter Linie auf die Vermittlung von Wissen oder Beweisführung im Sinne der Forschung setzen.

Die ersten Filmaufnahmen entstehen auf der Weltreise, die Martin Johnson 1907/1908 mit dem Schriftsteller Jack London unternimmt.[38] Als dieser erkrankt und sich die Weiterreise verzögert, schließt sich Johnson einer Gruppe Fotografen an, die im Auftrag der Filmfirma Pathé Frères „Aufnahmen von wilden Völkern auf den Salomoninseln" machen.[39]

> Die französische Firma Pathé Frères hatte drei Photographen nach Sidney entsandt, um dort das Eintreffen der amerikanischen Flotte zu photographieren. Ferner sollten sie Aufnahmen von wilden Völkern auf den Salomoninseln machen. Zwei Kaufleute, Mr. Harding und Mr. Darbishire, hatten ebenfalls die Idee gehabt, Filmaufnahmen von den Eingeborenen zu machen, und so traf es sich gut, dass die Kameraspezialisten von Pathé gerade anwesend waren. Als Martin von dieser Sache hörte, machte er sich sofort mit diesen Leuten bekannt, und war entzückt, die Filmkamera zu sehen und kennen zu lernen. Er interessierte sich lebhaft für deren Bau, Funktion und Behandlung, und der Wunsch tauchte in ihm auf, an dieser Expedition teilnehmen zu dürfen. Unerwarteterweise ging ihm dieser Wunsch in Erfüllung, da die drei französischen Photographen an Tropenfieber erkrankten. Martin bot deshalb sofort seine Dienste an, und nachdem ihm Jack die Erlaubnis dazu erteilt hatte, reiste er mit der Filmkamera in das Innere der Insel, den Balesumafluß hinauf, zu einem Dorfe namens Charley. Noch nie war ein Weißer vor ihm in dieser Gegend gewesen, und es gelang ihm, dort einige interessante Filmaufnahmen zu machen.[40]

Nach der Rückkehr in seine Heimatstadt eröffnet Martin Johnson 1909 mit einem Freund ein Kino und präsentiert die auf der Reise entstandenen Dias und Filmaufnahmen (JACK LONDON'S ADVENTURES OF THE SOUTH SEAS, USA 1913).[41] Osa Johnson tritt zur selben Zeit in Varietés als Tänzerin und Sängerin auf. Nach ihrer Hochzeit 1910 unternehmen beide zusammen eine Vortragsreise durch die USA, um Geld für die erste gemeinsame Expedition zu erwirtschaften. Zwischen 1917 und 1936 bereisen sie verschiedene Regionen der Welt, um Filmaufnahmen zu machen, darunter Kenia, den Kongo, British Nord Borneo, die Salomon Inseln und die Neuen Hebriden. Steht in den Filmen zunächst die Erkundung und

---

38 Jack Londons Bestseller *The Call of the Wild* (Der Ruf der Wildnis) von 1903 und *White Fang* (Wolfsblut) von 1906 sind zum Zeitpunkt der Reise bereits veröffentlicht.
39 Osa Johnson: *Ich heiratete Abenteuer. Leben und Erlebnisse von Martin und Osa Johnson.* (Titel im Original: I married Adventure). Zürich und Leipzig: Rascher Verlag 1941.
40 Johnson, *Ich heiratete Abenteuer*, S. 44.
41 Über das Kino ist der Lebensbeschreibung folgendes zu entnehmen: „Die Fassade wurde im Stile der ‚Snark' [Name des Schiffs von Jack London, S.N.] hergerichtet und im Inneren mit Glühlampen der Plan des Decks dargestellt. […] Im Vorraum stand ein Phonograph, der hawaiische Melodien zum Besten gab." Johnson, *Ich heiratete Abenteuer*, S. 50.

Schaustellung als exotisch geltender Kulturen im Vordergrund,[42] verschiebt sich der Fokus ab 1923 auf die Beschäftigung mit wilden und exotischen Tieren.[43]

Die Lebenserinnerungen von Osa und Martin Johnson sind in Form von Memoiren und Lebensberichten erhalten.[44] Aus Osa Johnsons *I married Adventure* geht hervor, dass die Filmexpedition nach Borneo von Carl Akeley, dem damaligen Direktor des American Museum of Natural History in New York angeregt wurde. Außerdem wird über mehrere Buchseiten hinweg berichtet, wie Martin und Osa Johnson bei George Eastman vorstellig werden. Die Nähe zu Eastman, dem Vertreter der Filmbranche, der die Expedition zum größten Teil finanziert und der in BABOONA (USA 1935) einen Auftritt hat, ebenso wie die Nähe zu Akeley, dem Vertreter des American Museum of Natural History, gehen in die Filme und Abenteuerberichte wie Trophäen ein. Ausgehend von den Namen Akeley und Eastman lässt sich eine Verbindung zwischen Expedition (Johnson), Museum (Akeley) und Film (Eastman) herstellen.[45]

In den 1960er Jahren wird das Interesse an der Begegnung mit dem Fremden und Exotischen im Essayfilm metadiskursiv wieder aufgegriffen. Johan van der Keuken, Chris Marker oder Werner Herzog begeben sich wieder in unwegsames Gelände und erforschen in ihren Filmen die Begegnung mit dem Fremden und Exotischen. Diesmal unter postkolonialen (und modernen) Vorzeichen. Doch ähnlich wie in den klassischen Expeditionsfilmen spielt auch bei diesen kritischen Nachfolgern die wahrheitsgetreue Darstellung eigens erlebter Situationen und Ereignisse durch den subjektiven Blick eine prominente Rolle. Der nunmehr postkoloniale Tatsachenbericht wird dabei mittels einer subjektiven Erzählung aufbereitet, wobei faktische und persönliche Eindrücke einander überlagern.[46] Waren die

---

42 Für den Zeitraum von 1912 bis 1922 sind folgende Filme verzeichnet: CANNIBALS OF THE SOUTH SEAS (USA 1912) noch von Martin Johnson allein, im folgenden dann als Martin und Osa Johnson: AMONG THE CANNIBAL ISLES OF THE SOUTH SEAS (USA 1918), JUNGLE ADVENTURES (USA 1921), HEADHUNTERS OF THE SOUTH SEAS (USA 1922).

43 Wie Marie-Hélène Gutberlet am Beispiel des Afrika-Reisenden Hans Schomburgk gezeigt hat, ist hier eine „Gleichsetzung von Mensch und Tier […] kein Sonderfall". Marie-Hélène Gutberlet: *Auf Reisen. Afrikanisches Kino*. Frankfurt/M.: Stroemfeld Verlag 2004, S. 62.

44 Die Abenteuerberichte von Osa und Martin Johnson wurden in Deutschland bei Bertelsmann bis in die 1950er Jahre in hohen Auflagen und teilweise unter verschiedenen Titeln vertrieben. Martin Johnson: *Mit dem Kurbelkasten bei den Menschenfressern. Abenteuer auf den Neuen Hebriden / Malekula, die Insel der Menschenfresser. Abenteuer auf den Neuen Hebriden; Simba. Filmabenteuer in Afrikas Busch und Steppe / Das Löwenbuch. Afrikanische Abenteuer mit dem König der Tiere; Babuna. 100 000 Kilometer im Flugzeug über Afrikas Dschungeln / Auf Entdeckungsfahrt mit Johnson. Abenteuer mit Kamera, Büchse und Flugzeug; Congorilla. Filmabenteuer mit den kleinsten Menschen und den größten Affen*. Osa Johnson: *Ich heiratete Abenteuer. Leben und Erlebnisse von Martin und Osa Johnson*.

45 Der Zusammenhang zwischen Safari, Wissenschaftsinstitution und Film wird auch in Hollywoodkomödien der 1930er Jahre aufgegriffen, wie z.B. in BRINGING UP BABY (Howard Hawks, USA 1932). Dazu vgl. Winfried Pauleit: „Zoo im Spiegel von Kino und Museum", in: Nessel, Schlüpmann, *Zoo und Kino*, S. 63-76.

46 Kostenzer, *Die literarische Reportage* 2009, S. 85.

klassischen Expeditionsfilm-Reportagen eher am (Sensations-)Journalismus orientiert, überwiegt in den modernen Expeditionsfilmen die literarische Dimension.

Resümee

Um Himmelswillen keine Expeditionsfilme mehr drehen – so ließe sich Kracauers Empfehlung aus den 1920er Jahren paraphrasieren. Kracauers Kritik bezieht sich auf klassische Expeditionsfilme der 1910er bis 1930er Jahre, die mit ihren heterogenen und disparaten Elementen, welche sie integrierten, ein auf Wiederholung und Variation basierendes Genremuster ausgebildet haben. Die klassischen Expeditionsfilme sind am Spektakulären orientiert. Es verbindet sie der Versuch, unnachahmliches (Gefahr, Abenteuer, Tod) nachzuahmen. Weitere Kennzeichen sind der autobiografisch gefärbte Erfahrungsbericht in der ersten Person, eine Rhetorik der Erstmaligkeit, die Einbindung der Expedition in vielfältige Wirtschafts- und Forschungsinteressen, die Teilhabe an einem Medienverbund, sowie die Inszenierung des Spannungsfeldes von Natur und Kultur bzw. Technik. Formal schließen sie an die literarisch-journalistische Gattung der Reportage an, deren Herausbildung Ende des 19. Jahrhunderts unter Einfluss des Films stand. Die unterschiedlichen Regime des Expeditionsfilms stammen aus Film, Journalismus und Literatur, wobei die Grenzen zwischen Fiction/Non-Fiction ebenso wie die zwischen Aufzeichnung/Literarizität und Autobiografie/Wissen verschwimmen, und werden durch eine an der journalistisch-literarischen Reportage orientierten Erzählform zusammengehalten. Im modernen Expeditionsfilm tritt die Orientierung am Spektakulären in den Hintergrund und die Undarstellbarkeit des Abenteuers wird zum Thema gemacht. Bezogen auf Essayfilme, in denen das Reisen in die exotische Ferne im Mittelpunkt steht, von ‚modernen Expeditionsfilmen' zu sprechen, liegt nahe – nicht zuletzt auch angesichts des Reportagestils, der die klassischen Expeditionsfilme auszeichnete und der im Essayfilm literarisch verdichtet und verschoben wiederkehrt. Dass das Genre des Expeditionsfilms nicht nur historisch, zur Zeit von Kracauer, sondern auch im zeitgenössischen Kino lebendig ist, zeigen allgemeine Bezugnahmen, Persiflagen und Ironisierungen in Filmen wie THE LIFE AQUATIC WITH STEVE ZISSOU (Wes Anderson, USA 2004) oder CAVE OF FORGOTTEN DREAMS (Werner Herzog, D 2010), welche die bekannten Muster des klassischen Expeditionsfilms in einem kritischen Sinne aufgreifen, dekontextualisieren und kommentieren, und auf diese Weise zu den wohl treffendsten Analysen des Genres zählen.

WINFRIED PAULEIT, CHRISTINE RÜFFERT

EXPERIMENTALFILM ALS GENRE

Zeitgenössische Genrediskurse in der Filmwissenschaft verstehen unter dem Begriff Genre ein Mittel zur Beschreibung und Klassifizierung von Filmen. Dabei werden inzwischen strenge Definitionsversuche der Kategorie Genre als unhaltbar zurückgewiesen und durch pragmatische ‚Verständigungsbegriffe' ersetzt, die unscharf und flexibel gehalten werden.[1] Sie werden als „diskursive und dynamische Phänomene" charakterisiert, die sich historisch wandeln.[2] Die „diskursive Instabilität", so wird argumentiert, bildet die Grundlage für „Reichtum und Produktivität des Genrebegriffs".[3] Kann vor dem Hintergrund einer solch offenen Kategorisierung der Experimentalfilm als ein Genre beschrieben und verstanden werden?

Zuschauer, die nicht zum ersten Mal einen Experimentalfilm sehen, können ihn in der Regel auf die eine oder andere Weise einordnen. Es gibt also offenbar eine Wiedererkennbarkeit dieser Art von Filmen. Muster oder Konventionen werden in ihnen sichtbar, die man unterscheiden und kategorisieren kann. Diese vom Zuschauer aus gedachte textuelle Logik des Genres ist eine der Klassifizierungsperspektiven, die in den Theorien zum Filmgenre üblicherweise herausgestellt werden. Neben der textuellen Logik wird die Produktionslogik des Genres angeführt.[4] Diese beiden Referenzpunkte, die vornehmlich aus der Auseinandersetzung mit Spielfilmen und ihren Genres stammen, spielen auch in der Theoriebildung des Experimentalfilms eine zentrale Rolle. Allein die Nomenklatur der Definitionsversuche des Experimentalfilms gibt Auskunft über zweierlei Arten von Kategorisierungspraktiken, ohne dass in diesem Kontext üblicherweise von einem Genre gesprochen wird: Von der Produktionslogik geprägt sind Begriffe wie *Avantgarde, Independent Film, Underground* und *das andere Kino*. Einer textuellen Logik folgen Begriffe wie *struktureller Film, poetischer Film, abstrakter Film, Materialfilm* und *handmade film*. Die ausschnitthafte Auflistung macht deutlich, dass die Diskurse des Experimentalfilms Binnendifferenzierungen und Kategorienbildungen mit hervor bringen, um das unübersichtliche Feld durch Ordnungsprinzipien in den Griff zu bekommen.

Vor dem Hintergrund dieser knappen Bestandsaufnahme wird im Folgenden der Versuch unternommen, den Begriff des Genres für den Experimentalfilm produktiv zu machen. Im ersten Schritt wird anhand einer Reihe von Beispielen dar-

---

1 Vgl. Knut Hickethier: „Genretheorie und Genreanalyse", in: Jürgen Felix (Hg.): *Moderne Film Theorie*. Mainz: Bender 2003, S. 62-96, hier S. 63.
2 Malte Hagener: „Der Begriff Genre", in: Rainer Rother/Julia Pattis (Hg.): *Die Lust am Genre. Verbrechergeschichten aus Deutschland*. Berlin: Bertz + Fischer 2011, S. 11-22, hier S. 11.
3 Ebd., S. 21.
4 Ebd., S. 12.

gelegt, dass die Kategorisierungsversuche im Kontext der Experimentalfilmforschung und -kritik Schnittmengen mit der Genretheorie aufweisen. In einem zweiten Schritt wird ausgehend von einer kritischen Positionierung des Experimentalfilms als Antigenre ein erweiterter kritisch-historischer Genrebegriff zur Diskussion gestellt, der als relationaler Begriff immer auch ein gesellschaftspolitisches Verhältnis von Subjekt und Gesellschaft impliziert. Ausgehend von diesem Begriff wird exemplarisch die dekonstruktive Arbeit von Experimentalfilmen an etablierten Vorstellungen von Filmgenres herausgestellt und nach ihren Identitätspolitiken befragt. In einem letzten Schritt wird der Genrebegriff mit Referenz auf die Geschichte dieses Begriffs in der Malerei noch einmal verschoben: dort versteht man unter Genre eine spezifische niedere Bildgattung von Alltagsdarstellungen, die sich von den kanonischen Bildgattungen wie z. B. der Historienmalerei oder des Porträts unterscheidet.

Experimentalfilm und Genretheorie

Unseres Wissens sind aus der Auseinandersetzung mit dem Experimentalfilm nur in ganz seltenen Fällen Theorien zum Filmgenre hervorgegangen. Zu den seltenen Ausnahmen zählt Edward S. Smalls *Direct Theory. Experimental Film/Video as Major Genre*.[5] Gleichwohl gibt es in den vielfältigen Beschreibungen und Charakterisierungen des Experimentalfilms zahlreiche Versuche, dieses Filmschaffen von der Filmindustrie und von Hollywood abzugrenzen. Filmindustrie und Hollywood werden in diesem Kontext häufig synonym gesetzt mit dem Genrefilm, während der Experimentalfilm demgegenüber wie eine Art Antigenre erscheint. Um diese Unterscheidung herauszustellen, wird häufig auf die unterschiedliche ‚Produktionslogik' verwiesen. Nicht Zuschauerresponse und Marktorientierung stehen im Vordergrund der Produktion des Experimentalfilms, sondern Kunst, Alterität, Experiment und Autorschaft.

Zur Bezeichnung des Experimentalfilms wird über weite Strecken auch der Begriff Avantgarde bzw. Avantgardefilm annähernd synonym verwendet. In der Übertragung des Begriffs Avantgarde aus der Bildenden Kunst auf den Film offenbart sich eine spezifische Sichtweise auf dieses Filmschaffen: Avantgardefilm ist eine künstlerische Praxis, die außerhalb des industriellen Produktionszusammenhangs entsteht und die von anderen Herstellungsmotivationen geprägt ist als der Verwertung von Kapital. Für Wheeler Winston Dixon und Gwendolyn Audrey Foster handelt es sich um ein „cinema of poets and artists who strive to create personal works".[6] Parker Tyler vergleicht den Gebrauch der Kamera mit dem des

---

5 Edward S. Small: *Direct Theory. Experimental Film/Video as Major Genre*, Carbondale & Edwardsville: Southern Illinois University Press 1994.
6 Wheeler Winston Dixon/Gwendolyn Audrey Foster (Hg.): *Experimental Cinema. The Film Reader*. Trowbridge, Wilts: Cromwell Press 2007 (2002), S. 16.

Federhalters durch den Lyriker oder des Pinsels durch den Maler und schließt ihn damit an die Theorien des Autorenfilms an.[7]

Die Vorstellung vom autonom agierenden Künstler, der nur seinem kreativen Ausdruckswillen verpflichtet ist, positioniert den Experimentalfilm als Künstlerfilm in Opposition zur industriellen Filmproduktion. Bereits 1946 hatte Maya Deren stolz konstatiert „I make my pictures for what Hollywood spends on lipstick."[8] Die 1960 gegründete *New American Cinema Group* erzeugt eine Bewegung der Selbstbehauptung, die nicht nur die Produktion, Distribution und Aufführungsorte in alternative Hände nimmt, sondern auch die Filmkritik und Theoriebildung gleich mit. Jonas Mekas und die Zeitschrift *Film Culture* werden das Sprachrohr des Independent Film. Zunächst noch ganz im Sinne des avantgardistischen Künstlerfilms tritt der Independent Film seinen Siegeszug an durch die Etablierung von Institutionen wie Filmclubs und Lehrstühlen bis hin zu großen Festival wie Sundance, das sich schließlich zum Alternativmarkt des Hollywoodkinos entwickelt.

Die Seite der Produktionslogik wird in den Diskursen zum Experimentalfilm häufig mit der textuellen Logik dieser Filmform argumentativ verknüpft. Lauren Rabinovitz weist auf eine solch zweigleisige Kategorisierung hin, wenn sie für den Gebrauch des Begriffs Avantgarde konstatiert, er werde sowohl für das Konzept des Independent Film als auch für das experimentelle Kino generell verwendet. In ihrer Darstellung erläutert sie beide Varianten durch Klammereinschübe, einmal als „independent from Hollywood production", zum anderen als „emphasis on time, space, and lack of narrative causality."[9] Diese (hier stark vereinfachende) Dichotomie von Produktion und Vertriebsbedingungen einerseits und formalästhetischen Qualitäten der Filme anderseits durchzieht die Theoriegeschichte des Experimentalfilms.

Birgit Hein adaptiert im deutschen Kontext den Begriff Underground. Sie schließt damit an einen von dem amerikanischen Filmkritiker Manny Farber 1957 eingeführten Begriff an, der – obwohl Farber ihn im Kontext des Hollywood Genrekinos geprägt hatte – den bis dahin gültigen Avantgarde Begriff für die nordamerikanischen Filmkünstler ersetzt.[10] Sie stellt unter diesem Label sowohl die unabhängige Produktionsweise und das fehlende Vertriebssystem heraus, als auch die persönliche Qualität des Ausdrucks, die unkonventionelle Handhabung der technischen Mittel, sowie die Aufhebung etablierter Regeln von Form und Inhalt. Darauf aufsetzend entwirft sie eine Filmgeschichte des Underground, die von den Anfängen vor 1920 in Europa über das Independent Cinema in den USA bis zum

---

7 Parker Tyler: „A Preface to the Problems of the Experimental Film", in: P. Adams Sitney (Hg.): *Film Culture Reader*. New York: Cooper Square Press 2000 (1970), S. 42f.
8 Maya Deren: „The Films that Dreams are made on", in: *Esquire* , Dec 1946, S. 187, zit. nach Lauren Rabinovitz: *Points of Resistance. Women, Power & Politics in the New York Avant-garde Cinema, 1943-71*. Urbana and Chicago: University of Illinois Press 2003 (1991), S.49.
9 Rabinovitz, *Points of Resistance*, S. 15.
10 Vgl. Michael O'Pray: *Avant-Garde Film. Forms, Themes and Passions*. London/New York: Columbia University Press 2003, S.6.

europäischen 4. Internationalen Experimentalfilmwettbewerb in Knokke, Belgien 1967/68 reicht, wobei sie bei den Frühformen neben dem surrealistischen Kino auch die „dokumentarische Richtung" (Joris Ivens, Jean Vigo, Luis Buñuel) und sogar den „erzählerischen Film" behandelt, aber neben den formalen Experimenten auch „politische Filme", „Expanded cinema", selbst „Computer" und „Video" inkludiert.[11]

40 Jahre später würde eine solche allumfassende und kleinteilige Zuordnung von unterschiedlichen Werken und Werkgruppen mehrere Bände einer Geschichte des Undergroundfilms füllen können. Daran wird deutlich, dass die Begriffe, Kategorien und Muster, die für die Identifikation des Experimentalfilms als ‚ein' Genre zu berücksichtigen wären, derartig weit gefächert sind, dass daraus kaum genügend Trennschärfe zu gewinnen ist. Die Vielfältigkeit der Begriffe und Beschreibungen deutet vielmehr daraufhin, dass man es mit einer Filmgattung (neben Spielfilm, Dokumentarfilm, Animationsfilm) zu tun hat, die sich in zahlreiche Genres und Subgenres gliedert.

Zu einem ähnlichen Ergebnis kommt man, wenn man Rick Altmanns Unterscheidung von semantischen und syntaktischen Merkmalen in der Genretheorie aufgreift und seinem Vorschlag der Kombination dieser Merkmale in der Betrachtung von Genres folgt.[12] Die für den Experimentalfilm geltenden formalen Kategorien lassen sich allerdings nur schwer verallgemeinern und daher auch kaum als Konfigurationen semantischer Elemente und syntaktischer Strukturen des Experimentalfilms beschreiben. Dazu ist das weltweite experimentelle Filmschaffen zu divers. Dies wäre also folgerichtig nur in kleinen überschaubaren Untergruppen des Experimentalfilms denkbar.

Edward S. Small hat vermutlich den umfangreichsten und differenziertesten Versuch unternommen, den Experimentalfilm als eine Filmgattung (*major genre*) neben Spiel- und Dokumentarfilm zu beschreiben und in der Filmtheorie und -geschichte zu platzieren.[13] In seinem Entwurf stellt er acht unterschiedliche Charakteristika für den Experimentalfilm heraus, die weitgehend aus einer produktionslogischen Perspektive skizziert werden. In seiner Taxonomie des Experimentalfilms findet sich schließlich eine komplexe Differenzierung von Subkategorien und Genres, die einerseits theoretisch, andererseits historisch begründet wird. Allerdings laufen solchen Ordnungsversuchen die Selbstbeschreibungen der Experimentalfilmer zuwider, die sich ja gerade durch die selbst proklamierte Freiheit der Künstler auszeichnen, der *Free Radicals*, wie Pip Chodorov sie in seinem gleichnamigen Film nennt.[14] In diesen Selbstbeschreibungen findet sich die anfänglich beschriebene Negativlogik, die häufig zu Charakterisierungen des Experimentalfilms als Antigenre tendiert. Experimentalfilme bilden also eher schwer kategori-

---

11 Vgl. Birgit Hein: *Film im Underground*, Frankfurt/Berlin/Wien: Ullstein 1971.
12 Rick Altmann: „A Semantic/Syntactic Approach to Film Genre", in: Barry Keith Grant (Hg.): *Film Genre Reader II*. Austin: University of Texas Press 1995, S. 26-40.
13 Small, *Direct Theory*.
14 FREE RADICALS. UNE HISTOIRE DU CINEMA EXPERIMENTAL (Pip Chodorov, F 2010).

sierbare Differenzen aus, auch wenn man sie von den Konventionen klassischer Genrefilme deutlich unterscheiden kann.

Folgerichtig versucht Matthias Müller unter dem Begriff „Kino der Differenz" dort ein Genre zu verorten, wo es keine Gemeinsamkeiten gibt: „Experimentalfilm meint [...] ein Genre, das keines ist. [...] Gewöhnlich werden Materialfilme und ‚Found Footage'-Filme, Handmade Films und Strukturelle Filme, eine Vielzahl surrealistischer Filme, persönliche und tagebuchartige Projekte sowie unzählige hybride Formen unter diesem schwammigen Sammelbegriff subsumiert".[15]

Auch Müller legt mit seiner Beschreibung eines Kinos der Differenz eine Unterscheidung des Experimentalfilms als Gattung mit Subkategorien nahe. Dabei lassen sich in diesen Subkategorien verschiedene Parameter unterscheiden, z. B. bezieht sich die Kategorie Materialfilm eher auf mechanisch-chemische Eigenschaften und Prozesse, Found Footage Film auf Auswahl und Kontextualisierung, Handmade Film und Struktureller Film auf spezifisch filmästhetische technische Bearbeitungsweisen, surrealistischer und abstrakter Film auf Darstellungskonventionen und ikonografische Bezüge, persönliche und tagebuchartige Projekte auf Autorschaft, das Expanded Cinema auf Aufführungsdispositive und -kontexte und psychedelische Filme auf wahrnehmungspsychologische Aspekte der Zuschauerschaft. Jede einzelne dieser Kategorien wäre geeignet, ein Genre zu beschreiben, auch wenn viele der Begriffe von den jeweiligen Sicht- und Arbeitsweisen einzelner Autoren geprägt sind und ständigen Reformulierungen und Neucodierungen unterliegen. Am Beispiel des Strukturellen Films lässt sich die Dynamik der Begriffsprägungen markant herausarbeiten:

Der Begriff *structural* wurde von dem Theoretiker P. Adams Sitney in der Sommerausgabe der Zeitschrift *Film Culture* 1969 geprägt und zunächst nur benutzt um die damals neuen Arbeiten von sechs Filmemachern (Tony Conrad, George Landow, Michael Snow, Joyce Wieland, Ernie Gehr und Paul Sharits) von den ‚formalen' Filmen anderer Filmemacher (Stan Brakhage, Gregory Markopoulos, Peter Kubelka, Kenneth Anger) zu unterscheiden. Sitney definiert nur drei (!) textuelle Merkmale: eine feste Kameraposition, den Flickereffekt und die Wiederholung in Loops.[16] Diese Setzung wurde zwar in der nächsten Ausgabe der *Film Culture* von George Maciunas als semantisch inkorrekt und unangemessen zurückgewiesen,[17] gleichwohl wurde der Begriff *Struktureller Film* international außerordentlich gebräuchlich für alle Arbeiten, die sich konzeptuell auf den Prozess des Filmens im Sinne eines Wahrnehmungsexperiments beziehen. Das Beispiel zeigt,

---

15 Matthias Müller: „Kino der Differenz", in: *epd film*, No. 9, 09/1996, S. 10-12, hier S. 10.
16 P. Adams Sitney: „Structural Film", in: Dixon/Foster, *Experimental Cinema*, S. 228. In einer überarbeiteten Fassung ergänzt er ein halbes Jahr später als viertes Merkmal das erneute Abfilmen von einer Leinwand: „Structural Film. No.47, Summer, 1969; revised, Winter, 1969", in: P. Adams Sitney (Hg.): *Film Culture Reader*. New York: Cooper Square Press 2000 (1970), S. 327.
17 Vgl. George Maciunas: „Some Comments on Structural Film by P. Adams Sitney (Film Culture No. 47, 1969)", in: P. Adams Sitney, *Film Culture Reader*, S. 349.

dass jede terminologische Charakterisierung von Einzelfilmen Auswirkungen auf generelle Klassifizierungsmuster haben kann.

Sitneys Setzung provoziert Malcolm Le Grice, ausgewiesener Vertreter der als *strukturell* angesehenen *London Filmmakers' Coop*, zu der Frage: „Is there anything which these filmmakers have in common with each other?"[18] Le Grice qualifiziert Sitneys Gebrauch des Begriffs als völlig irreführend. Stattdessen entwirft er selbst ein grobes Raster von ‚Interessensgebieten': „I shall make an approach which does not set up strict categories, but indicates a range of specific areas of concern."[19] Zu den *areas of concern* gehören beispielsweise Grenzen und Möglichkeiten der Aufnahmetechnik, Montage, Wahrnehmungspsychologie, Kopierverfahren, auf Film als Material beruhende und zielende Verfahren der Bearbeitung, den Projektionsapparat betreffende Eigenschaften, auf die zeitliche Dimension des Films eingehende Verfahren, Strategien zum Umgang mit Bedeutung und Semantik.

Die Erstellung dieser unterschiedlichen Kataloge von formalen Möglichkeiten zielt auf Verständigungsbegriffe und auf eine pragmatische Erfassung und Zuordnung der einzelnen Filme. Gleichzeitig wird an ihrer Verschiedenheit deutlich, dass es sich um kaum mehr als Einzelstatements handelt, die im Kontext des Experimentalfilmdiskurses unterschiedliche Interessen verfolgen. Mit den unterschiedlichen begrifflichen Prägungen für den Experimentalfilm sind neben filmhistorischen Beschreibungen und Ordnungsversuchen also immer auch wechselnde und aufeinander Bezug nehmende Zuschreibungen und *Brandings* verbunden. Gleichwohl können diese Diskursformationen als Rhetoriken einer Genrebestimmung des Experimentalfilms gelesen werden, und zwar in jenem Sinne, dass „Individuen, Gruppen oder Institutionen sich Zugriff auf bestimmte Zuschreibungen und Einordnungen verschaffen wollen" – bzw. historisch gedacht verschafft haben.[20]

In dieser Perspektive beschreibt Lauren Rabinovitz beispielsweise P. Adams Sitneys Standardwerk zum Avantgardefilm *Visionary Film: The American Avant-garde, 1943-1978* als einen Versuch, die Filme der New Yorker Gruppe formalästhetisch als surrealistisch und abstrakt-expressionistisch zu kategorisieren, um sie so an die modernistische Tradition der europäischen 1920er Jahre (Marcel Duchamp, Fernand Léger, Man Ray, Luis Buñuel, Jean Cocteau) anzuschließen und das amerikanische Independent Kino als Kunstform auszuweisen.[21] Die daraus resultierenden Einschreibungen in die Geschichte des Experimentalfilms bieten wiederum bis heute Anlass für Korrekturen: Michael O'Pray widmet sich in seiner Einführung in den Avantgardefilm ausführlich dem Gegenbeweis der These „that the post-war American avant-garde was simply the child of European modernism".[22] Demgegenüber schreiben Randall Halle und Reinhild Steingröver mit ihrer Unter-

---

18 Malcolm Le Grice: *Experimental Cinema in the Digital Age*. Trowbridge, Wilts: Cromwell Press: 2001, S. 14.
19 Le Grice, *Experimental Cinema in the Digital Age*, S. 14-18.
20 Hagener, „Der Begriff Genre", S. 14.
21 Rabinovitz, *Points of Resistence*, S. 16.
22 Michael O'Pray, *Avant-Garde Film*, S.6

suchung zum zeitgenössischen Experimentalfilm in Deutschland und Österreich ebenso an einer Geschichte der Filmavantgarde fort, wie auch Edward S. Small mit seiner Positionierung einer „Direct Theory".[23] Ein diskursanalytisches Genreverständnis, wie es bei Rabinovitz formuliert ist, geht dann allerdings notwendigerweise über rein formale Bestimmungen von Filmkorpora hinaus und nimmt neben den Filmen auch gesellschaftliche Formationen in den Blick, aus denen heraus Genrediskurse geführt werden.

In die Genrediskurse des Experimentalfilms und seiner unterschiedlichen Spielarten mischen sich daher immer wieder auch gesellschafts- und identitätspolitische Fragen, die nicht nur Qualitäten und Eigenschaften von Experimentalfilmen verzeichnen, sondern allgemeine Diskursfelder umreißen, die das Verständnis von Individuum und Gesellschaft betreffen. So kennzeichnet J. Hoberman die nordamerikanische Avantgarde zwischen New York und San Francisco im Zeitraum von 1959-1966 denn auch als „anti-bourgeois, anti-patriotic, and anti-religious, as well as anti-Hollywood" und labelt sie als „Underground Film". Diese spezielle Phase des experimentellen Kinos sei gekennzeichnet „by its mixture of willful primitivism, taboo-breaking sexual explicitness – both hetero- and homosexual – and obsessive ambivalance regarding American popular culture."[24] Ging es also im strukturellen Kino noch um eine Überschreitung formal(ästhetisch)er Tabus, so handelt es sich jetzt um eine Transgression von gesellschaftlich verankerten Werten, die die Individuen selbst betreffen.

Das Subjekt des Genres

Neben den pragmatischen Ansätzen gibt es auch eine Reihe von expliziten Versuchen, den Genrebegriff in anderer Form kritisch zu historisieren. Während Jörg Schweinitz die Geschichte des Genrebegriffs und die Probleme seiner Konzeptualisierung in der Filmwissenschaft im engeren Sinne untersucht,[25] versuchen Irmela Schneider und Andrea B. Braidt in einer parallelen Betrachtung von Gender und Genre einen Blick auf die historischen Konstruktionen und wechselseitigen Zusammenhänge dieser Kategorien zu erlangen.[26] Solche Perspektiven schließen den Begriff des Filmgenres an übergreifende Diskurse zur Bildung kultureller Identitä-

---

23 Randall Halle, Reinhild Steingröver (Hg.): *After the Avant-Garde. Contemporary German and Austrian Experimental Film.* Rochester, New York: Camden House 2008. Small, *Direct Theory.*
24 J. Hoberman: „Introduction" (1994), in: Parker Tyler (Hg.): *Underground Film. a critical history.* New York: Da Capo Press 1995 (1969), S. v.
25 Jörg Schweinitz: „‚Genre' und lebendiges Genrebewußtsein. Geschichte eines Begriffs und Probleme seiner Konzeptualisierung in der Filmwissenschaft", in: *Montage/AV*, 3/2/1994, S. 99-118.
26 Andrea B. Braidt: *Film-Genus. Gender und Genre in der Filmwahrnehmung.* Marburg: Schüren 2008; Irmela Schneider: „Genre, Gender, Medien. Eine historische Skizze und ein beobachtungstheoretischer Vorschlag", in: Claudia Liebrand/Ines Steiner (Hg.): *Hollywood hybrid. Genre und Gender im zeitgenössischen Mainstream-Film.* Marburg: Schüren 2004, S. 16-28.

ten (hier Gender) an. Anselm Franke thematisiert explizit den Zusammenhang von Genre und Identitätsbildung. Sein Essay sticht dadurch heraus, dass er analog zu kulturellen und gesellschaftlichen Veränderungen einen „Zerfall des Regimes der Genres" konstatiert.[27] Seine Diagnose belegt er überraschenderweise durch eine Betrachtung des Experimentalfilms, den er in historischer Perspektive zunächst als Antigenre beschreibt. Zur Ausführung seiner Überlegungen schlägt Franke zunächst einen strukturellen Blick auf das Ensemble der Filmgenres vor. Dabei begreift er dieses Ensemble als „eine Ordnung aller möglichen Arten des Ausdrucks",[28] die zueinander in Beziehung stehen. Anders formuliert: kein Film kann dem Genre entgehen, und jede Form der Klassifizierung lässt sich in einer Ordnung der Genres verzeichnen – auch der Experimentalfilm. Insofern schließt Franke an die strukturellen und schematischen Überlegungen von Edward S. Small an.

Allerdings bleibt Franke nicht bei dieser Ordnung der Genres stehen. Für seine Analyse der Gegenwart verwendet er keinen pragmatischen Verständigungsbegriff aus der Genretheorie. Er verlegt stattdessen den Genrebegriff in das Zuschauersubjekt hinein. Durch diesen Perspektivwechsel betrachtet er eine Wirkmächtigkeit von Genres, die er an eine „subjektive, verkörperte Wahrnehmung" der Zuschauer anbindet.[29] Er spricht von der „Verankerung des Genres im Körper und Gefühlshaushalt" der Zuschauer.[30] Mit Bezug auf Charles Bazermans Aufsatz „Genre and Identity" begreift er Genretheorie (des Films) als Frage von Identitätsbildung und Gesellschaftsformation.[31] Die historische Wirksamkeit von Genres liegt bei ihm in Mustern und Konventionen, denen die Subjekte unterworfen sind und auf deren Basis sie sich selbst entwerfen. Die Wirksamkeit der klassischen Genres sieht Franke im Zuge des gesellschaftlichen Wandels und analog zum Ende der ‚großen Erzählungen' inzwischen als außer Kraft gesetzt an („Zerfall des Regimes der Genres"). Gleichwohl bleiben Genres auf einer anderen Ebene wirksam: „Das Genre arbeitet jetzt in uns selbst. Ob man gegen das Regime des Genres etwas auszurichten vermag, ist ab sofort eine Frage der Energie, eben des *Vermögens* des Einzelnen: Du bist das Genre, das Du hervorrufen kannst."[32] Ziel von Frankes Operation ist eine Politisierung des Genrediskurses und letztlich die Wiederaufnahme einer gesellschaftspolitischen „Auseinandersetzung mit dem Genre als relationalem Begriff, ohne den das Verhältnis von Subjekt und Gesellschaft kaum zu verstehen ist".[33]

---

27 Anselm Franke: „Genre und Subjektivität im Experimentalfilm", in: Lukasz Ronduda, Florian Zeyfang (Hg.): *1,2,3… Avant-Gardes. Film/Art between Experiment and Archive*. Warschau: Centre for Contemporary Art/Berlin: Sternberg Press 2007, S. 38-44, hier S. 39.
28 Franke, „Genre und Subjektivität im Experimentalfilm", S. 38.
29 Ebd.
30 Ebd.
31 Ebd.
32 Ebd., S. 41 (Hervorhebung im Original).
33 Ebd., S. 44.

Frankes Versuch, den Genrebegriff politisch zu wenden, korrespondiert durchaus auch mit historischen Entwicklungen auf der Produktionsseite des Experimentalfilms. So lassen sich die gesellschaftspolitischen Dimensionen des Genrediskurses auch auf dieser Seite ästhetisch, historisch und identitätspolitisch verfolgen. Für Jonas Mekas liegt der „Unterschied zwischen einem Avant-garde-Film und irgendeinem anderen Film [...] in der geistigen, seelischen und moralischen Haltung des Filmemachers",[34] nicht in der Form, die er wählt. In seinen *Notes on the New American Cinema* schildert Mekas die experimentellen Vorgehensweisen von Filmkünstlern, deren Arbeiten eher dokumentarisch orientiert sind und zu sozialen Themen Stellung beziehen.[35] Das gesteigerte Interesse an psychologischen und sozialen Realitäten, wie sie sich beispielsweise in Filmen wie IN THE STREET (James Agee, Helen Levitt, Janice Loeb, USA 1948), THE QUIET ONE (Sidney Meyers, USA 1949), ON THE BOWERY (Lionel Rogosin, USA 1956) oder THE CONNECTION (Shirley Clarke, USA 1961) zeigt, hatte auch mit der neuen Verfügbarkeit tragbarer Synchronton-Kameras zu tun. Der Autor als flexibles Ein-Personen-Team erlaubt das Drehen an Realschauplätzen mit versteckter Kamera und Laiendarstellern, Spontaneität und Improvisation. Das ermöglicht nicht nur die Entwicklung anderer Erzählformen, sondern auch ein gesteigertes Interesse für das Alltagsgeschehen.

Mekas selbst erkundet als litauischer Immigrant in seinen eigenen Arbeiten die Großstadt New York und hält in tagebuchartiger Form seinen Alltag fest. Von seinem Freund Stan Brakhage ermutigt, der schon früher mit dem öffentlichen Aufführen seiner Home Movies beginnt, beschließt Mekas 1969, unter dem programmatischen Titel WALDEN – DIARIES, NOTES AND SKETCHES Material zu veröffentlichen, das er im Verlauf von 20 Jahren mit seiner 16mm Bolex-Kamera aufgenommen hat. Brakhage und Mekas sind keine Einzelfälle. Marie Menken, die ebenfalls in New York und zeitweise im Umfeld der Warhol Factory gleichfalls mit ihrer Bolex filmische Notizen macht, veröffentlicht bereits 1962 ihr NOTEBOOK, das seit den späten 1940er Jahren entstanden ist.

Die Arbeiten von Mekas und Menken weisen Gemeinsamkeiten auf: die Spontaneität der filmischen Geste, die Beweglichkeit der Kamera, der Kameraschnitt, die Verwendung von Einzelbildschaltung, die Doppelbelichtung, der autobiografische Bezug und Duktus. Die Rohheit und Offenheit dieser Filmform ermutigt andere Filmemacher weltweit, Fragmente und kaum geschnittenes Material in autobiografischen und Tagebuchfilmen zu veröffentlichen. Mit Franke gedacht nimmt in diesen Filmen nicht nur der Experimentalfilm als Antigenre Gestalt an. In ihnen findet sich vielmehr auch die verkörperte Wahrnehmung und Empfindung ihrer Macher. Das Tagebuch wird aus der Privatheit in den öffentlichen Raum entlassen. Was als künstlerische Geste im Kontext der New Yorker Avant-

---

34 Jonas Mekas, in: *Village Voice* 30. Jan 1969, zit. nach Hein, *Film im Underground*, S. 9.
35 Jonas Mekas: „Notes on the New American Cinema", in: *Film Culture 24*, Herbst 1962, in: Dixon/Foster, *Experimental Cinema*, S. 53-70.

garde beginnt, entwickelt sich weltweit zu unabhängigen Experimentalfilm-Netzwerken.

Die Form der Tagebuchfilme wandelt und diversifiziert sich bis heute. Besonders seit den 1980er Jahren entstehen Tagebuchfilme einer neuen Generation von Filmemacher/innen, in denen der Autor bzw. die Autorin selbst in Erscheinung treten. Im Zuge der Hinwendung zu persönlicheren Erzählweisen wurde von der deutschen Experimentalfilmszene beispielsweise im Super 8-Format gearbeitet. Matthias Müller gründete 1985 die Super 8-Film-Kooperative *Alte Kinder*, die in der Tradition der amerikanischen und britischen Coop-Vorbilder ihre Privatwohnungen zu Filmstudios erklärte, ihre Werke selbst verlieh und ihre Vorführungen persönlich begleitete.

1989 bearbeitet Müller in seinem ersten 16mm-Film AUS DER FERNE – THE MEMO BOOK seine Trauer um den verstorbenen aidskranken Freund. Der spontane Charakter des Tagebuchfilms ist darin zugunsten einer konzeptionellen Verbindung und Bearbeitung von gefundenem Super 8-Material und selbst gedrehtem Film ersetzt. Der Film beginnt auf der ikonografischen Ebene mit Briefen und Fotos, ausgebreitet auf einem Tisch. Die durch die Handentwicklung entstanden Spuren auf der materiellen Oberfläche des Films verstärken den Eindruck raumzeitlicher Entrückung und erinnernder Innensicht des Filmautors, der dann aber auch selbst ins Bild tritt.

Private Kontexte sind auch der Ausgangspunkt von Müllers HOME STORIES (D 1990). Aus einer persönlichen Vorliebe für Lana Turner heraus hatte Müller eine Sammlung von Videomitschnitten der Fernsehausstrahlungen ihrer Filme als privates Archiv angelegt. Die Auffälligkeit immer wiederkehrender Gesten und Affekte führt ihn auf die Spur typischer Erzählmuster des Genrekinos. Er kombiniert einzelne Szenen mit Lana Turner mit solchen aus anderen Hollywoodfilmen, in denen Stars wie Tippi Hedren, Doris Day, Grace Kelly etc. immer gleich anmutende Handlungsabläufe vollziehen: erschrecktes Erwachen, ängstliches Lauschen, die Treppe hinunter eilen, Türen hinter sich zuschlagen, vom Fenster zurück weichen etc. In der Montage entsteht eine Sammlung stereotypen weiblichen Rollenverhaltens des Hollywoodkinos. Der Komponist Dirk Schaefer, der seit 1984 mit Müller zusammenarbeitet, entwickelt hierzu einen Klangteppich, der die spannungsreiche emotionssteigernde Qualität der Hollywood-Melodramen nachempfindet.

Während es in der Generation von Mekas und Menken mit ihren Tagebuchfilmen um die Etablierung des Independent Cinema als ästhetische Form mit anderen Vertriebsstrukturen und zum Teil auch von sozialen Bewegungen geht, die fast notwendigerweise Experimentalfilme als neue Filmgattung bzw. als Genre oder Antigenre und gleichzeitig eine differente Kultur hervorbringen, befindet sich die Generation von Müller in einer wesentlich komplexeren Auseinandersetzung mit dem Genrediskurs und der Geschichte des Experimentalfilms. Einerseits agieren sie selbst im Genre des experimentellen Films, andererseits arbeiten sie mit Versatzstücken von Hollywoodgenres aber auch mit vorgefundenem Home Movie-Material. Stefanie Schulte Strathaus charakterisiert die Arbeit Müllers in der ersten umfassenden Publikation zu dessen Werk knapp als „genreübergreifend". Sie fügt außerdem an, dass sich die Filme Müllers „als ungeschriebene Geschichte des deutschen Experimentalfilms" lesen lassen.[36]

Christa Blümlinger beschreibt in Müllers Werk zwei formalästhetische Tendenzen hinsichtlich der Appropriationsebenen. Demnach gehört HOME STORIES zu den eher seriellen Katalogen im Sinne von „Bilderatlanten [...], die sich, durchaus im Sinne von Aby Warburg, die Wanderung von Gesten des Pathos als filmsprachliche Codes vornehmen".[37] Andere audiovisuelle Aneignungen von Filmgeschichte vollzögen sich bei Müller eher innerhalb einer „Poetik des Traums und der Erinnerung" und evozierten allegorische Wirkungen.[38] Als Beispiel für letztere nennt sie AUS DER FERNE – THE MEMO BOOK. Versteht man Müllers Arbeit weniger als Untersuchung formelhafter Gesten von universeller Gültigkeit, sondern als Analyse eines gesellschaftlich codierten körperlichen Ausdrucks, so lässt sich Blümlingers Unterscheidung nicht nur als formalästhetisches Kriterium begreifen, sondern als gelebte und gefilmte identitätspolitische Auseinandersetzung mit einem Regime der Genres.

In der bildenden Kunst stellt die Appropriation Art mittlerweile ein eigenes künstlerisches Genre dar. Überträgt man diesen Begriff aus der Kunst auf die Produktionslogik des Experimentalfilms, so verstellt man damit möglicherweise eine kritische Betrachtung und Reflexion der Genrefrage. Denn der Aneignungsbegriff entfaltet seine Bedeutung nur unter einer Prämisse von Autorschaft im Sinne einer Inbesitznahme anderer Kunstwerke. Folgt man hingegen noch einmal Franke, so geht es in seinen Überlegungen nicht um eine Aneignung des Hollywoodkinos und seiner Genreversatzstücke. Diese sind bereits durch zahlreiche Filmerfahrungen in Körper und Gefühlshaushalt der Zuschauer verankert und wirksam. Nach Franke müsste man wohl eher von einer Bearbeitung des Regimes der Genres sprechen: also von einer kritischen Reflexion dessen, was die experimentellen Filmemacher (wie viele andere Zuschauer) sich vormals angeeignet haben (und was bereits in ihnen wie ein kollektives Gedächtnis wirksam ist) – gegebenenfalls kann es sich bei dieser Bearbeitung auch um eine ‚Austreibung' des vormals Angeeigneten handeln.

So oder ähnlich ließe sich jedenfalls Müllers Film ALPSEE (D 1994) betrachten. In diesem Film gehen Home Movie und klassisches Genrekino eine dialektische Verbindung ein. ALPSEE beginnt mit den Super 8-Aufnahmen einer Hochzeit aus den 1960er Jahren. Müller projiziert das Found Footage-Material aus den eigenen Familienbeständen auf einen Vorhang, filmt es ab und unterlegt es mit einem verlangsamten Projektorengeräusch. Darin angelegt ist die Referenz auf die Aufführpraxis und das Dispositiv der Home Movies: die provisorisch inszenierten Heimkinoabende. Dieser Auftakt findet seine Entsprechung in der rahmenden

---

36 Stefanie Schulte Strathaus: *The Memo Book. Filme, Videos und Installationen von Matthias Müller*. Berlin: Vorwerk 8 2005, Klappentext.
37 Christa Blümlinger: *Film aus zweiter Hand. Zur Ästhetik materieller Aneignung im Film und in der Medienkunst*. Berlin: Vorwerk 8 2009, S. 100.
38 Blümlinger, *Film aus zweiter Hand*, S. 100.

Schlusseinstellung, einer kurzen Super 8-Urlaubsszene, bei der die Mutter des Filmemachers ein Bad in dem Titel gebenden Alpsee nimmt, bis die Führung des Films im Projektor scheinbar versagt, der Bildstrich sich wiederholt ins Bildfenster schiebt und das Bild und mit ihm die Erinnerung schließlich entschwindet.

Zwischen diesen beiden Szenen, die den Film autobiografisch verorten, entfaltet sich in einer inszenierten, aber dialoglosen Spielhandlung die Geschichte einer entfremdeten Mutter-Sohn-Beziehung, die durch die Abwesenheit des Vaters gekennzeichnet ist. Über weite Strecken des Films beobachtet der Junge gelangweilt die Mutter bei ihrer Hausarbeit, die sie ohne Unterlass verrichtet, unterstrichen durch eine extreme Farbdramaturgie von kühlem Blau und laszivem Rot. Die hilfreichen Küchengeräte und die detailreich ausgestattete Wohnung rufen die Versprechungen komfortabler Modernität auf, wie sie in den 1960er Jahren in der zeitgenössischen Werbung vermittelt wurden. Die verschlossene Fernsehtruhe, das Rascheln der Kleidung, das Dekorieren des Vanillepuddings, das Anlegen der ersten Armbanduhr illustrieren allesamt nicht nur das Erleben des Jungen in der filmischen Diegese, sondern bilden tableauartig Zeitkolorit ab.

Persönliche Erinnerung ist dem Film ebenso eingeschrieben wie ein kollektives Gedächtnis bestehend aus Genreformationen. Besonders die Found Footage-Einschübe von Nachrichten wie die der ersten Herztransplantation oder Ausschnitte aus TV-Kinderserien wie FURY und LASSIE fungieren nicht als Aneignungen fremden Materials, sondern als Bild für eine affektive Ökonomie verkörperter Wahrnehmung, die in diesem Kontext die eigene Kindheit der Zuschauer (mit ihren Filmerfahrungen) aufruft und kritische Reflexionen ermöglicht. Die kulturelle Zeitreise verhandelt auch Genrefilme, die zwar nicht als Found Footage eingebettet erscheinen, aber die gesamte Inszenierung durchziehen. So erscheint die Mutter in ALPSEE als konventionalisierte Doris Day, die als Genre-Ikone aufgerufen wird und damit beispielsweise das aseptische und a-sexuelle Klima der 1950er Jahre repräsentiert.

Auch Peter Tscherkassky gehört zu dieser neuen Generation experimenteller Filmemacher, die zunächst das Super 8-Format für sich entdeckt. In HAPPY-END (Ö 1996) benutzt er allerdings fremde Home Movies aus den 1960/70er Jahren, die er aus einem Nachlass bei einem Trödler erworben hat, und in denen ein Paar wiederholt im heimischen Wohnzimmer feiert und lachend der Kamera zuprostet. Ursprünglich als privates filmisches Tagebuch aufgenommen, montiert Tscherkassky dieses Material durch die Verknüpfung der scheinbar immergleichen Rituale in einer rückwärts laufenden Chronologie vom farbigen Super-8 zum schwarz-weißen Normal 8, wobei durch die Bearbeitung des Materials (Wiederholungsschleifen, Doppelbelichtungen etc.) eine Lebensgeschichte entsteht, in der die Protagonisten nicht nur jünger, sondern scheinbar auch trunkener werden oder – nach einer anderen Lesart – das Geschehen aufgrund der zeitlichen Distanz in der Erinnerung verschwimmt. In der Bearbeitung treten Darstellungskonventionen des Home Movie-Formats in den Vordergrund: Die Inszenierung auf die Kamera hin, die häufig eine feststehende Position einnimmt, der demonstrative Blick in die Kamera, die Wiederkehr von Drehort und Drehanlass, das Zurschaustellen privater Innenräume als Selbstvergewisserung materiellen Wohlstands etc. Damit bekommt Tscherkassky neben den Darstellungskonventionen auch die soziale Seite einer historischen Medienaneignung in den Blick. Als Ausdruck eines neuen bürgerlichen Selbstbewusstseins machte der Kauf einer Super 8-Kamera seit den 1960er Jahren aus dem Familienvater einen potenziellen Filmemacher. Tscherkassky führt uns in verdichteter Form das Repertoire dieses Filmschaffens vor. Rituale und Konventionen des Home Movies bilden hier ein Analogon zu den Stereotypen des klassischen Genrekinos.

OUTER SPACE (Peter Tscherkassky, Ö 1999) basiert auf Material aus einem Horrorfilm. Anders als Müller in HOME STORIES arbeitet Tscherkassky aber nicht seriell, sondern sezierend, indem er Barbara Hershey als Objekt der Begierde auf gesteigerte Weise den Blicken der (männlichen) Zuschauer ausliefert. Als Protagonistin des amerikanischen Horrorfilms THE ENTITY (Sidney J. Fury, USA 1981) war sie schon im Original körperlosen Angriffen bzw. Angriffen von unklarer Herkunft ausgeliefert; Tscherkasskys Bearbeitung verdichtet und steigert dieses unheimliche Szenario noch.

Hat Martin Arnold mit PIÈCE TOUCHÉE (Martin Arnold, Ö 1989) die heimlichen Spielregeln des amerikanischen Genrekinos der 1950er Jahre durch die Vervielfachung und lineare Zerdehnung eines Originalausschnitts von 18 Sekunden auf 16 Minuten enttarnt, so weitet Tscherkassky dieses analytische Verfahren an einer optischen Bank zu einem persönlichen Kontaktkopierverfahren aus: Auf Rohfilm bringt er Einzelkader der Originalvorlage, die er vorab zerlegt hat, sandwichartig in Neukombinationen auf und belichtet einzelne Teile der Kader von Hand. Wenn er dabei Barbara Hersheys Gesicht in Großaufnahme mit Hilfe von Flashlight und Laserpointer heraushebt, reinszeniert er einerseits den Starmythos, andererseits rückt er das Gesicht in den Mittelpunkt, auf dem sich der konventionalisierte Schrecken spiegelt. Tscherkassky steigert diesen Eindruck noch durch die sich überlagernde Collage und die Mehrfachbelichtung. Die nicht zu lokalisierenden Attacken können nur ihre Wirkung entfalten, weil sie den semantischen und syntaktischen Charakteristika von Horrorfilmen entsprechen, die umso unheimlicher sind, je weniger sie die Quelle der Bedrohung im Bildfeld zeigen.

Tscherkasskys Film basiert auf und operiert mit dem Zuschauerwissen um die im Horrorgenre angelegten Codierungen, ohne die er nicht entsprechend lesbar wäre. Er dekonstruiert das Hollywoodgenrekino und erhöht es gleichzeitig, indem er den ausgestellten Code überzeichnet und damit ein affektives Erleben ermöglicht, das jenseits einer eigentlichen Erzählung stattfindet. Dabei sind nicht nur „spezifische figurative Genreelemente wie Lichtsetzung, Kadrage und Raumkonstruktion" Ausgangspunkt und Gegenstand der gestalterischen Bearbeitung,[39] sondern auch das filmische Material selbst. In Tscherkasskys materialästhetischer Bearbeitung geraten sogar Perforationslöcher und Teile der Tonspur (aus dem Off) in das Bildfenster und beteiligen sich an der diegetischen Hetzjagd.

---

39 Blümlinger, *Film aus zweiter Hand*, S. 85.

Das Sichtbarmachen des Trägermaterials und der Verweis auf den mechanisch-materiellen Akt der Produktion und Projektion ist ein selbst-reflexives Verfahren, der Tscherkasskys Bemühen um Reflexion und Rettung der Aura des großen Erzählkinos entspringt, dieses aber gleichsam auf eine materielle filmische Basis gründet. Dazu gehört auch die Arbeit im historischen Cinemascope-Format, die er mit den INSTRUCTIONS FOR A SOUND AND LIGHT MACHINE (Peter Tscherkassky, Ö 2005) weiterführt. In ihnen wendet er sich dem vielleicht klassischsten aller Genres, dem Western zu und destilliert aus THE GOOD, THE BAD AND THE UGLY (Sergio Leone, I/E/BRD 1966) ein schwarz-weißes Bild- und Klanggewitter, das die Gewalttätigkeit des Genres ausstellt und gleichsam dekonstruktiv gegen dieses Genre wendet. Die Bilder finden in der Tonebene, die ähnlich wie die Bildbearbeitung aus Originaltönen des Films komponiert ist, eine ebenbürtige Entsprechung. Verantwortlich dafür zeichnet wiederum der Komponist Dirk Schaefer, der sich durch seine Soundtracks zu Matthias Müllers Filmen empfahl. Die Re-Inszenierung von Gräberfeldern im Kontext dekonstruktiver Arbeit am Western gemahnt daran, dass hier mit akribischer Handarbeit ein Genre, und mit ihm vielleicht das gesamte analoge Kino zu Grabe getragen wird. Tscherkasskys Filme, so könnte man mit Franke formulieren, machen den Zerfall des Regimes der Genres erfahrbar, indem sie das Genre im Zerfall wie eine Ruinenlandschaft aufführen. Tscherkassky selbst sieht sich denn auch als „Don Quichotte des analogen Filmzeitalters", der für etwas kämpft, „das eigentlich schon weggebrochen ist".[40] Für ihn schließt die Arbeit mit Found Footage an den strukturellen Film an und ist „die konsequente Fortführung der Tradition, sich künstlerisch um ein Eigentliches des Films zu bemühen."[41]

Die Arbeiten von Müller und Tscherkassky wurden formalästhetisch und im Sinne einer appropriativen Produktionslogik als spezifisches Genre des Experimentalfilms interpretiert: „Die Wiederaufnahme klassischen Erzählkinos durch den sogenannten Found Footage-Film ist gerade wegen der unkonventionellen Aneignung von ursprünglich streng kodifizierten Inszenierungen der Schauspielerkörper (und der dazugehörigen Töne) eine zentrale Form, ja geradezu eine Art Genre des Avantgardefilms geworden."[42] Einer ähnlichen Spur quer durch den Experimentalfilm folgt Gabriele Jutz, wenn sie diese Filmgattung unter das Label *Cinéma Brut* stellt und die Aspekte der Materialität und Performanz untersucht, die bisher verschiedenen Subgenres wie Absoluter Film, Abstrakter Film, Handmade Film, struktureller Film, Materialfilm, Direct Film, Found Footage Film und auch Expanded Cinema zugeordnet waren. Jutz bezeichnet dies als eine „alternative Genealogie der Filmavantgarde".[43]

---

40 Peter Tscherkassky, in: KURZSCHLUSS: PORTRÄT PETER TSCHERKASSKY (F 2011). Arte.
41 Alexander Horwath/Lisl Ponger/Gottfried Schlemmer (Hg.): *Avantgardefilm Österreich. 1950 bis heute*. Wien: Wespennest 1995, S. 84.
42 Blümlinger, *Film aus zweiter Hand*, S. 100.
43 Gabriele Jutz: *Cinéma brut. Eine alternative Genealogie der Filmavantgarde*. Wien: Springer 2010.

In beiden Kategorisierungsversuchen spiegeln sich Genrebegriffe, die auf formalästhetischen Kriterien oder auf Produktionslogiken beruhen. Nimmt man den Umstand ernst, dass es sich bei Müller und Tscherkassky um experimentelle Filmemacher einer neuen Generation handelt, so liegt es nahe, auch den Zusammenhang von Genre und Generation weiter zu erörtern. Damit ist sowohl die etymologische Verwandtschaft von Genre und Generation gemeint (die auch für Gender und Genre gilt), als auch die spezifische Erfahrung einer Generation, die zum einen durch ein kollektives Gedächtnis geprägt ist, zum anderen aber auch von zeitgenössischen Erfahrungen strukturiert wird, wie z. B. den neuen Aushandlungen zwischen Kunst und Kino, sowie von allgemeinen gesellschaftlichen Entwicklungen wie Globalisierung und Digitalisierung. In der Perspektive von Frankes Verschränkung von Genre und Identitätsbildung erkennt man zudem – insbesondere in der Selbststilisierung Tscherkasskys als Don Quichotte des analogen Filmzeitalters – eine ins Absurde gewendete Identitätspolitik. Ein zentrales Thema von Cervantes und seinem satirischen Roman ist bekanntlich die Identitätspolitik, die am Beispiel des Don Quichotte und seiner Lektüre von nicht mehr zeitgemäßen Ritterromanen erzählt wird; mit anderen Worten Identitätskonstruktion durch (überholte) stereotype Muster und Konventionen. Gerade an diesem Bild (und am Werk Tscherkasskys) treten die Geschichtlichkeit von Genres ebenso deutlich hervor wie ihre Gebundenheit an historische Identitätspolitiken und Gesellschaftsformationen.

Cinéma de genre

Pragmatische und kritisch-historische Ansätze zur Genretheorie scheinen darin überein zu stimmen, dass unter Genres keine medien- oder kunstspezifischen Formen zu verstehen sind. So konstatiert Hickethier in pragmatischer Perspektive: „Genres sind also grundsätzlich keine medienspezifischen Formen, sondern treten übergreifend in vielen Medien auf, wenn auch mit unterschiedlicher Dominanz."[44] Er weist ferner daraufhin, dass es sich somit auch um Kategorien der Intermedialität handelt, auch wenn er einschränkend anmerkt, dass einzelne Medien spezifische Genrehistoriografien hervorgebracht haben. Aus einer kritisch historischen Sicht äußert sich Braidt mit Verweis auf Schneider zur besonderen Bedeutung einer Medien übergreifenden Perspektive in diskursanalytischen Verfahren: „Besonders fruchtbar […] wird dieser Ansatz in medienübergreifenden Genreanalysen, wenn also generische Funktionsweisen und kulturelle Signifikationsprozesse einzelner Genres über Mediengrenzen hinweg analysiert werden."[45]

Allerdings scheint der übergreifende Charakter von Genres in der praktischen Analysearbeit bisher eher eine untergeordnete Rolle zu spielen. Auch die in Aussicht gestellte Fruchtbarkeit dieses Verfahrens ergibt sich nur für spezifische me-

---

[44] Hickethier, „Genretheorie und Genreanalyse", S. 63.
[45] Schneider: „Genre, Gender, Medien. Eine historische Skizze und ein beobachtungstheoretischer Vorschlag", zitiert nach Braidt: *Film-Genus*, S. 89.

dienübergreifende Konstellationen. In narrativen Künsten und Medien (also z. B. in Literatur und Film) liegt der Gebrauch von intermedialen Genrekategorien sicherlich auf der Hand, weil hier das gemeinsame Moment der Narration medienübergreifende Analysen sinnvoll erscheinen lässt. Zudem basieren zahlreiche Genrebegriffe explizit auf einer spezifischen Form von Erzählung, und erhalten erst dadurch ihren übergreifenden Charakter in unterschiedlichen Medien bzw. Künsten. Bei einer Betrachtung von Musik und Film fällt es allerdings viel schwerer, sich schlüssige, übergreifende Genrekategorien vorzustellen. Und die historische Debatte um die Schwesterkünste Literatur und Malerei ist bis heute umstritten im Hinblick auf übergeordnete Genrekategorien. Plausibel erscheinen intermediale Kategorien immer dann, wenn bereits ähnliche Genrebegriffe vorliegen, wie etwa beim Kriminalfilm und Kriminalroman. Oder aber wenn es übergreifende Kunst- und Medientheorien gibt, die strukturelle Verwandtschaften zwischen den Künsten und Medien herausstellen. Ist dies nicht der Fall, so fällt es schwer, übergreifende Kategorien zu bilden: so gibt es zwar historische Gemeinsamkeiten zwischen Experimentalfilm respektive Avantgardefilm und der Avantgardekunst, aber gilt dies noch für die zeitgenössische bildende Kunst? Weist die zeitgenössische Kunst Merkmale und Verfahren auf, die übergreifende Genrekategorien rechtfertigen, die auch auf zeitgenössische Formen des Films oder Experimentalfilms anwendbar sind? Und welches wären die ‚klassischen' Genres in der bildenden Kunst, die sich medienübergreifend gemeinsam mit ‚klassischen' Filmgenres untersuchen ließen? Im Vergleich mit der bildenden Kunst tritt auf den ersten Blick eher eine vielschichtige Differenz der Genrebegriffe zu Tage, die zum Teil von formalen Ähnlichkeiten geprägt ist (Abstrakte Kunst, Abstrakter Film), die aber zum Teil zu ganz unterschiedlichen Zeiten und unter ganz anderen Umständen entstanden sind.

Blickt man in die Geschichte der bildenden Kunst, so gibt es dort auch gegenläufige und im Hinblick auf den Film eher Verwirrung stiftende Begriffsprägungen. So werden in der Kunstgeschichte seit dem 18. Jahrhundert häufig fünf Bildgattungen in der Malerei unterschieden: Historienmalerei, Porträt, Landschaftsmalerei, Stillleben und *Genre*malerei. Zunächst einmal lässt sich festhalten, dass im Kontext der historischen Malerei der Begriff Genre in erster Linie eine spezifische Bildgattung bezeichnet. Zudem ist diese Gattung im Gegensatz zu den anderen Bildgattungen recht unscharf und widersprüchlich gefasst. Unter Genre versteht man in der Malerei gemeinhin Alltagsdarstellungen, die einerseits als niedere Bildgattung gelten und insbesondere den Darstellungen der Mythen und der Geschichte in der Historienmalerei hierarchisch untergeordnet sind. Andererseits gilt Genre dort auch als Sammelbecken für nicht eindeutig klassifizierbare Darstellungsformen. Barbara Gaehtgens stellt heraus, „dass sich erst in der zweiten Hälfte des 18. Jahrhunderts der Begriff ‚peinture de genre' für eine Malerei einzubürgern begann […]."[46] Diderots Beschreibung des Begriffs in der Encyclopédie schafft eine erste Begriffsklärung. Dort „erschien die Bezeichnung ‚Genre' als ein Sammelbegriff für die Fächer der

---

46 Barbara Gaehtgens (Hg.): *Genremalerei*. Berlin: Reimer 2002, S. 16.

Malerei, die am Rande der etablierten Gattungen – Historienmalerei, Porträt, Landschaft und Stillleben – Themen wiedergaben, die nicht unmittelbar einzuordnen waren, sondern in loser Verbindung mit ihnen, als verwandte, aber nicht zugehörige Fachmalerei eigene, fast unabhängige ‚Untergattungen' bildeten."[47]

Gaehtgens beschreibt, wie sich die Theoriebildung zur Genremalerei vom 16. bis ins 19. Jahrhundert hinein aus einer Rezeption antiker Texte entwickelt, insbesondere aus Aristoteles Ausführungen zur Komödie:

Die Komödie sollte Menschen vorführen, die schlechter als die Wirklichkeit waren, und sie in komischen, entlarvenden Situationen dem Gelächter preisgeben. [...] Ihre niedere Umgangssprache, Handlungen und Affekte sollten alltägliche, also ‚niedere' Dinge, Stoffe aus dem Alltagsleben der Bürger wahrheitsgemäß abbilden und die Zuschauer belustigen.[48]

Die sich daran anschließende Entwicklung und Theoretisierung der Genremalerei hat strukturell schließlich wenig mit der antiken Komödie zu tun. Sie zeigt sich vielmehr als eine im Wandel befindliche Kunstproduktion und als ein sie begleitendes Diskursfeld, in dem die Darstellung von Alltagsszenen Stück für Stück größere Bedeutung und Legitimation erhalten. Gaehtgens historische Skizze der Theoriediskurse reicht von Aristoteles über Diderot, Hegel, Burckhardt bis zu Baudelaire, der die Genremalerei schließlich mit dem Imperativ der Zeitgenossenschaft verbindet: Genremalerei wird darin gleichgesetzt mit der Darstellung des modernen Alltagslebens.[49]

Betrachtet man die Geschichte der Bildgattungen der Malerei insgesamt, so lassen sich dennoch Analogien zu den Genres der Filmgeschichte ausmachen. Die Historienmalerei als große und bedeutendste Bildgattung, die sich mit der „Darstellung historischer Ereignisse und geschichtlichen Lebens, im weiteren Sinn auch mythologischer, biblisch-religiöser und literarischer Themen" beschäftigt,[50] weist beispielsweise gemeinsame Züge mit dem Western auf, der auf seine Weise von der kulturellen, politischen und mythologischen Geschichte der USA erzählt und diese ins Bild setzt – oder aber mit dem Gangsterfilm, der die Wirtschaftsgeschichte der USA dramatisiert und an den ambivalenten Figuren von Gangster und Geschäftsmann audiovisuell in Szene setzt. Darstellungen des modernen Alltagslebens finden sich eher im modernen Kino und im Autorenfilm bis hin zu den zeitgenössischen Filmen der Berliner Schule. Geht man aber von der Diderot'schen Fassung des Begriffs der *peinture de genre* in der Encyclopédie aus, die Genre als Sammelbegriff für dasjenige verwendet, was nicht unmittelbar einzuordnen ist und was jenseits der eigentlichen Bildgattungen „eigene, fast unabhängige Untergattungen" ausbildet,[51] dann könnte man den Experimentalfilm für das einzig wahre Genrekino (*cinéma de genre*) halten.

---

47 Ebd., S. 17.
48 Ebd., S. 19.
49 Ebd., S. 42f.
50 Wolf Stadler (Hg.): *Lexikon der Kunst*. Bd. 6. Erlangen: Karl Müller Verlag 1994, S. 28.
51 Gaehtgens, *Genremalerei*, S. 17.

Ulrich Gregor, ehemaliger Leiter des *Kino Arsenal* und der *Freunde der Deutschen Kinemathek*, stellte 1989 Überlegungen zum Experimentalfilm als Genre an, die offenbar in eine ähnliche Richtungen weisen, wenn er fragt: „Wird es auch in Zukunft einen ‚Experimentalfilm' im Sinne eines eigenen Genres mit strengen Gesetzen und Grenzziehungen geben – oder werden experimentelle Impulse mehr innerhalb anderer, schon definierter Ausdruckformen des Kinos ihre Funktion finden [...]?"[52] Das heutige *Kino Arsenal – Institut für Film und Videokunst* weist in seiner Web-basierten Datenbank allein den Experimentalfilm als Schlagwort und Genrebegriff aus.[53] Gleichwohl geht das Arsenal in seiner Ankündigung zu *Think:Film – International Experimental Cinema Congress Berlin 2012* von keinem festen Begriff des Experimentalfilms mehr aus. D. h. der experimentelle Film wird hier explizit nicht als Genre verstanden, sondern als eine „spezifische Denkweise in Bezug auf Film und darüber hinaus."[54]

Begreift man Genrekino (*cinéma de genre*) in dieser erweiterten Form als ein Denken mit Film und in Bezug auf Film, dann hätten alle Ausformungen experimentellen Denkens, die auf filmischen Prozessen basieren oder sich auf sie beziehen, in diesem Feld ihren Platz – unabhängig von Inhalten und Verfahren, von Trägermaterialien, Dispositiven, Entstehungs- und Aufführungskontexten. Textuelle und Produktionslogik als verbindende Kategorien einer Genre-Ausprägung wären dann ebenso obsolet als konstitutive Merkmale eines übergreifenden Genre-Verständnisses wie pragmatische Verständigungsbegriffe. Im Zentrum eines solchen *cinéma de genre* stehen dann letztlich weniger die Werke, sondern Differenzen, die sich u. a. aus den verinnerlichten Filmerfahrungen ihrer Zuschauer ergeben. Nicht nur für die Arbeiten, die vornehmlich eine Auseinandersetzung mit dem Genrekino betreiben (z. B. Müller, Tscherkassky) und damit eine eigene Formation innerhalb des Experimentalfilmfeldes ausbilden, ließe sich dieses *cinéma de genre* in Anschlag bringen, sondern für alle experimentellen Formen der Auseinandersetzung mit Film. Letztlich beruht jedes Denken in Bezug auf Film auf der Auseinandersetzung mit verinnerlichten Filmerfahrungen. Und keine filmische Arbeit kann den Bezug zu anderen Filmen ausschließen. Selbst Nam June Paik, der in ZEN FOR FILM (1964) mit einer Schleife unbelichteten Films einen *Anti-Film* gestaltet, ruft in der Projektion abwesende Bilder und Töne des Kinos auf, die in unseren Köpfen spielen.

---

52 Ulrich Gregor: „Der Experimentalfilm und die Filmgeschichte", in: Ingo Petzke: *Das Experimentalfilmhandbuch*. Frankfurt/M: Deutsches Filmmuseum 1989, S. 15.
53 http://films.arsenal-berlin.de/ (03.08.2012).
54 http://www.arsenal-berlin.de/ (03.08.2012).

VERZEICHNIS DER AUTORINNEN UND AUTOREN

KATRIN BORNEMANN promovierte in München zur Genretheorie am Beispiel des Amour fou Films. Die Dissertation erschien unter dem Titel *Carneval der Affekte – Eine Genretheorie des Amour fou Films* (Marburg 2009). Forschungsschwerpunkte: Empathie, Identifikation, Somatik und Rezeption. Aktuell forscht sie über den Körperkult bei Darren Aronofsky.

DAVID GAERTNER ist wissenschaftlicher Mitarbeiter im DFG-Projekt „Inszenierungen des Bildes vom Krieg als Medialität des Gemeinschaftserlebens" am Seminar für Filmwissenschaft der FU Berlin. Arbeitet an einer Dissertation zum klassischen Hollywood-Kriegsfilm und dessen Interdependenzen zu dokumentarischen Propaganda-Filmen. Zusammen mit Hermann Kappelhoff und Cilli Pogodda ist er Mitherausgeber von *Mobilisierung der Sinne. Der Hollywood-Kriegsfilm zwischen Genrekino und Historie* (Berlin 2013).

BERNHARD GROSS ist zur Zeit Professor für Filmwissenschaft an der Freien Universität Berlin. Monographien: *Die Filme sind unter uns. Zur Geschichtlichkeit des frühen deutschen Nachkriegskinos. Trümmer-, Genre-, Dokumentarfilm* (Berlin 2015), *Figurationen des Sprechens Pier Paolo Pasolini* (Berlin 2008). Momentane Arbeitsschwerpunkte sind die Historizität der Medien, Theorien der Serialität und Alltäglichkeit, Ästhetiken des Intermedialen, italienisches und deutsches Kino.

MATTHIAS GROTKOPP ist Stipendiat an der Graduiertenschule des Exzellenzclusters „Languages of Emotion" und Lehrbeauftragter am Seminar für Filmwissenschaft der Freien Universität Berlin. Hat 2014 promoviert und die Dissertation mit dem Titel *In der Anklage der Sinne. Filmische Expressivität und das Schuldgefühl als Modalität des Gemeinschaftsempfindens* wird demnächst erscheinen. Arbeitet derzeit an einem Projekt zur Genrepoetik des *Heist*-Films.

TOBIAS HAUPTS ist wissenschaftlicher Mitarbeiter am Seminar für Filmwissenschaft der Freien Universität Berlin. Seine Forschungsschwerpunkte sind Filmgeschichte (v.a. deutsche Filmgeschichte) und Genregeschichte (u.a. des fantastischen Films), Distributionsformen des Films, die Medienkultur der 1980er Jahre und TV-Serien der 1990er Jahre. Aktuelle Publikation: *Die Videothek. Zur Geschichte und medialen Praxis einer kulturellen Institution* (Bielefeld 2014).

DANIEL ILLGER ist wissenschaftlicher Mitarbeiter am Exzellenzcluster „Languages of Emotion" der Freien Universität Berlin. Seine Dissertation zu den Stadtinszenierungen des italienischen Nachkriegskinos ist erschienen unter dem Titel: *Heim-Suchungen. Stadt und Geschichtlichkeit im italienischen Nachkriegskino* (Berlin 2009). Arbeitet derzeit an einer Studie zu ‚Cosmic Fear' als medienübergreifende ästhetische Erfahrungsmodalität.

HERMANN KAPPELHOFF ist Professor für Filmwissenschaft an der Freien Universität Berlin und Sprecher des Exzellenclusters „Languages of Emotion". Letzte Publikationen: *Matrix der Gefühle: Das Kino, das Melodrama und das Theater der Empfindsamkeit* (Berlin 2004), *Realismus: Das Kino und die Politik des Ästhetischen* (Berlin 2008). Mitherausgeber u. a. von *Demokratisierung der Wahrnehmung? Das westeuropäische Nachkriegskino* (zusammen mit Bernhard Groß und Daniel Illger, Berlin 2010), *Die Frage der Gemeinschaft: Das westeuropäische Kino nach 1945* (gemeinsam mit Anja Streiter, Berlin 2012), *Mobilisierung der Sinne: Der Hollywood-Kriegsfilm zwischen Genrekino und Historie* (gemeinsam mit David Gaertner und Cilli Pogodda, Berlin 2013).

GERTRUD KOCH ist Professorin für Filmwissenschaft an der Freien Universität Berlin und war dort bis Ende 2014 Sprecherin des Sonderforschungsbereichs „Ästhetische Erfahrung im Zeichen der Entgrenzung der Künste" sowie Leiterin eines Teilprojekts zur Bedeutung von Illusion und Fiktion in Ästhetik und Filmästhetik. Arbeitet an einer Monografie zur Illusionsästhetik. Monografien u. a. *Die Einstellung ist die Einstellung. Visuelle Konstruktionen des Judentums* (Frankfurt/M. 1992), *Siegfried Kracauer zur Einführung* (2., vollst. überarb. Aufl. Hamburg 2012), *Breaking Bad* (Zürich/Berlin 2015). Herausgeberin von *Auge und Affekt. Wahrnehmung und Interaktion* (Frankfurt/M. 1995) und *Perspektive - Die Spaltung der Standpunkte. Zur Perspektive in Philosophie, Kunst und Recht* (München 2010), sowie Mitherausgeberin u. a. von *„Es ist, als ob": Fiktionalität in Philosophie, Film- und Medienwissenschaft* (gemeinsam mit Christiane Voss, München 2009), *Die Mimesis und ihre Künste* (gemeinsam mit Martin Vöhler und Christiane Voss, München 2010), *Imaginäre Medialität – Immaterielle Medien* (gemeinsam mit Kirsten Maar und Fiona McGovern, München 2012).

SULGI LIE ist wissenschaftlicher Mitarbeiter am Seminar für Filmwissenschaft der Freien Universität Berlin. Er ist Autor von *Die Aussenseite des Films. Zur politischen Filmästhetik* (Berlin/Zürich 2012) und Mitherausgeber von Jacques Rancière: *Und das Kino geht weiter. Schriften zum Film* (Berlin 2012). Arbeitet derzeit an einem Buch zur Filmkomödie.

MICHAEL LÜCK ist wissenschaftlicher Mitarbeiter im Projekt „Politik des Ästhetischen im westeuropäischen Kino" am Sonderforschungsbereich „Ästhetischer Erfahrung im Zeichen der Entgrenzung der Künste" der Freien Universität Berlin. Arbeitet an einer Dissertation über das Verhältnis von Unterhaltungsformen zum politischen Prozess der Geschichtsbildung.

THOMAS MORSCH ist Juniorprofessor für Filmwissenschaft an der Freien Universität Berlin und Leiter eines Forschungsprojekts zur Ästhetik der Fernsehserie am Sonderforschungsbereich „Ästhetische Erfahrung im Zeichen der Entgrenzung der Künste". Letzte Buchveröffentlichung: *Medienästhetik des Films. Verkörperte Wahrnehmung und ästhetische Erfahrung im Kino* (München/Paderborn 2011), *Prekäre Genres. Zur Ästhetik peripherer, apokrypher und liminaler Gattungen* (hg. zus. m. Hanno Berger und Frédéric Döhl, Bielefeld 2015), *Vom Abbild zum Affekt. Zur Ästhetik der Postkinematografie* (erscheint im Herbst 2015). Arbeitet derzeit an einer Monografie zu Medien und Tourismus.

SABINE NESSEL ist Professorin für Filmwissenschaft an der Johannes-Gutenberg Universität Mainz und hat 2010 bis 2012 an der Freien Universität Berlin eine Professur für Filmwissenschaft vertreten. Habilitation 2011 an der Goethe-Universität Frankfurt mit einer Studie zum Thema „Zoo und Kino als Schauanordnungen der Moderne". Forschungsschwerpunkte: Ästhetik und Kulturgeschichte des Films, Media Animal Studies, Medienarchäologie, Kino zwischen Text und Körper.

WINFRIED PAULEIT ist Professor an der Universität Bremen mit den Arbeitsschwerpunkten Filmwissenschaft, Medienwissenschaft und Filmvermittlung sowie wissenschaftlicher Leiter des Internationalen Bremer Symposiums zum Film und Mitherausgeber der Schriftenreihe des Symposiums. Monografien: *Filmstandbilder. Passagen zwischen Kunst und Kino* (2004), *Das ABC des Kinos. Foto, Film, Neue Medien* (2009, www.abc-des-kinos.de) und *Reading Film Stills. Analyzing Film and Media Culture* (2015).

NIKOLAUS PERNECZKY ist wissenschaftlicher Mitarbeiter am Sonderforschungsbereich 626 „Ästhetische Erfahrung im Zeichen der Entgrenzung der Künste" an der FU Berlin. Kritiken und journalistische Arbeiten für *Perlentaucher*, *Cargo* u.a. Kuratorische Projekte in Berlin, Wien und London. Mitherausgeber (gemeinsam mit Lukas Foerster, Fabian Tietke und Cecilia Valenti) des Sammelbandes *Spuren eines Dritten Kinos: Zu Ästhetik, Politik und Ökonomie des Third Cinema* (Bielefeld 2013).

CHRISTIAN PISCHEL ist wissenschaftlicher Mitarbeiter am Seminar für Filmwissenschaft der Freien Universität Berlin. Seine Dissertation zu Affektpoetiken des amerikanischen Blockbuster-Kinos der 1990er Jahre erschien 2013 unter dem Titel *Die Orchestrierung der Empfindung*. Arbeitet derzeit zu politischen Fiktionen in DEFA-Propagandafilmen.

CILLI POGODDA ist wissenschaftliche Mitarbeiterin im DFG-Projekt „Inszenierungen des Bildes vom Krieg als Medialität des Gemeinschaftserlebens" am Seminar für Filmwissenschaft der Freien Universität Berlin. Mitherausgeberin des Bandes *Mobilisierung der Sinne. Der Hollywood-Kriegsfilm zwischen Genrekino und Historie* (Berlin 2013, gemeinsam mit Hermann Kappelhoff und David Gaertner).

EILEEN ROSITZKA ist ehemalige wissenschaftliche Mitarbeiterin im DFG-Projekt „Inszenierungen des Bildes vom Krieg als Medialität des Gemeinschaftserlebens" an der Freien Universität Berlin und arbeitet zur Zeit an einer Dissertation zur „Corpographie" des Kriegsfilms. Seit 2013 Doktorandin am filmwissenschaftlichen Institut der University of St Andrews, Schottland.

CHRISTINE RÜFFERT ist Rätin in der Verwaltung des Senators für Kultur Bremen und wissenschaftliche Mitarbeiterin am Institut für Kunstwissenschaft & Kunstpädagogik der Universität Bremen, Mitherausgeberin der Schriftenreihe des Bremer Internationalen Symposiums zum Film, Kuratorin für Experimentalfilm

SARAH SCHASCHEK ist Wissenschaftsjournalistin in Berlin. Ihre Dissertation ist 2013 unter dem Titel *Pornography and Seriality: The Culture of Producing Pleasure* bei Palgrave Macmillan erschienen.

CHRIS TEDJASUKMANA ist wissenschaftlicher Mitarbeiter am Seminar für Filmwissenschaft der Freien Universität Berlin und Mitherausgeber der Zeitschrift MontageAV. Er promovierte mit seiner Arbeit *Mechanische Verlebendigung. Ästhetische Erfahrung im Kino* (erschien 2014 im Wilhelm Fink Verlag) und erhielt für seinen Essay über schlechte Gefühle im Kino den Karsten-Witte-Preis 2014. Sein neues Projekt *Bewegungs-Bilder 2.0* widmet sich der Produktion von Öffentlichkeit im Online-Videoaktivismus.

MICHAELA WÜNSCH ist derzeit Marie-Curie Outgoing Fellow an der University of California Los Angeles in Kooperation mit der Universität Potsdam. Sie hat im Fach Kulturwissenschaft an der Humboldt-Universität Berlin mit einer Dissertation zur Figur des Serienkillers im Stalkerfilm promoviert. Jüngste Publikationen: (als Hrsg.) *Angst. Lektüren zu Lacans Seminar X* (Wien/Berlin 2012) „Die Stimme als Objekt des Unheimlichen, der Angst und der Furcht", in: *Y – Revue für Psychoanalyse* 2, 2012. Arbeitet derzeit an einem Forschungsprojekt zu Wiederholung und Serialität in Psychoanalyse und Fernsehen.